KB113225

모던 타임스 II

"네가 철장으로 그들을 깨뜨림이여 질그릇같이 부수리라 하시도다 그런즉 군왕들아 너희는 지혜를 얻으며 세상의 재판관들아 너희는 교훈을 받을지어다" (시편 2:9~10)

MODERN TIMES by Paul Johnson

This work is published in England under the title A History of the Modern World: From 1917 to the 1980s.

M o d e r n T i m e s

The World from the Twenties to the Nineties

모던 타임스 Ⅱ

피와 살육, 희망과 낭만, 과학과 예술이 교차했던 우리들의 20세기

세계사를 결정지은 주요 사건과 인물들의 내밀한 보고서

살림

일러두기

1. 인명과 지명 표기는 기본적으로 외래어 표기법에 따랐다.
2. 중국 인명과 지명은 중국어 표기법을 따랐고 한자를 병기하였다.
3. 일본 인명과 지명은 일본어 표기법을 따랐고 한자를 병기하였다.
4. 러시아 인명과 지명은 러시아어 표기법을 따랐고 영문을 병기하였다.
5. 역자가 추가한 괄호 안의 설명은 원문과 구분하기 위해 '- 옮긴이'로 표기하였다.
6. 단행본과 잡지는 『』를, 신문 · 논문 · 시 · 단편소설 · TV 프로그램 · 음악작품 · 미술작품 · 영화는 「」를 사용하였다.
7. 연도나 수를 표기할 때 앞의 수가 동일하면 뒤의 두 자리만을 썼다. 예) 1919~21년

| 감사의 말 |

이 책이 나오기까지 수고해준 많은 이들 가운데 자료를 열람할 수 있게 허락해준 공공정책 미국기업연구소에 특별한 감사의 말을 전한다.

원고를 읽고 여러 가지 오류를 수정해준 노먼 스톤 박사와 편집을 맡아준 와이덴펠드 출판사의 린다 오스밴드, 원고 정리를 맡아준 샐리 맵스톤, 역시 원고 작업에 도움을 준 큰아들 대니얼 존슨에게도 감사의 말을 전한다.

폴 존슨

2권 차례

Contents

Contents

1권 차례

Modern Times
The World from the Twenties to the Nineties

제11장

분수령

modern times

독일의 러시아 침공

1941년 6월 22일 새벽, 독일군은 소련의 전방 부대와 사령부의 교신을 도청했다. "우리가 공격당하고 있습니다. 어떻게 해야 합니까?" "정신 나갔나? 왜 암호를 사용하지 않는가?"[1] 1시간 반쯤 뒤인 오전 3시 40분, 소련군 참모총장 주코프가 독일군의 공습에 관한 보고를 받고, 모스크바에서 10킬로미터 남짓 떨어진 쿤체보(Kuntsevo)에 있는 스탈린에게 전화를 걸었다. 소련의 독재자는 그곳 별장에서 일하고, 먹고, 소파에서 잠을 잤다. 주코프가 독일군이 공격하고 있다고 알렸지만, 전화기 저쪽에서는 긴 침묵과 고통스런 숨소리밖에 들리지 않았다. 마침내 스탈린은 주코프에게 크렘린으로 가서 정치국을 소집하라고 지시했다. 4시 30분에 정치국원 전원이 모였다. 스탈린은 창백한 얼굴로 말없이 앉아 있었다. 손에는 불을 붙이지 않은 파이프를 쥐고 있었다. 외무부에서는 몰로토프가 독일 대사를 통해 전쟁 선포를 받고, 원통한 심정으로 이렇게 물었다. "왜 우리가 이런 일을 당해야 하는 것이오?" 정오가 되자, 지상에 있던 소련군 비행기 1,200대가 파괴되었다. 니키타 흐루쇼프의 기록에 따르면, 스탈린은 히스테리와 절망 사이에서 오락가락했다. 11일 후인 7월 3일이 되어서야 정신을 차리고 대국민 연설을 했다. 이때 그는 전과 다른 어조로 입을 떼었다. “형제, 자매 …… 동지 여러분.”[2)]

사실 그동안 모든 사람이 나치의 공격이 임박했다고 스탈린에게 경고해 왔다. 처칠은 구체적인 정보를 제공했고, 미국 대사는 정보의 신빙성을 확인해주었다. 5월 15일 도쿄의 소련 스파이 리하르트 조르게는 독일의 상세한 소련 침공 계획과 정확한 날짜까지 보고했다. 스탈린 또한 키예프 지역 사령관 키르포노스(Mikhail P. Kirponos) 장군 등에게서 정황 증거를 보고받았다. 하지만 스탈린은 들으려 하지 않았다. 오히려 그런 충고를 하면 화를 냈다. 니콜라이 쿠즈네초프(Nikolai G. Kuznetsov) 제독이 나중에 한 말에 따르면, 하급자와 나누는 사적인 대화에서도 독일의 침공 가능성을 거론하는 것은 위험천만한 일이었다. 흐루쇼프는 스탈린에게 직접 그런 말을 하는 사람은 누구든 “두려움에 떨어야 했다”고 회상했다.[3)]

아무도 믿지 못했던 스탈린은 히틀러의 말은 끝까지 믿었다. 소망적 사고의 실례를 보여주는 대목이다. 나중에 스탈린은 독소조약이 오로지 한시적이며 전술적인 조치였다고 주장했다. “이로 인해 우리나라는 1년 반 동안 평화를 유지하고 군대를 강화할 수 있는 기회를 얻었다.” 그러나 당시 독소조약이 무한히 지속되기를 바랐던 것만은 분명하다. 그게 아니라면 적어도 독일과 서방이 장기전에 돌입하여 서로 피폐해지기를 바랐을 것이다. 그러면 1925년 선언에 따라 소련이 참전하여 전리품을 긁어모을 수 있을 테니까 말이다. 어쨌든 그동안 스탈린은 독소조약 덕분에 많은 이득을 보았다. 1940년 중엽까지 1918~19년에 잃었던 러시아 영토의 대부분을 회복했고, 폴란드 동부를 점령했다. 1940년 봄에 스탈린은 15,000명의 폴란드 장교를 학살했다. 그중 3분의 1은 스몰렌스크 근처의 카틴 숲에서, 나머지는 스타로벨스크(Starobelsk)와 오스타치코프(Ostachkov) 등의 강제

수용소에서 숨졌다. 이 대량 학살은 게슈타포의 제안에 따라 이루어졌을 가능성이 크다.[4] 나치와 소비에트의 안보 조직은 1941년 6월 22일까지 긴밀한 협력 관계를 유지하고 있었다. 소련 내무인민위원회는 주로 공산주의자 또는 유대계로 분류된 수백 명의 독일인을 게슈타포에 넘긴 바 있다.[5] 나치는 그 보답으로, 스탈린이 체제의 적을 추적하는 데 도움을 주었다. 1940년 8월 20일 스탈린은 몇 차례 실패를 거듭한 뒤, 멕시코에서 트로츠키를 얼음송곳으로 찔러 죽이는 데 성공했다. 트로츠키는 이렇게 말한 적이 있다. "스탈린은 반대자의 견해가 아니라 두개골에 공격을 가하려 한다."[6] 맞는 말이다. 그것이야말로 스탈린과 히틀러가 공통으로 즐겨 사용했던 수법이다.

스탈린은 독일군이 프랑스에서 거둔 대승을 기뻐했고, 즉시 13,000대의 탱크를 독일식으로 다시 편제했다.[7] 민주주의 국가들이 몰락하면, 히틀러에게 서유럽과 아프리카를 완전히 넘겨주는 대신, 북유럽과 동유럽, 그리고 중동 일부 지역에서 추가로 보상을 요구할 생각이었다. 그리하여 몰로토프가 1940년 11월 12~13일 독소조약을 새로 협의하기 위해 베를린으로 건너갔을 때, 스탈린은 필수 조건으로 핀란드, 루마니아, 불가리아, 흑해 지역을 소련의 영향권에 포함시킬 것을 요구하고, 최종적으로 헝가리, 유고슬라비아, 폴란드 서부, 스웨덴, 발트 해 해안 지역 일부까지 요구하라고 지시했다.[8] 이 많은 영토는 제2차 세계대전이 끝났을 때, 스탈린이 차지하게 된 지역과 크게 다르지 않다. 몰로토프의 '패키지' 품목은 소련의 목표가 일관적이었다는 사실을 증언하고 있다.

소련이 탐내는 영토 목록은, 히틀러가 우선 서유럽, 아프리카, 아시아를 노리고 중동을 그 다음 목표로 삼는다는 가정에 기초하고 있다. 당시로서는 합리적인 가정이었다. 처칠이 가장 열렬히 소망했던 것은 독일이 소련으로 쳐들어가는 것이었고, 히틀러가 중동을 목표로 삼을까 봐 두려워하고 있었다. 1941년 초만 하더라도 중동이 히틀러의 다음 목표가 될 가능성이 가장 컸다. 독일군은 이미 지중해까지 내려가 전투를 벌이고 있었다. 무솔리니의 탐욕과 무능 때문이었다. 그는 1940년 10월 28일 그리스를 침공했지만, 그리스는 영국의 지원을 받아 이탈리아군을 격퇴했다. 12월 9일 영국군은 리비아에서 공격을 개시했다. 1941년 2월 6일에는 방가지(Benghazi)를 장악했다.

▶ 에르빈 로멜(1891~1944)
리비아에서 패배 일보 직전에 처한 이탈리아군을 지원하기 위해 파견된 독일군 부대 사령관으로 임명되었다. 북아프리카의 전쟁터에서 대담무쌍한 기습공격을 감행하여, '사막의 여우'로 불렸으며 큰 명성을 얻었다.

3일 뒤 히틀러는 화가 났지만 어쩔 수 없이 곤경에 빠진 이탈리아를 구하기 위해 아프리카 군단을 리비아에 파견했다. 아프리카 군단의 사령관은 에르빈 로멜(Erwin Rommel) 장군이었다. 독일군은 일단 전쟁터에 들어서자 파죽지세로 진격했다. 이미 헝가리와 루마니아에 괴뢰 정권을 수립한 나치는, 2월 28일 불가리아로 밀고 들어갔다. 3주 뒤에는 유고슬라비아를 굴복시켜 협정을 강요했다. 베오그라드에서 쿠데타가 일어나 친나치 정부가 제거되자, 독일군은 유고슬라비아와 그리스 양국에 최후통첩을 보냈다. 북아프리카에서는 로멜 장군이 첫 승을 거두는 데 11일밖에 걸리지 않았다. 타격을 입은 영국군은 이집트로 퇴각했다. 유고슬라비아는 4월 17일 일주일간의 전투 끝에 붕괴했다. 그리스는 6일 뒤 항복했다. 5월에는 이미 그리스에서 쫓겨난 영국군이 8일간 필사적인 전투를 벌이다, 독일군 낙하산부대에 치욕적인 패배를 당했다. 5월이 끝날 무렵, 카이로와 수에즈 운하, 이라크 북부의 유전, 이란과 페르시아 만, 아바단의 세계 최대 정유 시설, 그리고 인도로 이어지는 육로와 해로가 전부 독일군의 눈앞에 드러나기 시작했다.

남부 전선에 투입된 독일군 병력은 지극히 일부에 지나지 않았다. 독일군은 작은 대가를 치르고 놀라운 승리를 거두었다. 라에더 제독과 해군 최고 사령부는 중동에 대규모 공세를 가해야 한다고 히틀러를 설득했다. 당시 독일군의 능력으로 충분히 가능한 일이었다. 영국의 육해공군은 방대한 지역에 분산되어 있었고, 어디서나 방어가 취약했다. 히틀러의 동맹국 일본은 이미 극동 공략을 고려하고 있었다. 오늘날 우리가 알고 있는 바로는, 독일군이 수에즈 운하를 돌파하여 인도양에까지 내려올 수 있었다는 게 거의 확실하다. 만약 그랬다면, 독일군은 일본군이 동남아시아를 휩쓸고 내려와 벵골만에 다다랐을 때, 그들과 손을 잡을 수 있었을 것이다. 라에더의 견해로는, 이러한 계획이 성공한다면 대영제국에는 "런던 함락보다 더 끔찍한 충격"이 되었을 것이다. 히틀러는 동유럽에 150개 사단과 대부분의 공군을 배치해놓고 있었다. 인도까지 밀고 들어가는 데는 그 가운데 4분의 1이면 충분했다.[9]

이러한 계획이 파생시킬 일들을 생각하는 것조차 끔찍하다. 인도에서 독일군과 일본군이 손을 잡는다면, 일본의 전쟁 계획에는 이전까지 없었던 논리적인 장기 전략이 더해졌을 것이다. 그리고 아시아에서 앵글로색슨족의 지배력과 영향력은 오랜 세월 동안, 아마도 영원히 사라졌을 것이다. 오스트레일리아조차 위험에 처하고, 결국 강화 조약을 강요받았을 것이다. 천연자원이 무궁무진한 남아프리카도 히틀러의 손아귀에서 벗어나지 못했을 것이다. 영국과 미국은 더 이상 지구 표면적의 6분의 5에 이르는 땅과 대양에서 자원을 끌어다 쓸 수 없게 되고, 세력 범위는 주로 대서양으로 한정될 것이다. 이런 상황에서 전쟁에서 승리한다는 것은 아예 불가능한 목표는 아니라고 하더라도 까마득히 먼 일이 된다. 그렇게 되면 히틀러와 강화 조약을 맺는 것이 불가피할 것이다. 처칠이라고 해도 어쩔 수 없었을 것이다. 이는 정말로 역사의 크나큰 '가정' 이라고 하지 않을 수 없다.

하지만 히틀러는 알렉산드로스 대왕의 영광을 상기시키는 이 원대한 기회를 주저 없이 포기했다. 그는 변함없이 '진정한' 전쟁은 러시아와의 전쟁이라는 생각에 매달렸다. 러시아와의 전쟁이야말로 그가 늘 바라던 전쟁이 아니던가. 그것이야말로 독일이 완수해야 할 운명이며, 인종주의 논리의 불가피한 결과가 아니던가. 물론 러시아를 무너뜨리는 것이 마지막 목표는 아니다. 하지만 러시아를 붕괴시키지 않는다면, 계획은 의미가 없다. 이 목표를 이루기 전까지 독일은 운명이 예정한 세계무대에서 제 역할을 수행할 수 없었다. 히틀러는 조바심이 나서 일을 서둘렀다. 1940년 7월 31일, 할더(Franz Halder) 장군에게 영국이 살아남을 수 있는 희망은 미국과 러시아에 있다고 말했다. 히틀러에게 러시아를 쓰러뜨리는 것은 미국과 러시아를 동시에 제거하는 거나 마찬가지였다. 독일이 러시아를 쓰러뜨리면, 일본이 마음대로 미국과 전쟁을 벌일 수 있기 때문이다. 그는 루스벨트가 1942년이 되면 참전 준비를 마치리라 생각했던 것 같다. 따라서 그런 일이 일어나기 전에, 먼저 러시아를 제거해야 했다. 히틀러가 보기에는 그것이 일의 순서였다. 1941년 1월 9일, 그는 부하 장군들에게 일단 러시아를 쓰러뜨리면 독일이 러시아의 자원을 마음대로 사용할 수 있고, 따라서 '무적' 이 될 것이라고 말했다. 그러면 독일은 전 세계의 대륙을 상대로 전쟁을 벌일 수 있는 힘을 얻을 것이다. 일본이 태평양에서 미국을 붙잡아두고 있는 동안, 그는 카프카스, 북아프리카, 레반트(동부 지중해 연안) 세 지역으로 진격할 것이고, 독일군은 아프가니스탄을 넘어 영국 식민지의 핵심인 인도로 밀고 들어갈 것이다. 하지만 러시아를 옆에 두고 이런 작전을 실행에 옮기는 것은 너무 위험한 일이다.[10)]

그리하여 페탱과 평화 협정을 맺은 지 며칠 지나지 않아, 히틀러는 참모들에게 러시아 작전 계획을 수립하라고 지시했다.[11)] 원래는 가을에 러시아 침공을 개시할 생각이었다. 하지만 부하 장군들이 너무 위험한 계획이라며 만류했다. 장군들은 지상군이 러시아군을 섬멸하기 위해서는, 5월 초부터 눈이 오기 전까지 건기에 작전을 펼쳐야 한다고 간청했다. 그는 1940년 12월, 최종적으로 공격 계획을 수립했다. 루스벨트가 대통령으로 재선된 직후였다. 히틀러는 루스벨트가 3선 대통령이 된 사건을 특히 불길한 조짐으로 여겼다. 몰로토프에게서 스탈린의 '패키지' 목록을 전달받은 뒤, 히틀러는 독소조약이 '정략결혼' 이긴 하지만 더 이상 지속할 만한 가치가 없다고 판단했다. 그 후 가능한 빨리 기회를 잡아 볼셰비키 정권을 처단하겠다는 결의는 조금도 흔들리지 않았다. 그는 지중해로 내려가 전투를 벌인 일을 안타깝게 생각했다. 하지만 바보 같은 무솔리니 때문에 어쩔 수 없었다. 히틀러는 나중에 이렇게 말했다. "그 일 때문에 개전(開戰)이 늦어졌다. 그것은 치명적이었다. …… 우리는 1941년 5월 15일부터 러시아를 공격하고 …… 겨울이 오기 전에 작전을 끝마쳤어야 했다."[12)] 독일군은 남방작전이 종료되자, 신속히 러시아로 진격했다.

1941년은 제2차 세계대전의 분수령이 되었고, 인류와 세계의 현재를 낳았다. 1941년을 깊이 들여다보면, 역사가들은 역사에서 개인의 의지가 얼마나 결정적인 역할을 하는지 알고는 크게 놀랄 것이다. 히틀러와 스탈린은 인류를 볼모로 체스 게임을 했다. 어느 모로 보나 스탈린이 운명적인 조약을 맺은 것은 개인적인 불안, 즉 독일에 대한 편집증적인 공포 때문이었다. 조약을 굳건히 지킨 것도 자기 자신의 탐욕과 환상 때문이었다. 그리하여 히틀러는 독소조약이라는 거짓된 안전 장막 뒤에서 살인의 봄을 준비할 수 있었다. 전략의 핵심 사항으로 러시아 침략 전쟁을 결정하고 취소하고 연기하다 다시 개시한 것은, 다른 누구도 아닌 히틀러였다. 그는 자신이 바라는 시간과 장소에 맞춰 마음대로 계획하고 행동했다. 두 사람에게서 우리는 저항할 수 없을 만큼 강력한 역사적 동력을 찾아볼 수 없다. 또한 이들은 국민과 협의한 일도 없고, 자신을 선택한 집단의 의사를 대변한 적도 없다. 스탈린과 히틀러는 각자 운명의 단계를 밟아나가면서 홀로 결정했고, 누구의 충고도 듣지 않았다. 그들은 저열하기 짝이 없는 개인적인 편견과 독단적인 비전에 따라 행동했다. 부하 장교들은 맹목적으로, 또는 공포에 질려 복종했고, 수많은 국민은 선택의 여지없이 그들의 뒤를 좇아 상호 파멸의 길에 들어설 수밖에 없었다. 여기서 우리가 보는 것은 역사적 결정론이 아니다. 오히려 그와는 정반대의 것, 바로 극단적인 독재자의 행태다. 종교, 전통, 위계, 관습의 도덕적 제약이 제거되면, 파멸의 사건을 일으키거나 멈추게 하는 힘은 대중의 집단적인 선의가 아니다. 그 힘은 더없이 악한 본성 때문에 대중에게서 고립된 인간의 수중에 떨어지게 되는 것이다.

실패의 원인

러시아를 침공하기로 한 결정은 히틀러의 생애에서 가장 중대한 사건이다. 이로 인해 그는 제국과 함께 파멸을 맞고 말았다. 히틀러의 러시아 침공은 또한 현대사에서 가장 중요한 사건이기도 하다. 소비에트의 전체주의가 유럽의 심장부에까지 들이닥치는 계기가 되었기 때문이다. 하지만 히틀러는 이 도박에 성공할 수도 있었다. 따라서 히틀러가 왜 실패했는지 이해할 필요가 있다. 1945년 초 히틀러는 작전 개시가 5~6주 지연되었기 때문에, 겨울이 오기 전에 모스크바를 점령하고 스탈린 체제를 붕괴시키는데 실패한 것이라고 주장했다. 하지만 러시아 침공 당시 히틀러는 시간에 쫓기는 것 같지 않았다. 진실은 애석하게도 히틀러가 러시아군의 능력을 과소평가했다는 데 있다. 외교가들 사이에 전해지는 격언 중에 이런 말이 있다. "러시아는 보기보다 강하지 않지만, 보기보다 약하지도 않다." 히틀러는 이 말을 무시했다. 적군을 무시한 것은 히틀러만이 아니다. 영국군과 프랑스군의 참모진도 러시아 적군의 능력을 폴란드군보다 낮게 평가했다. 이러한 견해는 1939~40년 소련과 핀란드의 전쟁에서 사실로 드러났다. 소련은 끝내 핀란드를 굴복시켰지만, 사상자가 20만 명이 넘었다. 핀란드의 사상자는 약 7만 명이었다. 당시는 1937~38년 숙청으로 러시아 적군의 사기가 크게 떨어졌다는 견해가 일반적으로 받아들여졌다. 또 하이드리히는 자신의 조직이 투하체프스키를 비롯하여 우수한 소비에트 장교들을 함정에 빠뜨렸다고 말했는데, 독일 군사정보국 국장 카나리스(Wilhelm Canaris) 제독은 그 말을 그대로 믿었다.[13] 히틀러가 러시아 침공 작전이 프랑스 점령보다 쉬운 일이 되리라 생각했던 것은, 어느 정도 카나리스의 잘못된 판단에 기인했다. 히틀러는 불가리아 대사 드라고노프(Dragonoff)에게 적군을 보잘것없다고 말했다. 적군이 "산산조각 나고 …… 와해되어 짓밟힐 것"이라고 생각했다. 1940년 12월 그는 "3주면 상트페테르부르크에 가 있을 것"이라고 예상했다.[14] 히틀러는 러시아군의 전투 능력에 대해 훨씬 더 냉정히 판단하는 동맹국 일본의 견해에도 신경 쓰지 않았다. 일본은 1939년 5~6월의 쓰라린 경험을 통해, 소련이 특히 탱크전에서 뛰어나다는 사실을 알고 있었다. 프랑스 작전에서 완벽한 준비를 통해 눈부신 성과를 이끌었던 독일의 참모부도 러시아 작전을 가볍게 취급했다. 그 무렵 독일은 드디어 프랑스 폴란드 체코슬로바키아로 이루어진 견고한 '전략적 삼각형'을 깨부수었다는 행복감에 도취되어 있었다. 이제 독일은 어디든 자유롭게 갈 수 있었다. 전략 계획 수립을 책임진 마르크스(Erich Marcks) 장군은 러시아 적군의 저항을 분쇄하는 데는 기껏해야 9주, 최대 11주가 걸릴 것이라고 생각했다. 소련군이 1812년 나폴레옹 군대와 싸웠을 때처럼, 내륙 깊숙이 후퇴하리라는 의견은 일축되었다. 스탈린이 드네프르 강 서쪽의 산업 지대를 보호할 수밖에 없는 입장이었기 때문이다. 러시아의 군대 편성 능력으로 봐서는 900~1,200만 명에 달하는 예비역 병사를 동원하는 것도 불가능할 게 뻔했다. 마르크스 장군은 독일에 비해 러시아가 수적으로도 불리하리라 예상했다.[15]

마르크스 장군의 말은 정확히 히틀러가 듣고 싶었던 말이었다. 히틀러는 싼 값으로 전쟁을 치를 수 있으리라 확신했다. 전격전은 군사적인 개념만큼이나 경제적인 개념이다. 히틀러의 생각으로 독일은 러시아의 부를 소유하기 전까지는 장기전을 끌고 나갈 능력이 없었다. 러시아 침공 작전은 바르바로사 작전(Operation Barbarossa)으로 명명되었다. 바르바로사 작전은 사실상 마지막 전격전이 되었고, 최소한의 비용이 투입되었다. 1941년에도 히틀러는 독일 경제를 완전한 전시체제로 전환할 마음이 없었다. 프라하 점령 뒤 그는 독일군이 총력전을 치를 의지가 있는지 의심하게 되었다. 그래서 여자들을 군수 공장에 몰아넣는다거나 군사적인 목적에 필요한 수준 이상으로 민간의 생산과 소비를 줄이려 하지 않았다. 군사적인 목표의 규모 면에서 볼 때, 바르바로사 작전에서 독일군의 전력이 상당히 약했던 것은 이 때문이다. 바르바로사 작전에는 153개 사단이 참여했지만, 탱크는 3,580대, 야포는 7,184문, 항공기는 2,740대뿐이었다. 소련군이 1945년 1월 베를린 공격에 참가했을 때는 베를린에만 탱크 6,250대, 항공기 7,560대, 야포 41,600문 이상을 투입했다.[16] 독일군의 이동 수단은 대부분 말이었다. 기동력 부족은 작전이 진행되면서 점차 큰 부담이 되었다. 독일군은 1930년대 말의 병기로 1940년대의 전쟁을 치르고 있었고, 그마저도 충분치 않았던 것이다.

독일군의 약점은 공중에서 가장 크게 드러났다. 영국 공습 기간 중 허약함을 드러낸 괴링의 공군은 전선 전역에서 효과적으로 지상군을 지원해주지 못했다. 스탈린의 군수 공장을 폭격하는 데도 실패했다. 괴링은 말할 수 없이 태만하고 무능한 지도자였다. 수석 기술 장교와 수석 참모는 실책이 드러나 결국 자살을 강요받았다.[17] 하지만 책임은 독일 공군에 항공기를 충분히 제공하지 않은 히틀러에게도 있다. 나치의 병기 조달 방식에도 똑같은 책임을 물어야 한다. 나치는 통제와 관료주의에 물들어 있었고, 만족할 만한 성능의 중폭격기를 제작해내지도 못했다. 제2차 세계대전에 혁혁한 전과를 올린 비행기는 영국의 모스키토나 미국의 무스탕(P-51)이었다. 이런 최상의 비행기는 모두 정부나 공군 참모진이 아니라 민간 주도로 만들어졌다.[18] 독일 공군은 3군 가운데 당의 지배력이 가장 컸고, 지극히 전체주의적이었다. 히틀러는 이를 방관했고, 곧 비싼 대가를 치러야 했다.

히틀러도 명백한 실수를 저질렀다. 실수는 작전이 진행되면서 점차 확대되었다. 그는 바르바로사 작전을 지나치게 낙관했다. 게다가 초기의 압도적인 승리로 작전이 거의 끝났다고 생각했다. 이런 생각이 실수를 확대했다. 소련은 전쟁 초 무기 면에서 압도적인 우위를 점하고 있었다. 탱크는 7대 1, 비행기는 4 내지 5 대 1의 비율이었다.[19] 하지만 스탈린은 그전까지 독일군 침공 경고를 무시했고, 전쟁이 시작되고 나서는 전선에서 물러서지 말고 어떤 대가를 치르더라도 영토를 사수하라고 군에 명령했다. 이 때문에 소련군은 막대한 피해를 입었다. 그해가 끝나기 전까지 350만 명이 독일군에 포로로 잡혔다. 100만 명가량은 죽거나 부상을 당했다.[20] 독일군은 이 엄청난 전과 대부분을 작전이 시작되고 나서 한 달 안에 기록했다. 7월 14일 히틀러는 전쟁이 끝났다고 확신했다. 그는 전시 생산을 육군 중심에서 해군과 공군 중심으로 재편하라고 지시했다.[21] 실제로 탱크 생산은 원래 계획된 한 달 생산량(600대)의 3분의 1로 줄어들었다. 히틀러는 러시아 전선에서 8월 말에는 보병 사단을, 9월에는 기갑 부대를 철수시킬 마음을 품고 있었다. 중동과 인도로 남하 작전을 개시하기 위해서였다. 그렇게 된다면 50~60개의 사단이 아스트라한(Astrakhan)에서 아르항겔스크로 이어지는 러시아 전선을 지키고, 우랄 산맥 너머까지 보복 공격을 수행해야 했다.

이러한 판단은 이해할 수 없을 정도로 낙관적인 것이었다. 7월 중순이 넘어가자 히틀러는 경제적인 이유에서 우크라이나 침략을 결정했다. 모스크바 진격은 두 달 동안 미뤄졌다. 그래서 실제로 모스크바 진격이 시작된 때는 10월 2일이었다. 그날 히틀러의 가장 뛰어난 탱크 부대 지휘관 구데리안(Heinz Guderian) 장군은 그해 처음으로 눈송이가 날리는 것을 보았다. 나흘 뒤 폭우가 쏟아졌다. 11월 두 번째 주에는 일찍부터 엄청난 서리가 내렸다. 공격에 속도를 낼 수 없었다. 독일군 탱크는 모스크바 북쪽에서 약 30킬로미터, 서쪽에서 약 50킬로미터 지점까지 도달해 있었다. 하지만 기온이 점차 떨어졌다. 처음에는 영하 20도였고, 나중에는 영하 60도까지 떨어졌다. 병참감(兵站監) 바그너(Eduard Wagner)가 작성한 11월 27일의 보고서를 할더 장군은 한 문장으로 요약했다. "우리는 인적 · 물적 자원에서 한계에 도달했다."[22] 12월 6일 그 와중에 러시아군이 사전 경고 없이 엄청난 기세로 반격해왔다.

이 단계에 이르러 바르바로사 작전이 실패했다는 사실이 명백해졌다. 따라서 완전히 새로운 전략이 필요했다. 하지만 히틀러는 육군 최고사령관 브라우히치(Walther von Brauchitsch)를 해임하고 직접 작전을 지휘했다. 그는 즉시 전술적 후퇴를 금지하는 명령을 내렸다. 명령은 금세 확고한 방침이 되었다. 작전은 완전히 유연성을 잃어버렸다. 독일군은 혹독한 겨울 내내 방어전을 펼쳤지만, 100만 명 이상의 사상자를 냈다. 이 숫자는 동부 독일군의 31.4퍼센트에 달하는 규모였다. 러시아 침공 작전은 다시 기세를 회복하지 못했다. 시작된 지 2년 만에 전격전이 막을 내렸다. 봄에 공격이 재개되었다. 1942년 8월 21일 독일군은 카프카스 정상에 당도했다. 하지만 남쪽의 유전 지대에는 손을 뻗치지 못했다. 이틀 뒤 독일군은 볼가 강변의 스탈린그라드로 진격했다. 하지만 넓은 의미에서, 그때는 이미 독일군의 공격 능력이 고갈되었다고 할 수 있다. 그들을 기다리는 것은 고통스런 방

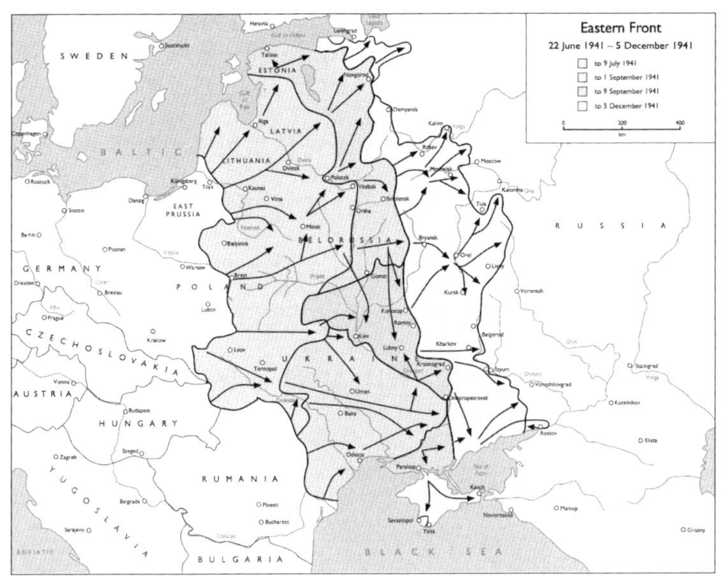

▶ **바르바로사 작전(1941)**

제2차 세계대전 중 나치 독일의 러시아 침공 작전명으로 1941년 6월 22일에 시작되었다. 작전의 목표는 러시아의 유럽 영토를 빠르게 정복하는 것이었지만, 러시아의 적군에 패하여 실패로 끝났다.

어전뿐이었다. 전쟁의 양상이 공격에서 방어로 전환되는 이 시기에 히틀러는 더 자주 작전의 세부 사항까지 간섭했다. 정기적으로 군단과 육해공의 참모진, 사단이나 연대 지휘관에게 직접 명령을 내렸다. 고위 장교들과 심한 언쟁을 벌였고, 이들 대부분을 해임했으며, 그중 한 명은 총살했다. 1941년 가을 괴벨스는 히틀러가 "몹시 늙어버렸다"고 적었다. 할더 장군은 이렇게 썼다. "적의 능력을 과소평가하는 것이 총통의 단점이다. 그 단점이 점차 기괴한 모습으로 변해가고 있다."[23] 히틀러는 군단 지휘관을 해임하고, 직접 군사 행동을 세부적으로 지시했다. 작전 참모장 요들(Alfred Jodl)에게는 아무 말도 하지 않았다. 따져보면, 그는 모든 최고사령관과 참모장, 육군 원수 18명 중 11명, 전체 육군 대장 40명 중 21명, 러시아 전선에 있는 육해공의 거의 모든 지휘관과 언쟁을 벌였다.[24]

하지만 히틀러의 개인적인 오판은 독일군이 러시아에서 실패한 유일한 이유도, 주된 원인도 아니다. 원인은 더 깊은 곳에 있다. 바로 전쟁의 개념 자체, 그리고 히틀러가 의도하는 정치적인 목표 전체에 뿌리를 두고 있었다. 히틀러는 러시아를 공격하면서 서로 다른 두 가지 일을 동시에 하려고 했다. 하나는 군사적 승리를 거두는 것이고, 다른 하나는 사회공학이라는 거대한 사업을 실행에 옮기는 것이다. 이 두 가지 목표는 양립할 수 없었다. 물론 군사 작전에 정치적 목표가 수반되는 것은 이상한 일이 아니다. 그런 점에서 1941년에는 '해방전쟁' 이라는 말이 확실히 의미를 지니고 있었다.

스탈린은 오로지 테러로 통치했다. 그의 정권은 국내에서도 인기가 없었고, 유럽에서는 증오와 공포의 대상이 되었다. 독일에 있는 많은 사람과 독일 밖에 있는 훨씬 더 많은 사람이 볼셰비키 체제와의 전쟁을 일종의 성전으로 여겼다. 그들은 이 전쟁이 억압받고 있는 수많은 유럽 민족을 대신하여 독일이 벌이는 전쟁이라고 생각했다. 북극 지방에서 발트 해까지 야만적인 러시아인이 얼마나 많은 유럽 사람을 수탈하고 억압해왔던가. 바르바로사 작전에는 루마니아에서 12개 사단, 핀란드에서 2개 사단, 헝가리에서 3개 사단, 슬로바키아에서 3개 사단이 참가했다. 여기에 나중에 이탈리아의 3개 사단과 스페인의 1개 사단이 더해졌다.[25] 이 가운데 많은 수가 지원병이었다. 게다가 본국과 해외에서 온 많은 러시아인이 독일군 편에서 참전했다. 그들은 히틀러의 침공을 러시아에서 자유를 되찾을 수 있는 절호의 기회라고 생각했다. 20년 이상 불행을 강요하고, 1,500만 명의 목숨을 앗아간 볼셰비키 정권을 쓰러뜨리기를 바랐다.

히틀러는 자신을 이런 성전의 지도자로 내세울 수도 있었을 것이다. 하지만 그렇게 하는 것은 자기기만이나 다름없었다. 히틀러는 해방 따위는 모르는 인물이다. 그는 스탈린처럼 사람들을 노예로 삼으려고 했을 뿐이다. 그들이 적수가 되고, 정권이 서로 충돌하게 된 것은 어쩌다가 다른 인종으로 태어났기 때문이다. 본질적으로 그들은 동일한 이데올로기주의자들이었고, 인류를 근본적으로 엘리트와 노예로 구분하는 신세계를 추구했다. 히틀러가 러시아에서 추구한 목표는 결코 이상주의적인 것이 아니다. 무자비하고 편협한 탐욕을 추구했을 뿐이다. 그는 1941년 3월 30일, 250명에 달하는 독일 3군의 고위 장교들에게 목표를 설명했다.[26] 그의 말에 따르면, 프랑스에 대한 전쟁은 '통상적인' 전쟁이었다. 서구에 대한 전쟁은 모두 마찬가지다. 이런 전쟁은 군사적인 성격을 띤다. 따라서 전쟁의 규칙이 적용된다. 하지만 동방에서는 전쟁의 성격이 사뭇 달라진다. 독일은 러시아에 대해 전면전을 펼칠 것이다. "우리는 우리 손으로 러시아인을 전멸시킬 것이다." 바르바로사 작전의 목적은 몰살, 영토 확대, 식민지 건설이었다. 장군들은 히틀러가 암시한 야만 행위에 대해 제대로 깨닫지 못했던 것 같다.[27] 히틀러는 놀라지 않았다. 그는 이미 이에 대한 준비를 해놓은 상태였다. 친위대의 규모를 엄청나게 확대한 것도 이 때문이다. 히틀러는 친위대의 임무를 미리 생각해놓고 있었다. 친위대는 이제 그들 본연의 임무를 수행하게 될 것이다. 그는 친위대 아래 '전문가' 집단을 조직했다. 약 3,000명으로 구성된 이들은 무장경찰기동대(Einsatzgruppen)로 불렸으며, 정규군을 따라 이동하면서 생각할 수조차 없었던 대담한 사회공학을 실천했다.

레닌의 이데올로기적 모험과 레닌주의의 나쁜 면만을 극대화한 스탈린의 야만적인 통치는 한 세대 동안 동유럽을 고통 속에 몰아넣었다. 가난하고 학대받고 억압당해온 동유럽은 이제 히틀러의 마수 아래 또 다른 전체주의 실험의 무대가 될 운명에 처했다. 바르바로사 작전의 군사적 목적은 부수적인 것에 지나지 않았다. 진정한 목적은 다음과 같다. 첫 번째, 볼셰비키주의와 '유대적 본거지'를 섬멸한다. 두 번째, 식민지 건설을 위한 영토를 확보하고, 세 번째, 슬라브족을 (지역별로 발트 해, 우크라이나, 러시아, 카프카스로 구분되는) 4개의 '제국 병참 지구' 아래 예속시킨다. 네 번째, 앵글로색슨족 국가들이 시도할지 모르는 봉쇄 정책에 대비해 자립 경제 체제를 구축한다.[28)]

히틀러의 궁극적인 목적은 2억 5,000만 명의 독일 국민을 만드는 것이었다. 그는 우랄 산맥 서쪽의 대평원에 1억 명의 독일인을 이주시킬 것이라고 말했다. 앞으로 10년간 우선 2,000만 명을 동쪽으로 이주시킬 생각이었다. 식민화 과정에는 분명한 계획이 서 있었지만, 이주자들을 어디서 찾아야 하는지를 몰랐다. 이주할 자격과 의지가 있는 남동 유럽 독일인은 겨우 500만 명, 기껏해야 800만 명일 것이다. 히틀러의 측근 알프레트 로젠베르크는 전쟁이 끝났을 때 인종적으로 독일인과 가까운 스칸디나비아인, 네덜란드인, 영국인 가운데서 이주자를 '선발' 하는 것을 고려하고 있었다. 이 대규모 인구 이동은 역사적인 대과업이 될 게 분명했지만, 세부적인 부분까지 치밀하게 계획되어 있었다. 훈장이 있는 군인은 여러 명의 아내를 둘 수 있고, 마음대로 여자를 고를 수 있었다. 크림 반도는, 슬라브인과 유대인이 '청소된' 뒤, 독일인의 거대한 휴양지로 바뀔 것이다. 지명도 타우리아(Tauria)라는 예전의 그리스식 이름으로 바꾸고, 티롤 남부의 농민을 이곳으로 이주시킬 생각이었다.[29)] 우크라이나와 러시아 서남부의 방대한 지역에는 새로운 독일 문명을 건설할 계획이었다. 히틀러는 이렇게 묘사했다.

> 이곳에서 아시아 스텝 지대의 특성을 없애고 유럽화해야 한다. …… '제국 농민' 은 매우 아름다운 정착지에 살게 될 것이다. 독일의 공공 기관과 단체는 멋진 건물과 궁전 같은 총독 공관에서 일하게 될 것이다. 각 도시를 중심으로 30 또는 40킬로미터 반경 안에 아름다운 촌락이 원을 이루며

펼쳐지게 될 것이다. …… 이 때문에 우리는 지금 크림 반도 남단에 카프카스 산맥으로 이어지는 큰 간선 도로를 건설하고 있다. 교통의 요지마다 실에 진주를 꿰는 것처럼 독일 도시를 세울 것이며, 이런 도시 주변으로 정착지를 마련할 것이다. 우리는 낡고 퇴락해가는 러시아인의 집에다 우리의 생활권을 건설하려는 것이 아니다! 독일인의 정착지는 훨씬 더 높은 수준이 되어야 한다![30)]

1941년에 히틀러의 구상이 확대되면서 전 유럽이 그 대상이 되었다. 벨기에, 네덜란드, 룩셈부르크, 솜 이북의 프랑스 영토 전체가 대(大)독일에 편입되고, 도시의 이름도 바뀔 것이다. 낭시(Nancy)는 난치히(Nanzig), 브장송(Besancon)은 비잔츠(Bisanz)가 된다. 트론헤임(Trondheim)은 독일의 중요 도시로 25만 명이 사는 해군 기지가 될 것이다. 알프스 산맥은 '게르마니아' 를 새로운 수도로 하는 '북부 독일 제국' 과 '남부 로마 제국' 의 경계가 될 것이다. 교황은 교황복을 그대로 입은 채 성 베드로 광장에서 교수형에 처해질 것이다. 스트라스부르 성당은 거대한 '무명용사 기념 건물' 이 될 것이다. 다년생 호밀 같은 새로운 곡물이 개발될 것이다. 히틀러는 흡연을 금지하고, 채식을 의무화하며 고대의 뜨개질 기술을 부활시킬 것이다. 애견 사육 담당 특별 행정관과 방충해 담당 차관보도 임명할 것이다.[31)]

이 모든 '건설적' 방안을 실행하려면 아직 시간이 필요했다. 하지만 1941년 6월 22일부터 사전 준비의 일환으로 파괴 작업이 시작되었다. 러시아 이주 계획은 유대인을 대상으로 한 '최종적인 해결책' 과 유기적으로 연결되어 있었다. 이에 관해서는 다음 장에서 살펴볼 것이다. 군사적인 면에서 1941년에 가장 중요했던 것은, 5월에 하이드리히가 명령으로 구체화시키고 '총통령' 이 확인시킨 특별한 결정이다. 공산당 간부들과 함께 유대인과 집시, '아시아계 열등 인종'을 즉시 말살해야 할 대상으로 분류하고, 이를 행동에 옮기는 군대 장병들에게는 처벌을 면제한다는 내용이다. 1941년 6월 6일의 '인민 위원령'에서는 소비에트 관리는 "원칙적으로 즉시 총살시켜야 한다"고 지시하고 있었다. 바르바로사 작전 직전에 공포된 '행동 지침'은 "볼셰비키 선동가, 게릴라, 방해자, 유대인에게 무자비하고 강력한 조치를 취하고, 적극적이거나 소극적으로 저항하는 모든 사람을 제거하라"고 요구했다.[32] 실제로 무장경찰기동대는 독일군이 점령한 지역에서 교육받은 모든 사람과 사회 지도자를 체포하여 집단으로 총살하기 시작했다. 1941년에 50만 명의 러시아 유대인이 총살당했고, 대략 같은 수의 러시아인이 살해당했다. 무장경찰기동대 지휘관 오토 올렌도르프(Otto Ohlendorf)는 뉘른베르크 재판에서 자신의 부대가 1941년에 남자, 여자, 아이 할 것 없이 9만 명을 살해했다고 증언했다. 7월이 되자 소련 국민은 전멸 전쟁에 직면해 있다는 사실을 깨닫고 공포에 사로잡히기 시작했다.

스탈린의 생존 전쟁

그 결과 스탈린과 그의 정권은 구제받을 수 있었다. 7월 3일 스탈린이 마침내 소련 국민들에게 연설할 무렵, 독일과의 전쟁을 애국 전쟁으로 바꿔 놓을 수 있다는 게 분명해졌다. 그는 히틀러를 나폴레옹에 비유하고, 군에 게릴라전과 초토화전을 요구했다. 이러한 호소는 어느 정도 국민들의 반향을 불러일으켰다. 1918년 이후 처음으로 종교의식이 널리 허용되었다. 종교 의식은 러시아인이 민족적 정체성을 회복하는 데 필요한 가장 중요한 요소였다. 강제수용소의 죄수들 중 일부는 최전선의 '죄수 부대' 병사로 차출되었다. 보리스 파스테르나크는 나중에 『닥터 지바고 *Doctor Zhivago*』에서 강제수용소 수용자들이 이 전쟁을 얼마나 반겼는지 감동적으로 묘사했다.[33] 스탈린은 얼마간 참여 '민주주의'에 빠져보기도 했다. 천장이 높고 레닌의 데스마스크가 놓여 있는 크렘린의 집무실을 나와, 모스크바의 안전한 지하실에서 11월 6일 소련 전역에 연설을 내보냈다. 스탈린은 그답게 소련군이 "탱크 수에서 독일군보다 몇 배나 부족하다"고 거짓말을 했다. 사실 전쟁이 시작될 무렵 적군의 탱크는 13,000대였다.[34] 이튿날 그는 붉은 광장에서 제정 러시아의 성인과 전쟁 영웅의 이름을 들먹이며 국민들에게 호소했다. "위대한 선조들, 알렉산드르 네프스키(Alexander Nevsky), 디미트리 돈스코이(Dimitry Donsloy), 쿠즈마 미닌(Kuzma Minin), 디미트리 포자르스키(Dimitry Pozharsky), 알렉산드르 수보로프(Alexander Suvorov), 미하일 쿠투조프(Mikhail Kutuzov)의 용감한 모습을 생각하며 이 전쟁에 임하시오!"[35)]

그런데도 1941년 11월 스탈린 정권은 붕괴되기 직전이었다. 대부분의 정부 기관은 볼가 강 연안의 쿠이비셰프(Kuibyshev)로 옮겨갔다. 가져갈 수 없는 공문서는 모두 소각했다. 이 소식이 알려지자 폭동이 일어났다. 군중은 식료품 상점을 약탈했고, 공산당 관리들은 신분증을 찢어버리고 숨을 준비를 했다. 스탈린이 모스크바에 머무르고 있다는 소식에 간신히 완전한 파국을 막을 수 있었다.[36)] 스탈린이 모스크바에 머물렀던 것은 히틀러가 모든 권력을 자기 손에 쥐고 있는 이유와 똑같았다. 그는 장군들을 믿지 못했다.

스탈린은 여전히 테러를 행사할 수 있는 수단을 원했다. 테러는 그가 아는 유일한 통치 방법이다. 애국심이라는 카드를 내놓았지만, 모든 사람에게 부과한 공포의 무게를 가볍게 해줄 수는 없었다. 군대는 충성심보다는 두려움의 끈으로 묶여 있었다. 스탈린의 오른팔이자 비서였던 메클리스(L. Z. Mekhlis) 중장이 육군 정치 감독관이 되었다. 그는 숙청 기간에 수천 명을 처형했던 인물이다. 스탈린은 1939~40년 겨울 핀란드와 전쟁을 벌이고 있을 때, 그를 전쟁터로 보냈다. 메클리스는 거기서 패전한 지휘관들을 해임하고 체포하여 총살시켰다. 레닌주의 군법 아래서는 적의 포로로 잡히는 것도 죄였다. 메클리스는 1940년 3월에도 소름끼치는 장면을 연출했다. 당시 전쟁 포로 수천 명이 레닌그라드로 귀환하고 있었다. "조국은 영웅을 환영한다"는 현수막이 걸려 있었다. 그들은 계속 행진하여 철로에 세워진 가축 열차에 올라탔다. 그들을 실은 가축 열차는 강제수용소로 직행했다.[37] 메클리스와 부관인 육군 인민위원 슈샤덴코(Efim A. Shchadenko)는 스탈린의 개인적인 지시를 받고 1940년과 1941년에도 계속 장교들을 체포하고 투옥하고 총살했다. 서부군 지휘관 파블로프(D. G. Pavlov)는 '배신행위' 혐의로 살해당했다. 1941년 10월과 1942년 7월에도 대규모 총살이 집행되었다. 1942년 7월의 사건은 쿠데타를 미연에 방지하기 위한 조치였다.[38] 전장을 담당하는 보안 부대로 스메르쉬(Smersh)가 창설되어 피라미들을 맡아 처리했다. 후방에서는 병사들의 도주를 막는 경찰 부대가 스메르쉬와 협력했다. 전쟁 포로가 된 사람들의 가족과 친척은 장기간의 투옥을 피할 수 없었다.[39] 일반 사병들은 사방에 죽음이 도사리고 있다는 것을 깨닫고 마지막까지 싸울 수밖에 없었다.

조금이라도 충성심을 의심받은 자들은 가축처럼 취급받았다. 독일군의 진군이 예상되는 지역에서는 정치범이 대량 학살당했다.[40] 스탈린도 방어적인 사회공학을 실천하고 있었다. 그 규모가 히틀러의 야만적인 계획에 다소 못 미쳤을 뿐이다. 볼가 독일인 소비에트 사회주의 자치 공화국에 사는 독일인 165만 명이 시베리아로 이송되었다. 다른 민족들이 줄줄이 그 뒤를 따랐다. 체첸인, 잉구시인, 카라차이인, 북부 카프카스의 발카르인, 카스피 해 북서부의 칼미크인, 크림 반도의 타타르인, 소련과 터키 국경의 메스케티아인들이 그들이다. 이러한 민족적 범죄 행위 중 일부는 독일군의 위협이 사라지고 오랜 시간이 지난 뒤에도 계속되었다. 체첸인들은 1944년 2월 23일 살던 곳에서 쫓겨났다. 무기대여법에 따라 미국에서 제공한 트럭이 체첸인을 수송하는 데 사용되었다.[41]

스탈린의 무자비함과 히틀러의 어리석음이 결합한 결과 소련은 살아남을 수 있었다. 두 사람은 군 최고사령관으로서 이상하게 닮은 점이 많았다.

둘 다 사상자 따위는 전혀 신경 쓰지 않았다. 병사들이 얼마나 죽든 상관하지 않았다. 두 사람 다 (보안상의 이유로) 전선을 방문하지 않았다. 또 직접 작전을 지시했다. 스탈린은 히틀러처럼 때때로 연대를 지휘했다. 1941년 11월 30일 스탈린은 모스크바에서 서쪽으로 약 30킬로미터 떨어진 데도보데도프스크(Dedovo-Dedovsk) 시가 함락되었다는 보고를 받았다. 그는 주코프 외에도 군 지휘관 로코소프스키(Konstantin Rokossovsky)와 고보로프(Leonid Govorov)에게 소총 중대와 탱크 두 대를 소집하여 직접 도시를 탈환하라고 지시했다.[42]

한편 스탈린은 의심 많은 히틀러조차 시도하지 못한 특별한 차원의 비밀조직을 만들었다. 1941년 7월 초 절망의 끝에서 기운을 차린 순간부터 '스타프카(Stavka)' 라는 비밀 예비 부대를 은밀히 조직하기 시작했다. 스타프카의 존재는 철저하게 감추어져서, 아무리 계급이 높은 장교라도 그 존재를 알지 못했다.[43] 군대의 명령 계통이 이중으로 되어 있고, 군대가 정치적으로 조종되는 레닌주의 체제였기 때문에 가능했다. 결국 스탈린은 전쟁 내내 사적인 군대를 보유하고 있었던 셈이다. 그는 스타프카를 직접 지휘하여 예상치 못한 공격을 감행하곤 했다. 이렇게 해서 전장의 주도권을 잡거나, 히틀러가 친위대를 이용했던 식으로 장군들을 두려움에 빠뜨렸다. 그는 다음과 같은 레닌의 가르침을 기억하고 있었다. "데니킨, 콜차크, 랭겔, 그리고 다른 제국주의 앞잡이들은 후방이 불안했기 때문에 이미 패배가 결정되어 있었다." 스탈린은 스타프카, 당과 내무인민위원회 부대, 게릴라들을 조종하는 '중앙 본부' 로 후방을 '안정' 시켰다. 그는 '중앙 본부' 도 직접 지휘했다.[44]

스탈린이 생존을 위해 몸부림치고 있는 동안, 서구 민주주의 국가들이 많은 도움을 주었다. 히틀러가 소련을 구했다면, 처칠과 루스벨트는 스탈린을 구했다고 할 수 있다. 히틀러가 소련을 침공했을 당시 상황을 냉철하게 판단했던 사람도 있었다. 그런 사람들은 서구 국가들이 소련을 지원하려면, 단순히 물질적인 이해에 기초해야 하며, 신중을 기해야 하고, 도덕적으로나 정치적으로 연루되지 말아야 한다고 주장했다. 조지 케넌은 국무부에 이렇게 얘기했다. "우리가 소련의 전쟁 행위와 정치적으로나 이데올로기적으로 관련될 수 있는 것들은 모두 배제해야 합니다." 소련을 '정치적 동맹국'이 아니라 '길동무'로 취급해야 했다.[45] 케넌의 견해는 타당했다. 도덕적인 차원에서 스탈린은 히틀러보다 나을 것이 없었다. 어떤 점에서는 더 나빴다. 조지 케넌의 얘기는 사실적인 충고이기도 했다. 그는 거래를 할 수 있는 틀을 제안했던 것이고, 거기에는 전후 문제를 처리하는 데 소련과 협의해야 한다는 전제가 없었기 때문이다.

어쨌든 영국은 소련에 어떤 의무도 없었다. 독일이 침공하는 순간까지 소비에트 정권은 히틀러의 전쟁 노력을 최대한 지원했고, 원료 제공 협정을 성실히 지켰다. 1941년 6월 초까지 영국 공군은 독일군에게 석유를 공급하고 있는 바쿠 유전을 폭격할 생각이었다.[46] 이 무렵 처칠은 전쟁이 길어지고 독일군이 중동으로 밀고 들어올 것이라는 생각에 절망하고 있었다. 그러다 히틀러가 러시아로 방향을 틀자 안도했다. 그런데 안도감이 지나쳤는지, 비이성적인 반응을 보였다. 영국의 산업 생산력과 소련의 인적 자원을 합쳐 독일군을 죽음으로 몰아넣을 기회가 왔다고 생각했던 것이다. 처칠이 제1차 세계대전 중 갈리폴리(Gallipoli) 작전을 추진했을 때 느꼈던 충동과 같은 것이었다. 처칠은 갈리폴리 작전이 성공했다면, 세계사의 진행이 달라졌으리라 여전히 믿고 있었다. 독일이 소련을 침공한 날 저녁, 처칠은 전시 내각과 협의하지도 않고 영국과 소련의 협력을 추진하기로 마음먹었다. 이든은 훨씬 더 열정적이었다. 비서 올리버 하비(Oliver

Harvey)가 부추겼기 때문이다. 올리버 하비는 소련에 우호적인 케임브리지 출신의 지식인으로, 강제수용소를 소련의 근대화에 필요한 대가로 보았다.[47] 처칠은 새로 동맹 관계를 맺기 위해 친구 비버브룩 경을 밀사로 선택했다. 영국 대사관 전문가들은 미국의 조지 케넌과 의견을 같이했다. 그들은 이득이 되는 거래를 원했고, "소련의 산업 생산력과 자원에 관한 상세한 정보를 참고로 물자를 제공해야" 한다고 주장했다. 처칠은 그들의 주장과 간청을 물리쳤다. 비버브룩 경은 소련과 동맹을 맺는 정책을 이렇게 규정했다. "소련이 어떤 것을 주든, 혹은 주지 않든, 영국과 미국이 소련의 필요를 채우기 위해 최대한 노력하고 있다는 사실을 의혹 없이 분명히 밝히는 것이다. 말하자면 크리스마스 파티와도 같다."[48]

아무런 조건 없이 원조가 이뤄졌고, 고스란히 스탈린의 손아귀에 들어갔다. 그가 서구 국가들이 제공한 원조 물자로 무엇을 했는지는 알려진 것이 없다. 소련 국민들은 그런 것이 있는지조차 몰랐다. 따라서 영국과 미국은 스탈린이 독재를 강화할 수 있는 수단을 제공한 셈이고, 스탈린은 그 대가를 병사들의 목숨으로 지불했던 것이다. 처칠과 루스벨트는 자신들의 조치에 만족했다. 스탈린에게는 온건파 행세를 할 수 있는 인내심이 있었다. 그는 1921~29년 사이에 인내심을 발휘하여 권력의 사다리를 한 계단 한 계단 올라갔고, 마침내 독재 권력의 정상에 올랐다. 그 무렵 그는 항상 온건파 행세를 하면서, 좌익과 우익의 '과격파' 들을 차례로 처단해나갔다. 그는 이번에도 온건파 행세를 했다. 처칠과 이든, 루스벨트와 특사 애버럴 해리먼(Averell Harriman)은 모두 스탈린이 중도파 정치인이며, 폭력적이고 광신적인 공산당 간부들을 힘들게 억누르고 있다고 생각했다. 스탈린은 이따금 모호한 암시로 이런 환상을 부채질했다. (흥미롭게도 과거에 똑같은 수법을 사용했던 히틀러도 속았고, 무솔리니도 마찬가지였다.)[49] 따라서 스탈린과 그의 독재 정권이 민주주의 국가가 제공한 원조의 유일한 수혜자였다고 할 수 있다.

서구 국가의 지원은 소련이 살아남는 데 결정적인 역할을 했다. 스탈린은 동부 전선의 독일군 배치와 작전 계획에 대한 상세한 정보를 극비리에 제공받았다. 서구에서 암호 해독 작전을 통해 독일군의 난해한 암호 체계인 에니그마를 해독해낸 덕분이다.[50] 서구에서 제공하는 이런 정보는 1942년 이후 작전에 직접적이고 중요한 영향을 미쳤다. 스탈린은 이를 기반으로 1943~44년 큰 승리를 얻을 수 있었다. 승리의 영광은 물론 스탈린에게 돌아갔다. 하지만 더 중요한 것은 독일군의 침공 후 맞는 첫 번째 가을에 아스트라한과 아르항겔스크에 급파된 군수 물자였다. 이것으로 스탈린은 12월 6일 독일군에 반격을 가하고, 절망적인 겨울을 지내는 동안 불리했던 전세를 역전시킬 수 있었다. 군수 물자 중 신형 전투기 200대는 원래 적의 공격에 취약한 영국의 싱가포르 기지에 배치될 예정이었다. 싱가포르 기지에는 신형 전투기가 없었다. 싱가포르의 운명은 이 신형 전투기가 (탱크와 함께) 소련으로 흘러들어간 순간 결정되어버린 셈이다.[51] 역사의 아이러니다. 영국의 마지막 위대한 제국주의자 처칠이 전체주의 국가를 적으로부터 지키기 위해 자유로운 제국의 식민지를 희생시켰기 때문이다.

소련의 반격은 1941년 12월 6일에 개시되었다. 이 순간부터 히틀러는 전쟁에서 주도권을 상실했다. 그는 1936년 라인란트로 진군한 이래 세계 정치를 지배해왔고, 언제나 주도권을 쥐고 있었다. 하지만 이제 역사의 주인이 아니라 역사의 하인이 되었다. 그는 무의식적으로 이 우울한 현실을 깨닫고 — 또한 그것을 감추기 위해 — 5일 뒤 도저히 이해할 수 없는 무분별한 결정을 내렸다.

히틀러의 행적에 관한 커다란 수수께끼 중 하나는 일본과 연합하여 전쟁 계획을 세우지 않았다는 점이다. 1936년 11월 25일의 반코민테른협정 이후 독일과 일본은 동맹국이 되었다. 영토 확장의 목표를 가진 '가지지 못한' 강대국으로, 독일과 일본은 공통점이 많았다. 단기전에서는 엄청난 군사 능력을 자랑하지만, 장기전의 경우 병참 면에서 극복하기 힘든 약점을 가지고 있다는 점도 비슷했다. (석유가 나지 않았으며 석유를 확보할 수 있는 방법도 신통치 않았다.) 양국은 목표를 이루기 위해서 분명히 손을 잡았어야 했다. 하지만 그러지 않았다. 히틀러는 1939년 스탈린과 조약을 맺기 이틀 전에야 그 사실을 일본에 통보했다. 이제 더 이상 반코민테른협정은 의미가 없었다.[52] 1941년 히틀러가 정책을 바꾸어 러시아를 침공하기로 하자, 일본은 더욱 더 바보가 된 기분이었다. 히틀러는 일본의 지배 계급이 러시아를 침공하자는 '북진파'와 동남아시아를 겨냥하는 '남진파'로 나눠져 있다는 사실을 알고 있었다. 일본은 1940년 9월 27일에 추축협정에 서명했다. 1941년에 히틀러가 먼저 영국에 맞서 중동을 침략하려고 했다면, 그에게는 일본의 남진 전략이 유리했을 것이다. 반대로 먼저 러시아를 침공할 생각이었다면(실제로 그렇게 했지만), 일본이 북진 전략을 취하도록 설득했어야 했다. 1941년 4월 초 추축 동맹을 강력하게 지지하는 일본의 외무대신 마쓰오카 요스케(松岡洋右)는 베를린에 있었다. 히틀러는 러시아 침공 계획에 대해 아무 말도 하지 않았다. 마쓰오카는 베를린을 떠나 모스크바로 갔고, '남진' 전략의 걸림돌을 제거하기 위해 4월 13일 스탈린과 중립 조약을 체결했다. 히틀러가 8주 뒤 러시아를 침공하자, 마쓰오카는 동료에게 이렇게 털어놓았다. "나는 독일과 소련이 전쟁을 하리라고는 생각하지 않았기 때문에 중립 조약을 맺었네. 독일과 소련이 전쟁에 돌입할 것을 알았다면 …… 중립 조약 따위는 맺지 않았을 걸세."[53] 그 뒤 일본은 '남진' 전략으로 기울어졌다. 10월이 되자 스탈린의 스파이 조르게가

동부의 20개 사단을 서부 전선으로 이동시켜도 안전할 것이라고 알려왔다. 20개 사단은 12월의 반격에 맞추어 무사히 서부 전선에 도착했다.

▶ 마쓰오카 요스케(1880~1946)
1930년 2월 중의원 의원에 당선된 그는 외무대신 시데하라 기주로의 평화적인 외교를 비판하면서 만주 · 몽골에서의 일본의 권익을 옹호해야 한다고 역설했다.

그런데 히틀러가 이번에는 일본이 미국을 공격할 수 있는 길을 열어주었다. 그는 11월 21일 리벤트로프를 통해, 추축협정에 규정된 사항은 아니지만, 일본이 미국과 전쟁을 벌인다면 독일도 동참하겠다는 보장을 해주었다.[54] 히틀러의 입장에서 일본이 영국과 미국을 기습 공격한 12월 7일 오전 2시는 시기적으로 가장 나쁜 때였다. 이틀 전에 전선에서 스탈린이 공격해온다는 불길한 소식을 전해왔기 때문이다. 그런데도 12월 11일 그는 미국에 전쟁을 선포했다. 리벤트로프는 미국의 대리대사(代理大使) 릴런드 모리스(Leland Morris)를 소환했다. 그는 모리스를 세워놓고 화난 목소리로 장광설을 늘어놓다가 마침내 이렇게 소리쳤다. "당신네 나라 대통령이 이 전쟁을 원했소. 이제 그의 뜻대로 된 셈이오." 그는 말을 마치고 뚜벅뚜벅 걸어나갔다.[55]

사실 히틀러가 먼저 나서지 않았다면, 루스벨트가 의회를 설득하여 독일과 전쟁을 벌이고, 전쟁에서 승리하는 것을 최우선으로 삼는 일은 아마 불가능했을 것이다. 1941년 6월 22일 히틀러는 소련을 침공하면서 엄청난 도박을 했다. 하지만 소득이 없었다. 이제 그가 바랄 수 있는 최상의 결과는 전쟁이 교착 상태에 빠지는 것뿐이었다. 그러나 그는 1941년 12월 11일 독일이 패배할 수밖에 없는 결정을 내렸다. 히틀러가 단기적으로나마 우위에 설 수 있는 방법은 대서양에서 U보트로 아직 전투태세가 미비한 미국을 공격하는 것이었다. 그는 리벤트로프에게 "이 전쟁을 일으킨 주된 이유는 미국이 이미 우리 배에 공격을 가하고 있기 때문이다"라고 말했다.[56] 하지만 히틀러는 제독들이 1939년에 요구했던 총 100대의 원양 잠수함 함대를 구성하지 못했다. 이 때문에 선제공격이 제대로 이루어지지 못했다. 1941년 12월에 사용 가능한 잠수함은 60척뿐이었다. 나머지는 1942년 말이 되어서야 준비되었다. 하지만 그때는 이미 연합군이 대책을 세워놓은 탓에 독일이 대서양에서 승리를 거두는 것이 불가능했다. 다른 면에서는, 장·단기적으로 미국과 전쟁을 하는 것은 독일이 압도적으로 불리했다. 히틀러의 행동은 허세에 불과했다. 그는 제국 의회에서 이렇게 말했다. "우리는 항상 먼저 공격합니다." 그는 자신이 유럽을 이끄는 정치가로서 아직 세계적 사건을 좌지우지하는 위치에 있다는 사실을 독일과 세계에 납득시키고 싶었던 것이다. 하지만 결국 반대의 결과가 찾아왔다. 그의 행동은 유럽의 헤게모니가 끝났다는 것을 알려주었다. 앞으로 다가올 시대는 유럽이 아닌 다른 지역에 있는 강대국의 시대가 될 것이다.

일본의 전쟁 계획

일본이 미국과 전쟁에 돌입한 것도 똑같이 근시안적인 일이었다. 하지만 일본의 경우 그 배경은 더 복잡했다. 여기에서 우리는 이성적인 히스테리라고 부를 만한 요소를 찾아볼 수 있다. 미국 대사 조지프 그루가 썼듯이, "국가적인 절망감이 모든 위험을 감수하겠다는 의지로 발전했다."[57] 일본군은 전쟁을 지속할 수 있는 능력이 부족했지만, 불안해하면서도 이 사실을 감추었다. 하지만 이것은 1904~05년 러일 전쟁에서 여실히 드러났다. 일본군은 빛나는 승리를 거두며 전쟁을 시작했지만, 곧 소모전이 시작되었다. 사실 열강이 전쟁에 개입한 덕분에 일본은 전쟁에서 빠져나올 수 있었다. 1937년에 중국과 전쟁을 시작한 것도 일본이 착각에 빠져 있었다는 증거다. 1940년 일본은 중국의 주요 도시를 점령했다. 중국 경제의 근대화된 부문을 모두 장악했고, 주요 철도와 도로, 하천 운송 시스템을 손아귀에 넣었다. 하지만 전쟁은 교착 상태에 빠져 있었다. 중국은 정복할 수 없는 나라였다. 일본의 모든 경제적 딜레마는 그대로 남았고, 중국의 저항에 직면하자 딜레마는 오히려 커졌다. 성급한 군대의 예상과 달리 일본은 중국을 삼킬 수 없었다. 오히려 중국이라는 무기력하게 허우적대는 거인이 일본을 삼켜버렸다. 거의 무방비 상태로 보이는 프랑스, 영국, 네덜란드의 동남아시아 식민지, 그리고 인도, 미국의 필리핀, 방대한 태평양도 똑같이 유혹과 위험을 동시에 내포하고 있었다. 정보가 부족했던 히로히토 천황조차 이 점을 똑똑히 알고 있었다. 1941년 9월 5일 참모총장 스기야마 장군과 나가노 제독이 90일간의 전격적인 정복 전쟁으로 '남진 전략'을 성공리에 끝마칠 수 있을 것이라고 말했다. 천황은 스기야마 장군이 중국과 전쟁을 시작할 때도 그렇게 말했지만, 3년이 되도록 전쟁이 끝나지 않았다고 대답했다. 스기야마 장군은 "중국은 대륙입니다. 반면 '남쪽'은 대개 섬입니다"라고 말했다. 이에 천황이 재차 물었다. "중국 땅이 거대하다면, 태평양은 훨씬 거대하지 않소? 장군은 3개월 내 전쟁이 끝난다고 어떻게 장담하겠소?"[58]

그도 이 질문에는 답할 수가 없었다. 나가노 제독은 이렇게 말했다. "결과에 상관없이 싸우라고 하면, 6개월이나 1년 동안 미친 듯이 싸울 수 있을 겁니다. 하지만 2~3년 동안 그럴 수 있다고는 장담 못하겠습니다."[59] 당시 가장 뛰어난 해군 지휘관이었던 야마모토 제독은, 처음에 아무리 대단한 승리를 거두더라도 일본이 영국과 미국을 상대로 전쟁에서 이기기를 바랄 수는 없다고 말했다. 병참 전문가 이와구로 대좌는 군의 최고 간부와 정부 수뇌부가 참석하는 다이혼에이(大本營) 정부 연락 회의에서 미국과 일본의 생산력 차이를 거론했다. 강철 20 대 1, 석유 100 대 1, 석탄 10 대 1, 항공기 5 대 1, 선박 2 대 1, 노동력 5 대 1, 전체 10 대 1이었다. 아무리 그 자리가 비밀이 보장되는 자리라고 해도, 그러한 의견을 제시하려면 최소한 암살이나 해임의 위험을 무릅써야 했다. 그런 발언은 '명예'라는 상대주의 규범에 어긋나는 것이었다. 명예는 당시 일본인들의 공적 생활에서는 지배적인 충동이었다. 이 일이 있고 나서 야마모토는 함대 지휘관으로 전출되었다. 살인 청부업자들의 손이 미치지 않게 하기 위해서였다. 이와구로 대령은 즉시 캄보디아로 파견되었다. 그루 대사의 보고(1940년 10월 22일)에 따르면, 이와구로 대령이 전쟁을 반대할 경우 살해당할 것이라는 말이 천황의 귀에 들어갔다고 한다.[60)]

그 결과 무모할 뿐 아니라 정서적으로 불안정한 마쓰오카 요스케가 권력을 차지했다. 그는 만주 철도의 총재였으며, 중일 전쟁을 선동하고 전쟁에서 이익을 얻은 군부와 결탁한 산업계 세력 중에서도 가장 확실한 인물이다. 그는 나중에 '군산 복합체' 라고 불리는 신화적인 개념을 대표했다. 남진 전략에 어느 정도 정치적 · 경제적 합리성을 부여하고, '대동아 공영권' 이라는 단어를 만들어낸 것도 마쓰오카 요스케였다.[61)] 그는 일본의 정신 분열증을 한 몸에 구현하고 있었다. 그에게는 새로운 것과 오래된 것, 동양과 서양이라는 양립 불가능한 가치가 뒤섞여 있고, 가톨릭교와 신도가, 세련된 사업적 재능과 비정상적인 야만성이 혼재했다. 스탈린은 일본과 소련의 협정에 서명한 뒤, 흥에 겨워 마쓰오카 요스케에게 "여기 있는 우리 모두는 아시아인이지요. 모두 아시아인입니다" 라고 말했다. 스탈린의 이런 호의에 마쓰오카 요스케는 오히려 큰 분노를 느꼈다. 히틀러는 무솔리니에게 마쓰오카가 기독교인이지만 "이교의 신에게 제사를 지낸다" 고 말하며, 미국 선교사의 위선과 일본인 특유의 교활함을 겸비하고 있다고 평했다. 일본의 암호를 해독한 '매직' 작전 덕분에 마쓰오카의 메시지를 읽을 수 있었던 루스벨트는 그를 심한 정신 이상자라고 생각했다. 마쓰오카의 동료도 그렇게 생각했다. 다이혼에이 정부 연락 회의가 끝난 뒤 해군대신은 "외무대신이 미친 게 아니오?" 라고 물어보았다.[62)]

하지만 일본을 지배하고 있는 영웅적 무정부주의 분위기 속에서 광기는 거의 문제시되지 않았다. 중국과 전쟁에 돌입하면서 일본은 국제사회에서

도덕적으로 고립되었다. 게다가 히틀러가 프랑스를 무너뜨리자 위험보다는 유혹 쪽에 무게가 실렸다. 영국 대사 로버트 크레이기(Robert Craigie) 경의 말대로 "일본이 약탈에 적극적으로 가담하지 않는다면, …… 히틀러가 무슨 이유로 전리품을 일본과 나눠가지려 하겠는가?"[63] 마쓰오카가 1940년 9월에 서명한 독일 일본 이탈리아의 삼국 협정에는 이런 배경이 깔려 있었다. 일본은 정책을 결정하는 방식에서 분별 있는 토의가 이루어질 수 없었다. 민주주의는 1938년에 죽었다. 정당은 1940년에 폐지되었고, 대정익찬회(大政翼贊會)가 이를 대신했다.[64] 내각은 중요한 사항에 대해서는 더 이상 제 역할을 하지 못했다. 주요 결정은 다이혼에이 정부 연락 회의에서 내려졌다. 다이혼에이 정부 연락 회의에는 천황, 총리, 외무대신, 육·해군대신(어떤 때는 참모총장까지), 궁내청 장관 등이 참석했다. 하지만 육·해군은 정치가들을 신뢰하지 않았고, 자기네들끼리도 서로 믿지 못했다. 육·해군은 각각 대사관 소속 무관을 통해 외교망을 구축했다.

1940년부터 육군대신을 맡은 도조 히데키(東條英機)는 전투 계획을 해군에 알리지 않았다. 그는 해군을 믿지 못했고, 그들을 겁쟁이라고 생각했다. 결국 그는 독자적인 계획을 추진했고, 겸직을 통해 정보 수집에 만전을 기하려 했다. 1941년 10월에는 내무대신이 되었으며, 그해 10월 18일에 마침내 총리가 되었다. 그렇지만 도조 히데키도 해군의 진주만 공격이 실행에 옮겨지기 8일 전까지 아무것도 모르고 있었다. 사실 오만한 자세를 취하지 않고서는 누구도 중앙에서 강력한 통제력을 행사할 수 없었다. 하지만 그렇게 되면 즉시 암살자들이 달려들 것이다. 과격한 남진론자 도조 히데키 — 그는 별명이 '면도날' 이었다 — 도 일단 총리의 자리에 오르자 공격적인 태도를 훨씬 삼갔다는 사실은 주목할 만하다. 그는 진주만 계획에 대해 알게 되자 이렇게 말했다. 진주만 공격은 "결코 용인할 수 없다. 정당한 절차에 반하며 …… 국가의 명예와 위상에 해가 될 것이다."[65] 하지만 진주만 공격은 그대로 진행되었다.

다이혼에이 정부 연락 회의에서는 솔직한 의견이 금기시되었다. 일본인에게 신과 같은 존재인 천황은 좌우에 향로가 놓인 단 위에 앉는다. 금으로 만든 병풍이 그 뒤를 둘러싸고 있다. 천황과 직각으로 놓인 테이블은 비단으로 덮여 있다. 그 반대편에 한낱 인간에 지나지 않는 신하들이 있다.[66] 여기서는 특별히 고대의 황실 용어를 사용해야 했다. 천황은 금으로 된 옥새를 찍어 동의를 표시할 수 있다. 보통 천황은 말을 하지 않았다. 말을 한다고 해도, 그의 말을 기록하는 것은 관례에 어긋나는 일이다. 따라서 기록은 남지 않았다. 한 번은 그가 조부의 암시적인 시를 읽으며 경고를 한 적이 있다. (1941년 9월 6일) 그는 묻거나 의견을 표명해서는 안 되었다. 추밀원 의장이 천황이 무슨 말을 하고 싶어하는지 추측하여 이런 일을 대신했다.[67] 종종 진정한 의미에서 어떤 결정이 이루어진다고 하더라도, 속삭이며 양해할 수 있는 타협점을 찾는 것 이상은 아니었다. 아니면 계속 그대로 밀고 나가면서, 마치 최상의 결정이 내려졌다는 듯 행동하는 것에 불과했다.

나치와의 동맹을 승인한 1940년 9월 19일의 회의에서 이 제도는 최악의 면을 드러냈다. 나중에 히로히토는 이때를 '결정적 순간'이라고 부르며, 관례를 깨고 반대를 제기하지 않은 것이 '도덕적인 범죄'였다고 술회했다. 변덕스런 마쓰오카도 진주만 공격 전에 이런 생각에 동의했다. 그는 천황을 찾아가 자신의 최대의 실수를 고백하고, 재앙을 경고하며 눈물을 흘렸다.[68] 모든 이들이 이런 제도 아래서는 견디기 힘들다고 생각했다. 이런 제도는 사나운 행동을 자극했다. 참을성이 없는 일본인들은 이런 자극에 언제나 민감하게 반응했다. 낙담한 도조 히데키는 말을 타고 도쿄 시장을 시찰하러 나갔다. 어민들이 "배에 넣을 석유가 없습니다"라고 불평하자,

그는 "더 열심히 일하시오, 더 열심히"라고 소리 질렀다. 동료에게는 이렇게 말했다. "눈을 감고 기요미즈 절에서 뛰어내리는 것처럼, 용기를 내서 대담한 일을 해야 하는 순간이 올 것이오."[69)]

눈을 감고 벼랑 끝에서 뛰어내리는 모습보다 일본의 전쟁 결정을 더 정확히 표현하는 그림은 찾아볼 수 없을 것이다. 정책 회의의 기록은 네 가지 사실을 보여준다. 첫째, 모든 지도자가 일본이 살아남기 위해서는 동남아시아와 그곳의 천연자원을 획득해야 한다고 믿었다. 둘째, 미국과 영국이 일본을 구석으로 몰았다. 셋째, 보편적으로 위험을 기꺼이 감수하려는 분위기였다. 따라서 사소한 저항은 문제가 되지 않았다. 넷째, 전쟁에 패배했을 경우 어떻게 될지에 대해서는 모두들 논의하고 싶어하지 않았다. 독일이 프랑스를 쓰러뜨리자 일본은 인도차이나반도의 비행장을 요구해 손에 넣었다. 그러자 미국이 경제제재를 가했다. 이 단계에서는 육군만이 단호한 태도로 전쟁을 원했다. 1941년 일본이 인도차이나반도를 점령하자, 미국은 7월 28일 석유를 포함하여 전면적인 경제제재를 단행했다. 이 조치는 사태를 악화시켰다. 그 뒤 일본은 석유 비축량이 하루에 28,000톤씩 감소했다. 일본의 희망은 네덜란드령 동인도를 점령하여 석유를 보충하는 것뿐이었다. 해군은 협상으로 타협을 찾든지, 아니면 전쟁을 해야 한다고 주장했다. 나가노는 이렇게 말했다. "해군은 한 시간에 400톤의 석유를 소비하고 있소. …… 우리는 어느 쪽으로든 빨리 결정이 내려졌으면 하오."[70)]

미국이 일본을 달랠 수는 없었을까? 하지만 미국이 그런 일을 원하기나 했을까? 육군 참모총장 마셜 장군과 해군 참모총장 스타크(Harold R. Stark) 제독은 의심의 여지없이 일본을 달래고 싶어했다. 우선적으로 독일을 무너뜨려야 하며, 게다가 필리핀과 말레이 반도의 방위력을 강화하기 위해 시간이 필요하다고 생각했기 때문이다. 군부가 민간 정부를 전쟁에 끌어들였던 일본과는 달리, 그들은 루스벨트 행정부의 행동을 막으려고 노력했다.[71] 루스벨트는 열렬한 친중국파였으며, '차이나 로비' 의 창시자라고 할 수 있다. 차이나 로비는 1940년에 이미 맹렬한 활동을 벌이고 있었다. 루스벨트의 친구 해리 홉킨스와 헨리 모겐소(Henry Morgenthau)도 차이나 로비의 일원이었다. 루스벨트는 일본인들이 1889년에 만들었다고 알려진 100년 '정복 계획' 의 존재를 믿었다. 하지만 그것은 사실 근거가 없었다.[72] 루스벨트는 유럽의 전장에서는 행동에 나서려 하지 않았으나, 아시아에 대해서는 언제나 공세적인 입장을 취했다. 그는 일찍이 1937년 12월에 일본을 전면 봉쇄하라고 영국에 제안한 적도 있다. 당시 반일 감정은 미국에 널리 퍼져 있었다. 루스벨트는 일본과 싸우는 것이 불가피하다고 여겼고, 고위 장교들과 달리 빨리 전쟁에 돌입하는 것이 유리하다고 생각했다. 소련이 전쟁에 들어가자, 소련에 우호적이었던 그는 전쟁에 뛰어들고 싶은 마음이 훨씬 더 커졌다. 루스벨트의 측근이자 내무장관이었던 해럴드 아이키스(Harold Ickes)는 히틀러가 소련을 침공한 다음날 그에게 편지를 썼다.

> 각계에서 대일 석유 수출 금지 조치를 지지할 것입니다. 이런 조치는 쉽게 전쟁에 들어갈 수 있는 상황을 만들어 낼 것입니다. 그리하여 우리가 전쟁에 끌려들어가는 인상을 주면, 소련의 동맹국이 되어 참전한다는 비난을 피할 수 있을 것입니다.[73]

'매직' 으로 일본의 암호가 해독되자, 루스벨트의 전쟁 방침은 더 확고해졌다. 해독된 암호에서 명백히 드러난 사실은 일본이 석유 금수 조치 후부터 전쟁 개시 때까지 계속되었던 오랜 협상 기간에 철두철미하게 속임수를 쓰며, 공격을 계획하고 있었다는 것이다. 하지만 암호 해독으로 모든 사실이 드러난 것은 아니다. 루스벨트와 코델 헐이 연락 회의의 의사록 사본을 구할 수 있었다면, 일본의 정책 배후에 숨겨져 있는 혼란과 고통스런 의혹을 알 수 있었을 것이다. 11월 1일의 연락 회의에서 일본은 (협상을 계속하면서) 전쟁에 돌입한다는 최종 결정을 내렸다. 하지만 전략에 관한 논의는 별 볼일 없었다.

재무대신 가야: 만약 우리가 전쟁을 하지 않고 현 상황을 유지하고 있는데, 미국 함대가 3년 뒤 우리를 공격한다면, 그때 우리 해군이 전쟁에 이길 확률이 얼마나 될까요?(몇 차례 질문을 반복했다.)

해군 참모총장 나가노: 아무도 알 수 없지요.

가야: 미국 함대가 우리를 공격해 올까요?

나가노: 알 수 없습니다.

가야: 그들이 우리를 공격하지는 않을 거라고 생각합니다.

나가노: 지금 당장은 전쟁을 피한다 하더라도, 3년 후에는 전쟁을 해야 할 겁니다. 지금 당장 전쟁에 들어가서 3년 뒤의 상황에 대비하는 방법도 있습니다. 그러는 편이 낫다고 생각합니다.[74]

일본 해군과 육군은 전쟁의 초기 단계에서는 자신이 무엇을 의도하고 있는지 정확히 알고 있었다. 하지만 이 단계는 3~6개월간 지속되었을 뿐이다. 그 뒤에는 전쟁을 수행하기 위한 계획이나 수단이 점차 모호해졌다. 해군과 육군은 각자 필요한 강철의 양을 계산했다. 하지만 이 양은 각각 다른 쪽이 필요로 하는 강철 양을 전쟁 수행이 불가능할 정도로 낮추어 잡아야만 의미가 있는 수치였다.[75] 초기 작전이 완료되면, 원칙적으로 인도와 호주를 침공하는 것이 목표였다. 하지만 미국을 침공하거나, 전쟁에서 미국을 박살내거나, 미국의 전쟁 수행 능력을 붕괴시키겠다는 계획은 전혀 없었다. 요컨대 미국에 대한 승전 전략이 없었던 것이다. 대신 어떤 단계가 되면, 미국(그리고 영국)과 강화 협상을 벌일 수 있으리라는 희망적인 가정만이 있었을 뿐이다.

전술의 수준에서도 일본의 전쟁 계획에는 빈틈이 많았다. 해군은 방어에서든 공격에서든 잠수함전을 염두에 두지 않았다. 육군의 남진 전략에 따르면, 점령 작전이 진행되면서 일본은 수백만 제곱킬로미터에 펼쳐져 있는 수천 개의 섬에 병력과 군수 물자를 배치해야 했고, 더군다나 바다를 통해 보급을 받아야 했다. 잠수함을 전력의 일부로 생각하지 않았다는 것은 해군에 보급 병력과 물자를 지킬 수단이 없다는 것을 의미한다. 물론 연합군의 병력과 물자 보급을 막을 수단 또한 없다는 뜻이다. 이러한 사실은 결국 일본이 미국의 전승 전략을 막을 수 없다는 것을 뜻했다. 미국이 보유하고 있는 엄청난 산업 생산력의 우위를 생각해보면, 전쟁 초기 일본이 아무리 큰 승리를 거두더라도, 미국이 강화를 원하리라고 기대할 수는 없었다. 따라서 논리적으로 보자면, 일본의 전쟁 결정은 말도 안 되는 짓이었다. 할복 자살과도 같았다.

게다가 일본이 미국을 공격한 상황은 미국을 비타협적인 자세로 몰아갈 수밖에 없었다. 루스벨트와 고문들은 1937년 이래로 일본이 영국과 네덜란드의 점령지를 침공할 것이라고 예상했다. 사실 필리핀도 위험할 수 있었다. 하지만 진주만을 공격할 가능성은 전혀 고려되지 않았다. 조지프 그루 대사는 1941년 1월 27일 이렇게 보고했다. “일본이 미국과 협상이 깨질 경우에 대비해 진주만에 대한 기습 공격을 계획하고 있다는 소문이 나돌고 있다.” 아무도 그의 경고에 귀 기울이지 않았지만, 그러한 우려는 1921년

▶ **야마모토 이소로쿠(1884~1943)**
연합함대 사령관으로 승진한 그는 1941년 일본이 동남아시아의 비옥한 땅을 점령하고 태평양을 건너 동쪽으로 진격하려면 우선 미국 함대를 격퇴해야 한다고 주장했다. 진주만 공격을 계획하고 함대를 지휘했다.

이후부터 분명 존재했다.[76] 그해 「데일리 텔레그래프」 지의 해군 담당 기자 헥터 바이워터(Hector Bywater)가 『태평양의 해군력 *Sea Power in the Pacific*』을 썼고, 나중에는 이를 바탕으로 『태평양 전쟁 *The Great Pacific War*』(1925)이라는 소설을 썼다. 일본 해군은 두 권을 모두 번역하여, 소설은 해군대학의 강의 교재로 사용했다.[77] 이런 생각은 오랫동안 수면 아래 가라앉아 있었다. 하지만 함재기(艦載機) 훈련이 개선되고, 이에 자극받은 야마모토 이소로쿠(山本五十六)가 진주만 공격이 실제로 가능하다고 여기는 순간이 찾아왔다. 그동안 광신적인 참모 장교 쓰지 마사노부(杉永政信) 중좌가 열대 지방의 육군 상륙 작전 계획을 추진했다. 신도에 미쳐 있던 쓰지 마사노부는 총리를 다이너마이트로 날려버리려 한 적도 있다. 그는 실제로 완전히 도덕적인 의분에서 장교들로 가득 찬 매춘굴에 불을 질렀다. 그의 계획대로 말레이 반도, 필리핀, 네덜란드령 동인도, 그리고 또 다른 공격 목표를 침략하려면, 군부대가 상륙하는 동안 우선적으로 미국의 태평양 함대를 제거해야 했다. 이것은 진주만 공격에 전략적인 가치를 부여했다. 정박 중인 미국 함대가 파괴될 것이고, 그러면 미국이 함대를 재건하는 동안 동남아시아의 모든 땅을 장악할 수 있으리라. 진주만 공격을 위해서는 일본 함대가 미국에 발각되지 않고 수천 킬로미터를 이동해야 했다. 그러한 기습 작전을 수행하려면 역사상 유례를 찾아보기 힘든 대담하고 복잡한 작전 계획이 필요했다. 특별한 정보망을 구축해야 하고, 바다에서 연료를 공급받을 수 있는 새로운 방법을 고안해야 하고, 신형 어뢰와 철갑탄을 개발해야 하고, 이전에는 시도해본 적이 없는 세밀한 집중 훈련 프로그램에 착수해야 했다. 1941년 9월 2일 도쿄 인근의 해군대학에서 최종 해군 작전 회의가 열렸다. 이 회의는 해군 역사상 경이적인 순간으로 기록될 것이다. 여기서는 수백만 제곱킬로미터에 걸치는 공격과 상륙 작전이 논의되었다. 일본이 개시할 전쟁의 공세 국면 전체가 이 회의에서 거론되었다.

하지만 이 모든 창의적인 노력과 수고는 허사가 되었다. 극동전쟁은 1941년 12월 7일 1시 15분 일본군이 말레이 반도의 상륙 거점 지역을 해상 포격하면서 시작되었다. 2시간 뒤 진주만 공격이 시작되었다. 진주만 공격은 전술적으로 완벽한 성공을 거두었다. 29대를 제외한 모든 비행기가 항공모함으로 되돌아왔다. 일본 함대는 안전하게 진주만을 빠져나왔다. 하지만 공격의 결과는, 당시는 대단해 보였을지 몰라도, 사실은 변변찮은 것이었다. 미국의 전함 18척이 침몰하거나 심하게 부서졌다. 하지만 대개 얕은 바다에 가라앉아 있었기 때문에 곧 인양·수리되었다. 그리하여 거의 모든 전함이 다시 원래의 자리를 찾아 적당한 때에 주요 작전에 참가하여 큰 활약을 펼쳤다. 숙련된 전투원의 손실도 비교적 적었다. 운 좋게도 미국의 항공모함은 먼 바다에 나가 있었다. 일본군은 연료가 부족해 항공모함을 찾아내 침몰시킬 수가 없었다. 일본군 지휘관 나구모 주이치(南雲忠一) 제독은 철수 명령을 내릴 수밖에 없었다. 일본군 폭격기는 해군의 석유 비축 탱크나 잠수함 대피소를 파괴하는 데도 실패했다. 그리하여 진주만 공격이 끝난 뒤에도 (이제 해전의 핵심적인 전력이라고 할 수 있는) 미국의 잠수함과 항공모함은 즉시 연료를 보급받고 작전에 나설 수 있었다.

이것이 일본이 얻은 군사적 대가였다. 하지만 일본은 공식적인 전쟁 선포도 없이 미국처럼 거대하고 도덕을 중시하는 나라를 기만적으로 공격했다. 따라서 일본이 치러야 했던 정치적 손실에 비하면, 군사적 대가는 정말 빈약한 것이었다. 어쩌면 이것이 일본의 의도가 아니었다고 생각할 수도 있다. (이에 대해서는 현재도 논란이 많다.) 일본이 진주만 공격을 준비하는 과정은 감탄을 불러일으키는 뛰어난 능력과 이해할 수 없는 혼란이 뒤섞여 있기 때문이다. 그것은 일본의 고유한 특징이기도 했다. 어쨌든 진주만 공격은 효과가 있었다. 국무 장관 코델 헐은 일본에서 온 사절이 오전 2시 20분에 일본 측의 메시지를 전할 무렵, 이미 진주만 공격과 최후통첩에 관해 알고 있었다. 그는 일본인 사절에게 역사의 판결문을 읽어주었다. (헐은 테네시 주 판사이기도 했다.) "공직에 몸담은 50년 세월 동안 이토록 수치스런 거짓과 기만으로 뒤덮인 문서는 본 적이 없소. 오늘까지 나는 이런 문서를 보내올 정부가 이 세상에 존재하리라고는 꿈에도 생각지 못했소." 그러고 나서 그는 자리를 떠나는 이들의 뒤통수에 대고 "악당들! 비겁한 놈들!" 이라고 소리를 질렀다.[78] 그때까지 미국은 지리적 제약과 인종적 다양성, 지도자의 우유부단함 때문에 전쟁에서 그리 중요한 역할을 하지 못하고 있었다. 하지만 이제 진주만 공격을 계기로 분노한 미국은 하나로 뜻을 합쳐 전쟁에 총력을 기울일 태세였다. 그 다음주에 이어진 히틀러의 무분별한 전쟁 선포는 마침내 미국의 거대한 분노를 불러 왔다.

1941년 11월 5일의 연락 회의에서 육군 참모총장 스기야마는 일본이 계획하고 있는 일련의 공격 작전에 대해 이렇게 말했다. "필리핀 작전을 마치는 데는 50일이 걸릴 겁니다. 말레이 반도에서는 100일, 네덜란드령 동인도에서는 50일이 걸릴 겁니다. …… 전 작전이 전쟁 개시 후 다섯 달 안에 종료될 겁니다. …… 홍콩, 마닐라, 싱가포르 같은 중요 군사 기지와 네덜란드령 동인도의 중요 지역을 장악하면, 장기전에 대비할 수 있습니다."[79] 이 말은 일본의 전쟁 계획 전체가 근본적으로 허술하다는 사실을 드러내고 있다. 일본은 대단한 야심을 보여주는 목표물을 모두 손에 넣었다. 그렇다고 일본이 전쟁에서 이기거나, 하다못해 전쟁을 교착 상태에 빠뜨릴 수 있는 능력을 얻게 된 것은 아니다. 다이혼에이 연락 회의에서, 궁극적인 목표라고 할 수 있는 인도와 오스트레일리아의 지도를 펼쳐놓지도 않았다는 사실 역시 중요하다. 일본은 수마트라 유전을 효율적으로 개발하기 위해 기술자를 훈련시킬 생각도 하지 않았다.

1942년 2월 15일 싱가포르가 함락되었다. 네덜란드령 동인도는 3월 8일, 필리핀은 4월 9일, 코레히도르 섬은 5월 6일에 함락되었다. 싱가포르 함락 일주일 전에 일본군은 이미 버마 북부의 만달레이를 점령한 상태였다. 일본이 이 빛나는 일련의 승리에 들인 비용은 항공기 100대, 구축함 몇 척, 선박량 25,000톤이 다였다. 하지만 사실 운이 좋았을 뿐이다. 1941년 12월 10일 일본의 공습을 받고 '프린스 오브 웨일스'와 '리펄스' 호가 파괴되었다. 배는 경험 많은 선원들을 태운 채 그대로 가라앉았다. 진주만 공격보다 더 큰 성공이었다. 이 사건으로 싱가포르와 말레이 반도를 지키던 주둔군의 사기가 크게 꺾였기 때문이다. 싱가포르 요새는 양차 대전 사이에 방어시설이 얼마나 허술하게 유지되고 있었는지를 보여주는 전형적인 사례다. 싱가포르는 보급 지연과 소망적 사고의 희생물이었다. 하지만 만약 영국군 지휘관 퍼시벌(Arthur E. Percival) 장군과 오스트레일리아군 지휘관 고든 베넷(Gordon Bennett)이 좀 더 투지를 보여주었다면, 싱가포르는 함락되지 않았을 것이다. 일본군을 지휘하고 있던 야마시타 도모유키(山下奉文) 장군은 종전 후, 자신의 전략이 "허세였으며, 효과가 있는 허세였다"고 인정했다. 퍼시벌은 물과 석유, 탄약의 부족을 이유로 항복했지만, 야마시타 도모유키도 똑같이 전쟁 물자 부족으로 곤경에 빠져 있었다. 일본군에는 100발 이상 총알이 남아 있는 총이 없었다. 따라서 주둔군이 한 주만 더 버텼다면 작전이 실패로 끝났으리라 생각했다. 처칠은 그 지역 사령관이었던 웨이블(Archibald Wavell)에게 분명하게 지시를 내렸다. "섬 전체에서 모든 부대가 전멸당하고 모든 거점이 파괴될 때까지 싸우시오. 싱가포르 시는 마지막으로 요새화하여 죽을 때까지 방어하시오." 하지만 우울한 패배주의자였던 웨이블은 이러한 확고한 명령을 냉담한 퍼시벌에게 강요하지 못했다.[80] 필리핀에서 주력 부대가 항복한 일도 사령관의 지시를 무시한 비겁한 행동이었다. 하지만 이러한 전쟁 초기 단계에서도 일본은 승리를 위해 가지고 있는 물리적 자원이 한계에 이를 때까지 밀어붙일 수밖에 없었다.

나치와 일본의 세계 전략 구상은 1942년 초여름에 물거품이 되었다. 그 해 1월 18일 독일과 일본은 동경 70도를 군사 행동의 경계선으로 하는 군사 협정을 체결했다. 양국은 인도에서 합류하자는 얘기도 나누었다.[81] 하지만 히틀러의 군대는 7월 말이 되어서야 아시아에 들어갈 수 있었다. 그 무렵 일본은 인도의 관문에서 지체하다가 방향을 반대로 틀어 6월 초에는 알류샨 열도에서 작전을 펼치고 있었다. 알류샨 열도는 알래스카로 가는 길목에 있었다. 일본은 알래스카까지 정복할 생각이었다. 하지만 일본은 두 차례 큰 패배를 맛보았다. 5월 7~8일 일본군은 뉴기니의 포트모르즈비(Port Moresby)로 향했다. 그때 미국의 함재기가 공격해와, 일본군은 심한 손실을 입고 후퇴할 수밖에 없었다. 일본군으로서는 5개월간 계속된 승리 뒤 처음 맞는 충격적인 패배였다. 6월 3일에는 미드웨이를 공격하려다 미리 대비하고 있던 미군에 대패했다. 일본은 미드웨이 해전에서 항공모함 4

척과 최정예 해군 조종사를 잃었다. 일본군이 이렇게 퇴각할 수밖에 없었다는 것은 태평양에서 실질적으로 제공권과 제해권을 잃었다는 것을 의미했다.[82] 전쟁이 6개월째로 접어들자, 야마모토는 참모들을 격려할 필요가 있다고 생각했다. "연합 함대에는 아직 항공모함 8척이 있다. 낙담해서는 안 된다. 전쟁은 장기와 같다. 자포자기해서 경솔하게 말을 움직이는 것은 바보나 하는 짓이다."[83] 하지만 일본이 시도한 전쟁이나 미국과 전쟁을 시작하려는 히틀러의 고집은 다 자포자기에서 나온 행동이었다. 일 년 전만 하더라도 히틀러는 유럽의 체스판을 좌지우지하고 있는 듯했다. 일본도 동아시아에서는 그와 다를 바 없는 위세였다. 하지만 독일과 일본은 세계 침략이라는 공통 목표 아래 연합한 뒤, 중간 규모 국가로 급속히 추락했다. 양국은 경제와 인구에서 앞서는 대국이 육박해오자 필사적으로 주먹을 날렸지만, 1941년 말이 되자 전력의 불균형이 확연히 드러났다. 1942년 1월 3일 히틀러는 일본 대사 히로시 오시마(大島 洋) 장군에게 아직까지 "미국을 이길 수 있는 방법"을 모르겠다고 실토했다.[84] 일본도 마찬가지였다. 1945년 요들 장군의 말에 따르면, 1942년 초부터 히틀러는 이미 승리할 수 없다는 것을 알고 있었다.[85] 하지만 당시 그가 몰랐던 것이 있다. 독일 일본 이탈리아에 맞선 거대한 연합군 세력이 인력이나 물자뿐만 아니라 기술에서도 결정적인 우위에 있었다는 사실이다. 미드웨이 해전의 진정한 중요성은 연합군이 암호 해독을 통해 승리했다는 점이다. 독일과 일본은 전쟁을 시작함으로써 세계를 역사의 분수령 너머에 있는 새로운 시대로 밀어넣었다. 그곳은 그들이나 어느 누구의 영향력에서도 벗어난 경이와 말로 할 수 없는 공포로 가득한 곳이었다.

제 12 장

초강대국과 대량학살

modern times

정보와 물량의 승리

1943년 4월 초 미국은 야마모토 제독을 죽이기로 결정했다. 야마모토 제독은 일본 해군의 정신적 지주였다. 미국은 전쟁의 대의 면에서 자국이 일본보다 도덕적으로 우위에 있다고 생각했다. 따라서 야마모토를 암살하는 것이 정당하다고 여겼다. 야마모토는 신의 가호가 없는 한 일본이 전쟁에서 이길 수 없다고 생각했다. 진주만 공격 전에 참모장에게 이렇게 말했다. "우리에게 남아 있는 유일한 문제는 신이 은총을 베푸느냐 하는 것이다. 신이 은총을 내린다면, 분명 성공할 것이다." 암살의 표적이 된 것은 야마모토만이 아니었다. 모든 전쟁 지도자가 암살의 표적이 되었다. 히틀러와 스탈린이 사령부를 떠나지 않으려 한 것도 암살의 위험 때문이다. 처칠도 큰 위기에 직면해야 했다. 1941년 12월 처칠은 아르카디아 회담(Arcadia Conference)을 마치고, 호위도 받지 않고 보잉 비행정을 타고 영국으로 돌아갔다. 비행정은 우선 브레스트에 주둔하고 있던 독일 방위군에, 그 다음에는 영국의 전투기 허리케인에 의해 격추당할 뻔했다. 처칠은 "내가 경솔한 짓을 했다" 고 인정했다. 미국이 야마모토 암살을 계획한 달에 독일은 리스본에서 출발한 비행기 한 대를 격추시켰다. 처칠이 타고 있다고 생각했던 것이다. 하지만 그들이 죽인 건 처칠이 아니라 영화배우 레슬리 하워드(Leslie Howard)였다.[1] 연합군은 기술적으로 우위에 있었기 때문에 도덕적으로도 독일을 앞설 수 있었다. 독일은 처칠이 어느 비행기에 타고 있는지 몰랐지만, 미국의 암호 해독가들은 야마모토의 동선을 미리 파악할 수 있었다.

미국은 1940년 일본의 외교 전문에 사용된 암호를 해독했다. 하지만 일본 전신국 국장 가메야마 가즈키(龜山一紀)는 "인간의 힘으로는 암호 해독이 불가능하다" 고 주장했다. 일본은 연합군의 암호 해독 기술을 과소평가했다.[2] 1943년 4월 13일 야마모토가 솔로몬 섬의 방위 시설 시찰에 나섰을 때, 비행 일정이 무선으로 송출되었다. 통신 장교는 "이 암호는 4월 1일 새로 설정되었기 때문에 적국이 해독할 수 없다" 고 주장했다. 하지만 미국은 바로 다음날 새벽 암호를 해독해냈다. 루스벨트는 야마모토가 탄 비행기를 격추시키는 것을 승인했다. 이 일이 성공리에 끝나자, 전역(戰域) 사령관 할지(William F. Halsey) 제독에게 "족제비를 날려버렸다" 는 메시지가 날아왔다. 이 소식을 듣고 루스벨트는 원통해했다. "그게 뭐가 잘된 일이란 말인가? 그 악당을 사슬에 묶어 백악관까지 끌고 오고 싶었는데."[3]

독일과 일본이 총력을 기울였음에도 불구하고, 1942년부터 불리한 싸움을 할 수밖에 없었던 것은 영미의 선진 기술 때문이었다. 철기 시대의 무기에 맞서 싸우는 청동기 시대의 전사처럼, 그들은 점차 구시대의 생존자들 같았다. 영국은 이전 반세기 동안 암호 해독에서 다른 나라보다 앞서 있었다. 일찍이 1917년 화이트홀에 있는 해군부 건물에서, 독일 외무장관 아르투르 치머만(Arthur Zimmerman)이 멕시코 대통령에게 보내는 암호문을 해독하기도 했다. 여기에는 멕시코가 텍사스를 다시 정복하려 한다면, 독

▶ 에니그마
독일이 제2차 세계대전에서 사용한 에니그마는 암호의 역사에서 중요한 위치를 차지한다. 수수께끼라는 뜻을 가진 이 암호기는 알파벳을 특정한 규칙에 따라 다른 알파벳으로 바꾸어주는 장치다.

일이 지원하겠다는 내용이 들어 있었다. 이 내용이 알려지면서, 영국은 손쉽게 미국을 제1차 세계대전에 끌어들일 수 있었다.[4] 16세기부터 존재했던 영국 정보부는 양차 대전 사이에도 중요한 위치를 차지했다. 한계가 있기는 했지만, 독일 또한 암호 해독을 위해 적극적으로 활동했다. 그들은 영국과 미국의 대륙 간 전화를 도청·해독했다. 너무 조심스러워한 나머지 많은 정보를 얻을 수는 없었지만, 때로는 루스벨트와 처칠의 대화를 엿듣기도 했다. 그들은 소련의 암호문 일부와 카이로에 있는 미국 대사관의 군사 관원의 암호문을 해독했다. 로멜 장군은 여기서 얻어낸 정보를 적극적으로 활용했다. 하지만 1942년에 암호가 변경되었고, 독일은 더이상 미국의 암호를 해독할 수 없었다.[5] 또한 전쟁이 중반에 접어들고 나서는 영국 해군의 암호도 해독해내지 못했다. 1942년 중반 이후 줄곧 영미의 통신은 철저하게 보안이 유지되었다.

독일 암호 해독은 경우가 달랐다. 1926년 독일 육군은 전기식의 에니그마 암호기를 채택했다. 해군도 2년 뒤 에니그마를 채택했다. 독일 육군과 해군은 아무도 이 암호 체계를 해독하지 못하리라 확신했다. 그러나 폴란드 정보부가 에니그마 암호기를 재조립해, 1939년 7월 영국과 프랑스에 한 대씩 제공했다.[6] 이로써 제2차 세계대전 중 가장 성공적인 정보 작전이 탄생하게 되었다. 버킹엄셔(Buckinghamshire)의 블레츨리(Bletchley)에서 시작된 이 정보 작전은 '울트라(Ultra)' 라고 불렸다. 울트라는 1974년까지 그 존재가 드러나지 않았고, 어떤 부분은 1980년대까지도 감춰졌다. 소련의 암호 해독 작전과 관련되어 있었기 때문이다.[7] 해독된 암호문이 상당 부분 공개되지 않은 상태라서, 울트라 작전이 제2차 세계대전에 미친 영향을 제대로 평가하는 것은 불가능하다.[8] 하지만 울트라는 일찍이 1940년 영국 공습 때부터 중요한 역할을 했다. 더 중요한 사건은 1943년 3월 블레츨리에서 독일의 암호 '트리톤(Triton)' 을 해독해낸 것이다. 그 덕분에 연합군은 우세한 입장에서 대서양 전투를 수행할 수 있었다. 통신의 안전을 전혀 염려하지 않았던 독일의 U보트는 줄곧 교신을 했고, 암호를 해독한 연합군은 독일의 병참선까지 파괴해버렸다. 그 결과 대서양에서는 1943년에 이미 승리를 거두었다고 할 수 있었다. U보트는 히틀러가 자랑하는 가장 위험한 무기였기 때문에 이 사실은 매우 중요하다.[9] 울트라 시스템은 추축국에 거짓 정보를 흘리는 데 이용되기도 했다. 연합군은 제2차 세계대전 동안 거짓 정보로 적국을 교란하는 데 많은 노력을 기울였고, 꽤 성공을 거두었다. 일례로 독일은 1944년 6월 6일 개시된 노르망디 상륙 작전이 연합군의 속임수인 줄 알고 제대로 대비하지 못했다.[10]

암호 해독 방법은 전자 기술의 발전에 기초한 방대하고 복잡한 기능을 통해 개발되었다. 영국 체신국 연구소가 최초의 디지털 컴퓨터 콜로서스

(Colossus)를 만들어내는 데 성공했다. 콜로서스 덕분에 암호 해독에 필수적인 분석 과정이 빨라졌다. 1942년 초부터 영국과 미국의 기술 및 정보가 결합하여, 연합군은 태평양 전쟁에서 조기에 난관을 타개할 수 있었다. 1942년 6월의 미드웨이 해전에서의 승리는 정보전의 승리였다. 그 뒤 연합군은 일본의 주력함의 위치를 정확히 파악할 수 있었다. 더 중요한 것은 연합군의 잠수함이 일본의 보급선을 공격하여 큰 성공을 거둘 수 있게 되었다는 점이다. 이 때문에 일본이 5개월 동안 획득한 섬(최대였을 때는 지구 표면적의 10퍼센트)은 처치 곤란한 짐으로, 일본 해군과 상선, 쇠정에 부대의 묘지로 변해버렸다. 연합군의 암호 해독으로 일본의 선박 손실은 3분의 1가량 증가했다.[11)]

하지만 정보가 아무리 정확하다고 해도, 정보만으로 전쟁에 승리할 수는 없다. 에니그마를 해독한 덕분에, 영국은 1940년 노르웨이 작전 때부터 독일의 전투 서열을 알고 있었다. 하지만 전투 자원이 충분치 않았기 때문에, 노르웨이를 독일에 빼앗길 수밖에 없었다. 한쪽의 군사력이 월등히 우세한 경우, 정보는 효과를 발휘하지 못한다.[12)] 하지만 물량이 우세한 쪽이 월등히 우세한 정보력을 갖출 경우 그 힘은 막강해진다. 나치와 일본은 모두 경제력이 약했다. 일본은 다른 대안이 없었다. 뛰어난 재간에도 불구하고, 일본은 1943년 초 총생산을 1940년 수준보다 2퍼센트 늘리는 데 그쳤다. (같은 기간 미국의 총생산은 35퍼센트 상승했다.)[13)] 독일의 경제는 더 굳건하고 포괄적이었지만, 히틀러는 과잉 생산의 위험과 그 대가, 수입 대체품의 필요성에 마음을 빼앗겼다. 이에 따라 독일은 대량 생산을 가속화하기보다는 대용 물품의 생산에 힘쓰게 되었다. 결국 독일 경제는 후퇴했다. 1941년 히틀러 밑에서 생산을 책임지고 있던 프리츠 토트는 생산 체제를 성급하게 러시아식에서 서구식으로 바꾸고, 민간 경제 부문을 줄이지 않은 것에 강한 불만을 토로했다. 그는 1942년 2월 2일 의문의 비행기 사고로 죽었다. 단순한 사고가 아니었을지도 모른다.[14] 요들의 주장에 따르면, 독일은 "실제로는 전쟁이 시작된 후 군비 확대가 시작되었다." 1939년 9월 1일 독일 육해군의 항공기는 모든 기종을 다 합쳐도 3,906대에 불과했다. 그러다 1940년에 10,392대가 생산되었고, 1941년에는 12,392대, 1942년에는 15,497대가 생산되었다. 너무 늦긴 했지만, 1943년~44년에 (연합군의 폭격에도 불구하고) 전시 경제가 극대화되었다. 1943년에 24,795대, 1944년에 40,953대의 비행기를 생산했다.[15] 1949년 스탈린은 "히틀러의 장군들이 클라우제비츠(Carl von Clausewitz)와 몰트케(Helmuth von Moltke)의 이론에 매달려 공장에서 전쟁의 승패가 결정된다는 사실을 몰랐기 때문에" 독일이 전쟁에서 패배했다고 주장했다. 계속된 그의 주장에 따르면, 독일은 8,000만 명의 인구 중 1,300만 병력의 군대를 거느리고 있었다. "역사는 어느 나라도 그만한 부담을 지탱할 수 없다는 것을 보여준다." 소련 군대는 1,150만 병력이었지만, 소련 인구는 1억 9,400만 명이었다.[16] 스탈린의 주장은 나치 전시 경제 체제에 대한 역사 일반의 우위를 과장하는 마르크스주의 견해다. 독일이 1942년 말까지 경제를 최대한 가동시키지 않은 것은, 히틀러가 전격전이라는 군사·경제적 원칙을 여전히 고집하고 있었기 때문이다. 사실 많은 산업 노동자들, 특히 여성들은 연합군의 폭격으로 시민 생활이 파괴되기 전까지는 전시 공장으로 몰려들지 않았다.

'사회주의화된' 산업이 전쟁을 승리로 이끌었다는 생각은 근거가 없다. 독일 산업에서 사회주의화된 부문(예컨대 헤르만 괴링의 강철 공장)은 완전히 실패로 끝났다. 소비에트 경제는 특정한 기본 군수 물자를 대량 생산하도록 편제되어 있었다. 1942년 8월 나치가 가장 깊숙이 침투해왔을 때,

소련의 공장은 이미 한 달에 1,200대의 탱크를 생산하고 있었다.[17] 하지만 1934~44년 적군에 결정적인 기동력을 제공해준 군 수송 차량이나 지프는 미국에서 생산한 것이다. 서구 강대국은 합심하여 소련에 첨단 기술을 제공했다. 그 덕분에 소련은 동유럽에서 제공권을 장악할 수 있었다. 1946년에도 영국은 소련에 항공 엔진을 제공했다. 이것을 토대로 소련은 전쟁이 끝난 후 대단한 성공이라 평가받는 미그 15기(Mig-15)를 만들어냈다. 루덴도르프식 '전시 사회주의'와 케인스식 거시경제를 채택한 영국의 자본주의 경제는 독일 경제보다 훨씬 더 효율적인 생산을 하고 있었다. 1942년 영국의 전시 생산은 50퍼센트나 증가했다. 하지만 연합군이 승리할 수 있었던 진짜 이유는 미국 경제 덕분이다. 한 해만에 미국은 탱크 수가 24,000대, 항공기 수가 48,000대에 이르렀다. 참전 첫 해에 미국의 군수 물자 생산량은 추축국 3국의 생산량을 합친 수준에 도달했다. 1944년 말에는 그 두 배가 되었다. 또한 1943년 육군의 수는 700만 명이 넘었다.[18]

이 놀라운 속도는 미국 경제 시스템의 본질적인 활력과 유연성 때문에 가능했다. 여기에 국가 목표가 1920년대의 낙관주의처럼 촉매제 역할을 했다. 전쟁은 마치 활황을 맞은 시장 같았다. 기업가 자질이 충만한 미국은 거의 무한해 보이는 천연자원과 인적자원을 밑이 보이지 않는 소비의 바다에 밀어넣었다. 미국이 미드웨이 해전에 승리할 수 있었던 이유는, 항공모함 요크타운 호를 수리하는 데 1,200명의 기술자를 투입하여, 보통 3개월이 걸리는 작업을 48시간으로 단축시킨 데 있다.[19] 방위 협력 센터로 펜타곤(Pentagon)을 건설하는 과정은 7년에서 14개월로 단축되었다. 펜타곤은 총 26킬로미터의 통로와 54,000제곱미터 면적의 사무실로 이루어졌다.[20] 전쟁은 미국 자본주의의 국민 영웅을 낳았다. 헨리 카이저(Henry Kaiser), 헨리 모리슨(Henry Morrison), 존 맥콘(John McCone) 등 볼더댐

▶ **과달카날 전투**(1942~1943)
일본군은 1942년 7월 6일 과달카날 섬에 상륙하여 비행장을 건설하기 시작했다. 그러나 8월 7일에 미군 해병대 6,000명이 과달카날 섬에 상륙, 일본군 수비대 2,000명을 기습하고 비행장을 장악했다. 1943년 2월 수적으로 열세를 면치 못하던 일본군은 과달카날에서 남은 군대 1만 2,000명을 철수시켰다.

을 건설한 샌프란시스코의 엔지니어들은 전시에도 정력적으로 현장을 이끌었다. (이들은 뉴딜 기간에 루스벨트의 내무장관 해럴드 아이키스에게 연방 규정 위반을 이유로 괴롭힘을 당하기도 했다.) 그들은 세계 최대 시멘트 공장과 세계 최초 통합형 제강소를 건설했다. 비용에 상관없이 선박을 제조하라는 지시를 받자, '리버티' 호의 건조 기간을 196일에서 27일로 단축시켰다. 1943년에는 10.3시간마다 1척씩 생산해냈다.[21] 제너럴 일렉트릭은 1942년에 선박용 터빈의 총판매액을 백만 달러에서 3억 달러로 끌어올렸다.[22] 본질적으로 미국의 승리는 무제한적으로 생산되는 화력과 기계처럼 돌아가는 인력에 자본주의 방식을 결합하여 이루어낸 것이다. 결정적인 과달카날(Guadalcanal) 전투에서 진 뒤, 히로히토 천황은 해군 참모총장에게 이렇게 물었다. "미국은 며칠이면 비행장을 건설하는데, 왜 우리는 몇 달씩이나 걸리는 겁니까?" 해군 참모총장 나가노는 "황송하기 그지없습니다"라는 말밖에 하지 못했다. 굳이 말하자면 미국이 엄청나게 많은

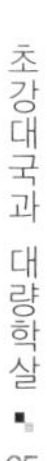

불도저와 토사 운반 장비를 갖추고 있는데 비해, 일본은 사람의 힘에 의존할 수밖에 없었다는 것이 정확한 답이다.[23]

첨단 기술과 뛰어난 생산 능력의 결합은 공군의 공격력에서 가장 중요하고 뚜렷한 형태로 드러났는데, 여기에는 그만한 이유가 있었다. 먼저 영국이 미국을 설득한 덕분이다.[24] 영국의 설득에 따라 미국은 인력 손실을 최소화하는 동시에 거대한 경제 자원을 최대한 활용하는 방법을 택했다. 또한 폭격이 양 국가의 도덕주의적 충동에 강력하게 호소했기 때문이다. 영국의 원자 물리학자 블래킷(Patrick S. M. Blackett)은 이를 '주피터 콤플렉스'라고 불렀다. 연합군이 정의의 신으로서 사악한 적군에게 징벌의 벼락(폭탄)을 퍼붓는다는 사고방식이다.

우리는 여기서 도덕적 상대주의가 일으키는 타락의 과정을 다시 한번 보게 된다. 처칠은 전쟁이 야기하는 도덕적 부패를 명확히 깨닫고는 두려움을 느꼈다. 하지만 그는 1940년 7월 2일 이미 대규모 폭격 작전을 입안했다. 나치의 유럽 점령이 불러일으킬 결과 — 극한의 도덕적 파국 — 에 완전히 사로잡혀 있었고, 당시 폭격을 유일한 공격 수단으로 생각했기 때문이다. 이는 오래된 공리주의 도덕 논리로, 자연법의 논리와 상충된다. 자연법의 논리를 따르면, 전쟁 수행 능력이나 수단을 직접 파괴하는 것만이 유일하게 적법한 전투 방식이다.[25]

어떤 형태든 도덕적 상대주의에는 도덕적 붕괴를 낳는 본질적인 경향이 내재되어 있다. 닻을 잃은 배는 방향 없이 망망대해를 떠다니기 마련이다. 1941년 말이 되자 처칠은 소련과 미국이 참전한 이상 결국 히틀러가 패하게 될 것이라고 생각했다. 도시 폭격에 대한 공리주의의 논리는 사라졌다. 게다가 도덕적 입장에서라면 민간인 폭격은 어느 때고 결코 용납될 수 없다. 하지만 이 무렵 이미 폭격기 부대가 존재했고, 영국 경제는 장거리 비행용 폭격기 랭커스터를 대량으로 생산하고 있었다. 1942년 2월 14일 폭격사령부에 내려진 지령에 따르면, 폭격의 주요 목표는 독일 민간인의 사기를 떨어뜨리는 것이었다.[26] 1942년 3월 28일 새로운 지령에 따른 최초의 대규모 공습이 뤼베크(Lübeck)에 가해졌다. 공식 보고서에는 도시가 "불쏘시개처럼 불타올랐다" 고 기록되어 있다. 3월 30일 1,000대의 폭격기로 첫 번째 공습이 이어졌고, 여름에는 미국 공군도 작전에 참가했다.

영국은 총 병력의 7퍼센트와 전시 생산량의 25퍼센트를 폭격에 쏟아부었다.[27] 이런 전략은 군사적인 면에서 보더라도 실수였다. 모두 60만 명의 독일인을 죽인 폭격은 독일 민간 소비재 생산을 축소하고 전시 생산이 확대되는 것을 줄일 수는 있었지만 막지는 못했다. 독일은 1944년 하반기까지 민간 소비재 생산을 축소하고 전시 생산을 확대했다. 민간 소비재 생산은 1939년을 지수 100으로 할 때, 1943년에는 91, 1944년에는 85로 줄어들었다. 영국도 1943년과 1944년에 54로 매우 낮은 수준에 머물러 있었다.[28] 폭격이 독일의 전시 경제를 무너뜨린 것은 1944년 말부터였다. 물론 그 전에도 도시를 밤낮으로 지켜야 했기 때문에, 독일 공군은 러시아 전선에서 제공권의 우위를 유지할 수 없었다. 하지만 폭격을 통해 승리하려면 지속적으로 동일한 목표물에 엄청난 폭격을 가할 수 있어야 했다. 연합군은 1943년 7월 24일부터 8월 3일까지 함부르크 공습에서 전략적 '승리' 를 거두었다. 함부르크는 최상의 방어 시설을 갖춘 도시였다. 영국은 '윈도(Window)' 라는 금속 조각을 이용하여 독일군의 레이더를 교란했다. 7월 27일 밤, 영국 공군의 폭격으로 함부르크의 온도는 섭씨 800~1,000도까지 올라갔다. 거대한 화재 폭풍이 일었다. 수송 시스템이 모두 파괴되었고, 414,500채의 가옥 가운데 214,350채가 파괴되었으며, 공장은 9,592개 중 4,301개가 파괴되었다. 약 20평방킬로미터의 지역이

▶ **드레스덴 폭격(1945)**
1945년 2월 13일과 14일에 영 · 미군 항공기 800대가 대대적인 폭격을 시작해 유럽에서 가장 아름다운 도시인 드레스덴은 상당 부분을 흔적도 남기지 않고 없애는 데 성공했으나, 군사적으로 얻은 것은 거의 없었다. 너무 심하게 파괴되었기 때문에 복구시키는 최선의 방법은 완전히 허물고 땅을 평평하게 고르는 것이라는 제안이 나올 정도였다.

남김없이 전소되었다. 하룻밤 새 화재 폭풍이 일어난 4개 지역에서 4만 명의 사상자가 발생했다. 지역 총인구의 37.65퍼센트에 이르는 숫자였다.[29] 토트의 뒤를 이어 전시 생산의 최고 책임자가 된 알베르트 슈피어는 히틀러에게 다른 6개 도시도 이처럼 처참하게 파괴된다면, 전쟁 물자를 계속 생산하는 것은 불가능하다고 말했다. 하지만 영국에는 그러한 규모로 신속하게 공습을 되풀이할 수 있는 자원이 충분하지 않았다.

테러 폭격이 보여준 최악의 측면은 전쟁 지도자들이 지정학적 홍정을 위해 '주피터 콤플렉스'에 의존했다는 점이다. 이것은 1945년 2월 13~14일 밤에 있었던 드레스덴 폭격을 설명해준다. 드레스덴 폭격은 독일과 전쟁하는 동안 진행된 영미의 도덕적 붕괴를 여실히 드러냈다. 알타회담에서 만난 처칠과 루스벨트는 스탈린에게 연합군이 동부 전선의 소련을 돕기 위해 애쓰고 있다는 사실을 알려주고 싶었다. 특히 그들은 1월 12일에 시작된 소련의 공격을 도와 독일군의 사기를 꺾고자 했다. 드레스덴은 산업의 중심지가 아니라 교통의 중심지였다. 63만 명이었던 총인구는 피난민으로 두 배가 되었다. 피난민의 80퍼센트는 슐레지엔 지방에서 온 농민이었다. 스탈린은 폴란드를 서쪽으로 '옮겨놓는' 계획을 용이하게 하기 위해 드레스덴을 파괴하고 싶었다. 게다가 그는 드레스덴이 군대의 집결지로 이용된다고 생각했다. 폭격사령부의 부사령관 로버트 선드비(Robert Saundby) 경에 따르면, 소련군은 '천둥 작전' 의 목표로 특별히 드레스덴을 지목했다. 그로부터 얼마 전 폭격사령부의 군목, (나중에 핵군축 운동을 이끈) 캐넌 존 콜린스(Canon L. John Collins)는 스태퍼드 크립스(Stafford Cripps)를 초청했다. 크립스는 독실한 기독교인이자 사회주의자로 당시 영국 항공기 생산장관이었다. 그는 '하나님은 나의 부조종사' 라는 주제로 고위 장교들에게 연설을 하면서, 군사적 목표물만 공격해야 한다고 말했다. "여러분이 사악한 행동을 하고 있을 때도 하나님께서 여러분의 어깨너머로 지켜보고 계십니다." 이 때문에 험악한 분위기가 연출되었다. 폭격사령부는 항공기 생산부에서 크립스 같은 사람들이 사이비 도덕가 행세를 하며, 고의로 항공기를 부족하게 공급하고 있다고 믿었기 때문이다. 그 뒤 폭격사령부의 장교들은 하달받은 지령이 확실히 정치가들이 내린 지령인지 알고 싶어했다. (처칠 또는 공군 대장 포털이) 얄타회담에서 직접 전달한 드레스덴 공습 명령에 대해서도 확인하고 싶어했다.[30]

폭격사령부의 '이중 타격' 전술에 따라 공격은 두 차례에 걸쳐 이뤄졌다. (미국이 뒤이어 세 번째 공습을 가했다.) 두 번째 폭격은 구원군이 도시에 모여들었을 때 이루어졌다. 65만 개 이상의 소이탄(燒夷彈)이 투하되었고, 화재 폭풍이 20제곱킬로미터 이상의 땅을 삼켜버렸다. 전체적으로 1,700헥타르가 초토화되었으며, 사망자는 여자와 어린 아이를 포함해 13만여 명에 이르렀다. 그날은 참회의 화요일 밤이었기 때문에, 많은 아이들이 축제 복장을 하고 모여 있었다. 목표 지역이 그토록 처참하게 폭격을 당한 것은 개전 이래 처음 있는 일이었다. 시신을 묻을 사람도 부족했다. 군대가 시가지로 들어와 엄청난 수의 시체를 쌓아놓았다. 알트마르크트 광장 주위의 중심가는 통행이 차단되었다. 7.5미터 간격으로 강철 석쇠가 설치되었다. 나무와 짚을 연료로 500구를 한데 묶어 시체를 태웠다. 불길은 공습 2주일 후에도 꺼지지 않았다. 괴벨스는 "미치광이의 소행이다"라고 부르짖었다. 슈피어에 따르면, 공습은 온 나라에 공포의 격랑을 일으켰다. 하지만 이 무렵 여론은 히틀러에게 항복하라고 압력을 행사할 만한 수단이 전혀 없었다. 히틀러는 외부로부터 고립되어 있었고, 접근이 차단되어 있었다. 더욱이 편집증적인 전쟁광이 되어 있었다. 한편 연합군 측은 공습을 지속할 만한 자원이나 의지가 없었다. 조종사들은 공습을 달갑게 여기지 않았다. 한 조종사는 "그때까지 많은 작전을 치렀지만 저 아래에 있는 사람들에게 유감을 느낀 건 처음 있는 일이었다"고 말했다. 다른 조종사는 "내가 독일인에게 미안함을 느낀 것은 그때가 유일했다"라고 말했다.[31]

독일은 주피터 콤플렉스에 그다지 영향을 받지 않았다. 사실 히틀러가 괴링의 능력을 신뢰하지 않았기 때문이다. 전략적 폭격 작전을 수행하기 위해서는 방대한 자원을 효과적으로 이용해야 한다. 그러기에는 괴링은 능력이 부족한 것 같았다. 하지만 원격 조종으로 무차별 대량 파괴를 한다는 생각은 히틀러의 관심을 끌었다. 베르사유조약에 따라 독일은 폭격기를 만들지 못했지만, 탄도 미사일에 대해서는 제한 규정이 없었다. 그리하여 히틀러가 정권을 잡았을 때는 독일에 이미 미사일 개발팀이 존재하고 있었다. 1936년 마사일 개발 책임자 발터 도른베르거(Walter Dornberger)는 권한을 위임받아, 1918년에 만들어진 장거리포 빅 베르타(Big Bertha)보다 사정거리가 두 배 길고 폭발력이 100배 큰 로켓(1톤 무게, 사정거리 250킬로미터)을 만들라고 지시했다.[32] 미래의 전략 무기가 폭발력 높은 탄도 미사일이 되리라는 점에서 히틀러는 옳았다. 얼마 안 되지만 연합군 측에서도 이 사실을 깨달은 사람이 있었다. 그중 한 명인 보수당 의원 던컨 샌디스(Duncan Sandys)는 1944년 11월 23일 이렇게 경고했다. "미래에는 장거리 로켓포에서 우위를 점하는 것이 해군력이나 공군력의 우위만큼이나 중요해질 것입니다." 연합군의 정통 사고방식 안에서는 거대한 폭격기가 가장 중요했다. 그것은 본질적으로 제1차 세계대전 당시의 개념이었다. 1944년 12월 5일 처칠의 수석 과학 고문이었던 처웰(Frederick Lindemann, 1st Viscount Cherwell) 경은 장거리 로켓은 매우 부정확할 것이고, 높은 폭발력으로 그것을 보상하지 않는 한 쓸모가 없을 것이라는 답신을 보냈다. 재래식 폭약을 쓰는 한은 도저히 반박할 수 없는 비판이었다.

히틀러의 고민은 두 가지 가능성 중 하나를 선택해야 하는 거였다. 무인 유도 항공기(V1)는 전쟁의 경제적 측면에서 매우 예리한 감각을 지닌 히틀러의 관심을 불러일으켰다. V1은 그때까지 생산된 무기 중 가장 비용 효과가 큰 무기였다. 랭커스터 폭격기 1대와 승무원 훈련, 폭탄, 연료에 드는 비용으로 300기 이상의 V1을 쏘아 보낼 수 있었다. V1에는 1톤의 고성능 폭약이 탑재되어 있었고, 사정 거리는 320킬로미터였으며, 목표물을 맞힐 수 있는 확률도 더 높았다. 1944년 6월 12일부터 9월 1일까지 독일은 V1의 공격 비용으로 12,600,190파운드를 지출했다. 연합군 측은 이로 인해 47,645,190파운드의 생산 손실을 입었다. 이외에도 연합군은 대공포와 방어용 전투기를 운용해야 했고, V1 발사·제조 지역을 폭격하기 위해 항

▶ **V2 로켓**
제2차 세계대전이 종전으로 치닫던 1944년 6월 12일부터 고성능의 로켓이 날아와 런던 시내 곳곳을 파괴했지만, 영국은 속수무책으로 당할 수밖에 없었다. 폭파된 로켓의 잔해를 통해 독일어로 '보복'을 뜻하는 'vergeltung'의 머리글자를 딴 V2 로켓인 것으로 밝혀졌다.

공기와 승무원을 투입해야 했다. 1944년 11월 4일 공군부는 "이로 인해 적군은 매우 유리해졌고, 우리의 손실은 어림잡아 독일의 4배에 이른다"고 보고했다. 독일군의 병력 손실은 겨우 185명인데 반해, 연합군은 (훈련된 항공병 1,950명을 포함해) 7,810명이었다. V1은 1944년 7월 어느 날, 하루만에 2만 채의 집을 파괴했고, 그 여파로 영국의 사기는 크게 떨어졌다.

하지만 히틀러는 이 놀라운 무기에 신속하고 광범위한 투자를 하지 않았다. 군비 배정에도 일관성이 없었다. 따라서 우선적으로 군비를 배정받기 위해서는 총통의 낭만주의에 호소할 필요가 있었다. 도른베르거의 거대한 로켓이 바로 그런 경우다. 히틀러는 뉴욕을 파괴하여 루스벨트에게 복수하고 싶었다. 그의 열망을 충족시켜줄 수 있는 유일한 방법은 V2 프로그램밖에 없는 것 같았다. 하지만 실행 가능성 면에서 보자면, V2 프로그램에 전쟁 자원을 투입하는 것은 말이 안되는 일이었다. 독일에서만 고

도로 숙련된 기술자의 상당수를 포함하여 20만 명의 노동자가 이 일에 매달렸다. V2 프로그램 때문에 고성능 제트 엔진과 지하 정유 공장을 포기해야 했다. 또 희소한 전기 장비를 사용해야 했기 때문에, 항공기와 잠수함, 레이더의 생산에 지장을 초래했다. V2 작전에 이용된 실제 로켓은 A4였다. A4는 모두 3,000발이 발사되었다. 한 기당 비용은 12,000파운드였다. (V1은 125파운드였다.) 유효 탑재량은 겨우 5.4톤이었으며, 실망스러울 정도로 부정확했다. 대륙 간 로켓으로 계획된 A9/A10은 무게가 100톤으로 두 단계에 걸쳐 성층권까지 370킬로미터를 날아오르게 되어 있었다. 로켓이 개발된다면 뉴욕과 워싱턴을 불바다로 만들 수 있었다. 하지만 로켓 개발은 설계 단계를 벗어나지 못했다.[33] A9/A10을 개발해서 발사했다고 하더라도, 탑재된 재래식 탄두는 보잘것없는 결과만 낳았을 것이다.

히틀러가 궁지에서 벗어날 생각이었다면, A10 로켓에 핵탄두를 탑재하는 기술을 개발했어야 했다. 하지만 그가 전쟁 일성표 내에서 이 일을 실현할 수 있는 가능성은 그다지 크지 않았다. 그럼에도 연합군 쪽에서는 히틀러가 원자폭탄을 손에 넣지 않을까 전전긍긍했다. 많은 과학자가 제2차 세계대전이 결국 핵전쟁이 될 것이라고 예상했다. 양차 세계 대전 사이에 원자 물리학에 대한 지식은 상당한 발전을 이루었다. 인간의 힘으로 어마어마한 폭발력을 만들어낼 수 있다는 개념은 아인슈타인의 특수상대성이론에 내포되어 있다. 만약 핵의 입자들을 단단히 묶어두고 있는 엄청난 에너지를 방출시킬 수 있다면, 가장 무거운 원소가 가장 큰 에너지를 방출할 것이다. 그렇다면 찾아야 할 원료는 가장 무거운 원소 우라늄-235여야 했다. 고에너지 물리학은 1920년대 크게 발달한 과학 분야다. 1932년 독일이 히틀러에게 관심과 애정을 기울이고 있을 무렵, 유럽 전역과 북미에서 성과가 나타나기 시작했다. 그해 케임브리지의 캐번디시 연구소에서 코크로프트(John D. Cockcroft)와 월턴(Ernest T. S. Walton)이 500파운드짜리 장치로 원자를 쪼갰다. (캐번디시 연구소 소장 러더퍼드 경은 비용이 지나치게 많이 들었다고 생각했다.) 제임스 채드윅(James Chadwick) 경은 양성자와 전자로 이루어진 중성자를 발견했다. 결합 에너지는 100만~200만 eV였다. 1934년에는 프랑스의 졸리오 퀴리(Juliot-Curies)가 인위적으로 방사성 동위원소를 만들어냈다. 이탈리아에서는 엔리코 페르미(Enrico Fermi)가 중성자를 제어하는 데 성공했다. 이어 주기율표에 없었던 초우라늄 원소를 만들어내는 작업에 들어갔다. 원자핵 분열의 이론적 개념을 발전시키는 과정(독일과 미국의 과학자도 참여하고 있었다)은 1939년이라는 운명적인 해가 시작되고 나서 9월까지 가장 큰 결실을 맺었다. 따라서 히틀러가 폴란드를 침략할 즈음에는 인간이 원자폭탄을 만들 수 있다는 사실이 분명해졌다. 1939년에 이루어진 물리학의 극적인 진보와 제2차 세계대전의 발발은 역사상 가장 인상적이고 불길한 우연의 일치였다. 1940년 1월, 1939년에 발표된 100편 이상의 중요 논문을 요약한 기사가 보도되었는데, 그중 가장 중요한 논문은 원자핵 분열 과정을 설명한 닐스 보어(Nils Bohr)와 존 휠러(John A. Wheeler)의 논문이었다. 이 논문은 전쟁이 시작되기 이틀 전에 발표되었다.[34)]

응용 원자 물리학에는 그 시초부터 이데올로기적 차원과 도덕적 차원이 존재했다. 원자폭탄의 개념은 주로 도피 중인 유대인 과학자 집단에서 태어났다. 그들은 히틀러가 먼저 원자폭탄을 손에 넣을까 봐 노심초사했다. 레오 질라드(Leo Szilard)도 그중 한 명이다. 그는 과학 출판물의 자발적 검열을 제안했다. 원자폭탄은 국가 이익보다는 이데올로기를 우선시하는 사람들이 만들어냈다. 물론 원자폭탄의 기밀을 누설한 사람도 이런 부류다. 이중 영국 프로젝트에 참여하여 중대한 전시 기밀을 다루었던 많은 이들이 보안상의 이유로 다른 전쟁 과업에서 배제되었다.[35] 두려움은 일차적인 동기였다. 유대인이었던 로버트 오펜하이머(Robert Oppenheimer)는 최초의 원자폭탄을 만들어냈는데, 연구를 서두른 건 히틀러가 선수를 칠까 봐 두려웠기 때문이다. 헝가리 태생의 에드워드 텔러(Edward Teller)가 최초로 수소폭탄을 만든 것도 소련이 이를 독점할까 봐 두려웠기 때문이다.[36]

따라서 원자폭탄의 진정한 아버지는 히틀러와 그의 사악한 의지가 불러낸 유령이라고 할 수 있다. 1940년 3월 버밍엄대학교의 오토 프리시(Otto Frisch)와 루돌프 파이얼스(Rudolf Peierls)가 놀랄 만한 글을 썼다. 3페이지에 걸쳐 타이핑한 '프리시 파이얼스 메모'는 농축 우라늄으로 폭탄을 제조하는 법을 설명했다. 이 아이디어를 신속히 구체화하기 위해 '모드(Maud)' 위원회가 발족되었다. (별나게도 모드 위원회의 명칭은 켄트 주의 여성 주지사 모드 레이의 이름에서 따온 것이다.) 6월이 되자 프랑스의 원자핵개발 팀이 합류했다. 프랑스 팀은 그동안 비축되어 있던 세계의 모든 중수(重水)를 운반해왔다. 이 중수는 전에 프랑스가 노르웨이에서 가까스로 빼내온 거였다. 26개의 통에 담긴 185킬로그램의 중수는 웜우드 스크럽스(Wormwood Scrubs) 감옥에 잠시 보관되었다가, 다시 윈저 성(Windsor Castle)에 있는 도서관으로 옮겨졌다.[37] 아인슈타인(그도 역시 '반유대주의 폭탄'을 두려워하고 있었다)의 요청에 따라, 루스벨트는 1939년 10월 '우라늄 위원회(Uranium Committee)'를 창설했다. 그해 전시 영국의 유명한 과학자 헨리 티저드(Henry Tizard) 경과 존 코크로프트 경이 영국 원자핵 프로그램의 기밀이 담긴 '블랙 박스'를 들고 워싱턴에 갔다.

그 즈음 영국은 다른 나라보다 몇 달 정도 연구 수준이 앞서 있었다. 속도도 더 빨랐다. 핵 물질 분리 공장을 짓는 계획이 1940년 12월에 완료되었다. 다음해 3월이 되자 원자폭탄은 더 이상 과학적 추론의 문제에 머물지 않고, 산업 기술과 공학의 영역으로 옮겨갔다. 1941년 7월에 나온 모드 위원회의 보고서 '폭탄 개발을 위한 우라늄의 사용' 에서는 그러한 무기가 1943년까지 준비될 수 있고, 파운드 당 비용을 따졌을 때 재래식 폭탄보다 훨씬 저렴하고 항공 수송 면에서도 매우 경제적이며, 훨씬 더 집약적인 효과를 낳고, 적의 사기에 중대한 영향을 미칠 것이라고 주장했다. 원자폭탄이 준비되기 전에 전쟁이 끝난다고 하더라도, 원자폭탄 개발은 필요했다. 어떤 국가도 "그처럼 결정적인 파괴력을 지닌 무기 없이 상황을 방치하는 위험을 감수하지는 않을 것" 이기 때문이다.[38] 따라서 그때 이미 히틀러 이후에도 원자폭탄이 영속적으로 국제사회에 존재하게 되리라고 예견되었다. 절박한 두려움 때문에 원자폭탄은 자연스럽게 폭격 계획의 일부가 되었다. 사용할 수만 있다면 영국이 온갖 폭탄을 독일의 도시에 떨어뜨렸으리라는 사실은 의심의 여지가 없다. 영국의 여론은 전쟁 내내 폭격 작전을 지지했다.

사실 영국의 계획 입안자들이 품고 있던 낙관론은 옳지 않았다. 충분한 양의 순수한 우라늄-235 아니면 플루토늄(우라늄을 대체할 수 있는 핵분열 물질)을 생산하는 데는 산업상의, 그리고 공학상의 어려움이 따랐다. 폭탄 자체를 설계하는 것도 어려운 일이었다. 이 프로젝트는 유럽의 이론과 미국의 산업 기술이 합쳐져 성공할 수 있었다. 무엇보다 미국의 자원과 기업가적 모험 정신이 필요했다. 모드 보고서는 미국 맨해튼 계획의 초석이 되었다. 맨해튼 계획의 예산은 20억 달러였지만, 1944년 한 해에만 10억 달러가 지출되었다. (그들이 생각하기에) 히틀러를 경쟁에서 따돌리기 위해서는, 완전히 다른 세 가지 폭탄 원료 생산 방법을 개발하고, 기체 확산법과 전자석 이용법이라는 우라늄 농축 설비를 제작하고 플루토늄 원자로를 건조해야 했으며, 게다가 이 모든 일을 동시에 추진해야 했다. 각각의 시설을 마련하는 데만도 그전까지 상상할 수 없었던 거대한 규모의 공장이 필요했다.

프로젝트는 미 육군 공병단의 레슬리 그로브스(Leslie Groves) 장군이 지휘했다. 그는 1940년대 미국 자본주의가 새로이 꽃피운 거인 철학에 흠뻑 젖어 있던 인물이다.[39] 명확하고 달성할 수 있는 목표가 주어지면, 어떤 난관에도 개의치 않았다. 그는 허풍을 떨며 쾌감을 느끼는 부류에 속했다. "여기에는 지금 박사가 너무 많기 때문에 일일이 셀 수조차 없습니다"라고 자랑하곤 했다. 그는 전기 배선을 위해 미국 재무부에 수천 톤의 은을 요구했다. 재무부는 이렇게 답했다. "재무부에서는 은을 톤 단위로 말하지 않습니다. 재무부가 사용하는 단위는 트로이 온스입니다."[40] 하지만 어쨌든 그는 은을 얻었다. 핵폭탄을 발명하기 위해서는 일련의 신기술이 필요했다. 완전 자동화 공장, 원격 가동 공장 설비, 완전 무균 산업 공정 — 56만 제곱미터에 이르는 방사능 누출 방지 장치 — 이외에도 다양하고 혁신적인 장치가 개발되었다.[41] 낭비는 엄청났다. 돌이켜보면 대부분 용납할 수 없는 것이었다. 그러나 당시 전쟁 자체가 낭비를 일삼고 있었다. 전쟁이야말로 낭비 그 자체다. 미국은 과학 기술의 진보에 필요한 30년의 시간을 단 4년으로 단축시켰다. 원자폭탄을 얻을 수 있는 확실한 방법은 이러한 과학 기술의 진보 외에는 없었다. 이처럼 확실한 방법을 구축할 다른 나라나 기구도 없었다. 원자폭탄은 분명 히틀러의 폭탄이다. 하지만 무엇보다도 자본주의가 만들어낸 폭탄이다.

전체주의가 조성한 공포는 원자폭탄을 탄생시켰다. 공포는 적법한 국가들의 정의로운 테러를 정당화시켜주었다. 이러한 공포를 낳은 전체주의 세력이 원폭 제조에는 미미한 노력밖에 기울이지 않았다는 사실은 아이러니다. 레닌그라드의 물리학자 이고르 쿠르차토프(Igor Kurchatov)는 서방에서 엄청난 양의 데이터가 쏟아져 나오자, 1930년대 말 원자로 건설을 위한 자금을 요청했다. 하지만 곧 서방의 동향이 달라졌고, 제자 중 한 명이 이 사실을 눈치챘다. 쿠르차토프는 1942년 5월 정치적 상관에게 이에 관해 보고했다. 결국 모스크바에 우라늄 연구소가 만들어졌다. 소련의 우라늄 프로그램은 미국이 맨해튼 계획에 착수한 지 몇 달 뒤 시작되었지만, 자원의 우선 사용 순위는 낮았다. 소련 당국자가 원자폭탄 개발의 실현 가능성에 의문을 품었기 때문이다.[42] 니키타 흐루쇼프에 따르면, 스탈린은 히로시마 원폭 투하 다음날이 되어서야 비밀경찰의 우두머리인 베리야에게 원폭 제조에 관한 긴급 프로젝트를 맡기고, 국가의 어떤 정책보다 우선하여 진행하라고 명령했다.[43]

일본에도 원자폭탄 개발 계획이 있었다. 일본의 일류 물리학자 니시나 요시오(仁科芳雄)가 이 계획을 이끌었다. 요시오의 주도로 5대의 사이클로트론이 완성되었다. 하지만 역시 자원이 부족했다. 1943년 일본은 아무리 경제 대국인 미국이라도 가까운 시일 안에 원자폭탄을 만들 수는 없을 것이라고 결론을 내렸다.[44] 독일은 엄청난 수의 과학자들이 빠져나간 뒤에도, 원자폭탄 개발을 추진할 수 있는 핵물리학자들이 충분히 있었다. 하지만 히틀러에게 핵물리학 분야는 아인슈타인이나 '유대인의 물리학'과 동일시되었다. 독일의 과학자들은 어쩌면 일부러 히틀러를 부추기는 일을 삼갔을지도 모른다. 사실 히틀러가 원하는 로켓 프로그램에는 핵탄두가 적격이었다. 핵폭탄은 거대한 파괴력을 지녔다는 점에서 전형적인 히틀러식 무기였으며, 파괴 국가의 총화였다고 할 수 있다. 전쟁이 시작되기 전에 히틀러는 헤르만 라우슈닝에게 나치가 몰락했을 때 세계가 치러야 할 대가를 이런 식으로 설명했다. "우리가 설사 전쟁에서 진대도 세계의 절반을 파멸의 구렁텅이에 함께 끌고 들어갈 것이오."[45] 원자폭탄은 이 무모한 과장을 어느 정도 현실로 바꾸어놓을 수 있는 강력한 무기였다. 하지만 원자폭탄은 그의 머릿속에서 로켓만큼 호소력을 갖지 못했다. 이 낭만적 허무주의자는 상상력이 부족했다. 따라서 망명한 과학자들에게 원자폭탄을 만들게 하지 않을까 근심했던 연합국의 두려움은 사실 근거가 없었다.

더욱 큰 아이러니는, 비록 예견된 것이기는 하지만, 원자폭탄의 도덕적 군사적 필요성이 줄어들면서, 원자폭탄을 얻기 위한 경쟁이 가열되었다는 점이다. 1943년과 1944년 추축국의 군사력이 약화되고, 연합군의 완전한 승리가 단지 시간문제일 뿐이라는 사실이 분명해졌다. 그러자 히틀러를 제압해야 한다는 생각 대신, 전쟁이 끝나기 전에 원자폭탄을 만들어 사용해보려는 소름끼치는 충동이 커졌다. 1941년 말이 되자 독일과 일본이 전쟁에서 승리할 수 없다는 게 명백해졌다. 1942년 늦여름, 일본군이 미드웨이에서 참패하고 볼가 카프카스 공격에서 독일군의 공세가 약화된 후에는 추축국이 전쟁을 교착 상태에 빠뜨리는 것조차 불가능하다는 게 분명하게 드러났다. 결정적인 시점은 1942년 11월이었다. 11월 2일 영국군은 알라메인(Alamein)에서 결정적인 전투를 시작해 북아프리카와 지중해에서 적군을 몰아냈다. 이어 6일 뒤 영국군과 미군이 모로코와 알제리에 상륙했다. 다음날 일본군은 솔로몬 제도의 과달카날 섬에서, 마지막으로 대규모 공세를 취했지만 패배하고 말았다. 일본의 육군 지휘관은 전에 그 전투를 "일본 제국의 흥망을 결정할 전투"라고 묘사했었다. 과달카날에서 패배하고 9일 뒤, 소련군이 스탈린그라드에서 반격을 개시했다. 루스벨트는 「헤럴드 트리뷴 Herald Tribunune」 지에 "이 전쟁에도 드디어 전환점이 찾아온 것 같습니다"라고 말했다.

최종적인 해결책

이탈리아는 맨 먼저 연합군의 힘의 논리를 받아들였다. 일찍이 1940년 12월 무솔리니는 사위 치아노에게 1914년의 이탈리아인이 파시스트 국가의 이탈리아인보다 더 뛰어났다고 말하기도 했다. 파시스트 정권을 심각하게 부정하는 말이다.[46] 1943년 7월 10일 연합군이 시칠리아에 침입하자, 그는 비관적인 기분에서 헤어나오지 못했다. 15일 뒤 비판자들이 파시스트 평의회를 소집했지만, 무솔리니는 아무런 조치도 취하지 않았다. 10시간에 걸친 긴 논쟁을 듣고만 있었다. 무덤덤하게 체포되기를 기다리며, 한 여인을 위해 사진에 '패배자 무솔리니' 라고 서명해주었다.[47] 이탈리아가 연합군과 협상을 서두르고 있을 때, 히틀러는 이탈리아를 점령지로 선언하고, 몰락한 독재자를 구출해주었다. 히틀러는 무솔리니가 괴뢰 정권을 끌고 나가도록 허락했다. 종말이 가까워지면서, 무솔리니는 정치 철학의 근간이 되었던 레닌식 전체주의적 사회주의로 돌아갔다. 그는 금권 정치의 종식과 생디칼리즘의 절대 우위를 설교했다. 1945년 3월 말에는 비록 대부분 서류상이었다고 하더라도, 사회주의 혁명을 관철해 100명 이상의 노동자를 고용하고 있는 모든 공장을 국영화했다. 결국 그는 애인과 함께 체포되어 교수형당한 뒤 거꾸로 내걸렸다. 죽기 전에는 1914~15년의 지독한 독일 혐오증을 다시 보여주었다. "모든 게 독일인 탓이다"라는 말이 어록의 마지막을 장식했다.[48]

나치 독일이 끝까지 전쟁을 고집해 불가피한 파국에 다다른 것은 본질적으로 히틀러의 결정 때문이다. 그는 최후까지 전쟁을 원했다. 한동안 스탈린은 원래의 독소조약으로 돌아갈 마음을 품고 있었다. 그래서 1942년 12월과 1943년 여름에 히틀러에게 협상을 제안했다. 가을이 되자 영미의 장기 전략이 독일과 소련의 소모전을 전제로 하고 있다는 것을 알고, 스탈린은 외무차관이자 전직 베를린 주재 대사인 블라디미르 데카노조프(Vladimir Dekanozov)를 스톡홀름에 보냈다. 데카노조프가 들고 간 제안은 국경을 1914년으로 되돌리고 양국 간에 경제 협약을 맺자는 것이었다.[49] 스탈린은 1925년의 전략으로 돌아가 전쟁에서 빠져나왔다가 나중에 다시 참전할 생각이었던 게 틀림없다. 하지만 히틀러는 1942년 11월 뮌헨 폭동의 기념일에 이렇게 말한 적이 있다. "우리는 이제 더 이상 어떤 평화 협정도 제안하지 않을 것이다." 그는 1920년대와 1930년대에 독일이 세계를 제패하느냐 아니면 패망하느냐 사이에서 한 가지 길을 택할 수밖에 없다고 수없이 얘기했다. 그는 이 결의에 찬 협박에서 한 치도 물러서지 않았다.

이러한 독일의 태도 덕분에, 합법적인 강대국들은 내부 논쟁에 휘말리는 위험에서 벗어날 수 있었다. 영국과 미국은 휴전 협정 문안을 '강하게' 하자는 주장과 '유연하게' 하자는 주장으로 나누어졌다. 1942년 초 양국의 공식적인 견해가 서로 다르다는 것이 확연해졌다. 딜레마를 해결하기 위해, 1942년 5월에는 미국의 국무부가, 1942년 12월에는 국방부가 기본 원칙으로 '무조건 항복'을 제안했다. 루스벨트는 윌슨이 1918~19년에 겪은 어려움을 피하고 싶었다. 그는 1943년 1월 24일 카사블랑카 회담에서 결단을 내리지 못하는 처칠에게 '무조건 항복' 원칙을 독일에 강요해야 한다고 밀어붙였다. 그리고는 이 원칙을 일방적으로 세상에 공표했다. 사실 연합군의 비타협적인 자세가 히틀러의 저항을 더 크게 하리라는 처칠의 우려는 아무런 근거가 없었다.[50] 독일에서는 누구도 어떤 조건으로든 평화 협정을 맺으라고 히틀러에게 강요하거나 설득할 수 없었다. 독일의 직업 장교 계층이나 히틀러 곁에 남아 있는 장교들은, 1944년 6월 6일에 시작된 연합군의 유럽 상륙 작전이 성공에 이르기 전까지는 아무런 동요도 보이지 않았다. 드디어 7월 15일 로멜 원수가 히틀러에게 통신문을 보냈다. "균형을 잃은 싸움이 끝에 다다랐습니다. 총통께서는 이러한 상황을 판단하시어, 즉시 필요한 결단을 내려주시기 바랍니다."[51] 히틀러가 아무런 대답도 하지 않자, 7월 20일 히틀러를 암살하려는 음모가 실행에 옮겨졌다. 만약 히틀러가 죽었다면, 군사 독재가 뒤따랐을 것이다. 하지만 이탈리아의 경우처럼(이탈리아는 카사블랑카 회담에서 정해진 '무조건 항복' 원칙에서 제외되었다), 루스벨트가 권력을 잡은 독일 군부와 협상할 마음이 있었을지는 분명치 않다.

사지에서 목숨을 구한 히틀러는 이런 결론을 내렸다. "내 운명을 결정짓는 것은 아무것도 없다. 그 사실은 더욱 확실해졌다. 기적적으로 살아남은 게 이번 한 번뿐이 아니지 않은가. …… 내가 우리의 공통된 대의를 완수하고 행복한 결말을 이끌 운명이란 확신이 더욱 강해졌다."[52] 음모를 꾸민 자들은 대개 귀족이었다. 그들은 전통적으로 참모직을 독점했다. 따라서 그들에게는 군대가 없었다. 명령을 내릴 수는 있었지만, 명령을 따르는 자가 아무도 없었다. 그들은 대중의 지지를 받지도 못했고, 심지어 대중과 접촉하지도 않았다. 그들에게 사회적 기반이 약하다는 것을 깨닫고, 히틀러는 감정적으로 행동했으며, 다소 좌익으로 기울었다. 이 마지막 국면에서 그는 어떤 때보다 스탈린을 우러러보았다. 스탈린이 10년 내지 15년을 더 산다면, 러시아는 "세계 최강대국"이 될 것이다. "그는 짐승이다. 하지만 스케일이 큰 짐승이다." "나는 종종 스탈린이 했던 식으로 장교들을 숙청하지 않은 것을 후회한다." 당시는 인정사정없는 재판관 롤란트 프라이슬러가 레닌식 '국민 재판소'를 책임지고 있었다. 히틀러는 그에게 전적인 신뢰를 보냈다. "프라이슬러가 모든 것을 옳게 처리할 것이다. 그는 우리의 비신스키(Andrey Y. Vishinsky)다."[53] (비신스키는 소련의 대숙청 당시 검찰총장이었다.) 히틀러는 레닌식 원칙인 '근친자 책임'을 들여왔다. 그는 그 원칙이 볼셰비키적이라는 것을 부인하며, "우리의 조상들이 널리 행하던 오래된 관습"이라고 주장했다. 그는 혐의자들을 처형했다. "목이 매달려 도살된 가축처럼 축 늘어져 있는 모습을 보고 싶다." 1936~38년에 스탈린이 죽인 숫자에 비하면 대단치 않지만, 처형은 나치 정권의 마지막 날까지 계속되었다.[54]

그동안 괴벨스는 히틀러의 가장 가까운 조언자가 되어 있었다. 그는 사실 나치 가운데서 가장 사회주의자다운 면모를 지닌 인물이다. 그는 히틀러의 허락을 받은 뒤 전쟁 노력을 대폭적으로 개선하려 했다. 총동원령이 떨어졌고, 여성들이 징집되었고, 극장이 폐쇄되었으며, 그동안 금지되어 있던 여러 조치가 취해졌다. 독일군은 여전히 900만 명이 넘었다. 이제 일부 나치 지도자들은 반볼셰비키주의라는 이름 아래 앵글로색슨족 국가와 협상을 시도하고 있었다. 하지만 히틀러는 절망적인 주변 조건에도 불구하고, 프로이센을 일으켜 세운 프리드리히 2세의 모습을 머릿속에 그렸다. 그는 괴벨스와 함께 칼라일(Thomas Carlyle)이 쓴 프리드리히 2세의 전기를 읽었다. 이 사실은 이미 평판을 잃고 있던 스코틀랜드 태생의 현자 칼라일에게는 끔찍한 재앙이었다.[55] 히틀러는 러시아에 대항해 공동 전선을 구축하기는커녕, 여러 개의 사단을 서부 전선으로 이동시켰다. 1944년 12월 아르덴에서 연합군에 마지막 공격을 가하기 위해서였다. 그 덕분에 소련은 1945년 1월 동쪽에서 물밀 듯이 밀고 들어와 유럽의 심장부에 소비에트 권력을 이식할 수 있었다. 히틀러는 마지막까지 사회주의자였다. 물론 다소 별난 사회주의자이기는 했다. 그는 스탈린처럼 말할 수 없이 누추한 곳에서 살았다. 치아노는 그가 있던 라스텐부르크(Rastenburg)의 사령부를 보고 질겁하고는, 그곳에 사는 사람들을 혈거인(穴居人)이라고 칭했다. "부엌 냄새가 났고, 군복이 여기저기 널려 있었으며, 큰 장화도 보였다."[56] 그곳은 강제수용소이자 수도원이었으며, 궁정의 화려함이 빠진 에스코리알(Escorial)이었다. 실제로 히틀러는 에스코리알의 작은 집무실에서 열심히 일했던 펠리페 2세(Felipe II)를 닮아갔다. 고립되어 있었고, 누구도 접근하기 어려웠으며, 의지가 강했고, 무엇보다 지도를 좋아했다. 히틀러는 몇 시간씩 지도를 들여다보았다. 하지만 그 지도는 전쟁이 진전되면서 이미 쓸모가 없어진 지도였다. 그는 작은 다리나 진지를 점령하라는 명령을 내렸다. 상상 속의 독일군 병사들이 명령에 따랐다. 그의 가장 친한 친구는 알자스산 애완견 블론디와 새끼 볼프였다. 명석한 베를린의 의사 모렐은 히틀러에게 술파닐아미드를 처방하고 선조직에 주사를 놓았다. 히틀러는 포도당·호르몬·항우울제를 투약받았다. 의사 카를 브란트(Karl Brandt)는 히틀러가 해마다 4~5년씩 늙어간다고 말했다. 그는 백발이 되어 갔다. 하지만 일을 처리하는 능력만큼은 감탄이 우러나올 정도였다.

히틀러는 1945년 1월 베를린 총리 관저에 있는 지하 벙커로 들어갔다. 괴벨스가 동행했는데, 둘 다 마지막까지 사회주의자의 불길을 토해냈다. 괴벨스는 환희에 차 이렇게 소리 질렀다. "19세기 부르주아 계급의 마지막 위업이 마침내 폐허가 된 도시 아래 묻혀버렸다."[57] 측근에 따르면, 히틀러는

▶ **요제프 괴벨스**(1897~1945)
1945년 괴벨스는 베를린의 포위된 벙커 안에서 초창기 나치 지도자들 중 유일한 심복으로 히틀러를 보좌하고 있었다. 이 재능있는 나치의 무대감독은 아내와 6명의 아이를 데리고 동반 자살함으로써 가장 소름끼치는 잔혹극의 연출을 마쳤다.

"케이크에 걸신들린 폐인"이 되었다. 크림 케이크를 먹어대며 중간마다 후회와 한탄을 뱉어냈다. 이런 식이다. "독일의 귀족들을 몰살시켜야 했어." "계급 혁명을 일으켜 엘리트와 상류 계급을 섬멸했어야 했는데 너무 쉽게 권력을 잡았어." "스페인에서 프랑코 대신 공산주의자들을 지원했어야 했는데." "식민지 민족들, 특히 아랍인의 해방을 이끌었어야 했는데." "시대에 뒤떨어진 부르주아 계급으로부터 노동 계급을 해방시켰어야 했어." 무엇보다 자비를 베푼 것을 후회했다. 그에게는 스탈린이 일관되게 보여준 잔인함이 부족했다. 스탈린은 그 때문에 사람들의 감탄과 존경까지 사지 않았는가. 히틀러가 자살하기(총으로 자살했는지 독을 마셨는지에 대해서는 논란이 많다) 3일 전인 1945년 4월 27일, 마지막으로 남긴 말은 다음과 같다. "내가 너무 인정이 많았던 게 후회돼."[58)]

죽기 전 자신의 관대함을 한탄했지만, 히틀러는 이미 유대인의 말살이라는 세계 역사상 가장 큰 범죄를 거의 마무리 지은 상태였다. '유대인 문제'는 그의 역사관, 정치 철학, 행동 프로그램에서 핵심적인 과제였다. 지배 민족인 독일인에게 땅과 자원을 제공하는 일, 그리고 '병균' 같은 유대인과 볼셰비키 러시아에 있는 유대인의 본거지를 파괴하는 일이, 그가 전쟁을 일으킨 일차 목적이다. 히틀러에게 평화의 시기였던 1933~39년은 단

지 준비 기간이었을 뿐이다. 전쟁이나 전쟁의 구실 없이 히틀러가 목적을 성취할 수 없었을 것이라는 사실은 너무도 자명하다. 레닌이나 스탈린처럼, 히틀러는 근본적으로 사회공학을 신봉했다. 자신의 역사적 사명을 위협하는 경우 민족 전체를 말살하겠다는 생각은, 레닌이나 스탈린이 그랬던 것처럼, 히틀러가 용인하고도 남을 만한 것이었다. 그가 두려워한 문제는 유대인 말살 정책이 세상에 알려져 반대에 부딪히는 것이었다. 그렇게 되면 과업을 완수할 수 없을 것이 분명했다.

따라서 전쟁은 독일을 침묵과 어둠 속에 빠뜨렸다는 점에서 매우 편리한 수단이었다. 1939년 9월 1일, 히틀러는 비서실장 필리프 불러(Philip Bouhler)에게 만성적인 정신 질환자와 불치병자를 몰살하라는 명령을 내렸다. 친위대에 속한 의사들이 이 일을 처리했다. 따라서 이때 많은 인원을 선별하여 가스실에 집어넣는 경험을 쌓을 수 있었다. 약 7만 명의 독일인이 살해당했다. 이 몰살 프로그램을 완전히 비밀로 하기는 어려웠다. 저명한 성직자 뷔르템베르크의 뷔름 주교와 뮌스터의 갈렌 주교가 이에 항의했다. 독일의 성직 계급이 나치의 범죄에 분개하여 자기 목소리를 낸 것은 이때가 처음이자 마지막이다.[59] 1941년 8월 말 히틀러는 전화를 걸어 프로그램을 종결시켰다. 하지만 '안락사 센터' 는 문을 닫지 않았다. 강제수용소에서 정신 이상을 일으킨 사람들을 이곳에서 죽이곤 했다. 되돌아보면, 이 프로그램이 곧 뒤따를 대규모 학살 프로그램의 조종타 역할을 했던 게 분명하다.

히틀러에게 진정한 의미의 전쟁은 러시아를 침공한 1941년 6월 22일에 시작되었다. 그는 그때서야 독일의 영토 확장을 위한 동방의 인종 청소 프로그램과 대규모 학살 행위를 개시할 수 있었다. 사건들의 시간적 순서와 정책 목표에 혼란이 있었던 것은 히틀러의 생각이 수시로 바뀌고 나치의 행정이 무질서했기 때문이다. 일찍이 1939년 10월 7일에 히틀러는 비밀 포고령을 내려 힘러를 독일 국민 통합을 위한 제국 전권 위원에 임명했다. 힘러는 동방에서 '인종 청소' 에 착수하고 식민 계획을 준비하라는 지시를 받았다. 이미 폴란드에서는 많은 유대인이 살해당하고 있었다. 히틀러가 정확히 언제 '최종적인 해결책' 에 착수하도록 지시했는지, 그리고 그 범위가 정확히 어디까지였는지는 알려지지 않았다. 그는 오로지 구두로 지시했다. 힘러는 1941년 3월 처음 말살 계획 회의를 소집했다. 그는 거기서 곧 있을 러시아 침공의 목적은 "3,000만 명의 러시아인을 죽이는 것" 이라고 말했다.[60] 그달 말 히틀러는 고위 장교를 모아놓고 말살 정책을 집행하는 무장 경찰 기동대가 군부대를 뒤따를 것이라고 말했다. 이틀 뒤 4월 2일 알프레트 로젠베르크는 히틀러와 두 시간 동안 얘기를 나눈 뒤 일기에 이렇게 적었다. "여기에 쓰고 싶지는 않지만, 그의 말을 절대 잊지 못할 것이다."[61] 친위대 소속의 무장 경찰 기동대는 러시아 침공이 시작된 뒤, 즉시 과업에 착수해 1941년 말까지 약 50만 명의 유대계 러시아인을 죽였다. (그들은 다른 러시아인도 죽였다.) 주로 총으로 살해했다. 인종 말살 계획의 핵심 문서는 괴링이 (총통의 승인 아래) 힘러의 부관이며 보안대 대장이었던 라인하르트 하이드리히에게 내린 명령서다. (히틀러는 하이드리히를 '강철 심장을 가진 남자' 라고 불렀다.) 여기에는 유대인 문제를 해결하기 위한 전면적인 해결책과 최종적인 해결책이 언급되어 있다. 괴링은 '최종적' 이라는 의미를 하이드리히에게 말로 설명해주었다. 물론 히틀러의 구두 지시를 그대로 되풀이한 것뿐이다. 1961년 하이드리히의 부관이었던 아돌프 아이히만의 재판 때 제출된 증거에 따르면, 최종적인 해결책은 "동방 영토에서 유대 민족을 생물학적으로 전멸시키는 것" 을 의미했다.[62] 계획 시행 일자는 1942년 4월로 잡혔다. 준비 기간이 필요했기 때문이다.

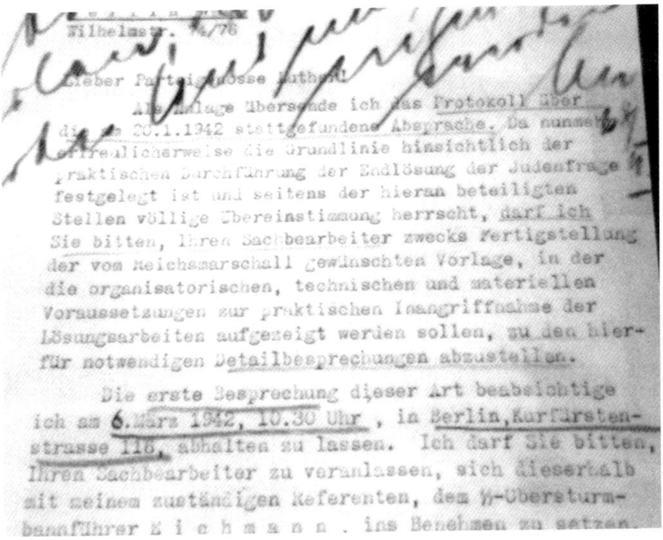

Wilhelmstr. 74/76

Lieber Parteigenosse Luther!

Als Anlage übersende ich das Protokoll über die am 20.1.1942 stattgefundene Absprache. Da nunmehr erfreulicherweise die Grundlinie hinsichtlich der praktischen Durchführung der Endlösung der Judenfrage festgelegt ist und seitens der hieran beteiligten Stellen völlige Übereinstimmung herrscht, darf ich Sie bitten, Ihren Sachbearbeiter zwecks Fertigstellung der vom Reichsmarschall gewünschten Vorlage, in der die organisatorischen, technischen und materiellen Voraussetzungen zur praktischen Inangriffnahme der Lösungsarbeiten aufgezeigt werden sollen, zu den hierfür notwendigen Detailbesprechungen abzustellen.

Die erste Besprechung dieser Art beabsichtige ich am 6. März 1942, 10.30 Uhr, in Berlin, Kurfürstenstrasse 116, abhalten zu lassen. Ich darf Sie bitten, Ihren Sachbearbeiter zu veranlassen, sich diesserhalb mit meinem zuständigen Referenten, dem SS-Obersturmbannführer E i c h m a n n , ins Benehmen zu setzen.

▶ **최종적인 해결책**
1942년 1월 20일에 반제에서 회의를 열고 나치 친위대 분대장 라인하르트 하이드리히의 주재로 유대인 문제의 마지막 해결책을 논의했다. 하이드리히가 1942년 2월 26일에 최종적인 해결책을 실행하는 데 행정적인 도움을 요청하며 외교관 마르틴 루터에게 보낸 편지.

1942년 1월 20일 반제(Wannsee)에서 세부 사항을 논의하기 위해 간부 회의를 열었다. 아이히만이 준비한 이 회의는 하이드리히가 주재했다. 나치의 살인 방법을 보여주는 증거는 너무나 많다. 힘러의 지시에 따라 1941년 6월부터 아우슈비츠 비르케나우 A 수용소의 소장이었던 루돌프 헤스가 실험을 했다. 총살은 너무 느리고 번잡했다. 일산화탄소도 너무 비능률적인 것으로 밝혀졌다. 그리하여 헤스는 1941년 8월 500명의 소련군 포로를 대상으로 치클론 B(Zyklon-B)를 실험해보았다. 치클론 B를 개발한 데게슈(Degesch) 사는 살충제를 만드는 회사였고, 이게 파르벤이 이 회사의 대주주였다. 헤스는 치클론 B를 발견하고 나서야 "마음을 놓았다."[63] 친위대는 이 가스에서 사람에게 위험을 알려주는 '지시' 성분을 제거하라는 명령과 함께 가스를 대량 주문했다. 1942~44년 이게 파르벤의 데게슈 사 배당금은 두 배로 늘어났다. 이사들 중에 가스의 용도를 알고 있는 사람이 있었지만, 데게슈 사가 이의를 제기한 유일한 사항은 '지시' 성분을 빼면 특허권이 위협받을 소지가 있다는 점이었다.[64]

최종적인 해결책은 1942년 봄부터 현실화되었다. 최초의 가스 학살은 1942년 3월 17일 벨제크(Belzec)에서 시작되었다. 이 수용소는 하루에 15,000명을 죽일 수 있는 시설을 갖추고 있었다. 다음달에는 소비보르(하루 2만 명), 트레블링카(하루 25,000명), 그리고 아우슈비츠에서 가스 학살이 이루어졌다. 헤스는 아우슈비츠를 가리켜 "역사상 가장 거대한 인간 말살 시설"이라고 했다. 대량 학살의 증거 자료는 엄청나다.[65] 희생자들의 숫자는 믿을 수 없을 정도다. 1941년 12월 히틀러는 약 870만 명의 유대인을 지배하고 있었다. 그는 1945년 초까지 그 가운데 적어도 580만 명을 죽였다. 국가별로 분류하면, 폴란드 2,600,000명, 러시아 750,000명, 루마니아 750,000명, 헝가리 402,000명, 체코슬로바키아 277,000명, 독일 180,000명, 리투아니아 104,000명, 네덜란드 106,000 명, 프랑스 83,000명, 라트비아 70,000명, 그리스 65,000명, 오스트리아 65,000명, 유고슬라비아 60,000명, 불가리아 40,000명, 벨기에 28,000명, 이탈리아 9,000명 등이다. 200만 명이 살해당한 아우슈비츠에서는 학살이 마치 거대한 공장의 처리 과정 같았다. "12시간마다 2,000구의 시체를 처리할 수 있는 …… 처리 장치"가 필요했다. 여러 독일 회사들이 '처리 장치'의 경쟁 입찰에 참가했다. 화로 5개는 에르푸르트(Erfurt)에 있는 토프트 사(Topt & Co)에서 공급했다. '시체실'로 묘사된 가스실은 "문틈을 고무로 처리하여 가스가 새지 않아야 하며, 8밀리미터 두께의 이중 유리로 된 100/192 형의 감시창이 있어야" 했다.[66] 독일 군수 회사가 이 요구 사항에 맞게 가스실을 설계했다. 지하 가스실 위의 땅은 잘 손질된 잔디가 덮여 있었고, 곳곳에 버섯 모양의 콘크리트 구조물이 솟아 있었다. '위생 당번'이 구조물이 감추고 있는 굴

뚝 안으로 푸른 보랏빛이 도는 치클론 B를 밀어 넣곤 했다. 희생자들은 목욕실이라는 얘기를 듣고 열을 지어 가스실로 들어갔다. 처음에는 금속 기둥의 구멍에서 가스가 새어나오는 것을 깨닫지 못했다.

잠시 후 사람들은 가스가 새어나오는 것을 알아채고 금속 기둥에서 물러났다. 그들은 자그마한 창문이 달린 거대한 철문 앞으로 우르르 몰려갔지만, 푸른빛을 띤 시체들의 피라미드로 변해버리고 말았다. 죽어가면서 서로 할퀴고 치고받아 시체는 피투성이가 되어 있었다. 25분 뒤 전기식 배기펌프가 가스가 섞여 있는 공기를 모두 제거했다. 이어 거대한 철문이 미끄러지듯 열리고, 유대인 '특수 부대' 일원들이 들어왔다. 그들은 방독면에 고무장화를 신었고, 손에는 호스를 들고 있었다. 먼저 해야 할 일은 시체에서 피와 오물을 씻어내는 일이었다. 그러고 나서 올가미와 갈고리로 시체들을 끌고 나갔다. 시체에서 금을 찾거나 독일인들이 전략 물자로 생각했던 이와 머리카락을 뽑는 과정이 이어졌다. 그런 다음 시체는 들것이나 화차에 실려 화로로 옮겨졌다. 분쇄기가 남은 뼈들을 고운 가루로 만들면, 트럭으로 가루를 실어다가 솔라 강에 뿌렸다.[67]

가스 가격이 비쌌기 때문에, 가스를 충분히 사용하지 못하는 경우도 있었다. 그럴 때면 건장한 사람들은 정신을 잃은 상태에서 산 채로 불태워졌다.[68]

나치의 계획 대부분이 그랬지만, '최종적인 해결책' 도 행정의 혼란과 상충하는 여러 목적 때문에 곧 변질되기 시작했다. 소련의 강제수용소처럼, 나치의 수용소에서도 내부 규율이 직업적인 범죄자들의 손에 좌지우지되었다. 이들은 같은 유대인 수감자였지만, 나치의 하수인 역할을 하며 '카포(Kapos)' 라고 불렸다. 아이히만과 헤스는 점차 통제력을 잃었다. 강제수용소의 정책 목적을 두고 나치 내부에는 기본적으로 갈등이 존재했다. 히틀러는 어떤 대가를 치르더라도 (다른 많은 집단과 함께) 모든 유대인을 죽이고 싶어했다. 당시 동부 전선에서는 치열한 싸움이 전개되고 있었다. 군부는 전 유럽에서 수백만의 유대인 희생자를 수송해야 하기 때문에, 동부 전선의 물자 수송이 지연되고 있다고 불만을 토로했다. (최대 100개에 달하는 객차나 화차 차량에 수만 명의 유대인을 가득 싣고 다녔다.) 히틀러는 군부의 불만을 매몰차게 일축했다. 한편 힘러는 '국가 속의 국가' 라고 할 수 있는 친위대를 거대한 산업 · 건설의 제국으로 확대하고 싶어했다. 친위대는 전쟁 동안은 전쟁 물자를 공급하고, 전쟁이 끝난 뒤에는 히틀러의 동방 이주 계획에 따라 1억 5,000만 독일인의 정착지를 건설할 것이다. 전쟁 후의 과업은 20년이 걸리고, 1,445만 명의 노예 노동자가 필요할 것이다. 연간 사망률은 10퍼센트에 달하리라.[69]

힘러가 생각한 인원은 그리 허황되지 않다. 1944년 8월 독일에서 일하는 외국인은 모두 7,652,000명이었다. 이중 193만 명은 전쟁 포로였고, 강제 억류자와 노예 노동자도 500만 명이 넘었다.[70] 힘러는 전쟁을 이용하여 노예 제국의 토대를 다지려 했다. 따라서 그는 노동력을 제공하는 한 유대인을 살려두고 싶었다. 특히 강제수용소의 노동력을 제공하면, 크루프, 지멘스, 이게 파르펜, 라인메탈, 메서슈미트, 하인켈 같은 대기업으로부터 현금을 받을 수 있었다. 그는 이 돈을 친위대의 금고 안에 쌓아두었다. 1944년 말까지 50만 명 이상의 수용소 수용자들이 민간 산업에 '임대' 되었다. 그 외에도 힘러는 개인 공장을 운영하면서, 히틀러 몰래 '모아둔' 유대인을 고용하기도 했다.[71]

힘러는 일종의 타협을 통해 이 딜레마를 해결했다. 그는 독일 산업을 죽음의 수용소 시스템 안에 옮겨놓았다. 노예 노동자들은 더 이상 노동을 할 수 없을 때까지 일을 한 다음 화로 안으로 끌려갔다. 아우슈비츠는 이 소름 끼치는 이야기에서 특히 불명예스런 장소로 등장한다. 규모가 엄청났을 뿐만 아니라, 힘러가 생각해낸 타협을 실현하기 위해 특별히 마련된 장소였기 때문이다. 아우슈비츠는 친위대와 이게 파르벤의 노력으로 합성고무의 일종인 부나(Buna)와 합성연료를 만드는 공장으로 탄생했다. 이 거대한 복합 단지는 A1~A4 수용소로 이루어져 있었다. A1은 힘러가 처음 건립한 강제수용소였다. A2는 비르케나우(Birkenau)의 집단 처형소였고, A3는 부나와 합성연료 공장이었다. A4는 이게 파르벤이 직접 운영하는 모노비츠(Monowitz)의 강제수용소였다. 이게 파르벤 안에는 '아우슈비츠 사무소' 를 두었는데, 여기에는 회사 소속 소방수와 채찍을 사용하는 수용소 경찰까지 있었다. 사무소 운영진은 카포들이 쉼 없이 채찍질을 해대자 불만을 떠뜨리기도 했다. 그런 일은 강제수용소에서나 할 일이지 작업장에서 할 일은 아니라는 것이다.

유대인을 실은 열차가 도착하면, 건강한 사람들과 노약자나 어린이, 여자로 분류했다. 건강한 사람들은 모노비츠로 보내고, 나머지는 죽음의 수용소(A2)로 보내 즉시 살해했다. 모노비츠에 수용된 사람들은 매일 새벽 3시에 기상해 '친위대 속보(速步)' 로 이동했다. 무거운 물건을 들고 있을 때도 마찬가지였다. 그들은 10제곱미터의 한정된 공간에서 일했다. 휴식 시간은 없었고, 주어진 공간을 벗어나는 자는 '탈출을 시도하는 것' 으로 간주하여 즉시 사살했다. 매일 채찍질을 해댔고, "한 주에도 몇 명씩 교수형을 당했다." 정오에 감자와 순무로 만든 수프가 나왔고, 저녁에는 빵 한 조각이 주어졌다. 수용소의 강제 노동을 책임지고 있던 프리츠 사우켈은 이렇게 적었다. "모든 수감자는 가능한 최저의 비용을 들여 최대로 활용할 수

▶ 비르케나우 수용소에 들어온 굶주린 사람들의 모습.

있어야 한다. 이 원칙에 따라 그들을 먹이고 재우고 다루어야 하는 것이다."[72] 그들은 사실 노예보다 못했다. 아우슈비츠 한 곳에서만 25,000명이 말 그대로 죽을 때까지 일했다. 아침마다 노동 할당 장교가 허약한 자를 선별해 가스실로 보냈다. 이게 파르벤은 이에 관한 기록을 남겨두었다. 거기서 "비르케나우로!"라는 말은 죽음의 명령이었다. 일주일에 평균 3~4킬로그램의 체중이 빠졌다. 따라서 수용소에 들어오기 전까지 정상적으로 영양을 공급받았던 사람들은 최대 3개월까지 자신의 몸으로 영양 결핍을 보충할 수 있었다. (이와 비슷한 종류의 소련 수용소보다는 긴 시간이다.) 말하자면 노예 노동자들은 자신의 몸을 연소시켜 살아가다가, 마침내 쇠약해져 죽을 수밖에 없었다. 한 역사가는 다음과 같이 썼다.

이게 파르벤은 노예 노동자들을 소비 원료로 바꾸어놓았다. 그들은 사람에게서 생명의 광물을 조직적으로 추출해냈다. 사용할 만한 에너지가 더 이상 남아 있지 않을 경우, 살아 있는 인간 찌꺼기는 비르케나우의 집

> 단 학살 수용소에 있는 가스실이나 소각로로 보내졌다. 비르케나우에서는 친위대가 독일 경제를 위해 이 찌꺼기들을 재활용했다. 제국 은행을 위해 금이빨을 뽑았고, 매트리스에 쓰기 위해 머리카락을 잘라냈고, 비누를 만들기 위해 지방을 추출했다.[73]

죽은 자들이 아우슈비츠에 가지고 왔던 얼마 안 되는 소유물은 공식적으로 압수당해 독일에 보내졌다. 1944년 12월 1일부터 1945년 1월 15일까지 6주일이 조금 넘는 기간에 남성복과 남성 하의 222,269벌, 여성복 192,652벌, 아동복 99,922벌이 수거되었다.[74] 전체주의 국가의 특징이라 할만한 이런 끔찍하고 비열한 악행이 저질러졌음에도 불구하고, 아우슈비츠는 경제적인 면에서는 완전히 실패였다. 합성연료의 생산은 극히 미미했고, 부나는 전혀 생산되지 않았다.

대량 학살은 유대인과 함께 수백만 명에 달하는 폴란드인과 러시아인의 목숨을 집어삼켰다. 이러한 대량 학살의 전제적인 틀 안에서는 또 다른 기묘한 형태의 잔인성을 찾아볼 수 있었다. 1939년 10월 28일 힘러의 '레벤스보른(Lebensborn, 생명의 샘)' 선언에 따라 '이상적인 아리아인'을 기르기 위해 양육원이 설립되었다. 친위대의 여성 장교들은 아리아인 유형의 아이들을 찾으려고 강제수용소를 샅샅이 뒤지곤 했다. "우리 시대에 1억 2,000만 명의 게르만족이 탄생하는 모습을 보기 위해서"였다. 핼리팩스(Edward F. L. Wood, 1st Earl of Halifax) 경의 호리호리한 모습에 감탄한 힘러는 아이를 키우는 여자들에게 포리지(오트밀로 만든 죽)를 먹으라고 지시했다.

> 영국인들, 특히 영국의 귀족과 귀부인은 실제로 이런 음식을 먹고 자란

다. …… 이러한 음식을 먹는 게 가장 올바르다고 생각된다. 남자건 여자건 날씬한 모습이 돋보이는 사람은 바로 이런 음식을 먹고 자란 이들이다. 이런 이유로 우리나라의 어머니들은 포리지를 즐겨 먹어야 하고, 아이들에게도 포리지를 먹도록 가르쳐야 한다. 히틀러 만세![75]

반대쪽에서는 350명의 친위대 의사들(독일 개업의 300명당 1명의 비율)이 수감자를 대상으로 실험을 했다. 지그문트 라셔(Sigmund Rascher) 박사는 다하우에서 저온 실험을 하며 수십 명을 죽였다. 그는 아우슈비츠로 전출시켜달라고 요구했다. "아우슈비츠 수용소는 매우 넓어서 일하는 동안 사람들의 주의를 덜 끌 수 있을 것이다. 실험 대상들이 몸이 얼 때 너무 소리를 지른다." '토끼' 라고 불리던 폴란드 여자들에게는 술폰아미드를 테스트하기 위해 가스괴저를 감염시켰다. 러시아 강제 노동자들에게는 X선을 이용하여 불임 시술을 했다. 작센하우젠(Sachsenhausen)에서는 간염 바이러스를 주사했고, 라벤스브루크(Ravensbruck)의 여자 수용소에서는 불임으로 만들기 위해 여성의 자궁에 염증성 액체를 주입했으며, 다하우에서는 가톨릭 성직자들에게 봉와직염(蜂窩織炎)을 일으키는 실험을 했다. 부헨발트(Buchenwald)에서는 발진티푸스 백신을 주사하는 실험을 했고, 집시들에게는 뼈를 이식하거나 해수를 먹이는 실험을 했다. 오라니엔부르크에서는 힘러의 기호에 따라 선별된 유대인들이 가스실에서 죽었다. 힘러가 "혐오스럽고 인간 같지 않은 유대인 볼셰비키 지도자들의 해골" 표본을 수집하고 있었기 때문이다.[76]

처칠이 얘기했듯이 이 '이름 없는 범죄' 는 '국가적 범죄 행위' 였다. 집단 학살 프로그램은 그 거대한 규모에도 불구하고 처음부터 끝까지 철저히 은폐되었다. 히틀러는 그의 『좌담』이나 다른 여러 기록에서 볼 수 있듯이,

많은 주제에 대해 장광설을 늘어놓았지만, 이에 관해서는 한 번도 언급한 적이 없다. 1944년 7월의 암살 음모 주동자들을 학살할 때는 몹시 기뻐하며 끔찍한 처형 장면을 필름에 담아 반복해서 틀어 보곤 했다. 하지만 강제 수용소를 방문한 적은 한 번도 없다. 죽음의 수용소는 말할 것도 없다. 집단 학살의 전 과정을 시작하고, 사실상 원하던 목표를 거의 완성시킨 것은, 증오로 가득 찬 그의 거대한 의지였다. 하지만 증오는 추상적인 것이다. 히틀러 자신도 충분히 인식하고 있었을 테지만, 만약 수용소에 있던 개개인의 얼굴을 들여다보며 그들의 소름끼치는 운명을 생각했다면, 그의 의지도 어쩔 수 없이 흔들렸을 것이다. 그렇게 되면, 그의 노력이 아무리 독일 '문화' 에 이바지하기 위한 것이라고 하더라도, 더 이상 집단 학살 계획을 계속 해나가기 힘들었을 것이다. 그가 죽였던 귀족 가문의 장군들은 서로 안면이 있는 사이였다. 그는 평소 싫어했던 그들을 죽이면서 즐거워했다. 하지만 민족 전체를 학살한다는 것은 그에게도 혐오스런 의무 이상은 아니었다. 그것은 레닌에게도 마찬가지였던 것 같다. 스탈린 역시 오랜 동지들이 고통 속에서 재판받는 모습을 훔쳐보곤 했지만, 루비안카(Lubyanka)의 지하실이나 죽음의 수용소를 방문한 적은 한 번도 없었다.

히틀러의 침묵으로부터 말할 수 없으며, 말해서는 안 된다는 죄의식이 집단 학살의 전 과정에 스며들었다. 전형적인 성직자형의 혁명가로서, 범죄의 모든 세부 사항을 감독한 힘러조차 아우슈비츠를 두 번 방문했을 뿐이다. 모든 전체주의 체제에서처럼 도덕적 상대주의의 현실적인 공포를 감추기 위해 거짓된 상용어가 만들어졌다. 살인을 의미하는 친위대의 용어로 '특별한 처치' '재식민 작업' '일반적 방법' '사법권의 관할을 넘는 주권적 행위' '동방으로 보내는 것' 따위가 사용되었다.[77] 1934년의 룀 숙청 사건은 나치가 행한 대규모 범죄의 시초였다. 그때처럼 침묵의 공모가 독일을 뒤덮었다. 1943년 10월 4일 힘러는 친위대 소장에게 이렇게 말했다. "우리끼리는 솔직하게 말해야 하오. 하지만 공개적으로 입 밖에 내서는 안 되오." 1934년에 타락한 동지들을 벽 앞에 세워놓고 총살했던 것처럼, 이번에는 유대 민족을 말살하는 것이 그들의 임무였다. 그들은 1934년의 사건을 공개적으로 언급한 적이 없다. 이번에도 역시 침묵을 지켜야 했다. 1944년 5월 29일에도 힘러는 관구 책임자들에게 그해가 지나가기 전에 모든 유대인이 죽을 것이라고 말했다.

> 여러분은 이제 모든 것을 알게 되었소. 하지만 그 모든 것은 여러분의 가슴속에 묻어두는 것이 좋을 것이오. 아마도 나중에는, 그러니까 아주 나중에는 독일 국민에게 이 사실에 관해 어느 정도 얘기해줄지 말지 생각해보아야 할 거요. 하지만 내 생각에는 어느 때라도 그러지 않는 것이 좋을 거요! 그런 행위뿐만 아니라, 그런 생각에 대해서조차 책임을 져야 할 사람은 바로 여기 있는 우리들이오. 이 비밀을 무덤까지 가지고 가야 한다는 게 내 생각이오.[78]

따라서 죽음의 수용소는 경비가 매우 삼엄했다. 어떤 독일 장교 부인은 혼잡한 열차 환승지에서 실수로 죽음의 수용소행 열차를 탔고, 신분을 밝혔지만 결국 화로 속에 던져졌다. 그녀가 본 것을 다른 사람들이 알게 될까 봐 두려워했기 때문이다. 1944년 8월 유대계 슬라브인 두 명이 탈출할 때까지, 아우슈비츠는 누구도 살아서 빠져 나올 수 없는 곳이었다. 그러나 수백만 명의 독일인은 유대인에게 뭔가 끔찍한 일이 벌어지고 있다는 것을 알고 있었다. 친위대만도 90만 명이었다. 수많은 독일인이 밤마다 덜컹거리며 지나가는 열차나 화차를 보고 들었다. 그것이 무엇을 의미하는지도 알고 있었다. 어떤 사람은 "저 빌어먹을 유대놈들은 밤잠마저 설치게 한다"고 투덜댔다.[79] 노예 노동 시스템과 독일 산업은 긴밀히 연관되어 있었다. 독일인들이 1916~18년에도 노예 노동자들을 부리고, 죽을 때까지 일을 시켰다는 사실을 상기할 필요가 있다. 그것은 전쟁에 대한 국가의 대응으로서, 레닌이 그토록 높이 평가한 '전시 사회주의'의 뚜렷한 특징이다. 인종 편집증 역시 독일 문화에 깊이 뿌리 박혀 있었다. 여러 세대에 걸쳐 지식인들이 심어놓은 것이다. 히틀러 이전부터 존재했던 인종주의는 히틀러라는 인물을 왜곡시켰다. 오늘날에는 백인들 간에 인종 우월주의가 득세하거나 널리 퍼지리라 생각하기 어렵고, 반유대주의는 특히 더 그렇다. (독일 한 나라만 제외하면.) 어떤 관점에서 보면 당시 목표를 설정한 건 독일인들이었고, 히틀러는 그 수단을 설정했던 것뿐이다.[80]

또 다른 관점에서 보자면, 그러한 범죄는 문명화된 세계의 곁가지 같은 것이었다. 친위대에는 비독일계가 15만 명이나 되었다. 가장 잔혹한 폴란드인 학살 사건은 6,500명의 백계 러시아인 포로로 구성된 친위대 사단이 자행했다.[81] 히틀러가 비독일계 유대인을 잡아들이는 데 자발적으로 나선 협력자도 종종 있었다. 유럽에서 유대인에게 가장 안전한 장소가 파시스트 스페인이나 포르투갈, 아니면 히틀러의 괴뢰 정권이 들어서기 전의 이탈리아였다는 사실은 아이러니다. 가장 위험한 곳은 프랑스였다. 처음부터 유대인에 적대적이었던 비시 정권은 시간이 갈수록 반유대주의의 기치를 높이 세웠다. 프랑스의 유대인은 두 부류였다. 한 부류는 지중해 출신의 동화된 세파르디나 알자스인이었다. 다른 한 부류는 새로운 이주민이나 망명자였다. 1941년 11월 비시 정부는 '프랑스 내 이스라엘인 총연합'을 설립했다. 첫 번째 부류의 유대인이 대거 참여한 이 단체는 관료 기구를 구성하여 두 번째 부류의 유대인을 강제수용소로 보냈다. 이 단체는 참으로 유대인

▶ 폴란드 무장경찰기동대가 무덤을 파놓고 유대인을 사살하는 모습.

비시 정부의 축소판이라고 할 만했다.[82] 비시 정부는 실제로 외국 출신의 유대인을 죽음의 수용소로 몰아넣는 데 혈안이 되어 있었다. 자국의 유대인을 보호했다는 비시 정부의 주장 또한 거짓이다. 프랑스가 나치에 넘긴 76,000명의 유대인(이 중 살아남은 유대인은 2,000명도 안 된다) 가운데 3분의 1이 프랑스에서 태어났기 때문이다. 살해당한 사람 중에는 6살 미만이 2,000명, 13살 미만이 6,000명이나 되었다.[83]

죄의 그늘은 훨씬 더 넓게 퍼져 있었다. 1933~39년에 히틀러는 해외 이주에 대해 분명치 않은 태도를 취했다. 따라서 유대인들은 아직 도망칠 기회가 있었다. 하지만 아무도 도망치려 하지 않았다. 사실상 모든 유럽 정부는 반유대주의 문제로 골치를 썩고 있었고, 반유대주의가 심화될까 봐 두려워했다. 영국은 팔레스타인에 대해 문을 꽁꽁 걸어 잠갔다. 아랍인들의 반발을 염려했기 때문이다. 1939년 영국 정부 백서는 앞으로 5년 동안 유대인 이주를 75,000명으로 제한해야 한다고 주장했다. 루스벨트는 평소대로 유대인에 대한 동정심을 구구절절이 표현했지만, 실제로 그들을 미국으로 데려올 수 있는 조치를 취하지는 않았다. 1942년 8월 집단 학살에 관한 최초의 보고서가 로잔(Lausanne)의 세계 유대인 대회에 도착했다. 하지만 공포에 익숙해 있던 유대인 사무국 직원들조차 처음에는 그 사실을 믿지 못했다. 1943년 4월 버뮤다(Bermuda)에서 열린 영미 고위 회담에서는 사실상 양국이 유대인을 돕는 어떤 조치도 취하지 않을 것이며, 이에 대해 서로 비난하지 않는다는 결정이 내려졌다. 실로 비양심에 관한 상호 협약이라 할 만하다. 1943년 8월에 그때까지 1,702,500명의 유대인이 몰살당했다는 사실이 세상에 알려졌다. 그해 11월 1일 루스벨트, 스탈린, 처칠은 공동으로 그러한 범죄는 심판을 받을 것이라며, 독일 지도자들에게 경고를 보냈다. 1944년 3월 24일 루스벨트는 추가로 공개적인 경고를 보냈다. 하지만 그게 전부였다. 미국에는 음식과 거주할 땅이 충분했지만, 루스벨트는 유대인에게 피난처를 제공하지 않았다. 처칠만이 어떤 희생을 치르더라도 유대인 학살을 막고자 했다. 하지만 앤소니 이든이 이끄는 세력 때문에 꼼짝할 수 없었다. 앤소니 이든의 비서는 이렇게 썼다. "불행히도 앤소니 이든 장관은 팔레스타인 문제에 관해서는 한 발자국도 물러서려 하지 않는다. 그는 아랍인을 좋아하고, 유대인을 미워한다." 1944년 7월 6일 세계유대인협회 회장 차임 바이츠만(Chaim Weizmann)은 이든에게 헝가리 유대인의 이송을 막기 위해 연합군이 폭격해줄 것을 간청했다. 당시 헝가리 유대인은 하루에 12,000명꼴로 불 속에서 재가 되고 있었다. 처칠은 이렇게 말했다. "당신이 우리나라 공군에게 원하는 것이 있다면 뭐든 요구하시오. 필요하다면 내 이름을 대시오." 하지만 아무런 조치도 취해지지 않았다. 사실 폭격을 한다고 하더라도, 실제로 효과가 있었을지는 분명치 않다.[84)]

사실 이때는 대부분의 유대인이 죽은 뒤였다. 목숨을 부지하고 있던 유대인들이 원한 것은 문명 세계가 그들을 잊어버리지 않았다는 증거였다. 한 생존자는 이렇게 말했다. "우리는 살려달라고 기도하지 않았습니다. 그런 희망은 품지 않았습니다. 다만 복수를 위해, 인간의 존엄성을 위해,

▶ **테헤란회담**(1943)
제2차 세계대전 중 스탈린, 루스벨트, 처칠(왼쪽부터)은 유럽에 제2전선을 형성하는 것을 토의했다. 여기에서 스탈린은 동부전선에서 공세를 취함으로써 앞으로 있게 될 독일 점령하의 프랑스에 대한 침공과 보조를 맞추기로 약속했다.

살인자들의 처벌을 위해 기도했을 뿐입니다."[85] 유대인들은 이 기막힐 정도로 엄청난 범죄의 진상을 알아달라고 요구했다. 그들의 바람이 성취되었다고 보기는 어렵다. 연합국이나 독일 국민 모두 그들의 요구를 들어주지 않았다. 독일 국민은 자신들이 죄에 연루되어 있다는 사실을 인정함으로써 용서를 받을 수도 있었을 것이다. 하지만 그들은 그러지 않았다. 전쟁범죄에 대한 처벌 과정은 그들이 저지른 범죄만큼이나 복잡하고 혼란스러웠다. 레닌이 한때 그랬던 것처럼, 스탈린이 전쟁의 결과로 소비에트 독일이 탄생하기를 바랐기 때문이다. 스탈린은 공식 석상에서 독일의 전쟁 범죄를 축소해서 말했고, 다른 서방 지도자들에게도 그렇게 하라고 종용했다. 하지만 그의 개인적인 감정은 이와는 전혀 달랐다. 테헤란회담(Teheran Conference)에서 그는 처칠을 비난했다. 처칠이 독일의 지도자들과 독일 대중을 구분했기 때문이다. 국내에서 스탈린은 예렌부르크 같은 작가들에게 「프라우다」나 「붉은 별 Red Star」 또는 다른 신문에 독일 인종에 관한 비판 기사를 쓰라고 지시했다.[86] 서방 국가의 공산당들이 추구한 공개적인 노선은 전쟁 범죄를 도덕적인 문제가 아니라 정치적인 문제로 다루는 것이었다. 1942년 영국의 유명한 좌익 출판업자 빅터 골란츠가 쓴 유명한 책 제목은 '우리의 아이들이 죽을 것인가 살 것인가?' 였다. 이 책에서 그는 전쟁으로 인한 죄는 주로 제국주의 탓이라고 주장했다. 따라서 "우리 모두가 죄인" 이었다. 물론 보통 사람들보다는 자본가의 죄가 훨씬 컸다.[87]

1945년 연합국은 나치 지도자들에게 유죄를 선고하고, 그들을 교수형에 처하는 데 동의했다. 하지만 그 범위를 정하는 데는 어려움이 있었다. 소련군은 맨 먼저 가장 중요한 죽음의 수용소를 접수했다. 거기 있던 나치 관리 몇 명이 사라졌다. 소련이 그들을 협력자로 이용했던 것 같다. 나치와 소비에트의 보안 부대는 언제나 유대 관계가 깊었고, 전쟁이 끝난 후 서로 우호와 신뢰를 회복했다. 힘러는 늘 소비에트 경찰이 일하는 방식을 높이 평가했다. (그는 스탈린이 칭기즈칸의 후손이며, 우수한 몽고인의 피가 흐르고 있다고 믿었다.) 그의 심복이자 게슈타포 대장이었던 뮐러(Heinrich Mueller) 장군은 소련으로 건너가 내무인민위원회에서 일한 것으로 보인다.[88] 괴링을 보필했던 프로이센 경찰 간부들은 스탈린이 나중에 세운 독일민주공화국(동독)에서 높은 지위를 차지했다.

나치를 처벌하려는 영국과 미국의 열정은 좀 더 오래 지속되었지만, 결국 역사의 흐름에 시들어갔다. 1948년 7월 29일 뉘른베르크에서 이게 파르벤의 중역들이 유죄 판결을 받을 무렵, 베를린 봉쇄가 시작되었다. 독일은 이제 서방 국가의 잠재적인 동맹국으로 간주되었고, 독일 경제의 소생이 영국과 미국의 주요 관심사가 되었다. 그리하여 카를 크라우흐(Karl

Krauch)는 겨우 6년형을 선고받았다. 그는 이게 파르벤을 나치화하고, 부나를 생산할 곳으로 아우슈비츠를 직접 선택했던 인물이다. 다른 11명의 이사들은 11~18년의 감옥형을 선고받았다. "좀도둑이라도 기뻐할 만큼 가벼운 형벌이다." 화가 난 조시아 뒤부아(Josiah DuBois) 검사는 그렇게 말했다.[89] 1951년 1월이 되자, 전범이었던 산업 자본가들이 연합국의 사면으로 모두 석방되었다. 모든 재산을 몰수당했던 알프레트 크루프(Alfred Krupp)는 재산을 돌려받았다. 미국의 고등 판무관 존 맥클로이(John J. McCloy)가 "어쨌든 재산 몰수는 미국의 정의에 어울리지 않는다"고 생각했기 때문이다. 전쟁 범죄에 대한 처벌 작업이 연합국에서 독일로 넘어가면서부터는 죄에 대한 뉘우침의 결과로 볼 만한 것이 전혀 없었다. 새 독일 연방정부는 새로운 이스라엘의 시온주의 정부에 보상금을 지불했다. 하지만 독일 법정은 보상을 요구했던 개인들에게는 냉담했다. 약 50만 명의 수용소 생존자들 중 14,878명이 긴 소송 끝에 마침내 보상금을 받았다. 하지만 그들이 각자 받은 보상금 액수는 1,250달러였다. 라인메탈 사는 장기간의 법적 지연 작전을 펼친 뒤 노예 노동자로 일했던 사람들에게 각각 425달러를 지불했다. 크루프 사는 미국 정부의 압력을 받고 나서야 1959년 총 2,380,000달러를 지불했다. 프리드리히 플리크(Friedrich Flick)는 보상금을 한 푼도 지불하지 않았고, 1972년에 아흔 살의 나이로 세상을 떠났을 때 10억 달러 이상의 유산을 남겼다.[90] 이런데도 이 세상에 정의가 있다고 믿는 사람이 있겠는가!

원폭 투하와 도쿄 재판

처벌이 제대로 이루어지지 않고 불충분했던 건 여러 가지 이유 때문이다. 히틀러 정권이 산산조각 났을 때도 영국과 미국은 여전히 일본과 전쟁을 벌이고 있었다. 그 전쟁은 점차 일방적인 우세 속에서 전면적인 파괴전이 되어 갔다. 태평양 전쟁은 역사상 가장 큰 해전이었다. 계속 증가하는 자원과 기술의 압도적인 우위가 전쟁의 승패를 결정했다. 일본은 뛰어난 성능의 제로전투기(Zero Fighter)로 전쟁에 임했다. 1942년 6월 4일 미군은 알류샨 열도에서 흠집 하나 없는 상태의 제로 전투기 한 대를 손에 넣었다. 미국은 이를 조사한 뒤, 제로기에 대항할 전투기로 헬캣(Hell-cat)을 신속히 설계하고, 곧 대량 생산에 들어갔다.[91] 일본의 항공기 생산은 1944년 6월에 절정에 달해 그달만 2,857대를 생산했다. 그 후 일본이 생산하는 항공기 수는 점차 줄어들었다. 연합군의 폭격 때문이다. 전쟁 내내 일본은 62,795대의 항공기를 생산했다. 그중 52,109대를 잃었다.[92]

반면 미국은 1943년까지 한 해 10만 대 이상의 항공기를 생산했다. 군함의 경우도 사정은 마찬가지였다. 전쟁 기간에 일본 항공모함은 20척이 취역(就役)했고, 그중 16척이 파괴되었다. 반면 미국의 경우는 1944년 여름이 되자, 거의 100척에 달하는 항공모함이 태평양에서 작전을 수행하고 있었다.[93] 이러한 전력 불균형은 일본의 이해할 수 없는 군사 전략으로 더 커졌다. 일본의 잠수함 승무원들은 오로지 적군의 군함만 공격하도록 훈련받았다. 게다가 일반 참모 장교 두 명만이 대잠수함전, 기뢰 부설 임무, 대공전을 담당했다. 여기에는 '후위방어' 라는 경멸적인 명칭이 따라다녔다. 일본에서 호위 체계가 제한적이나마 생겨난 것은 1943년이 되어서였다. 완전한 호위 체계는 1944년 3월이 되어서야 도입되었다. 그 무렵 미 해군은 수백 척의 잠수함을 가지고 '이리떼' 전술을 완벽하게 구사하여 적국의 선박을 파괴했다.[94] 그 결과 전쟁을 시작할 때, 선박량이 총 600만 톤이었던 일본은 이중 500만 톤을 잃었다. 50퍼센트는 잠수함, 40퍼센트는 항공기, 나머지는 기뢰가 파괴했다. 일본 해군의 실책은 육군의 실책 때문에 더 큰 피해를 낳았다. 일본 육군은 영토에 대한 탐욕으로 전쟁 시작 5개월 뒤 8,541,000제곱킬로미터에 걸쳐, 3억 5,000만 명의 '식민지 국민' 을 지배하며 3,175,000명의 병력을 수비대로 주둔시키고 있었다. 수비대는 대부분의 물자를 해상으로 보급받아야 했다. 그 때문에 일본은 상선뿐만 아니라 해군 자체도 붕괴했다. 육군에 무기와 음식을 제공하려는 노력은 수포로 돌아갔다. 실제로 많은 병사가 굶어 죽었고, 탄약이 부족해 죽창으로 싸워야 하는 상황이었다.[95]

일본 육군의 전략은 점령한 영토를 끝까지 사수하는 것이었다. 일본은 미국의 징집병들이 근접전에서 일본 병사들에게 상대가 안 될 것이며, 사상자가 많이 생기면 미국 정부가 여론에 떠밀려 강화 조약에 임할 수밖에 없으리라 판단했다. 그러나 연합군은 일단 바다와 하늘에서 우위를 확립하자 '중부 태평양 전략' 을 채택했다. 이 전략은 일본 본토로 가는 길목에서 징검다리 식으로 중부 태평양의 섬을 점령해나가는 것이었다. 상륙 작전은 압도적인 화력을 최대한 활용하여 육해공 합동으로 전개했다.[96] 일본군도 필사적으로 싸웠지만, 미군은 앞선 기술과 생산력으로 식민지 시대에서나 볼 수 있는 사상자 비율로 전투를 이끌어 나갔다. 1942년 11월 과달카날 전투에서 특징적인 패턴이 드러나기 시작했다. 이 전투에서 일본군은 25,000명의 병사를 잃었지만, 미군 사망자 수는 1,592명이었다. 중부 태평양 작전이 시작되었을 때, 1943년 11월 타라와 환초(Tarawa Atoll)에서 미군은 일본군 수비대 5,000명 중 17명을 제외한 전원을 죽였지만, 1,000명의 병사를 잃었을 뿐이다. 그 결과 미군은 화력을 증강하고 '징검다리'의 폭을 넓혔다. 다음번 섬은 콰잘레인(Kwajalein)이었다. 미군은 바다와 하늘에서 엄청난 폭격을 퍼부었다. 당시 장면을 목격한 사람은 "섬 전체가 6,000미터 위로 붕 치솟았다가 다시 떨어지는 것처럼 보였다"고 말했다. 실제로 8,500명의 수비군 모두가 죽었지만, 미군은 우세한 화력 덕분에 사망자 수를 373명으로 줄일 수 있었다.[97]

이러한 사망자 비율이 전쟁 내내 유지되었다. 레이테(Leyte) 섬에서도 일본군은 70,000명 중 65,000명이 몰살당했으나, 미군 사망자는 3,500명에 불과했다. 미군은 오키나와(沖繩)에서 최악의 사망자 비율을 기록했다. 여기서 4,917명이 죽었다. 하지만 일본군 사망자 수는 18,000명을 넘었다. 미군은 오키나와 점령 때 가장 많은 사망자를 냈다. 12,520명이 죽거나 실종되었다. 일본군은 무려 185,000명이 죽었다. 일반적으로 미군의 손실은 적었다. 대부분의 일본군은 해상과 공중의 폭격으로 죽거나, 보급로를 차단당해 굶어 죽었다. 일본군이 총검을 휘두를 만한 거리에서 미군 보병과 마주치는 일은 좀처럼 없었다. 사실 미군 보병을 구경하기조차 어려웠다. 버마 전투는 매우 치열했고 제해권과 제공권이 소용없었다. 하지만 여기서도 인도 · 영국 14군의 사망자는 20,000명이 안 되었고, 일본군은 128,000

명이 죽었다.[98)]

중부 태평양 전략의 목적은 중폭격기를 발진시킬 만한 육상 기지를 얻어, 일본 본토를 24시간 폭격하는 것이었다. 이것은 항공 전문가 줄리오 두에가 이미 1920년대 예견했던 전략이며, 1930년대 영국의 유화론자들이 두려워했던 것이고, 처칠이 독일에 이미 써 먹었던 공격 방식이다. 1944년 11월 일본에서 탈환한 괌 기지가 완전 가동되면서, 폭격이 시작되었다. 전투기의 호위를 받으며 각기 8톤의 폭탄을 실은 B-29기 1,000대가 편대를 이루어 공격에 나섰다. 루스벨트는 1939년 교전국들에 전갈을 보내, 시민을 폭격하는 비인도적인 야만 행위를 삼가달라고 청했던 적이 있다. 하지만 진주만 공격을 받고 나서 그런 태도는 사라졌다. 1945년 3월부터 7월까지 B-29는 사실상 아무런 저항 없이 일본의 66개 도시와 마을에 소이탄 10만 톤을 떨어뜨려 442,000제곱킬로미터에 달하는 인구 밀집 지역을 초토화했다. 3월 9일 밤에는 300대의 B-29기가 강한 북풍의 도움을 받아 도쿄를 불바다로 만들었다. 도쿄 공습으로 약 40제곱킬로미터의 지역이 파괴되었고, 83,000명이 사망했으며 102,000명이 부상당했다. 근처의 포로수용소에 수용되어 있던 영국인 목격자는 그날 있었던 공포의 체험이 1923년 관동 대지진 때 현장에서 직접 겪었던 공포에 버금가는 것이었다고 얘기했다.[99)] 원자폭탄이 투하되기 전에 이미 일본은 69개 지역에 대한 공습으로 225만 개의 건물이 파괴되었고, 900만 명이 집을 잃었다. 사망자 수는 260,000명, 부상자 수는 412,000명에 달했다. 공습의 횟수와 파괴력은 계속 커졌다. 7월에는 연합군 함대가 일본 본토에 접근하여 중포로 가까운 거리의 해안 도시를 포격했다.

1945년 7월 16일 미국 뉴멕시코 주에 있는 앨러머고도(Alamogordo)의 폭발 실험 지역에서 오펜하이머가 만든 플루토늄 폭탄이 폭발했다. 태양

중심부의 온도보다 4배 높은 불덩어리가 방출되었다. 오펜하이머는 『바가바드기타 *Bhagavadgita*』의 한 구절을 인용했다. "천 개의 태양이 빛을 발한다. …… 나는 죽음의 신으로, 세계의 파괴자가 된다." 페르미는 더 사실적으로 표현하여, 충격파가 티엔티(TNT) 1만 톤의 위력에 해당할 것이라고 말했다. 그 소식은 포츠담에서 돌아오던 미국의 새 대통령 해리 트루먼(Harry S. Truman)에게 곧바로 전해졌다. 1944년 9월 9일 루스벨트와 처칠은 하이드 파크 저택에서 조약 의정서에 서명한 바 있다. 의정서에는 "마침내 폭탄이 준비되면, 충분히 심사숙고한 뒤 일본에 사용할 수 있다" 고 쓰여 있었다. 트루먼은 명령서에 서명하며 가능한 한 신속히 폭탄을 사용하라고 지시했다. 폭탄을 사용하는 게 현명한지, 그것이 도덕적으로 정당한지에 대해서는 충분한 토의가 이루어지지 않은 것 같다. 어쨌든 정치 지도자나 군사 지도자들은 그런 것을 염두에 두지 않았다. 그로브스 장군은 "상부에서 폭탄을 가능한 한 빨리 사용하고 싶어한다" 고 말했다.[100] 미국과 영국은 이미 일본에 재래식 폭탄을 있는 대로 쏟아붓고 있었다. 폭탄 투하량은 신기술과 엄청난 자원 덕분에 계속 늘어나고 있었다. 초강력 폭탄을 사용하지 않는다면, 그것이 이상한 일이고, 또 참으로 무책임한 일이었을 것이다. 원자폭탄이야말로 그때까지 굽힐 줄 모르는 의지로 저항하던 일본에 충격을 줄 것이 분명했기 때문이다.

일본 천황은 일찍이 1942년 2월, 전쟁에서 승리할 수 없다는 얘기를 들었다. 1943년에 해군은 패전이 불가피하다는 결론에 도달했다. 1944년 도조 히데키가 해군의 반발로 총리 자리에서 물러났다. 그렇다고 해서 달라진 것은 아무것도 없었다. 암살의 공포가 너무나 컸기 때문이다. 1945년 5월 일본은 소련에 중재 역할을 요청했다. 하지만 스탈린은 그 요청을 묵살했다. 그해 2월에 있었던 얄타회담의 약속 때문이었다. 얄타회담에서 연합국은 "소련이 8월에 일본과 전쟁에 들어갈 경우" 그 대가로 상당한 영토를 주겠다고 약속했다. 6월 6일에 일본 추밀원은 '전쟁 수행에 있어 이후 따라야 할 기본 방침' 이라는 문서를 승인했다. 이 문서는 "우리는 …… 어떤 일이 있어도 끝까지 전쟁을 할 것이다"라고 쓰여 있었다. 일본이 본토 방어를 위해 선택한 최종 계획은 '결사 항전' 이었다. 10,000대의 자폭용 비행기(대개 개조된 연습기였다), 53개의 보병 사단, 25개의 여단이 임전 태세를 갖추었다. 235만 명의 훈련된 병사가 해안에서 싸우고, 400만 명에 달하는 육군 및 해군 소속 민간인과 2,800만 명의 민병대원이 지원하기로 되어 있었다. 전장식 총, 죽창, 활과 화살도 무기로 사용했다. 의회에서 이런 군대를 구성하는 특별 법안이 통과되었다.[101] 연합군 지휘관들은 일본 본토 상륙이 불가피하다면, 연합군의 사상자 수가 100만 명에 달할 것으로 내다보았다. 그렇다면 일본인은 얼마나 죽을 것인가? 그전까지의 전투에서 얻은 사망자 비율을 토대로 하면, 일본인 사망자 수는 1,000만~2,000만 명에 달할 것이다.

연합군의 목표는 일본 본토로 들어가기 전에 저항을 분쇄하는 것이었다. 8월 1일 B-29기 820대가 규슈(九州) 북부의 5개 도시에 6,600톤의 폭탄을 투하했다. 5일 뒤 미군은 아직 실험해보지 않은 우라늄 폭탄 하나를 히로시마에 떨어뜨렸다. 히로시마는 일본에서 8번째로 큰 도시였다. 그곳에는 일본 육군 제2군의 사령부와 중요한 항만 시설이 있었다. 그로부터 이틀 전 도시가 흔적도 없이 파괴될 것이라는 경고 전단이 72만 장이나 뿌려졌다. 하지만 아무도 주의를 기울이지 않았다. 부분적으로는 트루먼의 어머니가 한때 그 근처에 살았다는 소문이 나돌았기 때문이다. 사람들은 아름다운 도시 히로시마(廣島)가 연합군 소속 점령군의 중심지가 될 것이라고 생각했다. 히로시마의 총인구 24만 명 중 그날에만 10만 명이 죽었다. 곧이어

10만 명이 더 죽었다.[102] 어떤 사람은 눈에 띄는 상처나 원인도 없이 죽었고, 어떤 사람은 선명하고 다양한 색깔의 반점에 뒤덮인 채 죽었다. 많은 사람이 피를 토했다. 어떤 사람은 불에 탄 손을 물속에 집어넣었는데 "손에서 푸르스름한 연기가 났다." 또 어떤 사람은 거의 눈이 멀었다가 시력을 회복했지만, 머리카락이 모두 빠져버렸다.

▶ **나가사키 원폭 투하**
1945년 8월 9일, 미국의 2번째 원폭 투하로 시 중심부가 대부분 파괴되었다. 인명과 재산 피해는 히로시마에 비해 덜했으나 직접 사망자가 7만 명에 달했고, 시가지 건물 중 40% 정도가 완전히 파괴되거나 심하게 파손되었다.

일본 정부는 공개적으로 스위스 대사관을 통해 세계를 상대로 항의문을 보냈다. 20년간 국제법을 무시해온 그들이 미국 정부가 국제법을 무시했다고 비난했던 것이다. 그들은 특히 히로시마에 투하한 새로운 폭탄의 무자비함에 대해 얘기했다. 하지만 일본 정부는 뒤로는 다른 일을 꾸미고 있었다. 그들은 은밀하게 원자폭탄 프로그램의 책임자였던 니시나 요시오를 도쿄로 불러 히로시마에 떨어진 폭탄이 진짜 핵폭탄인지, 만약 그렇다면 6개월 내에 똑같은 폭탄을 만들 수 있는지 물어보았다.[103] 따라서 원자폭탄 하나로는 충분치 않았다는 게 분명해진다.

두 번째 폭탄은 플루토늄 유형의 폭탄으로, 8월 9일에 투하되었다. 조종사가 원래의 목표 지역을 찾지 못해 폭탄은 다른 지역에 떨어졌다. 잔인한 역사의 아이러니지만, 폭탄이 떨어진 곳은 신도에 대한 저항의 중심지 나가사키였다. 나가사키는 당시 기독교 도시로 유명했다. 그날에만 74,800명이 죽었다. 두 번째 원폭 투하로 일본은 미국이 원자폭탄을 대량으로 보유하고 있다고 생각했을 것이다. (사실 두 개가 남아 있었고, 각각 8월 13일과 16일에 투하될 예정이었다.) 다음날 소련이 만주국 국경에 160만 명의 병력을 배치하고 전쟁을 선포했다. 얄타회담의 거래로 이루어진 행동이었다. 그로부터 몇 시간 전 일본이 무조건 항복이라는 연합국의 조건을 수락한다고 타전해왔다. 그리하여 원폭 투하는 중단되었지만, 통상적인 공습은 계속되었다. 8월 13일에는 1,500대의 B-29 폭격기가 새벽부터 해거름까지 도쿄를 폭격했다.

최종적인 항복 결정은 8월 14일에 이루어졌다. 육군 대신과 참모총장은 반대했지만, 스즈키 총리가 천황에게 논란을 종결지어 달라고 요청했다. 히로히토는 나중에 다음과 같이 썼다.

> 항복의 순간에 이르러 토론이 계속되었지만, 아무리 토론을 벌여도 합의점을 찾을 수 없을 것 같았다. …… 스즈키가 어전 회의에서 둘 중 어떤 의견을 따라야 하는지 물었다. 나는 그때 처음으로 다른 사람의 권한과 책임을 침해하는 일 없이, 자유로운 의사를 표현할 수 있는 기회를 얻었다.[104)]

그런 다음 히로히토는 일본 국민에게 전하는 항복 메시지를 녹음했다. 여기서 그는 "전쟁 상황이 일본에 유리하다고 할 수 없고 …… 인간 문명의 총체적인 종말"을 피하기 위해서는, 일본이 "견딜 수 없는 일을 견뎌야 하고, 참을 수 없는 일을 참아야 한다"고 말했다.[105)] 방송이 되기 전에 히로히토가 녹음한 내용을 없애기 위해 육군 장교들이 황궁에 난입했다. 그들은 황실 근위대 대장을 죽이고, 총리와 궁내청 장관의 저택에 불을 질렀다. 하지만 천황의 메시지가 방송되는 것을 막지는 못했다. 결국 육군 대신과 다른 추종자들은 황궁 광장에서 자결했다.[106)]

이런 상황을 종합해 볼 때, 원자폭탄을 사용하지 않고 일본의 항복을 받아낼 수 있었을 것 같지는 않다. 원자폭탄을 사용하지 않았다면, 본토가 아니라도 만주에서 엄청난 전투가 벌어졌을 것이고, 재래식 폭탄을 사용한 폭격은 더욱 심해졌을 것이다. (이미 폭격은 하루에 티엔티 1만 톤의 위력으로 핵폭탄 수준에 도달해 있었다.) 따라서 핵무기가 사용되어 연합군 병사들뿐만 아니라 일본인들도 목숨을 구했다고 볼 수 있다. 히로시마와 나가사키에서 죽은 사람들은 사실 영미 과학 기술의 희생자라기보다 극악한 이데올로기에 마비된 정부 시스템의 희생자였다. 일본은 그러한 이데올로기 때문에 절대적인 도덕적 가치뿐만 아니라 이성마저 달아나버렸던 것이다.

일본적 전체주의 형태가 진실로 어땠는지는 전쟁 포로수용소의 문이 열리고, 국제군사재판소가 가동되고 나서야 백일하에 드러났나. 국세군사재판소 소장 윌리엄 웹 경은 다음과 같이 말했다.

> 기소된 일본인들의 범죄는 뉘른베르크 재판 때 기소된 독일인들의 범죄보다 가혹성, 다양성, 범위 면에서 덜했지만, 가장 야만적인 성격의 고문, 살인, 강간, 또는 다른 여러 잔혹 행위가 저질러졌다. 규모가 대단히 컸고, 대단히 일반적으로 행해졌다. 그리하여 일본 정부나 그 일원, 혹은 군대의 지도자들이 비밀리에 명령을 내리거나, 아니면 기꺼이 허락하여 이런 잔혹 행위가 이루어졌을 것이라고 결론 내릴 수밖에 없었다.[107)]

일본이 항복한 후에 주요 수용소를 방문했던 영국인 통역관 데이비드 제임스는 1920년대 이후 군대에 들어온 일본 장교들 사이에서 절대적인 도덕적 가치가 붕괴되었다는 사실을 지적했다. 그들은 "철저하게 황도와 국가주의 신도를 교육받았다." 그들 모두에게 일상적인 잔혹 행위에 대한 책임이 있다. "그들은 행동으로 옮기든 그렇지 않든, 똑같은 살인 본능을 지니고 있었다. …… 이 때문에 잔혹 행위가 흔하게 일어났던 것이다. 이 사실 앞에서 도쿄 재판소에 앉아 있는 판사들은 놀라지 않을 수 없었다." 일본에는 강제수용소라는 것이 없었다. 정치범은 기껏해야 400명이었다. 하지만 전쟁 포로수용소는 나치나 소비에트의 강제수용소와 똑같은 경제 원칙에 따라 운용되었다. 그중 여러 곳을 방문한 데이비드 제임스는 1945년 9월 다음과 같이 보고했다.

> 포로수용소 관리에 관한 일본인들의 기본 원칙은 식량과 군수 물자 지원에 최소한의 비용을 들이는 한편, 수용 인원에게서 최대한의 노동력을 뽑아내는 것이다. 이로 인해 수용소 관리 체제 전체가 범죄에 깊이 빠져들었고, 일본인들은 완전히 살인자로 변하고 말았다. …… 모든 수용소가 똑같은 원칙에 따라 운영되었다. 일본인들은 그들이 만든 원칙을 결코 어기지 않았다. …… 그들을 재판하려면 개인에 대한 증거를 제시해야겠지만, 범죄를 낳은 것은 개인이 아니라 시스템이다.[108)]

그리하여 시암 철도 건설을 위해 5만 명의 포로가 투입되었고, 이중 16,000명이 고문과 질병, 영양실조로 죽었다. 현장에는 쓸모없는 포로들을 죽이라는 지시가 내려졌다. 법정에 제출된 증거는 일본인 군의관들이 살아 있는 건강한 포로들에게서 간과 심장을 꺼냈다는 사실을 보여주었다. 음식이 없을 때는 연합군 포로를 잡아먹도록 허용되었다. 일본군은 영국군을 전장에서보다 포로수용소에서 더 많이 죽였다. 사실 전쟁 포로에 관한 일본의 기록은 나치의 경우보다 훨씬 끔찍했다. 독일과 이탈리아가 억류한 235,000명의 영국인과 미국인 전쟁 포로 중 사망자는 4퍼센트에 불과했지만, 일본이 억류했던 132,000명의 포로 중에서는 27퍼센트가 죽었다.[109]

도쿄에서 열린 연합군 재판소는 중요 전범 25명에게 형을 선고했다. 특히 전쟁을 도모하고, 난징 대학살, 가혹한 행군으로 전쟁 포로 1만 명이 사망한 바탄(Bataan) '죽음의 행진', 타이와 버마를 잇는 시암 철도 건설, 마닐라 약탈 등에 관련된 자들이 처벌 대상이었다. 도조 히데키를 비롯한 7명을 교수형에 처했다. 지역 군사위원회에서는 이외에도 920명이 넘는 전범에게 사형 선고를 내렸으며, 3,000명 이상에게 감옥형을 선고했다. 국제군사재판소의 재판관 중 비백인계 판사였던 인도의 라다비노 팔(Radhabino Pal)은 다른 사람들과 의견이 달랐다. 그는 일본이 단지 자기 방어를 위해 행동했을 뿐이며, 재판은 단지 '승자의 정의'에 지나지 않는나고 말했다. 필리핀 판사 델핀 자라힐라(Delfin Jarahilla)는 판결이 너무 관대하다고 얘기했다. 사실 일본이 인도나 필리핀의 군인들, 그리고 중국인이나 말레이인 등 아시아 민간인에게 가한 잔혹 행위는 영국인이나 미국인에게 가한 것보다 훨씬 더 야만적이고 규모도 컸다.[110]

이러한 시스템의 가장 큰 희생자는 사실 일본인들이었다. 포로를 중범으로 취급하라고 가르치는 이 시스템의 교리가 자멸하는 전쟁을 결정하고 평화를 지연시킨 원인이기 때문이다. 일본인들은 400만 명 이상이 목숨을 잃었다. 전범 용의자였던 고노에 후미마로(近衛文麿) 전임 총리는 오스카 와일드의 『옥중기 *De Profundis*』를 옆에 두고 자살했다. 책의 한 구절에는 조심스럽게 밑줄이 그어져 있었다. "세상이 내게 끔찍한 짓을 저지른 만큼,

나는 나에게 훨씬 더 끔찍한 짓을 저질렀다.” 전체주의 일본의 묘비명이라고 할 만했다.[111] 여러 번 지적했듯이, 도덕적 타락에서 전체론의 원리는 악마의 그레셤 법칙을 작동시킨다. 악이 선을 구축(驅逐)하는 것이다. 1943년 3월 3일 미군 비행기가 파푸아뉴기니 라에(Lae)의 일본 수비대로 향하던 선단을 공격했다. 미군은 물속에서 허우적거리는 생존자들에게 기관총 사격을 가했다. 그들은 이렇게 보고했다. “혐오스런 일이었다. 하지만 군사적인 측면에서 필요한 일이었다. 일본 병사들은 결코 항복하지 않기 때문이다. 헤엄쳐 해안에 닿을 수 있는 거리였다. 그들이 육지에 닿아 라에 수비대에 합류하도록 놔둘 수는 없었다.”[112]

연합군이 항복하려는 일본군을 사살하는 일도 흔했다. 도쿄 재판소의 변호인단이었던 아돌프 필 2세(Adolf Feel Jr.)는 신랄한 어조로 외쳤다. “우리는 전장에서 적을 물리쳤다. 하지만 우리 마음속에서 그들이 정신적인 승리를 거두도록 놔두었다.”[113] 이 말은 물론 과장이다. 하지만 여기에는 일말의 진실이 담겨 있다. 1937~38년에 중국의 도시에 가한 일본의 소규모 폭격은 미국의 자유주의 세력으로부터 심한 비난을 받았다. 그러나 원자폭탄의 첫 번째 목표를 정할 때가 되자, 결정적인 제안을 한 사람은 하버드대학 총장 제임스 코넌트(James Conant)였다. 그는 국방연구위원회에서 문명사회의 이익을 대표하여 “가장 적당한 목표는 많은 노동자가 고용된 핵심적인 군수 공장과 노동자들의 집이 밀집되어 있는 곳이다”라고 말했다.[114]

전쟁 말기의 도덕적 혼란은 소련이 옳은 자의 편에 서면서 더 커졌다. 나치나 무사도의 사무라이들이 저지른 범죄 중 소련 정권이 이미 저지르지 않은 것은 아무것도 없었다. 소련은 사실 그런 범죄를 더 큰 규모로 저질렀다. 소련은 똑같이 전쟁과 전쟁의 공포에 대해 책임을 져야 할 나라였다.

더 구체적으로 말하면, 1939년 9월의 독소조약과 1941년 4월 일소조약 덕분에 추축국은 전쟁을 일으킬 수 있었다.

그런데도 소련은 전쟁 범죄를 심판하는 입장에 섰다. 소련이야말로 추축국이 전쟁을 일으키도록 도운 나라가 아니던가. 그뿐 아니라 소련은 전쟁의 유일한 수혜자가 되었다. 전시의 비밀 협정 — 혹은 거래 — 덕분이다. 하지만 베르사유조약은 비밀 협정을 강력하게 비난하지 않았던가. 베르사유조약뿐만이 아니다. 1941년 8월 14일의 대서양 헌장에도 조인국은 "영토 확장이나 다른 식의 세력 확장을 추구하지 않고 …… 관련 주민들의 자유의사에 반하는 영토 변경을 원하지 않는다" 고 언급했다. (1942년 1월 1일 국제연합 공동선언에서도 이런 입장이 재확인되었다.) 1942년 5월 26일 영소동맹조약(제5조)도 "양국은 영토 확장을 추구하지 않으며, 상대국의 국내 문제에 개입하지 않는다는 원칙에 따른다" 고 규정했다.

하지만 1945년 2월의 얄타회담에서 스탈린은 "독일이 항복하고 나서 2~3개월 뒤에" 대일전에 참전하는 대가로, 많은 것을 원했다. 그는 "외몽골과 사할린 남부 및 부속 도서의 소련 점유를 인정해주고, 소련의 이권을 우선적으로 보호한다는 조건 아래, 다롄항(大連港)을 국제적으로 공동 관리하게 하고, 뤼순항을 소련의 해군 기지로 빌려주고, 역시 소련의 이권을 우선적으로 보호한다는 조건 아래, 중국과 공동으로 중국 동부 철도와 남만주 철로를 운영할 수 있는 권리를 달라" 고 했다. 이외에도 그는 쿠릴열도를 소련에 병합해야 한다고 요구했다. 루스벨트는 아무런 논쟁도 벌이지 않고, 이 모든 탐욕적인 요구에 순순히 동의했다. 지리적으로 본국에 가까운 문제에서 지지를 얻어야 했던 처칠도 이를 묵인했다. 극동은 주로 "미국의 문제이며 …… 우리에게는 멀고 부차적인 문제다." [115]

중국은 이 거대한 영토 절도 행위의 주된 피해자였다. 이 때문에 중국은 결국 체제가 붕괴되고 말았다. 중국은 연합국이었음에도 불구하고, 얄타회담에 참석하지 못했다. 6개월 뒤에야 얄타회담의 원칙적인 협정 사항에 대해 들었으며, 상세한 사항에 대해 알게 된 것은 8월 14일이 되어서였다. 그 무렵은 이미 소련이 전쟁을 선언한 뒤였고, 얄타협정을 되돌릴 수 없게 되었다. 소련의 공식적인 전쟁 선언은 일본이 원칙적인 항복에 동의하고 네 시간이 지난 뒤 발표되었다.[116] 스탈린은 피 한 방울 흘리지 않고 영토를 얻었다. 군사적인 필요가 아무리 컸다고 하더라도, 영국과 미국이 전시의 대원칙을 포기한 것은 정당화될 수 없다.

독일과 일본의 전범 재판을 비웃게 하는 또 다른 사실은, 전쟁 범죄에 대한 증거를 수집하고 있던 바로 그 순간, 영국과 미국이 스탈린의 대규모 범죄를 돕고 있었다는 것이다. 연합국은 1941년과 1943~44년에 소련이 8개 민족을 원래 살고 있던 곳에서 강제 이주시켰다는 것을 알고 있었지만, 아무 말도 하지 않았다. 소련의 야만 행위는 나중에 국제연합이 1948년 12월 9일에 작성한 집단 학살에 대한 정의에서는 전쟁 범죄로 간주된다. 그러나 영국과 미국은 소련의 요구를 무시하지 못했다. 1944년 5월 31일 소련이 제기한 요구에 따라, 유럽을 해방하는 과정에서 연합군의 보호를 받게 된 소련 국민은 그들의 의사와 상관없이 소련으로 송환되어야 했다. 10퍼센트의 독일 포로가 사실은 소련인이었다. 그중 일부는 소련으로 돌아가길 원했고, 일부는 아니었다. 그들은 재앙의 소용돌이에 휘말렸다. 1944년 6월 17일 영국 정보부 보고서는 이렇게 지적했다. "그들은 독일군에 입대하고 싶으냐는 질문을 받아본 적이 없다. 그저 독일 군복과 총이 지급되었을 뿐이다. …… 소련인들은 자신을 단순히 포로로 생각했다."[117] 미국은 이 딜레마를 해결하기 위해, 독일 군복을 입은 사람은 반대 의사를 표명하지 않는 한 무조건 독일인으로 취급했다. 영국 외무부는 고지식하게 공정성만을 강조했다. 외무부의 법률 고문 패트릭 딘(Patrick Dean) 경은 6월 24일에 다음과 같이 말했다.

> 이것은 완전히 소련 당국이 해결해야 할 문제다. 대영제국 정부의 소관 사항이 아니다. 때가 되면 소련 당국이 원하는 모든 사람을 소련에 넘겨주어야 하며, 우리는 그들이 소련으로 가서 총살당하거나, 영국 법률에 정한 것보다 상대적으로 가혹한 대접을 받는다고 하더라도 신경 쓰지 말아야 한다.

처칠의 염려에도 불구하고, 이런 원칙에 따라 외무장관 앤소니 이든은 1944년 9월 4일 전시 내각에서 스탈린의 요구를 인정하는 결정을 통과시켰다. 이러한 결정은 나중에 얄타협정에서 그대로 문서화되었다.[118)]

결과적으로 수십만 명이 스탈린의 수중에 떨어졌다. 첫 번째 송환자 1만 명은 12명을 제외하고 모두 소련으로 돌아가고 싶어했다. 미국인 외교관이 송환 장면을 지켜보았다. "그들은 엄중한 경비 속에서 알 수 없는 목적지를 향해 가고 있었다." 시간이 지나면서 마지못해 끌려가는 사람들이 늘어났다. 1945년 6월 10일 엠파이어 프라이드 호가 오데사(Odessa)에 닻을 내렸다. 무장한 경비병들이 배에 타고 있던 사람들을 끌고 갔다. 그중에는 병자들과 절망적인 심정에 자살을 기도하다 부상당한 사람도 있었다. 그 광경을 목격한 영국인은 다음과 같이 기록했다.

> 소련 당국은 들것을 사용하지 못하게 했다. 심지어 죽어가던 환자도 자기 짐을 들고 배에서 내려야 했다. …… 자살을 기도했던 어떤 포로는 매우 가혹한 취급을 받고, 상처가 벌어져 피를 흘리기 시작했다. 그는 배에

서 끌려 내려갔다. 경비병들은 그를 부두의 적재된 화물 뒤로 데리고 갔다. 한 발의 총성이 울렸고, 더 이상 아무것도 보이지 않았다.

그는 포로 31명이 창고 뒤로 끌려갔고, 15분 뒤 기관총 소리가 들렸다고 덧붙였다. 배의 선임 포로였던 소령이 배에 타고 있던 300명가량을 밀고했는데, 모두 총살당했다. 나중에 소령 또한 총살당했다. 전형적인 스탈린의 수법이다.[119)]

영국 외무부는 지나친 열의로 오스트리아 남부에서 투항한 5만 명의 코사크인들까지 소련에 넘겨주었다. 이들은 한 세대 이상을 난민으로 지내왔던 사람들이다. 얄타협정에 따른다고 하더라도 이들을 송환할 의무는 없었다. 하지만 그들은 아내와 아이들과 함께 일종의 인간 보너스로 스탈린에게 넘겨졌다. 약 25,000명의 크로아티아인도 똑같이 공산주의 체제의 유고슬라비아로 돌아갔다. 거기서 그들은 여러 도시를 거치는 '죽음의 행진' 을 했다. "그들은 …… 기아와 갈증에 시달려 수척했으며 몰골이 말이 아니었다. 그들은 몹시 고통스러워했지만, 그들의 '해방자' 들을 따라 머나먼 거리를 걸어올 수밖에 없었다. 그들의 '해방자' 들은 말이나 마차를 타고 있었다."[120)]

남자나 여자, 아이들을 국경 너머로 쫓아내기 위해 영국 군대는 총검을 사용했다. 어떤 때는 저항하는 사람들에게 총을 쏘았고, 화염 방사기를 사용하기도 했다. 자살하는 사람도 많았으며, 일가족 전체가 자살하는 경우도 있었다.[121)] 스탈린의 손아귀에 들어간 사람들은 그 즉시 총살당했다. 나머지는 수용소에서 근근이 목숨을 이어갔다. 솔제니친이 이 엄청난 만행을 폭로하고 사람들의 관심을 끌기 전까지, 그들의 존재는 세상에 알려지지 않거나 뇌리에서 사라졌다. 물론 강제 본국 송환 문제는 제2차 세계대전의 승전국으로 나선 소련이 영국과 미국에 제기한 여러 난제 중 하나였을 뿐이다.

제 13 장

강제된 평화

modern times

냉전의 시작

1946년 1월 10일 보수당 의원이며 일기 작가인 칩스 채넌은 런던의 한 결혼식에 참석했다. 거기에서 역시 하객으로 참석한 큐나드(Emerald Cununard) 부인과 담소를 나누었다.

"정말 너무도 빨리 정상적인 생활로 돌아왔군요."

나는 사람들로 혼잡한 실내를 가리키며 말을 이었다.

"결국 우리는 저 사람들을 위해 싸웠던 거죠."

"뭐라고요? 저 사람들이 모두 폴란드인이라는 건가요?"

큐나드 부인이 말했다.[1]

폴란드는 너무나 쉽게 사람들 뇌리에서 사라졌다. 하지만 폴란드는 어떤 의미에서 전쟁의 원인이라 할 수 있다. 폴란드가 없었다면, 전쟁은 상당히 다른 양상을 띠고 전개되었을 것이다. 또 폴란드는 연합국의 전시 동맹을 붕괴시키고, 민주주의 국가와 공산주의 국가의 대립을 낳았다는 점에서 전쟁을 마무리 지었다고 할 수 있다. 이야기는 폴란드가 사람들의 기억에서 사라진 시점으로 되돌아간다. 1939년 8월 스탈린과 히틀러가 조약을 체결한 때다. 소련은 드디어 세계무대에서 탐욕스러운 전체주의 국가의 본질을 드러내기 시작했다. 폴란드는 지구라는 체스판에서 성가신 말이었다. 전쟁이 선과 악의 대결이 아니라, 생존을 위한 투쟁이라는 사실을 떠올리게 하는 존재였다.

물론 '위대한 연합국'이 다른 나라를 사심 없이 도와주리라는 생각은 처음부터 환상이었다. 그러한 환상은 주로 루스벨트가 만들어낸 것이다. 부분적으로는 정치적인 목적 때문이었고, 또 그래야 한다고 믿었던 이유도 있었다. 스탈린이나 소련 정부를 접하며 오랫동안 전문적인 경험을 쌓은 사람들은 루스벨트의 노선에 거세게 반대했다. 이렇게 소련에 대한 강경 노선을 지지했던 외교관들은 리가 학파(Riga school)로 알려져 있다. 데이비스의 뒤를 이어 모스크바 주재 대사가 된 로렌스 스타인하트(Laurence Steinhardt) 역시 국무부의 강경 노선을 지지했다.

> 영국이나 미국의 접근 방식이 소련에서는 나약함의 표시로 여겨질 것이 분명하다. …… 우리가 여기 있는 이들을 달래거나, 잘 보이려 하거나, 아니면 이들을 필요로 하고 있다는 인상을 주면, 이들은 즉시 비협조적인 자세로 나올 것이다. 내 경험상 이들은 힘을 행사해야만 굽실거리고, 힘의 논리가 적용되지 않는 영역에서는 보상이 없는 한 아무것도 주려 하지 않는다.[2)]

루스벨트는 이런 의견을 인정하지 않았다. 히틀러의 전쟁 선포로 소련이 미국의 동맹국이 된 순간, 그는 국무부와 대사관을 거치지 않고 스탈린과 직접 교섭할 수 있는 절차를 만들어냈다.[3)] 둘을 중재한 사람은 해리 홉킨스다. 이 정치 밀매꾼은 당연히 스탈린이 루스벨트의 생각을 환영한다는 소식을 전해주었다. "그는 우리나라의 대사나 관리를 믿으려 하지 않습니다."[4] 루스벨트는 처칠도 피하고 싶었다. 그가 생각하기에 처칠은 완고하기 짝이 없는 늙은 제국주의자였고, 이데올로기적 이상주의를 이해하지 못하는 인물이었다. 1942년 3월 18일 그는 처칠에게 이렇게 썼다. "지나칠 정도로 솔직하게 얘기해도 괘념치 마십시오. 개인적으로 저는영국의 외무부나 미국의 국무부보다 제가 스탈린을 더 잘 다룰 수 있다고 생각합니다. 스탈린은 영국의 고위 관료를 싫어합니다. 그네들보다는 저를 더 좋아하는 것 같습니다. 그 사람이 계속 그러기를 바랍니다."[5] 이런 허영심은 히틀러를 혼자 '처리' 할 수 있다고 생각했던 체임벌린의 오판을 떠올리게 한다. 루스벨트는 허영심이 있었을 뿐 아니라 놀랄 정도로 순진했다. 그는 스탈린이 영토를 원하지 않는다고 믿었고, 스탈린을 의심하는 처칠을 비난했다. "당신에게는 400년 동안 이어져 온 탐욕스런 본능의 피가 흐르고 있는 겁니다. 영토를 얻을 수 있는데도, 얻으려 하지 않을 수 있다는 것을 이해하지 못하시는군요."[6] 그는 스탈린에 대해 이렇게 말했다. "내가 그에게 모든 것을 주고 아무런 대가도 바라지 않는다면, 그러니까 노블리스 오블리제를 보여준다면, 그는 땅을 차지하려는 욕심을 버리고 민주주의 세계와 평화를 위해 나와 손을 잡을 겁니다."[7]

루스벨트가 전후 유럽의 안정에 어떠한 위험을 가져왔는지는 테헤란회담 때 명백해졌다. 1943년 11월 처칠과 루스벨트, 스탈린이 테헤란에서 회담을 열었다. 영국 참모부의 대표였던 앨런 브룩(Alan Brooke) 경은 한마디로 이렇게 요약했다. "스탈린은 루스벨트 대통령을 손바닥에 올려놓고 가지고 놀았다."[8] 처칠은 지중해 담당 공사였던 해럴드 맥밀런(Harold Macmillan)에게 이렇게 불평했다. "독일은 끝났습니다. 나머지 정리를 하는 데 시간이 좀 걸릴 테지만. 이제 진짜 문제는 소련이에요. 그런데 미국인들에게 그걸 깨닫게 해줄 방법이 없어요."[9] 1944년 내내 유럽 탈환이 성공적으로 진행되었지만, 처칠의 불안은 커졌다. 1944년 7~8월 연합군이 독일군의 방어망을 돌파한 뒤 진군 속도가 떨어졌다. 최고 사령관 아이젠하워 장군은 그 순간이 얼마나 중요한지 깨닫지 못했다. 실제로 군대가 중부 유럽으로 얼마만큼 깊이 들어갈 수 있느냐에 따라 전후의 세계 지도가 결정될 수밖에 없었다. 하지만 아이젠하워 장군은 이렇게 말했다. "나는 순전히 정치적인 목적 때문에 미국인의 생명을 위험에 빠뜨리는 짓은 하고 싶지 않소."[10] 소련군이 진격해오면서 그들의 의도가 명백히 드러나기 시작했다. 소련군은 그디니아에 있는 독일의 잠수함 정박지를 점령하고는, 연합군 해군 전문가들이 그곳의 기밀 사항에 접근하는 것을 막았다. 하지만 그때는 대서양 전투가 한창이었고, 소련에 무기를 보급하는 수송 선단이 여전히 U보트의 맹렬한 공격을 받고 있던 때다.[11] 미국 장군들은 소련군과 최대한의 협력을 유지하고 싶어했다. 그래야만 최대한 빠른 시일 내에 동아시아로 병력을 이동시켜 일본을 끝장내고(물론 이때도 소련의 대대적인 지원이 필요하리라 생각했다), 집으로 돌아갈 수 있기 때문이다. 처칠의 예상대로라면, 그럴 경우 영국의 12개 사단(약 82만 명)이 13,000대의 소련제 탱크, 16,000대의 항공기, 그리고 500만 명이 넘는 525개 사단의 소련군과 맞서야 했다.[12] 외무부 각서에서도 볼 수 있듯이, 처칠의 임무는 "미국의 힘을 이용"하여 "이 낡고 큰 거룻배"를 "적당한 항구"까지 끌고 가는 방법을 찾는 것이었다. 그렇지 않으면, 배는 "바다 위에서 떠돌다가 항해의 방해물"이 될 것이 분명했다.[13]

처칠은 양면 전략을 구사하기로 결정했다. 적당한 때가 되면 현실적으로 스탈린과 협상을 벌이는 동시에, 계속 루스벨트를 옥죄는 방법을 택했다. 1944년 10월에는 모스크바로 날아가 스탈린에게 일명 '부도덕한 문서'를 내밀었다. '스탈린 원수가 현실주의자인 점'을 고려한 이 문서는 5개 발칸

▶ **얄타회담**(1945)
나치 독일의 최종 패배와 점령을 논의하기 위해 크림 반도 얄타에서 회담을 개최했다. 독일에 관해서는 미국, 영국, 프랑스, 소련이 분할 점령한다는 원칙이 이미 정해져 있었다.

국가에 대한 열강들의 '세력권 배분'을 제시했다. 이에 따르면, 유고슬라비아와 헝가리는 소련과 나머지 국가가 50 대 50으로 나누어 갖는다. 이외에 소련은 루마니아의 90퍼센트와 불가리아의 75퍼센트를 차지한다. 영국은 미국의 협조 아래 그리스의 90퍼센트를 갖는다. 영국 대사 아치볼드 클라크 커(Archibald Clark-Kerr)의 기록에 따르면, 스탈린은 불가리아의 세력권 배분을 못마땅해 했다. 그는 분명 불가리아의 90퍼센트를 원했고, 그걸 파란색 연필로 문서에 표시해두었다. 이탈리아 공산당의 활동을 억제하는 데도 동의했다.[14)]

이 부도덕한 문서는 사실 루마니아와 불가리아를 내주는 대가로 지중해에서 소련을 배제하려는 시도였다. 처칠은 그리스를 공산주의 세력으로부터 구해낼 수 있는 유일한 국가로 생각했다. 영국 군대가 이미 그곳에 가 있었기 때문이다. 그가 모스크바에서 얻어낸 것은 그리스에 주둔하는 영국군의 자유 재량권이었다. 스탈린은 이에 동의했고, 영국은 이 권리를 즉시 사용했다. 1944년 12월 4일 아테네에서 내전이 일어나자, 처칠은 군대를 이용하여 공산주의 세력을 분쇄하기로 결정했다. 전보를 보내기 위해 밤 늦게까지 사무실에 남아, "회전식 안락의자에 앉아 레이턴(Layton) 양에게 전보 내용을 구술했다. 흥분한 처칠이 공식 문서에 욕설을 남발했지만, 레이턴 양은 눈 하나 깜짝하지 않았다." 영국군 지휘관 스코비(Ronald Scobie) 장군에게 보내는 전보는 다음과 같은 내용이었다. "우리는 아테네를 장악하고 지켜야 합니다. 장군이 가능한 한 피를 흘리지 않고 이 일을 해낸다면, 대단한 일이 될 겁니다. 하지만 필요한 경우 피를 흘린다고 해서, 그 가치가 떨어지는 건 아닙니다."[15] 유혈 진압은 불가피했다. 하지만 그리스는 민주주의 국가로 남았다. 지중해 지역은 1948년 4월 이탈리아 선거에서 공산당이 패배하고 나서야 안정을 찾았다. 그럼에도 1944년 말 강력한 정책을 통해 한 세대 동안 지중해에 존재했던 전체주의를 효과적으로, 그리고 거의 혼자 힘으로 축출한 것은 처칠이다. 그가 인류의 자유를 위해 마지막으로 이룩한 위대한 일이다.

하지만 처칠은 동유럽을 구할 만한 힘은 없었다. 그는 내각 회의에서 이렇게 말했다.

> 우리나라의 힘으로 지금 무너져 내리고 있는 모든 것을 막을 수는 없습니다. 그 책임은 미국에 있습니다. 내 바람은 우리가 힘이 닿는 한 미국에 아낌없는 지원을 하는 것입니다. 하지만 미국이 무슨 일도 할 필요를 느끼지 못한다면, 상황을 그대로 지켜볼 수밖에 없을 것입니다.[16]

1945년 1월 결정적인 얄타회담에서 처칠은 영미 정책의 사전 조율을 원했지만, 루스벨트는 그러한 시도를 의도적으로 차단했다. 애버럴 해리먼

(Averell Harriman)에 따르면, 루스벨트는 "소련으로부터 영국과 미국이 공조하고 있다는 의심을 받고" 싶지 않았던 것이다.[17] 폴란드 문제가 거론되었을 때, 그는 "민주적이고 나치에 반대하는 모든 정당에 선거 참여의 권리를 주는 것"에 대해 소련과 합의했다. 영국은 국제 감시단이 투표 과정을 관리해야 한다고 주장했지만, 루스벨트는 영국의 주장을 지지하지 않았다. 대신 전형적인 루스벨트식 미사여구에 불과한 선언문을 세상에 내놓았다. '해방된 유럽에 관한 선언'이 그것이다. 이 선언문은 "모든 민족은 그들이 원하는 정부 형태를 선택할 권리가 있다"는 모호한 주장을 담고 있다. 소련은 이 선언문에 기쁘게 서명했다. 모든 미국 군대가 2년 내에 유럽에서 철수할 것이라는 루스벨트의 놀랄 만한 얘기를 들은 뒤였기 때문이다. 그것이야말로 스탈린이 알고 싶어했던 것 아닌가.[18]

냉전은 얄타회담 직후에, 정확히 1945년 3월부터 시작되었다고 말할 수 있다. 물론 어떤 의미에서 소련은 1917년 10월 이후 냉전을 벌이고 있었다. 냉전은 레닌주의의 역사적 결정론에 내재해 있던 것이다. 1941년 7월부터 이어져 온 실용적 동맹의 시기는 단순히 휴지기였을 뿐이다. 스탈린이 조만간 적대적인 약탈 행위를 재개하는 것은 불가피했다. 단, 너무 빨리 행동에 돌입한 것이 실수였다. 그는 히틀러처럼 참을성이 없지는 않았다. 성급한 종말론을 믿지도 않았다. 하지만 탐욕스러웠다. 히틀러는 약탈할 기회를 만들어내기 위해 체계적으로 조치를 취했지만, 스탈린은 그러기에는 너무 조심스러웠다. 하지만 저절로 찾아온 기회를 거부할 수는 없었다. 좀 더 분별 있는 전술을 취하려 했다면, 미군이 대서양 반대편으로 완전히 사라질 때까지, 두 손을 호주머니에 넣고 기다렸어야 했다. 하지만 그는 폴란드라는 여문 과일을 보고 손을 뻗지 않을 수 없었다. 루스벨트의 보좌관 윌리엄 레이히(William Leahy) 제독은 얄타회담의 미국 대표단 중 가장 냉철

한 인물이었다. 그는 일찍이 얄타에서도 폴란드에 관한 협정이 "너무나 신축적이어서, 소련이 아무런 위반 사항 없이 얄타에서 워싱턴까지 잡아 늘릴 수 있을 것"이라고 불만을 드러냈다.[19] 1945년 2월 23일 얄타협정의 자유선거 보장을 실현하기 위해 위원회가 발족하자, 스탈린이 약속을 지키지 않을 것임이 분명해졌다. 결정적인 순간은 3월 23일에 찾아왔다. 그날 몰로토프는 선거가 소비에트 방식으로 치러질 것이라고 선언했다. 이틀 뒤 애버럴 해리먼에게서 소식을 전해듣고, 루스벨트는 주먹으로 휠체어를 내리쳤다. "자네가 옳았어. 스탈린은 상대할 위인이 못돼. 얄타에서 했던 약속을 하나도 지키지 않다니!"[20] 루스벨트는 처칠이 1945년 3월 8일부터 4월 12일까지 보낸 13차례의 강력한 메시지를 통해 정치가 과연 어떤 것인지 배워야 했다. 그러고 나서 마침내 환멸을 느끼고 웜 스프링스(Warm Springs)로 거처를 옮기고 그곳에서 사망했다. 그는 기자에게 스탈린은 통제할 수 있는 인간이 아니고, "약속을 지키는 인간"도 아니라고 말했다.[21]

루스벨트는 죽기 전에 영국이 원하는 대로 아이젠하워가 신속히 베를린, 빈, 프라하로 진격하도록 조치를 취했어야 했다. 하지만 그는 아무것도 하지 않았다. 몽고메리(Bernard L. Montgomery) 장군은 비통한 어조로 이렇게 썼다. "전쟁에서 정치적으로 패한다면, 군사적으로 승리하는 것이 아무런 의미가 없다는 것을 미국은 이해하지 못한다."[22] 그러나 미국의 새 대통령 해리 트루먼은 부유하고 죄책감에 빠져있는 동부 연안의 명문가 출신이 아니었다. 루스벨트처럼 시대의 유행에 따른 진보주의적 환상을 품고 있지도 않았다. 많이 배우지는 않았지만, 빨리 배웠다. 또한 천성적으로 민주적이었고 솔직했다. 4월 23일 5시 30분 그는 소련 외무장관 몰로토프를 백악관 부속의 국빈 전용 숙소인 블레어 하우스(Blair House)로 불렀다. (백악관은 당시 개축 공사 중이었고, 그는 블레어 하우스에서 생활하고 있었다.) 그는 몰로토프에게 소련이 얄타회담에서 폴란드에 관해 합의한 사항을 지키라고 요구했다. "나는 그에게 직설적으로 알아듣게 얘기했다. 턱에 스트레이트 한두 방을 날린 셈이다." 몰로토프는 이렇게 말했다. "내 평생 이런 식의 말은 들어본 적이 없습니다." 트루먼은 "약속을 이행하시오. 그러면 이런 말을 듣지 않아도 될 테니"라고 말했다.[23] 하지만 트루먼은 이미 막바지에 접어든 군사 정책을 바꿀 수 없었다. 브래들리(Omar N. Bradley) 장군은 베를린을 점령하려면, 미군 사망자 수가 10만 명에 이를 것이라고 추산했다. 마셜 장군은 프라하를 점령하는 것은 불가능하다고 말했다. 아이젠하워 장군은 적군과 군사 협력을 종결시킬 모든 조치에 반대했다. 모두가 소비에트의 지원을 원했다. 일본을 염두에 두고 있었기 때문이다.[24] 그리하여 동유럽과 발칸 반도 대부분의 국가가 전체주의의 수중에 떨어졌다.

한동안은 서유럽을 구할 수 있을지조차 확실치 않았다. 심지어 정치적 외교적 수준에서 루스벨트의 정책을 바꾸어놓는 데만도 수주, 수개월의 금쪽같은 시간이 들었다. 1945년 전반기에 미국 국무부는 여전히 소련을 비판하는 출판물은 모두 금지하려 애썼다. 윌리엄 화이트(William White)의 『러시아에 관한 보고 *Report on the Russia*』처럼 완전히 사실적인 글도 마찬가지였다.[25] 7월 포츠담회담 때 트루먼 옆에는 전 소련 주재 대사이며 자랑스러운 레닌 훈장 수여자인 데이비스가 앉아 있었다. 그는 트루먼을 부추기며 이렇게 말했다. "스탈린의 감정이 상한 것 같습니다. 그에게 잘해주시는 것이 좋을 겁니다."[26] 7월 25일 보수당이 영국 총선에서 패배하자, 처칠은 악몽을 꾸었다. 꿈에 처칠은 침상에 길게 누워 있는 자신을 보았다. 하얀 시트에 덮여 있었고, 숨을 쉬지 않았다.[27] 그의 뒤를 이은 노동당 세력은 국내 문제와 영국의 끔찍한 재정 상태에 골머리를 앓았고, 프랑스와 동맹 관계를 재건하자는 모호한 말만 늘어놓았다. 어쨌든 그들은 소련이라는 스팀 롤러보다는 독일의 부활을 더 두려워했다.[28] 게임이 끝났다고 생각하는 사람들이 많았다. 모스크바에서 돌아온 애버럴 해리먼은 해군 장관 제임스 포레스털(James Forrestal)에게 "아마 이번 겨울이 끝날 때쯤이면 유럽의 절반, 아니면 전체가 공산화되어 있을 것" 이라고 말했다.[29]

도가 넘는 행동으로 철수하려는 미군의 발목을 잡은 것은 스탈린의 탐욕이었다. 그는 영토와 권력뿐만 아니라 피까지 탐했다. 그는 폴란드에서 비공산당 정치 지도자 16명을 체포하여 '테러리즘' 혐의로 고발하고, 조작 재판을 위해 기구를 가동시켰다.[30] 미국의 외교 사절과 현지 군사 지휘관이 보내오는 전보는 곳곳에서 똑같은 일이 벌어지고 있다는 사실을 확인시켜 주었다. 유고슬라비아 베오그라드의 로버트 패터슨(Robert Patterson)은 영국인이나 미국인과 얘기를 나눈 유고슬라비아인은 그 즉시 체포된다고 보고했다. 메이너드 반스(Maynard Barnes)는 불가리아에서 2만 명이 대량 학살당한 사건을 상세하게 알려왔고, 아서 숀펠드(Arthur Schoenfeld)는 헝가리에서 어떻게 공산주의 독재 정권이 들어섰는지 보고했다. 로마의 엘러리 스톤(Ellery Stone)은 이탈리아에 공산주의자들의 폭동이 일어날 가능성이 있다고 알려왔다. 당시 미국의 정보부 역할을 하던 전략사무국은 유럽 전역의 미국 정보원들이 보내오는 가공할 만한 보고서로 홍수를 이루고 있었다. 전략사무국 국장 윌리엄 도노번(William Donovan)은 이 보고서를 근거로 서유럽 방위 협력 체제를 위한 조치가 필요하다고 조언했다.[31] 물론 이런 보고서를 쓸 수 있도록 자료를 제공한 사람은 스탈린이다. 게다가 스탈린은 비타협적인 태도를 취했다. 몰로토프가 전면에서 이끌고 있던 소련의 비타협 정책은 1945년 12월의 모스크바 외무장관 회의에서 큰 비난을 받았다. 새로운 영국 노동당 내각의 외무장관 어니스트 베빈(Ernest Bevin)은 몰로토프의 주장을 '히틀러식 철학' 이라고 야유했다. 미국 국무장관 제임스 번스(James Byrnes)는 "히틀러는 약소국을 무력으로 지배하려 했는데, 러시아가 교묘한 방법으로 똑같은 짓을 하고 있다"고 말했다.[32] 1946년 1월 5일 제임스 번스의 보고를 받고 트루먼은 드디어 결심했다. "더 이상 협상을 할 수 없을 것 같다. …… 소련을 달래는 데 지쳤다."[33] 다음달 때맞춰 모스크바의 조지 케넌에게서 8,000자의 전보가 날아왔는데, 미국 행정부 내 대부분의 사람이 느끼고 있던 소련의 위협을 명확하게 표현하고 있었다. 이 전보는 '장문의 전보(Long Telegram)'라는 이름으로 알려졌다. "이 글은 불안을 느낀 의회의 여러 위원회나 미국 애국여성회가 시민들에게 공산주의 음모의 위험을 일깨우기 위해 내놓은 여러 글과 똑같이 읽혀질 것이다."[34]

2주가 지나고 3월 5일, 처칠은 공개적인 자리에서 냉전을 사실로 인정했다. 그는 트루먼 대통령의 후원으로 풀턴대학교에서 연설을 했다.

> 발트 해의 슈체친(Stettin)에서 아드리아 해의 트리에스테(Trieste)까지 유럽 대륙을 가르는 철의 장막이 내려졌습니다. …… 오래된 중부 유럽과 동유럽 국가의 모든 수도가 그 너머에 자리하고 있습니다. 이 지역을 나는 소비에트권이라고 부르고자 합니다. 이 지역의 모든 국가는 이런저런 형태로 소비에트의 영향을 받고 있습니다. 그뿐만 아니라 점차 증대하는 모스크바의 통제를 받고 있습니다.

러시아는 군사적 힘을 숭배하기 때문에, 미국과 영국의 공동 방위 협정은 앞으로도 지속되어야 한다고 처칠은 덧붙였다. 그래야만 "불안정하게 흔들리는 힘의 균형이 모험이나 야심 찬 행동을 불러들이는 상황"을 피하고, "확고한 안전 보장"을 이룰 수 있을 것이다. 그 뒤 『타임』지의 소유주

헨리 루스(Henry Luce)가 주최한 만찬에서, 처칠은 캐비아를 게걸스럽게 집어삼키며 말했다. "스탈린이 이런 걸 내게 한가득 주곤 했지요. 하지만 이제는 더 이상 줄 것 같지 않군요." 처칠의 연설은 참으로 시의적절했다. (그해 5월 미국의 여론 조사는 국민 83퍼센트가 영구적 군사 동맹에 관한 처칠의 의견을 지지한다는 사실을 입증했다.) 이 연설로 처칠은 1919년과 달리, 미군이 유럽에서 철수하는 상황을 막을 수 있었다. 그는 트루먼과 포커를 쳐서 75달러를 잃었다고 주장했지만, "그럴 만한 가치가 있었다."[35)]

스탈린은 미국을 냉전의 수렁으로 점점 더 깊이 끌고 들어갔다. 1946년 3월 그는 소련군의 이란 철수 시한을 지키지 않았다. 새로운 국제연합안전보장이사회에서 격렬한 비난을 받은 후에야, 군대를 철수시켰다. 8월에는 유고슬라비아인이 미국 수송기 두 대를 격추했다. 같은 달 스탈린은 터키에 압력을 가하기 시작했다. 미국도 똑같이 대응했다. 미국중앙정보국(CIA)의 원형이라고 할 만한 기관이 창설되었다. 이를 축하하는 백악관 기념 파티에서 트루먼은 검은 모자와 외투, 나무 단검을 손님들에게 보여주고, 레이히 제독의 얼굴에 위장용 검은 콧수염을 붙여주었다.[36)] 미국과 캐나다는 공동 대공 대잠 방위체제를 형성했고, 영국과 미국 공군은 전쟁 계획을 교환하기 시작했다. 양국의 정보기관도 접촉을 재개했다. 그해 여름이 되자 비공식적이기는 하지만 영미동맹이 다시 확립되었다. 트루먼은 행정부 안에서 소련에 우호적인 인물을 제거하는 작업에 착수했다. 농무장관 헨리 월리스는 내각의 마지막 뉴딜 세력이었다. 그는 스탈린의 절대적인 숭배자였으며, 반영파였고, 처칠을 싫어했다. 7월에 그는 트루먼 대통령에게 5,000자의 개인 서한을 보냈다. 여기서 그는 일방적인 군축을 주장하는 한편, 소련과 대규모 항공 통상 프로그램을 추진해야 한다고 주장했는데, 이 사실을 고의로 외부에 흘렸다. 트루먼은 일기에 이렇게 썼다.

"윌리스는 100퍼센트 평화주의자다. 그는 우리가 군대를 해산하고, 소련에 원자폭탄에 관한 비밀을 넘겨주고, 크렘린 정치국의 모험가들을 믿어야 한다고 생각한다. …… 빨갱이, 사기꾼, 좌파 정책을 내세우는 자들이 세력을 이룬다면, 국가적인 위험이 될 게 분명하다. 그들이 스탈린을 위해 방해 공작에 나설까 봐 두렵다."[37] 다음날 그는 윌리스를 해임했다. 개미 한 마리 꿈틀하지 않았다. 10월이 되자 처칠은 이렇게 말할 수 있었다. "내가 풀턴에서 한 얘기가 여러 사건을 통해 사실로 드러나고 있다."

1947년부터 1949년까지 미국은 유럽을 위해 다음 세대 서구 정책의 토대가 될 일련의 공적인 임무를 실천에 옮겼다. 이 과정은 영국의 절박한 사정과 함께 시작되었다. 영국은 더 이상 세계 강대국의 지위를 유지할 수 없었다. 전쟁으로 영국이 지출한 비용은 300억 달러였다. 이 액수는 영국 순자산의 4분의 1에 해당했다. 50억 달러의 해외 자산을 매각했지만, 대외 채무가 120억 달러에 이르렀다. 미국이 전후 차관을 제공했지만 그것만으로는 무역 수지 적자 ― 1945년의 수출은 1938년 수치의 3분의 1에도 못 미쳤다 ― 를 메울 수 없었고, 빈약한 유럽 안정의 대들보로서 지중해와 중동에 지원을 해줄 수도 없었다. 1946년 영국은 국민총생산의 19퍼센트를 방위비로 지출했다. (미국의 경우는 10퍼센트였다.) 1947년 초까지 영국은 국제 구제 프로그램에 30억 달러를 지출했다. 1946년 한 해에만 독일을 먹여 살리는 데, 3억 2,000만 달러가 들었고, 팔레스타인에서 평화를 유지하는 데 3억 3,000만 달러, 그리스에 총 5억 4,000만 달러, 터키에 3억 7,500만 달러의 돈을 쏟아부었다. 1947년 1월 6일 눈보라가 몰아치는 가운데 100여 년 만의 강추위가 예고되었다. 한파는 3월 말까지 계속되었다. 탄광에서는 갱도 입구에 석탄을 쌓아두면 그대로 얼어버려 운반을 할 수조차 없었다. 전기가 공급되지 않아 공장이 멈췄고, 200만 명의 실업자가 생겨났다. 연료 전력 장관 매니 신웰(Manny Shinwell)은 "완전한 재앙 상태"라고 말했다. 차관은 사실상 바닥났고, 매주 예비비에서 1억 달러씩 흘러나갔다.

▶ 일자리를 잃은 영국인이 거리에 나와 일자리를 구하는 모습.

2월 21일 영국은 트루먼에게 그리스와 터키에 대한 지원을 중단하겠다고 알렸다. 3일 뒤 트루먼은 미국이 대신 그리스와 터키를 지원하기로 결정했다. 이러한 계획을 하원 의원의 지도자들에게 설명하기 위해, 2월 26일 대통령 집무실에서 회의가 열렸다. 긴장된 분위기가 이어졌다. 새로운 국무장관이었던 마셜 장군이 머뭇거리자, 국무차관 딘 애치슨이 끼어들었다. 그는 근동(Near East)이 "소비에트의 압력을 견디지 못하고" 한 곳이라도 뚫린다면, "세 개 대륙으로 소비에트의 영향력이 침투할 것"이라고 말했다. 마치 "썩은 사과 하나 때문에 모든 사과가 썩게 되듯이" 그리스가 붕괴되면, 이란과 모든 동양 국가에 영향이 미칠 것"이다. 또 이러한 영향은 "소아시아와 이집트를 통해 아프리카로" "이탈리아와 프랑스를 통해 유럽으로" 전파될 것이다. 소련은 "최소한의 비용으로 역사상 가장 큰 도박을 하고 있다." 소련은 매번 이길 필요조차 없었다. "한두 국가에서만 이기더라도 엄청난 이득"을 보는 셈이니까. 미국은 "이 놀음을 끝장낼 수 있는 유일한 국가"였다. 영국군이 철수하면 판돈은 "탐욕스럽고 무지막지한 적국"이 쓸어갈 것이다. 긴 침묵이 뒤따랐다. 한때 고립주의를 지지했던 아서 밴던버그(Arthur Vandenberg)가 하원 의원을 대표해서 말했다. "대통령 각하, 의회와 국민에게 그렇게 말씀하신다면, 저는 각하를 지지할 것입니다. 의회와 국민 대부분이 똑같이 그렇게 할 것으로 믿습니다."[38)]

1947년 3월 12일 트루먼은 '트루먼독트린(Truman Doctrine)'을 발표했다. "나는 무장한 소수나 외부 억압 세력이 예속을 강요할 때, 이에 저항하는 자유로운 민족을 지원하는 것이 미국의 정책이 되어야 한다고 믿습니다. …… 우리는 자유로운 민족들이 자기 방식으로 운명을 스스로 결정하도록 도와야 합니다." 원조는 무엇보다 경제적인 것이어야 했다. 그는 우선 그리스와 터키를 위해 돈과 민간 · 군사 전문가를 요청했다. 이 요청은 양원에서 2 대 1의 다수결로 통과했다. 따라서 고립주의의 종말은 스탈린의 위협이 가져온 결과였다. 두 달 뒤인 6월 5일 국무장관 애치슨이 하버드 대학의 학위 수여식에서 마셜플랜의 베일을 벗겼다. 그의 말은 다소 모호했다. "유럽의 일부 혹은 전체가 함께 곤란한 상황에서 벗어나는 데 필요한 어떤 계획을 마련할 수 있다면, …… 우리는 그들의 계획을 검토하고, 실제로 그들에게 무엇을 해줄 수 있는지 알아볼 것입니다."[39] 궁극적으로 22개의 유럽 국가가 이 계획에 참여했다. 체코인과 폴란드인도 참여하길 원했지만, 스탈린이 허락하지 않았다.

마셜플랜은 1948년 7월에 시작되어 3년간 계속되었다. 미국 정부는 총 102억 달러를 지출했다. 딱 들어맞는 액수였다. 미국의 수출 잉여가 1947년 이사분기까지 연간 125억 달러에 이르렀기 때문이다. 영국 재무장관 휴 돌턴(Hugh Dalton)은 이렇게 얘기한 적이 있다. "어디서나 달러 부족 현상이 일어나고 있다. 미국은 세계 총수입의 절반을 벌어들이고 있지만, 달러로 다른 국민의 재화를 사거나, 달러를 빌려주거나, 혹은 무상으로 주는 일은 하지 않을 것이다. …… 달러 부족이 곧 총체적인 위기를 불러올 것이다." 미국인의 일일 평균 칼로리 소비량은 3,300인 반면, 1억 2,500만 명에 달하는 유럽인의 소비량은 1,000~1,500이었다. 마셜플랜을 통한 원조는 수출 잉여를 순환시키고, 칼로리 소비량의 격차를 줄이고, 서유럽과 남유럽의 자립 기반을 세워주었다. 1950년이 되자 마셜플랜이 대단히 성공적인 계획이라는 사실이 명확해졌다.[40] 그 덕분에 북미와 유럽 사이에 존재했던 생활수준의 차이는 훨씬 줄어들었고, 그만큼 서유럽과 동유럽의 생활수준의 차이는 엄청나게 커졌다. 철의 장막은 풍요와 빈곤의 경계가 되었다.

그럼에도 그때까지 미국은 유럽의 방위를 위해 군사적인 의무를 부담하지는 않았다. 하지만 스탈린이 몇 차례 도발로 미국의 군사 개입을 불가피하게 만들었다. 체코슬로바키아에는 소련군이 겨우 500여 명밖에 없었다. 하지만 정부에 몸담고 있는 스탈린의 부하들이 경찰을 장악하고 있었다. 결국 체코슬로바키아 정부는 공산당 세력과 비공산당 세력이 혼재했다. 국무장관 마셜은 체코슬로바키아를 소비에트 블록의 일부로 간주했다. 하지만 스탈린에게는 그것으로 충분하지 못했다. 탐욕은 더 많은 것을 원했다. 1948년 2월 19일 그는 외무차관 조린(Valerian A. Zorin)을 프라하로 보냈다. 다음날 비공산당 장관 12명이 사표를 제출했다. 5일간의 위기 뒤 새로운 정부가 등장했고, 체코슬로바키아는 소련의 위성국이 되었다. 미국 대사 로렌스 스타인하트는 체코인들이 핀란드인이나 이란인처럼 저항할 것이라고 예상했지만, 예상은 빗나갔다. 그는 대통령 베네시와 외무장관 마사리크(Jan Masaryk)의 비겁함을 비난했다. 마사리크는 공산당 세력에 굴복한 뒤 자살했다.[41] 하지만 강력한 미국 정책이 부재했다는 점도 스탈린의 야심을 부채질했다. 6월 24일 스탈린은 서베를린으로 접근하는 길을 차단하고, 그곳의 전기 공급을 중단했다.

하나의 독일에 맞는 평화 방안을 도출할 수 없었기 때문에, 양쪽 진영은 1946년 두 개의 독일을 만들기 시작했다. 1948년 6월 18일 서방의 3개 연합국이 점령 지역 내에서 통화개혁을 단행해 새로운 마르크화를 도입했고,

이것은 소련이 행동에 나설 구실을 제공해주었다. 미군 주둔 지역의 책임자 루시어스 클레이(Lucius Clay)는 냉전을 극도로 혐오했던 인물이다. 그랬던 그가 결정적으로 태도를 바꾸었다. 그는 연합군의 베를린 접근 권한은 오로지 "약 3년의 기간에 적용될 …… 구두 협약에 따른 것" 임을 인정했었다. 하지만 이제 소련이 도로 봉쇄의 근거로 제시하는 '기술적 난제' 를 조사하기 위해 신중하게 무력을 사용할 필요가 있다고 주장했다. 그는 "소련처럼 무반동 소총 부대와 공병 대대로 증강한 경비 연대의 동원" 을 허락해달라고 요청했다. "군대로 수송단을 베를린까지 호위해야 할 것이다. 적의 공격을 불러온다고 하더라도 …… 모든 장애물을 제거해야 한다."[42)]

장시간의 회의 뒤에 워싱턴은 이러한 요청을 거부했다. 새로운 국방장관 제임스 포레스털은 마셜에게 이렇게 말했다. "합동참모본부는 전쟁 발발의 위험이 있기 때문에 베를린에 물자를 보급하기 위해 무장 호송대를 투입하는 것이 바람직하지 않다고 생각합니다. 미국은 세계적인 규모의 전쟁을 할 준비가 되어있지 않습니다."[43)] 하지만 무슨 위험이란 말인가? 니키타 흐루쇼프는 나중에 스탈린이 단순히 "총검으로 자본주의 세계를 한번 찔러본 것" 임을 인정했다. 스탈린이 진짜 도박을 벌인 곳은 유고슬라비아였다. 그는 유고슬라비아의 티토 원수와 관계를 끊고 코민포름에서 쫓아냈다. 코민포름은 스탈린이 1947년에 창설한 국제 공산당의 협력 조직이다. 유고슬라비아 공산당이 코민포름에서 축출된 것은 소련이 베를린의 도로를 봉쇄하고 4일 뒤의 일이었다. 흐루쇼프는 이렇게 덧붙였다. "만약 소련이 유고슬라비아와 국경을 접하고 있었다면, 스탈린은 분명히 군사적으로 개입했을 것이다."[44)] 스탈린은 해결해야 할 국내 정치 문제가 남아있는 한 베를린에서 전쟁을 일으키지 않았을 것이다. 베를린에서 자본주의 진영을 총검으로 찔러보는 일은 언제든 그만둘 수도 있고, 또 언제든 다시 시작하면 되는 것이다.

하지만 전쟁 발발 위험이 있었다고 가정하면, 미국의 군사력이 열세였다는 점은 명백하다. 합동참모본부는 적군이 250만 명의 안정된 병력을 유지하고 있고, 이외에도 40만의 방위군이 있다고 추측했다. 군사력의 균형을 맞추기 위해, 미국은 핵폭탄을 독점하고 있었다. 하지만 그것은 실제라기보다는 이론에 불과했다. 1947년 4월 3일 트루먼은 놀랍게도 원자폭탄 12개를 만들 원료가 있지만, 조립된 상태에서 사용할 수 있는 원자폭탄은 하나도 없다는 보고를 받았다. 1953년까지 400개의 원자폭탄을 생산해 비축해두라는 명령이 떨어졌다. 하지만 1948년 중반까지 제조된 원자폭탄은 소련의 정유 산업 시설을 완전히 파괴하기 위해 미국 공군이 '핀처 작전(Operation Pincher)'을 수행할 만큼도 안 되었다.[45] 원자탄 폭격기라고 불리던 B-29기 약 60대가 세상의 화려한 주목을 받으며 영국으로 날아갔지만, 그중 원자폭탄을 탑재한 폭격기는 한 대도 없었다. 대신 비행기로 베를린에 물자를 공수하는 동시에 미국 공군의 기술력을 보여주자는 결정이 취해졌다. 이것은 효과가 있었다. 물자 공수는 12월까지 하루 4,500톤이 이루어졌다. 봄에는 하루에 8,000톤의 물자가 공수되었다. 베를린 봉쇄 전 철로와 도로로 수송되던 물자의 양과 맞먹었다. 1949년 5월 12일 소련은 봉쇄를 해제했다. 그것은 일종의 승리였다.[46] 하지만 미국은 히틀러의 1936년 라인란트 진군과 비슷한 이 사건에 직면해, 소련에 더 큰 패배를 안겨줄 수 있는 기회를 놓치고 말았다.

그런데도 베를린 봉쇄는 결정적인 사건이었다. 이를 계기로 서방 연합국이 생각을 정리하고 장기적인 결정을 내렸기 때문이다. 연합국은 독일의 분단을 기정사실로 받아들였고, 서독을 탄생시켰다. 서독 헌법은 1949년 2월에 기초가 마련되고, 5월에 채택되어, 가을부터 효력을 발생했다. 서독은 이내 군사 재무장에 착수했다. 그것은 곧 서독이 공식적인 서구 방위체제에 편입되었다는 것을 의미했다. 그리하여 1949년 4월 4일 워싱턴에서 민주주의 국가 11개국이 북대서양 조약을 체결했다. 미국의 정책은 현대적인 군사력의 근원이 미국, 영국, 라인 루르 산업 지대, 일본, 소련에 존재한다는 전제를 깔고 있었다. 미국의 정책은 소련의 지도자들을 그들이 이미 차지하고 있는 지역 안에 한정시키려는 목적으로 추진되었다. '봉쇄'에 관한 지정학적 철학의 발상은 이미 1947년 7월 『포린 어페어스 *Foreign Affairs*』 지에 게재된 '소련의 행동의 원천' 이라는 기사에서 찾아볼 수 있다. 기사를 쓴 사람은 'X' 라고 되어 있지만, 사실은 조지 케넌이다. 이 기사에 따르면, 소련은 노골적인 전쟁을 피하고 싶어했지만, 부족한 모든 수단을 동원하여 영토 확장을 추구했다. 미국과 동맹국은 "소련의 팽창주의 경향에 대해 장기적인 봉쇄 정책으로 대응해야" 한다. "끈기를 갖고 단호해야 하며 방심하지 말아야" 한다. "항상 변하는 지리적 정치적 요충지에서 주저 없이 능란하게 역공을 취해야" 한다.[47] 베를린 위기는 이러한 봉쇄 철학이 실제 틀을 갖추는 계기가 되었다.

1949년 2~3월 국무부와 국방부 관료들이 '국가안전보장회의 68' 이라는 문서를 작성했다. 이 문서는 향후 30년간 미국의 외교 및 방위 정책의 주요 방향을 정하고 있었다.[48] 이에 따르면, 미국은 최대의 자유 국가로서 전 세계의 자유로운 제도를 보존해야 하는 도덕적 정치적 이데올로기적 의무가 있으며, 이 의무를 이행하기 위해 군사 수단을 갖추어야 했다. 1949년 9월 3일 B-29기 한 대가 18,000피트 상공에서 북태평양을 정찰하다가, 8월 말 소련이 원자폭탄 실험을 했다는 명백한 증거를 발견했다.[49] 이에 따라 미국은 핵무기뿐만 아니라 재래식 무기도 충분히 보유해야 한다는 게 분명해졌다. 원폭의 독점은 끝이 났고, 이제 세계의 방대한 지역을 다목적 군사 방어 체제로 아우르는 작업에 관심을 기울일 필요가 있었다. '국가안전보장회의 68' 에 따르면, 소련은 GNP의 13.8퍼센트를 군사비에 지출했지만, 미국은 6~7퍼센트에 불과했다. 필요하다면 미국은 군사비 지출을 20퍼센트까지 올릴 여력이 있었다. 이 문서는 마침내 1950년 4월 최종 승인되었다. 이 일은 국제사회에서 미국이 전통적으로 고수하던 정책을 바꾸는 역사적인 사건이었다. 미국이 군사적 지원을 하는 나라는 점차 늘어나 47개국이 되었고, 미군은 675개 해외 기지에 100만 명의 해외 주둔군을 파견했다.[50)]

중국의 공산화

하지만 미국의 정책에 어떤 논리나 일관성이 있었다고 생각하는 것은 잘못이다. 그런 것은 애초부터 없었다. 기본 계획이 없었기 때문에, 때에 따라 임시방편적인 조치가 취해졌다. 따라서 미국의 정책으로 완성된 서방세계에는 거대한 구멍과 간극, 많은 모순이 존재했다. 그것은 사실 대영제국과 비슷했다. 게다가 대영제국처럼 그 모든 게 한순간에 완성된 것이 아니었다. 1948~49년 미국이 서유럽의 군사적 경제적 안정의 토대를 다지며 얼마간 성공을 거두고 있는 동안, 찬란한 1945년 승리의 조명 아래서 장밋빛을 띠었던 극동에 관한 비전은 점차 무너져내렸다. 여기서도 미국은 루스벨트의 환상과 경솔함에 대한 값비싼 대가를 치러야 했다. 중국에 대한 루스벨트의 감정적 애착은 다른 어떤 외국의 경우와도 달랐다. 그에게 중국은 문젯거리가 아니라 해결책이었다. 그는 중국을 4개의 강대국 가운데 하나로 생각했다. 중국은 동아시아에서 안정을 가져올 대국이 되어야 했고, 그렇게 될 수 있었다. 미국이 일단 참전하자, 루스벨트는 이 비전, 혹은 환상을 현실로 바꾸기 위해 애썼다. 스탈린은 비웃었고, 처칠은 화가 났다. 처칠은 이든에게 "중국이 4개 강대국 중 하나라는 생각은 완전히 우스

갯소리"라고 썼다. 처칠은 미국의 망상에 어느 정도 예의를 갖추려고 했지만, 그 이상은 아니었다.[51] 루스벨트는 중국을 4강 체제 안으로 끌어들였지만, 역시 그답게 편의에 따라 중국을 배제하기도 했다. 특히 일본을 두고 중대한 결정을 내린 얄타회담에는 중국이 빠져 있었다. 여기에서 내려진 결정에 따라 소련은 만주에 진출했다. 그 뒤 장제스를 만났을 때 루스벨트는 죄책감을 느꼈다. 그가 장제스에게 제일 처음 한 질문은 "인도차이나를 원하시나요?" 였다. 장제스는 이렇게 답했다. "인도차이나는 우리에게 아무 소용이 없습니다. 인도차이나는 중국 땅이 아닙니다."[52]

장제스를 전후 동아시아 평화의 건설자로 생각하는 것도 불합리하다. 그는 단 한 번도 중국의 절반 이상을 통치해본 적이 없다. 행정가로서는 능력이 부족했고, 장군으로서는 평범했다. 정치 감각도 없었다. 중국인들이 원했던 것은 급진주의와 애국의 열정을 결합시킬 수 있는 지도력이었지만, 그는 그 사실을 깨닫지 못했다. 게다가 그는 농부들에 대해 거의 알지 못했고, 별로 신경을 쓰지도 않았다. 따라서 그의 이상적인 파트너는 마오쩌둥이라고 할 수 있다. 농민들이 마오쩌둥을 따랐고, 마오쩌둥이 급진적인 민족주의 이상을 품고 있었기 때문이다. 마오쩌둥은 한때 장제스와 협력한 적이 있다. 그리고 기꺼이 다시 그럴 마음이 있었다. 물론 대장정 이후, 그가 공산주의 세력 가운데 일인자의 위상을 확립하자, 요구 조건은 더 까다로워졌다. 1942년 2월 그는 대대적인 이데올로기 운동을 개시했다. 그는 이것을 '정풍운동(整風運動)' 이라고 불렀다. 이 운동은 공산당 내에서 쓸모없고 추상적인 마르크스주의를 교정하고, 중국의 역사를 이해하자는 것이다. 그는 미국의 민주주의를 예찬하고, "오늘날 우리 공산주의자들이 해야 할 일"은 "워싱턴, 제퍼슨, 링컨"이 했던 일과 본질적으로 똑같다고 말했다.[53] 그러나 마오쩌둥이 중도파로 기울어질 무렵 장제스는 우파로 돌아섰다. 1941년 1월 국민당 군대는 황허 남쪽에서 9,000명에 달하는 마오쩌둥의 병사를 학살했다. 그 후 두 세력은 일본과 개별적으로 싸웠고, 둘 다 그다지 성공하지 못했다. 1943년 말 장제스는 『중국의 운명』이라는 책을 출간했다. 그는 여기서 공산주의나 자유주의 모두 중국에는 맞지 않으며, 유교적 보수주의가 이상적이라고 주장했다. 이 책의 내용은 서구에 너무나 적대적이었던 탓에, 영문판이 나왔을 때 검열을 받아야 했다. 1944년 미국은 장제스와 마오쩌둥이 협력하게 하려고 애썼다. 미국이 재정적으로 지원하여 장제스와 마오쩌둥이 연립 정부를 형성하고, 합동 사령부를 만드는 방안이 추진되었다. 장제스는 이를 거절했지만 마오쩌둥은 열렬히 환영했다. 그는 그해 10월 장제스의 비난에 대해 영미 측을 공개적으로 변호하는 기묘한 입장에 서 있었는데, 나중에 그의 저작에서는 이에 관한 내용이 삭제되었다.[54]

전쟁이 끝나자 미국은 다시 공산당과 국민당의 제휴를 위해 노력했다. 하지만 장제스는 마오쩌둥이 공산당 군대를 해산해야 한다고 고집했다. 스탈린도 이 요구를 받아들여야 한다고 생각했다. 그는 "중국에서 봉기를 계속 전개해나갈 가망이 없기 때문에 …… 정부에 참여하고 군대를 해산하라"고 조언했다.[55] 하지만 마오쩌둥은 거절했다. 이인자의 지위는 받아들이겠지만, 저자세가 되기는 싫었다. (처형의 위험 또한 싫었다.) 그는 이미 1945년 4월 당 규약을 통해 자신에 대한 '개인숭배'를 확립해가고 있었다. 당 규약은 마오쩌둥의 사상이 본질적으로 당의 전체 과업을 수행하는 기본 지침이라고 주장했고, 그를 "중국 역사상 가장 위대한 혁명가이자 정치가일 뿐 아니라, 가장 위대한 이론가이자 과학자"로 찬양했다. 대부분은 마오쩌둥이 직접 쓴 것이다.[56] 마오쩌둥은 야심적인 낭만주의자로서 그동안 전쟁을 잘 이끌었지만, 평화가 찾아온 지금 훨씬 더 위대한 인물이 되고 싶었다. 장제스는 천성적으로 역사의 후계자라는 생각은 품지 않았을 인물이다. 더군다나 중국의 지적 전통 가운데서 자신을 자리매김한다는 생각은 꿈에도 하지 않았다. 따라서 중국의 국공내전은 역사적 필연성 따위와는 아무 상관이 없으며, 개인 간의 투쟁에 불과했다.

국공내전의 결과는 심층적 수준의 경제적 힘이나 계급 갈등에 따른 것도 아니다. 중국 인구의 대다수는 국공내전에서 처음부터 끝까지 아무런 역할도 하지 않았다. 마오쩌둥이 농민의 힘과 불만을 자신의 목적에 맞게 동원하는 데 어느 정도 성공을 거둔 것은 사실이다. 하지만 이것은 부분적으로 국민당이 추진했던 문맹 퇴치 프로그램이 크게 성공한 덕분이었다. 1940년에는 문맹 퇴치 프로그램이 중국 대부분의 마을에서 시행되고 있었다. 사실 일부 농민은 장제스의 승리를 두려워했다. 그들에게 장제스는 지주들과 떼려야 뗄 수 없는 관계로 인식되었기 때문이다. 하지만 농민들 생각처럼 마오쩌둥이 인민에게 땅을 나눠주기 위해 성전에 나선 것은 아니다. 그의 세력이 강했던 지역에서는 농민들이 이미 땅을 갖고 있었다. 소작제도는 외부인들이 생각하는 것처럼 그렇게 광범위하지 않았다. 북부의 5분의 4, 중부의 5분의 3, 남부의 반을 토지 소유자가 경작하고 있었다.[57] 대부분의 지역에서 중요한 쟁점은 토지 소유가 아니라 누가 평화와 안전을 가져다줄 수 있는가 하는 문제였다.

요컨대 1945~49년의 내전은 군주제의 붕괴에 따른 불안정한 군벌 할거 시대의 절정기라 할 수 있다. 전쟁의 승패는 도시와 교통수단을 장악하고, 군대를 통솔하고, 병사들에게 급료를 지불하고, 무기를 제공하고, 그들을 만족시키는 능력이 좌우했다. 마오쩌둥은 장제스보다 훨씬 더 뛰어난 군벌이었다. 그는 대개 도시 경제와 무관하게 군대를 운용했다. 국민당을 붕괴시킨 원인이 있다면, 그것은 인플레이션이다. 인플레이션은 일본 제국

말기에 이미 통제할 수 있는 수준을 넘어서 버렸다. 일본 제국의 중요한 일부라고 할 수 있는 중국의 도시들이 큰 타격을 받았다. 1945년 일본 본토에서 지폐는 그 가치를 잃어버렸고, 사실상 물물 교환 경제가 부활했다. 재앙의 불은 중국의 도시로 번져나갔고, 다시 내륙 깊숙한 곳으로 흘러들어갔다. 1945년 말 장제스 정권이 중국의 주요 지역을 장악했을 때는 이미 초인플레이션이 싹트고 있었다. 하지만 장제스는 적절한 때에 미리 위험한 싹을 잘라내는 조치를 취하지 못했다. 미국은 후하게 돈과 물자를 제공했다. 장제스는 무기대여법의 수혜자였고, 여기에서 상당한 도움을 받았다. 그는 5억 달러의 경제 안정화 차관을 받았다. 1945년부터 1949년까지 미국으로부터 받은 원조 총액은 20억 달러에 이르렀다. 하지만 일단 내전이 본격화되고 초인플레이션이 수면으로 드러나자, 미국의 지원은 아무 소용이 없다는 사실이 드러났다. 장제스 정부는 무능했을 뿐만 아니라 부패해 있었다. 인플레이션은 군사력의 약화를 가져왔고, 군사력의 약화는 더 큰 인플레이션을 야기했다.

장제스는 인플레이션의 존재를 부정함으로써 문제를 심화시켰다. 그의 세력은 1947년 서서히 감소하여, 1948년 전반기에 급속도로 쇠퇴했다. 북경의 물가는 8월 중순에서 10월 중순까지 5배나 폭등했다. 「북평신보」는 장제스의 말을 다음과 같이 인용했다. "최근의 물가 급등과 사재기에 관한 언론의 보도는 매우 과장된 것이다. …… 베이징, 톈진, 선양을 직접 시찰해보았지만, 그런 주장을 뒷받침할 만한 증거는 아무것도 찾지 못했다."[58] 그러나 만주와 중국 북부 지방에서는 인플레이션 때문에 사실상 산업 생산이 중단된 상태였다. 만성적인 기근이 사태를 악화시켰다. 많은 노동자가 굶주림 때문에 항의 시위를 벌였다. 선양의 미국 총영사는 다음과 같이 보고했다.

물가를 조절하고 사재기를 막으려는 노력이 제대로 이루어지지 않았다. …… 그 결과 …… 탐욕스런 군인이나 민간 관료들이 자기 호주머니를 채우기 위해, 총검으로 위협하여 일정 가격을 주고 곡물을 징발한 뒤, 높은 가격을 붙여 암시장에 되파는 일이 벌어지곤 했다.[59)]

상하이에서는 일용품의 가격이 1948년 8월 9일에서 11월 8일 사이에 20배로 치솟았다. 11월 8일 하루만 해도 아침에 60킬로그램당 300중국달러였던 쌀 가격이 정오에는 1,000중국달러, 해거름에는 1,800중국달러가 되었다.[60)] 매일 수백 명이 거리에서 죽으면, 지방 행정 당국의 쓰레기차가 시체를 거두어 갔다. 장제스는 장남 장징궈(蔣經國) 장군에게 중국 경제를 맡겼다. 장징궈는 금본위 화폐 개혁을 단행했다. 하지만 당시 중국에서는 금을 찾아볼 수조차 없는 상황이었다. 초인플레이션은 감당할 수 없는 공황으로 발전했다. 그는 장제스의 가장 든든한 지지 세력이었던 상하이의 폭력 조직과도 마찰을 일으켰다. 그들에게서 미화 500만 달러를 빼앗아 '군자금' 으로 사용했기 때문이다.[61)]

군벌주의 원칙 아래서 경제 붕괴는 군사력에 그대로 반영되었다. 1948년 여름 비밀리에 소집된 국민당 의회는 1945년 8월 국민당 군대가 6,000문의 야포를 갖춘 총 370만 명의 병력이었다는 보고를 들었다. 당시 공산당 군대는 32만 명이었고, 그중 무장한 병사는 166,000명 정도에 지나지 않았다. 하지만 공산군은 농촌에 기반을 두고 도시를 옮겨다니는 데 익숙했다. 반면 국민당 군대는 급료를 지폐로 받았다. 그들은 충분한 식량을 살 수도 없는 형편이 되었다. 그리하여 개인 화기와 손에 넣을 수 있는 군 장비를 모두 팔아치웠다. 장교들은 사병보다 더 심했고, 장군들은 그중 최악이었다. 1948년 6월 국민당 군대는 210만 명으로 감소했다. 공산당 군대는 150

만 명으로 늘어났고, 100만 정의 소총과 22,800문의 야포를 갖추고 있었다. 야포 수는 국민당 군대(21,000문)보다 많았다. 사실 공산당이 가지고 있는 무기는 전부 국민당 군대로부터 산 것이다. 미국은 태평양 전쟁에서 남은 10억 달러 상당의 잉여 물자를 장제스에게 주었다. 따라서 미국은 전쟁 당사자 양쪽을 무장시킨 셈이다.[62)]

1948년 후반의 몇 달간 중국 공산당이 확실한 승리를 거두었다. 쉬저우(徐州)에서 있었던 결정적인 전투는 내전의 종식을 알렸다. 12월에는 사실상 만주와 중국 북부의 모든 지역이 마오쩌둥의 손에 떨어졌다. 톈진은 1949년 1월 함락되었고, 베이징도 넘어갔다. 쉬저우 전투에서 국민당은 40만 명의 사상자를 냈다. 게다가 20만 명의 포로가 있었다. 국민당으로부터 급료도 받지 못하고 굶주려 있던 그들은 14만 정의 미제 소총을 들고 공산군에 들어갔다. 1949년 2월 1일 미국 육군부는 국민당 군대 병력이 1948년 초 2,723,000명이었지만, 이제 150만 명에도 못 미치며, 그중 50만 명은 비전투원이라고 보고했다. 그동안 공산당 군대는 1,622,000명으로 늘어났고, 사실상 거의 모두가 실전에 능한 전투원이었다. 이 무렵 장제스는 이미 타이완으로 철수할 준비를 하고 있었다. 하지만 스탈린은 여전히 마오쩌둥에게 중국을 분할 통치하라고 충고했다. 공산당이 북부를, 국민당이 남부를 각각 나누라는 것이었다. 장제스는 마오쩌둥에게 그런 기회를 주지 않았다. 그는 협상 제안을 거부했다. 1949년 4월 마오쩌둥은 양쯔 강을 건너 난징을 점령했다. 10월까지 그는 중국 본토 전부를 장악하여, 다소 불안정하지만 그런대로 제국 시대의 통일을 다시 이룰 수 있었다.[63)]

따라서 수백만 명의 목숨을 앗아간 40년간의 격렬한 혼란과 내전 뒤에도, 쑨원의 원래 목표는 아무것도 이루어진 게 없었다. 의회 민주주의, 언론의 자유, 인신 보호법도 마찬가지다. 중국은 원래 시작했던 곳으로 돌아갔다. 전보다도 더 독단적이고 억압적인 전제 국가가 되었다. 마오쩌둥은 우선 지방 세력가와 악질 호족을 겨냥한 '토지개혁'을 확대했다. 이미 북부에서 시작된 토지개혁이 전국으로 확대되었다. 그는 "한두 명이 아니라 수많은 사람"을 죽이라고 농민을 부추겼다.[64] 적어도 200만 명이 죽었는데, 그중 반은 12헥타르도 못 되는 토지를 소유하고 있었을 뿐이다. 낭만적인 혁명가 마오쩌둥은 세계 최대의 인구가 살고 있는 나라를 폭력의 광기 속에 몰아넣기 시작했다. 히틀러나 스탈린의 사회공학에나 비견될 만한 일이었다.

미국의 정책 입안자들은 루스벨트가 구상한 동아시아 안정의 대들보가 떨어져 나가는 모습을 당혹감 속에서 지켜보았다. 중국의 공산화는 큰 공백을 남겨놓았다. 이 공백을 어떻게 채워야 하는가? 그들은 일본을 봉쇄해야 할 네 개 핵심 지역 중 하나로 생각했음에도 불구하고, 그전까지는 유럽에서의 영국처럼 일본이 극동에서 차지하고 있는 위치에 대해 관심을 기울인 적이 없었다. 다행히 기적 같은 신의 섭리를 따라, 소련이 너무 늦게 대일본전에 참전하는 바람에 일본의 영토에 대해 아무런 요구도 할 수 없었다. 따라서 미국은 포츠담선언에 따라 일본을 자유롭게 처리할 수 있었다. 맥아더 장군은 천황의 대리자 신분으로 일본을 통치했다. 1947년 여름이 되자 평화 조약을 체결하고, 미군을 철수시켜 일본에서 손을 떼자는 제안이 등장했다. 하지만 일본은 무장 해제를 당한 상태였고, 공산주의자들의 전복 기도에 맞설 중앙 경찰 조직조차 없었다. 소련이 쿠릴열도, 사할린 남부, 북한을 지배하고 있었기 때문에, 일본은 반원형의 적대 세력에 둘러싸여 있는 꼴이었다.[65] 이 제안이 실행에 옮겨지기 전에, 미국은 1948~49년 중국의 공산화 과정에 직면하여 다른 생각을 하게 되었다. 공식적인 소련 주둔군이 없었기 때문에, 미국은 일방적으로 행동을 취할 수 있었고, 사실 그렇게 했다. 1949년 초 미국의 정책이 완전히 바뀌었다. 일본 정부와 경제를 지원하는 점령 정책의 방향이 처벌에서 확장으로 전환되었다. 중립과 비군사화에서 벗어나 관대한 평화 조약을 통해 일본을 서구 체제에 편입시키는 작업을 추진했다.

'봉쇄'는 명확한 경계선을 요구했다. 소련은 위험을 무릅쓰고 이 경계선을 넘으려 할 테지만 말이다. 1949년이 되자 아시아에서는 일본이 미국의 보호 아래 놓이게 되었다. 하지만 다른 곳은 경계선을 어떻게 그릴 것인가? 1950년 1월 12일 딘 애치슨은 워싱턴의 내셔널 프레스클럽에서 대단히 어리석은 연설을 했다. 그는 이 연설에서 타이완과 인도차이나반도뿐만 아니라 한국이 미군 방위 지역에서 배제된다고 말했다. 미군과 소련군은 이미 한반도에서 철수한 상태였다. 이제 한국은 북한과 남한으로 분단되었고, 남한에는 500명의 미국 군사 훈련 요원만 남아 있었다. 애치슨의 요점은 중국의 공산화가 완전한 상실은 아니라는 것이다. 그는 중국과 소련이 곧 갈등을 일으킬 것으로 내다봤다. "소련이 중국 북부 네 개 지방(내몽골, 외몽골, 신장, 만주)의 일부 혹은 전부를 병합하느냐 마느냐"가 "아시아와 다른 외부 세력과 맺는 관계에서 가장 중요한 요인"이 되리라 생각했다. 미국은 중국을 적으로 돌려서는 안 된다고 보았다. "곧 생겨날 중국인들의 정당한 분노와 증오, 원성이 소련을 비켜가 미국을 향하는 일"이 있어서는 안 되는 것이었다. 그러나 애치슨이 잘못 알고 있었다. 그는 합동참모본부 정보부 부장 토드(William E. Todd) 장군의 브리핑에 의존하고 있었는데, 토드 장군은 소련의 침공 대상국 순위에서 "한국은 최하위"라고 말했다. 애치슨이 몰랐던 사실이 또 하나 있다. 그가 연설을 하고 있을 무렵, 중국과 소련이 교섭을 벌여 소련이 중국에 만주 철도와 뤼순항을 넘겨주었다는 사실이다.[66]

티토 소동과 한국전쟁

스탈린이 그답지 않게 관대함을 보인 것은 불안 때문이었다. 티토를 처리할 때 저지른 실수를 마오쩌둥에게 되풀이하게 될까 봐 두려웠던 것이다. 그는 티토를 자기 힘으로 독재 정권을 확립한 동등한 독재자가 아니라, 꼭두각시로 취급했다. 스탈린은 마셜플랜이 발표된 후 1947년 여름, 동유럽의 제국에 질서를 세우기로 마음먹었다. 그는 베오그라드에서 첫 코민포름 회의를 열었다. 유고슬라비아가 소련이 지배하는 동유럽 제국 질서의 일부라는 사실을 보여주기 위해서였다. 하지만 또 다른 목적이 있었다. 국가를 대표하고 있는 일부 공산당 지도자들을 자신과 소련에 모든 것을 빚지고 있는 자들로 갈아 치우려 했던 것이다. 1948년 2월에 일어난 체코슬로바키아의 쿠데타는 이런 과정의 일부였다. 스탈린은 또한 티토를 처치할 계획을 세웠다. 전시에 티토가 보낸 무례한 전갈을 결코 용서할 수 없었던 것이다. 티토는 이렇게 말했다. "만약 당신이 우리를 도와줄 수 없다면, 쓸데없는 충고로 방해하지나 마시오!"[67] 스탈린은 체코슬로바키아의 국가 권력을 집어삼킨 그달, 불가리아 공산당 지도자 드미트로프(Boris Dmitrov)를 모스크바로 불러들여 굴욕을 주었다. 이때 유고슬라비아의 에

드와르드 카르델즈(Edward Kardelj)와 밀로반 질라스(Milovan Djilas)도 함께 불러들였는데, 그들이 고분고분하면 티토 대신 권좌(權座)에 앉힐 생각이었다. 스탈린은 그들에게 베네룩스처럼 유고슬라비아와 불가리아를 합쳐 경제 연합체를 만들라고 지시했다. 그는 베네룩스가 벨기에와 룩셈부르크 두 국가로 이루어져 있는 줄로 알고 있었다. 베네룩스에 네덜란드도 포함된다는 얘기를 듣자, 화가 난 듯 고함을 질렀다. "내가 아니라면 아닌 거야!" 그리고는 방식을 바꾸어, 한때 무솔리니가 빼앗았던 조그만 나라를 주겠다고 미끼를 던졌다. "우리는 유고슬라비아가 알바니아를 병합하는 데 찬성하오." 이렇게 말하며 오른쪽 집게손가락을 빠는 동작을 해보였다.[68)]

티토는 이 모임에 대한 보고를 듣고, 음모의 낌새를 금세 감지했다. 그 또한 스탈린처럼 경험이 풍부하고 생존의 법칙을 잘 아는 정치 깡패였던 것이다. 그는 우선 유고슬라비아의 공산당 기관, 경찰, 군대로부터 모스크바의 해당 기관과 조직으로 정보가 흘러들어가지 못하게 막았다. 3월 1일에는 공산당 중앙 위원회에서 스탈린이 제안한 협약을 부결시켰다. 위기는 최고조에 달했다. 그 뒤 3월 27일에 시작된 이데올로기 논쟁에서 티토는 반소비에트주의적이고, 비민주적이며, 자기비판에 소홀하고, 계급의식이 부족하며, 서방과 비밀리에 관계를 맺고 있으며, 반소비에트 첩보 활동을 벌이고 있다는 비난을 받았다. 결국 유고슬라비아 공산당 전체가 멘셰비키주의, 부하린주의, 트로츠키주의에 물들어 있다고 낙인찍혔다. 이런 비난은 티토의 목숨에 대한 노골적인 위협으로 마무리되었다. "우리는 트로츠키의 삶을 돌아보는 게 유익하리라 생각한다."[69)] 6월 28일 새로운 코민포름은 스탈린에게 충성을 다해, 티토가 '부르주아 공화국'을 건설하기 위한 사전 작업으로, 제국주의자들의 환심을 사려 한다고 주장했다. 그들

▶ **요시프 티토(1892~1980)**
1943년부터 유고슬라비아를 효과적으로 이끌었으며, 1953년 대통령으로 선출되어 1980년까지 재직했다. 1948년 공산주의 지도자로서는 최초로 민족주의적 공산주의, 티토주의를 창시하여 소련에 도전했다. 흐루쇼프와 티토의 모습.

의 주장에 따르면, 유고슬라비아는 조만간 제국주의자들의 식민지가 될 터였다. 코민포름은 유고슬라비아 공산당 내에서 현재의 지도자들을 대신할 '건전한 인물'을 요구하고 나섰다.

티토는 논쟁이 진행되는 동안 매번 스탈린보다 한발 앞서 나갔다. 스탈린의 메시지에 담긴 분노와 폭력적인 언어는 그도 이런 사실을 의식하고 있었음을 드러낸다. 하지만 논쟁은 유고슬라비아 공산당 내에서 누가 모스크바의 스탈린에게 충성하고 있는가를 확인시켜주었을 뿐이다. 티토는 중요한 동료 두 명을 해임했고, 전시의 참모총장을 총살했으며, 군의 고위 정치 책임자를 투옥했다. 당과 경찰, 군대에서 모두 8,400명의 혐의자를 색출해 감옥에 가두었다. 혐의자에 대한 체포는 1950년까지 계속되었다.[70] 스탈린은 경제 봉쇄를 가했고, 유고슬라비아 국경 지역에서 기동 연습을 했다. 1949년부터는 소련의 위성 국가에서 티토를 1급 범죄자로 모는 조작 재판을 열었다. 하지만 티토는 민족주의 노선을 중심으로 당을 단합시켰다. ("우리 각자가 사회주의의 땅 소련을 얼마나 사랑하든, 우리 고국보다 사랑할 수는 없을 것입니다.") 스탈린은 티토 정권을 쓰러뜨리려면, 공개적으로 유고슬라비아를 침공해서 대규모 전쟁을 벌일 수밖에 없다고 생각했다. 하지만 그렇게 되면 서방이 개입할지도 모른다. 유고슬라비아는 공식적으로 서방의 우산 아래로 들어간 적이 없지만, 서방의 개입은 충분히 예상할 수 있는 일이다. 티토가 1953년 런던을 방문했을 때, 다시 총리가 되어 있던 처칠은 이렇게 말했다. "유고슬라비아는 전시에 우리의 동맹국이었소. 만약 유고슬라비아가 공격받는다면, 우리는 당신들과 함께 싸울 것이고 당신들과 함께 죽을 것이오." 티토는 말했다. "이것은 신성한 맹세요. 우리에게는 그 정도로 충분합니다. 굳이 문서로 된 협정이 필요한 건 아니니까요."[71] 흐루쇼프는 나중에 티토와 관련된 모든 소동이 논의를 통해 충분히 해결할 수 있는 것이었다고 말했다.[72] 스탈린도 드러내놓고 인정하지는 않았지만, 그 말에 수긍했다. 유고슬라비아에서 그의 정책이 실패했다는 사실은 1948년 여름에 명백해졌다. 티토의 제명을 직접 지휘한 즈다노프는 1948년 8월 31일에 갑자기 죽었다. 아마 스탈린의 지시로 살해당했을 것이다.[73]

그러나 스탈린이 마오쩌둥을 다루는 방법은 상당히 달랐다. 마오쩌둥의 집에서는 그가 주인이라는 사실을 인정했다. 스탈린은 위협을 하거나 경제적인 유대 관계를 맺기보다 극동에 군사적 긴장을 불러일으키는 방법으로 새로운 중국 정권을 소비에트 진영에 묶어두려 했다. 1950년 애치슨의 연설은 서구가 혼자 남겨둔 중국이 소련과 관계를 끊을 것이라는 소망적 사고에 기초하고 있다. 따라서 여기에는 그만큼의 위험이 내재해 있다. 미국의 군사 방위 지역에 한국이 빠져 있다는 사실은 스탈린에게 해결책이 될 수 있을 것 같았다. 한국에서 제한적인 대리전이 일어난다면, 중국은 진정한

▶ 한국전쟁 당시 피난 행렬(왼쪽)과 연합군이 평양으로부터 철수하는 장면.

군사적 이익을 어디서 얻을 수 있는가 깨닫게 될 것이다. 만약 이것이 실제 스탈린이 생각하고 있던 바라면, 그의 생각은 옳았다. 한국전쟁은 소련과 중국이 관계를 단절하는 것을 10여 년간 연기시켰다. 정확히 스탈린이 전쟁을 계획했던 것은 아니다. 그는 1950년 봄 북한의 공산주의 지도자 김일성이 11월에 38선을 넘어 제한된 남침을 하도록 허락했던 것 같다.[74] 하지만 김일성은 남이 시키는 일이나 하고 있을 인물이 결코 아니다. 북한의 신문은 그를 이렇게 묘사했다. "존경하고 친애하는 우리의 지도자" "위대한 사상가이며 이론가" "우리 시대 혁명의 사상적 영도자" "셀 수 없이 많은 기적을 일으킨 위대한 혁명가" "강철 같은 의지를 지닌 무적의 지휘관이자 …… 넓은 가슴으로 우리를 감싸주시는 자상한 인민의 아버지" 등. 스탈린은 교활한 찔러보기를 지시했던 것이지만, 김일성은 전군을 동원했다. 그가 6월 25일 남한을 침공하여 큰 성공을 거두자 미국은 아연실색했다.

한국전쟁은 전형적인 20세기의 비극으로 도덕적 정당성이나 국민의 지지라고는 눈곱만큼도 없이 이데올로기 때문에 벌어진 전쟁이다. 이 전쟁으로 미군 34,000명, 한국인 100만 명, 중국인 25만 명가량이 죽었지만, 아무런 성과도 없었다. 전쟁의 결과는 모두 의도하지 않은 것이었고, 전쟁의 과정은 실책의 연속이었다. 우선 김일성과 스탈린은 미국의 대응을 심각하게 고려하지 않았다. 그러나 트루먼은 남한 침공을 일본 침공의 서곡이자, 국제연합을 통해 국제 질서를 수호하려는 미국의 의지에 대한 직접적인 도전으로 간주했다. 그때까지만 해도 국제연합은 강대국의 합의를 반영하는 조직이었다. 국제연합의 안전보장이사회의 거부권 제도는 이 원칙을 든든히 뒷받침하고 있었다. 트루먼이 국제연합에 이 문제를 제기할 필요는 전혀 없었다. 포츠담선언에 따라, 미국은 단독으로 행동에 나설 수 있는 재량이 있었다.[75] 하지만 트루먼은 국제연합의 도덕적 권위를 원했다. 그는 안전보장이사회에서 안건을 통과시키고, 국제연합 총회에서도 승인을 받았다. 국제연합 총회는 당시 미국이 지배하고 있었고, 단지 머릿수를 채우는 데 불과했다. 그리하여 한국전쟁은 우선 국제연합이 제한적인 조직이기는 하지만 유용하다는 생각을 점차 허물어뜨리는 결과를 초래했다. 이제 국제연합은 이데올로기를 선전하는 도구로 전락하는 과정을 맞게 되었다. 물론 트루먼이 국제연합의 지지를 원한 이유는 의회의 승인을 먼저 받아낼 필요 없이 전쟁에 뛰어들기 위해서였다. 이것이 한국전쟁의 의도하지 않은 두 번째 결과다. 미국 대통령이 초헌법적인 전생 집행자로 등장하게 된 것이다. 극동 문제에서는 특히 더 그랬다. 세 번째 결과는 미국과 중국의 관계가 멀어지게 된 것이다. 이러한 상황은 스탈린이 바라던 바였지만, 스탈린이 예상 못 했던 방식으로 이루어졌다.

스탈린은 한국에서 일어난 대리전이 소련에 대한 중국의 군사적 의존도를 높이리라 예상했다. 하지만 반대 현상이 일어났다. 맥아더 장군은 재빠르게 북한을 물리치고, 3개월 만에 서울을 수복했다. 하지만 맥아더도 김일성만큼이나 고분고분한 인물이 아니다. 그는 워싱턴에 "적이 항복하지 않는다면, 한국 전역에서 군사 작전을 펼칠 것"이라고 말했다. 맥아더는 압록강의 중국 국경선까지 밀고 올라갔다. 중국은 한국전쟁을 틈타 1950년 10월 21일 반 정도 독립 상태에 있던 티베트를 점령했다. 이것도 한국전쟁이 의도하지 않은 결과다. 그러고 나서 12월 28일 중국은 엄청난 수의 '의용군'으로 맥아더를 공격했다. 맥아더는 퇴각했고, 1951년 4월 해임되었다. 트루먼이 1950년 가을에 모종의 조치를 취해두었던 듯하다. 유엔군은 많은 난관에도 불구하고, 1951년 10월 38선 근처에서 전선을 재구축하고, 휴전 교섭을 시작했다. 그러나 교섭은 난항을 거듭했다. 미국 측에는 반감과 불만이 쌓여갔다. 기록에 따르면, 트루먼은 1952년 1월 27일과 5월 18일 두 차례에 걸쳐 핵무기 사용을 검토했다. 1953년 아이젠하워 장군이 트루먼을 이어 미국 대통령에 취임했다. 그는 핵전쟁이 일어날 수도 있다는 전갈을 인도 정부를 통해 중국에 전달했다.[76)]

미국과 중국의 대립은 결과적으로 중국이 처음으로 군사 대국의 지위에 오를 수 있는 발판을 마련해주었다. 그것은 분명 스탈린이 원치 않았던 일이다. 그러나 중국이 핵보유국이 되는 것을 도와준 것은 사실 스탈린의 후계자들이다. 마오쩌둥이 그렇게 하도록 설득했다. 마오쩌둥은 소련군이 중국 땅에 핵 기지를 건설하는 것을 허락하지 않았다. 대신 독립적인 핵개발 프로그램을 추진했다. 소련은 중국에 도움을 주어야 한다고 생각했다. 나중에 흐루쇼프는 소련이 중국에 "그들이 요구하는 거의 모든 것"을 주었다고 말했다. "우리는 중국에 비밀로 한 것이 아무것도 없었다. 우리의 핵 전문가들이 서둘러 원자폭탄을 만들어내려는 중국의 엔지니어나 설계자들과 함께 작업했다." 그의 설명에 따르면, 소련은 핵폭탄을 아예 넘겨주려다가 생각을 고쳐먹었다. 중국은 그때가 1959년 6월 20일이었다고 말했다. "소련 정부가 일방적으로 협약을 파기하고 …… 중국에 핵폭탄 견본을 제공하는 것을 거절했다."[77)] 하지만 소련의 도움으로 추진력을 얻은 중국은 핵개발 프로그램을 중단하지 않았다. 1963년 중소 관계가 깨질 무렵, 중국은 바야흐로 첫 원자폭탄 실험을 눈앞에 두고 있었다. 여섯 번째 실험 만에 중국은 메가톤급 열핵폭탄 실험에 성공했다. 스탈린의 책략으로 10년간 지연된 중소분쟁은 막상 현실이 되자 훨씬 더 심각한 형태를 띠었다. 이제 중국은 소련의 남동쪽 국경선에 접하고 있는 또 다른 군사 대국이 된 것이다.

한국전쟁의 의도하지 않은 또 다른 결과로 군비 확장이 가속화되었다는 점에서 이러한 세력 균형의 변화는 훨씬 더 심각한 의미가 있다. 미국을 집단안보체제로 끌어들인 것은 체코슬로바키아와 베를린의 위기였지만, 영구적인 군비 경쟁을 부른 것은 한국전쟁이다. 트루먼은 1950년 1월 수소폭탄을 제조하기로 결정했다. 그러나 북한이 한반도에서 전쟁을 일으키기 전까지는 '국가안전보장회의 68' 계획의 추진 자금을 의회에서 승인받는 데 어려움이 있었다. 1950년의 방위비는 고작 177억 달러였다. 한국전쟁은 방위에 대한 미국 의회와 국민의 태도를 완전히 바꿔놓았다. 1952년에는 방위비로 440억 달러가 책정되었다. 다음해에는 500억 달러를 넘어섰다. 방위비가 증가하자 전술 핵무기의 개발이 가능해졌다. 이외에도 독일에 추가로 4개 사단을 주둔시키고, 해외 공군 기지 건설을 신속히 하고, 세계적으로 미국 전략 공군과 핵 탑재 항공모함 함대, 고성능의 이동식 무기를 배치할 수 있게 되었다.[78] 1951년 2월 미국 항공기 생산량은 절정에 달했던 1944년의 수준으로 돌아갔다. 미국의 동맹국들 또한 군비 확장에 나섰고, 독일의 군사 재무장은 현실이 되었다. 냉전이 폴란드에서 시작되었다면, 냉전이 완성된 곳은 한국이다. 이제 전 세계가 냉전 체제에 들어갔다. 이런 식으로 세계를 양분한 원흉은 바로 스탈린이다.

스탈린의 뒷모습

스탈린이 대항 세력을 불러 모으지만 않았다면, 제국과 위성 국가들이 나머지 다른 세계와 분리된 채 불안과 의심의 깊은 나락에 빠지는 일은 생기지 않았을 것이다. 철의 장막을 드리운 장본인은 스탈린이다. 게다가 그의 제국 내에는 철의 장막이 하나 더 있었다. 이것은 소련의 국경을 따라 드리워져 있었고, 심지어 위성 국가를 통해 침투해 들어올지 모를 서구 사상의 해독을 막고 있었다. 스탈린은 히틀러가 유대인을 증오한 것처럼 '세계주의' 라는 똑같은 용어를 사용하는 '서방파' 를 증오했다. 이로써 그가 1945~46년 왜 그토록 철저한 악의와 원한에 싸여 비소비에트적 사상과 접촉한 모든 사람을 죽이거나 강제수용소에 격리시켰는지 이해할 수 있을 것이다. 전쟁 포로뿐만 아니라 전시에 외국에서 일했던 관리, 기술자, 언론인, 당원들도 처단 대상이었다. 소련에 사는 외국인과 소련을 방문하는 외국인의 수는 불가피한 최소 인원으로 제한되었고, 그들과 접촉하는 것은 정부와 비밀경찰에 고용된 극소수의 사람에게만 허용되었다. 그 밖의 사람들은 아무리 우연이라고 해도 외국인과 접촉하면, 아무 죄 없이도 강제수용소로 끌려갈 수 있다는 사실을 경험을 통해 알고 있었다.

2,000만 명이 죽고 전대미문의 고난이 휩쓸고 간 러시아에서는 전쟁을 승리로 이끌기 위해 건설된 방대한 산업이 국민의 삶을 그럭저럭 향상시킬 수 있으리라는 희망이 생겨났다. 하지만 이 희망은 1946년 2월 9일 스탈린이 중공업 육성에 초점을 맞춘 5개년 계획이 서너 차례 더 필요하다고 발표하면서 물거품이 되었다. 그는 소련의 국력을 키우고 '모든 우발 사태' 에 대비하기 위해서는 중공업 발전이 매우 중요하다고 말했다. 그가 다시 전국을 고통의 구렁텅이에 몰아넣을 생각이라는 것이 명백해졌다. 충성스런 정치국 동료 안드레이 즈다노프가 그 임무를 맡았다. 그가 전개한 사상운동은 소련 국민의 생활 면면에 침투하여, 정치적 무관심을 타파하고, 공포심으로 사람들의 적극적인 헌신을 이끌어내는 것이었다.[79] 온갖 부류의 지식인을 대상으로 했다. 마녀 사냥은 1946년 8월 14일 레닌그라드에서 시작되었다. 레닌그라드는 스탈린이 죽을 때까지 싫어했던 곳인데, 히틀러가 빈을 싫어했던 것에 못지않았다. 첫 번째 공격 대상은 문학잡지 『즈베즈다 *Zvezda*』와 『레닌그라드 *Leningrad*』, 그리고 여류 시인 안나 아흐마토바(Anna Akhmatova), 풍자 작가 미하일 조시첸코(Mikhail Zoshchenko)였다. 탄압은 곧 모든 예술 부문으로 퍼져나갔다. 1946년 전쟁 소설 『젊은 친위대 *The Young Guard*』로 스탈린상을 받은 알렉산드르 파데예프(Aleksandr Fadaev)는 1947년 엄격한 당의 노선에 따라 소설을 개작해야 했다. 무라델리(Via Muradelli)는 오페라 「위대한 우정 The Great Friendship」 때문에 비난을 받았다. 탄압의 초점이 쇼스타코비치의 9번 교향곡에 집중되자, 겁을 먹은 쇼스타코비치는 서둘러 스탈린의 삼림 관리 계획을 찬양하는 송가를 지었다. 하차투리안(Aram Khachaturian)은 피아노 협주곡이 문제가 되자, 음악 스타일을 완전히 바꾸어버렸다. 에이젠슈테인은 영화 「폭군 이반 Ivan the Terrible」이 주제를 왜곡했다는 이유로 비

난받았다. 1947년 6월은 철학자들의 차례였다. 알렉산드로프(G. F. Aleksandrov)의 『서유럽 철학의 역사 *History of West European Philosophy*』에 나타난 몇 가지 결점이 탄압의 구실이 되었다. 경제학 분야에서는 전시 자본주의 경제를 기술한 예노 바르가(Jeno Varga)의 책이 탄압의 구실이 되었다. 1948년 이후 이론 물리학, 우주론, 화학, 유전학, 의학, 심리학, 인공 두뇌학 분야에 철저한 탄압이 가해졌다. 상대성이론도 배척되었다. 나치 독일의 경우처럼 아인슈타인이 유대인이기 때문은 아니다. 똑같이 아무 상관없는 이유였지만, 마르크스가 우주는 무한하다고 했기 때문이다. 또 다른 이유는 레닌이 금기시한 마하(Ernst Mach)에게서 아인슈타인이 몇 가지 아이디어를 얻었기 때문이다. 스탈린은 서구 또는 부르주아의 가치와 관련을 맺고 있는 모든 사상과 개념에 의심을 품었다. 탄압의 배후에는 스탈린의 이런 의심이 도사리고 있었다. 그는 소련에서 나중에 중국 공산주의자들이 문화혁명이라고 이름붙일, 똑같은 사상 탄압 운동을 벌였다. 그것은 노골적으로 경찰력을 이용해 학문의 전 범위에서 근본적인 인간의 태도를 변화시키려는 시도였다.[80]

수천 명의 지식인이 일자리를 잃었다. 그 외 수천 명이 강제수용소로 끌려갔다. 그들의 자리는 훨씬 고분고분한 사람, 괴짜, 사기꾼이 대신 채웠다. 소련의 생물학은 광인이자 기인이었던 리센코(Trofim D. Lysenko)의 손에 떨어졌다. 그는 획득형질유전론(獲得形質遺傳論)을 주장하며, 스스로 이름붙인 '춘화현상(Vernalization)'을 설파했다. 춘화현상이란 밀이 호밀이 되고, 소나무가 전나무가 되는 현상이다. 한마디로 중세적 허튼소리라고 할 수 있다. 스탈린은 이런 춘화현상에 완전히 매료되었다. 그는 1948년 7월 31일 리센코가 농업 과학 아카데미에서 연설을 할 때, 미리 연설 원고를 손보았다. 이로부터 생물학 분야의 마녀 사냥이 시작되었다. (리센코는 스탈린이 직접 교정을 본 원고를 손님들에게 보여주곤 했다.)[81] 유전학은 '부르주아의 유사 과학' 이며 '반마르크스주의적' 이고 소비에트 경제를 '파괴' 하고 있다며 맹렬한 비난을 받았다. 유전학자들의 실험실은 폐쇄되었다. 이 공포 통치 시대에 윌리엄스(V. R. Williams)라는 엉터리 학자가 농학 분야를 지배했다. 의학에서는 레페신스카야(Olga B. Lepeshinskaya)라는 여성이 중탄산소다 관장제로 노화를 막을 수 있다고 주장했다. 이것도 한때 스탈린의 관심을 끌었다. 언어학에서는 마르(Nikolay Y. Marr)가 모든 언어가 4가지 기본 요소, sal, ber, yon, rosh로 환원될 수 있다고 주장했다.[82] 스탈린은 자신이 휘저어놓은 기름진 문화적 배양액 속에 흡족하게 몸을 담그고 있다가, 거기 살고 있는 기묘한 생물들에게 잠깐 동안 명성을 준 뒤 목을 분질러버렸다. 1950년 6월 20일 스탈린은 「프라우다」에 1만 단어로 된 기사 '마르크스주의와 언어 문제' 를 발표했다. 하지만 여느 때처럼 다른 사람의 이름을 도용했다. 「프라우다」에는 이렇게 쓰여 있었다.

당신이 하고 있는 일에서 어려움에 맞닥뜨리거나, 갑자기 능력에 회의를 느낄 때는 그(스탈린)를 생각하라. 그러면 다시 자신감을 얻을 것이다. 기운을 차려야 할 때 피로를 느낀다면 그를 생각하라. 그러면 일이 잘될 것이다. 올바른 결론을 내리려거든 그를 생각하라. 그러면 바른 길을 찾게 될 것이다.[83]

스탈린은 지혜의 화신으로 자신을 신격화했다. 이것은 1949년부터 간행된 『소비에트 대백과 사전 *Great Soviet Encyclopedia*』이라는 책에 잘 드러난다. 이 책은 진기한 내용으로 가득하다. 자동차에 관한 역사적 설명 부분은 이렇게 시작된다. "1751~52년 니주니 노브고로트(Nizhny-Novgorod) 지방의 농부 레온티 샴슈겐코프(Leonty Shamshugenkov)가 두 사람이 조종하는 자동 추진식 차량을 만들어냈다." 스탈린은 자신의 재능과 업적을 다룬 글을 편집하며 즐거워했다. 한때 신학생이었던 스탈린은 기독교도로 생각되던 일류 소설가 레오니트 레오노프(Leonid M. Leonov)에게 한 가지 제안을 했다. 예수님의 탄생일이 아니라 자신의 탄생일을 기준으로 새로운 달력을 만들어 「프라우다」에 싣는 게 어떠냐는 것이었다. 이런 제안을 하며 스탈린 자신도 배꼽을 잡고 웃었을 것이다. 스탈린의 텅 빈 영혼은 언제나 편집증이 뒤섞인 블랙유머에 매료되었다. 그는 공식적인 『스탈린에 관한 짧은 전기 *Short Biography of Stalin*』를 다시 썼고, 이런 문장을 삽입했다. "스탈린은 일을 망칠 수 있는 아주 사소한 허영이나 자만, 자기 과신도 용납하지 않았다."[84]

1948~49년 스탈린의 반서구주의는 반유대주의로 더 구체적인 형태를 띠게 되었다. 그는 언제나 유대인을 증오했고, 종종 반유대주의적 농담을 했다. 흐루쇼프에 따르면, 스탈린은 공장 노동자들을 부추겨 유대인 동료를 괴롭히게 했다.[85] 마지막으로 스탈린의 반유대주의적 발작이 일어난 것은, 모스크바에 처음 이스라엘 대사관을 열기 위해 온 골다 메이어(Golda Meir)가 유대인들에게 환영을 받았을 때였다. 그 즉시 이디시어로 된 출판물의 판매가 금지되었다. 소비에트 신문의 시사만화에 등장하는 월스트리트 은행가들은 갑자기 유대인의 모습을 하고 있었다. 유대계 배우 미횔스(Solomon Mikhoels)는 자동차 사고로 위장되었지만, 스탈린이 살해를 지시한 것이 분명하다. 다른 유명한 유대인들은 강제수용소에 끌려갔다. 러시아식 이름을 가진 유대인의 경우 '진짜' 이름이 언론에 공개되었다. 오래된 나치의 수법을 모방한 것이다. 그러나 말을 잘 듣는 유대인들이 유대

인 탄압 운동을 주도하고 있다는 점에서 스탈린의 전형적인 수법이기도 했다. 스탈린은 가상의 적이든 실제의 적이든 당 안에서 끊임없이 적을 찾았는데, 그의 머릿속에서는 유대인 탄압 운동과 당내 적 색출 작업이 다를 게 없었다. 스탈린의 지시를 충실히 따르던 즈다노프는 티토 사태가 실패로 끝나자 죽임을 당했다. 즈다노프의 추종 세력들은 1949년 이른바 '레닌그라드 사건' 을 통해 숙청당했다. 이 사건은 스탈린이 그토록 혐오하던 도시에서 벌어졌던 또 한 차례의 마녀 사냥이었다. 베리야와 말렌코프가 비밀리에 이루어진 이 숙청의 증거를 조작했고, 그 결과 1,000명 이상이 총살당했다.[86] 이들 중에는 정치국 간부 보즈네센스키(N. A. Voznesensky), 중앙 위원회 서기 알렉세이 쿠즈네초프(Aleksei A. Kuznetsov)도 있었다. 유대인이라면 언젠가 체포되어 죽임을 당하리라 예상할 수 있었다. 하지만 안심할 수 없는 건 다른 사람들도 마찬가지였다. 주코프 원수는 너무나 인기가 높아 1946년 지방으로 좌천되었는데, 거기서 찍소리 못하고 조용히 지냈다. 1949년 스탈린은 몰로초프의 아내 폴리나(Polina Zhemchuzhina)를 체포해 카자흐스탄으로 쫓아버렸다. 그녀는 유대인이었고, '시온주의 음모' 혐의로 고발당했다. 하지만 그녀를 쫓아낸 진짜 이유는 스탈린의 아내 나데주다와 친했기 때문이다. 그는 소련의 공식 국가수반이었던 칼리닌의 아내도 감옥에 처넣었다. 정적의 아내를 처벌한 사례는 이것 말고도 더 있다. 이런 일들이 스탈린의 말년에 즐거움을 가져다주었다.[87] 그 와중에 가족이나 친척 중 많은 사람이 유대인과 결혼하고 싶어하자 분노했다. 이 때문에 여덟 명의 손자 중 다섯 명과는 만나지도 않았다.

1952년 하반기에 소련이 놀라운 속도로 핵무기를 제조하고 있을 때, 스탈린은 곳곳에 유대인의 음모가 도사리고 있다는 것을 알았다. 국가 최상부 기관들은 사실상 업무가 중단되었다. 실제 업무는 스탈린의 쿤체보 별장에서 열리는 음산한 저녁 만찬에서 이루어졌다. 스탈린은 히틀러가 그랬던 것처럼 종종 충동적으로 누구든 옆에 있는 사람에게 구두로 지시를 내렸다. 그는 이제 노란 눈에 이는 색이 변하고 얼굴에는 천연두 자국이 남아 있는 늙은이였다. 미국인 방문객의 말처럼, 스탈린은 사방에서 위험의 냄새를 맡고 있는 "상처투성이 늙은 호랑이"였다. 그와 베리야는 모스크바에 있는 모든 사람을 새로운 전자 감시망 아래 가두어두었다. 그해 여름 미국 대사의 사저에 있던 미국 국새에서 도청 장치가 발견되었다. 조지 케넌은 그것이 "당시로서는 놀랄 만큼 발달된 전자 장치"였다고 썼다.[88] 하지만 베리야에게도 전자 감시망의 위협이 다가오고 있었다. 어찌 보면 당연한 일이다. 마지막에 가서는 수하로 부리던 비밀경찰의 살인자들을 모두 처단해버리는 게 스탈린의 습성이기 때문이다. 그는 이제 베리야가 유대인이 틀림없다고 생각했다.[89] 1952년 10월에 열린 제19차 당대회에서는 스탈린의 수석 간부들에게 새로운 테러가 임박했다는 뚜렷한 징후가 감지되었다. 흐루쇼프는 나중에 몰로토프, 미코얀, 보로실로프도 숙청의 희생양으로 예정되어 있었다고 주장했다.[90]

11월 4일 대대적인 숙청의 회오리바람이 불기 시작했다. 크렘린에 소속되어 있던 유대인 의사들이 체포되었다. 여러 가지 다른 죄목이 있었지만, 가장 큰 건 즈다노프 살해 혐의였다. 그들의 '자백'에 근거하여 체포와 재판이 잇달아 열렸다. 이런 식의 공작은 사실 1934년 대숙청 때부터 계속되었던 것이다. 그들을 심문하라고 명령하면서 스탈린은 다음과 같이 소리질렀다. "두들겨 패! 두들겨 패! 계속해서 두들겨 패라고!" 그는 보안 책임자 이그나토프(Nikolay G. Ignatov)에게 만약 완전한 자백을 받아내지 못한다면, "머리 하나만큼 키를 줄여주겠다"고 압박했다. 미리 작성된 진술서 사본을 적들에게 나누어주며 스탈린은 이렇게 말하기도 했다. "내가 없다면 무슨 일이 일어나겠어? 나라가 망하고 말 거야. 너희가 적을 분간하는 방법을 모르기 때문이지."[91] 마지막 친구였던 보안 경찰 총장 블라시크(Nikolai Vlasik)도 스파이 혐의로 체포했다. 그는 이제 완전히 고립되었다. 스탈린이 먹는 음식은 식사 전에 실험실에서 분석을 거쳐야 했다. 그는 집 안의 공기가 1938년 야고다 재판 때 거론된 치명적인 독가스에 오염되어 있을지 모른다고 생각했다. 이 모든 것은 흥미롭게도 히틀러의 말년을 생각나게 한다.

스탈린은 더 이상 정상적인 세계와 접촉할 수 없었다. 그의 딸이 말한 바에 따르면, 1917년의 물가로 가격을 계산했고, 월급봉투는 뜯지도 않은 채 책상 위에 쌓여 있었다. (그가 죽었을 때 이 돈은 아무도 모르게 사라졌다.) 1952년 12월 21일 딸이 방문했을 때, 스탈린은 몸이 아파 누워 있었다. 하지만 그는 의사들을 얼씬도 못하게 했고, 스스로 요오드를 복용했다. 20년 동안 자신을 돌봐온 내과의가 사실은 영국의 첩자였다고 생각했다. 그 의사는 이제 말 그대로 사슬에 묶여 있는 상태였다.[92] 스탈린은 회의 시간에 항상 재미 삼아 늑대를 그리곤 했는데, 이제는 그 짐승이 그를 따라다니며 괴롭혔다. 1953년 2월 17일 그는 비공산주의자로는 마지막 방문객이었던 메논(K. P. S. Menon)에게 자신이 어떻게 적을 다루는지를 설명했다. "늑대를 본 러시아 농부는 늑대가 무얼 하려는지 다른 사람에게 들을 필요가 없습니다. 이미 잘 알고 있기 때문이죠. 따라서 늑대를 길들이려고 괜한 고생을 하면서 시간을 낭비하지 않습니다. 바로 죽여버리는 거죠."[93] 2주 뒤 3월 2일 발작이 찾아왔고, 스탈린은 언어 능력을 상실했다. 3월 5일 스탈린은 몹시 고통스럽고 끔찍하게 죽었다. 마지막에는 뭔가를 저주하거나 쫓아내려는 듯 왼손을 쳐들었다.[94] 레닌이 전기에 대해 떠들다가 저세상으로 간 것처럼, 스탈린은 상상 속의 늑대가 울부짖는 황야로 떠났다. 시인 예프

투셴코(Yevgeny Yevtushenko)에 따르면, 사람들이 몰려들어 혼란이 일어났다. 베리야의 부하들이 내무부 화물 트럭으로 임시 방어벽를 만들었고, 이 와중에 수백 명의 시민이 죽었다. 화물 트럭 양옆에는 피가 흥건했다고 한다.[95)]

매카시즘과 아이젠하워

제2차 세계대전이 끝나고 1953년 3월 스탈린이 죽을 때까지 소련에서는 50만 명이 국가 재판을 받은 뒤 (또는 단순히) 살해당했다. 이러한 소련의 고통은 미국의 상황과 큰 대조를 이룬다. 전쟁이 끝난 직후 소련에서는 스탈린이 국민의 어깨에 새로운 짐을 얹어놓았지만, 미국에서는 역사상 가장 길고 활기찬 소비 시대가 열렸다. 전환기의 높은 실업률을 예상한 정부 경제 관료들의 견해는 완전히 틀렸다. 『포춘 *Fortune*』 지는 "위대한 미국의 호황이 시작되었다"고 보도했다. "이 호황은 측정할 수조차 없다. 예전의 척도는 소용없다. …… 사람들은 먹고, 입고, 즐기고, 읽고, 수리하고, 마시고, 보고, 타고, 맛보고, 쉬는 데 필요한 모든 것을 원하고 있다. 소비 수요는 엄청나다."[96] 역사상 가장 긴 자본주의의 팽창 국면이 시작되었다. 그 영향은 (마셜플랜이 효과를 발휘하면서) 1950년대에 유럽으로 전파되었고, 다시 1960년대에는 일본과 태평양으로 퍼져나갔다. 이따금 가라앉기는 했지만, 호황기는 1970년대 중반까지 지속되었다. 미국인들에게는 이 번영의 향기가 특히 감미로웠다. 잃어버렸던 1920년대 아르카디아의 기억을 되살려주었기 때문이다.

하지만 1920년대에서 또 다른 메아리가 울려 퍼졌다. 우드로 윌슨 행정부의 편집증적인 외국인 혐오증이 되풀이된 것은 아니지만, 미국인들이 막중한 세계적 책임을 떠안으면서, 애국심이라는 긴장된 분위기가 조성되었다. 여기서 다시 소련과 대비되는 점을 발견할 수 있다. 미국은 놀랄 만큼 개방적인 사회고, 어떤 점에서는 취약한 사회라고 할 수 있다. 1930년대 미국의 기관들은 거대한 규모로, 그리고 조직적으로 침투해 들어오는 스탈린주의에 제대로 대처하지 못했다. 외국 정부 요원들은 1938년의 매코맥법(McCormack Act)에 따라 등록이 의무화되었다. 미국 정부의 전복을 주장하는 조직이나 단체의 일원은 1939년의 해치법(Hatch Act)이나 1940년의 스미스법(Smith Act)으로 처벌을 가할 수 있었다. 하지만 이러한 법령은 (소련 요원들을 포함하여) 적극적인 공산주의자들이나 그 지지자들이 정부에 들어오는 것을 막지는 못했다. 사실 이중 많은 수가 뉴딜정책과 전쟁 중에 정부에 들어왔다. 조지 케넌은 이렇게 썼다.

> 1930년대 말 미국 공산당의 일원이나 앞잡이들(그들이 자각을 하든 안 하든)이 미국 정부 기관에 침투했다는 얘기는 상상으로 꾸며낸 게 아니다. …… 이런 일은 실제 있었다. 그들은 미국 정부 기관에서 압도적일 정도는 아니라도, 무시할 수 없는 비율을 차지했다.

케넌은 모스크바 주재 미국 대사관이나 국무부의 소련 담당 부서에서 일하는 사람들은 이 위험을 "대단히 심각하게 받아들였다"고 말했다. 루스벨트 행정부는 대응이 느렸다. "사람들은 주의 깊게 들어야 할 경고에 귀를 기울이지 않았고, 경고를 신뢰하지도 않았다."[97] 하지만 트루먼은 좀 더 적극적이었다. 1946년 11월 그는 공무원 충성심에 관한 임시 위원회를 만들었다. 다음해 3월에는 행정 명령 9835호에 서명했다. 행정 명령 9835호는 모든 연방 정부 공무원의 정치적 신념과 교제에 관한 조사 권한을 부여했다. 그는 행정 명령의 권고 사항에 따라 행동에 나섰다.[98] 1947년에 이러한 일이 진행되자, 상당한 효과가 나타났다. 하지만 미국 의회와 대중이 전시의 엄청난 실수 때문에 동유럽을 '상실' 하고, 1949년 중국이 공산화되었다는 사실을 알게 된 것은 나중 일이다. 미국의 잘못된 전시 정책은 스탈린주의 앞잡이들의 책임이라기보다는, 스탈린을 신뢰했을 뿐 아니라 기본적으로 경솔했던 루스벨트의 책임이다. 냉전이 심화되고 과거의 오류와 실책이 조사 대상이 되자, 스탈린주의 앞잡이들은 지하로 더 깊이 숨었다.

현재까지 밝혀진 증거로는, 재무부를 제외하면 소련의 스파이들은 미국 정책 결정에 심각하게 관여한 바가 없고, 핵무기 분야 말고는 중대한 기밀 정보를 빼돌리지도 않았다. 문제는 두 가지 예외가 매우 중대한 사안이라는 사실이다. 소련 스파이 해리 덱스터 화이트(Harry Dexter White)는 재무부에서 가장 영향력 있는 인물이었다. 그는 케인스의 도움을 받아 전후 국제통화제도를 마련했다. 1944년 4월 미국 정부가 미군 점령지의 군표(軍票)를 인쇄하는 데 사용하는 판금을 소련 재무부에 넘겨주었는데, 이러한 결정의 책임은 해리 덱스터 화이트에게 있다. 이 때문에 미국 납세자들은 궁극적으로 2억 2,500만 달러의 부담을 안게 되었다.[99] 1945년 전직 공산당 스파이 엘리자베스 벤틀리(Elizabeth Bentley)는 미국에 두 개의 소련 첩보망이 있다고 FBI에 말했다. 하나는 재무부의 경제학자 네이선 그레고리 실버마스터(Nathan Gregory Silvermaster)가, 다른 하나는 전시 생산 위원회의 빅터 펄로(Victor Perlo)가 이끌었다. 법무부, 대외 경제국, 경제 전쟁 위원회를 통해 기밀 정보가 유출되기도 했다. FBI와 전략사무국의 급습으로 육군부와 해군부, 전쟁 정보국 그리고 전략사무국 내에서도 기밀이 누설되고 있다는 사실이 밝혀졌다. 국무부에는 앨저 히스가 있었다. 그는 얄타에서 루스벨트 바로 옆자리에 앉았던 인물이다. 더 중요한 것은 그가 에드워드 스테티니어스(Edward Stettinius)의 보좌관이었다는 사실이다. 영국의 판단에 따르면, (자신은 의식하지 못했을지 몰라도) 에드워드 스테티니어스가 스탈린에게는 연합국 진영에서 가장 중요한 정보원이었다. 원자폭탄 분야의 스파이로는 줄리어스 로젠버그(Julius Rosenberg)와 에설 로젠버그(Ethel Rosenberg) 부부, 모턴 소벨(Morton Sobell), 데이비드 그린글래스(David Greenglass), 해리 골드(Harry Gold), 그리고 휘태커 체임버스(Whittaker Chambers)를 전달책으로 활용한, 알렉산더 스티븐스(Alexander Stevens)라고 불리던 요시프 피터스(Josef Peters), 제이콥 골로스(Jacob Golos), 영국에 의해 첩보 활동 사실이 들통난 클라우스 푸크스(Klaus Fuchs)가 있었다.

이런 스파이들 때문에 당시 서방 국가들이 얼마나 큰 피해를 입었는지는 과거 소련의 공문서가 공개되지 않는 한 정확히 알 수 없다. 소련이 원자폭탄을 만드는 데 걸린 4년(1945~49년)은 맨해튼 프로젝트를 성공시키는 데 걸린 시간보다 짧다. 트루먼 행정부와 미국 방위 책임자들은 이 사실에 아연할 수밖에 없었다. (일부 과학계 인사들은 그렇지 않았지만.) 미국 대중은 그 사실을 불쾌하게 받아들였다. 그 무렵은 마침 중국에서 국민당이 패퇴한 때였다. 미국 안에서는 사실상 정부 내 소련 스파이 침투 문제가 해결되었지만, 아직 해당 범죄자들의 재판이 진행 중이었다. 앨저 히스가 공산당원임을 숨기고 있었다는 사실로 위증죄를 선고받은 것은 1950년 1월 25일이 되어서다. 그의 재판은 가장 큰 관심을 불러일으켰다.

2주 뒤 상원 의원 조지프 매카시(Joseph R. McCarthy)가 웨스트버지니아 주 휠링(Wheeling)에서 악명 높은 연설을 했다. 그는 이 연설에서, 알려

▶ **조지프 매카시(1908~1957)**
1950년대 초 미국 정부의 고위직에 공산주의자가 침투해 체제전복을 꾀하고 있다는 근거 없는 고발을 해 미국 전역을 떠들썩하게 만들었다. 상원의원의 신분을 벗어난 천한 행동을 했다는 이유로 동료 의원으로부터 비난을 받았다.

진 것만 해도 국무부에서 일하는 공산당원이 205명이나 된다고 주장했다. 대대적인 마녀 사냥이 시작되었다. 한마디로 매카시 사건은 원인이 되는 현실이 사라지고 난 뒤 뒷북을 친 격이었다. 매카시는 공화당의 급진파 의원이었지만, 우파는 아니었다. 그는 1949년 가을 FBI의 기밀 보고서를 보고 공산주의자들의 첩보 활동에 관심을 가지게 되었다. (사실 그 보고서는 2년이나 지난 거였다.) 휠링에서 연설하기 바로 전에, 그는 조지타운대학 외교대학원의 학생감 에드먼드 월시(Edmund Walsh) 신부와 저녁 식사를 했다. 조지타운대학은 보수적인 예수회 대학이었는데(예수회가 급진화된 것은 1960년대다), 그 대학 졸업생 중 많은 수가 국무부에 들어가곤 했다. 저녁 식사에서는 1933년부터 1945년까지 국무부에 들어간 극단적인 자유주의자들의 수가 화제가 되었다. 매카시는 이슈로 삼을 만하다고 생각했고, 곧바로 터뜨렸다. 그는 진지한 정치가라기보다 정치를 일종의 게임으로 다루는 모험가였다. 그를 속속들이 파헤친 전기 작가는 이렇게 썼다. "그는 결코 광신자가 아니다. …… 고자(鼓子)가 결혼 생활을 할 수 없는 것처럼, 진정으로 누구에게 앙심을 품거나 저주하거나 증오할 수 없는 인물이다. …… 그는 그 모든 것을 꾸며냈으며, 그렇게 하지 못하는 사람들을 이해하지 못했다."[100] 매카시 밑에서 일하다 나중에 법무장관이 된 로버트 케네디(Robert Kennedy)는 그가 악한 사람이 아니라고 말했다. "일을 처리하는 방식은 복잡하기 짝이 없었다. 누군가에게 피해를 준 뒤에는 항상 죄책감에 시달리고 자신도 상처를 받았기 때문이다. 그는 필사적으로 인기를 얻으려 했다. 자신이 하고 있는 일이 어떤 결과를 낳을지 전혀 고려하지 않았다."[101]

만약 그해 여름 한국전쟁이 터지지 않았다면, 매카시가 중요한 인물로 부상할 가능성은 거의 없었다. 그가 명성의 계단을 허겁지겁 올라간 시기는 이 참혹하고 우울한 전쟁의 시기와 정확히 일치한다. 그런 의미에서 매카시즘(McCarthyism)은 스탈린이 미국인에게 선사한 마지막 선물이라고 할 수도 있을 것이다. 한국전쟁이 끝나자 매카시는 세력과 인기를 급작스럽게 잃었다. 매카시는 조사 권한을 부여하는 의회의 위원회 제도를 활용했다. 입법부가 준사법적인 조사를 벌이는 것은 합법적인 행위였다. 이러한 제도는 영국 의회제의 오랜 관행으로, 17세기와 18세기 헌법상의 자유를 확립하는 데 값진 역할을 했다. 하지만 위원회 제도는 심각하게 남용되었으며, 특히 정치적 종교적 마녀 사냥을 벌일 때 편리한 도구가 되었다. 특별히 두 가지가 문제 되었는데, 심문 절차가 보통법의 정신과 너무 동떨어져 있는 점과 이 절차를 방해하는 자는 누구든 모욕죄로 처벌할 수 있다는 점이다. 미국 의회는 불가분의 관계에 있는 이 제도의 미덕과 악덕을 동시에 물려받았다. 1930년대에 의회의 자유주의자들은 월스트리트 사회를 몰아붙인 적이 있다. 이제는 자유주의자들이 당했다. 1960년대와 그 이후는 기업가들이 당했고, 1970년대 중반은 닉슨 행정부가 심판대에 올랐다. 그럼에도 단점보다는 장점이 많았기 때문에 이 제도는 계속 유지되었다. 게다가 위원회 제도는 스스로 결점을 보완하고 수정할 수 있는 수단을 갖추고 있었다. 그 속도가 느리긴 했지만, 매카시즘의 경우도 마찬가지였다. 결국 매카시는 동료 의원들에게 거부당하고, 비난받고, 실제로 사라져버렸다. 매카시가 여러 사람의 인생에 피해를 입힐 수 있었던 것은 그만한 이유가 있었다. 첫째 미국의 명예 훼손에 관한 법률이 불완전했기 때문이다. 언론은 그의 근거 없는 주장을 그대로 발표했다. 사실 그들은 그럴 권한이 없었다. 그럼에도 그들은 아무런 처벌도 받지 않았다. 무책임한 비방을 일대 스캔들로 만든 것은 언론, 특히 통신사들이었다. 이러한 상황은 워터게이트 사건이 마녀 사냥으로 확대되었던 1970년대와 비슷하다.[102] 둘째 일부 사회나 단체, 특히 할리우드와 워싱턴의 도덕적 비겁함 때문이다. 그들은 곳곳에 만연한 불합리와 비이성에 굴복했다. 이 현상도 1965~75년에 되풀이되는데, 이때 많은 대학이 학생 폭력에 굴복했다.

이러한 요인이 없었다면 매카시즘이 그렇게 부각될 수 없었을 것이다. 매카시즘은 소련에서 벌어진 즈다노프의 사상 탄압 운동과 비교해볼 만하다. 매카시에게는 행정 권한이 없었다. 트루먼과 아이젠하워가 매카시를 막기 위해 총력을 기울였다. 무엇보다 매카시즘은 사법 절차의 일부가 아니었다. 재판을 좌우할 힘도 없었다. 실제로 사법 기관은 매카시즘에 아무런 영향도 받지 않았다. 조지 케넌이 지적했듯이, "미국 현대사의 다른 때와 비교할 때 미국의 정의가 축소된 것은 아니다. 누구든 사건을 법정으로 끌고 간 사람은 그 사실을 알 수 있었을 것이다." 법정은 매카시즘에 반발했다. 20년 뒤 워터게이트 히스테리에 휘말리게 된 양상과는 사뭇 달랐다.[103] 매카시가 마지막으로 기댈 곳은 여론이었다. 하지만 자유로운 사회에서 여론은 양날의 칼이다. 매카시는 여론 때문에 몰락했다. 무대 뒤에서 매카시의 몰락을 조종한 인물은 새 대통령 드와이트 아이젠하워였다. 아이젠하워는 한국전쟁과 휴전 협정을 둘러싼 불확실성이 매카시즘이 몰고

온 좌절과 공포의 원인이라고 생각했다. 그의 생각은 옳았다. 1952년 11월, 그는 전쟁을 끝낼 대통령으로 선출되었다. 평화는 미국 선거에서 언제나 필승의 카드였다. 이와 관련하여 미국 민주당과 공화당 대통령의 역사를 한번 살펴보자. 윌슨은 미국을 전쟁으로 이끌지 않겠다는 공약을 내걸어 재선에 성공했다. 하지만 다음해 미국은 제1차 세계대전에 참전했다. 루스벨트는 1940년 똑같은 공약으로 대통령의 자리에 올랐지만, 미국을 제2차 세계대전으로 이끌었다. 린든 존슨도 1964년 (공화당의 '주전론' 에 반대하여) 평화주의로 대통령 선거에서 승리했지만, 곧바로 베트남전쟁을 대규모 전쟁으로 바꿔놓았다. 이들 모두가 민주당이었다. 공화당 후보로 대통령에 당선된 1952년의 아이젠하워와 1972년의 리처드 닉슨만이 20세기에 평화의 약속을 지켰다.

하지만 아이젠하워의 경우에는 그 업적이 과소평가되어 있다. 그는 한국전쟁을 불필요한 전쟁이자 반복된 실책으로 여겼다. 사실 그전의 행정부는 여러 차례 핵폭탄의 사용을 고려했다. 만주나 중국 본토 더욱이 소련도 그 대상이 되었다.[104] 게다가 중국에 재래식 폭탄으로 대규모 폭격을 가할 생각마저 하고 있었다. 아이젠하워는 이 모든 사실을 알고 오싹함을 느꼈다. 그는 교착 상태에 빠진 협상을 마무리 짓기 위해 행동에 나섰다. 비밀리에 핵폭탄을 사용한다는 계획을 버리고, 개인 외교를 통해 핵으로 위협을 했다. 이 전술은 효과를 거두었고, 9개월이 안 되어 불완전하나마 협정을 타결 지을 수 있었다. 그는 반공 히스테리를 막기 위해 아무런 조치도 하지 않았다는 이유로 당시 심한 비난을 받았다.[105] 하지만 사실 그는 문제의 본질을 잘 알고 있었다. 매카시즘이 선풍을 일으킨 것은 한국전쟁 때문이고, 한국전쟁이 끝나면 매카시즘도 곧 시들해질 것임을 알았다. 그는 평화를 위한 노력에 우선순위를 부여했다. 그리고 우선 사항을 처리한 후에야, 매

▶ 드와이트 아이젠하워(1890~1969)
전임 민주당 대통령들과는 달리 연방정부의 강력한 행정권 발동을 주장하지 않았다. 행정부처의 구체적인 실무에도 적극적으로 관여하지 않는 것처럼 보였다.

카시를 제거하는 문제에 관심을 기울였다. 그는 대단히 교묘하고 은밀하게 행동했다. 상원에 있는 친구들에게 매카시를 비난하도록 지시하는 한편, 대통령 공보관 짐 해거티(Jim Haggerty)에게 여론을 조종하게 했다. 1954년 12월 드디어 이 작업은 결정적인 성과를 낳았다. 아이젠하워는 '감추어진 손' 이라 할만한 은밀한 통치 스타일의 가장 전형적인 사례를 보여준다. 그는 재임 기간 내내 이런 통치 스타일을 즐겨 사용했다. 그의 사후 오랜 시간이 지나서야 그 사실이 밝혀졌다.[106)]

아이젠하워는 20세기 미국에서 가장 성공적인 대통령이다. 그의 재임 기간(1953~61년)은 미국과 세계가 가장 큰 번영을 누린 시기다. 하지만 대통령인 그는 신화에 둘러싸여 있었다. 그리고 이 신화는 대부분 스스로 창조해낸 것이다. 그는 자신이 단순한 헌법상의 국가 최고 지도자에 불과하다는 인상을 심어주기 위해 노력했다. 결정은 각료나 의회에 위임하고, 틈만 나면 골프나 치러 다니는 인물로 보이기를 원했다. 그의 책략은 잘 통했다. 공화당 내 라이벌이었던 로버트 태프트(Robert Taft) 상원 의원은

"나는 그가 정말 프로 골프 선수가 되었어야 한다고 생각한다"고 말했다.[107] 최초로 아이젠하워의 전기를 쓴 작가에 따르면, "언론인, 교수, 학자, 예언가 그리고 지식인과 비평가로 이루어진 전국적인 단체가 만장일치로 동의하는 것은 아이젠하워가 대통령으로서 능력이 부족하고, 대통령관이 명확하지 않으며, …… 그가 나라의 운영을 자동항법장치에 맡겨버렸다"는 것이었다.[108] 그는 선량하지만 지적으로 모자라고 무지하며 자기만의 분명한 생각도 없고, 종종 나약한 모습을 보이고 언제나 게으른 사람처럼 보였다.

하지만 실상은 상당히 다르다. "복잡한 인물이며 속을 알 수가 없다." 부통령이었던 리처드 닉슨이 그를 두고 한 말이다. "그는 한 가지 문제에 대해 항상 두 가지, 세 가지 혹은 네 가지를 생각했다. 보통 간접적인 접근 방식을 좋아했다."[109] 1970년대 말, 개인 비서 앤 휘트먼(Ann Whitman)이 보관하고 있었던 기밀 서류, 전화 기록, 일기 그리고 다른 개인 문서가 공개되자, 아이젠하워가 측근이나 다른 사람들이 생각했던 것보다 훨씬 더 열심히 일했다는 사실이 밝혀졌다. 보통 오전 7시 30분에 「뉴욕 타임스」「해럴드 트리뷴」「크리스천 사이언스 모니터 The Christian Science Monitor」지를 읽는 것으로 일과를 시작했다. 일과는 자정이 다 되어 끝났지만, 그 후에도 집무실에 남아 일하곤 했다. 해거티가 언론에 공개한 일정표에는 많은 약속이 고의적으로 누락되어 있었다.(특히 당 정책, 국방 정책, 외교 정책을 다루는 회의 약속이 빠져있었다.) 공식적인 국가안전보장회의가 열리기 전에, 그는 국무장관, 국방장관, CIA 국장 그리고 다른 중요한 인물들과 장시간 중요한 회의를 했다. 이런 회의는 비밀리에 열렸고, 기록을 남기지 않았다. 그의 비판자들이 예상한 것과는 다르게, 국방 정책과 외교 정책에 관한 결정은 관료주의적이지도 않았고 경직되어 있지도 않았다. 실제로 참모들을 효율적으로 활용한다는 원칙이 지켜졌다. 그의 정권은 그 뒤를 따르는 케네디 정권의 낭만적 무정부주의와 크게 대비된다. 아이젠하워가 직접 이 모든 일을 관장했다.[110)]

아이젠하워는 허수아비 행세를 했다. 모든 사람이 비서실장 셔먼 애덤스(Sherman Adams)가 국내 정책을 결정한다고 생각했다. 어느 정도는 애덤스도 이런 착각을 하고 있었다. 그는 아이젠하워가 전화를 싫어하고 기피한 인물이라고 말했다.[111)] 하지만 실제로 전화 일지를 보면, 아이젠하워가 애덤스가 모르는 전화 통화를 수도 없이 했다는 것을 알 수 있다. 사실 국무장관 존 포스터 덜레스에게 외교 정책을 일임했다고 보기도 어렵다. 아이젠하워는 덜레스가 모르는 사람들에게서 많은 조언을 받는 한편, 덜레스의 입을 막고 엄격히 통제했다. 덜레스는 매일 전화로 보고를 했다. 심지어 외국에 나가 있을 때도 그렇게 했다. 아이젠하워는 어마어마한 양의 공식 문서를 읽고, 외교 기업 군사 분야의 고위층과 자주 서신 교환을 했다. 그는 덜레스를 하인처럼 다루었다. 덜레스는 아이젠하워와 백악관에서 자주 밤늦게까지 일했는데, 대통령이 "가족과 함께 저녁을 들자고 얘기한 적이 한 번도 없다" 고 불평했다.[112)] 애덤스와 덜레스가 국내외 정책의 주역이라는 인식은 아이젠하워가 고의로 조장한 것이다. 정책상의 실수가 생기면 그들이 비난받을 테고, 그렇게 되면 대통령의 직책까지 피해가 오지는 않을 테니까 말이다. 이것은 엘리자베스 1세처럼 왕권을 쥔 독재자가 과거에 자주 써먹던 수법이다. 하지만 어떤 때 아이젠하워는 정치적으로 어수룩하다는 평판을 거꾸로 이용하여, 부하들이 저지른 실수의 책임을 떠안기도 했다. 덜레스가 1953년 윈스럽 올드리치(Winthrop Aldrich)를 런던 주재 미국 대사로 임명하면서 일련의 실수를 저질렀을 때가 그런 경우다.[113)] 조지 케넌은 반쯤은 진실을 알고 있었다. 그는 아이젠하워를 외교 문제에서 "예리한 정치 감각과 식견을 지닌 인물"이라고 평했다. "제한된 공식 석상에서 그런 문제에 대해 진지하게 얘기할 때면, 흥미로운 군사 용어를 사용하는 언변에서 놀라운 통찰력이 섬광처럼 번득이곤 했다. 그는 생각을 군사 용어로 표현하거나 숨기는 데 능했다."[114] 실제로 아이젠하워는 답변을 회피하기 위해 기자 회견장에서 특히 군사 용어를 많이 사용했다. 일반적인 언어로는 대충 넘어가기가 쉽지 않았기 때문이다. 그가 무지를 가장했던 것도 이와 같은 이유에서였다. 정말로 그는 마키아벨리만큼 뛰어난 책략가였다. 까다로운 외국인을 다룰 때 통역의 말을 잘못 이해한 척하기도 했다.[115] 비밀회의 기록을 보면, 그의 지적 능력이 얼마나 뛰어나고, 그가 얼마나 명석한지 알 수 있다. 연설문 작성자가 쓴 연설문 초안이나 덜레스가 쓴 연설문을 어떻게 수정했는지 살펴보면, 그가 원하기만 하면 대단한 문장을 구사했으리라는 사실도 알 수 있다. 처칠은 그를 제대로 평가한, 몇 안 되는 사람에 속했다. 두 사람이야말로 20세기 중반의 가장 위대한 정치가였다.

아이젠하워는 자신의 재능과 활약을 숨겼다. 미국과 세계가 필요로 하는 독재적인 지도력은 반드시 은밀히 행사되어야 한다고 생각했기 때문이다. 그에게는 분명한 원칙이 있었다. 첫째는 전쟁을 피하는 것이다. 물론 소련이 서구를 붕괴시키려 한다면 마땅히 저항해야 하고, 미국은 그럴 수 있을 만큼 충분한 힘을 가져야 했다. 하지만 (그의 판단대로라면 한국전쟁처럼) 불필요한 전쟁은 주의와 지혜를 모아 명백하고 단호하게 피해야 했다. 그는 이 부분에서 성공을 거두었다.[116] 그는 한국전쟁을 마무리 지었고, 중국과의 전쟁을 피했다. 1956년에는 수에즈 위기(Suez Crisis)를 종결시켰고, 1958년에는 중동전쟁의 위험을 교묘하게 막았다. 베트남에 관해 그는 이렇게 말했다. "나는 오늘날 미국이 어떤 지역에서 전면전에 휘말리는 것보다 더 큰 비극은 없다고 생각한다." "의회에서 헌법상의 절차에 따라 전쟁을 선포하지 않는다면 …… 우리는 전쟁을 하지 않을 것이다."[117) 의회의 승인과 연합국의 지원. 그는 이 두 가지 조건을 미국의 군사 개입에 대한 전제로 삼았다. 이것은 북대서양조약기구(NATO) 체제 외에 중동과 동남아시아 동맹 체제에도 반영되었다.

아이젠하워의 두 번째 원칙은 첫 번째 원칙과 관련되어 있다. 그것은 군사적 개입에 대한 헌법적 통제의 필요성이다. 그는 CIA에 크게 의존했으며, 사실 CIA를 효과적으로 통제한 유일한 대통령이다. 이란과 과테말라에서 벌인 CIA의 작전을 직접 이끌었고, 능숙하게 처리한 덕분에 명성에 아무런 흠집도 입지 않았다.[118) 1958년 인도네시아에서 벌인 CIA의 공작은 실패로 돌아갔다. 이유는 단 한 차례였지만 그 일을 덜레스에게 맡겼기 때문이다. 1961년 실패로 끝난 쿠바의 피그스만(Bay of Pigs) 침공 작전은 그 전개 양상으로 보았을 때, 아이젠하워라면 허락했을 리가 없다. 그는 1954년 민간 기구로 해외 정보활동 자문위원회를 만들었다. 책임자는 지략이 풍부한 데이비드 브루스(David Bruce)였다. 해외 정보활동 자문위원회는 그가 군사 기구를 자신의 권한 아래 두기 위해 이용한 여러 수단 가운데 하나였다. 그는 정치판에 있는 장군들을 싫어했다.[119) 아이젠하워가 대통령 후보로 선출된 1952년, 공화당의 시카고 전당대회에는 장군들이 넘쳐났다. 태프트 상원 의원과 맥아더를 지지하는 장군들이었다. 그래서 아이젠하워는 수석 보좌관인 밥 슐츠(Bob Schultz) 대령과 하워드 스나이더(Howard Snyder) 장군을 도시 밖에 머물게 했다.[120) 아이젠하워는 대외 문제에 관한 한, 언제나 고립주의와 과도한 개입 사이에서 균형을 유지하며 어려운 길을 가야 한다는 것을 알고 있었다. 그는 상원의 행동주의자들을 만족시키기 위해 덜레스를 이용하곤 했다. 덜레스는 윌슨의 국무장관 로버트 랜싱의 조카였다. 그는 1919년 베르사유조약이 체결되는 과정을 현장에서 직접 지켜보기도 했다. 그에게는 상원의 베르사유조약 거부가 결코 잊을 수 없는 교훈이었다. 조지 케넌의 글에 따르면, 덜레스는 "정책을 성공적으로 이끌기 위해서는 국무부가 상원의 지지를 얻어야 한다는 사실을 명확히 인식하고 있었다."[121] 그는 사전에 연설을 꼼꼼히 검토해주는 대통령 밑에서 군사적 정치적 현실주의에 따라 입법부의 지원을 이끌어내기 위해 때론 과장된 언어('격퇴' '벼랑에 서다' '고통스런 재검토')를 구사했다. 해외 문제에 관한 미국의 개입이 미사여구에 그칠지, 실제 행동에 옮겨질지는 두 사람만 알고 있었다.

냉전으로 조성된 긴장된 분위기 속에서 아이젠하워가 가장 두려워했던 것은 호전적인 상원 의원과 과격한 고위 장성, 탐욕스런 무기 공급업자들로 이루어진 세력 — 그가 말한 '군산 복합체' — 이 정부를 장악하는 상황이었다. 일기나 다른 개인 문서에 반영되어 있는 세 번째 원칙은 세계 각지에서 자유를 보장하는 일은 궁극적으로 미국 경제의 건전함에 달려 있다는 것이다. 시간이 주어진다면, 미국 경제는 그 영향력을 서유럽과 일본에 전파시킬 수 있었다. 하지만 미국 경제는 무절제한 지출로 스스로 붕괴할 수도 있었다. 그는 고위 장성들에 대해 이렇게 말했다. "그들은 인플레이션과 싸우는 일이 어떤 것인지 모른다. 국가 방위에 필요한 지출을 하지 않아서 전쟁에서 패할 수 있는 만큼, 과도한 군사비 때문에 우리나라가 붕괴할 수 있다는 것도 명백한 사실이다." 이렇게 말한 적도 있다. "경제가 파산한 나라는 방어할 수 없다."[122] 아이젠하워는 국내 부문에서도 마찬가지로 경솔한 지출을 꺼렸다. 경기가 후퇴하는 초반에 케인스식 처방을 하는 데는 반대하지 않았다. 1958년 경기 하락을 막기 위해 94억 달러의 결손을 감수했는데, 이것은 평화시 미국 정부 결손

액 중 최대를 기록하고 있다.[123] 하지만 당시는 긴급 상황이었다. 아이젠하워는 연방 정부의 지출이 지속적으로 증가하는 상황을 피하기 위해 애썼다. 사회보장에 기여하기보다는 인플레이션을 진정시키려 했다. 그의 판단으로는 인플레이션을 진정시키는 일이 궁극적으로 신뢰할만한 유일한 사회보장이었기 때문이다. 그는 미국이 복지 국가가 된다는 생각에 질색했다.

아이젠하워는 사실 매우 보수적이었다. 1956년에 그는 "국내 문제에 관한 한, 태프트가 나보다 훨씬 더 자유주의적이다"라고 인정했다.[124] 그가 염려한 진짜 악몽은 미국에서 과도한 방위비 지출과 방만한 복지 기구의 운영이 함께 이뤄지는 거였다. 재앙이나 다름없는 이런 결합은 1960년대 말 현실이 되고 만다. 그가 대통령으로 재임하고 있는 동안은 여러 가지 압력에도 불구하고, GNP에서 차지하는 연방 정부 지출의 비율이 — 인플레이션 역시 — 감당할 수 있는 수준을 넘지 않았다. 이것은 주목할 만한 업적이며, 왜 아이젠하워의 시대가 현대에서 가장 큰 번영을 이룬 시기였는지 설명해준다. 게다가 이러한 번영은 세계로 퍼져나갔고, 세계의 몫은 계속 커지고 있었다.

또한 세계는 더욱 안전해졌다. 1950~52년에는 대규모 전쟁의 위험이 상당히 컸다. 하지만 1950년대 말이 되자 일종의 안정이 찾아왔다. 전 세계적으로 경계선이 그어졌고, 규칙이 정해졌으며, 동맹과 협정이 맺어졌다. 어디서나 '봉쇄' 정책이 적용되고 있었다. 1940년대 유럽과 아시아에서 급속하게 확대되었던 호전적인 레닌주의의 맹렬한 행진은 속도가 떨어져 거의 꾸물꾸물 기어가는 꼴이거나, 완전히 정지해 있는 상태였다. 하지만 봉쇄 체제가 완성되자마자, 그것이 전반적인 해결책이 될 수 없다는 사실이 드러났다. 유럽의 낡은 자유주의 제국이 붕괴되면서 새로운 범주의 국가들이 탄생했고, 이런 국가들이 새롭고 다루기 힘든 위험을 가져왔기 때문이다.

제 14 장

반둥 세대

modern times

간디와 네루

초강대국의 탄생을 불러온 역사 과정은 전통적인 강대국들을 딜레마에 빠뜨렸다. 그들의 역할은 무엇이었을까? 전쟁에서 패배한 프랑스, 독일, 일본에 대해서는 근본적인 재평가가 필요했다. 하지만 영국은 패하지 않았다. 영국은 홀로 살아남아 승전국이 되었다. 그렇다고 영국이 이전의 위상을 유지할 수 있을 것인가? 처칠은 영국의 국익을 위해 필사적으로 싸웠다. 루스벨트는 미국과 소련이 '이상주의적' 강대국이지만, 영국은 탐욕스런 구시대의 제국주의 국가라고 생각했다. 처칠은 루스벨트의 생각을 완강히 거부했다. 주영 소련 대사 마이스키(Ivan M. Maysky)는 처칠이 연합국의 손실과 나치의 손실을 한 항목에 넣어 계산한다고 말했다. 처칠은 그 말에 담겨 있는 깊은 냉소에 대해 잘 알고 있었다.[1] 그는 모스크바 주재 영국 대사에게 소련이 "오로지 냉정한 실리 판단에 따라 행동하며, 우리의 목숨과 재산 따위는 안중에도 없습니다"라고 지적했다.[2] 러시아는 대영제국을 해체한 뒤 조각난 영토를 빼앗고 싶어했다. 미국 역시 영국의 자치령들, 특히 뉴질랜드와 오스트레일리아의 지지 속에 식민지를 해방하고자 했다. 처칠은 그 사실을 깨닫고 침통했다. 오스트레일리아 외무장관 허버트 에버트(Herbert V. Evatt)는 '탈식민' 개념을 국제연합 헌장에 도입했다.[3] 처칠은 얄타에서 이렇게 소리쳤다. "내 목숨이 붙어 있는 한 영국 통치권의 이양을 허락하지는 않을 것이오."[4]

6개월 뒤 처칠은 유권자의 지지를 얻지 못하고 실각했다. 노동당 후임자들은 군비를 축소하고, 식민지를 해방하고, 러시아와 우호 관계를 맺고, 복지 국가를 건설한다는 계획을 세웠다. 하지만 실상을 알고 나자, 그런 계획이 여러 사건의 추이에 따라 달라질 수밖에 없다는 사실을 깨달았다. 1945년 8월 케인스가 그들에게 국가가 파산했음을 알려주는 종이 한 장을 내밀었다. 미국의 도움이 없다면, "영국의 소망을 이루는 데 필요한 경제적 기반은 전무하다."[5] 노조 지도자였다가 외무장관이 된 어니스트 베빈은 처음에는 '좌파는 좌파와 대화할 수 있다'는 표어를 내세우며, 원자탄에 관한 기밀 사항을 소련과 공유하기를 바랐다. 하지만 곧 동료였던 휴 돌턴에게 이렇게 말했다. "몰로토프는 지역 노동당의 공산주의자처럼 행동합니다. 심하게 대하면 앙심을 가득 품고, 잘 대해주면 콧대를 세워 우리를 함부로 대하려 합니다."[6] 베빈은 점차 집단안전보장에 대한 영국의 의지를 대표하는 인물이 되었다. 그는 1949년 몰로토프에게 이렇게 말했다. "당신은 오스트리아를 철의 장막 안에 넣으려 하겠지? 하지만 그럴 수 없을 거요. 터키와 인근 해협을 원하시오? 당신네가 그걸 얻을 수는 없을 거요. 한국을 원하시오? 마찬가지로 한국을 가져갈 수도 없을 거요. 당신네가 그렇게 자꾸 목을 내민다면, 언젠가는 그 목이 잘리고 말 것이오."[7]

베빈의 외교 정책은 영국이 전략적인 군비 경쟁을 지속해야 한다는 걸 의미했다. 케인스가 영국의 파산 보고서를 제출하고 정확히 1년 뒤, 공군 참모총장은 정부에 핵폭탄 제조 사업을 요청했다. 1947년 1월 1일 영국은 핵폭탄 폭격기 설계서를 마련했다.[8] 영국의 유명한 핵물리학자 블래킷은 영국이 핵을 보유하는 것에 반대했다. 당시 그는 영국이 미국과 소련에 대해 중립적인 자세를 취할 수 있고, 또 그렇게 해야 한다고 생각했다.[9] 수석 과학 자문역인 헨리 티저드 경 또한 영국이 독자적으로 핵무기를 보유하는 것에 반대했다. "우리는 이제 강대국이 아니고, 다시 강대국이 될 수도 없습니다. 우리가 아직까지 대국이기는 하지만, 계속 강대국처럼 행동하면 곧 대국으로 남을 수도 없게 될 겁니다."[10] 하지만 티저드는 1949년 8월 소련이 일찌감치 원자폭탄 실험에 성공하자 깜짝 놀랐고, 소련이 분명 원료를 훔쳤을 것이라고 생각했다. 어쨌든 1947년 1월 원자폭탄을 만든다는 결정이 내려졌다. 그때는 혹독한 연료 위기가 한창일 때였다. 얼마 지나지 않아 영국은 터키와 그리스에 대한 원조 부담을 트루먼에게 떠넘겼다. 원폭 제조를 결정하는 자리에는 애틀리, 베빈 외에 각료 4명이 참석했을 뿐이다.[11] 원폭 제조비용은 예산에 없었고 의회에는 비밀로 부쳤다. 1951년 총리 자리를 되찾은 처칠은 대경실색할 수밖에 없었다. 1억 파운드가 비밀리에 지출되어 원폭 제조 프로젝트가 순조롭게 진행되고 있다는 사실을 알았기 때문이다.[12]

영국은 원자폭탄을 제조하기로 결정했고, 프로젝트를 성공시켰으며, 결국 원자폭탄을 보유하게 되었다. 그 덕분에 향후 30년 동안 강대국 클럽에 남을 수 있었다. 1952년 10월 몬테 벨로(Ninte Bello) 섬에서 첫 번째 원폭 실험이 있었다. 미국과 영국은 원자력과 관련된 협력 관계를 재개했다. 1957년 5월 크리스마스 섬에서 이루어진 영국 최초의 수소폭탄 실험은 이러한 관계를 공식화하는 계기가 되었다. 미국 의회는 1946년 원자력 관리를 규정한 맥마흔법(McMahon Act)을 수정했다. 영국에 핵능력이 없었다면, 1955년과 1958년의 상호 협정은 이루어질 수 없었을 것이다. 핵클럽에 가입한 영국은 1958~63년의 핵실험 금지 협상과 1970년 핵확산금지조약을 탄생시키는 과정에서 주도적인 역할을 했다. 1960년 어나이린 베번(Aneurin Bevan)은 영국의 핵 보유를 옹호하면서, 노동당 동료에게 핵폭탄이 없다면 영국 외무장관은 "세계의 회의실에 벌거벗고 들어가는 것" 이나 다름없다는 유명한 말을 했다. 하지만 이 말은 정확한 표현이 아니다. 핵폭탄이 없다면, 영국은 이런저런 자리에서 협상 당사자가 될 수조차 없었을 것이다. 다른 신사들의 클럽처럼 핵클럽도 회의실에 누군가 벌거벗고 들어오는 것을 가만 놔두지는 않을 테니 말이다. 1962년에 영미 간에 이뤄진 나소협정(Nassau agreement)으로 영국은 현대적인 핵 발사대 64기를 갖출 수 있는 권한을 얻었다. 미국은 1,038기, 소련은 약 265기였다. 1977년이 되자 핵 발사대의 숫자는 미국 11,330기, 소련 3,826기, 영국 192기가 되었다. 영국이 전략무기제한협정(SALT)에서 제외된 것은 이처럼 상대적으로 핵 발사대의 숫자가 크게 뒤처졌기 때문이다. 그런데도 당시 영국의 '억지력' 은 소련의 모든 중요 산업 중심지와 인구 밀집 지역을 파괴하고, 2,000만 명의 사상자를 낼 수 있는 수준에 달했다.[13)]

1945~46년 영국의 정책 원칙은 미국과 연합하여 소련의 팽창을 봉쇄하기 위한 집단안보협정을 맺는 한편, 영국의 핵력을 집단안보체제에 활용하는 것이었다. 여러 차례에 걸쳐 상황이 변하고 정권도 바뀌었지만, 이러한 정책 기조는 1980년대까지 일관되게 유지되었다. 하지만 이것만이 유일하게 변하지 않는 요소였다. 다른 모든 것은 혼란과 부족한 결단력을 드러냈다. 비전이 없었고, 의지는 곧 시들었다. 1945년 늦여름 영연방은 1919년의 전성기로 돌아간 것처럼 보였다. 영국의 세력은 지구의 3분의 1에 해당하는 지역에 넓게 퍼져 있었다. 합법적인 영토 외에도 북아프리카와 서아프리카의 이탈리아 식민지, 그리고 많은 이전의 프랑스 식민지와, 유럽과 아시아의 해방된 지역을 관리하고 있었다. 여기에는 인도차이나반도와

네덜란드 동인도 같은 중요한 지역도 있었다. 사실 어떤 국가도 그처럼 방대한 영토를 책임진 적이 없었다. 그로부터 25년 후에 그 모든 것이 사라졌다. 그렇게 넓은 땅에서 그처럼 짧은 시간에 일어난 그만한 변화는 역사에서 일찍이 찾아볼 수 없었던 것이다.

해체가 시작되자, 어떤 사람들은 대영제국의 붕괴가 1941년 초 싱가포르 함락 때 이미 예고되어 있었다고 말했다. 그러나 그 말은 사실이 아니다. 1941년 영국이 수치스러워할 만한 일은 아무것도 없었다. 물론 도시를 방어하면서 지도부가 무능을 드러내긴 했지만, 군사 행동에서는 전반적으로 치욕으로 여길 만한 일이 전혀 없었다. 말레이 반도의 영국군은 일본군을 얕잡아보는 '교만' 의 죄를 범하지도 않았다. 반대로 수비대를 강화하고 무기를 개선하지 않으면 어떤 일이 일어날지 정확히 알고 있었다. 하지만 영국 본국에서는 싱가포르 대신 소련을 구한다는 결정을 내렸다. 실상을 따져보자. 20만 명의 일본군은 공군력과 해군력에서 압도적인 우위를 점하고 있었다. 무장도 잘되어 있고 군사 경험도 풍부했다. 하지만 그들은 4개 사단 병력도 안 되는 영연방 소속 전투 부대에 70일간 붙들려 있었다. 어쨌든 '아시아의 승리' 라는 이미지는 일본의 패배가 보여주는 거대한 규모를 생각하면 자취 없이 사라진다. 영국군이 싱가포르에서 항복했을 때 영국군 병력은 91,000명이었다. 1945년 이타가키 세이시로 장군이 마운트배튼(Louis Mountbatten) 제독에게 검을 넘겨주었을 때, 싱가포르 사령부에서 통솔하는 일본군 병력은 656,000명이었다. 다른 곳에서는 100만 명 이상이 영국군에 항복했다. 이외에도 무관심 속에 고립되어 있던 3,175,000명 이상의 무장한 일본군이 쏟아져 나왔다. 그것은 아시아인, 또는 비백인계 국가가 당했던 패배 중에서도 가장 큰 패배였다. 모든 면에서 서구의 기술과 조직이 근소한 정도가 아니라 압도적으로 우세하다는 사실이 입증되

었다. 그것은 근력에 대한 화력의 승리였으며, 식민지 시대 전쟁의 특징과 전형성을 보여주었다.[14)]

피지배 민족들 사이에서 대영제국에 대한 충성심이 사라졌다는 구체적인 증거는 찾아볼 수 없었다. 상황은 오히려 그 반대였다. 일본은 '인도 국민군(INA)' 을 창설하고 인도 독립 정부를 세우려고 애썼다. 하지만 그들의 고된 노력은 완전히 실패로 끝났다. 1942년 10월 찬드라 보스(Chandra Bose)가 주도한 인도 '독립 정부' 는 영국에 전쟁을 선포하고, 양곤(Yangon)을 수도로 삼았다. 그러나 인도 국민군은 인도군에 대한 군사 행동에 돌입하자마자 곧 분열되었다. 일본군은 영국에 대항한다는 목적 아래 강요와 설득으로 인도인을 그러모았다. 하지만 그 수는 민간인과 군인을 합쳐 3만 명이 넘지 않았다. 수천 명의 인도군 포로는 영국에 총칼을 들이대기보다는 고문을 받다 죽는 길을 택했다. 쿠칭(Kuching)에서 잡힌 펀자브 15연대 1대대 소속의 장교와 병사 200명은 1945년 4월까지 대부분 살해당했다. 일부는 맞아 죽었고, 일부는 참수당했다. 총검에 찔려 죽은 사람도 있었다. 인도의 '정치적 국민' 일부는 전쟁에 반대했지만, '군사적 국민' 에게는 아무런 영향도 미치지 못했다. 1914~18년에 1,457,000명의 인도인이 군에 복무했는데, 제2차 세계대전 동안에는 그 수가 250만 명을 넘어섰다. 빅토리아 십자훈장을 받은 인도인들은 11명에서 31명으로 늘어났다.[15)]

누가 인도를 대변하는가? '정치적 국민' 인가 아니면 '군사적 국민' 인가? 과연 누가 인도를 대변할 수 있단 말인가? 1945년 인도는 이미 인구가 4억 명이 넘는 국가였다. 2억 5,000만 명은 힌두교도, 9,000만 명은 회교도, 600만 명은 시크교도였다. 이외에도 수백만 명에 달하는 여러 분파의 신도, 불교도, 기독교인이 있었다. 500명의 독립 군주와 마하라자(maharajah)가 있었고, 23개의 주요 언어와 200개의 방언이 있었다. 계급은 3,000개나 되고,

그 맨 밑바닥에는 6,000만 명의 '불가촉천민'이 있었다. 인구의 80퍼센트가 50만 개의 마을에 사는데, 대부분은 육로로 접근하기조차 힘들었다. 인도는 이질적인 요소로 들끓는 거대한 나라였지만, 이 나라에서는 이미 1917년 몬터규의 개혁 아래 실제 목적에 따라 권력 이양이 시작되었다. 권력은 전통적인, 또는 종교적이거나 경제적이거나 민족적이거나 군사적인 지도자 — 아니면 이 모두에 해당되는 지도자 — 가 아니라, 서구 정치의 이데올로기와 수법, 상투어를 알고 있는 소수 엘리트에게 돌아갔다. 이러한 결정은 암리차르 사태에 대한 대응에서 확인할 수 있다. 영국은 어떤 대가를 치르더라도 인도에서 법치를 계속하겠다는 생각은 더 이상 하지 않았다. 1935년의 인도통치법으로 영국은 인도 지배를 포기하는 절차를 밟아나갔다. 영국의 지배 계층은 여론이 어떻게 떠들어대든 당시 정확히 무슨 일이 일어나고 있는지 알고 있었다. 영국 총리 스탠리 볼드윈의 밀사 데이비드슨(John C. C. Davidson)은 이렇게 보고했다.

> 여기에는 경험이 전혀 없고 교육도 제대로 받지 못한 소수의 도시 선동가들이 근면하고 비교적 만족스런 삶을 살고 있는 3억 6,500만 명의 농민을 대표하고 있다는 믿음이 널리 퍼져 있습니다. 영국 정부, 인도 부왕, 그리고 어느 정도는 인도 사회도 이를 믿게 되었습니다. 사실 이것은 간디 때문입니다. 제게는 이것이 마치 코끼리가 벼룩에 놀라 허둥지둥 도망치는 모습으로 보일 뿐입니다.[16)]

인도는 20세기의 직업 정치가들이 어떻게 지구상의 여러 국가를 차지했는지, 그 과정을 여실히 보여주었다. 개혁은 외래의 대의제를 탄생시켰다. 대개 법률가 계층의 사람들이 이런 대의제를 조직하고 조종했다. 적당한

때가 되자 통치 권력은 그들의 손아귀에 들어갔다. 대화는 오로지 신구 엘리트들 사이에서 오갔다. 보통 사람들은 아무 역할도 하지 못했다. 그들은 거대한 군중의 모습으로 배경에 등장할 뿐이다. 이러한 과정은 나중에 아시아와 아프리카 전역에서 반복되었다. 웨스트민스터 궁전, 파리, 워싱턴을 모델로 형태는 그대로 가져왔지만, 본질은 거의 잃어버리거나 아예 존재하지도 않았다. 1917년 레닌의 볼셰비키, 1949년 마오쩌둥의 공산당 간부, 인도의 국민회의당 의원들은 각기 다른 과정을 거쳐 권력을 얻었다. 하지만 이들에게는 공통점이 있다. 통치 집단을 구성하고 있는 사람들이 정치 외에는 다른 일에 몸담은 적이 없다는 것이다. 그들은 평생을 오로지 '민주주의' 라는 신축적인 개념을 악용하는 데 바쳤다.

레닌은 독재 지도자 스타일로 통치권을 주장했다. 마오쩌둥은 일종의 군벌이었다. 간디와 네루는 통치의 의지가 붕괴되면서 생긴 진공 속으로 걸어 들어갔다. 1935년 인도통치법으로 영국의 인도 통치는 영구적인 억압의 형태가 아니고는 제대로 이루어질 수 없게 되었다. 1942년 부분적으로는 루스벨트가 가하는 압력 때문에, 처칠은 제2차 세계대전이 끝나면 인도에 자치권을 부여한다고 선언하기로 했다. 그해 7월 28일 그는 조지 6세와 점심 식사를 같이했다. 조지 6세는 그날의 일을 일기에 적었다. "나는 그의 말에 놀랐다. 그는 동료와 의회의 양당, 아니면 세 당 모두가 전쟁이 끝난 뒤 인도를 인도인에게 넘겨줄 마음을 먹고 있다고 말했다."[17] 그 말은 전적으로 사실이었다. 1945~47년의 논쟁은 시기와 방법에 관한 논쟁이었을 뿐이다. 영국이 인도를 포기하는 것은 이미 기정사실로 받아들여졌다. 1947년 7월 18일 법률로 제정된 실제 인도 독립법안은 양원에서 반대 의견 없이 통과되었다. 대중은 이에 대해 전혀 관심이 없었다.

사실 지쳐버린 영국이 쉽게 포기하지 않았다면, 인도가 그토록 신속하게 독립을 얻을 수는 없었을 것이다. 간디는 해방 운동가가 아니라 정치적 기인이었다. 그는 영국의 자유주의가 제공한 제한된 환경 안에서만 성장할 수 있었다. 그는 레닌보다 한 살 많았다. 간디와 레닌은 어느 정도 종교적인 태도로 정치에 접근했다는 점에서 비슷하다. 하지만 간디는 진짜 별나다는 점에서 자신보다 20살 어린 히틀러와 더 많은 공통점이 있었다. 간디라는 이름은 구자라트어로 '식료품상' 을 의미한다. 그는 어머니와 아버지에게서 만성적인 변비를 물려받았다. 그래서 신체 기능에 집착했으며, 음식물의 섭취와 배설에 큰 관심을 보였다. 그가 런던에서 채식주의자 단체에 가입했을 때 이런 관심은 더욱 커졌다. 오늘날 우리는 간디의 삶에 대해 아주 자세히 알고 있다. 그 점에서 역사적으로 간디와 비교할 만한 다른 인물이 없다. 그는 수행자의 마을인 아슈람(ashram)에서 생활했으며, 곁에 수많은 헌신적인 여인을 두었다. 여인들 대부분은 그의 삶의 방식을 세세한 부분 하나하나까지 열정적으로 묘사했다. 1970년대 중반에 간디에 관한 전기는 400권에 달했다. 인도 정보부는 그의 어록의 영문판을 편찬하기 위해 특별 부서를 신설했다. 여기에 소속된 연구원 50명과 직원 30명은 평균 550쪽에 달하는 80권의 책을 출간했다.[18)]

간디는 매일 아침 일어나자마자 시중드는 여인에게 이렇게 물었다. "자매여, 오늘 아침 대장 운동은 어땠는가?" 그가 가장 좋아하는 책은 『변비와 우리의 문명 *Constipation and Our Civilization*』이었다. 그는 그 책을 읽고 또 읽었다. 그는 사악한 기운이 오물과 몸에 좋지 않은 음식에서 나온다고 생각했다. 그래서 왕성한 식욕을 자랑했음에도 불구하고, ─ 어떤 제자는 "그는 내가 아는 사람 중에 가장 허기진 사람이었다" 고 말했다 ─ 그가 먹을 음식은 주의 깊게 선택하고 준비해야 했다. 그는 중탄산소다, 벌꿀과 레몬주스를 주로 마셨다. 채소가 들어있는 요리에는 으깬 마늘을 곁들였

▶ 마하트마 간디(1869~1948)
다양한 성향을 지닌 남녀노소, 서구의 여러 종파의 종교인과 인도의 거의 모든 정파로부터 애정과 충성을 받았다. 그러나 그의 정치 동료 중 비폭력을 신조로 받아들이고, 그의 길을 끝까지 함께 한 사람은 거의 없다.

다. 마늘 그릇은 언제나 접시 곁에 두었다. (그는 인도인에게는 꼭 필요한 후각이 형편없었다.)[19] 간디는 중년이 되자 아내와 아이들에게 등을 돌리고, 섹스 자체를 멀리했다. 그는 여자들이 섹스를 즐기지 않는다고 생각했다. 그런 이유 때문에 여자가 남자보다 훌륭하다고 결론 내렸다. 그는 이른바 브라흐마차리아(Brahmacharya)를 실험하며, 단순히 온기를 얻기 위해 벌거벗은 여자들과 함께 잠을 잤다. 중년이 된 뒤로는 1936년 잠을 자고 있을 때 단 한 번 사정했다. 그때 나이 66세였고, 이 때문에 큰 정신적인 혼란에 빠졌다.[20]

간디의 기행은 신성한 기인을 숭배하는 인도인의 마음을 사로잡았다. 하지만 그의 가르침은 인도의 문제나 인도의 소망과는 전혀 관련이 없었다. 물레를 돌리는 일은 직물을 대량 생산하는 나라에서는 아무 의미도 없었다. 그가 생각한 식량 정책을 추진했다면, 아마 많은 인도인이 굶어 죽었을 것이다. 사실 간디의 아슈람은 퍽 비싸게 먹히는 그의 '단순한' 식사 취향과 수많은 '비서'와 하녀로 이루어져 있었다. 따라서 부유한 상인들이 엄청난 돈을 대주어야 했다. 그를 곁에서 지켜보았던 한 사람은 이렇게 말했다. "간디의 가난한 생활을 유지하는 데는 엄청난 돈이 든다."[21] 간디 현상에는 20세기적인 사기의 냄새가 강하게 풍긴다. 그의 방식은 극도로 자유로운 사회에서나 가능한 일이다. 조지 오웰은 다음과 같이 썼다.

> 영국이 그를 관대하게 대한 사실보다는, 그가 마음대로 외부에 자신을 알릴 수 있었다는 사실이 중요하다. …… 반체제 인사가 한밤중에 사라져 영원히 소식을 들을 수 없는 나라에서라면, 간디의 방식이 어떻게 먹힐 수 있겠는가? 자유로운 언론과 집회의 권리가 없다면, 외부 세계에 호소할 수 없을 뿐 아니라, 대중 운동을 탄생시키는 것도 불가능하다. …… 지금 이 순간 소련에서 간디 같은 사람을 찾아볼 수 있겠는가?[22]

간디의 생애가 증명하는 것은 영국의 통치가 그다지 억압적이지 않았으며, 인도를 기꺼이 포기하려 했다는 사실이다. 간디는 돈도 많이 들었지만, 그 때문에 인명의 희생도 많았다. 1920~21년의 사건들은 그가 대중 운동을 일으킬 수는 있지만, 그것을 통제하지는 못한다는 사실을 보여주었다. 하지만 그는 여전히 마법사 수습생처럼 굴었다. 그동안 사상자 수는 수백에서 수천으로, 그리고 다시 수만 명으로 증가했다. 또한 분파주의에서 비롯된 갈등과 인종 감정이 거대하게 폭발할 준비를 하고 있었다. 그는 심하게 분열되어 있는 인도아대륙에서 가능성의 법칙에 대해서는 눈을 감았다. 이러한 상황에서, 무슨 일이 있어도 살생은 하지 않는다는 선언은 무의미할 뿐이다.

자와할랄 네루에게도 이와 비슷한, 어처구니없는 경박함을 보게 된다.

그는 브라만 계급이었다. 브라만 계급은 원래 성직 계급이지만, 현대에 와서는 주로 법률가나 정치가를 배출했다. 네루는 어머니의 사랑을 독차지한 외아들로, 여교사와 신지론자(神智論者)에게서 교육을 받았다. 그 후 영국의 해로학교와 케임브리지대학에서 수학했다. 해로학교에서는 조(Joe)라는 이름으로 불렸다. 그는 젊은 시절 런던이나 휴양지에서 화려한 생활을 하며 일 년에 800파운드씩 썼다. 그는 싫증을 잘 냈다. 근면한 알라하바드(Allahabad)의 판사였던 아버지가 카슈미르(Kashmir) 지방 브라만 계급의 여인을 아내로 골라주자, 순순히 결혼했다. 하지만 (레닌처럼) 일자리를 얻어 가족을 부양할 생각은 털끝만큼도 하지 않았다. 아버지는 그에게 이렇게 말했다.

> 시간을 내서 불쌍한 암소들을 돌본 적이 있느냐?…… 암소의 입장이 되어본 적이 있느냐? 나는 지금 네 어머니와 아내, 자식과 네 누이 얘기를 하는 게다. 너와 내가 소홀히 했기 때문에, 그들은 암소 신세가 되고 만 게야. …… 자식을 굶기는 남자가 나라에 그다지 유익한 일을 할 수 있을 거라 생각하지 않는다.[23]

네루는 간디의 행적을 좇아 정계에 흘러들어갔다. 1929년 모한다스 간디는 네루를 국민회의당의 의장으로 삼았다. 네루는 잠깐 농부의 삶에 몸을 담기도 했다. "나는 그들과 함께 일하고, 그들과 섞여 진흙 오두막에 살며, 초라하고 경건한 음식을 함께 나누는 특권을 누렸다." 그는 히틀러가 란츠베르크에서 형기를 채우고 있을 무렵, 선동죄로 역시 감옥에 가 있었다. "새로운 경험이 될 것이다. 이 싫증나는 세계에서 감옥 생활은 무언가 새로운 경험이 될 것이 분명하다." 그는 "버트런드 러셀의 책을 연구하는 과정에서" 인도를 구제할 수 있을지 모른다고 생각했다. 그는 많은 면에서 블룸즈버리그룹의 인물과 비슷했다. 이국적인 풍토에 이식된 정치화된 리턴 스트레이치라고 할 수도 있을 것이다. 레너드 울프는 그를 '지식인 중의 지식인' 이라고 했다. 비어트리스 웹 부인은 "패자를 구제하기 위해 몸을 바친 귀족적인 세련미와 교양의 극치"라고 평하며 열광했다.[24] 그는 유럽 좌파의 처방을 통째로 꿀꺽 삼켰다. 공화파 스페인을 열렬히 지지했으며, 스탈린의 조작 재판을 액면 그대로 받아들였다.

네루는 유화론자였고, 일방적인 무장 해제론자였다. 그는 1942년에 봉기를 선동하여, 제2차 세계대전 동안 대부분의 시간을 감옥에서 보냈다. 따라서 인도의 교도소에 관한 한 박식했다. 하지만 4억의 인구를 먹여 살리는 데 필요한 부의 창출 과정과 행정에 대해서는 아무것도 몰랐다. 그는 1940년대 말까지 인도의 인구가 부족하다고 생각했던 것 같다.[25] 그는 마지막 순간까지 영국이 국민회의당에 통치권을 넘겨주더라도, 이슬람교도들이 분리를 요구하지는 않으리라 믿었다. 이것은 그가 인도의 실상에 대해서 아는 것이 거의 없었다는 사실을 보여준다. 더 놀라운 것은 폭력적 분파주의에 관한 견해다. 그는 19세기 이전부터 널리 퍼져 있었으며, 간디의 운동과 암리차르 대학살 후에 다시 시작된 분파주의자들의 폭력이 본질적으로 영국의 통치 때문에 생겨났다고 생각했다. 그는 1946년 자크 마르쿠제(Jacques Marcuse)에게 "영국이 철수하면 인도에는 더 이상 사회적 갈등이 없을 것입니다"라고 말했다.[26]

제2차 세계대전 뒤에 치러진 1946년 인도 총선에서, 이슬람 동맹당이 분리 계획을 내세워, 이슬람교도에 할당된 의석 대부분을 차지했다. 이로써 분리 독립이 불가피하며, 대규모 유혈 사태가 빚어질지 모른다는 사실이 분명해졌다. 권력 이양은 영국과 인도 정치가들이 뛰어난 수완을 발휘하여 순조롭게 이뤄낸 것처럼 보였지만, 사실은 영국 정부가 통제력을 상실했던 것뿐이다. 마운트배튼 경은 영국 경제가 벼랑 끝에 내몰렸던 1947년 2월 20일 인도 부왕으로 임명받았다. 그는 인도 독립을 1948년 6월까지 마칠 수 있다면 무엇이든 해도 좋다는 지시를 받았다. (그가 조지 6세에게 말했듯 '전권 위임' 을 받았다.)[27] 그가 인도에 도착하기도 전에 대량 학살이 시작되었다. 처칠은 "14개월이라는 기한은 순조로운 권력 이양에 치명적인 타격을 줄 것" 이라고 말했다. 힌두교와 이슬람교, 양쪽 극단주의자들에게 세력을 형성할 수 있는 시간을 주기 때문이다. 전임 인도 부왕인 웨이블 경은 영국이 통일된 상태로 인도에 권력을 넘겨주어야 한다고 생각했다. 원한다면 그 다음에 인도인들 스스로 인도를 분할하게 해야 한다는 것이다. 프랜시스 터커(Francis Tuker) 경은 인도 분리 시 일어날 수 있는 우발사태에 대비하고 있었는데, 권력 이양을 서두르면 분리를 피할 수 없을 것이라고 판단했다. 그러나 마운트배튼 경이 권력 이양을 서둘렀다. 그는 인도에 도착한 지 2주일도 안 되어 분리에 찬성하는 결정을 내렸다. 국경선위원회의 위원장 시릴 래드클리프(Cyril Radcliffe) 경은 혼자서 인도와 파키스탄의 국경선을 결정해야 했다. 힌두교 위원과 이슬람교 위원들이 독자적인 결정을 내리기를 너무 두려워했기 때문이다.

그 결과는 1918~19년 합스부르크 제국이 붕괴되었을 때의 양상과 똑같았다. 통일된 원칙이 사라졌고, 결과적으로 더 많은 문제가 발생했다. 군소 군주들은 버려졌고, 소수 종파와 집단은 고려되지 않았고, 불가촉천민들은 무시되었다. 실제 모든 어려운 문젯거리, 펀자브, 벵골, 카슈미르, 서북국경, 신드, 발루치스탄은 인도인들 스스로 해결하도록 내버려두었다. 마운트배튼 경은 홍보와 선전에 뛰어난 재능을 보였으며, 뒤로 물러서지 않고 꿋꿋했다. 하지만 권력 이양과 인도 분리는 대실패였다. 허세를 바탕으로 2세기 동안 성공적으로 영위되어왔던 인도 통치는 불명예스런 종말을 맞고 말았다. 재앙이 찾아왔다. 500~600만 명의 사람들이 목숨을 부지하기 위해 사방에서 쏟아져 나왔다. 서부 펀자브 지방에서는 놀란 힌두교도와 시크교도의 행렬을 볼 수 있었다. 그 길이는 90킬로미터에 달했다. 23,000명의 국경선 방위군은 너무 약했고, 그중 일부 부대는 살해 행위에 동참했던 것으로 보인다.[28] 학살의 피비린내는 러티언스가 지은 멋진 총독 관저에까지 미쳤다. 마운트배튼 부인 밑에서 일하는 회교도도 여러 명 살해당했다. 마운트배튼 부인은 시체를 안치소로 옮기는 일을 거들었다. 이 일에 어느 정도 책임을 져야 할 간디는 그녀에게 이렇게 털어놓았다. "이런 일은 세계 역사상 유례가 없는 일입니다. 수치심으로 목을 매달고 싶은 심정입니다."[29] 해방된 인도인들을 블룸즈버리그룹의 일원쯤으로 생각했던 네루는 이즈메이(Ismay) 부인에게 "국민들이 완전히 이성을 잃고 짐승보다 못한 행동을 하고 있습니다"라고 인정했다.[30]

간디도 유혈 사태의 희생자가 되었다. 그는 1948년 1월 자신들의 때가 찾아왔다고 생각한 광신자에게 암살당했다. 간디 외에 얼마나 많은 사람이 죽었는지는 앞으로도 정확히 알 수 없을 것이다. 당시에는 100만~200만 명이 사망했을 것으로 추정되었다. 오늘날에는 사망자를 20만~60만 명 정도로 추산하고 있다.[31] 하지만 그때 이후로 이 사건을 축소하고 잊어버리려는 보편적인 소망이 존재해온 게 사실이다. 똑같은 일이 되풀이되지 않을까 하는 두려움 때문이다. 무정부 상태에서 또 다른 불법 행위들이 자행되었다. 네루는 본향인 카슈미르에서 군대를 이용하여 인도의 통치권을 강화했다. 지배자가 힌두교도라는 이유를 들어 카슈미르 인구 대부분이 회교도라는 사실은 무시했다. 여기서 회교도는 '야만인' 취급을 받았다. 하이데라바드(Hyderabad) 지역은 대다수가 힌두교도였지만 지배자가 회교도였다. 네루는 여기서는 원칙을 어겼다. 그는 "미치광이들이 하이데라바드의 운명을 손안에 쥐고 있다"고 주장하며 다시 군대를 이용했다.[32] 그리하여 인도의 가장 아름다운 지방이었던 카슈미르도 계속 분할된 상태로 남게 되었다. 이러한 상황은 인도와 파키스탄 사이에서 두 번의 전쟁이 일어나는 불씨가 되었다.

▶ **자와할랄 네루(1889~1964)**
1929년 라호르 국민회의당 대회에서 간디가 의장으로 지명한 이후 1964년 총리 재임 중 사망할 때까지 네루는 국민의 영웅이었다.

네루는 인도를 17년간 통치했고, 의회주의 왕조를 구축했다. 그는 인기 있는 통치자였지만, 유능한 통치자는 아니었다. 인도의 하원 로크사바(Lok Sabha)를 만들기 위해 최선을 다했으며, 거기서 일하면서 많은 시간을 보냈다. 하지만 너무 독재적이었다. 그런 조건에서는 내각 통치가 발전할 수 없었다. 그의 통치는 일인극(一人劇)에 가까웠다. 그는 만족한 듯 이렇게 얘기했다. "내 생각에는 내가 물러나면 큰일이 벌어질 것 같다."[33] 외국에서도 일반적으로 비슷한 견해가 받아들여졌다. 월터 리프먼은 네루에 대해 "아시아에서 가장 위대한 인물"이라고 썼다. 딘 애치슨은 "그가 없었다면, 그러한 인물을 만들어내야 했을 것이다"라고 말했다. 「크리스천 사이언스 모니터」지는 그를 "세계의 거인"이라고 표현했다. "네루 씨는 아무 과장 없이, 델리가 아시아의 학교라고 말할 것"이라고 「가디언」지는 보도했다. 아들라이 스티븐슨은 그를 "생전에 후광을 씌워줄 만한" 극소수의 인물 중 하나라고 생각했다.[34] 정작 네루는 이 모든 말을 믿지 못했다. 1948년에 그는 다음과 같이 기록했다. "우리가 모든 소중한 가치를 상실하고, 비천한 기회주의 정치로 떨어지고 있다는 사실은 생각하는 것조차 끔찍하다." 토지개혁을 했지만, 소수 부농만 혜택을 입었을 뿐, 농업 생산력에는 전혀 도움이 되지 못했다. 그는 경제 개발 계획에 대해 말하면서 "나라의 풍경이 완전히 바뀌어 세계가 놀라고 말 것이다"라고 했다. 하지만 대단한 변화는 아무것도 없었다. 1953년에는 경제에 대해 "나는 완전히 깜깜하다"고 털어놓았다. 한때는 한두 개의 댐을 건설하려 했지만, 나중에는 관심이 시들해졌다. 그는 라자고팔라차리(Chakravarti Rajagopalachari) 총독에게 이렇게 썼다. 일반적으로 말해서 "우리가 하는 일은 점점 예전에 영국 정부가 했던 일과 비슷해지고 있지만, 효율은 더 떨어지기만 합니다."[35] 네루는 나라를 통치하는 방법을 몰랐다. 그는 인도 국민이 보낸 편지에 답장하느라 매일 4~5시간씩 최대 8명의 타이피스트에게 구술하곤 했다. 불평불만을 담은 편지가 하루 2,000통씩 집무실로 쏟아져 들어왔다.[36]

네루가 정말 좋아한 것은 세계무대에서 국제도덕에 관해 장황하게 떠드는 일이었다. 1950년대 그는 차원 높은 사기를 대표하는 인물이 되었다. 하지만 자국에서는 정복욕을 마음껏 불태웠다. 1952년에는 군대를 이용하여 나가족(Naga)을 정복했다. (공중에서 기총소사를 가하는 일에는 반대했다.) 포르투갈령 고아(Goa)는 당시 인도에 유일하게 남아 있던 식민지였다. 새로운 혼혈 종족인 고아인이 인도에 병합되는 것을 완강히 거부하자, 네루는 일단의 인도인 자원자들을 고아로 들여보냈고, 이어 무력으로 고아를 점령했다. 하지만 외국에 나가서는 서구 제국주의를 비난했다. 그의 생각에 따르면, 미국인들이 한국에서 보여주는 행태는 "벵골인을 제외하면 그만큼 분별없는 국민이 없다는 사실"을 보여주는 것이었다. (벵골인들은 1950년대까지 계속 대량 학살을 벌이고 있었다.) 1956년 수에즈 위기 때 영국과 프랑스가 이집트에 군사 행동을 시작하자, 네루는 "우리 중 누구도 참을 수 없는 역사에 대한 반역" 이라고 말했다. "나는 이보다 더 나쁜 침략의 사례를 상상할 수 없다."[37)]

그러나 네루는 공산주의 세계에 대해서는 매우 다른 기준을 적용했다. 웹 부부가 소련에 관해 쓴 거짓투성이의 책을 가장 권위 있는 책, '위대한 작품' 이라고 생각했다. 1955년 소련을 방문한 네루는 사람들이 "행복하고 명랑하며 …… 영양 상태가 좋다" 는 것을 알았다. 그는 시민의 권리가 제대로 지켜지고 있다고 생각했다. 모두가 "일에 열중하여 바빠 보이고 …… 만족해한다" 는 게 일반적인 인상이었고, 그들에게 "불만이 있다고 하더라도 아주 사소한 부분" 에 국한된다고 생각했다.[38)] 그는 소련의 식민지주의에 대해서는 전혀 관심이 없었다. 사실 그런 것이 있는지조차 깨닫지 못했다. 실론(Ceylon)의 총리 존 코텔라왈라(John Kotelawala) 경이 소련의 영향력 아래 동유럽에 수립된 괴뢰 정권과 관련하여 소련을 비난했을 때, 네루는 몹시 화를 냈다. 그는 관련 정보가 부족하다는 이유로 1956년 소련의 헝가리 침공을 비난하지 않았다. 대신 개인적으로 가볍게 불만을 표시함으로써 양심과 타협했다.[39)] 물론 네루가 헝가리에 해줄 만한 일은 아무것도 없었다. 하지만 중국이 티베트를 침략하여 병합했을 때는, 그가 구원의 사도가 될 수도 있었다. 중국의 요구는 완전히 제국주의적인 것이었다. 많은 인도인이 네루가 행동을 취하기를 바랐지만, 그는 아무것도 하지 않았다. 그는 티베트 침공을 "기나긴 고통을 경험한 중국인들의 심리" 라는 관점에서 이해해야 한다고 생각했다.[40)]

하지만 중국인들이 고통을 받았다고 해서, 왜 무력한 티베트인들에게 화풀이를 해야 하는가? 티베트의 전통 사회는 성냥갑처럼 부서졌다. 티베트인들은 중국의 중부로 쫓겨 갔으며, 대신 중국인 '정착민' 들이 그 땅을 차지했다. 네루는 이 사실을 어떻게 설명할 수 있을까? 그가 중국을 변호하는 데 이용한 논리는, 서유럽인들이 1930년대 중반 히틀러를 옹호하면서 이용했던 논리와 똑같다. 네루는 최후의 인도 부왕이었을 뿐만 아니라 대국에 고개를 숙이는 마지막 유화론자이기도 했다.

당시 네루는 일종의 홍행주로 새로운 중국을 국제사회에 소개하기 위해 안달이 나 있었다. 그는 저우언라이의 입담과 아첨에 흡족해했다. ("각하는 저보다 세계와 아시아에 대해 더 많은 것을 알고 계십니다.") 남자답고 호전적인 마오쩌둥을 영웅처럼 숭배했으며, 사납고 불만이 가득한 이웃 국가의 호치민에게 완전히 매혹되었다. ("점잖고 솔직해 보이는 인상에다 친절하고 부드러운 사람이다.") 중국을 방문했을 때는 중국인들의 진심어린 열렬한 환영을 받고 놀랐다.[41]

그는 중국과 인도 사이에 근본적인 이해의 충돌이 있을 수 있다는 사실을 모른 듯하다. 스스로 중국의 국위를 높여주면서 엄청난 골칫거리를 키우고 있다는 사실도 몰랐을 것이다. 1959년 마침내 사건이 터졌다. 중국은 스승 네루에게서 필요한 모든 것을 얻고 나서, 히말라야 국경선을 조정하고 군사 도로를 건설하기 시작했다. 네루는 티베트에서 중국의 '권리'를 인정함으로써 스스로 파놓은 함정에 빠졌다. 1962년에 위기가 찾아왔다. 초조해진 네루는 장군들의 과신에 현혹되어 전쟁에 나서는 실수를 저질렀다. 인도군은 크게 패했다. 네루는 굴욕을 참아가며 미국에 원조를 요청했다. 공황 상태에 빠진 그는 중국의 낙하산부대가 캘커타(Calcutta)에 투하될까 봐 두려웠던 것이다. 워싱턴에서 '신식민지주의자' 들의 상징인 C-130 전술 수송기를 제공했고, '제국주의자' 들의 선봉인 제7함대가 네루를 구하기 위해 벵골만으로 이동해왔다. 그러자 수수께끼처럼 중국이라는 스팀롤러가 멈추었다. 네루는 이마의 땀을 훔치고 나서, 미국의 충고를 받아들여 휴전에 동의했다.[42] 하지만 그때 이미 네루는 더 이상 중요한 인물이 아닌 평범한 노인에 불과했다.

제3세계의 환상

하지만 1950년대 중반까지 네루는 진보적인 프랑스 기자들이 '제3세계'라고 명명한 새로운 실체의 선도자 역할을 했다. 제3세계라는 개념은 언어의 요술로 태어났다. 여기에는 새로운 단어와 문장을 만들어내 달갑지 않은 곤란한 사실들을 변화시킬 수 있다는 가정이 깔려 있다. 우선 탐욕스런 자본주의 국가로 이루어진 서구가 제1세계다. 제2세계는 강제수용소 체제를 갖추고 있는 전체주의적 사회주의 국가의 세계다. 이 두 세계는 모두 가공할 만한 대량 살상 무기를 보유하고 있다. 여기에 제3세계가 생거니지 말란 법이 어디 있는가? 제3세계는 식민지가 새까맣게 타고 남은 잿속에서 솟구쳐 날아오른다. 제3세계는 자유롭고, 평화를 사랑하며, 비동맹주의를 추구하고, 근면하며, 자본주의자와 스탈린의 패악을 깨끗이 지워버리고, 공공의 미덕으로 밝게 빛나며, 현재의 노력으로 자신을 구하고, 장래에 세계의 모범이 될 것이다. 19세기에는 이상주의자들이 억압받는 프롤레타리아 계급을 도덕적으로 우월한 집단이라 생각하고 프롤레타리아 국가를 유토피아로 여겼다. 이와 비슷하게 과거에 식민지였다는 사실과 유색 피부가 국제적인 존경을 받는 데 필요한 권리 증서로 여겨졌다. 식민지였던 나라는 원칙상 모두 옳았다. 이러한 국가들의 모임은 현자들의 회의가 될 것이다.

1955년 4월 18~24일 인도네시아 반둥에서 아시아아프리카회의가 열렸다. 이 회의에서 인도네시아 대통령 수카르노의 선도로 제3세계라는 개념이 구체화되었다. 반둥회의는 아시아의 약 23개 독립국과 아프리카의 4개 독립국이 참석했다. 곧 독립국이 될 골드코스트(Gold Coast)와 수단도 참석했다. 이때가 네루의 절정기였다. 세계적인 거물이 된 그는 반둥회의를 저우언라이를 세계에 소개하는 기회로 삼았다. 다른 거물도 많았다. 버마의 우 누(U Nu), 캄보디아의 노로돔 시아누크(Norodom Sihanouk), 파키스탄의 모하메드 알리(Mohammed Ali), 아프리카의 첫 번째 흑인 대통령이 될 콰메 은크루마, 키프로스의 대주교 마카리오스(Mikhail K. Mouskos, Makarios Ⅲ), 미국의 흑인 의원 애덤 클레이턴 파웰(Adam Clayton Powell), 예루살렘의 그랜드 무프티(Grand Mufti, 이슬람교 법률 전문가)도 있었다.[43] 행사장에는 1,700명의 비밀경찰이 깔려 있었다. 회의에 참석했던 사람들 중 일부는 나중에 서로 암살 음모를 꾸몄고, 일부는 감옥에서 죽거나, 불명예 속에서 죽거나, 망명지에서 생을 마쳤다. 하지만 당시까지 제3세계는 침략이나 영토 합병, 학살, 잔인한 독재의 오명으로 더럽혀지지 않은 상태였다. 아직은 순수의 시대였다. 아직은 다수라는 추상적인 힘, 나아가 언어라는 추상적인 힘이 세계를 변화시키리라는 믿음이 존재했다. "반둥회의는 인류 역사상 처음 있는 대륙 간 유색 인종 회의입니다." 수카르노는 개회 연설에서 그렇게 말했다. "형제자매 여러분! 이 시대는 얼마나 역동적입니까! …… 수많은 민족과 국가가 수 세기의 잠에서 깨어났습니다!" 전쟁으로 지구를 황폐화시킨 백인들의 구시대는 사라지고 새로운 시대가 밝아오고 있었다. 이제 냉전은 사라지고 새로운 다인종 다종교의 형제애가 싹틀 것이다. "모든 위대한 종교는 관용을 전하고 있다는 점에서 하나"이기 때문이다. 유색 인종은 새로운 도덕을 낳을 것이다. "우리 아시아와 아프리카 민족은 …… 세계 인구의 절반이 훨씬 넘습니다. 우리는 평화를 위해, 제가 말하는 '국가의 도덕적 폭력'을 동원할 수 있을 것입니다."[44] 이 인상적인 표현 뒤에 화려한 말의 향연이 뒤따랐다. 이 모든 것에 압도당한 사람들 중에는 미국의 흑인 작가 리처드 라이트(Richard Wright)도 있었다. 그는 "이것이 바로 인류의 연설이다"라고 썼다.[45]

수카르노는 이 회의를 주재할 인물로 적격이었다. 탈식민지 국가의 지도자가 보여줄 수 있는 환상과 정치적 단호함, 비정한 태도에서 그를 따를 만한 사람은 아무도 없었다. 네덜란드령 동인도는 수천 개의 섬을 합쳐 하나의 행정 단위로 만든 것이다. 말하자면 그 자체가 제국이다. 그곳은 1870년까지 순수한 탐욕의 원칙이 지배했다. 그 뒤 위대한 이슬람 학자 스노우크 휘르흐로네(Christiaan Snouck Hurgronje) 아래서 '윤리적 정책'이라는 이름으로 서구화와 '연합'이 추진되었다. 토착 엘리트도 생겨났다.[46] 이러한 일은 선의로 이루어졌지만, 실제로는 네덜란드의 민족주의가 반영되어 있었다. 그래서 1930년대에 이에 대항하는 자바인들의 민족주의가 부상하자 해법을 찾을 수 없었다. 1927년부터 수카르노와 몇몇 사람들이 원주민 선동자들을 수용하는 뉴기니 디굴 강 상류에 있는 수용소에서 자바 민족주의를 이론적으로 정립했던 것으로 보인다.[47] 그것은 사실 이슬람교와 마르크스주의, 유럽 자유주의의 상투적인 논리를 뒤섞어 화려한 표현으로 장식한 것에 불과했다. 누가 뭐라고 해도 수카르노는 언어 구사 능력에서 타의 추종을 불허했다. 1941년 네덜란드는 일본에 쫓겨나면서 지배 의지도 잃어버렸다. 1945년 일본이 패망했을 때는 자바 민족주의자들이 세력을 잡기 시작했다. 네덜란드는 그곳을 떠나면서 혼혈 인종의 83퍼센트를 데리고 갔다. 중국인들은 자기 목소리를 내지 못하고 박해받는 소수 민족으로 전락했다. 대부분 원시 부족 연합체를 이루며 살고 있던 많은 비(非)자바인은 '인도네시아' 라는 이름의 자바인 제국 아래서 식민지 국민이 되어야 했다.

수카르노는 인도에서 네루가 그랬던 것처럼, 1억 명의 인구에 대한 통치권을 부여받은 적이 없다. 사실 그 점에서는 네루보다도 못했다. 수카르노 역시 행정 능력이 없었다. 하지만 그에게는 언어 능력이 있었다. 문제에 직면하면 말로 해결했다. 그러고 나서 그 말을 두문자어(頭文字語)로 바꾸었고, 문맹의 군중은 그 단어로 노래를 부르며 환호했다. 그는 개념(概念)으로 통치했다. 당 간부들은 '수카르노 대통령의 개념을 이행하자' 라는 표어로 건물을 도배했다. 1945년에 등장한 첫 번째 개념은 '판카실라(Pancasila)' 5대 원칙이었다. 민족주의, 국제주의(인도주의), 민주주의, 사회 번영, 신에 대한 믿음이 그것이다. 이것은 인도네시아 정신의 본질이 되었다.[48] 내각은 '혁명' 의 3대 줄기, 즉 '나시오날리스메(Nasionalisme, 민족주의)' '아가마(Agama, 종교)' '코무니스메(Komunisme, 공산주의)' 를 연합한 '나사콤(NASAKOM)' 으로 불렸다. 헌법은 '우스데크(USDEK)' 였다. 수카르노의 정치 성명은 '마니폴(MANIPOL)' 이었다. 내각의 연합은 상호 부조를 뜻하는 '고통로종(gotong-rojong)' 이었다. '합의를 이끄는 토의' 라는 의미의 '무스자와라(musjawarah)' '직능 대표제'(그에게는 조합주의를 의미했다)를 뜻하는 '무파카트(mufakat)' 란 말도 있었다. 정당 정치에 불만을 품은 그는 '정당을 묻어버리자' 라는 연설을 했고, '데모크라시 트르픽핀(Demokrasi Terpimpin)' , 즉 교도민주주의(guided democracy)를 도입했다. 이것은 다시 '에코노미 트르핌핀(Ekonomi Terpimpin)' , 즉 교도경제(guided economy)의 도입을 가져왔다. 교도경제는 '케프리바디안 인도네시아(Kepribadian Indonesia)', 인도네시아의 정체성을 드러냈다. 그는 자신이 교도 역할을 해야 한다고 생각했다. 이렇게 표현하고는 했다. "대통령인 수카르노가 시민인 수카르노에게 내각을 조직해달라고 요청했다."[49]

1950년대 국내에 어려운 문제가 쌓이는 동안, 수카르노는 국외 문제에 더 많은 시간과 말을 쏟아 부었다. 그는 자유롭고 능동적인 중립주의에 대해 말했다. 이어 오래된 기존 세력과 새롭게 등장한 신흥 세력의 대립에 대해, 그리고 '자카르타 · 프놈펜 · 베이징 · 평양 추축' 에 대해 말했다. 그러면서도 인도네시아에 거주하는 중국인들을 괴롭히고, 국제 보이스카우트 운동을 비난했다. 그는 언제나 '국가는 언제나 적을 필요로 한다' 는 원칙을 고수했다. 그래서 '대(大)인도네시아' 를 구상해냈다. 한마디로 이리안자야, 말레이시아, 포르투갈령 티모르, 오스트레일리아의 영토를 빼앗겠다는 얘기였다. 이를 위해 '대결' 이라는 용어를 만들어냈고, '간장 말레이시아(Ganjang Malaysia)' '말레이시아를 쳐부수자' 는 표어를 내걸었다. 관제시위 기술을 개발해 외국 대사관 앞에서 군중 시위를 연출하기도 했다. 때로는 군중이 '지나치게 과격해지게' 내버려두었다. (1963년에는 영국 대사관을 방화했다.) 언제나 표어를 전달하여 군중을 선동했다. 외국의 행태를 비난할 필요가 생기자, 신식민지주의(Neo-Colonialism), 식민지주의(Colonialism), 제국주의(Imperialism)를 합쳐 네콜림(NEKOLIM)이라는 단어를 만들었다. 외국의 원조가 중단되거나 국제연합이 자신을 비난할 때는 '홀로 일어서자' 라는 뜻의 '베르디카리(BERDIKARI)' 라는 말을 썼다. 이리안자야를 차지한 1962년은 '승리의 해' 였다. 말레이시아 문제에서 실패한 1963년은 '위험 속에 산 해' 였다. 이 말을 뜻하는 '타훈 비베레 페리콜로소(Tahun Vivere Pericoloso)' 와 혁명(Revolution), 인도네시아 사회주의(Indonesian socialism), 타고난 지도력(natural leadership)을 합친 레소핌(RESOPIM)에는 네덜란드, 인도네시아, 프랑스, 이탈리아, 영국의 언어와 개념이 뒤섞여있다. 수카르노는 이런 말들을 고삐 삼아 비틀거리는 제국을 끌고나갔다.[50)]

위험 속에서 사는 것을 마다하지 않는 사람이 있다면, 그는 바로 말 많고 정력적이며 쾌락을 사랑하는 수카르노일 것이다. 그는 다인종주의를 몸소 실천하며 수많은 아내와 정부를 두었고, 계속된 외국 나들이를 통해 훨씬 더 멀리까지 여자를 물색하며 돌아다녔다. 중국의 비밀경찰은 그의 애정 행각을 필름에 담아 후대에까지 전해주었다. 타스(Tass) 통신사의 비공식 보고서를 통해 내용을 어느 정도 파악하고 있던 흐루쇼프도 1960년 인도네시아를 방문했을 때는 큰 충격을 받았다. 수카르노 대통령이 벌거벗은 여자와 즐겁게 대화를 나누는 장면을 목격했기 때문이다.[51)] 1960년대가 되면서 인도네시아의 경제는 붕괴될 지경이었다. 소수의 중국인들이 사실상 사라져버리자 유통 체계가 무너졌다. 시골에서는 곡물이 썩어나갔고, 도시는 굶주렸다. 외국 투자는 사라졌다. 여전히 펑펑 쏟아지는 석유를 제외하고, 국유화된 산업은 탐욕스런 관료들 아래서 서서히 무너지고 있었다. 1965년 가을, 대외 채무는 24억 달러를 넘어섰고, 신용은 고갈되었다. 그동안 쏟아 부었던 표어도 바닥나버렸다. 어찌할 바를 몰랐던 수카르노는 인도네시아공산당(PKI)의 쿠데타를 용인했던 것으로 보인다.

쿠데타는 1965년 10월 1일 이른 시간에 일어났다. 군대의 지도부를 제거할 계획이었다. 육군 참모총장 압둘 야니(Abdul Yani) 장군과 다른 두 명의 장군이 현장에서 사살당했다. 국방장관 나수티온(Abdul Haris Nasution) 장군은 담을 넘어 암살을 면했지만, 그의 딸이 살해당했다. 다른 장군들은 생포되어 고문을 받다가 죽었다. 고문과 살해는 종교의식처럼 치러졌다. 눈알을 후벼 파내고 생식기를 자른 다음, 사체를 악어굴인 루방 부아자(Lubang Buaja)에 던져 넣었다.[52] 나중에 특별 군사 재판소에서 이 사건을 조사했는데, 많은 자료가 공산주의자들의 죄를 낱낱이 밝혀주었다.[53] 그러나 '게스타푸(Gestapu)' 라고 불리는 이 쿠데타는 실패로 끝났다. 육군전략사령부 사령관 수하르토(Suharto)가 사태를 진압했고, 무서운 보복이 뒤따랐다. 10월 8일 자카르타에 있는 공산당 본부가 불에 타면서 보복 살해가 시작되었다. 학살은 지역적인 특색에 따라 집단적인 방식으로 이루어졌다. 모두가 동등하게 연대 책임을 져야 했으며, 일가족 전체가 죗값을 치러야 했다. 이 사건은 20세기 학살의 시대에도 가장 끔찍한 조직적 학살 가운데 하나로 기록될 것이다. 당국의 조사에 따르면 희생자 수가 약 20만~25만 명이 될 것이라고 했지만, 실제로는 100만 명 가까이 죽었을 것이다.[54] 수카르노는 가택 연금 상태에서 무기력하게나마 학살을 중지하라고 계속 요청했다. 희생자들 대부분이 그의 지지자였기 때문이다. 하지만 그의 요청은 무시되었다. 천천히 진행되는 일종의 정치적 고문이 가해졌고, 수카르노는 직무를 하나둘씩 내려놔야 했다. 나락으로 떨어지는 단계마다 아내가 한 명씩 떠나갔다. 1970년 6월 21일, 사람들의 뇌리에서 사라진 채 말도 못 하는 상태에서 신장 질환으로 사망할 무렵 그의 곁을 지킨 아내는 한 명뿐이었다.

하지만 이것도 역시 장차 일어날 일이었다. 1955년 반둥에서는 모든 것을 정복하는 '말' 이 여전히 큰 영향력을 행사하고 있었다. 반둥회의에 참석한 사람들 중에는 이집트 대통령 가말 압델 나세르도 있었다. 그는 새로운 허풍의 무대에서는 풋내기였지만, 고국에서는 이미 뛰어난 웅변술로 자신만의 몫을 누리고 있었다. 이스라엘은 분명 아프리카 아시아 국가였지만, 반둥회의에 참석하지 않았다. 여기에는 길고 복잡한 이야기가 있다.

가장 강력하고 극도로 편집증적인 동인이 이 이야기를 관통하고 있다. 석유에 대한 만족할 줄 모르는 탐욕과 반유대주의라는 악이 그것이다.

영국은 1908년 중동의 유전 지대로 진출했다. 1924년 미국이 그 뒤를 따랐다. 1936년 영국은 5억 2,400만 톤의 확실한 매장량을 보유하고 있었고, 미국은 9,300만 톤이었다. 1944년 그 수치는 각각 21억 8,100만 톤과 17억 6,800만 톤으로 치솟는다. 1949년 무렵에는 미국의 석유 산출량이 영국을 앞질렀다. 미국이 채굴하는 석유 대부분은 매장량이 가장 풍부한 사우디아라비아의 유전에서 나왔다.[55] 1940년대 초반이 되자 세계 석유 매장량의 대부분이 중동 지역에 묻혀 있다는 사실이 알려졌다. 1944년 미국 석유위원회 위원장 에버렛 드골리에(Everett DeGolyer)는 이렇게 말했다. "세계 석유 생산의 무게중심은 이리저리 변하다가 결국 중동 지역에 단단히 못 박힐 것이다." 같은 시기에 미국 내 석유가 바닥날 수 있다는 징후가 발견되었다. 1944년의 추정치로는 14년 동안 쓰고 나면 석유가 바닥날 수밖에 없었다.[56] 4년 뒤 국방장관 포레스털은 석유 산업 관계자들에게 이렇게 말했다. "우리가 중동의 석유를 손에 넣지 못한다면, 미국의 자동차 회사들이 4기통 차량을 고안해내야 할 것이오."[57] 유럽의 중동 의존도는 훨씬 빠르게 증가했다. 반둥회의가 열릴 무렵, 유럽의 석유 소비는 연간 13퍼센트씩 증가했다. 중동의 석유가 차지하는 비중은 1938년에 25퍼센트에서 1949년에는 50퍼센트까지 뛰어올랐고, 1955년에는 80퍼센트를 넘어섰다.[58]

미국과 유럽의 산업이 중동에 의존하는 비율이 높아지자 걱정거리가 되었다. 아랍인과 유대인이 한 치도 물러서지 않고 팔레스타인을 요구하면서 이 걱정거리는 풀기 힘든 문제가 되었다. 팔레스타인에 '유대인의 터전(Jewish National Home)' 건립을 지지하는 밸푸어선언은 영국이 제1차 세계대전에서 이기기 위해 뿌린 공수표였다. 밸푸어선언이 시온주의 국가의 건립을 의미하는 것은 아니었기 때문에, 아랍인에게 피해만 주지 않는다면, 이 약속은 충분히 지켜질 수도 있었다. 하지만 여기서 영국은 중대한 실수를 했다. 1921년 영국은 최고이슬람평의회를 신설하여 종교적인 문제를 관할하게 했다. 최고이슬람평의회는 모하메드 아민 알 후사이니(Mohammed Amin al-Husseini)를 예루살렘의 법률 해석관(Mufti)으로 임명했다. 그는 팔레스타인에서 가장 넓은 토지를 소유하고 있는 부족의 족장이었다. 그가 이스라엘의 무프티가 된 것은 현대사에서 가장 불행한 사건이다. 그로부터 한 해 전, 그는 반유대주의 폭동을 일으킨 죄로 10년간 중노동형을 선고받았다. 선량해 보이는 푸른 눈에 조용하고 곱실거리는 남자였지만, 사실은 성인이 된 후로 오로지 유대인 말살에 헌신한 과격한 살인자였다. 힘러와 함께 찍은 사진을 보면 이 두 남자가 서로 따뜻한 미소를 보내고 있는 모습을 확인할 수 있다. 사진 밑에는 나치 친위대장이 쓴 '대(大)무프티 전하에게' 라는 헌사가 적혀 있었다. 때는 1943년이었고, '최종적인 해결책'이 본격적으로 진행되고 있을 무렵이다.

알 후사이니는 히틀러보다 더 유대인을 증오했다. 그는 유대인 이주민을 죽이는 것보다 훨씬 더 파괴적인 행동에 나섰다. 아랍 온건파 세력을 제거하기 위해 조직적인 준비를 해나간 것이다. 1920년대 팔레스타인에는 온건파가 많았다. 일부 온건파는 현대적인 농업 지식을 갖춘 유대인 이주민을 환영했고 땅을 팔기도 했다. 아랍인 사회와 유대인 사회는 번영을 나누는 공동체로 조화롭게 발전할 수도 있었을 것이다. 하지만 알 후사이니는 에밀 고리(Emile Ghori)에게서 테러리스트 지도자로서 천부적인 능력을 발견했다. 에밀 고리의 암살 부대는 아랍 온건파의 지도자들을 조직적으로 살해했다. 사실 알 후사이니가 희생시킨 사람들 대부분은 아랍인이었다. 나머지 사람들은 침묵할 수밖에 없었다. 1930년대가 끝나갈 무렵, 아랍 온건파는 더 이상 제 목소리를 내지 않았다. 적어도 공개적으로는 그랬다. 아랍 국가들은 과격파의 깃발 아래 집결했고, 영국 외무부는 팔레스타인으로 유대인이 계속 이주한다면, 중동에서 석유를 수입하는 데 영향을 받을 것이라고 생각했다. 1939년의 백서는 사실상 유대인 이주 정책을 종식시키고, 밸푸어선언을 파기했다. 처칠은 이를 가리켜 "신뢰를 위반하는 행위"라고 했다.[59)]

그 후 1942년에 '최종적인 해결책' 에 관한 믿을 만한 보고서가 처음 등장했다. 그러나 이 보고서들은 유대인에 대한 동정을 낳은 것이 아니라 공포를 생산했다. 유대인들의 유입을 두려워한 미국은 비자 규정을 강화했다. 라틴아메리카 국가도 똑같은 조치를 취했다. 터키도 마찬가지였다.[60)] 이 무렵 차임 바이츠만은 영국과 협정을 맺어 이주 정책을 다시 시작할 수 있으리라 여전히 믿고 있었다. 1943년 10월 처칠은 팔레스타인 분할이 가능하다고 말해주었다. (애틀리도 노동당 대표로 이 자리에 있었다.) 1944년 11월 4일 처칠은 바이츠만에게 앞으로 10년간 100만~150만 명의 유대인이 팔레스타인에 이주할 수 있게 하겠다고 약속했다.[61)] 하지만 영국의 거물 정치인 중에 시온주의를 지지하는 사람은 처칠뿐이었다. 사실 그런 약속보다는 영국군 안에 즉각 유대인 여단을 창설한 것이 훨씬 도움이 되었다. 병사들은 궁극적으로 '하가나(Haganah)' 의 전문 요원이 되었다. 하가나는 유대인 협회에서 운영하는 군사 조직이었다. 이때도 처칠은 영국이 팔레스타인의 운명을 결정할 수 있다고 생각했다. 그러나 이때 팔레스타인은 이미 영국의 손아귀에서 빠져나가고 있었다.

여기에는 두 가지 중요한 요인이 있었다. 첫 번째는 유대인의 테러다. 유대인 테러리스트 조직을 처음 만든 사람은 아브라함 스테른(Abraham

Stern)이다. 그는 폴란드계 유대인으로 피렌체대학교에서 공부했고, 영국을 싫어하는 파시스트가 되었다. 나중에 그는 비시 정권이 다스리는 시리아를 통해 나치에게서 자금을 지원받으려 했다. 1942년에 영국 경찰이 스테른을 살해했다. 하지만 조직원들이 계속 테러를 저질렀다. 1944년부터 메나헴 베긴(Menachem Begin)이 지휘했던 '이르군(Irgun)'은 스테른이 이끌던 조직보다 규모가 훨씬 컸다. 테러의 전개 양상은 파멸에 가까웠다. 현대적인 선전 선동 활동이 레닌주의 세포 조직이랑 진보된 기술과 결합되면서 살인을 통해 정치적인 목적을 추구했기 때문이다. 이후 40년간 세계 전역에서 비슷한 사례가 뒤따랐다. 현대의 암이 인류의 심장을 파먹게 된 것이다. 처칠은 사건의 뿌리까지 파악하는 뛰어난 능력을 갖고 있었다. 그는 "만약 시온주의라는 우리의 꿈이 결국 암살자의 총구에서 피어오르는 연기 속에 사라지고, 미래를 위한 우리의 노력이 나치와 다를 바 없는 새로운 패거리를 낳는다면" 비극이 생길 거라고 경고했다. 바이츠만은 유대 민족이 "이러한 악행을 근절하기 위해 최대한 노력할 것"이라고 약속했다.[62] 사실 하가나는 이르군과 스테른 갱을 없애려고 노력했다. 하지만 제2차 세계대전이 끝나고 유대인이 팔레스타인으로 들어가려고 필사적으로 애쓰자, 하가나는 불법 이주를 지원하는 합법적인 목표에 총력을 기울였다. 최종적인 해결책은 반유대주의를 없애지도 못했다. 1946년 7월 5일 폴란드 키엘체(Kielce)에서는 유대인들이 이방인 아이를 죽이는 의식을 거행했다는 소문이 퍼지자, 군중이 들고 일어났다. 공산주의 경찰과 군대가 묵인하는 사이 40명의 유대인이 폭도에게 맞아 죽었다.[63] 이 사건은 결국 유대인의 집단 이주를 부채질했다.

하가나가 다른 문제에 매달리면서 테러리스트들이 활개를 쳤다. 미국 언론의 무분별한 기사에 자극을 받은 점도 없지 않았다. 대표적인 글은 루스

그루버(Ruth Gruber)가 「뉴욕 포스트 New York Post」 지에 쓴 기사다.

팔레스타인 경찰은 자기 친구인 나치와 싸우는 것을 못마땅해했다. 하지만 유대인들과 싸우는 것은 쌍수를 들고 환영했다. 그들은 나치의 노래를 부르면서 예루살렘과 텔아비브 같은 유대인들이 세운 도시를 활보했다. 나치식 경례로 "히틀러 만세"라고 외치며 번잡한 시장 안을 행진했다.[64]

1946년 7월 22일 이르군은 예루살렘에 있는 킹 다비드 호텔을 폭파했다. 아랍인 41명, 영국인 28명, 유대인 17명, 외국인 5명이 죽었다. 영국 정부는 호텔의 일부를 사무실로 쓰고 있었다. 메나헴 베긴은 비밀문서를 파기하려고 호텔을 폭파했다고 주장했다. 하지만 하가나가 지적한대로, 정말 그랬다면 근무 시간이 아닐 때 폭파했어야 했다. 또한 베긴은 미리 경고를 했다고 주장했는데, 사실 사건이 일어나기 2분 전에 전화 교환수가 경고를 받기는 했다. 교환수가 호텔 지배인에게 보고하는 사이 폭탄이 터졌다.[65] 그 후 수십 년간 이러한 범죄를 모방한 잔인한 테러가 벌어졌다. 가장 발 빠르게 움직인 것은 당연히 아랍 테러리스트였다. 팔레스타인해방기구(PLO)는 이르군의 사생아라 할 수 있다. 유대 테러리즘은 역효과를 낳았다. 1947년 7월 30일 유대인 테러리스트가 포로로 잡힌 영국군 중사 2명을 잔인하게 살해하고 시체에 폭탄을 설치했다. 유대인 협회는 이 일을 두고 "범죄자 패거리가 무고한 사람에게 벌인 비열한 살인"이라고 말했다.[66] 맨체스터, 리버풀, 글래스고, 런던에서 유대인에 반대하는 폭동이 일어났다. 더비(Derby)에서는 영국인들이 유대 교회당에 불을 질렀다. 무엇보다도 영국군이 유대인에게 등을 돌렸다. 영국은 인도에서도 그랬지만 팔레스타인에서도 엄격한 조치를 취하지 않았다. 1945년 8월부터 1947년 9월 18일까지 (킹 다비드 호텔의 사망자를 제외하고) 영국인 141명, 아랍인 44명, 테러리스트에 가담하지 않은 유대인 25명이 죽은 것으로 집계되었다. 여기에 유대인 테러리스트 37명이 총격전 중에 사망했지만, 처형당한 사람은 7명에 불과했다. 2명은 감옥에서 자살했다.[67] 영국군은 불공평하다고 생각했다. 그래서 영국군 장교와 사병은 철수할 때 무기와 기지, 보급품을 아랍인에게 넘겨주었다. 이로 인한 군사적 파급 효과는 무척 컸다. 사실상 유대 국가는 유대 테러리즘 때문에 옛 예루살렘과 요르단 강 서쪽 웨스트뱅크(West Bank)를 잃었다. 유대인은 1967년에 일어난 전쟁으로 이 지역을 점령했지만 법적인 권리를 얻지는 못했다.

영국은 빌라도처럼 팔레스타인 문제에서 손을 씻었다. 테러리즘 때문이었다. 1945년 7월부터 팔레스타인 문제를 책임지게 된 외무장관 어니스트 베빈은 노동 계급 출신으로, 과격하지는 않지만 오래전부터 반유대주의자였다. 그는 1946년 노동당대회 때 팔레스타인에 또 다시 10만 명을 이주시키려는 미국의 계획을 비난했다. 그 계획이 "단 한 가지 동기, 즉 뉴욕에 너무 많은 유대인이 살게 되지 않을까 하는 두려움" 때문에 생겨났다고 주장했다.[68] 테러리즘은 그를 모질게 만들었다. "영국군이 팔레스타인을 떠나면 유대인은 모두 학살당할 것이다. 그런데 지금 유대인은 자신을 보호하고 있는 영국군을 살해하고 있는 것이 아닌가." 1947년 초에 어니스트 베빈은 이제 충분히 참았다고 생각했다. 연료 위기 때문에 군대를 철수하는 쪽으로 무게중심이 옮겨갔다. 그해 2월 총리 애틀리는 인도에서 손을 떼고, 그리스와 터키에 대한 지원 책임을 미국에 넘기기로 결정했다. 같은 달 14일 베빈은 유대인 지도자를 사무실로 불렀다. 그리고 팔레스타인 문제를 국제연합에 넘기겠다고 말했다. 사무실에는 전기가 안 들어왔다. 대신 양초가 실내를 밝히고 있었다. 베빈은 이런 농담을 했다. "여기 이스라엘라이트(Israelites)가 있으니 양초도 필요 없겠군요."[69]

영국이 팔레스타인에서 손을 뗀 두 번째 요인은 미국의 개입 때문이었다. 다비드 벤 구리온(David Ben-Gurion)은 1941년 미국을 방문했을 때, "500만 명에 달하는 거대한 유대인 사회의 맥박"을 느꼈다.[70] 그는 미국 유대인들의 도움을 받아 가까운 시일 안에 시온주의를 달성할 수 있으리라 생각하고, 바이츠만을 계속 닦달했다. 하지만 유대 민족의 터전이라는 개념을 국가로 바꾸는 게 옳았는지는 오늘날에도 여전히 논란이 되고 있다. 바이츠만은 아랍인들의 희생이 클 것이라고 인정했다. 제2차 세계대전 후 조직된 영미 심사 위원회에서, 그는 문제의 핵심은 옳고 그름이 아니라 부당한 행위를 얼마나 축소할 수 있느냐라고 말했다. 벤 구리온의 견해는 결정론에 따른 것이다. "역사는 우리가 우리의 땅으로 돌아와 유대 국가를 다시 건립하도록 정하고 있다."[71] 마치 레닌이나 히틀러의 목소리를 듣는 것 같다. 역사가 결정한 것은 없다. 그렇게 말하는 인간이 있을 뿐이다.

실제로 미국의 유대인 사회는 전쟁 기간에 제일 먼저 정치적 영향력을 행사하기 시작했다. 그들은 그만한 수와 부와 능력이 있었다. 제2차 세계대전이 끝난 뒤 유대인 사회는 미국에서 가장 잘 조직되고 영향력 있는 압력 단체가 되었다. 유대인들은 뉴욕, 일리노이, 펜실베이니아 주에서 선거를 좌지우지할 정도였다. 그러나 루스벨트는 유대인의 영향력을 무시할 수 있을 만큼 강력한 정치적 기반이 있었다. 그는 얄타에서 돌아오자마자 사우디아라비아 왕과 짧은 회담을 가진 후 반시온주의자가 되었다. 역시 그다운 경솔한 행동이었다. "나는 30~40통의 편지보다는 이븐 사우드(Ibn Sa'ūd) 왕과 5분간 얘기를 나누며 더 많은 것을 알게 되었습니다." 그는 의회에서 그렇게 말했다.[72] 루스벨트를 보좌하던 데이비드 나일스(David Niles)는 시온주의를 열정적으로 지지했다. 그는 이렇게 증언했다.

"루스벨트가 살아 있었다면, 과연 이스라엘이 탄생할 수 있었을지 심히 의심스럽습니다."[73] 트루먼은 정치 기반이 훨씬 약했다. 따라서 1948년 선거에서 승리하기 위해서는 유대인의 표가 필요하리라 생각했다. 게다가 원래부터 친(親)시온주의자였으며, 아랍 민족주의를 싫어했다. (그는 국무부의 줄무늬 바지를 입은 친아랍파가 팔레스타인 문제를 망치고 있다고 말했다.)[74] 실제로 트루먼의 의지에 따라 1947년 11월 29일에 팔레스타인 분할 계획이 국제연합에 제출되었고, 새로운 이스라엘 국가가 승인되었다. 다음해 5월 벤 구리온은 이스라엘 국가가 탄생했다고 선언했다. 이에 반대하는 세력은 엄청났다. 석유 회사들의 이익을 대변하고 있던 칼텍스(Cal-Tex) 사의 맥스 손버그(Max Thornburg)는 트루먼이 "국제연합 총회를 설득해 인종 및 종교의 기준을 정치적으로 독립된 국가를 만드는 근거로 만들었다"고 기록했다. 이로써 "미국의 도덕적 명예"와 "미국의 이상에 대한 아랍인들의 믿음"을 모두 "사장시켰다"고 말했다.[75] 국무부는 파국을 예언했다. 질겁한 국방장관 포레스털이 유대인의 로비를 강력하게 비난했다. "어떤 단체도 정부 정책에 영향력을 행사하여 국가 안보를 위험에 빠뜨리는 일을 해서는 안 된다."[76]

만약 1년 뒤에 위기가 닥쳤다면 냉전이 본 궤도에 오른 뒤였을 테고, 그랬다면 트루먼은 반시온주의의 압력을 견디지 못했을 것이다. 1947~48년에 미국이 이스라엘을 지지한 것은 이상주의에 빠져 저지른 마지막 사치였다. 그 뒤에는 전 세계적 대결이라는 현실 정치의 시대가 찾아왔다. 소련도 당시의 판도에 영향을 받았다. 소련은 중동에서 영국의 입지를 약화시키기 위해 시온주의를 지지했다. 소련은 이스라엘을 승인했을 뿐 아니라 체코슬로바키아더러 이스라엘에 무기를 팔라고 지시했다.[77] 전투와 그 뒤의 혼란을 부풀리기 위해서였다. 냉전 체제에서 신속하게 동맹 관계를 구축하던 1년 뒤였다면, 이런 생각은 하지 못했을 것이다. 한마디로 이스라엘은 연속된 시간에 생긴 작은 틈을 비집고 나와 탄생할 수 있었다. 따라서 제국주의가 이스라엘을 탄생시켰다는 견해는 옳지 않다. 사실은 정반대다. 서구의 모든 국가, 모든 외무부, 모든 국방부, 모든 대기업이 시온주의에 반대했다. 프랑스만 유일하게 유대인들에게 무기를 보냈다. 영국을 괴롭히려는 의도에서였다. 프랑스는 영국 때문에 시리아를 잃었다. 하가나의 총병력은 21,000명이었으며, 처음에는 사실상 대포도 장갑차도 비행기도 없었다. 이스라엘이 살아남을 수 있었던 것은 소련의 지시를 받은 체코슬로바키아의 공산주의자들 덕분이다. 체코슬로바키아는 군사 비행장 하나를 통째로 텔아비브(Tel Aviv)에 무기를 실어 나르는 데에만 썼다.[78] 거의 모든 사람이 유대인이 패할 것으로 예상했다. 이집트군 1만 명, 요르단의 아랍 부대 4,500명, 시리아군 7,000명, 이라크군 3,000명, 레바논군 3,000명이 있었으며, 여기에 더해 팔레스타인 '아랍 해방군'이 있었다. 이런 배경으로 아랍인들은 국제연합의 팔레스타인 분할 계획을 받아들이지 않았다. 본래 국제연합의 계획은 유대인에게 14,000제곱킬로미터의 영토를 주는 것이었다. 그것도 대개 네게브 사막(Negev Desert)에 속하는 땅이었다. 따라서 그 계획은 시온주의자들에게 불리했다. 아랍인들이 분할 계획을 받아들였다면, 유대인 538,000명과 아랍인 397,000명으로 이루어진 국가가 탄생했을 것이다. 그런데도 시온주의자들은 이 계획을 받아들여 국제법의 중재를 기꺼이 따르겠다는 의지를 보였다. 하지만 아랍인들은 무력을 선택했다.

1948년의 아랍 이스라엘 분쟁은 소규모였지만 영웅 전쟁이었다. 트로이 전쟁처럼 이 전쟁에는 나기브(Muhammad Naguib) 장군, 나세르 대령, 하킴 아미르(Hakim Amir), 이갈 알론(Yigal Allon), 모셰 다얀(Moshe

Dayan)처럼 유명한 인물이 다수 참여했다. 아랍이 패배한 가장 큰 이유는 야전 사령관 파우지 알 카우크지(Fawzi al-Qawukji)와 알 후사이니, 그리고 그의 친족들이 서로 무섭게 증오했기 때문이다. 알 후사이니는 카우크지가 "영국을 위해 스파이 활동을 하고 …… 와인을 마시며 여자들 뒤꽁무니나 좇아다닌다"고 비난했다.[79] 이라크군과 시리아군은 팔레스타인의 지도도 없었다. 일부 아랍 군대는 뛰어난 장비로 무장하고 있었지만, 요르단군을 제외하면 모두가 제대로 된 훈련을 받은 적이 없었다. 요르단의 압둘라(Abdullah) 왕은 단지 옛 예루살렘을 원했을 뿐이다. 결국 원했던 예루살렘을 얻었지만, 알 후사이니가 아랍의 팔라스타인 국가를 통치하는 꼴을 보고 싶지는 않았다. 그는 비밀 회담에서 골다 메이어에게 "우리에게는 알 후사이니라는 공동의 적이 있습니다"라고 말했다.[80] 돌이켜보건대 아랍이 전쟁에서 승리하려면 전쟁 초기에 기선을 잡는 수밖에 없었다. 하지만 1948년 4월 벤 구리온이 결단을 내려 먼저 공격해왔다. 체코슬로바키아 공산주의자들이 제공한 무기 덕분에 가능했다.[81] 이로써 아랍은 전쟁에서 승리할 가망이 없었다. 그 뒤 불안한 순간이 있었지만, 이스라엘의 힘은 꾸준히 커졌다. 그해 12월 10만 명의 이스라엘군이 완벽하게 무장하고 군사적인 우위를 확고히 했다.

이스라엘의 건국으로 철의 장막 뒤쪽을 제외하면 유럽에서 마침내 반유대주의가 막을 내렸다. 하지만 이 때문에 아랍 난민 문제가 발생했다. 아랍인들의 대탈출은 양쪽 과격파의 작품이었다. 팔레스타인의 아랍 인구는 밸푸어선언이 처음 효력을 발휘했던 1918년에 93퍼센트를 차지했다. 위기가 터진 1947년에는 65퍼센트였다. 그때만 하더라도 아랍인들은 독립 국가를 만들 수 있었고, 더욱이 이스라엘 국가에 참여하여 상당한 몫을 차지할 수 있었다. 하지만 그때는 이미 알 후사이니가 이끄는 암살 부대가 임무를 마친 뒤였다. 1947년 10월 14일 아랍 연맹의 사무총장 아잠 파샤(Azzam Pasha)는 런던에서 유대 측 협상가 아바 에반(Abba Eban)을 만났을 때, 이성의 시대는 지나갔다고 퉁명스럽게 말했다. 만약 그 자리에서 국제연합의 분할 계획을 받아들인다면, "카이로에 돌아간 지 몇 시간 만에 죽은 목숨" 이 될 것이라고 말했다.[82]

여기서 우리는 정치적 살인이 낳는 악의 고전적인 사례를 볼 수 있다. 실제로 교전이 일어나자, 아잠은 라디오로 무시무시한 말을 떠들어댔다. "이것은 전멸 전쟁이 될 것이며, 엄청난 대량 살육이 벌어질 것이다."[83] 전투가 시작되기도 전에, 아랍인 3만 명이 일시적으로 팔레스타인을 떠났다. 대개는 부유한 사람들이었고, 아랍이 승리하면 돌아올 생각이었다. 이 중에는 지방 행정관, 재판관, 종교 지도자도 있었다. 보호해줄 행정 당국이 없었으므로 가난한 아랍인들도 피난을 떠났다. 유대인이 하이파(Haifa)를 점령하자, 아랍인 2만 명이 그곳을 떠났다. 남아 있던 5만 명 중 대다수도, 남아 있으라는 유대인의 호소에도 불구하고, 결국 그곳을 떠났다. 다른 곳에서는 아랍 연맹이 아랍인들에게 고향에 남아 있으라고 지시했다. 따라서 난민들의 도피에 대한 책임이 아랍의 통치 세력에 있다는 유대인들의 주장은 근거가 없다.[84] 아랍인의 대탈출은 분명 이르군 책임이 컸다. 전투 개시 직후인 1948년 4월 9일 이르군은 데이르 야신(Deir Yassin)이라는 마을에서 끔찍한 학살을 저질렀다. 아이를 포함해서 대략 250명의 남녀가 살해당했다. 이르군의 대변인은 이 학살 사건이 일어나기 전 이렇게 말했다. "우리는 팔레스타인과 트랜스요르단 전 지역을 차지하여 더 큰 유대 국가를 만들 때까지 계속 공격하고 정복할 것이다. …… 앞으로는 방식을 바꾸어 여자나 아이들을 살려둘 수 있기를 바란다."[85] 이르군 부대는 그해 6월, 전쟁이 잠시 중단되었을 때 이스라엘군에서 축출되었다. 실제로 이스라엘을 탄생시키고 구한 것은 하가나의 훌륭한 병사들이다.

그때까지도 피해는 엄청났다. 포화의 연기가 바람에 모두 날아갔을 때 아랍인 난민은 이미 50만 명이 넘었다. (국제연합은 약 65만 명, 이스라엘은 약 53만 8천 명으로 집계했다.)[86] 이에 상응하여 1948~57년 아랍 10개국에서 유대인 57만 명이 강제 추방당했다.[87] 추방당한 유대인들은 거의 모두 이스라엘로 가서 정착했다. 아랍 난민들도 이와 똑같이 다시 정착할 수 있었을 것이다. 1918~23년 그리스와 터키의 전쟁 후에도 양쪽에서 비슷한 수의 난민이 자국에서 다시 정착한 적이 있다. 하지만 아랍 국가들은 난민을 수용소에 넣었다. 수용소에 들어간 난민과 그들의 후손은 팔레스타인을 되찾기 위한 일종의 인간 권리 증서로, 그리고 1956년, 1967년, 1973년에 있을 미래의 전쟁에 대한 정당성의 상징으로 수용소에 오래도록 갇혀 있었다.

만약 압둘라 왕이 기꺼이 타협했다면, 아랍 이스라엘 분쟁은 신속히 해결될 수 있었을 것이다. 그는 아랍 민족을 이끌 지도자로서, 역사적 정통성 면에서 가장 적합한 인물이었다. 그러나 요르단은 토착 인구 30만 명에 소득은 120만 파운드도 안 되었다. 아랍 민족의 전쟁을 지원하고 아랍 연맹을 창설하도록 독려한 것은 영국이다. 아랍 측이 카이로에서 전쟁을 지휘했고, 이집트가 그 지역에서 제일 큰 나라였기 때문에, 아랍 연맹은 본질적으로 이집트와 카이로의 부속 기구일 수밖에 없었다. 그리하여 이집트가 이스라엘 대항 세력을 이끌었다. 지리적인 이유에서라면 이집트와 이스라엘은 동맹국이 되는 게 자연스러웠다. 사실 예전에 양국은 동맹국이었다. 압둘라 같은 헤자즈(Hejaz) 출신의 '순수' 아랍인은 이집트인을 아랍인으로 취급하지도 않았다. 압둘라는 이집트인을 불쌍하고 비천하며 퇴보된 아프리카인이라고 말했다. 특히 이집트의 바람둥이 왕 파루크(Farouk Ⅰ)

를 혐오했다. 그래서 방문객들에게 파루크의 이름을 말할 때면 융단이 깔린 바닥 한구석에 침을 뱉곤 했다.[88] 이와는 대조적으로 이집트인은 자신을 세계에서 가장 오래된 문명의 계승자로 생각했고, 이집트인이 마땅히 아랍 민족의 지도자가 되어야 한다고 믿었다. 파루크의 야심 찬 비전은 이집트를 모든 아랍인, 나아가 모든 이슬람교도를 아우르는 전제적 회교 국가로 만드는 것이었다. 그는 이집트의 자존심과 중동 지역의 패권에 대한 소망을 안고 이스라엘에 대한 항전을 계속했다. 본질적으로 이런 경솔한 생각에서 비극의 씨앗이 싹을 틔웠다. 결국 이집트는 사반세기 동안 이스라엘과 화해할 수 없는 적국이 되었다.

영국이 중동 지역에서 강대국으로 행세하는 것을 꺼리자 불안 요소는 더 커졌다. 일찍이 1946년 10월 영국은 중동에 있던 군대 대부분을 동아프리카로 철수시켰다. 또 알렉산드리아의 대규모 해군 기지 대신 케이프타운 근처의 사이먼즈타운(Simonstown)을 활용하기로 결정했다. 애틀리는 아랍 지도자들을 싫어했다. "말해두지만, 나는 아랍인 지배 계층을 형편없다고 생각하네."[89] 영국의 여론은 모든 것을 제국주의 탓으로 돌리며, 인도에서 실패한 것보다 팔레스타인에서 일어난 혼란에 더 민감한 반응을 보였다. 처칠조차 흔들렸다. 1948년 처칠은 바이츠만에게 이렇게 말했다. "그런 지옥의 대재앙을 다시 되돌릴 수도 없고 …… 내가 할 수 있는 일은 마음속에서 그 일을 지워버리는 것뿐입니다."[90] 하지만 그것은 시작에 불과했다. 파루크의 터무니없이 사치스러운 생활 방식과 정권의 부패(1948년의 패배는 무기의 부정 거래 탓으로 생각된다) 때문에 비난이 거세졌다. 그는 나리만(Narriman Sadek) 공주와 재혼한 뒤 1951년 라마단(Ramadan) 기간에 떠들썩한 신혼여행을 떠났다. 여론의 비난은 절정에 달했다. 그는 여론을 분산시키기 위해 이듬해 초 영국군 기지가 있는 수에즈 운하 지역에서 게릴라전을 전개했다. 하지만 그곳은 41개 사단과 38개 비행 중대를 수용할 수 있는 진지 38개와 비행장 10개가 있는 큰 기지였다. 참으로 쓸데없는 짓이었다. 구시대의 왕들은 폭도를 무대에 등장시키는 어리석은 짓을 저지르곤 했는데, 파루크도 마찬가지였다. 1952년 1월 26일 폭도들이 카이로에 나타나 유럽인, 유대인, 부유한 외국인을 살해했다. 이스라엘과의 전쟁 당시 상부의 지휘에 불만이 컸던 젊은 장교들은 때가 되었다고 생각했다. 6개월 후 자유장교위원회는 파루크가 평생에 걸쳐 수집한 잡다한 장신구와 포르노 잡지를 요트에 가득 실은 뒤 그를 내쫓았다.

수에즈 위기와 국제연합

자유장교위원회의 정신적인 지도자는 가말 압델 나세르 대령이었다. 처음에는 인기 있는 무하마드 나기브 장군이 전면에 나섰다. 하지만 곧 나세르가 그를 밀어냈다. 우체국 직원이었던 아버지와 석탄 상인의 딸이었던 어머니에게서 태어난 나세르는 조금은 급진적인 이상을 품고 있었다. 1948년의 패배 때 그는 키부츠와 이집트의 부재 지주제를 비교하며 이스라엘 참모에게 사회주의 농업 시스템인 키부츠(kibbutz)가 부럽다고 말하기도 했다. 이 무렵 그는 유대인이 아니라 영국인을 비난했다. "그들은 우리가 이 전쟁에 뛰어들게 조종했다. 하지만 팔레스타인이 우리에게 대체 뭐란 말인가? 이건 영국인의 책략이다. 영국은 자기가 이집트를 점령하고 있다는 사실에 우리가 집중하지 못하게 하려 했던 것이다."[91] 그의 저서 『혁명 철학 *Philosophy of the Revolution*』에는 마르크스주의자의 상투어와 서구 자유주의와 이슬람교에서 나온 개념들이 거품처럼 혼합되어 있다. 잘 썼지만, 공허하다. 그는 전형적인 '반둥 세대'의 일원이다. 말을 잘한다는 것 말고는 별 게 없었다. 그는 수카르노처럼 표어와 표제를 만드는 데 일가견이 있었다. 자신이 창당한 당명과 겉만 번지르르한 아랍 연합체의 이름을 수시로

▶ **가말 나세르**(1918~1970)
유고슬라비아의 티토, 인도의 네루와 함께 비동맹노선, '적극적인 중립'을 주창했다. 1955년 반둥회의에서 세계적인 인물로 떠올랐다.

바꾸었다. 그의 특별한 장기는 대중 조작이었다. 광풍 같은 웅변은 대중에게 잘 먹혔다. 특히 학생들이 열광했다. 그는 자신이 원하는 어떤 표어라도 카이로의 대중이 따라 외치게 할 수 있었다. 어떤 때는 매일 표어를 바꾸기도 했다.[92)]

일단 권력의 자리에 오르자 나세르는 부패하기 시작했다. 수카르노가 그랬던 것처럼 정당을 해산하고, 인민 재판소를 세웠다. 여기에서 탄생한 정치범만 해도 3천 명에 이른다. 그는 언제나 일정한 수준으로 공포 정치를 수행했다. 대중을 통치하는 데 공포는 '필수' 였다. 이집트는 급속하게 인구가 불어나고 있는 가난한 나라였다. (1970년대에는 4,000만 명으로 늘어났다.) 경작이 가능한 땅의 면적은 벨기에보다 작았다. 하지만 나세르의 철학에는 부를 창출할 만한 개념이 없었다. 그가 추구하는 생각은 모두 소비를 낳을 뿐이었다. 따라서 공포 정치만으로는 부족했다. 수카르노처럼, 그는 외부의 적이 필요했다. 그래서 대외적 위기라는 방음 장치를 이용해 국내의 비참한 상황을 어두운 침묵으로 덮어버렸다. 우선 그는 수에즈의 영국군 기지에 대한 공세를 강화했다. 이 상황에서 영국은 유지와 보수를 책임지는 부대만 남기고 수에즈에서 철수한다는 데 동의했다. 1954년 7월 27일에 조인된 협정에서 나세르는 요구했던 거의 모든 것을 얻어냈다. 각료들이 하원에서 이러한 결정을 변호하고 있을 때, 늙은 처칠은 머리를 수그린 채 가만히 앉아 있었다. 그리하여 나세르는 수단으로 방향을 돌렸다. 수단을 위성국으로 만들 수 있을 것 같았다. 하지만 결국 수단은 그의 손아귀를 빠져나가 독립 국가가 되었다.

그 뒤 나세르는 반둥에 갔다. 다른 젊은 민족주의 정치가처럼 그곳에서 그는 완전히 부패했다. 세계무대가 손짓하는데 왜 가난한 나라를 먹이고 입히는 보람 없는 일에 땀을 쏟고 있어야 하는가? 반둥은 나세르의 안목을 키워주었다. 그는 마침내 그 시대가 노련한 선전선동가나 표어의 명수에게, 특히 반식민지주의 카드놀이를 할 수 있는 인물에게 제공하는 기회에 눈을 떴다. 마침 그에게도 손안에 쥐고 있던 카드가 한 장 있었다. 바로 유대인 카드였다! 이스라엘은 보편적인 제국주의 음모 이론에 잘 들어맞았다. 아잠 파샤는 일찍이 1948년 7월 16일에 변명거리가 될 만한 신화를 만들어냈다. 아랍이 서구 때문에 전쟁에서 패했다는 것이다. "영국과 미국은 아랍인을 쫓아다니며 무기를 얻으려는 노력을 끝까지 방해했지만, 유대인에게는 전쟁 물자와 군대를 적극적으로 지원했다."[93] 반둥회의가 끝나자 나세르는 초기의 분석을 뒤집고, '반제국주의' 아랍 국가들과 연합하기 위해 노력했다. 1948년의 결정을 뒤집고 자신이 패권을 장악하는 아랍 대국을 건설하려 한 것이다.

냉전은 그에게 유리했다. 소련 봉쇄 정책의 일환으로 영국과 미국은 터키와 이란, 파키스탄을 포함하는 중동 동맹 체제를 구축하고 있었다. 바로 '북쪽 열(northern tier)' 이라고 불리는 방위벽이다. 미국의 반대에도 불구하고 영국은 이들 국가를 이라크나 요르단이 포함되어 있는 자국의 아랍 종속국 체제 안에 편입시키려 했다. 처칠의 뒤를 이어 영국 총리가 된 앤소니 이든은 마침내 미국의 지원을 받아 이 지역에서 쇠락하고 있는 영국의 주도권을 회복하려 했다. 러시아에서는 니키타 흐루쇼프의 정권이 1948년에 저지른 스탈린의 실책을 만회하고자 했다. 나세르가 등장하자, 흐루쇼프는 북쪽 열을 뛰어넘는 곳에 소련의 종속국을 만들 기회를 포착했다. 소련은 철의 장막 뒤에 감추어져 있는 엄청난 양의 무기를 신용으로 나세르의 반이스라엘 연합에 지원하겠다고 제안했다. 나세르는 기뻤다. 그리하여 소련은 단번에 북쪽 열을 뛰어넘었고, 나세르는 제3세계의 군인 겸 정치가로 이 사업에 뛰어들었다.

나세르는 반둥회의에서 얻은 다른 교훈도 잊지 않았다. 바로 비동맹 외교다. 비동맹 외교는 서방과 동방을 대립하게 하여 어부지리를 얻으려는 전략이다. 양쪽과 거래하되 어느 쪽도 편들지 않는다는 원칙이다. 반둥회의의 철학은 신생 국가들이 가능한 한 빨리 스스로 산업 기반을 확립해 제국주의의 망령으로부터 벗어나자는 것이다. 돈이 있다면 농업 생산성을 높이는 것보다 제철소를 만드는 편이 더 쉽고 빠르며 더 멋진 일이다. 반둥에서 돌아온 나세르는 나일 강에 거대한 아스완 하이 댐(Aswan High Dam)을 건설하는 사업을 서두르기로 결정했다. 아스완 하이 댐이 산업화에 필요한 전력과 관개용수를 공급하고, 경작지도 25퍼센트 늘려 줄 것으로 기대했다.[94] 하지만 댐 건설을 위해 세계은행에서 2억 달러를 대출받아야 했다. 대부분 미국에서 흘러나온 돈이었다. 많은 사람이 경제적이고 환경적인 이유로 이 사업을 반대했다. 그리고 나중에 그런 반대가 타당했다는 사실이 증명되었다. 1970년 소련의 도움으로 완성된 아스완 하이 댐은 전력 공급이라는 측면을 제외하면, 실업률을 높이고 농업 생산성을 낮추었을 뿐이다. 어쨌든 미적대던 미국은 1956년 7월 19일 지원 계획을 취소했다. 벼랑 끝에 서 있던 나세르 정권은 미국의 행동에 큰 타격을 받았다. 나세르는 수에즈 운하의 국유화를 선언하여 영국과 미국에 보복했다.

1956~57년의 수에즈 위기는 1935년의 에티오피아 위기처럼 심각하지만 한편 우스꽝스런 국제적인 사건이었다. 더욱이 이 사건은 역사의 대세

▶ **앤소니 이든**(1897~1977)
이집트의 나세르가 1875년 이래 영국 정부가 대주주로 있는 수에즈운하회사를 국유화하면서, 이든은 정치적으로 몰락하기 시작했다. 영국과 프랑스는 이스라엘의 이집트 공격 1주일 뒤인 11월 5일 함께 이집트를 공격했다. 수에즈 위기 때의 이든과 덜레스의 모습.

를 결정짓기보다는 역사의 대세를 보여주는 사건이었다. 영국이 세계적인 강대국의 자리를 내놓는 일은 아마도 불가피했을 것이다. 그러나 쇠퇴의 속도는 국가의지에 따라 결정될 터였다. 제2차 세계대전 뒤에 일어난 사건들은 영국이 그러한 의지가 없다는 것을 시사했다. 상대적인 산업의 쇠퇴가 다시 시작되었고, 상당히 심각했다. 1955년 가을의 경제 위기가 그 예다. 처칠의 그늘 밑에서 오랫동안 기다려온 앤소니 이든은 잃은 판돈을 찾아올 수 있는 인물이 아니었다. 이든은 신경질적이고 쉽게 흥분하며 주기적으로 몸이 아팠다. 게다가 사건의 상대적인 중요성을 혼동하는 치명적인 약점이 있었다. 1930년대 한때 이든은 무솔리니를 히틀러보다 막강한 적으로 생각한 적이 있다. 이번에는 영국이 미국의 영향에서 벗어나 중동에서 중요한 역할을 해야 한다고 생각했다. 그는 나세르를 '막강한 적'으로 여겼다. 아이젠하워에게 이런 글을 쓴 적이 있다. "저는 나세르를 히틀리 같은 인물로 생각하지 않습니다. 나세르는 오히려 무솔리니와 비슷하지요."[95] 이런 판단에 근거하여 행동에 나서는 것 자체가 잘못이었다. 나세르는 드라마가 필요했고, 또 드라마를 원하고 있었다. 무관심이야말로 나세르를 무력화시킬 수 있는 가장 쉬운 방법이었다. 아이젠하워는 무관심으로 대응했다. 재선 기간이어서 다른 데 신경 쓸 여력이 없었기 때문이다. 그는 '평화'가 미국 유권자의 마음을 여는 가장 확실한 수단임을 알고 있었다. 어려운 문제는 이든 또한 드라마를 원하고 있었다는 사실이다. 이든이 처칠의 그늘에서 벗어나 총리의 자리에 오른 첫해는 실망스럽기 그지없었다. 많은 사람이 그를 비판했다. 특히 보수당 내에서 비판의 목소리가 컸다. '단호한 통치력'이 부족했기 때문이다. 「데일리 텔레그래프」지는 이렇게 언급했다. "총리가 좋아하는 몸짓이 하나 있다. 무엇을 강조할 때면 주먹으로 손바닥을 때린다. 하지만 소리가 안 난다." 이든은 이런 조롱에 쉽게 격분했고, 그런 행동은 그가 총리직에 어울리지 않는 인물이라는 사실을 증명해 주었다. 그는 화를 참지 못해 '비통하고 신랄한 욕설'을 내뱉었다.[96] 그리고 언젠가 제대로 한 방 먹이리라 다짐했다.

수에즈 운하를 국유화한다는 선언을 듣고, 그날 저녁 이든은 3군 참모총장을 다우닝 가로 불렀다. 그리고 이집트 침공을 준비하라고 지시했다. 참모총장은 6주 안에는 불가능하다고 보고했다. 그걸로 그 문제를 일단락지었어야 했다. 조그만 아랍 국가를 6주 안에 침공할 수 없는 나라는 강대국이라고 할 수 없었다. 당시 상황으로는 다른 방법으로 국익을 추구하는 게 나았다. 게다가 나세르가 불법 행위를 저질렀다고 단정 지을 수도 없었다. 수에즈 운하에 관한 1888년 협약을 어기지도 않았다. (그의 주장에 따르면) 적절한 보상을 대가로 외국의 자산을 국유화하는 것은 모든 주권 국가의 권리였다. 1951년 이란의 모하메드 모사데크(Mohammad Mosaddeq)

정권이 아바단의 영국 정유 공장을 국유화했을 때, 영국은 (대단히 화를 냈다고는 해야겠지만, 그런 뒤) 현명하게 CIA에 문제를 넘겨 모사데크를 해치웠다. 어쨌든 12년 뒤면 수에즈 운하 협정은 끝나게 되어 있었다. 사건 초기의 분노가 가라앉자 이 모든 사실이 명백해졌다. 이든은 나세르를 협상 테이블에 묶어두고, 아이젠하워가 재선되기를 기다린 다음, 함께 나세르 대령을 축출할 수 있는 수단을 모색했어야 했다. 하지만 이든 총리는 누군가에게 단단히 한 방 날리고 싶었다. 프랑스도 같은 생각이었다. 프랑스 제4공화국은 완전히 거덜 나 있었다. 인도차이나와 튀니지를 잃고, 모로코마저 손아귀에서 빠져나가는 중이었다. 게다가 나세르가 선동한 알제리 반란에 휘말려있었다. 프랑스는 나세르를 쓰러뜨리고 싶었다. 그것도 음모보다는 정면 공격으로. 프랑스 역시 드라마를 원했던 것이다.

'삼총사 작전' 이라는 이름이 붙은 알렉산드리아 점령 계획이 그해 9월 8일에 준비되었다.[97] 허술하긴 했지만 결단력 있게 밀어붙였다면 효과가 있었을 것이다. 하지만 이든은 계속 계획을 연기하다 결국에는 폐기했다. 대신 시간이 많이 걸리고 훨씬 어렵지만, 수에즈 운하를 점령하는 쪽으로 방향을 틀었다. 그것이 더 합법적인 것 같아서였다. 사실 이든은 합법성의 틀 안에 머무를지, 아니면 과감하게 거기서 빠져나올지 결정하지 못했다. 완벽하게 성공할 수 있는 대안은 이스라엘이 나세르 정권을 무너뜨리게 하는 거였다. 이스라엘과 아랍 국가들은 원칙적으로는 여전히 전쟁 중이었다. 이집트는 이스라엘의 인도양 접근을 막고 있었다. 이것은 사실상의 전쟁 행위다. 이집트는 또한 이스라엘 선박이 수에즈 운하를 통과하지 못하게 했는데, 이것 역시 1888년 협약을 위반하는 행동이다. 하지만 더 심각한 문제는 나세르가 소련의 지원을 받아 군사력을 키웠고, 체계적인 군사 및 외교 동맹을 구축하고 있었다는 점이다. 이집트는 연합 공격을 준비하고 있었다. 따라서 민족 말살 행위가 벌어질 것이 분명했다. 이 과정은 1956년 10월 25일 나세르가 이집트 시리아 요르단 연합 사령부를 구성했을 때 사실상 완성되었다. 이것은 이스라엘에 이집트를 선제공격할 수 있는 도덕적 정당성을 제공했다. 프랑스는 이스라엘의 계획을 승인하고, 현대식 전투기를 포함하여 필요한 무기를 공급했다. 하지만 이스라엘은 이집트의 공군력을 파괴할 폭격기가 부족했다. 이집트의 공군력을 무력하게 만들어야 공중 공격으로부터 주요 도시를 지킬 수 있었다. 영국만이 폭격기를 제공해줄 수 있었다. 이든은 이것마저 거절했다. 본능 속에 깊이 숨어 있는 친아랍 성향에 반대되는 일이었기 때문이다.

이든은 한참을 우왕좌왕하다가 마침내 결단을 내렸다. 하지만 그 결단은 생각할 수 있는 최악의 결과를 가져왔다. 10월 22~24일 파리 인근 세브르에서 열린 비밀 회담에서 영국, 프랑스, 이스라엘은 거대하고 복잡한 음모를 꾸몄다. 우선 10월 29일 이스라엘이 이집트를 공격한다. 영국은 이를 구실 삼아 인명과 선박을 보호한다는 명목으로 수에즈 운하를 다시 점령한다. 영국이 최후통첩을 하면 이스라엘이 수락한다. 이집트가 거부할 경우, 영국은 이집트의 비행장을 폭격한다. 그러고 나서 영국과 프랑스가 상륙작전을 전개하여 포트사이드(Port Said)를 장악한다. '공모' 내용은 대부분 누설되었다. 그럼에도 영국의 이든 총리와 셀윈 로이드(Selwyn Lloyd) 외무장관은 죽을 때까지 공모 사실을 부인했다.[98] 나중에 프랑스와 이스라엘 대표는 공모가 있었다고 인정했다. 이스라엘 군사령관 모셰 다얀 장군에 따르면, 셀윈 로이드는 "군사 행동이 소규모 교전이 아닌 진정한 의미의 전쟁 행위가 되어야" 한다고 강조했다. 그렇지 않으면 영국의 최후통첩이 정당성을 잃고, 영국은 침략자로 비칠 것이기 때문이었다.[99]

이든이 끝까지 밀고 나가려는 의지를 보여주었다면, 어리석은 계획이나

마 성공할 수 있었을 것이다. 하지만 이든은 고결한 사람이었다. 진정한 마키아벨리가 될 수는 없는 사람이었다. 특히 이런 대리 침략전을 이끌기에는 너무 무능했다. 음모의 전말은 누가 봐도 명백했다. 노동당은 이든을 비난하며 소란을 일으켰다. 내막을 잘 몰랐던 내각은 처음부터 불안해했다. 침략이 실행에 옮겨지자 미국이 크게 반발했고, 영국 내각은 당황했다. 9월 2일과 8일자의 편지에서 아이젠하워는 이든에게 무력을 사용하지 말라고 강경한 어조로 경고했다. 역효과를 낳을 게 분명했기 때문이다. "극적인 사건은 나세르에게 유리할 뿐입니다."[100] 막바지 선거전에 임하고 있던 아이젠하워는 분개했다. 이든의 무분별한 행동이 선거에 악영향을 끼칠 수 있기 때문이다. 아이젠하워는 말 그대로 부득부득 이를 갈았다. 화가 날 때면 나오는 버릇이다. 아이젠하워는 재무부에 파운드화를 팔라고 지시했다. 많은 사람은 이미 그러고 있었다. 이러한 조치는 이든의 내각에 즉각적인 영향을 미쳤다. 이든은 사실 후임 총리 자리를 노리는 리처드 버틀러(Richard A. Butler)와 해럴드 맥밀런에게 이미 밀리고 있었다. 늙은 유화론자 버틀러는 보수당을 좌익 쪽으로 이끌려 했고, 해럴드 맥밀런은 보수당을 자기 쪽으로 끌어오려 했다. 둘 다 기질대로 행동했다. 버틀러는 이든의 계획에 가타부타 말이 없었지만, 뒤에서 반대했다. 맥밀런은 대담한 행동을 촉구하다 실패할 가능성이 있어 보이자 말을 바꾸었다. 재무장관의 입장에서는 휴전을 바라는 아이젠하워의 요구에 따를 수밖에 없다고 주장했다. 이든은 급기야 11월 6일 두 손을 들었다. 모험에 뛰어든 지 일주일 만이었고, 영국 프랑스 합동 상륙 작전이 시작된 지 겨우 24시간 만이었다. 격노한 아이젠하워가 보낸 전갈을 받고 나서였다. 아이젠하워는 아마 석유 수입 제재 가능성을 들어 이든을 위협했을 것이다.[101] 그 뒤 이든은 병이 들어 사임했다.

반둥 세대에게 이 사건은 놀라운 승리였다. 어디든 닥치는 대로 도덕적 비난을 퍼붓던 네루는 이제 못할 것이 없었다. 나세르의 명성은 더 높아졌다. 이스라엘군이 일주일도 안 되어 소련제 무기로 무장한 나세르의 대군을 박살냈다는 사실이, 열광의 분위기 속에 거의 간과되었기 때문이다. 이집트의 피해나 고통은 모두 영국과 프랑스 탓으로 돌려졌다. 그리하여 명성에 치명타가 될 수 있는 사건이 오히려 그의 명성을 드높여주었다. '공모' 가 있었다는 사실은 이스라엘이 제국주의 앞잡이에 불과하다는 아랍의 신화를 확실히 증명했다. 수에즈 위기는 반둥의 세계관을 확인시켜주었고, 신화는 현실의 육신을 입게 되었다.

수에즈 위기가 영국이 누리고 있던 강대국의 위상에 최후의 일격을 가했다는 말이 있다. 하지만 사실은 그렇지 않다. 영국은 이미 1947년에 강대국의 위상을 잃었다. 수에즈 위기는 그 실상을 그대로 보여준 사건일 뿐이다. 근본적인 원인은 국력이 아니라 국가의지가 약해졌기 때문이다. 수에즈 위기는 국가의지의 쇠약을 그대로 반영하고 있다. 이든은 상황의 불쌍한 희생자였다. 그의 후임으로 총리가 된 해럴드 맥밀런은 초강대국의 세계에서 중간 규모의 강국은 전함이 아니라 여론을 이용해 살아남아야 한다는 교훈을 끌어냈다. 장기적으로 보면 실질적인 피해자는 미국이었다. 아이젠하워는 결단력 있게 행동했고, 일을 신속히 처리했다. 영국은 순순히 따랐다. 그렇게 해서 아이젠하워는 평화의 사나이라는 평판을 보존할 수 있었다. 하지만 아이젠하워는 그 과정에서 미국에 큰 골칫거리가 될 씨앗을 뿌렸다. '세계 여론' 이라는 분명한 의도를 가진 개념은 반둥회의에서 처음 명확한 성격을 띠게 되었다. 이제 그 개념은 아이젠하워의 행동을 통해 국제연합으로 넘어갔다.

1950년대 초까지 미국은 국제연합을 조종해왔다. 미국의 첫 번째 실수는 한국전쟁에 국제연합을 끌어들인 것이다. 특히 국제연합 총회를 이용하지 말았어야 했다. 국제연합 총회는 대의제 기구였는데, 점차 비민주적인 국가가 의석 상당수를 차지했다. 그리하여 총회가 비민주적인 국가들의 이익을 대변하는 결과가 생겼다. 한국전쟁은 기존의 서구 동맹 원칙에 충실했던, 노르웨이 출신의 국제연합 1대 사무총장 트뤼그베 리(Trygve Lie)를 면직했다. 소련이 그를 보이콧하고 좌파의 선동으로 국제연합 사무국마저 반대하고 나서자, 그는 1952년 11월에 사임했다. 서구 민주주의 국가들은 이때쯤 국제연합을 버리고, NATO를 자유 국가의 세계적인 안보 체제로 확대하는 데 힘을 쏟았어야 했다.

하지만 열강들은 옥신각신 끝에 5개월 만에 스웨덴의 고위 외교관 다그 함마르셸드(Dag Hammarskjöld)를 후임 사무총장에 임명했다. 최악의 선택이었다. 스웨덴은 양차 세계 대전에서 한 발 물러나 엄청난 번영을 이룩했는데, 이 사실을 항상 불편하게 생각했다. 스웨덴의 총리 가문에서 태어난 함마르셸드 역시 영혼 가득 죄의식을 안고 있었다. 그는 서방이 보상을 해야 한다고 생각했다. 엄격하고, 학식이 풍부하며, 유머라곤 모르는 사람이었다. 결혼한 적도 없었다. (동성애자는 아니었지만, 공식 전기 작가에 따르면 "함마르셸드의 생애에서 섹스는 별 의미가 없었다.")[102] 그는 세속적인 경건함의 후광을 내뿜고 있었다. 수수하고 간소했던 국제연합 명상실을 기묘한 분위기의 암실로 바꿔놓은 것도 함마르셸드다. 방 안에는 인상적인 조명을 설치했고, 한쪽 벽에는 추상화를 걸어놓았다. 방 한가운데는 거대한 장방형의 철광석 덩어리가 있었고, 천장에서는 한줄기 빛이 내려왔다. 대체 무엇을 상징하는 걸까? 아마 도덕적 상대주의일 것이다. 함마르셸드는 국제연합과 기존의 서구 전시 동맹 체제를 연결하고 있는 탯줄을 잘라버리려 했다. 대신 국제연합을 새롭게 출현한 정의 세력, 즉 '중립'

▶ **다그 함마르셸드**(1905~1961)
중동에서 이스라엘과 아랍 국가 사이에 일어나는 싸움과 위협에 주로 관심을 가졌다. 캐나다의 정치가 레스터 피어슨과 함께 수에즈 운하 위기를 해결했을 뿐 아니라, 레바논 요르단 위기에서도 두드러진 활약을 보였다.

국가들과 연결시키려 했다. 그의 의도는 명백했다. 함마르셸드도 반둥 세대의 일원이었던 것이다. 아이젠하워는 수에즈 위기 때 이든의 계획에 반대하여 그를 파국의 길로 몰아넣고 나서, 모든 문제를 국제연합에 넘겼다. 마침내 다그 함마르셸드가 학수고대하던 기회가 찾아왔다.

사무총장 다그 함마르셸드는 영국 프랑스 이스라엘 군대를 쫓아내고, 대신 국제연합의 다국적 '평화 유지군' 을 파견하는 작업에 착수했다. 그는 비동맹 외교라는 엔진을 달고, 세계적인 정치가의 역할을 자임했다. 그리하여 공평무사함을 가장했지만, 아프리카 아시아 국가 진영에 가담한 것이나 마찬가지다. 이러한 태도는 이스라엘을 단순한 약소국이 아니라 제국주의의 전초기지로 본다는 뜻이다. 그의 임기 전인 1951년 국제연합은 이집트에 이스라엘 선박이 수에즈 운하를 통과하도록 허락하라고 요구하며, 국제연합 결의안을 공식적으로 통과시켰다. 하지만 함마르셸드는 이 결의안을 이행하려고 애쓰지 않았다. 또한 아랍이 아카바 만에서 이스라엘 선박의 항해 자유를 인정하지 않는다고 해서 평화에 위협이 된다고는 생각하지 않았다. 그러나 1956년 10월 25일 아랍 삼국이 군사 협정을 맺으면서, 아랍의 이런 태도는 이스라엘군이 선제공격을 감행하는 빌미가 되었다. 다그 함마르셸드는 수에즈 운하 점령이나 나세르의 독단적인 행동을 결코 비난하지 않았다. 그는 오히려 이스라엘의 공격과 영국 프랑스의 개입이야말로 이유 없는 침략 행위라고 생각했다. 그는 그러한 행위에 "놀라고 분개했다." 10월 31일 함마르셸드는 유례없이 영국과 프랑스를 공개적으로 비난했다. 한편 수에즈 위기를 틈타 소련이 헝가리를 침공한 것은 귀찮은 문젯거리 정도로 취급했다. 그는 시종일관 이집트에 우호적이었으며, 영국 프랑스 이스라엘에 대해서는 적대적이었다. 3국이 철수하고 난 뒤, 힘의 공백이 생긴 곳에 국제연합 비상군이 배치되었다. 함마르셸드는 이집트의 협조와 호의로 국제연합군의 주둔이 가능했다고 생각했다. 그는 "국제연합 총회가 이집트의 완전하고 무제한적인 주권을 인정함으로써 가능했던 일이다"라고 말했다.[103] 그리하여 1967년 이집트가 이스라엘을 쳐부술 수 있다고 믿고, 정당한 권리의 행사로 국제연합군의 철수를 요청하자, 국제연합군은 즉각 철수해야 했다. 이 때문에 다시 중동전쟁이 일어났다. 결국 함마르셸드는 후임자에게 중동의 계속된 분쟁 처리 작업을 물려준 꼴이었다. 하지만 더 중요한 것은 이제 국제연합이 서방에 적대감을 표현하거나 실행하는 수단이 될 수도 있다는 사실이다. 1956년은 영국과 프랑스의 차례였고, 곧 미국의 차례가 올 터였다.

미국은 수에즈 위기가 프랑스에 미친 영향 면에서도 패배자였다. 수에즈 위기가 영국의 추락을 조금 가속화시켰다면, 프랑스에는 국가적 위기를 초래했다. 프랑스령 알제리 때문이다. 알제리 전쟁은 여러 면에서 반식민지주의 전쟁의 전형적인 사례다. 19세기 유럽인들은 토착민들이 저항할 의지를 잃어버렸기 때문에 식민 전쟁에서 승리할 수 있었다. 20세기가 되자 반대 현상이 일어났다. 이번에는 유럽인들이 식민지를 지킬 의지가 없었다. 이러한 의지의 상대성 뒤에는 인구 통계학적 사실이 존재한다. 원주민의 인구 증가율이 유럽 이주민의 수준을 상회하면 식민지를 잃게 된다. 19세기 식민지주의가 유럽 인구의 엄청난 폭발을 반영했다면, 20세기의 탈식민지화 과정은 유럽 인구의 안정과 원주민 인구의 급속한 팽창을 반영하는 것이다.

알제리와 프랑스

알제리는 인구 반전 현상의 고전적인 사례를 보여준다. 알제리는 프랑스 식민지라기보다는 지중해의 이주지였다. 1830년대 알제리에는 아랍인이 150만 명밖에 없었다. 게다가 그마저 점차 감소하는 추세였다. 지중해 사람들은 북부 연안에서 남부 연안으로 이동해왔다. 남부 연안 지역이 빈터처럼 보였기 때문이다. 그들은 지중해라는 거대한 내해(內海)의 연안 지역은 어디나 똑같다고 생각했다. 만약 연안 지역 어디든 들어가 살며 거기서 부를 창출할 수 있다면, 그들에게는 지중해 연안 어디에든 이주할 권리가 있는 것으로 보였을 것이다. 그들은 남부 연안 지역으로 들어와 정착했고, 1830년경 경작지를 5,200제곱킬로미터로 확장했다. 경작지는 다시 1954년에 70,000제곱킬로미터로 확대되었다.[104] 이들 '알제리 정착민' 들 중 코르시카인과 알자스인을 포함한 프랑스 출신은 20퍼센트에 불과했다. 서부는 스페인인이 많았고, 동부는 이탈리아인(몰타인)이 많았다. 하지만 지역이 점차 번성하자 다른 민족이 모여들었다. 카바일족, 샤위아족, 므자비트족, 모리타니인, 터키인, 순수 아랍인들이 산악 지대나 동쪽, 서쪽, 남쪽에서 몰려들었다. 그리고 프랑스의 의료 서비스가 말라리아, 발진티푸스, 장티푸

▶ 알제리 독립(1962)을 둘러싸고 오랑 시에서 폭동과 유혈사태가 벌어졌다.

스를 사실상 퇴치하여 비유럽계 유아 사망률을 혁신적으로 낮추었다. 1906년 회교도 인구는 450만 명으로 뛰어올랐고, 1954년에는 900만 명이 되었다. 1970년대 중반이 되자 그 수는 다시 두 배가 되었다. 프랑스 인구가 같은 비율로 증가했다면, 1950년에 이미 3억이 넘었을 것이다. 프랑스의 '동화' 정책은 터무니없었다. 2000년이 되면 알제리의 회교도가 프랑스 인구의 절반 이상을 차지할 것이기 때문이다. 그렇다면 프랑스가 알제리를 동화시키는 게 아니라 알제리가 프랑스를 동화시키는 게 될 것이다.[105]

1950년대에 이르자 '알제리 정착민'은 지배 계층, 심지어 고립 집단으로 존속하기에도 충분치 않은 숫자였다. 알제리의 수도 알제(Algier)의 인구 90만 명 중 3분의 1만이 유럽인이었다. 오랑(Oran)에서만 유럽인이 다수를 차지했다. 정착민이 가장 밀집해 있던 미티자(Mitidja)에서도 회교도들의 노동력으로 농장이 운영되었다. 1914년에는 20만 명의 유럽인이 농업에 종사하고 있었다. 1954년에 그 수는 93,000명으로 줄어들었다. 1950

년대 대부분의 '알제리 정착민' 은 보수가 시원치 않은 평범한 도시 노동에 종사했다. 사회 구조는 인종적 편견에 따라 층이 이루어진 샌드위치 같았다. "프랑스인은 스페인인을 경멸하고, 스페인인은 이탈리아인을 경멸하고, 이탈리아인은 몰타인을 경멸하고, 몰타인은 유대인을 경멸했다. 그리고 모든 인종이 아랍인을 경멸했다."[106] 기회의 균등은 생각해볼 수도 없었다. 1945년에 20만 명의 유럽인 자녀를 위한 초등학교는 1,400개였고, 125만 명의 회교도 자녀를 위한 학교는 699개였다. 교과서는 이렇게 시작했다. "우리 조상 갈리아인은 ……" 하지만 더 심각한 것은 선거 부정행위였다. 프랑스 의회가 통과시킨 개혁안은 전혀 시행되지 않았다. 현지에서는 당국이 투표를 조작하곤 했다. 프랑스와 회교 문화의 융화를 진정으로 바라던 온건파 회교도 지식인들은 국내에서 기반을 잃었다. 그중 가장 고결한 인물이었던 아흐메드 부멘젤(Ahmed Boumendjel)은 "프랑스 공화국이 우리를 속였다. 프랑스는 우리를 바보로 만들었다" 고 말했다. 그는 의회에서 이렇게 지적했다. "프랑스가 위법을 저지르는 상황에서 …… 우리가 왜 프랑스의 도덕적 원칙에 얽매여 있어야 하는가?"[107] 1948년의 선거에서는 위법이 저질러졌다. 1951년 선거도 마찬가지였다. 이런 상황에서 온건파는 제 역할을 다할 수 없었다. 따라서 과격파가 전면에 등장하게 되었다.

1945년 5월 처음 이러한 조짐이 보였다. 아랍인들이 유럽인 103명을 학살했다. 프랑스는 극악무도한 보복을 했다. 급강하 폭격기로 마을 40개를 불바다로 만들었다. 순양함 한 척은 다른 마을을 포격했다. 알제리 공산당 기관지 「리베르테 Liberté」는 반란자를 "신속하고 가차없이 처벌하고, 선동자를 총살대 앞에 세워야 한다" 고 요구했다. 프랑스의 공식 보고서에 따르면, 아랍인 1,020~1,300명이 목숨을 잃었다. 아랍인들은 사망자 수가

45,000명에 이른다고 주장했다. 제대하고 고향에 돌아온 많은 아랍 병사가 가족이 죽고 집이 파괴된 사실을 알았다. 미래의 알제리 민족해방전선(FLN)을 이끄는 지도자들은 이런 참사를 목격한 전직 하사관 출신이다. 그 중 가장 눈에 띄는 인물은 벤 벨라(Ben Bella)였다. 그는 이렇게 말했다. "1945년 5월 콩스탕틴(Constantine) 지역의 참상을 보며, 나는 내게 주어진 길이 하나밖에 없음을 깨달았다. 그것은 알제리인을 위한 알제리를 만드는 것이다." 프랑스 사령관 뒤발(Claude Duval) 장군은 알제리 정착민에게 이렇게 말했다. "나는 여러분에게 10년간의 평화를 주었소."

그 말은 전적으로 사실이었다. 1954년 11월 1일 격분한 전직 하사관들이 테러를 감행할 준비를 마쳤다. 벤 벨라는 이제 경험 많은 테러리스트가 되어 있었다. 그는 벨카셈 크림(Belkacem Krim)과 세력을 결집하여 국민 봉기를 일으키려 했다. 여기서 그들의 목적이 처음부터 끝까지 프랑스군에 승리하는 것이 아니었다는 사실을 알아야 한다. 아마도 그런 일은 불가능했을 것이다. 그들의 목표는 양쪽 온건파를 제거하여, 동화와 다인종주의라는 개념을 파괴하는 거였다. 처음 살해당한 프랑스인은 자유주의자이며 친아랍 성향의 교사였던 기 모네로(Guy Monnerot)다. 첫 아랍인 사상자는 친프랑스 성향의 지방 행정관 하즈 사콕(Hadj Sakok)이다. 민족해방전선의 작전 대부분은 프랑스에 복종하는 회교도가 대상이었다. 그들은 국가 공무원을 살해하여 혀를 자르고 눈을 뽑았으며, 사지를 잘라낸 시체에 'FLN' 이라고 쓴 쪽지를 꽂아두었다.[108] 이는 알 후사이니가 창안한 수법이다. 사실 민족해방전선의 지도자 상당수가 알 후사이니 밑에서 일한 적이 있다. 카바일(Kabyle) 산악 지대 '제3지구' 를 지휘한 유능한 사령관 모하메디 사이드(Mohamedi Said)는 예전에 알 후사이니의 '이슬람 친위대 군단' 에 소속되어 있었다. 그는 그때 독일 군사정보국 요원으로 낙하산을 타고 튀니지에 들어가 이렇게 선언했다. “나는 히틀러가 프랑스 전제 정권을 무너뜨리고 세계를 해방하리라 믿는다.” 그는 그 후에도 때때로 예전 친위대 헬멧을 쓰고 다녔다. 모하메디 사이드의 부하 중에는 20세기의 가장 극악한 살인자를 여럿 찾아볼 수 있다. 아미루셰(Amirouche)라고 알려진 아이트 하무다(Ait Hamouda), 1945년의 학살 사건에서 희생자의 고환과 젖가슴을 자른 람단 아반(Ramdane Abane)이 그런 자들이다. 람단 아반은 감옥에서 마르크스의 책과 히틀러의 『나의 투쟁』을 읽었다. 그는 “군복을 입은 시체 20구보다 정장을 입은 시체 한 구가 더 가치 있다”는 말을 금언으로 삼았다. 20세기가 불러온 모든 악을 흡수한 이들은 순전히 테러를 이용하여 사람들에게 자신들의 뜻을 강요했다. 다른 방법은 전혀 고려하지 않았다. 벨카셈 크림이 유고슬라비아 신문에다 한 말에 따르면, 신병들의 입회식은 지목한 ‘배신자’, 밀고자, 스파이, 프랑스 경관 또는 식민지주의자들을 살해하는 것이었다. “암살의 성공은 해당 지원병의 수습 기간이 끝났다는 것을 의미한다.” 그는 민족해방전선에 우호적인 미국 기자에게 이런 말을 했다. “회교도를 총살한 뒤에는 머리를 잘라내고 귀에 반역자임을 알리는 꼬리표를 답니다. 그러고 나서 잘라낸 머리는 대로에 버려둡니다.” 벤 벨라의 서면 명령서에서는 이런 말을 볼 수 있다. “공식 협상 창구 역할을 하려는 사람들은 모두 제거하라.” “투사들을 전향시키려 하거나 부르주아 정신을 심어놓으려 하는 자는 누구든 죽여라.” “아랍인 관리를 죽이고 …… 아이들도 잡아다 죽여라. 세금을 내는 자들과 세금을 거두는 자들을 모두 죽여라. 프랑스군에서 복무하고 있는 회교도 하사관의 집을 불태워라.” 민족해방전선에는 자체 내부 규율이 있었다. 최종 명령을 내렸던 바시르 치하니(Bachir Chihani)는 (룀처럼) 남색과 가학적인 섹스 살인으로 고발당해, 애인 8명과 함께 사지가 잘린 채 죽었다. 하지만 민족해방전선의 살인자들이 정말로 증오한 것은 평화로운 심성의 회교도들이었다. 전쟁이 시작되고 2년 반 동안 그들은 사실로 확인된 숫자만 유럽인 1,035명, 아랍인 6,352명을 죽였다. (실제 피살자는 거의 2만 명에 달할 것이다.)[109] 이 무렵 온건파들은 목숨을 부지하려면 살인자가 되든지 망명을 떠나야 했다.

민족해방전선의 전략은 사실 회교도 대중을 테러의 양 기둥 사이에서 옴짝 달싹 못하게 하는 것이었다. 한쪽에서는 민족해방전선의 살인자들이 온건파를 처치했고, 다른 쪽에서는 프랑스가 더 야만적인 방법으로 민족해방전선의 만행에 보복했다. 따라서 회교도들은 과격파 진영에 몰리게 되었다. 민족해방전선의 원칙은 브라질의 테러리스트 카를로스 마리겔라(Carlos Marighela)의 말에 잘 나타난다.

> 폭력 행위를 통해 정치적 위기를 무장 투쟁으로 몰아가는 일이 필요하다. 그렇게 되면 권력자들은 국가의 정치적 상황을 군사적 상황으로 바꿀 수밖에 없을 것이다. 이런 상태에서는 대중이 소외될 것이고, 군대와 경찰에 반항하게 될 것이다. …… 정부는 억압을 강화할 수밖에 없다. 따라서 시민의 삶은 어느 때보다 힘들어질 것이다. …… 경찰 테러는 나날이 계속될 것이다. …… 사람들은 당국에 협조하는 것을 거부할 것이다. 따라서 당국은 적을 물리적으로 처단해서 문제를 해결할 수밖에 없다는 걸 알게 될 것이다. 그러면 국가의 정치적 상황은 군사적 상황으로 바뀌게 된다.[110]

레닌주의의 불쾌한 냄새가 나는 이런 주장을 가차없이 행동에 옮긴다면 물론 상당한 효과를 볼 수 있을 것이다. 1954년 프랑스 정부는 급진적인 사회주의자 피에르 망데스 프랑스(Pierr Mendès-France) 아래 대체로 자유적이며 점잖은 인물로 구성되었다. 그들은 알제리가 자유 평등 우애의 원칙 아래 진정한 다민족 사회가 될 수 있다고 믿었다. 그것이 망데스 프랑스 정부가 공유하고 있던 비전 또는 환상이었다. 망데스 프랑스는 기꺼이 인도차이나와 튀니지를 해방해준 뒤 의회에서 이렇게 말했다. "알제리는 프랑스 공화국의 일부입니다. …… 알제리는 프랑스 땅이며 그 사실은 바뀌지 않습니다. …… 분리는 생각해볼 수도 없습니다." 내무장관 프랑수아 미테랑(François Mitterrand)은 알제리에 관해 "유일하게 가능한 협상은 전쟁이다"라고 말했다.[111] 대통령과 내무장관은 프랑스의 고유한 원칙을 완전하게, 그리고 관대하게 알제리의 현실에 맞춰 적용한다면, 문제가 금세 해결되리라 믿었다. 프랑스 정부는 자크 수스텔(Jacques Soustelle)을 알제리에 파견했다. 수스텔은 뛰어난 인류학자이며, 한때 레지스탕스 투사로 활동했던 인물이다. 그러나 프랑스 정부는 민족해방전선의 목적이 정확하게 프랑스의 관대함을 흉포함으로 바꾸는 데 있다는 사실을 깨닫지 못했다.

수스텔은 민족해방전선을 파시스트로 보았다. 그는 아랍인들에게 진정한 민주주의와 사회 정의를 가져다준다면 민족해방전선을 무력화시킬 수 있다고 생각했다. 수스텔은 외곽 지역에 '푸른 모자(Képis bleus)' 부대라는 300개의 테러 대책 파견대를 창설했다. 프랑스의 통치를 순순히 따르는 회교도를 보호하기 위해서였다. 그는 제르맨 티용(Germaine Tillion)이나 뱅상 몽테유(Vincent Monteil) 같은 헌신적인 자유주의자에게 사회 기관을 설립하게 했고, 회교도 사회 지도자들과 계속 접촉했다.[112] 그렇게 갖가지 정책으로 회교도를 끌어들이려 노력했다. 경찰과 군대에 명령해서 테러나 잔혹 행위를 하지 못하게 했다. 특히 집단 보복 행위는 엄하게 금지했다.[113] 수스텔의 통합 정책이 무엇을 의미하는지 프랑스인들이 알게 되면서, 정책은 성공할 수 없을 것 같았다. 프랑스인은 반(半)아랍인이 되고 싶지도 않았고, 반회교 국가를 만들고 싶지도 않았기에, 수스텔의 정책에 반대했다. 회교도들도 마찬가지였다. 대부분의 회교도는 프랑스인이 되는 걸 원하지 않았다. 반면 민족해방전선은 프랑스인이든 아랍인이든 수스텔이 추진하는 자유주의 정책에 동조하는 사람들을 조직적으로 살해했다. 그들은 아랍인들에게 호의적인 프랑스 행정관을 죽이는 일에 온힘을 기울였고 대체로 성공했다. 모리스 뒤퓌(Maurice Dupuy)도 희생되었다. 그는 수스텔이 '현세의 성자' 라고 불렀던 사람이다. 뒤퓌의 장례식에서 수스텔은 고아가 된 8남매 중 첫째에게 레지옹 도뇌르(Légion d' honneur) 훈장을 달아주며 눈물을 흘렸다. 그는 그때 처음으로 '복수' 라는 말을 입에 담았다.[114)]

1955년 여름 민족해방전선은 한 단계 더 나아가 대량 학살 정책을 실시했다. 프랑스인은 남녀노소를 가리지 않고 모두 죽인다는 방침이었다. 8월 20일 첫 번째 학살이 있었다. 늘 그렇듯이 여기에는 많은 아랍인이 포함되었다. 온건파 민족주의 지도자 페르하트 아바스(Ferhat Abbas)의 조카 알루아 아바스(Allouah Abbas)도 살해당했다. 페르하트 아바스가 민족해방전선의 잔혹 행위를 비난했기 때문이다. 민족해방전선은 대량 학살을 통해 프랑스군의 보복을 유도하려 했다. 콩스탕틴 근처의 아인 아비드(Ain-Abid)에서는 유럽인 37명이 살해당했다. 그중 10명은 15살이 안 된 아이들이었다. 모든 사람이 말 그대로 갈가리 찢겨졌다. 남자들은 팔과 다리가 잘렸고, 아이들은 머리가 박살났으며, 여자들은 배가 갈리고 창자가 파헤쳐졌다. 살인자들은 알제리 정착민 여자의 자궁을 절개한 뒤 생후 5일 된 아기를 난도질하고 자궁 안에 다시 집어넣었다. 이 '필리프빌 학살(Philippeville massacre)' 사건은 원래의 목표를 달성했다. 그 지역 프랑스 낙하산부대가 모든 아랍인을 사살하라는 명령을 받고, (수스텔의 집계에 따르면) 1,273명의 '폭도' 를 죽였다. 민족해방전선은 죽은 아랍인이 12,000명이라고 주장했다. 한마디로 1945년의 대학살이 재연된 것이다. 수스텔의 말처럼, "한없이 깊은 구멍을 판 것이다. 그곳으로 피의 강이 흘러들어갔다." 알베르 카뮈나 페르하트 아바스 같은 프랑스와 이슬람의 자유주의자들은 함께 연단에 올라 이성에 호소했지만, 그들의 목소리는 양측에서 터져 나온 분노의 고함소리에 묻히고 말았다.[115)]

이 순간부터 수스텔의 '통합' 실험은 무너지기 시작했다. 알제리 전쟁은 테러의 각축장이 되었다. 무대는 알제의 카스바(Casbah)로 옮겨졌다. 카스바는 인구 밀도가 엄청나게 높은 곳으로 1제곱킬로미터당 10만 명의 알제리인이 살고 있었다. 사건은 일곱 살짜리 소녀와 시민 일곱 명을 죽인 절름발이 살인자 페라즈(Ferradj)가 처형당하면서 시작되었다. 민족해방전선의 지도자 람단 아반은 민족해방전선의 대원 한 명이 처형당할 때마다 프랑스 시민 100명을 죽이라고 지시했다. 사디 야세프(Saadi Yacef)는 폭탄 제조 공장을 관할하며, 1,400명의 '요원'을 두고 있는 핵심 인물이었다. 그는 1956년 6월 21~24일 동안 49명을 살해했다. 1956년 하반기에 수에즈 사태와 겹쳐 폭력 사태는 꾸준히 증가했다. 알제의 프랑스인 시장도 살해당했다. 그의 장례식 중간에 미리 장치해둔 폭탄이 터졌다. 야세프는 모든 요원에게 그 지역을 미리 빠져나가라고 비밀리에 명령을 내려둔 터였다. 따라서 뒤따른 잔인한 보복으로 무고한 회교도들만 희생당했다.[116)]

수에즈 위기는 중요했다. 수에즈 위기로 인해 군대가 민간 정부로는 알제리 전쟁을 이길 수 없다고 믿게 되었기 때문이다. 수스텔의 후임이었던 사회주의자 로베르 라코스트(Robert Lacoste)도 그 점을 인정했다. 1957년 1월 7일 라코스트는 자크 마쉬(Jacques Massu) 장군과 부하 4,600명에게 절대적인 자유를 허락했다. 이에 따라 그들은 알제에서 민족해방전선을 일소하기 위해서는 어떤 행동도 할 수 있게 되었다. 군대에는 최초로 고문

금지를 비롯한 모든 금지 조항이 사라졌다. 프랑스에서는 일찍이 1789년 10월 8일에 고문이 폐지되었다. 형법 303조에 따르면, 고문을 하는 사람은 사형에 처하게 되어 있었다. 하지만 1955년 3월 고위 공무원이 작성한 비밀 보고서는 '통제된' 고문을 사용하라고 추천했다. 그게 훨씬 더 야만적이고 비공식적인 고문에 대한 유일한 대안이라는 것이다. 수스텔은 단호히 거절했지만, 마쉬 장군은 승인했다. 나중에 마쉬는 이렇게 인정했다. "정말로 고문이 행해졌냐는 질문에 나는 긍정으로 답할 수밖에 없다. 하지만 고문이 제도화되거나 성문화된 것은 아니다."[117] 고문이 사람들의 목숨, 특히 아랍인들의 목숨을 구했다는 주장도 있다. 민족해방전선이 프랑스 측에 정보를 제공한 아랍인을 가차없이 고문하고 살해했기 때문에, 프랑스가 더 잔인하게 대응할 수밖에 없었다고 주장하기도 했다. 아랍인들은 마쉬 장군이 포로들에게서 정보를 캐내기 위해 사실상 무제한적으로 고문을 사용했다고 믿었다. 비회교도들도 고문을 받았다. 그중 한 명은 유대인 공산주의자 앙리 알레그(Henri Alleg)였다. 1958년에는 베스트셀러가 된 알레그의 책이 프랑스 전역을 도덕적 분노로 들끓게 했다.[118] 마쉬는 포로를 심문하던 중 영구적인 신체 손상을 가한 일은 결코 없었다고 주장했다. 그는 1970년 최고 재판소의 계단 위에서 멀쩡하고 건강한 모습의 알레그를 보자 다음과 같이 외쳤다.

> 알제리의 게릴라들은 고집을 꺾지 않는 '형제들'이 있으면 성기는 아니더라도 코나 입을 자른다. 알레그가 당했다는 고문이 그런 잔인한 행위와 조금이라도 닮은 점이 있는가? 코나 입이 다시 생기지 않는다는 건 누구나 다 아는 사실이다![119]

하지만 생존을 위한 전쟁에서 고문을 제한하고 통제할 수 있다는 생각은 말도 안 되는 소리다. 알제 시의 경찰 책임자 폴 테트쟁(Paul Teitgen)은 알제 전투 기간 중 대략 3,000명의 포로가 "사라졌다"고 증언했다. 어쨌든 프랑스군은 민족해방전선과 싸우기 위해 총력을 기울였고, 마쉬는 알제 전투에서 승리했다. 알제에는 테러리즘이 사라졌다. 온건파 아랍인들이 다시 목소리를 높이기 시작했다. 하지만 승리는 새로운 '재편' 정책 때문에 날아가 버렸다. 재편 정책은 일종의 조잡한 사회공학으로 100만 명 이상의 빈농을 원래 살던 곳에서 다른 곳으로 이주시키는 정책이다. 이것은 민족해방전선을 이롭게 하는 일이었다. 게다가 마쉬의 실험은 프랑스 체제 내에서 허용될 수 없는 긴장을 조성했다. 군부대가 정치적 통제에서 해방되고 지휘관 개개인의 역량과 인격이 강조되자, 사적인 군대가 양성되었다. 연대장들은 왕정 때처럼 자신을 연대의 주인으로 생각했다. 그들은 장군들을 정부의 명령에 불복하도록 조장했다. 이런 도덕적 혼란 가운데 하급 장교들은 국가보다는 상관의 명령에 따르는 것이 주요 임무라고 여겼다.[120)]

동시에 군대가 알제에서 얼마나 극악한 짓을 저질렀는지 본국에 소식이 전해지자, 프랑스 자유주의자들과 중도파의 견해는 알제리 전쟁에 반대하는 쪽으로 기울었다. 1957년부터 많은 프랑스인은 내키지는 않아도 알제리의 독립을 받아들여야 한다고 생각했다. 프랑스의 국가적 양심이 총체적으로 부패하는 상황보다는 차라리 그편이 나았다. 따라서 프랑스군이 정치적 통제에서 벗어나 승리를 쟁취해가는 동안, 민족해방전선과 협상하는 일을 비롯하여 전쟁에 대한 정치적 통제를 요구하는 목소리가 커졌다. 돌이킬 수 없는 갈등은 1958년 5월 알제에서 군부 쿠데타를 불렀다. 이로써 드골 장군이 권력을 잡게 되었고, 제5공화국이 탄생했다.

드골은 식민지주의자가 아니었다. 식민지 시대는 끝났다고 생각했다.

드골의 몸은 과거에 머물러 있는 것처럼 보였지만, 정신은 미래를 향해 있었다. 그는 1944년 브라자빌(Brazzaville)에서 레지스탕스 운동의 배후에 검은아프리카 세력을 결집하면서, 자신은 "이전의 종속 관계를 정치적 경제적 문화적인 우대 협력 관계로 변화시킬" 생각이라고 말했다.[121] 드골은 프랑스가 마지못해 식민지를 유지하고 있었는데, 이는 미덥지 못한 제4공화국의 나약함이 그대로 반영된 결과라고 판단했다. 프랑스의 '정당 정치'는 "식민지 독립에 필요한 단호한 결정"을 내릴 능력이 없었다. 드골은 이렇게 말했다. "식민지를 독립시키는 일은 저항을 불러올 수밖에 없다. 그들의 저항은 감정, 습관, 이익에서 비롯된 것이다. 어떻게 그 모든 저항을 물리칠 생각인가?" 결과적으로 발생한 것은 혼란과 모순뿐이었다. 우선 인도차이나에서, 그리고 튀니지와 모로코에서, 마지막으로 알제리에서 그러했다. 드골의 말에 따르면, 군대는 "우유부단함밖에 보여주지 않는 정당 체제에 점차 분개하게 되었다."[122]

1958년 5월 9일 민족해방전선은 '고문, 강간, 살인' 죄로 프랑스 병사 세 명을 "처형하기로" 결정했다. 이 일이 쿠데타를 촉발시켰다. 4일 뒤 백인 학생들이 알제의 프랑스 총독부로 몰려왔다. 마쉬 장군은 프랑스로 달아난 라코스트에게 백인 군중을 향해 발포해도 되는지 물어보았다. 라코스트는 대답하지 않았다. 그날 밤 장군들을 비난하는 브레히트의 연극을 보며 좌익 청중들은 열광적으로 환호했다.[123] 그렇다고 그들이 실제로 제4공화국을 위해 싸울 마음이 있었던 것은 아니다. 알제에서는 장군들이 권력을 장악했고, 드골의 복귀를 요구했다. 3만여 명의 회교도들은 총독부 광장에 모여 지지 시위를 벌였다. 그들은 프랑스 국가 '마르세예즈'와 군가 '아프리카인의 노래'를 불렀다. 이들은 프랑스 문명에 호의적이고 민족해방전선의 폭력에 반대하는 세력이었다. 마쉬 장군은 "프랑스가 결코 그들을 포기하지 않을 것임을 알려주어야 한다"라고 호언하기도 했다.[124] 알제리의 장군들은 드골의 복귀를 요구했지만, 사실 그들은 거짓말을 하고 있었다. 그들은 드골을 강력한 무기 정도로 생각했다. 드골이라는 무기로 공화정을 무너뜨리고 나서, 자신들이 권력을 잡으려 한 것이다. 드골은 알제리를 강제로 점령하는 게 더 이상은 무리라고 생각했다. 그러다가는 프랑스군도 파탄이 날 것이라 생각했고, 그보다 더한 일이 일어날까봐 두려웠다. 5월 24일 알제리에서 파견한 부대가 코르시카 섬에 상륙했다. 코르시카의 행정 당국은 알제리 파견군의 지시에 순순히 따랐다. 마르세유에서 온 경찰 병력은 무장 해제를 받아들였다. 알제리 군대는 드골의 복귀가 이루어지지 않으면, 그것을 구실로 파리를 점령하고 프랑스 정부를 무너뜨릴 생각이었다. 드골은 권력을 잡아 프랑스 본토 침략을 막아야 했다. 본토 침공이 실제로 행동에 옮겨졌다면 성공했을 수도 있다. 실패했다면 프랑스에 내란이 일어났을 것이다. 드골은 상황이 1936년 스페인 내란 당시와 비슷하다고 생각했다. 만약 내란이 일어난다면, 프랑스는 위대한 문명국으로 최후를 맞을 것이다. 앙리 4세는 파리를 얻기 위해 가톨릭으로 개종한 뒤 "파리는 미사를 할 만한 가치가 있다"라고 말했다. 그렇다면 프랑스는 어떤가? 프랑스라면 몇 마디 거짓말을 할 만한 가치는 충분히 있을 것이다.

드골은 권력을 손에 넣은 뒤 알제로 갔다. 거짓말을 하기 위해서였다. 6월 4일 그는 알제에서 고함을 질러대는 식민지 농장주들에게 "나는 여러분을 이해합니다"라고 말했다. 그러나 드골은 이렇게 기록했다. "나는 그때그때 생각나는 대로 말하는 것처럼 보이려 했다. 하지만 실제로는 머릿속으로 충분히 계산하고 있었다. 그들이 열광하도록 만들려고 했지만, 내가 정한 한계를 넘지는 않았다."[125] 그로부터 일 년 전쯤 사석에서 이렇게 말하기도 했다. "물론 알제리는 독립할 것이다. 거기 있는 사람들이 멍청해

▶ 알제리 독립이 선언되자 기뻐하는 사람들.

서 이 사실을 모르고 있는 것뿐이다." 1958년 6월 공개적인 자리에서는 이렇게 말했다. "프랑스령 알제리는 계속될 것이다!" 그리고 사적인 자리로 돌아와서는 "아프리카는 끝이다. 알제리도 마찬가지다"라고 말했다. 드골은 프랑스령 알제리를 '몰락한 유토피아'라고 불렀다. 공개적으로는 여전히 식민지 농장주와 군대를 안심시켰다. 1958년 10월: "독립? 25년은 걸릴 것이다." 1959년 3월: "프랑스군은 결코 알제리를 버리지 않을 것이며, 나는 결코 카이로와 튀니스에서 온 사람들과 협상하지 않을 것이다." 1960년 1월: "알제리에 디엔비엔푸(Dien Bien Phu)는 없을 것이다. 반란 때문에 우리가 알제리에서 물러나는 일은 결코 없을 것이다." "거짓말쟁이와 모사꾼들이 알제리인에게 자유로운 선택권을 줄 것이라고 말한다. 프랑스와 드골이 여러분을 포기하고, 알제리에서 철수하여 알제리를 폭도들에게 넘겨줄 것이라고 말한다. 그렇지만 어떻게 여러분은 그들의 말을 믿을 수 있는가?" 1960년 3월: "독립이라니 …… 어리석고 발칙한 생각이다."[126]

그동안 드골은 더욱 더 확고하게 권력을 장악해갔다. 1958년 9월 28일 프랑스는 대통령에게 권력을 집중시키는 제5공화국 헌법을 채택했다. 12월 21일 그는 대통령으로 선출되었다. 새로운 헌법을 탄생시킨 국민 투표는 모든 프랑스의 해외 영토에 대해 연합과 이탈의 선택권을 주었다. 그리하여 드골은 보편적인 지지를 얻게 되었다. 드골은 자신을 대통령의 자리로 끌어올려준 사람들을 하나씩 제거했다. 1960년 2월 그는 '특별 권한'을 요구해 얻어냈다. 4개월 뒤 드골은 민족해방전선 지도자들과 비밀 회담을 가졌다. 1961년 1월에는 알제리에 자유를 주는 국민 투표를 실시했다. 압도적인 찬성표가 쏟아졌다. 그것으로 프랑스령 알제리 시대는 끝났지만, 이제 프랑스 과격파들이 손에 폭탄을 들고 거리로 나오게 되었다.

만약 알제리의 군 지도자들이 1958년 5월 권력을 잡으려 했다면, 드골이 있든 없든 원하는 목적을 달성할 수 있었을 것이다. 하지만 1961년 4월 그들이 마침내 드골의 속임수를 알아채고 그를 타도하려고 반란을 일으켰을 때는 이미 기회가 지나가버린 뒤였다. 프랑스의 여론은 이미 그들을 떠나 있었다. 징집된 병사들은 트랜지스터 라디오를 통해 파리로부터 소식을 들을 수 있었다. 그들은 장교의 명령을 따르지 않았다. 반란은 실패로 돌아갔다. 반란 지도자들은 항복하거나 붙잡혀 감옥에 갇혔다. 잡혀 있던 민족해방전선 지도자들이 감옥에서 풀려나 교섭 회담에 참석할 때쯤 반란을 일으킨 프랑스인 장군들은 형을 선고받았다.

비밀 군사 조직(OAS)은 백색 테러리즘 단체였다. 이들 단체를 처리하는 데는 더 오랜 시간이 걸렸다. 비밀 군사 조직은 폭탄, 기관총, 바주카포로 1년여 동안 시민 12,000명(주로 회교도), 경찰과 경비원 500여 명을 죽였다. 타락한 정치적 폭력의 가공할 만한 힘을 여실히 보여주는 사례다. 비밀 군사 조직은 여러 면에서 민족해방전선의 판박이다. 비밀 군사 조직의 지도자는 살랑(Raoul Salan) 장군이었다. 그는 명예로운 경력을 이어온 사람이었지만, 1962년 2월 23일 다음과 같은 지시를 내렸다.

> 총공격이다. …… 공화국 보안대와 헌병대를 조직적으로 공격하라. 밤낮을 가리지 말고 …… 장갑 차량에는 '몰로토프 칵테일'을 던져라. …… 우리의 목표는 자유직업을 가진 뛰어난 회교도들을 죽여 없애는 것이다. 그러면 회교도들은 우리를 의지하게 될 테고 …… 권력을 마비시키고 회교도들의 권한 행사를 막아라. 전 지역에 걸쳐 야만적인 행위를 벌여야 한다. …… 예술품이나 회교도들의 권한 행사를 의미하는 모든 것을 파괴하여 불안을 전국에 퍼뜨리고, 국가를 마비시켜야 한다.[127]

비밀 군사 조직만 타락한 것은 아니었다. 드골은 비밀 군사 조직을 타도하고 자신의 목숨을 보호해야 했다. (그는 두 번이나 살해당할 뻔했다.) 그리하여 드골은 공식적인 테러 조직을 창설했다. 이 조직은 아무런 제재 없이 상당한 규모의 포로들을 죽이거나 고문했다.[128] 하지만 프랑스 자유주의 세력이나 국제사회는 아무런 항의도 하지 않았다. 비밀 군사 조직의 테러리즘은 마침내 백인 거주지라는 개념 자체를 없애버렸다. 1961년 말 드골의 가장 가까운 조언자 베르나르 트리코(Bernard Tricot)는 알제에서 이렇게 알려왔다. "유럽인들은 여기서 일어나고 있는 모든 일에 강하게 반대하고 있고, 회교도 대다수와도 사이가 나쁩니다. …… 이제 그들의 귀환을 준비해야 합니다."[129]

최후의 순간은 1962년 3월 살육과 불관용의 대혼란 한가운데서 찾아왔다. 승리의 매혹적인 향기를 맡은 회교도 군중은 알제 카스바의 심장부에 있는 유대교 예배당을 약탈했다. 건물을 파괴하고 율법 두루마리를 찢어버리고 유대인들을 죽이고 벽에는 "유대인에게 죽음을!" 이라는 글귀를 써놓았다. 나치의 다른 표어도 볼 수 있었다. 3월 15일에는 비밀 군사 조직 대원들이 제르맨 티용의 사회 기관에 쳐들어갔다. 그곳은 장애아를 교육시키는 곳이었다. 그들은 남자 여섯 명을 끌어내 총으로 다리부터 쏴서 죽였다. 이 중 한 명은 물루드 페라운(Mouloud Feraoun)이라는 카뮈의 친구였다. 카뮈는 페라운을 '마지막 온건파' 라고 불렀다. 페라운은 이렇게 기록했다. "나는 프랑스인이기도 하고, 카바일인이기도 하다. 살인자들이 끔찍하다. …… 나는 언제나 '자유 프랑스' 를 사랑해왔다. 언제나 '자유 알제리' 를 희망해왔다. 범죄자들이여, 수치를 알라!"[130] 1962년 프랑스와 민족해방전선의 휴전은 비밀 군사 조직의 극악무도한 테러를 더 부추기는 결과를 낳았다. 헌병 18명과 병사 7명이 살해당했다. 프랑스군 사령관 엘레레(Charles Ailleret) 장군은 보복으로 '프랑스계 알제리인' 들의 최후 거점을 파괴하기로 마음먹었다. 그곳은 바브 엘 우에드(Bab-el-Oued)의 노동 계급 거주 구역으로 주민 6만 명이 살고 있었다. 급강하 폭격기가 로켓을 발사하고, 탱크가 직접 탄도 거리에서 포격을 하고, 보병 2만 명이 총격을 가했다. 1871년 파리 코뮌 당시의 탄압과 학살이 재연되었다. 하지만 이 사건은 마르크스주의 교과서에는 없는 내용이다.[131] 이로써 알제리는 더 이상 다인종 사회가 아니었다. 프랑스로 향하는 대탈출이 시작되었다. 알제대학교 도서관을 포함하여 병원, 학교, 실험실, 석유 선적지, 프랑스 문화나 기업과 관련된 많은 것들이 파괴되었다. (약간의 회교도를 포함하여) 약 138만 명의 주민이 완전히 그곳을 떠났다. 1963년 한때 거대하고 역사적인 지중해 사회를 이루었던 일원 중 남아 있는 사람은 3만 명에 불과했다.[132]

3월 18일 에비앙협정(Evian Agreements)을 맺고, 프랑스가 알제리에서 물러나는 데 동의했다. 프랑스의 체면을 살리기 위해 많은 조항을 삽입했지만, 모두 무의미했다. 틀림없는 프랑스의 항복이었다. 하지만 프랑스를 위해 끝까지 충실하게 봉사했던 선량한 회교도 관리와 군인 25만 명에 대해서는 아무런 보호 조치도 마련하지 않았다. 드골은 프랑스를 공포에서 구해내는 데 힘을 쏟느라 그런 생각을 할 여유조차 없었다. 회교도 대표가 드골을 만나러 왔다. 가족 가운데 열 명은 이미 민족해방전선이 살해한 뒤였다. 그는 앞으로 "우리는 고통받을 것입니다"라고 말했다. 드골은 차갑게 대답했다. "아, 그렇군요. 당신들은 견뎌낼 것입니다." 그렇다. 그들은 견뎌야 했다. 15,000명만이 알제리를 빠져나갈 돈과 수단이 있었다. 나머지는 재판도 없이 총살당하거나, 튀니지 국경에 설치된 지뢰밭을 제거하는 인간 지뢰 탐지기로 이용되거나, 고문을 당하거나, 자기 무덤을 판 뒤 군사 훈장을 삼키고 죽어야 했다. 어떤 사람은 산 채로 불태워졌고, 거세를 당하기도 했으며, 트럭에 끌려 다니거나 개의 먹이가 되기도 했다. 아주 어린 아이를 포함해 온 가족이 함께 살해되기도 했다. 현지에 남아 있던 프랑스 병사들은 공포와 무력감 속에서 이전의 전우들에게 닥친 엄청난 불행을 지켜봐야 했다. 에비앙협정에 따르면, 그들은 간섭할 권한이 없었다. 사실 '회교도 보충병(harkis)'의 무장 해제 임무를 맡은 건 프랑스 병사들이었다. 프랑스 병사들은 그들에게 신식 무기가 지급될 것이라고 말하고 무기를 거두어갔다. 실제 회교도 보충병들은 잔인하게 학살당했다. 이것은 배신 행위였고, 영국이 소련의 전쟁 포로를 스탈린에게 넘겨준 행위와 다를 바 없었다. 아니 오히려 더 끔찍했다. 학살당한 회교도 보충병의 숫자는 3만 명에서 15만 명 사이로 추산된다.[133)]

누가 아는가? 거대한 어둠이 신생 국가 알제리의 구석구석으로 퍼져, 알제리가 독립 국가로 태어난 순간부터 지금까지 걷혀지지 않았다는 것을. 거짓말은 끝까지 계속되었다. 1962년 3월 18일 드골은 이렇게 말했다. "프랑스와 알제리는 문명의 길로 형제처럼 함께 전진할 것이다."[134] 사실 신생 국가 알제리는 엄청난 규모로 가차없이 행해진 야만적 폭력 덕분에 탄생할 수 있었다. 알제리의 신생 정부는 대개 폭력을 교사했던 난폭한 인물로 구성되었다. 그들은 서구식 교육을 받은 정부 관료들을 재빨리 내쫓았다. 쫓겨난 자들은 모두 1960년대 중반까지 죽임을 당하거나 다른 나라로 망명했다.

에비앙협정이 이루어지고 정확히 20년 뒤, 협정의 주요 서명자였으며 알제리 최초의 대통령을 지낸 벤 벨라는 국가 독립이래 최초 20년을 되돌아보았다. 그리고 "완전히 부정적"이며, 국가는 "황폐화되었다"고 말했다. 알제리의 농업은 '파괴'되었다. "우리는 아무것도 없다. 산업이라고 할 만한 것도 없다. 단지 쇳조각에 지나지 않는다." 알제리의 모든 것은 "철저히 부패했다."[135] 벤 벨라는 혁명 동지였던 우아리 부메디엔(Houari Boumedienne)의 쿠데타로 실각하고, 거의 15년 동안 감옥 생활을 해야 했다. 벨라의 비통함은 더욱 커졌다. 그러나 벨라의 판단은 본질을 정확히 꿰뚫고 있었다. 불행하게도 신생 국가 알제리는 그들의 범죄를 자국 안에 가두어두지 않았다. 알제리는 곧 온갖 종류의 국제 테러리스트가 모여드는 소굴이 되었고, 오랫동안 그 악명에서 벗어나지 못했다. 엄청난 도덕적 타락이 아프리카에 이식되었다. 아프리카는 공공연한 범죄와 무질서의 양상을 모방했다. 거대하고 비극적인 검은 대륙은 이제 자진해서 야만과 폭력의 대가(大家)가 되었다.

제 15 장

야만의 왕국

modern times

식민지 해방의 바람

1959년 3월 영국 작가 에벌린 워는 동아프리카를 여행 중이었다. 그는 아내에게 다음과 같은 편지를 보냈다. "하루는 마사이족과 함께 시간을 보냈소. …… 그들은 마우마우단(Mau Mau)의 반란 기간에 멋진 나날을 보내고 있소. 마우마우단은 케냐의 키쿠유족이 창설한 투쟁적인 민족 운동 단체라오. 징집된 마사이족 흑인들은 키쿠유족의 모든 무기(arms)를 거두어 오라는 지시를 받았는데, 그들이 자랑스럽게 들고 온 바구니에는 잘려진 팔다리가 담겨 있는 게 아니겠소!"[1] 에벌린 워는 제2차 세계대전이 일어나기 전, 『모략 *Black Mischief*』과 『특종 *Scoop*』에서 소름끼치는 상상력으로 독립 아프리카의 모습을 묘사한 바 있다. 이제 그는 무정부주의적 기질로 상상이 현실이 된 현장을 흥미롭게 관찰했다. 목표는 혼란스럽고, 언어는 제각각이고, 질서는 덧없이 무너져 아프리카는 혼돈의 세계로 되돌아갔다.

우리는 제4장에서 식민지주의에 대한 일반화는 불가능하다는 사실을 살펴보았다. 탈식민지화 과정도 마찬가지다. 가장 정확하게 할 수 있는 말은 탈식민지화가 일어났다는 것뿐이다. 다른 모든 말은 선전의 의도를 지닌 주장이며 사후 합리화에 불과하다. 식민지주의는 자본주의 국가의 음모라는 주장이 제기된 바 있다. 이에 따라 탈식민지화 과정과 관련된 경제적으로 더 치밀한 음모, 즉 '신식민지주의'에 대한 주장이 제기되었다. 하지만 여기에 음모가 있다면, 왜 공모자들은 만나지도 않고 의견을 교환하지도 않았을까? 사실 식민지주의는 치열한 경쟁 속에서 태어나 거기서 사멸되고 말았다. 식민 강국은 토착민을 대상으로 음모를 꾸민 게 아니다. 그들은 서로에 대해 음모를 꾸몄다. 식민 강국은 자국을 제외한 나머지 국가 전부를 증오했고, 타국의 방식을 멸시했으며, 불행을 기뻐했고, 기회가 생길 때마다 괴롭혔다. 이해 관계상 절대적으로 필요한 경우에도 서로 협조하지 않았다. 1941년 8월 영국과 네덜란드는 일본의 침략을 목전에 두고 있었다. 두 나라는 이미 14개월 동안 전시 동맹국이었지만, 동남아시아 식민지를 공동으로 방어하기 위해 어떤 계획도 세워본 적이 없었다.[2] 이와 마찬가지로, 1945~75년 탈식민지화 과정이 일어나는 동안, 식민 강국은 앞으로 어떻게 해야 하는지 만나서 상의한 적이 없으며, 공동 대응을 위해 비공식적으로 노력한 적도 없다. 역사가들은 이들이 접촉했다는 증거를 아무것도 찾지 못할 것이다.

탈식민지화에 대응하기 위한 제휴 정책은 전혀 없었다. 가장 강한 식민 강국인 영국과 프랑스가 실제로 제휴 정책을 세우지 않았기 때문이기도 하다. 영국과 프랑스는 논리에 따라 대응한 듯 보이지만, 실제로는 편의에 따라 행동했다. 1940년 드골이 자유 프랑스의 깃발을 세웠을 때, 프랑스의 아랍과 인도차이나 영토는 비시 정권 아래 남아 있었다. 오로지 검은아프리카만이 드골에게 가담했다. 그러자 1944년 1월 브라자빌 회담에서 드골은 검은아프리카에 해방의 길을 열어주었다. 하지만 회담에 참석했던 식민지 관료들은 각기 다르게 해석했다. 그들은 이렇게 보고했다. "식민지에 독립

▶ 알제리를 방문한 드골의 모습.

정부가 들어서는 것은 한참 뒤의 얘기고 현재 고려할 만한 일이 아니다. 우리는 영국인들이 의미하는 제국이 아니라 로마 시대의 제국을 구상하고 있다."[3] 전후 드골 정부는 강제 노동을 폐지했다. 드골은 또한 원주민을 대상으로 한 형벌 제도를 끔찍해했다. 하지만 1947년 마다가스카르의 반란은 매우 잔인하게 진압했다. 이때 원주민 8만 명이 죽었다.[4] 1957년에는 프랑수아 미테랑이 이렇게 선언했다. "아프리카가 없다면, 21세기 프랑스 역사는 없는 것이나 마찬가지다." 알제리 전쟁이 일어나기 전까지, 프랑스의 정책은 모순투성이였다. 정글과 미개간지에서는 야만 행위와 함께 온정주의 정책이 시행되었다. 반면 파리의 의회 건물 안에서는 고등 교육을 받은 흑인 민족주의자들이 식민지 농장주 대표들 옆자리에 앉아 있었다. 아프리카 의원이 '백인' 선거구에서 '흑인' 선거구로 옮기는 경우도 있었다. 식민지 차관 오줄라(Louis Aujoulat) 박사는 1951년 정치적 입장을 바꾼 뒤, 선거 운동 중에 다음과 같은 표어를 내걸었다. "그의 얼굴은 하얀색이지만, 그의 마음은 흑인들처럼 검은색이다."[5]

1958년 5월 다시 권력의 자리로 돌아온 드골은 무너진 제4공화국과 알제리의 혼란을 돌아보고 갑자기 프랑스의 검은아프리카인에 자유를 주기로 결정했다. 9월 28일의 국민 투표로 그들은 '상호 의존' 과 '분리' 중에서 원하는 걸 선택할 수 있었다. 기니와 마다가스카르를 제외한 모든 지역이 상호 의존을 선택했다. 하지만 상호 의존 역시 독립을 의미하긴 마찬가지다. 드골은 일종의 연방 체제를 만들고 싶어했다. 1959년 12월 12일 생 루이(St Louis)에서 드골은 프랑스령 아프리카의 국가 지도자들과 만났다. 드골은 이렇게 말했다. "엠마오로 가는 순례자들은 예수님께 말했습니다. '저녁 때가 되고, 날이 이미 저물었으니, 우리 집에 묵으십시오' 라고."[6] 하지만 아프리카 지도자들은 '공동체' 보다는 원조와 군사적 지원을 의미하는 '연합' 을 택했다. 이날 모인 사람들은 코트디부아르의 지도자 펠리스 우푸에부아니, 마다가스카르의 필리베르 치라나나(Philibert Tsiranana), 세네갈의 레오폴 상고르, 니제르의 하마니 디오리(Hamani Diori), 카메룬의 아마두 아히조(Ahmadou Ahidjo), 가봉의 레옹 음바(Leon M'Ba), 차드의 프랑수아 톰발바예(François Tombalbaye), 모리타니의 지도자 모크타르 울드 다다(Mokhtar Ould Daddah) 등이었다. 그들은 매력적인 장군 드골과 개인적인 친분을 맺었다. 드골은 그들이 "나의 친한 친구가 되었다" 고 말했다. 그러나 친분은 오래가지 않았다. 곧 모두가 각자의 길을 걸어갔다.[7] 코트디부아르를 제외하면, 모든 프랑스 식민지가 비참할 정도로 가난했다. 독립에 더 '적합' 한 나라가 있었고 그렇지 못한 나라가 있었다. 일부 국가는 독립하는 것이 적합한 선택이라 할 수 없었다. 하지만 아프리카 신생 국가들이 독립하는 과정에서 원칙을 발견하는 건 불가능하다. 오로지 프랑스의 결정으로 독립이 주어졌을 뿐이다.

원칙적으로 대영제국(나중에는 영연방)은 프랑스와는 완전히 다른 가정하에 움직였다. 모든 식민지가 먼저 독립할 준비를 하고, 준비가 되면 독립을 한다는 가설이었다. 1948년 6월 백서는 이렇게 언급하고 있다. "영국 식민 정책의 중심 목표는 …… 식민 영토를 영연방 내에서 책임 있는 자치 국가로 만드는 것이다. 이를 위해서는 원주민에게 상당한 생활수준과 완전한 자유를 보장해야 한다."[8] 그러나 영국은 이 두 가지 조건을 상황에 따라 망설임 없이 포기했다. 1950년대 중반까지는 속도가 너무 느렸다. 1960년부터는 속도가 너무 빨랐다. 하지만 어느 때고 식민지의 독립을 위해 진짜 필요한 준비는 이뤄지지 않았다. 영국 정부가 직면한 압력과 압력에 저항하는 정부의 의지 또는 의지의 결핍이 상황을 결정했다. 반동 운동으로 생겨난 세력들은 결정적인 요소였다. 프랑스가 1958년 식민지에서 손을 떼기로 하자, 영국은 1년 후 프랑스의 뒤를 따랐다. 해럴드 맥밀런은 드골을 따라가도 될 거라고 판단했다. 마이클 블런델(Michael Blundell)은 케냐 이주민의 지도자 중 가장 명민한 인물이었다. 블런델은 다음과 같이 말했다. "1959년 10월 총선 후 영국 정부 정책에 극적인 변화가 일어났다. …… 체면을 구기지 않는 범위 내에서 가능한 한 신속히 아프리카에서 철수한다는 결정이 내려졌다."[9] 맥밀런은 1960년 2월 3일 케이프타운에서 '변화의 바람'에 대해 연설하며 정책 변화를 합리화했다. 하지만 정책의 전환은 부드러운 유턴을 하지 못하고 큰 혼란을 불러왔다. 맥밀런의 오른팔이며 식민장관이었던 이언 맥클리오드(Iain Macleod)는 나중에 "완전한 결정"보다는 "서로 다른 결정들이 신중하게" 내려졌다고 인정했다.[10]

맥클리오드가 "신중하게"라고 말한 것은 공식적인 협상의 형태가 보존되었다는 것을 의미한다. 협상은 헌법을 제정하는 떠들썩한 사건으로 끝을 맺곤 했다. 장소는 대개 런던의 랭커스터 하우스였다. 탈식민지화 과정에서 성문법만 넘쳐났다. 그동안 성문법이 없었던 영국이 1920~75년 사이에 식민지를 위해 500개 이상의 법 문서를 작성했다는 것은 아이러니다. 대부분은 몇 년 못가 효력을 잃었다. 일부는 몇 달간 지속되었고, 일부는 아예 적용되지도 않았다. 1980년대가 되자 이때 작성했던 법령 중 효력이 남아있는 법령은 하나도 없었다. 유럽 제국이 정치적인 관점보다는 온정주의 입장에서 시작되었다면, 식민지 시대는 그 반대편에서 종말을 맞았다. 과도한 민주화 과정과 정치 비대증의 결과다. 식민지 시대의 황혼기는 끝없는 회의와 법률 제정 작업으로 채워졌다. 로디지아(잠비아, 짐바브웨)와 니아살란드는 30년간 연방을 맺어야 할지 말지 오락가락하며 시간을 보냈다. 1927~29년에는 힐턴 영 위원회(Hilton-Young Commission)가 열렸고, 1948~49년에는 블레디슬로 위원회(Bledisloe Commission)가 열렸다. 1936년에는 (시행되지 않았지만) 이주민 헌법이 제정되었고, 1951년에 회의가 두 차례 열렸지만 아프리카인들이 거부했다. 세 번째 회의는 1953년에 열렸다. 여기서 '최종적' 으로 헌법이 제정되었다. 하지만 이때 만든 헌법은 투표자들이 이해하기에는 너무 복잡했을 뿐만 아니라, 헌법을 시행할 때가 되자 시대에 뒤떨어진 것으로 드러났다.

투표인 명부는 재산, 수입, 주거와 교육의 질을 뒤섞은 기묘한 기준에 따라 만들어졌고, 선거구와 입후보 자격도 이해할 수 없는 방식으로 정해졌다. 이 때문에 평범한 사람들은 투표권이 있는지 없는지, 어디서 어떻게 투표를 해야 하는지도 몰랐다. 정부는 여러 층으로 구성되었고, 정당도 여러 개였다. 따라서 국가의 운명은 소수에 의해 결정되거나, 완전한 혼란에 빠질 수도 있었다. 1962년 선거는 로디지아에 장기간 위기를 초래했고, 이 때문에 수천 명이 사망했다. 1962년 선거에서 실제 투표를 한 아프리카인은 65,500명 중 12,000명이었다. 아프리카인들이 500명만 더 투표를 했더라면, 온건파가 정권을 잡았을 것이다. 그랬다면 그 뒤 20년간 국가의 운명은 크게 달라졌을 것이다.[11] 대부분의 아프리카인과 꽤 많은 백인들은 자기가 무엇을 하고 있는지도 몰랐다.

근본적인 인종 문제가 없는 지역에서도 헌법을 둘러싼 혼란이 그치지 않았다. 1955년의 '개혁'으로 탄자니아에서는 식민지 국가들 중 가장 복잡한 헌법이 만들어졌다. 호전적인 민족주의자들을 배제하기 위해서였다. 1957~58년 헌법이 개정되기는 했지만 좀 더 미묘해졌을 뿐이다. 이때 정해진 3인 투표 조항에 따르면, 모든 투표권자는 각 인종(아프리카인, 아시아인, 유럽인) 가운데 한 명씩 뽑아야 했다. 이 조항을 위반하면 무효표로 처리되었다. 새로운 부류의 관료도 탄생했다. 그들은 '균형적인' 다인종 입헌정치의 전문가들이었다. 그들은 국제연합 사무국에도 진출해 국제 문제를 다루었다. 1956년부터 국제연합의 압력으로 루안다 우룬디의 벨기에인들은 매우 세밀하고 복잡한 법률을 만들어냈다. 법률에 따라 선거인 명부가 여러 개 작성되었고, 부총독 밑에 부족장 회의, 족장 회의, 지역 회의, 아프리카인 회의, 총회의 구성원을 선거로 뽑았다. 무려 5단계의 선거가 치러졌다. 세계에서 가장 원시적인 나라에 미국보다 복잡한 정치 구조가 들어선 것이다.[12]

한때 식민지에서는 제대로 된 통치가 이루어지지 못했는데, 이제는 과도한 통치 체제가 갖추어졌다. '독립'이 완전한 주권과 함께 독립 국가에 수반되는 모든 것을 뜻했기 때문이다. 인구 30만 명의 감비아는 실제로 배서스트(Bathurst, 지금의 반줄)라는 도시와 주변의 척박한 땅으로 이루어져 있다. 삼면은 세네갈에 둘러싸여 있다. 감비아는 완전히 독립된 국가가 되었고, 행정 기구가 모두 갖추어졌다. 그러나 이런 체계는 실상 감비아의 짐이 되었고, 결국 감비아는 1981년에 파산하고 말았다. 대안으로 작은 식민지를 연방으로 묶는 방안이 제시되었지만, 연방도 오래가지 못하거나 전혀 기능하지 못했다. 여기서도 정부 계층이 불필요하게 복잡했다. 의회는 대개 양원이었다. 발전 단계도 다르고 인구 구성비도 다른 식민지들 간의 증오와 공포를 진정시키기 위해 보호 장치도 공들여 마련했다. 영국령 서인도 제도는 역사적인 이유로 영국의 직할 식민지였을 때부터 통치 체제가 과도하게 복잡했다. 독립이 되자 통치 체계가 한 단계 더 생겼고, 연방이 되면서 한 단계가 또 추가되었다. 섬들은 낙후되어 있었고 주민들은 대개 가난했다. 오래 지속되지는 못했지만 어쨌든 연방이 유지되는 동안 서인도의 섬들처럼 인구 대비 입법자 비율이 높은 사회는 역사상 존재하지 않았다.

그리하여 식민지였던 나라들은 20세기 인류의 가장 큰 재앙이라고 할 수 있는 직업 정치가들에게 최상의 먹잇감이 되었다. 만약 탈식민지화 과정에서 적용되는 윤리적인 원칙이 있었다면, 그것은 바로 '정치'가 가치의 궁극적인 척도이자 독립 국가의 진정한 판단 근거라는 것이다. 이 원칙은 인도의 경우에 잘 드러난다. 1918년 몬터규 보고서는 이 원칙에 입각해 있다. 여기서 몬터규는 이렇게 말했다. "'인도인의 견해'를 말하자면, 일반적으로 지금 우리가 다루고 있는 문제에 대해 의견을 가지고 있거나 가질 수 있는 사람을 언급하는 것으로 이해해야 한다."[13] 하지만 모든 성인은 자기가 속한 사회의 미래에 대해 의견을 가질 수 있다. 오지에 살거나 글자를 모르는 사람들도 마찬가지다. 우리는 몬터규의 보고서에서 행간의 뜻을 파악해야 한다. 식민지를 독립시킬 때는 정치를 직업으로 하는 사람들과 논의하는 것이 유일하게 유효한 방식이라는 것이 몬터규의 생각이다. 이러한 생각은 비극적이고 야만적인 탈식민지화 과정의 마지막 단계까지 통념으로 남아 있었다. 이에 맞는 적절한 어구와 용어로 견해를 표명하지 않으면, 주의를 기울일 가치가 없다고 생각하고 무시하거나 필요하면 가차 없이 짓밟았다.

식민지 해방 과정에서 이어져 내려온 이런 통념과 여기에 따라오는 복잡한 법률은 '진정한' 국민과 '정치적' 국민 사이의 괴리를 넓혀놓았다. 게다가 '정치적' 국민을 매우 좁고 분파적인 개념으로 한정지었다. 따라서 탈식민지화 과정의 수혜자는 투표 조종자들이다. 여기에는 거대한 기만의 씨가 뿌려져 있다. 직업 정치가들은 국가를 표의 관점에서 생각하고, 보통 사람들은 국가를 정의의 관점에서 생각한다. '진정한' 국민에게 민주주의는 법치보다 중요하지 않다. 민주주의는 형식이고 법치는 내용이다. 식민지를 경험한 국민들에게 독립이 주어졌을 때, 그들은 정의가 주어진 것으로 생각했다. 하지만 그들이 얻은 것이라고는 정치인들을 뽑을 수 있는 권리가 전부였다. 물론 식민지 시대에는 정치적 평등도 없었다. 기껏해야 법 앞의 평등을 얻을 수 있을 뿐이었다. 어쨌든 권력 이양의 과정에서 투표권이 진보의 척도가 되었고, 법은 그저 되는 대로 방치되었다. 그리하여 대다수의 아프리카인은 오랜 독립 과정에서 아무 역할도 하지 못했다.

오랫동안 세밀하게 권력 이양을 준비한 나라도 그다지 형편이 좋지 못했다. 직업 정치인의 폐해라는 관점에서 이 사실을 설명할 수 있다. 골드 코스트(Gold Coast)는 가장 비극적인 사례다. 골드 코스트는 1945년 이후 아프리카에서 가장 부유한 흑인 국가였다. 그래서 다른 식민 국가들보다 전망이 밝았다. 인종 문제도 없었다. 골드 코스트는 가장 먼저 독립을 성취했다. 사실 자유에 이르는 길은 멀고도 길었다. 1850년 입법 의회가 신설되었고, 1888년 흑인 임명 의원이 탄생했다. 1916년 흑인 의원은 여섯 명이 되었다. 1925년 완전 선거제를 통해 지방 정부가 구성되었고, 1946년 입법 의회에서 아프리카인이 다수 의석을 획득했다. 1948년 헌법준비조사위원회가 설치되었고, 1949년에는 새 헌법 제정을 위한 위원회가 설치되었다. 이 위원회에서는 아프리카인이 다수를 차지했다. 1951년 새로운 헌법 아래서 선거가 실시되었고, 1952년 콰메 은크루마가 총리로 선출되었다. 1954년에는 최종적인 '독립 헌법' 이 만들어졌다. 1956년에 새로운 선거가 실시되어, 1957년에는 가나라는 국명으로 완전한 독립을 성취했다. 가나는 이처럼 자치로 나아가는 느리지만 확실한 과정을 보여주었다. 교과서를 그대로 따른 듯했다. 은크루마는 아프리카 정치인의 귀감이 되었고, 신생국 가나는 아프리카 자치의 모델이 되었다. 은크루마는 젊고 잘생긴데다 언변이 좋았다. 반둥회의에서도 단연 눈에 띄었다.

하지만 불길한 징조는 독립 이전부터 나타났다. 가나를 독립의 길로 이끈 것은 원래 단콰(Joseph B. Danquah)였다. 단콰는 은크루마를 당 조직위원으로 고용했다. 따라서 그는 처음부터 직업 정치가의 길로 들어섰으며 다른 일은 해본 적이 없다. 당 조직을 장악한 은크루마는 당의 성격을 자신의 뜻에 따라 움직이는 대중 운동 세력으로 바꾸었다. 그는 가나 독립이 순조롭게 진행되려면 영국이 자신을 지지해야 한다고 주장하는 한편 자신이 가나 독립에 가장 적당한 인물이라고 영국을 설득했다. 영국은 은크루마에게 이로운 조치를 단행했다. 1951년과 1953년 지방 정부 법령이 포고되었다. 이에 따라 정치 심의회가 만들어졌다. 곧바로 은크루마의 회의인민당이 이를 장악했다. 그 결과 전통적인 세력인 족장들이 힘을 잃었다. 가나는 권력 이양이 있기 전에 이미 맹아적 형태의 일당 국가가 되었다. 일단 권력을 잡자 은크루마는 '사법 조사' 같은 영국식 제도를 이용하고, 영국의 좌파들을 법률과 정치 고문으로 고용했다. 그리하여 영향력 있는 다른 중심인물을 모두 제거하고, 개인 통치에 대한 법적 구속을 제거했으며, 야당을 불법으로 만들어버렸다. 모든 권력을 자신과 여당에 집중시킨 뒤 에는 법치를 파괴했다. 1963년 12월 결정적인 순간이 찾아왔다. 그달 9일 반역죄로 기소된 야당 지도자 세 명이(전에는 은크루마의 동료였다) 특별 재판에서 무죄를 선고받았다. 대법관 아쿠 코사(Arku Korsah)가 판결문을 5시간 동안 신중하게 읽어 내려갔다. 영국식 사법 판결의 본보기라고 할 수 있었다. 아쿠 코사는 44년간 미들 템플(Middle Temple)의 변호사로 재직했고, 1956년부터 가나의 대법관으로 일했다. 그는 가장 중요한 통치 원리를 상징하는 인물이었다. 바로 문명화된 사회에서는 모든 사람, 모든 제도 그리고 국가 또한 법 앞에 평등하며 법을 따라야 한다는 원리 말이다. 아쿠 코사는 진정한 의미에서 1,000년의 전통을 자랑하는 영국 헌정의 화신이었다. 12월 11일 은크루마는 아쿠 코사를 해임했다. 세 사람은 다시 재판을 받았고 유죄를 선고받았다. 2년 뒤 단콰는 감옥에서 죽었다. 그는 그때까지 재판도 받지 못하고 감옥에 갇혀 있었다.[14)]

이러한 법치의 파괴는 은크루마의 도덕적 부패, 가나의 경제적 파탄과 평행선을 달리고 있었다. 이 세 가지는 긴밀히 연관되어 있었다. 1955년 반둥회의의 뜨거운 열기 속에서 은크루마는 두 가지 치명적으로 잘못된 생각을 했다. 첫 번째는 모든 경제 문제를 정치적 수단으로 해결할 수 있다는 생각이다. 이런 생각은 다음과 같은 이론에 바탕을 두고 있다. 식민지와 식민지에서 해방된 국가는 가난하고 낙후되어 있다. 그건 본질적인 물적 인적 자원의 부족 때문이 아니라 식민 정책이라는 정치적 상황 때문이다. 식민지주의는 경제적 진보를 가로막았을 뿐 아니라 실제로 용의주도하게 식민지에 '저개발' 이라는 조건을 강요했다. 이런 이론은 반둥에서 큰 힘을 얻었다.[15)] 정치 때문에 잘못된 것을 정치로 해결하는 게 당연하지 않을까. '저개발' 은 정치적으로 추진되는 대규모 투자 프로그램을 통해 개선되어야 한다. 아프리카 대륙의 번영은 정치적 과정에 따라 달성되어야 한다고 그는 생각했다. 은크루마는 1958년 가나의 수도 아크라(Accra)에서 열린 범아프리카회의(Pan Africanist Congress)에서 연설하며 그러한 원칙을 천명했다. 그는 1963년 5월 아디스 아바바(Addis Ababa)에서 이렇게 요약했다. "아프리카의 통합은 무엇보다 정치적인 왕국을 의미합니다. 통합은 정치적 수단을 통해서만 얻을 수 있습니다. 아프리카의 사회적 경제적 발전은 정치적 왕국의 틀 안에서 이루어질 수 있습니다. 다른 방법은 없습니다." 그래서 그는 아프리카 통합 정부, 공동 시장, 범아프리카 통화, 아프리카 통화 구역, 중앙은행, 대륙 통신 체계, 공동 외교 정책이 필요하다고 주장했다. "그리하여 우리는 아프리카인들의 왕국 앞에 예정된 승리의 행진을 시작하게 될 것입니다."[16] 은크루마는 이런 환상을 널리 퍼뜨리는 데 그치지 않고, 실제로 가나에서 실현시키려 했다. 가나는 과거에 식민 정책이 성공을 거둔 곳이다. 견실한 운영을 했다면, 분명히 상당한 수준의 번영을 지속했을 것이고 더 크게 성장했을 수도 있다. 그러나 은크루마의 잘못된 정책은 단번에 국제 수지 흑자를 사라지게 했다. 1960년대 중반 가나의 외채는 산더미처럼 불어났다. 국제 신용 등급도 신통치 못했다.

두 번째 잘못된 판단도 반둥에서 전염된 병이다. 은크루마와 다른 참석자들은 반둥에서 서로 칭찬만 하다가 이 병에 걸렸다. 바로 신생 국가가 '저개발' 이라는 불리한 조건에서 부상하기 위해서는 카리스마 넘치는 리더십이 필요하다는 생각이다. 이 생각은 레닌주의와 간디주의에 암시되어 있다. 레닌주의에서는 전위 엘리트(그리고 그들의 지도적 정신)에게 역사 과정에 대한 신성한 통찰력을 부여한다. 간디주의에서는 스스로 '성자' 가 된 인물에게 결정적인 정치적 역할을 맡긴다. 간디주의 역시 반둥 세대에게 중요한 영향력을 미쳤다. 네루, 수카르노, 우 누, 나세르, 은크루마(그 외 많은 사람)는 단순한 정치 지도자가 아니라 영적인 지도자였다. 국가가 국민의 영적 갈망을 구체화한 것이라면, 국가가 구체화된 것이 '해방자' 였다.

반둥에서 돌아오고 얼마 안 있어 은크루마는 추종자들이 자신을 '구세주' 라고 부르도록 용인했다. 그는 빠르게 부패했고, 일종의 조잡한 스탈린주의가 등장했다. 1960년에 공인된 은크루마의 전기에는 이렇게 적혀있다. "그는 우리의 아버지이자 교사이며, 우리의 형제이자 친구이며, 진실로 우리의 생명이다. 그가 없었다면 우리는 살아도 사는 게 아니었을 것이다. …… 그가 우리에게 베푼 은혜는 우리가 숨 쉬는 공기보다 훨씬 소중하다. 가나가 있는 것도, 우리가 여기 있는 것도 그분 덕분이기 때문이다."[17] 구세주 은크루마는 이 말도 안 되는 소리를 스스로 믿기 시작했다. 그는 1961년에 이렇게 말했다. "모든 아프리카인은 내가 아프리카를 대표하며, 내가 아프리카의 이름으로 말한다는 사실을 안다. 따라서 어떤 아프리카인도 나와 다른 견해를 가질 수 없다."[18] 은크루마가 반대 세력을 분쇄하고 법치를 무너뜨리는 과정은 이러한 배경에서 이루어졌다. 카리스마는 한동안 지속되었다. 국제회의에서는 특히 잘 통했다. 하지만 1960년대가 되자 그의 카리스마는 국제회의에서조차 빛을 잃었다. 새로운 인물, 최신의 인물, 유행에 맞는 인물이 등장하여 주목을 받았기 때문이다. 국내에서는 생활수준이 천천히, 나중에는 급속하게 떨어졌다. 그의 마술이 통하지 않는다는 사실이 드러나자, 신성한 힘을 사칭한 구세주는 위험에 처했다. 하지만 1960년대 중반까지는 구세주를 제거할 합법적인 수단이 없었다. 1966년 2월 은크루마는 군사 쿠데타로 축출되었고, 1972년 망명지에서 숨을 거두었다.

군부가 검은아프리카 최초의 독립 국가이며 신생 국가의 모델로 촉망받던 가나를 붕괴시켰다는 사실은 뼈아픈 충격이었다. 충격의 여파가 컸던 것은 거대한 이웃 국가 나이지리아 또한 한 달 전에 군부 쿠데타로 입헌정치가 무너졌기 때문이다. 나이지리아는 아프리카 국가 중 인구가 가장 많았고 그만큼 중요했다. 1960년대 나이지리아는 석유 개발 사업으로 경제적으로 더 안정된 국가 기반을 확립했다. 나이지리아도 가나처럼 긴 준비 끝에 탄생했다. 일찍이 나이지리아에서는 1922~23년 최초로 아프리카인 의원이 선출되었다. 나이지리아는 루가드의 '이원적 위임 통치' 체제가 만들어낸 걸작이다. 루가드의 통치 시스템은 상당히 양심적인 식민 행정 체제였다. 영국이 침략해오기 오래전부터 나이지리아에는 북부의 하우사족과 풀라니족, 동부의 이보족, 서부의 요루바족 등 유력한 부족 사이에 팽팽한 긴장 관계가 형성되어 있었다. 완벽한 연방 체제를 만들려는 노력에도 불구하고, 부족 간의 대립은 사라지지 않았다. 나이지리아의 역사는 본질적으로 피상적이고 덧없는 식민지주의의 영향을 보여준다. 게다가 아시아 아프리카식 민족주의가 유입되면서 더 큰 영향력을 행사했다. 아시아 아프리카식 민족주의는 각 종족의 '권리'를 강조한다. 하지만 모든 종족 공동체를 인정해준다면, 나이지리아는 200여 개 국가로 이루어진 연방이 되어야 할 것이다.[19] 분열을 낳을 정도로 '권리'를 주장하자, 나이지리아는 민주적 토론과 타협이라는 정상적인 과정으로는 운영될 수가 없었다. 독립되고 나서 4년이 지나자 나이지리아는 거의 붕괴 직전까지 갔다. 그리고 마침내 1966년 붕괴되었다. 군사 정부가 들어서자, 동부 지역이 분리를 주장했다. 1967년 5월 30일 동부 지역에서 비아프라공화국의 수립이 선포되었다. 2년간 내전이 뒤따랐고 수많은 인명 피해가 발생했다.

이 비극적인 충돌은 아프리카를 양분했다. 탄자니아, 잠비아, 가봉, 코트디부아르만이 비아프라공화국을 지지했다. 다른 아프리카 국가들은 나이지리아의 군사 정권을 지지했다. 대부분 나이지리아의 분열이 계속되어 '제국주의자'를 이롭게 하는 결과가 생길까 두려워했기 때문이다. 하지만 분열이나 분할이 제국주의자들의 목적이라면, 식민 강국이 왜 아프리카에서 통일 국가를 만들기 위해 그토록 애썼으며, 이것이 안 될 때는 지속 가능한 연방을 만들기 위해 노력했겠는가? 왜 모든 서구 강대국이 분리를 주장하는 비아프라가 아니라 군사 정부의 나이지리아를 지원했겠는가? 비아프라가 붕괴된 이유는 사실상 서구 강대국이 나이지리아를 지원한 탓이 아니던가? 이러한 질문에는 대답할 수 없을 것이다. 아프리카 민족주의의 정치 철학은 식민지주의 이론에 근거하고 있다. 식민지주의 이론은 단순히 틀렸을 뿐 아니라 근본적이고 구조적인 오해를 낳았다. 이 때문에 아프리카는 환상과 좌절, 전쟁에 빠져들 수밖에 없었다.

modern times

식민지주의와 사회공학

분수령이 된 1959~60년 식민 열강은 빠른 속도로 아프리카에서 빠져나오기 시작했다. 불행히도 이때 국제연합 안에서는 잘못된 식민지주의 이론이 널리 받아들여졌다. 반둥 세대와 특히 다그 함마르셸드의 영향 때문이다. 곧 중요한 순간이 찾아왔다. 벨기에는 1960년 6월 30일 마침내 콩고의 독립을 인정했다. 벨기에는 미개하지만 방대하고 소중한 땅을 야만적인 폭정으로 다스렸다. 1920년부터는 점차 경제적인 성과가 나타나기 시작했다. 1950년대에는 엄청난 산업 투자의 대가가 돌아오기 시작했다. 산업 생산 지수는 1948~58년 사이에 118에서 350으로 늘었다. 이 기간에 생산성은 2.5배 증가했다. 제국주의에 관한 레닌식 이론과는 반대되는 사실이지만, 산업 생산은 1950년대 매년 14.3퍼센트의 비율로 증가했고, 이 추세가 수그러든 것은 독립이 예상되고부터였다.[20] 경제 번영의 결과로 독립한 시점에 콩고는 인구 10만 명당 병상(病床) 수가 560개였다. 아프리카의 다른 나라보다 높은 비율이었다. (실제로 벨기에보다 높았다.) 식자율은 42퍼센트였다. (영국 식민지의 식자율은 우간다의 30퍼센트에서부터 탕가니카와 나이지리아의 15퍼센트까지 다양했다. 프랑스 식민지는 평균 10

퍼센트였다.)[21] 하지만 벨기에의 교육 정책은 극단적으로 초등 과정에 치우쳐 있었다. 콩고인 의사나 엔지니어, 상급 관리를 찾아볼 수 없었고, 총 25,000병력의 국민군에 아프리카인 장교는 한 명도 없었다.

이러한 체제하에서 권력 이양을 앞둔 광란의 마지막 시기에 태어난 것은 직업 정치인이었다. 유럽식 이데올로기라는 허울 아래 뿌리 깊은 부족 귀속 의식을 감추고 있던 이들은 바로 대통령 조제프 카사부부(Joseph Kasavubu), 총리 파트리스 루뭄바(Patrice Lumumba), 카탕가 지방의 대통령 모이즈 촘베(Moise Tshombe)다.[22] 세 사람은 모두 변덕스러웠고, 특히 루뭄바는 쉽게 격해지곤 했다. 루뭄바는 전에 우체국 직원과 양조장 일꾼으로 일하다가, 직업적인 선전선동가가 되었고, 마침내 정부 수반이자 국방장관의 자리에 올랐다. 벨기에 식민 통치가 남겨놓은 유산이 깨지기 쉬웠다고는 해도 몇 년간은 지속될 수도 있었다. 하지만 루뭄바는 백인 지배자를 공격하는 것으로 독립을 기념하려 했다. 독립 5일 뒤인 7월 5일 수도 레오폴드빌(Leopoldville, 지금의 킨샤사)에서 수비대가 폭동을 일으켜 백인 장교들을 쫓아냈다. 이어 유럽인과 아프리카인을 가리지 않고 약탈, 강간, 살해했다. 벨기에는 5일 동안 사태의 추이를 지켜보았다. 그동안 테러 행위는 계속 확대되었다. 콩고의 국제연합 직원들은 기뻐 날뛰는 폭도들의 총부리에 호텔 방에서 쫓겨나곤 했다. 하지만 뉴욕 국제연합 본부의 다그 함마르셸드는 아무런 조치도 취하지 않았다.

7월 10일 드디어 벨기에는 질서를 회복하기 위해 군대를 파병했다. 그러자 다그 함마르셸드는 기회가 왔다는 듯 벨기에의 조치에 화를 냈다. 그는 7월 13일 안전보장이사회에서 벨기에의 파병은 평화와 질서에 대한 위협이라고 비난했다.[23] 사무총장 함마르셸드는 국제연합의 역할을 확대할 기회를 찾고 있었다. 제3세계의 정서라는 거대한 물결에 편승하여 국제연합을 세계의 정부로 세우고 싶었던 것이다. 위대한 벨기에 정치가 폴 앙리 스파크(Paul-Henri Spaak)는 함마르셸드를 이렇게 기억했다. "그는 과격하고 자신만만한 반식민지주의 정책을 추진했다. 의무감뿐만 아니라 신념에 따른 행동임에 틀림없다."[24] 다그 함마르셸드는 국제연합이 아프리카를 갱신시킬 촉매제가 되어야 한다고 믿었다. 그는 앙드레 말로에게 프랑스가 아프리카에 좋은 마티니(martini)라고 말했다. "프랑스는 진(gin)이 될 수도 있습니다. 하지만 국제연합은 확실한 해열제입니다."(이 말은 그가 아프리카뿐 아니라 마티니에 대해서도 잘 모르고 있다는 사실을 보여준다.) 아시아 아프리카 문제에 관해 그는 이렇게 말했다. "아시아와 아프리카 국가가 회원국으로 있는 국제연합만이 식민지주의의 굴레를 벗기고, 냉전의 궤도 바깥에서 문제를 해결할 수 있습니다."[25] 다그 함마르셸드가 아무 일도 하지 않고 벨기에군이 질서를 회복하도록 놔두었다면, 사태는 신속히 해결되고 인명의 희생도 훨씬 적었을 것이다.

촘베는 카탕가의 광산업을 혼란으로부터 지키고 싶었다. 그는 7월 11일 카탕가 지역의 독립을 선언했다. 이 문제 역시 협상을 통해 해결할 수 있었다. 하지만 사무총장 다그 함마르셸드는 즉시 국제연합군을 편성해서 파병했다. 병력은 (국제연합 헌장에서 명백히 의미하고 있는 것과 달리) 안전보장이사회 구성국이 아니라 다그 함마르셸드가 지지를 얻을 수 있는 '비동맹' 국가에서 모집했다. 사실 질서를 회복하기 위해서였다면 벨기에군이 더 적합했다. 함마르셸드가 국제연합군을 파견한 것은 질서 회복뿐만 아니라 카탕가와 콩고를 무력으로 재통합하기 위해서였다. 그는 킹메이커가 되고 싶었고, 루뭄바를 왕으로 만들고 싶었다. 그가 루뭄바를 지원한 이유는 뻔했다. 루뭄바는 콩고인들 사이에서도 지지 세력이 별로 없었다. 루뭄바를 지지하는 세력은 그가 속해있는 부족 집단뿐이었다. 하지만 루뭄

▶ **모이즈 촘베(1919~1969)**
무장폭동을 이용하여 광물이 풍부한 카탕가 지역의 분리를 선언했다. 국제연합과 콩고가 카탕가 분리를 반대함에도 불구하고, 벨기에의 비밀 군사원조, 기술원조, 백인용병의 지원을 받아 3년 동안 카탕가 독립공화국을 통치했다.

바의 웅변과 미사여구는 범아프리카 지식인들과 아시아 아프리카 지도자들에게 강한 호소력이 있었다. 다그 함마르셸드는 바로 그들의 지지를 받고 싶었던 것이다.

이러한 외로운 노력을 벌이면서, 함마르셸드는 백인이건 흑인이건 자신이 위험에 빠뜨리는 인명에 대해서는 거의 관심을 갖지 않았다. 그의 냉정함과 초연함은 이상을 향한 강한 열망에 잠식되었다. 그는 인간적인 관점이 아니라 정치적 이해관계를 기준으로 사고했다. 그래서 국제연합에 이중적인 기준을 세웠다. (1960년 3월 21일 남아프리카 공화국의 샤프빌에서처럼) 백인이 아프리카인을 죽이면 전 세계적으로 관심을 가져야 할 일이며 평화에 대한 위협이 되지만, 아프리카인이 아프리카인이나 백인 또는 아시아인을 죽이는 것은 순전히 국내 문제이며 국제연합의 권한 밖의 일이라는 것이다. 따라서 국제연합에는 일종의 역(逆)인종주의가 스며들었다. 이 때문에 그 뒤 20년간 헤아릴 수 없이 많은 아프리카인이 목숨을 잃어야 했다. 함마르셸드의 재임 기간 중에도 그 대가는 엄청났다. 그가 파견한 국제연합군은 더 큰 불안 요인이 되었다. 카사부부 대통령은 함마르셸드가 지지하던 루뭄바 총리를 해임했다. 루뭄바는 해임의 적법성에 이의를 제기했다. 세력을 모으려고도 해봤지만, 전 특무상사 모부투(Mobutu Sese Seko) 장군에게 붙잡혔다. 루뭄바는 카탕가로 넘겨졌고, 1961년 1월 17~18일 살해당했다. 이 보잘것없는 불한당은 수천 명의 인명을 죽음에 몰아넣었다. 그런데도 함마르셸드는 루뭄바 살해 사건을 두고 "국제기구의 원칙에 반하는 죄"가 저질러졌다고 말했다.[26] 사실 이 사건은 기나긴 권력 투쟁 가운데 생긴 무의미한 사건일 뿐이다. 그러나 사무총장 함마르셸드는 초연한 태도를 잃고 왕의 죽음에 복수를 해야 한다는 생각에 사로잡혔다. 그는 국제연합군으로 카탕가에서 백인을 몰아내고 정권을 교체하려 했다. 이 일이 성공했더라면 국제기구의 제국주의 침략이라고 불릴 만한 사건이 되었을 것이다. 하지만 이 과정에서 함마르셸드는 실수를 했다. 국제연합 사무실이라는 추상적인 가공의 세계를 떠나 콩고라는 현실 세계에 발을 들여놓았던 것이다. 그는 그 대가로 목숨을 지불해야 했다. 1961년 9월 그가 탄 비행기가 은돌라(Ndola) 근처의 나무를 들이받았고, 그 자리에서 즉사했다.

함마르셸드는 다른 외부인들처럼 콩고에서 서구식 정치 원리와 상황을 찾아내 이에 대한 대응 조치를 취할 수 있을 거라고 생각했다. 하지만 실상 콩고는 부족과 개인의 정치적 암투가 끓어오르는 도가니에 지나지 않았다. 콩고 정치인들은 편의와 자기 보존을 위해 상황에 따라 입장을 바꾸었다. 따라서 국제연합 정책이 그들 중 한 사람에게 묶여 있는 것은 불합리했다. 알제리인들과 참견하기 좋아하는 다른 아시아 아프리카인들도 똑같은 실수를 저질렀다. 벤 벨라(곧 비밀 감옥으로 사라질 운명이었지만)는 촘베를 "제국주의의 순회 박물관"이라며 무시했다.[27] 사실 카사부부가 이전의 모든 선입견을 버리고 촘베를 콩고 총리에 임명하자, 촘베는 자신이 인기 있는 총리임을 입증해 보였다. 하지만 오래가지는 못했다. 콩고의 군중은 셰익스피어의 로마 군중만큼(아니면 나세르가 길들인 카이로 군중만큼) 변덕스러웠다. 한번은 "촘베여, 영원하라. 아랍인은 돌아가라!"라고 외치고, 다음번에는 "촘베를 타도하자, 아랍인은 촘베를 돌려보내라!"라고 외쳤다. (촘베는 그 뒤 반역죄로 사형 선고를 받았고, 알제리로 납치되어 감금생활 중 병사했다.)[28] 결정적인 순간은 1965년 12월에 찾아왔다. 모부투가 군사 쿠데타로 정치 시대에 종지부를 찍었다. 피할 수 없는 수순이었다. 모부투는 다음번 독립 기념일에 모습을 드러냈다. 자신이 연루된 살해 사건의 희생자에게 경의를 표하기 위해서였다. "콩고의 빛나는 시민이며 위대한 아프리카인이자 콩고 독립의 첫 번째 순교자인 파트리스 에머리 루뭄바에게 영광과 명예를 바칩니다. 그는 식민지주의자들의 음모에 희생당한 것입니다!" 대통령이 된 모부투는 이득을 노린 서구의 지원을 받으며 콩고를 통치했다. 수많은 친구, 지지자, 가족, 친척들이 부를 축적했고, 모부투도 적잖은 재산을 모았다. 1980년대 초에 모부투는 억만장자라는 소리를 들었다. 실제로 그 당시 세계 최고의 부자였고, 한때 콩고를 다스렸던 벨기에의 국왕 레오폴보다 재산이 많았다.[29]

1959～60년의 전환기는 기나긴 콩고 사태를 낳았고, 국제연합은 사태를 악화시켰다. 시간이 오래 걸리더라도 아프리카 신생국에 입헌정치가 정착될 수 있는 기회는 있었다. 그런데 국제연합이 그 기회를 잘라버렸다. 직업 정치가라는 새로운 계층에 너무 큰 기대를 걸었던 것이다. 그들은 구세주가 되지 못했다. 긴장의 틈바구니에서 파괴하거나 파괴당했을 뿐이다. 군인이 대신 정권을 잡았다. 19세기 초 제일 먼저 '해방된' 라틴아메리카에

서도 똑같은 일이 벌어졌다. '해방자' 볼리바르(Simón Bolívar)의 시대가 끝난 뒤 최초의 카우디요(Caudillos, 지방의 군사 지도자) 시대가 왔다. 이런 현상은 아랍에서도 반복되었다. 나세르 대령과 동료는 1952년부터 권력을 장악하기 시작했다. 검은아프리카에서는 1963년 1월 토고에서 처음 군사 쿠데타가 성공했다. 실바누스 올림피오(Sylvanus Olympio) 대통령은 살해당했다. 6개월 뒤 브라자빌에서는 풀베르 율루(Fulbert Youlou)가 축출되었다. 2개월 뒤에는 코토누(Cotonou)에서 위베르 마가(Hubert Maga)가 권력을 잃었다. 1964년 1월 케냐, 우간다, 탄자니아에서 폭동이 일어났고, 다음달에는 가봉에서 레옹 음바가 쫓겨났다. (드골의 낙하산부대가 다시 그를 대통령의 자리에 앉혔다.) 1965년 11월에는 모부투의 쿠데타가 일어났고, 얼마 안 있어 다호메에서 짧은 간격으로 쿠데타가 두 번 일어났다. 이듬해 1월에는 중앙아프리카 공화국과 오트볼타(Upper Volta, 지금의 부르키나파소)에서, 2월에는 가나에서 쿠데타가 일어났다. 토고에서 처음 쿠데타가 일어났을 때는 세계 여론이 관심을 기울였다. 하지만 쿠데타가 계속되자 해당 국가 외에는 누구도 신경을 쓰지 않았다. 이 무렵(1968년 1월)까지 검은아프리카는 군사 쿠데타, 쿠데타 시도, 반란을 64차례나 겪었다.[30] 독립의 시대였던 1960년대가 끝나갈 무렵 다호메는 6차례, 나이지리아와 시에라 리온은 각각 3차례, 가나, 콩고 인민공화국, 토고, 오트볼타, 자이르는 각각 2차례 쿠데타가 일어났다. 다른 국가들도 쿠데타를 경험했다. 1970년대 내내 검은아프리카에서는 군사 폭동이 정치 노선을 바꾸거나 지배 계층을 교체하는 주요 수단이었다. 1975년에는 41개 국가 중 20개 국가에서 군사 정부 또는 군사 · 문민 임시 정부가 통치했다.[31]

군대가 정치의 통상적인 중재자가 되지 않은 경우에도 서구식 의회 민주주의는 독립 후 수 년 내에 사라졌다. 선거를 통해 정권을 교체하는 본질적인 권리도 없어졌다. 대신 레닌주의식 일당 체제가 들어섰다. 매우 드문 경우기는 하지만, 케냐에서는 일당 통치 체제 아래 자유시장경제와 법치가 어느 정도 유지되기도 했다. 여기서 통치 정당은 단순히 지배 부족 출신의 엘리트를 위한 비관념적인 기구였다.[32] 이런 유사 헌정 국가에서도 부패는 관행처럼 퍼졌고, '부의 표출' 이 국가를 이끌어갈 능력의 증거로 해석되었다. 케냐의 대통령 조모 케냐타(Jomo Kenyatta)는 테러리스트 지도자로서는 드물게 국가를 책임 있는 통치 체제로 전환하는 데 성공했다. 하지만 그는 정적이었던 좌익 인사 빌다드 카기아(Bildad Kaggia)를 공개적인 모임에서 호되게 비난했다. 카기아가 재산을 모으지 못했다는 이유에서였다. 케냐타는 카기아에게 다음과 같이 말했다.

> 우리는 폴 은게이(Paul Ngei)와 감옥에 함께 있었소. 은게이의 집에 가보면 커피를 비롯해 많은 작물을 재배하고 있다는 걸 알 게요. 당신은 뭘 했소? 쿠바이(Fred Kubai)의 집에 가보면, 큰 저택과 멋진 농원을 볼 수 있을 게요. 카기아, 당신은 뭘 했소? 우리는 쿵구 카룸바(Kungu Karumba)와 감옥에 함께 있었소. 지금 그는 버스 회사를 운영하고 있소. 대체 당신은 이제껏 뭘 한 게요?[33]

사실 아프리카의 관습상 어느 정도의 부패는 이해할 수 있다고 보면 — 이 수준을 넘어서면 법의 추궁을 받아야 하겠지만 — 독립된 지 얼마 안 된 국가에서 생겨난 사소한 부패는 이해될 수 있을 것이다. 시장 시스템이 작동해서 국가의 역할이 제한받는 곳에서는 (18세기의 영국에서처럼) 부패가 관행처럼 이어질 수도 있고, 그래서 일정 한도 내에서 억제될 수도 있다. 하지만 국가가 유토피아의 역할을 떠맡는 경우에는 부패가 암세포처럼 번식한다. 1960년대와 1970년대 아프리카가 그랬다. 부분적으로는 레닌주의의 가정에서 이런 부패가 흘러나왔지만, 더 큰 책임은 레닌주의에 관한 반둥 세대의 해석에 있다. 은크루마처럼 열렬한 레닌주의 신봉자들이 설파했듯이, 반둥 세대는 유익한 결과를 낼 수 있는 전능한 수단이 정치라고 믿었기 때문이다.

하지만 허약한 아프리카 국가를 팽창주의로 이끌고 부패를 조장한 책임은 집산주의 철학에 국한되지 않는다. 식민지주의 또한 상당 부분 책임을 져야 한다. 대부분의 식민지가 대체로 무해한 자유방임의 원칙에 따라 운영된 것은 사실이다. 영국의 식민지는 분명히 이런 원칙 아래 지배되었다. 정부는 식민지를 외국의 침략으로부터 보호하고, 경찰을 두고, 통화를 관리했다. 나머지는 모두 시장이 담당했다. 하지만 불행히도 이런 원칙의 예외가 되는 곳이 아주 많았다. 일부는 전혀 다른 시스템을 낳기도 했다.

식민지주의에서 사회공학의 유혹은 자유시장이라는 사과 속 벌레에 비교할 수 있다. 이 유혹은 매우 강력했다. 식민지 행정관들은 수요와 공급의 법칙을 뜯어고치고 싶은 유혹을 뿌리치기 힘들었다. 이 유혹에 굴복하고 나면 그들은 영토를 개미총으로, 주민들을 일개미로 생각하고는 조직화를 통해 더 큰 이익을 창출하려 들었다. 벨기에령 콩고에서는 백인 이주민에게 정치권력을 전혀 주지 않았다. 원주민을 탄압하지 못하게 하기 위해서였다. 의도 자체는 나무랄 데가 없었다. 법률은 기업에 '좋은 가장' 처럼 행동하라고 지시했다. 물론 소련에서처럼 원주민의 행동에 대한 제한 규정이 있었다. 대도시는 특히 더했다. 엘리자베스빌(Elisabethville)에서는 원주민 통행 금지령이 있었다. 아프리카인들에게 노동을 강요하더라도 그것은 그들을 위한 것이라는 생각이 식민지를 지배했다. 하지만 실제는 원칙보다 훨씬 더 가혹했다. 1945년까지 프랑스는 강제 노동과 원주민 형법이라는 형태로 대규모 사회공학을 시행했다. 소련의 강제수용소보다는 덜 야만적이고 규모가 작았지만 기초하고 있는 가설은 같았다.

사회공학을 맹렬히 실천한 나라는 포르투갈이었다. 역사상 최초의 식민지와 최후의 식민지는 모두 포르투갈인의 것이다. 앙골라와 모잠비크에서 포르투갈은 아프리카인으로부터 노예 제도를 받아들여 제도화했다. 특히 브라질과의 노예무역은 300년간 앙골라와 모잠비크 경제의 대들보였다. 포르투갈인이 아프리카 족장들과 맺은 협약은 생산물이 아니라 노동에 관한 것이었다. (모잠비크에서는 아랍인이 중개인으로 활동했다.) 포르투갈은 유럽 강대국 가운데 유일한 노예 생산국이었다. 포르투갈은 노예무역을 필사적으로 옹호했고, 노예무역을 금지하는 흐름에 저항했다. 결국 영국의 압력을 받고 나서야 노예 제도를 폐지했다. 대신 상업화된 강제 노동 시스템을 채택했다. 이 시스템은 1970년대 말까지 유지되었다. 그때까지도 아프리카 족장들이 포르투갈에 협력하고 있었다. 그들은 노예 제도가 있던 시절에는 노동 집단을 운영했던 사람들이다.

세실 로즈는 앙골라와 모잠비크를 자유로운 영국 체제 안으로 흡수하고 싶어했다. 그는 포르투갈의 식민 정책을 시대착오라고 생각했다. 순진하게도 그것이 20세기 전체주의의 시대적 징후라는 사실을 몰랐던 것이다. 1945년 이후 포르투갈인은 모잠비크로부터 매년 30만 명, 앙골라로부터 매년 10만 명의 계약 노동자를 선별해 주로 남아프리카 공화국에 공급했다. 동화되지 않고 시민권이 부여되지 않은 모든 아프리카인(포르투갈인은 피부색으로 아프리카인을 차별하지는 않았다)은 노동 기록이 적힌 수첩을 가지고 다녀야 했다. 불량 노동자는 지역 '노동 지도자' 에게 보내져 구멍이 나 있는 탁구 라켓 모양의 수갑에 손이 묶인 채 육체적인 벌을 받았다. 최후의 조치로는 '섬' (상투메나 프린시페)에서 중노동을 하는 벌을 내렸다. 벨기에인처럼 포르투갈인은 통행 금지령을 시행했다. 아프리카인들은 보통 밤 9시 이후에는 외출을 할 수 없었다.[34)]

포르투갈 당국은 도덕적인 근거에서 자국의 방식을 열렬히 변호했다. 노동력을 수출함으로써 앙골라와 모잠비크에 항만 시설과 철도가 생기고, 다른 수단으로는 불가능했던 투자가 이루어졌다고 주장했다. 또한 식민지의 문명화 사업을 사명으로 여기고 진지하게 진행하고 있다고 주장했다. 그들에게 아프리카인은 아이는 아니지만 사회적 책임을 받아들이도록 교육받아야 하는 성인이었다. 남자들은 게으른 생활 습관에서 벗어나 일을 해야 하고, 여자들은 밭일에서 벗어나 가정에서 역할을 찾아야 했다. 바로 포르투갈인이 그것을 가르쳐주어야 한다는 게 그들의 논리다.[35)] 하지만 도덕론에 입각한 간섭이 대개 그렇듯 포르투갈의 방침은 예기치 못한 부작용을 낳았다. 1954년 모잠비크 베이라(Beira)의 주교는 노동력 수출 때문에 아프리카인의 가정생활이 완전히 파괴되었다고 포르투갈 당국을 비난했다. 베이라 교구 성인 남자 80퍼센트가 가족과 멀리 떨어져 로디지아나 남아프리카 공화국 같은 타국에서 일했기 때문이다.[36)]

아파르트헤이트의 기원

영국의 영향력 아래 있는 식민지에서도 대규모 사회공학이 행해졌다. 주로 인종 분열을 지속시키는 토지 할당 제도의 방식이었다. 케냐에서는 양차 대전 사이에 키쿠유족이 '백인들의 고지대'에서 쫓겨났다. 이 사건으로 스탈린의 농업 집산화 과정 때와 똑같은 도덕적 반론과 반발이 일어났고, 1950년대 마우마우단이 일으킨 반란의 직접적인 원인이 되었다. 한편 남부 로디지아에서 있었던 토지 할당에 관한 입법은 1970년대 그 지역의 역사를 지배했던 게릴라전쟁의 중요한 원인이 되었다. 이 법률은 1979년 흑인의 통치가 시작되고 나서야 사라졌다. 가장 극악한 사례는 남아프리카 공화국에서 나타났다. 남아프리카 공화국에서 실시한 아파르트헤이트 정책은 이 나라의 주요 통치 원리이자 철학이 되었다.

남아프리카 공화국에서 사회를 통제하기 위해 이용한 통행법(그리고 통행증)은 18세기부터 존재했다. 이 법은 1828년에 폐지된 것 같았지만 곧 부활했다. 1970년대까지 이동 제한 법령을 근거로 일 년에 평균 60만 명 이상이 체포되었다.[37] 통행법은 엘리자베스 여왕 시대에서 그 기원을 찾을 수 있다. 당시 급속한 인구 증가로 생긴 '멀쩡한 거지'를 통제하기 위해 통행

▶ **마우마우단**
1950년대 케냐의 키쿠유족이 시작한 투쟁적인 아프리카 민족운동. 영국의 케냐 지배에 대해 무력으로 저항할 것을 촉구했으며, 구성원들은 키쿠유 중앙연합 지도자들이 독립운동에 통일성을 높이기 위해 채택한 종교적 서약을 중심으로 단단히 결속되었다.

법을 만들었다. 하지만 남아프리카 공화국 최초의 적극적인 사회공학 수단이 얀 크리스티안 스뫼츠의 작품이라는 사실은 상당한 아이러니다. 스뫼츠는 국제연맹과 국제연합의 창설자이며, 1945년 샌프란시스코에서 국제연합 인권 선언의 초안을 작성한 인물이다.[38)]

스뫼츠는 보어전쟁 후에 영국과 손을 잡았다. 자유롭고 평화로운 분위기의 정착지에서 나라를 재건하기 위해서였다. 온건파 보어인들은 인종 질서 원칙에 입각하여 반(半)전체주의 국가의 법적 토대를 마련했다. 1911년 계약 노동자들(흑인들)의 파업을 불법으로 규정하는 한편, '광산 및 공장법(Mines and Works Act)' 에 따라 백인이 특정한 직업군을 독점하게 되었다. 1913년에는 '원주민 토지법(Native Land Act)' 으로 피부색에 따른 지역 분리 원칙을 도입했다. 이 법은 뒤따라 일어난 모든 상황의 핵심 원인이 되었다. 원주민 토지법은 아프리카인들이 시온주의 색깔을 띠는 다양한 종교적 분파를 발전시켜 나가게 했기 때문이다.[39] 1920년에 도입된 '원주민 문제에 관한 법(Native Affairs Act)' 에 따라 아프리카인들에게는 차별화된 정치 제도가 도입되었다. 정부가 임명하는 '아프리카 지도자 원주민 회의' 가 만들어졌지만, 이 기구는 백인 '전문가' 로 구성된 '원주민 문제 위원회' 의 지시를 받아야 했다. 1922년에 만들어진 법률은 전문 기능 연수 제도를 최소 교육 자격을 갖춘 사람(예를 들어, 비아프리카인)에게만 한정했다. 1923년 '원주민 도시 지역법(Native Urban Areas Act)' 에 따라 도시 안과 주변에 아프리카인들의 분리 거주 지역이 만들어졌다. 1925년 '산업조정법(Industrial Conciliation Act)' 은 아프리카인들의 단체협약권을 박탈했다. 1925년 '임금법(Wages Act)' 과 1926년 '인종 차별법(Colour Bar Act)' 은 백인 빈민층과 아프리카인 사이에 충분한 차이를 두기 위해 만든 법률이다.[40]

남아프리카 공화국은 암리차르 학살 이후 인도 정부가 걸어간 길과 정반대 방향으로 나아갔다. 남아프리카 공화국을 그 길로 인도한 것도 스뫼츠다. 그는 1921년 불후크(Bulhoek)의 금지된 땅에 집단으로 거주하고 있던 아프리카계 '이스라엘인' 을 대량 학살했다. 이듬해에는 란트(Rant)에서 일어난 흑인 노동자 반란을 진압하면서 700명의 사상자를 냈다. 스뫼츠의 가혹한 정책은 추가적인 입법으로 강화되었다. 1927년 '원주민 행정법(Native Administration Act)' 이 만들어져 총독은 모든 아프리카인보다 우월한 최고 족장이 되었다. 이에 따라 총독에게는 부족의 우두머리를 임명하고, 부족의 경계를 정하고, 부족이나 개인의 거처를 옮기고, 아프리카인의 재판과 토지 소유를 관할하는 전제적 권한이 주어졌다. 원주민 행정법 제29항의 규정에 따르면, "원주민과 유럽인 사이에 적대감을 조성할 목적으로 말이나 행동을 하는 사람" 은 처벌을 받았다. 정부의 경찰력은 1930년의 '광산 및 공장법' 과 '소요 집회 단속법(Riotous Assemblies Act)' 에 따라 더 늘어났다.[41] 이러한 전체주의 권력 강화 작업은 스탈린이 레닌주의를 초석으로 독재 체제를 구축했던 때와 시기적으로 일치한다. 남아프리카 공화국 정부는 스탈린에 견줄만한 권력을 얻었고, 스탈린의 국가와 같은 목표를 세우고 있었다.

스뫼츠는 일찍부터 백인 유권자와 정치적으로 동등한 권리를 원하는 유색 인종과 혼혈 인종의 소망을 분쇄했다. 그는 제2차 세계대전 동안 그들에게까지 사회공학을 확대했다. 1943년에 혼혈인을 관리하기 위해 유색인업무부를 신설했고, 같은 해 인도인의 백인 지역 유입을 막기 위해 '경계법(Pegging Act)' 을 제정했다. 스뫼츠의 통일국민당은 압도적으로 많은 흑인에 대항해 백인, 아시아인, 혼혈인의 공동 노선을 모색하기는커녕, 아시아인과 혼혈인을 흑인 민족주의자 진영에 몰아넣었다. (흑인 민족주의자들은 아시아인과 혼혈인을 백인보다 더 싫어했다.) 인도계는 아시아와 국제연합이 남아프리카 공화국에 반대하게 하는 데 공헌했다.[42] 어쨌든 스뫼츠의 통일국민당이 1948년 5월 보어인 민족주의자들에게 권력을 빼앗기기 전에, 남아공에서 백인 우위와 물리적 차별의 모든 본질적 구조는 이미 갖추어져 있었다.

보어인 민족주의자들은 인종 분리를 종교와 비슷한 철학적 원리, 아파르트헤이트로 바꾸어놓았다. 여러 면에서 그들은 아프리카 민족주의자들과 비슷한 행보를 보였다. 그들이 내건 최초의 표어는 "아프리카너를 위한 아프리카" 였다. 아프리카너는 네덜란드계 백인으로 보어인 후손을 말한다. 이 표어는 아프리카 흑인이 1960~70년대에 주장한 "아프리카인을 위한 아프리카" 와 똑같다. 보어인 민족주의자들의 종교적 분파주의는 아프리카 시온주의와 동일한 시기에, 동일한 목적으로 세력을 확대해갔다. 분파주의의 목적은 억압받는 자, 버림받은 자, 차별 받는 자를 집단으로 보호하는 거였다. 기원이나 결과 면에서도 유대인의 시온주의와 비슷했다. 보어인들은 그들만의 시온을 창조했다. 이것은 이스라엘인이 아랍인에게 그랬던 것처럼 나중에 보어인들이 아프리카인에 대한 증오를 불태우고 단결하는 구심점이 되었다. 1915～18년에는 보어인 민족주의 기관이 만들어져 직업소개소, 신용 은행, 노조를 통해 가난한 백인들에게 도움을 주었다. 여기에는 반유대주의, 반흑인주의, 반영주의 색채가 매우 강했다. 이 운동은 사회적 약자를 보호하기 위해 시작되었지만, 일반적인 아프리카너의 정치적 경제적 문화적 이익을 증진하기 위한 목적으로 확대되었다. 그러다 1948년에는 극단적인 지배 원리로 변해버렸다.[43)]

아파르트헤이트는 1948년 정치 프로그램으로 처음 등장했다. 정치 프로그램을 통해 아프리카인은 보호 지역에서 아프리카인의 권리와 시민권의 근거를 찾고, 그곳을 아프리카인이 살기 적당한 터전으로 간주했다. 하지만 아파르트헤이트의 기원은 1935년 '인종 연구를 위한 남아프리카 기구'를 설립했을 때로 거슬러 올라간다. 아파르트헤이트는 히틀러의 인종 개념과 동유럽에 백인의 정착지를 분리하려는 계획에 영향을 받았다. 하지만 아파르트헤이트 개념에는 히틀러의 무신론의 경전에는 빠져 있던 성서적 토대가 추가되었다. 그럼에도 한 꺼풀 벗겨보면 아파르트헤이트는 매우 혼란스런 개념이다. 양립할 수 없는 요소가 뒤죽박죽 섞여 있기 때문이다. 아파르트헤이트는 유사과학에 기초한 인종주의로 히틀러주의나 레닌주의처럼 사회적 다윈주의에서 나온 개념이다. 하지만 종교 인종주의로서 아파르트헤이트는 모든 다윈주의를 부정하는 신념에서 비롯되었다. 그러나 이런 모순에도 불구하고 표면적으로는 명확하고 단순해 보였다. 스뫼츠가 만들어낸 정치 제도는 혼혈 인종을 선거인 명부에서 제외시키는

1951년의 '인종별 대표 선출법(Separate Representation of Voters Act)'을 통해 강화되었다. 이로써 보어인 민족주의자들은 이후 40여 년간 흔들림 없이 권력을 유지할 수 있었다. 그들은 인종별 대표 선출법을 이용해 소련과 견줄만한 사회공학을 진행해나갔다.

아파르트헤이트의 목적은 통합의 물결을 거꾸로 되돌리고 완전히 분리된 사회를 만드는 거였다. 1949년에 도입한 '인종 간 결혼 금지법(Prohibition of Mixed Marriages Act)'은 백인과 아프리카인의 결혼뿐만 아니라 모든 인종 간 결합을 금지했다. '부도덕 행위 금지법(Immorality Act)'은 모든 혼외정사를 불법으로 규정했으며, 당사자들의 인종이 다른 경우에는 특히 가혹한 처벌을 내렸다. 1950년에 도입한 '주민 등록법(Population Registration Act)'은 뉘른베르크법처럼 모든 사람을 인종으로 구분했다. 같은 해 만들어진 '집단 지역법(Group Areas Act)'에 따라 정부는 특정한 인종에 주거 지역과 업무 지역을 지정할 수 있는 권한을 갖게 되었다. 이제 인간을 흙과 콘크리트처럼 마음대로 주무르는 과정이 시작된 것이다. 정부는 흑인들의 집과 상점을 불도저로 밀어버렸다. 아파르트헤이트의 첫 번째 단계는 1950년 '공산주의 금지법(Suppression of Communism Act)'의 안보 규정으로 한층 강화되었다. 공산주의 금지법은 공산주의를 마르크스레닌주의뿐만 아니라 이와 관련된 모든 원리로 규정했다. "소요나 무질서를 조장하여 국내에서 정치적 산업적 사회적 경제적 변화"를 도모하는 행위는 모두 공산주의자의 책동으로 간주했다. 이 법에 따라 남아공의 권위주의 인물들은 백인 주민 상당수를 적으로 돌렸다.

1950년 원주민 담당 장관으로 페르부르트(Hendrik F. Verwoerd)를 임명하면서 아파르트헤이트의 두 번째 단계가 시작되었다. 페르부르트는 스텔렌보슈대학교의 사회 심리학 교수로 내성적인 구식의 보어인처럼 생기지는 않았다. 네덜란드에서 태어나 독일에서 교육을 받은 그는 남아프리카 공화국의 제도에 새로운 통일성을 부여했다. 1958년에 총리가 된 후 페르부르트의 정책은 더욱 철저해졌다.[44] 1954년에 그가 도입한 '반투 교육법(Bantu Education Act)' 에 따라 정부는 모든 아프리카인 학교를 통제하게 되었다. 특히 반투어 사용자들이 사회에서 자리를 잡을 수 있도록 준비시키는 차별화된 교과 과정과 교육 제도를 도입했다. 정부의 통제는 선교 활동에도 미쳤다. 동시에 '반투스탄(Bantustans)' 이라는 분리된 거주 구역을 만들기 시작했다. 분리주의는 스포츠, 문화, 종교에 이르기까지 생활 면면에 파고들었다. 1959년이 되자 정부는 실질적으로 고등 교육 과정에서도 분리주의를 실현했다.

사실상 검은아프리카 대륙을 탄생시킨 1959~60년에 많은 사람은 아파르트헤이트가 가까운 시일 안에 붕괴할 것이라고 생각했다. 해럴드 맥밀런도 같은 생각이었다. 1960년 2월 3일 맥밀런이 프리토리아(Pretoria)에서 '변화의 바람' 을 얘기하고 얼마 안 있어 남아프리카 공화국 샤프빌(Sharpville)에서는 아프리카인 69명이 목숨을 잃었다.[45] 암리차르 학살 때처럼 남아프리카에도 큰 반향이 일어날 것이라고 사람들은 예상했다. 마침내 아프리카의 진보라는 거대한 물결에 휩쓸려 보어인들은 의지와 용기를 잃게 될 거라고 말이다. 자본이 해외로 빠져나갔고, 남아공은 영연방을 탈퇴해야 했다. 아파르트헤이트는 어차피 내부적인 한계 때문에 제 기능을 하지 못하리라는 견해도 있었다. 아파르트헤이트는 남아공이 살아남기 위해서는 꼭 필요한 시장 경제의 요구 사항과 충돌했다. 또한 인구 통계학의 불가피한 논리와도 충돌했다. 1956년의 톰린슨 보고서(Tomlinson Report)는 아파르트헤이트의 지속적인 발전에 관한 핵심적인 청사진을 보여준다. 톰린슨 보고서는 대규모 사회공학을 매우 세밀하게 기술하고 정당화했다. 보고서는 "남아프리카 공화국의 상황에서 분명한 사실"은 "유럽계 주민이 현재든 가까운 미래든 국민적 동질체로서, 그리고 유럽 인종으로서 고유한 성격을 버릴 것이라 믿을 만한 근거가 전혀 없다"고 주장했다. 이러한 논거에서 출발하여 국가를 어떤 형태로 이끌어야 할지 제시했다.[46] 당시 톰린슨 보고서는 반투 지역 근처에 산업을 건설하는 문제나 흑인 인구 증가에 관해 지나치게 낙관적이라는 비판을 받았다. 1960년대에 누적된 증거들은 이러한 비판이 옳았다는 것을 증명했다. 1911년 인종 정책이 시작되었을 때 유럽인은 흑인의 3분의 1 수준이었다. (흑인 4,000,000명, 혼혈 인종 500,000명, 아시아인 150,000명, 백인 1,276,242명이었다.) 1951년 아파르트헤이트가 시작되었을 때는 백인이 2,641,689명, 흑인이 8,560,083명, 혼혈 인종이 1,103,016명, 아시아인이 366,664명이었다. 1970년에는 백인이 겨우 3,752,528명으로 증가한데 비해, 흑인은 15,057,952명, 혼혈 인종은 2,018,453명, 아시아인은 620,436명으로 증가했다. 2000년이 되면 아프리카인과 혼혈 인종의 수가 백인의 10배를 넘을 것으로 추산되었다.[47] 이에 따르면 백인과 흑인에 할당된 상대적 토지 면적은 비현실적으로 보인다. 특히 반투 지역 인근에 있는 공장들의 노동자 신규 채용 규모는 한 해 8,000명이 증가하는 데 그쳤다. 5만 명을 내다봤던 톰린슨 보고서의 예측과는 현격한 차이를 보이는 수치다. 남아공 체제의 도덕적 불평등은 너무도 명백했다. 1973년까지 '잘못된' 인종 지역에서 강제로 쫓겨난 백인은 겨우 1,513가구였지만, 혼혈 인종은 44,885가구, 인도인은 27,694가구였다. 일부는 네덜란드령 동인도 회사 시절부터 살던 집에서 강제 이주 조치를 당했다.[48] 금지된 지역에서 불법 거주하는 일이 끊이지 않았다. 정부도 끊임없이 중무장 경찰과 군대를 동원하여 불도저로 집을 밀어버렸다. 이런 일들은 모두 1929~32년의 러시아를 떠올리게 한다. 왜곡된 유토피아에서 이런 일들을 주도한 것은 사회공학을 배운 보어 지식인들이었다. 내부 모순이 존재하며 그러한 행위가 도덕적으로 용납될 수 없다는 사실, 그리고 아프리카인들뿐만 아니라 세계가 반대하고 있다는 사실은 실패할 수밖에 없는 아파르트헤이트의 미래를 보여주는 듯했다.

하지만 우리는 소비에트의 집단 농장 실험에서 교훈을 하나 얻었다. 아주 가혹하고 야만적인 물리력이 행사되면 도덕적으로나 경제적으로 도저히 옹호될 수 없는 계획도 계속 유지될 수 있다는 교훈 말이다. 게다가 남아공 정권에는 여러 요인이 유리하게 작용했다. 소련처럼 남아프리카 공화국은 천연자원이 엄청나게 풍부했다. 금, 석탄, 망간, 구리 외에도 안티몬, 석면, 크롬, 형석, 철광석, 운모, 백금, 인산 광물, 주석, 티타늄, 우라늄, 바나듐, 아연 등이 있었다.[49] 1960년의 예상과 달리, 남아공의 경제는 쇠퇴하기는커녕 1960년부터 1970년대 초의 경제 호황기를 지나면서 크게 성장했다. 1973~74년 호황이 끝났을 때, 세계적인 인플레이션으로 금 가격이 폭등했다. 세계 최대 금 생산국이었던 남아프리카 공화국이 가장 큰 이득을 보았다. (금은 남아프리카 공화국이 보유한 지하자원의 총 가치에서 절반 이상을 차지한다.) 아프리카에서 여러 적국을 비롯해 사실상 모든 국가의 소득이 떨어지는 동안 남아공은 오히려 소득이 상승했다. 1972년과 1980년 사이에 60파운드 표준 금괴의 소매가는 25,000달러에서 255,000달러로 10배나 증가했다.[50] 가격 폭등 덕분에 남아프리카 공화국 정부의 수입은 한 해 10억 달러 이상 늘어났고, 자본 투자를 대폭 확대하기 위해 필요한 재원을 조달할 수 있었다.

'변화의 바람' 이 아프리카 대륙에 휘몰아치고 나서 20년간 남아공의 수입은 꾸준히 증가했다. 그리하여 남아공 정권은 이 변화의 바람을 막는 바람막이를 만들 수 있었다. 그들은 자력으로 무기 산업을 육성했다. 그 덕분에 남아공은 외국 무기 공급업체에 의존할 필요가 없었다. 게다가 군사 핵무기 프로그램까지 추진했다. 1980년대가 되자 남아공은 국방비로 연간 25억 달러를 지출했다. 하지만 이 액수는 GNP의 6퍼센트를 넘지 않았다. 충분히 부담할 수 있는 정도였다. (이 무렵 많은 검은아프리카 국가, 또는 아랍 아프리카 국가는 GNP의 25~50퍼센트를 군대에 투자했다.)[51] 남아공 군대는 서남아프리카 문제에 주기적으로 개입했다. 서남아프리카는 과거 독일의 식민지였는데, 남아공이 독일군을 격퇴하고 이곳을 점령했다. 하지만 스뫼츠는 1919년 베르사유에서 서남아프리카를 완전히 남아공의 영토로 만드는 데 실패했다. 대신 서남아프리카에 대한 위임 통치권을 얻었다. 이것 역시 아이러니다. 위임 통치 방식을 처음 생각해낸 사람이 바로 스뫼츠이기 때문이다. 1964년 국제연합은 서남아시아를 나미비아라는 국가로 독립시키기로 결정했다. 남아공은 이를 거부하다가 결국 1988년 나미비아의 독립을 승인했다. 하지만 일반적으로 남아프리카 공화국은 1970년대 앙골라와 모잠비크, 남부 로디지아(짐바브웨)가 탈식민지화되는 중에도 거의 아무런 피해도 입지 않고 살아남았다. 군사력이나 백인 지배 계급의 사기도 아무런 영향을 받지 않았다.

스뫼츠는 로디지아와 모잠비크를 포함한 '위대한 백인 통치령'을 만들 생각이었다. 그가 꿈꾸는 위대한 백인 통치령은 케이프타운에서 케냐에 이르는 방대한 영토였다. 1920년대에 스뫼츠에 반대하는 보어 민족주의자들은 언제나 스뫼츠의 비현실적인 계획을 비판했다. 그 계획에 따르면 백인들이 미래의 검은아프리카 속으로 단순히 "빨려 들어가게" 될 것이라고 주장했다. 1970년대가 되자 보어 민족주의자들의 우려가 타당했다는 게 입증되었다. 그 무렵에는 남아공 내에서조차 백인 대 흑인 비율이 1:5로 떨어져 있었다. 남아프리카 공화국 정부는 북쪽에서 무너져가고 있는 식민

시주의의 요새를 보존하는 데 나라의 운명을 맡기려 하지 않았다. 그리하여 결국 그 요새들이 완전히 붕괴되자 백인의 진영이 좁아졌다. 의기양양하며 호전적이고 게다가 무장까지 한 흑인 민족주의자들이 남아프리카 공화국 국경 앞까지 밀고 들어왔다. 국제연합의 압도적인 다수와 아프리카통일기구, 그리고 주로 쿠바 군대와 고문단 형태의 소비에트 블록이 물질적으로 그 뒤를 받치고 있었다.

하지만 남아공의 아파르트헤이트와 검은 민족주의의 대결은 군사적인 것도 경제적인 것도 아니었다. 대결은 말로만 이루어졌으며 정치적인 것이었다. 남아공에 가까운 아프리카 국가일수록 거대한 규모로 성장하는 남아공 경제에 큰 매력을 느꼈다. 이런 상황에서 아파르트헤이트를 타파하겠다는 결의는 수그러들 수밖에 없었다. 보통 아프리카인들은 손이 아니라 발로 투표한다. 그래서 아파르트헤이트가 마음에 들지 않아도 남아공 경제가 제공하는 풍부한 일자리를 찾아 발을 옮긴다. 1972년 아프리카통일기구가 조직한 보이콧이 일어났을 때, 남아공의 광산 노동자 회의소는 381,000명의 흑인을 고용했는데, 그중 3분의 1은 남위 22도 이북에서, 3분의 1은 모잠비크에서 온 흑인들이었다. 남아프리카로 몰려드는 흑인의 수는 1970년대에 꾸준히 증가했다. 대개는 란트 금광의 흑인 노동자 실질임금이 빠른 속도로 상승했기 때문이다. 대부분의 검은아프리카 국가에서 임금이 떨어지고 있을 때였다. 이웃 국가들은 자국을 '최전선 국가'로 칭하며 반(反)아파르트헤이트를 계속 외쳐댔지만, 실상은 잠비아, 말라위, 짐바브웨, 모잠비크까지 아파르트헤이트 체제의 조직적인 협력국이 되었다. 그들은 의도적으로 더 많은 노동력을 란트로 수출했다. 말라위, 보츠와나, 잠비아는 아프리카통일기구의 보이콧 운동에서 떨어져 나왔다. 다른 국가들은 예전에 남부 로디지아의 보이콧 운동을 지키지 않았듯이 이번에도 지키지 않았다. 남아프리카 공화국은 릴롱궤(Lilongwe)에 말라위의 새 수도를 건설해주었다. 모잠비크에는 카보라바사댐(Cabora Bassa Dam)을 지어주었다. '최전선 국가' 인 보츠와나의 세레체 카마(Seretse Khama) 대통령은 병이 들자 요하네스버그(Johannesburg)에 있는 '백인 전용' 병원으로 이송되었다.[52)]

1980년대 초까지 남아공의 적국 중 가장 적극적으로 활동한 국가는 멀리 떨어져 있는 나이지리아였다. 나이지리아가 흑인 국가 중 유일한 주요 산유국이었다는 사실은 눈여겨볼 일이다. 1980년 230억 달러를 초과한 석유 채굴권 사용료는 (남아공의 금처럼) 1970년대의 경기 후퇴 때 나이지리아를 보호했고, 나이지리아가 지속적으로 추진한 독립적인 대외 경제 정책의 토대가 되었다. 하지만 콩고와 탕가니카 호(Lake Tanganyika) 이남의 국가들은 란트라는 자석이 끌어당기는 힘에 저항할 수 없었다. 그들은 실제로 이데올로기 정책마저 이에 맞게 수정했다.

어쨌든 프리토리아의 정책과 검은아프리카 국가들의 정책 사이에 존재하는 차이는 실제라기보다는 이론에 불과했다. 실제 모든 아프리카 국가가 인종 정책을 시행했다. 1950년대와 60년대 이집트, 리비아, 알제리, 모로코, 튀니지는 유대인을 25만 명 이상 추방하고, 남아 있던 유대인 수천 명을 게토에 몰아넣었다. 1960년대 탄자니아연합공화국은 아랍인을 추방하거나 평등권을 박탈했다. 1970년대 아시아인은 '아프리카의 뺄' 과 아프리카 중동부에 있는 대부분의 국가에서 추방당했고, 어디서나 차별을 받았다. 케냐에서조차 1982년 추방 위협을 받았다. 대개의 경우 인종 차별은 대중의 요구라기보다는 정권의 의도적인 행위였다. 1972년 우간다 정부가 아시아인을 추방했을 때, 그 동기는 정부 요원들과 지지자들에게 공짜로 집과 상점을 주기 위해서였다. 우간다 흑인을 만족시키기 위해서가 아니었다. 우간다인들은 아시아인들과 호의적인 관계를 유지하고 있었다.[53] 아시아인에 대한 인종 차별은 대개 정부가 통제하는 관제 신문이나 어용 신문을 통해 선전되었다. 1970년대에는 이런 신문들이 정기적으로 인종 차별 기사를 게재했다. "아시아 여자들은 우월감을 갖고 있다. 그래서 흑인 남자와 자려고 하지 않는 것이다. 아시아인들은 여행 가방에 돈을 넣어 국외로 빼돌린다. 아시아 사업가들은 독점가이며 착취자다." 전형적인 헤드라인 기사는 이렇다. "아시아 의사가 환자를 죽이고 있다."[54]

독립이 되자 검은아프리카 국가들 대부분은 정부 정책의 일환으로 백인에 대한 인종 차별을 실시했다. 1970년대 하반기에는 사실상 케냐와 코트디부아르만이 유일한 예외였다. 코트디부아르의 대통령 우푸에 부아니는 아프리카통일기구에서 백인에 대한 인종 차별 정책에 경종을 울렸다. 그는 다른 국가수반들에게 다음과 같이 말했다.

> 친애하는 동지 여러분, 우리나라에 4만 명의 프랑스인이 있다는 것은 사실입니다. 그 수가 독립 전보다 많다는 것도 사실입니다. 하지만 나는 10년이 지나면 상황이 달라지기를 바랍니다. 10년이 지나면 우리나라에 10만 명의 프랑스인이 살고 있기를 바랍니다. 내 소망은 그때 우리가 다시 모여 우리나라와 여러분의 나라의 경제력을 비교해보는 것입니다. 하지만 친애하는 동지 여러분, 유감스럽게도 여러분 가운데 10년 뒤 이 자리에 다시 나올 수 있는 사람이 몇이나 될지 의심스럽습니다.[55]

하지만 검은아프리카 국가들에서 가장 흔하고 보편적인 인종 차별은 부족 간에 일어났다. 실상 부족 간의 인종 차별은 완곡한 형태의 사회 통제였다. 따라서 1960~1970년대 수많은 아프리카 국가는 자연스럽게 아파르트헤이트와 비슷한 사회공학에 매력을 느꼈다. 아프리카에서 볼 수 있었던 식민 지배의 장점 중 하나는 (백인 지상주의 정책이 다른 것을 요구하지 않는 한) 식민 정책이 주기적이며 영속적인 부족의 유랑 생활 방식에 맞추어져 있다는 점이다. 그 결과 부족들의 자유로운 이동이 허용되었다. 인구가 증가하고 식량 자원에 대한 압력이 증가하면서, 이 자유방임 정책이 유지되기 어려워졌지만 말이다. 1960년대 초 독립 후 식민 지배의 뒤를 이은 아프리카 정부들이 식민 시대의 자유주의가 아니라 백인 지상주의자들의 사회 통제를 모방하려 했다는 것은 비극이다. 여기서는 거대한 만능 국가를 강조한 반둥 · 레닌주의 원칙이 인종 차별주의와 결합했다. 소련이 언제나 국내의 모든 이동과 주거를 통제해왔던 것은 물론이다. 특히 아시아계 종족을 철저하게 관리했다. 레닌주의는 남아프리카 공화국의 정책과도 공통점이 상당히 많았다. 어쨌든 검은아프리카에서는 독립과 함께 사회공학이 신속히 문서화되었다. 노동 허가서, 국내 통행증, 여권, 비자, 거주 허가서, 추방 명령서가 발행되었다. 남아공의 경험을 통해 증명되었듯이 문서가 등장하면 곧 불도저가 밀고 들어왔다. 1970년대 초 실제로 서아프리카의 많은 지역에 불도저가 출현했고, 불법 거주자들을 연안 도시에서 쫓아내 내륙으로 돌려보냈다.[56]

아프리카 신생국의 참상

1970년대 큰 가뭄이 중앙아프리카의 수십 개 국가를 강타했다. 피해를 입은 국가들은 사막과 수풀 지대의 경계 지역에 위치한 국가들이었다. 어쩔 수 없이 유목민의 이동이 크게 증가했다. 그러자 폭력적인 사회 통제의 관행이 퍼졌다. 그곳에는 사막의 경계를 따라 인종 간의 적대 관계가 예전부터 존재했다. 유목민 부족들(특히 투아레그족)이 아프리카 서부에 사는 사람들을 붙잡아 노예로 삼았기 때문이다. 말리사막의 경계에 걸쳐 있는 국가가 첫 희생자가 되었다. 말리는 독립하자마자 북부의 투아레그족을 대량 학살했다. 가뭄 구제 기금이 제공되자 말리(그리고 다른 국가들)는 그 돈으로 통제 체제를 확립했다. 말리의 국제 가뭄구제위원회 서기는 이렇게 말했다. "우리는 이들에게 규율을 부과해야 한다. 그들의 방목과 이동을 통제해야 한다. 그들의 자유는 너무 큰 대가를 요구한다. 이 재앙은 우리에게 기회가 될 것이다."[57] 말리를 비롯한 여러 국가에서는 부족 이동에 대한 통제에 뒤이어 또 다른 형태의 사회공학이 가해졌다. 1960년대 말과 1970년대에 입안된 세밀한 개발 계획이 유목 민족을 비롯한 모든 사람에게 강요되었다. 국가는 세금을 부과하여 모든 사람을 화폐 경제 안에 밀어넣었다. 프랑스 스페인 포르투갈 벨기에의 식민지 수탈자들이 이전에 고안했던 강제 노동 제도와 본질적으로 다르지 않았다.[58]

탄자니아는 아프리카의 신생국이 어떻게 전체주의로 나아갔는지 보여주는 전형적인 사례다. 탄자니아는 탕가니카와 잔지바르가 연합한 국가다. 탕가니카의 지도자 줄리어스 니에레레(Julius Nyerere)는 은크루마 세대의 직업 정치가였다. 1960년대 정치인들이 군인들에게 사정없이 쫓겨나고 있을 때, 니에레레는 화술과 정권을 군국주의화하여 생존을 도모했다. 1960년 콩고 위기를 접한 그는 이렇게 말했다. "탕가니카에서 법과 질서 아래 놓인 군대가 반란을 일으킬 가능성은 눈곱만큼도 없다."[59] 1964년 1월 군대가 반란을 일으켰다. 니에레레는 백인 영국군 부대의 도움으로 겨우 살아남았다. 영국군은 탕가니카의 흑인 군대를 무장 해제시켰다. 니에레레는 군대를 해산한 다음 자기 수중에 있는 당을 기반으로 군대를 다시 만들었다. "탕가니카 아프리카 민족 연맹의 회원 전원에게 알린다. 여러분이 어디 있든 민족 연맹 사무실로 가서 등록하라. 우리는 등록된 사람을 기반으로 새로운 군대를 건설할 것이다."[60] 4일 뒤 그는 탄자니아 인민 방위군의 정치 인민 위원을 임명했다고 발표했다.

의식적으로 레닌주의를 모방했던 것이다. 곧 일당 국가가 세워졌다. 1961년 니에레레는 탕가니카 아프리카 민족 연맹은 야당을 환영한다고 말했다. "내가 제일 먼저 야당의 권리를 보호하는 사람이 될 것이다."[61] 하지만 1964년 1월 당내 청년 집단을 군대로 재조직하면서, 그는 '민주주의 일당 국가' 를 입안할 위원회를 만들었다. 니에레레는 이 위원회의 임무에 대해 "탄자니아가 일당 국가가 되어야 하는지 말아야 하는지 고려하는 것" 이 아니라고 했다. "일당 국가가 되어야 한다는 결정은 이미 내려졌다. 위원회의 임무는 어떤 형태의 일당 국가가 되어야 하는지 판단하는 것이다."[62]

뒤따른 선거에서는 후보자를 선택할 자유는 있었지만, 후보자들이 모두 같은 당이었다. (후보자가 되기 위해서는 모두 니에레레의 승인이 필요했다는 뜻이다.) 따라서 그들은 마음대로 문제를 제기하지도 못했다.[63)]

한때 평화주의자였던 니에레레는 국가의 독재적 성격을 강화하기 위해 군국주의적인 용어를 구사했다. 그의 방법은 참으로 기발했다. 서구 지식인들에게 강력한 호소력을 지녔던 것도 그 덕분이다. 한 흑인 사회학자는 이를 두고 '탄자니아 애호증(Tanzaphilia)' 이라는 신조어를 만들어냈다.[64)] 언론 · 출판 · 집회의 자유 같은 인간의 권리를 억압하면서 그는 이렇게 변명했다. "가난, 무지, 질병과의 전쟁에서 승리할 때까지 우리의 일치와 화합이 다른 누군가의 법률 책 따위로 훼손되는 일은 없어야 한다." 하지만 이런 종류의 '전쟁' 에서는 원칙적으로 결코 승리할 수가 없다. 게다가 이런 전쟁은 쉽게 내부의 적에서 외부의 적에게로 확대된다. 니에레레는 적을 찾으라는 수카르노의 충고를 충실히 따랐다. 1964년의 반란 이후 그는 아프리카 지도자들의 최전선에 서서 로디지아, 포르투갈 식민지들과 남아공에 대한 일치된 정치 군사적 행동을 요구했다. 그의 새로운 전제 국가의 철학은 1967년 2월 '아루샤선언(Arusha Declaration)' 에 집약되어 있다. 여기서 그는 무뚝뚝하게 이렇게 말했다. "우리는 전쟁 중에 있습니다." 아루샤선언은 군국주의적인 비유와 표어로 가득 차 있었다.[65)]

물론 탄자니아는 누구와도 전쟁을 하고 있지 않았다. 전쟁이라는 허구가 전시 제한 사항과 권리의 보류를 정당화하는 데 이용되었을 뿐이다. 아루샤선언은 반동 선언의 아프리카식 수정판이었으며, 고차원적인 사기의 냄새를 풍기는 것도 똑같았다. "계급 없는 사회의 실현과 병존할 수 없는" 것은 무엇이든 금지되었다. "누구도 다른 사람의 노동으로 살아가서는 안 된다." 그래서 자본가들의 체포가 폭넓게 허용되었다. 특히 아시아인들을 많이 체포했다. 정부는 "농민과 노동자들이 선택하고 이끌어야 한다." 이로써 니에레레는 원하기만 하면 누구라도 정치 활동에서 배제할 수 있었다. "게으르거나 나태하거나 술에 취한" 사람들은 비난받았고, 강제 노동을 부과하는 구실이 되었다. "외국의 적이 우리를 없애려 한다. 이들이 조종하는 국내 끄나풀을 감시할 필요가 있다." 이것은 정치적 마녀 사냥을 영구적으로 지속하는 구실이었다. "빈둥대는" 행위는 특히 비난받아야 했다. 따라서 일제 소탕 및 수색 작전의 이유가 되었다. 이는 모든 흑인 국가의 정부가 애호한 수단으로 사실 남아공의 경찰 교범(敎範)을 그대로 베낀 것이다. 통제를 위한 기구가 당 조직 안에 마련되었다. 열 가구를 기본 단위로 한 '십호 담당제' 로 구, 시, 군, 도까지 단계적으로 나라 전체를 감시하는 체제를 갖추었다. 아루샤선언을 지탱하고 있는 철학은 니에레레가 말한 우자마(ujamaa), '가족주의' 였다. 우자마는 신화적인 과거사에 기초하고 있다. "전통적인 아프리카 사회에서 우리는 공동체 내의 개인이었다. 우리는 공동체를 보살폈고, 공동체는 우리를 보살폈다. 우리는 동료를 착취할 필요도 없었고 원하지도 않았다."[66] 우자마는 이 정신을 되살리기 위해 마련된 것이다. 하지만 실제로 우자마는 다른 전체주의 원리처럼 반(反)가족적이었다. 규정을 어긴 사람은 십호제 법정에 불려갔다. '정치 교육 간부들' 이 나누어주는 책자에는 이렇게 적혀 있었다.

> 십호의 조장은 열 가구 중 새로운 얼굴이 없는지 면밀히 감시해야 한다. 낯선 사람을 보면 조사를 해야 한다. 누구인지, 어디서 왔는지, 어디로 가려는지, 그곳에 얼마나 머물 것인지 등등을 물어보아야 한다. 집 주인은 항상 자기 집의 손님에 대해 십호 조장에게 보고하고, 모든 필요한 정보를 알려주어야 한다. 낯선 사람에 관한 이야기가 의심스러운 경우, 십호 조장

은 지역 관리 또는 경찰서에 이 사실을 보고해야 한다.[67]

십호 조장에게는 도망자(보통 강제 노동에서 탈출한 자)로 분류된 사람을 억류할 수 있는 권한과 범법자를 검거할 수 있는 권한이 주어졌다. "정부는 적발해내는 법을 알고 있다"는 말이 사람들의 입에 자주 오르내렸다. 정말로 1964년의 반란 뒤 니에레레는 영국식 민주주의의 외관을 집어던지고 독일 식민지 시대로 돌아간 것처럼 보였다. 니에레레의 군대는 구스 스텝을 배워 무릎을 굽히지 않고 발을 높이 들어 행진했다. 니에레레는 사치 단속령을 내렸고 복장을 규제했다. 1968년에는 마사이족이 아루샤에 들어오지 못하게 했다. 그들이 "중요한 부분을 간신히 가릴 정도의 옷이나 헐렁한 덮개" 아니면 "보기 흉한" 의복을 입고 있거나 "지저분하게 땋아 늘인 머리"를 하고 있었기 때문이다.[68] 그래서 아프리카 전통 의상을 금지시켰고, 8개월 뒤에는 공격 대상을 '외국 문화의 잔재'로 전환했다. 탕가니카 아프리카 민족 연맹 청년 단체는 니에레레에게 권한을 부여받아 미니스커트나 딱 붙는 바지를 입거나 가발을 쓴 아프리카 여자들을 단속했다. 그들은 여자들을 거칠게 다루었고 옷이나 가발을 마음대로 벗겼다.[69] 따라서 남자들은 바지를 입어야 했고 여자들은 바지를 입지 말아야 했다. 마치 늙은 백인 선교사들의 도덕규범을 연상시킨다. 마사이족이 불평하자, 니에레레는 하나님이 아담과 이브를 에덴동산에서 내치시기 전에 그들에게 옷을 입혔다고 대꾸했다.[70] 하지만 적어도 선교사들은 집집마다 정치 스파이를 두지는 않았다. 니에레레의 우자마는 검은아프리카 국가의 카리스마 넘치는 폭군들이 만들어낸 새로운 전체주의 철학 중에서도 가장 정교하고 그럴듯했다. 하지만 촌락의 수준에서 보자면, 우자마는 단순히 허울을 두른 집산주의를 강요한 것에 불과했다. 잠비아에서는 똑같은 과정이 '촌락

재편성' 이라는 이름으로 불렸다. 잠비아의 일당 독재자 케네스 카운다(Kenneth Kaunda)는 '인도주의' 를 국가 철학으로 표방했다. 모든 사람은 "피부 한 껍질 아래서는 같은 인간" 이라는 진실에서 국가 철학이 나왔다고 주장했다. 하지만 어떤 사람은 다른 사람보다 더 인간다운 모양이다. 카운다는 이렇게 선언했다. "잠비아의 인도주의가 목표하는 것은 인간 안에 있는 모든 악한 성향을 근절하는 것이며 …… 완전한 인간의 모습을 구현하는 것이다." 이것은 사회에서 "이기심, 탐욕, 위선, 개인주의, 게으름, 인종주의, 부족주의, 지역주의, 민족주의, 식민지주의, 신식민지주의, 파시즘, 가난, 질병, 무지, 인간에 대한 인간의 착취 같은 인간의 부정적 성향" 을 없애야 가능한 일이었다.[71] 이 항목들은 국가가 전제적 행동을 가할 수 있는 기회를 무한히 제공했다. 다른 곳에서는 다른 '주의' 가 등장했다. 가나에서는 '양심주의' 가 세네갈에서는 '흑인의 긍지' 가 등장했다. 콩고의 모부투 대통령은 이상주의적 이데올로기로 '모부투주의' 를 생각해내고 나서야 겨우 난처한 입장에서 벗어났다.

아프리카 독재자들은 1960년대 초에 나타나기 시작했다. 그들은 서둘러 니에레레의 비교적 세련된(그리고 무혈의) 전제 정치에 막을 내리고 아프리카 암흑시대에서 부활시킨 공포 정치를 향해 나아갔다. 에벌린 워가 『모략』에서 상상으로 그려낸 소름끼치는 코미디가 현실이 되어 나타났다. 한때 영국 총독은 케냐 대통령 케냐타를 "어둠과 죽음의 지도자" 라고 불렀지만, 이제 마음을 놓은 백인 정착민들은 그를 "할아버지" 라고 불렀다. 케냐타는 1965년 10월 '케냐타 기념일' 에, 마우마우단 테러리스트였던 때 영국군에게 체포되기 전 들었던 식사(式辭)를 기념하며 '최후의 만찬' 을 들었다.[72] 말라위에서는 '정복자' 또는 '구원자' 로 불린 초대 대통령 헤이스팅스 반다(Hastings Kamuzu Banda) 박사가 마술을 부려 자신의 통치에 신성을 부여했다. 자이르에서는 모부투가 기독교식 이름을 금지했다. 그리고 자기 이름을 '세세 세코 쿠쿠 응벤두 와자 방가(Sese Seko Kuku Ngbendu Waza Banga)' 로 바꾸었다. 대충 번역해보면, "암탉이라면 가만 놔두지 않는 수탉" 이란 뜻이다.[73] 가봉 대통령 오마르 봉고(El Hadj Omar Bongo Ondimba)는 '피그미' 란 단어를 사용하지 못하게 했다. (그는 키가 1.5미터도 안 되었다.) 하지만 독일 외인부대 출신의 거인 같은 사람들을 경호원으로 고용했다. 이들의 가장 큰 낙은 큰 호텔에서 나치 찬가 '호르스트 베셀의 노래' 를 큰소리로 부르는 거였다.[74] 1960년대가 진행되면서 새로운 아프리카 엘리트들은 빈번히 폭력의 제물이 되었다. 부룬디의 총리 두 명은 연이어 살해당했다. 1966년에는 나이지리아에서 일어난 쿠데타로 연방 정부 총리와 주 총리가 목숨을 잃었다. '카우디요' 를 꿈꾸었던 사람들도 죽었다. 콩고 인민공화국에서는 유명 인사의 처형 장면이 TV로 방영되었는데, 입에는 달러 지폐가 가득 물려 있었다. 통치자들은 직접 자기 손으로 복수하는 경향이 있었다. 베냉의 대통령은 외무장관이 자기 부인과 침대에서 뒹굴고 있는 것을 목격하고 그 자리에서 살인을 저질렀다.

적도 기니에서도 외무장관이 프란시스코 마시아스 응궤마(Francisco Macias Nguema) 대통령의 곤봉에 맞아 죽었다. 마시아스 응궤마 대통령은 이 외에도 수많은 범죄를 저질렀다. 거의 30개에 달하는 가난한 아프리카 국가에서 통치자들이 일당 국가를 세웠고, 원칙적으로 절대 권한을 행사했다. 하지만 실제로는 처리하기 곤란한 사건에 영향을 미치거나, 심지어 부족 간 충돌을 중재할 힘조차 없는 경우가 많았다. 그들이 할 수 있는 것이라고는 개인적인 폭력을 통해 폭정을 일삼는 것이 전부였다. 마시아스 응궤마가 전형적인 사례다. 그는 1924년 스페인 식민지에서 태어났고, 행정 기관에서 일하다 1968년 대통령이 되었다. 1972년 그는 종신 대통령의 자리에 올랐다. 그 뒤 7년간 그의 통치 아래서 나라는 사실상 포로수용소로 변해버렸다. 많은 사람이 목숨을 부지하기 위해 달아났다. 1979년 8월 3일 스페인의 도움으로 쿠데타가 일어났다. 응궤마는 권좌에서 축출되고 재판을 받았다. 죄목은 "대량 학살, 반역, 횡령, 인간의 권리에 대한 계획적인 침해"였다. 모로코의 총살 부대가 날아와 그를 처형했다. 적도 기니의 군부대가 처형을 집행하려 하지 않았기 때문이다. 군부대는 응궤마의 영혼이 너무 강력하여 보통 총알로는 죽지 않고, '호랑이'로 환생할 것이라고 믿었다.[75)]

나중에 황제가 된 중앙아프리카 공화국의 대통령 보카사(Jean Bedel Bokassa)도 응궤마와 비슷한 행보를 보였다. 프랑스는 식민지를 해방시키며 손수 고른 직업 정치가, 다비드 다코(David Dacko)를 대통령의 자리에 앉혔다 그는 군대를 이끄는 보카사와 경찰 총수 이자모(Jean Izamo)를 대립시켜 세력의 균형을 꾀했다. 하지만 헛된 노력에 그치고 말았다. 보카사는 다코나 이자모보다 훨씬 민첩했다.[76)] 보카사는 1965년 종신 대통령이 되었고, 1977년에는 황제의 자리에 올랐다. 12월에 성대한 대관식이 거행되었다. 외국인 하객으로 3,500명이 참석했다. 왕좌는 큰 독수리 모양이었고, 다이아몬드 2,000개가 박힌 왕관이 등장했다. 의복은 나폴레옹의 대관식에서 본떴다. 대관식에 들인 3,000만 달러의 비용은 빈약한 그 나라 수입의 5분의 1에 해당하는 돈이었다. 보카사는 너그러운 프랑스 대통령 지스카르 데스탱(Valéry Giscard d'Estaing)에게 다이아몬드를 선물했다. 두 사람의 친분 관계는 보카사 정권을 지탱시키는 중요한 토대가 되었다. 보카사는 황제 즉위 1주년 기념일에 장남인 조르주(Georges Bokassa) 왕자의 지위를 박탈하고 외국으로 추방했다. 조르주가 아버지에 대해 반대하는 발언을 했기 때문이다. 두 달 뒤 1979년 1월, 보카사는 어린 학생 40명을 학

▶ **세쿠 투레**(1922~1984)
아프리카 문제에 관해 가나 대통령 은크루마의 아프리카 정치통합 계획에 열렬한 지지를 보냈지만, 1958년에 선포된 두 나라 연합은 전혀 효과가 없었다. 가혹한 국내정책에도 불구하고 국제무대에서는 온건한 이슬람 지도자로 인식되었다.

살했다. 보카사의 공장에서 만든 학생복 구입을 강요받고 소요를 일으켰기 때문이다. 그해 4월에는 30~40명의 어린이가 웅가라그바 교도소에서 추가로 살해당했다. 보카사는 분명히 사건 현장에 있었고, 어린이 몇 명을 직접 살해했다. 세네갈의 유수파 은디아야(Youssoupha Ndiaya)가 위원장을 맡고 있는 법률가 위원회에서 사건의 진상을 밝혀냈다. 이 사실이 세상에 알려지자 지스카르 데스탱은 당황했다. 그는 보카사에게 퇴위를 권하기 위해 아프리카 문제 담당 고문이었던 르네 주르니악(René Journiac)을 파견했다. 보카사는 황제의 홀로 르네 주르니악의 머리를 때렸다. 보복을 결심한 지스카르는 1979년 9월 21일 중앙아프리카 공화국의 수도 방기(Bangui)에 낙하산부대를 상륙시켰다. 다코가 다음 대통령으로 뽑혔다. 지스카르의 요구에 따라 보카사는 코트디부아르로 망명했다. 나중에 그는 궐석 재판에서 살인, 야만 행위, 리비아와 내통, 금과 다이아몬드 사취 등의 혐의로 사형을 선고받았다.

기니 공화국의 세쿠 투레(Sékou Touré) 정권도 나을 것이 없었다. 리비아의 무아마르 알 카다피(Muammar al-Qaddafi) 대령은 더 악랄했다. 두 사람은 이웃 나라에 테러의 공포를 수출하기도 했다. 하지만 가장 주목할 만한 사례는 우간다의 아민(Idi Amin) 장군이다. 아민 정권이야말로 1970년대의 세계 체제가 얼마나 허약했는지 여실히 보여주었다. 우간다의 이야기는 대단히 비극적이다. 아민은 사실상 우간다를 완전히 망가뜨렸다. 처칠은 1908년 식민 차관으로 우간다를 방문한 적이 있다. 그는 우간다를 "지구상의 낙원" "열대의 정원"이라고 불렀다. 처칠은 이렇게 기록했다. "우간다는 환상의 땅이다. 콩나무 대신 기찻길을 따라 올라가보면, 꼭대기에서 아름다운 신세계를 발견할 수 있다."[77] 우간다는 맥밀런이 추진한 '변화의 바람' 정책에 따라 1963년 10월 서둘러 독립했다. 지배층인 바간다족은 교육 수준이 높았다. 유럽인들은 언제나 그들의 매력에 쉽게 빠져들곤 했다. 하지만 우간다는 여러 가지 면에서 미개했다. 게다가 복잡한 부족 간 경쟁과 함께 북쪽의 회교도와 남쪽의 기독교도 사이에 인종적 적대 관계가 존재했고, 기독교도 사회 내에서도 오랫동안 분파주의가 계속되었다. 이런 모든 것이 우간다를 분열시켰다. 우간다 어디에서나 폭력의 성격을 띤 마술을 볼 수 있었다. 북쪽의 회교도인 카크와족과 누비족은 희생자들의 피를 마셨고, 사람의 간을 먹었다. 마시면 불사신이 된다는 '알라의 물'이 실제로 있다고 믿었다. 세련된 바간다족 출신의 왕들도 정치적이고 종교적인 공포를 불러일으킬 목적으로 사람들의 수족을 절단했다.[78] 우간다가 독립할 무렵 총리 자리에 오른 직업 정치가 밀턴 오보테(Milton Obote)는 상황을 더 악화시켰다. 그는 놀라울 정도로 행정 능력이 없는 편협한 인물로 바간다족을 적대시했다. 1966년 오보테는 아민을 시켜 바간다족 왕궁에 난입케 했다. 바간다족의 왕은 무력으로 축출당했고, 이로써 입헌정치는 무너졌다. 1971년 1월 이번에는 아민이 오보테를 축출했다. 많은 사람이 군정을 환영했다. 차라리 그 편이 낫다고 생각했기 때문이다.

여기에서 알아두어야 할 사실은 이 무렵에도 이디 아민은 이미 대단히 교활하고 사악한 인물로 알려져 있었다는 것이다. 그는 루그바라족 무당의 아들로 태어났고 몸집이 컸다. 열여덧 살에 일찌감치 회교도가 된 그는 북부의 회교도인 카크와족과 누비족으로부터 세력을 그러모을 수 있었다. 어린 나이에 영국의 왕립 아프리카 소총 부대에 들어갔고, 공식적인 교육을 전혀 받지 못했지만 장교로 진급했다. 1962년 우간다 독립 전까지 영국군 내에서 장교로 진급한 우간다 군인은 소수에 불과했다. 아민이 장교가 되었다는 사실에는 우간다 독립이 가까워오면서 콩고식 반란을 피해야 한다는 필사적인 몸부림이 반영되어 있었다. 그는 곧 케냐에서 소도둑들과 싸우면서 악명을 떨쳤다. 포코트족을 학살하고 시체를 하이에나의 밥이 되게 방치한 사실, 칼로 성기를 자르겠다고 위협하여 카라마조그족에게서 정보를 얻어낸 사실, 자백을 받기 위해 실제로 여덟 명의 성기를 자른 사실이 알려졌다. 투르카나 마을 사람 12명을 살해하기도 했다. 그럼에도 영국군 당국은 독립 전야에 몇 안 되는 흑인 장교 중 한 명을 기소한다는 게 내키지 않았다. 당국은 사건을 총리 지명자였던 밀턴 오보테에게 넘겼다. 오보테는 아민에게 '엄중 징계' 처분을 내렸다. 대량 학살의 대가로는 어이가 없을 정도로 가벼운 처벌이다.[79] 사실 오보테는 아민을 대령으로 진급시켰다. 그를 시켜 바간다족을 억압했고, 북부 부족들을 모아 군사적 기반을 구축할 수 있게 허용했다. 또 아민이 금과 상아를 대량으로 밀수출하고, 정부에 보고하지 않고 회교도 병사를 모집하도록 방관했다. 아민은 1970년 1월 흑인 고위 장교 오코야(Pierino Okoya) 준장(그리고 그의 아내)을 살해하고 군대를 장악했다. 어느 날 오보테는 회계 감사원장으로부터 군대 자금에서 250만 파운드가 부족하다는 사실을 보고받았다. 그는 회의 참석차 싱가포르로 떠나면서, 아민을 불러 자신이 돌아올 때까지 "만족할 만한 해명"을 준비하라고 지시했다. 그리하여 아민은 쿠데타를 일으켰다. 사실 그때는 이미 리비아의 카다피 대령과 팔레스타인의 지도자 야세르 아라파트(Yasser Arafat)가 쿠데타를 일으키라고 아민을 압력하고 있는 상황이었다. 두 사람은 오보테의 이스라엘 고문단을 쫓아내고 싶었던 것이다.

아민 정권은 처음부터 아랍 회교도와 관계를 맺고 인종 차별 정책을 실시했다. 권력을 장악하고 얼마 되지 않아 랑기족과 아촐리족을 학살했다. 1971년 7월 아민은 이스라엘 고문단에게 탄자니아를 침략할 수 있게 도와달라고 요청했다. 그는 이스라엘이 탄자니아의 탕가항을 점령했으면 했다. 이스라엘은 우간다에 파견했던 고문들을 본국으로 소환해버렸다. 이 무렵 영국은 아민을 지원한 것을 후회했고, 그 뒤 아민은 카다피를 의지했다. 사실 회교도는 우간다 인구의 5퍼센트에 불과했다. 아민은 리비아의 지원 덕분에 장기간 독재를 유지할 수 있었다. 물론 팔레스타인의 테러리스트들이 개인 경호원과 뛰어난 처형 전문가와 고문 기술자를 제공하기도 했다. 카다피는 아시아인을 추방하라고 아민을 설득했다. 1972년 8월, 아민은 나라 전체에서 실제 수탈에 들어갔다. 이 문제를 살피려면 1972년 12월 말까지 영국이 아민에게 장갑차를 실어다 주었다는 사실을 지적할 필요가 있다.[80] 스탠스테드 공항에서 희소한 사치품을 공수해오는 것은 중요한 일이었다. 그 덕분에 병사들의 사기를 유지할 수 있었기 때문이다. 이 일은 영국 정부의 승인 아래 아민의 공포 시대가 끝날 때까지 계속되었다.

지금까지 남아 있는 우간다의 내각 의사록을 보면, 영국식 관료 입헌주의의 외형 아래 미개한 부족 중심의 전제 정치가 등장했다는 사실을 엿볼 수 있다. 내각 의사록 131호에 따르면, "무도한 군중이나 불만을 품은 자에게 목숨의 위협을 느끼는 경우, 장관은 그들을 마음대로 사살할 수 있다."[81) 하지만 장관들이 정말 두려워했던 사람은 불만을 품은 자들이 아니라 대통령이었다. 교육부 장관 에드워드 루구마요(Edward Rugumayo)는 1973년 우간다를 탈출한 뒤 모든 아프리카 국가수반에게 전갈을 보냈다. 그리고 아민이 "아무런 원칙도, 도덕적 기준도, 양심의 가책도 없으며 …… 거리낌 없이 사람을 죽이거나 죽게 만든다"고 주장했다.[82) 우간다의 법무장관 고드프리 룰(Godfrey Lule)은 아민이 "이성적으로 냉정하게 사람을 죽인다"고 기록했다. 보건부 장관 헨리 키엠바(Henry Kyemba)의 말에 따르면, 1971년 9월 노동 재판소의 의장 마이클 카그와(Michael Kagwar)가 살해되면서, 전 국민은 "학살의 대상이 군대나 아촐리족 또는 랑기족에게만 국한된 게 아니라는 사실"을 알게 되었다.[83) 어떤 식으로든 아민을 비난하거나 방해하는 저명인사는 곧 사망자 명단에 올랐다. 그 중에는 우간다 은행 총재, 마케레레대학교 부총장, 외무장관, 대법원장, 대주교 자난 루움(Janan Luwum)이 있었다. 대법원장은 백주대낮에 법정 밖으로 끌려 나갔고, 자난 루움 대주교는 장관 두 명과 함께 아민에게 맞아죽었다. 아민은 빈번히 잔혹 행위에 직접 가담했다. 때로는 은밀한 본성 때문에 그런 짓을 벌였다. 보건부 장관 키엠바의 아내 테레사(Teresa Kyemba)는 물라고 병원 간호원장이었다. 그녀는 아민의 아내였던 케이(Kay Amin)의 조각난 시신이 병원에 도착했을 때 현장에 있었다. 아민이 아내를 죽이고 시체를 난도질했던 것으로 보인다. 그는 해부학 교재에 나오는 사람의 팔다리와 장기를 수집했다. 아민이 아들을 죽이고 심장을 꺼내 먹었다는 얘기도 있다. 스탠리빌에서 데려온 주술사가 그렇게 하도록 시켰다는 것이다.[84) 어쨌든 아민이 인육을 먹는 의식을 행하고 장기를 냉장고에 보관해두었던 것은 틀림없다.

냉장된 인간의 장기를 먹는 아민의 모습은 아민 정권의 실상을 여실히 보여준다. 아민 정권은 소련식 테러를 기괴한 모습으로 모방했다. 우간다에서는 전통적인 의미의 경찰이 사라져버렸다. 경찰 고위 간부들이 아민의 범죄 행위를 조사했다는 이유로 살해당했기 때문이다. 아민은 스탈린처럼 치안 조직을 여러 개 두고 서로 경쟁시켰다. 그는 공안 부대, 헌병대, 국가조사센터를 직접 창설했다. 국가조사센터는 우간다판 KGB로 예전의 내각조사부에서 비롯된 조직이다. 이곳에는 『이코노미스트 *The Economist*』를 두껍게 장정해 보관하고 있었다. 국가조사센터는 팔레스타인인과 리비아인의 조언에 따라 운영되었다. 그들 중에는 소련식 훈련을 받은 사람도 있었다. 국가조사센터는 보통 큰 망치로 사람을 죽였다. 하지만 그렇다고 이러한 테러가 모든 면에서 원시적이었던 것은 아니다. 국가조사센터는 아민의 별장까지 통로로 연결되어 있었다. 따라서 제거하기로 마음먹은 사람이 아민을 찾아오면(주로 칵테일을 들자는 말로 사람을 꾀었다), 쥐도 새도 모르게 그들을 없애버릴 수 있었다. 국가조사센터에서는 구타가 규칙적으로 이루어졌다. 매일 지정된 시간에 구타가 가해졌다. 아민의 충동적 본성과 달리 이러한 테러에는 전체주의적 절차와 관료주의적 질서가 존재했다. 소비에트 블록에서처럼 적어도 국가조사센터 요원 두 명이 우간다의 해외 업무에 배속되었다. KGB처럼 국가조사센터는 마약 밀매를 포함한 상업 활동을 통해 자체 재원을 마련했고, 종종 외화 벌이를 위해 청부 살인에 나섰다.[85] 아민의 사례는 아프리카 원시주의로 회귀하는 데 그치는 게 아니었다. 그의 정권은 1970년대의 특징을 그대로 반영했다. 아민의 테러는 아랍 회교도의 영향력 아래 있었다. 그리고 그의 정권은 여러 면에서 누비아인, 팔레스타인인, 리비아인이 이끈 외국의 정권이라 할 수 있다.

1970년대 국제연합 내부에 만연했던 힘의 정치는 도덕적 상대주의가 낳은 끔찍한 결과다. 이에 대한 책임은 함마르셸드 세력에 있다. 아민 정권이 6년간이나 공포 정치를 계속할 수 있었던 것도 국제연합 내부의 힘의 정치 덕분이었다. 신뢰할 만한 유력 인사의 말에 따르면, 1972년에 국제적인 대응을 제대로 하지 못했기 때문에 우간다인 20만 명이 목숨을 잃었다. 그때는 이미 아민 정권의 폭압적인 성격이 백일하에 드러나 있던 때였다. 이에 대한 영국의 책임은 막중하다. 국가조사센터의 기록을 보면, "스탠스테드 공항에서 가져온 위스키"가 아민 정권에게 얼마나 중요했는지 알 수 있다. 영국의 유화주의는 곧 바닥이 났다. 1975년 6월 아민이 영국인 강사 데니스 힐스(Denis Hills)를 처형하겠다고 위협했다. 데니스 힐스가 아민을 "마을 폭군"이라고 불렀기 때문이다. 제임스 캘러핸(James Callaghan) 총리는 1970년대를 기준으로 봐도 너무 나약한 인물이었다. 그는 영국 여왕의 친서와 함께 섄도스 블레어(Chandos Blair) 장군을 우간다로 보냈다. 여왕의 편지에는 자비를 구하는 내용이 담겨 있었다. 나중에는 캘러핸 총리가 직접 우간다의 수도 캄팔라(Kampala)로 날아갔다. 그럼에도 그는 1979년 3월 4일 아민 정권이 전복되기 직전까지 스탠스테드 공항에서 물품을 실어다 나르도록 허용했다. 이스라엘 정부만 유일하게 소신을 가지고 행동했다. 이스라엘은 아민과 팔레스타인인들이 1976년 7월 공중에서 납치한 여객기를 엔테베(Entebbe)에 강제 착륙시켰을 때 강력하게 대처해 인명을 구했다.

아프리카 국가 대부분은 사실상 아민을 지지했다. "카우디요는 서로 뭉친다"는 라틴아메리카의 오래된 속담은 틀리지 않았다. 우간다의 전직 장관들이 아민의 대량 학살과 야만 행위를 폭로했지만, 아프리카통일기구는 아민을 의장으로 선출했다. 니에레레를 비롯한 세 사람을 제외하면 모든 회원국이 캄팔라에서 열린 아프리카통일기구 정상 회담에 참석했다. 그렇

▶ **이디 아민(1928~2003)**
권력의 위임 없이 직접 통치했다. 극단적인 민족주의를 주창하며 1972년 우간다에서 모든 아시아인을 추방했는데, 이로 인해 우간다의 경제는 파탄에 이르렀다.

다고 니에레레가 도덕적 견지에서 참석을 거절했던 것은 아니다. 그는 오보테를 성원했고, 당연하지만 아민의 공격을 두려워했다. 니에레레는 이렇게 항의했다. "아프리카통일기구의 국가수반들이 캄팔라에 모이는 것 자체가 아프리카의 가장 잔인한 통치자에게 존경의 뜻을 표하는 행위다." 분개한 아프리카통일기구는 탄자니아를 공개적으로 비난하는 일까지 심각하게 고려했다. 아프리카 국가수반들은 정상 회담이 진행되는 동안 아민을 축하했다. 그때는 아민이 전 부인의 토막 난 사지를 먹어치우고 새로운 부인과 결혼했을 무렵이다. 새로 아민의 아내가 된 여인은 특공 기계화 부대 소속의 고고 댄서 출신이었다. 아민은 백인 네 명이 받치고 있는 들것을 타고 모습을 드러냈다. 스웨덴인이 파라솔을 받치고 있었다. 회담에 참석한 아프리카 국가수반들은 박수를 치며 환영했다. 이때 우간다 공군이 '케이프타운' 이라고 쓴 빅토리아 호(Victoria Lake) 인근에 있는 목표물에 폭탄을 퍼붓는 무력시위가 벌어졌다. (폭탄은 모두 빗나갔다. 비행대 지휘관은 회담이 끝나고 국가 대표단이 떠나자마자 처형당했다.) 아프리카통일기구 국가수반들은 1977년 아민을 다시 따뜻하게 환영했다. 1978년까지 아프리카통일기구는 결코 아민을 비판하지 않았다. 그 후에도 그들은 입을 다물었다.[86)]

국제연합은 아프리카, 아시아, 아랍, 소비에트 블록 국가들이 다수를 형성했다. 국제연합 회원국들 대부분은 한결같이 냉소적인 반응을 보였다. 1975년 10월 1일 아민은 아프리카통일기구의 의장으로 국제연합 총회에서 연설했다. 이 난폭한 연설에서 그는 "시온주의자와 미국의 음모"를 비난했다. 그는 이스라엘인을 추방할 뿐만 아니라 절멸시켜야 한다고 주장했다. 총회 참가자들은 아민이 도착하자 전체 기립하여 환영했다. 연설 도중에는 내내 갈채를 보냈으며, 퇴장할 때는 다시 일어나 경의를 표했다. 이튿날 국제연합 사무총장과 총회 의장은 아민에게 존경을 표하기 위해 공식 만찬을 열었다.[87)] 1976년과 1977년 국제연합에서 우간다의 인권 침해에 대해 문제를 제기하려는 시도가 있었다. 하지만 아프리카 국가들의 반대로 무산되었다. 1977년 영연방 회의 때도 아프리카 국가들은 똑같은 일을 벌여 아민을 도왔다. 1978년 10월 30일 아민은 탄자니아를 침공했다. (탄자니아 침공은 결국 5개월 뒤 그가 실각하는 원인이 되었다.) 하지만 아프리카통일기구는 그를 비난하지 않았고 니에레레에게 중재를 받아들이라고 요구했다. 탄자니아의 사회주의 독재자 니에레레는 이때만큼은 미사여구를 버리고 솔직하게 진심을 털어놓았다.

> 아민은 권력을 강탈한 이래, 로디지아의 스미스(Ian Smith)나 남아공의 포르스테르(John Vorster)보다 더 많은 사람을 죽였다. 하지만 아프리카에서 아프리카인이 아프리카인을 죽이는 것은 문제가 되지 않는다. ……

흑인이라는 것이 이제 다른 아프리카인을 죽일 수 있는 살인 면허가 되어 버렸다.[88]

이는 도덕적 상대주의 원칙이 낳은 결과다. 국제연합 사무총장 함마르셸드는 아프리카인들 사이에 살인이 일어나더라도, 국제연합이 관여할 문제는 아니라는 원칙을 퍼뜨렸다. 국제연합이 아민에게 대량 학살 혹은 종족 말살의 면허를 주었다고 생각하면, 아민에게도 변명거리는 있는 셈이다. 아민 정권은 아프리카 원시주의뿐만 아니라 반둥 세대의 철학을 배경으로 존속할 수 있었다. 하지만 아민 실각 뒤 1년의 역사는 왜곡되어 있다. 국제연합에서 아민을 박수로 환영한 것은 일종의 '조소' 였다는 주장도 있고, 아민의 테러를 '제국주의' 와 관련시키기도 한다.[89] 탄자니아의 '해방군' 이 도착하고 오보테가 망명지에서 날아온 이후에도 우간다의 슬픔은 끝나지 않았다. 탄자니아군은 캄팔라에 들어가자마자 약탈을 일삼았다. 아민이 회교도 세계로 도피한 후에도(처음에는 리비아, 나중에는 사우디아라비아), 아민의 부족이 구성한 군대는 우간다 일부를 차지하고 악행을 일삼았다. 오보테는 니에레레의 무장 병력을 배경으로 1980년대에 선거에서 승리했다. 오보테의 우간다인민회의와 니에레레가 조종하는 '군사 위원회' 는 선거구의 경계를 마음대로 나누었다. 그들은 경쟁 후보자가 없으므로 의석 17개를 우간다인민회의에 돌린다고 선언했다. 그들은 야당(민주당) 후보 한 명을 죽였고, 다른 후보자들에게는 폭력을 행사했다. 우간다인민회의에 협조하지 않는 선거 관리 위원 14명이 제거되었다. 인민회의는 또한 대법원장과 다른 관리들을 해임하여 사법부를 위협했다. 그리고 마침내 선거 당일 밤 모든 악조건에도 불구하고 민주당이 이기고 있는 게 분명해지자, 정부 라디오 방송에서는 모든 결과를 군대가 '조사' 할 것이라는 성명을 발표했다. 성명을 들은 선거관리위원회 위원장은 목숨의 위협을 느끼고 도망쳤다. 그 뒤 군대는 민주당의 승리를 보여주는 증거를 모두 없애버렸다. 이어 오보테가 선거에서 이겼다고 선언했다.[90] 그 결과 지역과 부족 간에 전쟁이 벌어졌다. 규율도 없고 대개 보수도 받지 못한 '군대'는 처칠이 "환상의 땅"이라고 말한 우간다를 다시 끝없는 고통과 신음 속에 빠뜨렸다.[91]

우간다의 사례는 1960년대 중반 이후 탈식민지화된 아프리카가 대내외 전쟁에 빠져드는 상황과 방식을 절묘하게 보여주고 있다. 아프리카통일기구와 국제연합은 이 과정에서 분쟁을 해결하기는커녕 폭력 사태를 악화시키곤 했다. 이것은 결코 우연이 아니다. 아프리카통일기구의 군국주의화는 1963년 아디스 아바바에서 시작되었다. 이때부터 수동적인 저항을 포기하고 잔존하는 식민 정권을 종식시키기 위해 무력 노선을 채택했다. '해방위원회'가 만들어지고 탄자니아 대통령이 위원장을 맡았다. 이듬해 카이로에서 포르투갈인을 무력으로 쫓아내자고 주장한 것은 평화주의자였던 탄자니아 대통령 니에레레였다. 1965년 탄자니아의 2인자 라시디 카와와(Rashidi Kawawa)는 탄자니아 수도 다르에스살람(Dar es Salaam)에서 열린 국제연합 식민지주의위원회에 참석해, 국제연합 식민지주의위원회와 아프리카통일기구 해방위원회의 기능이 동일하다고 주장했다. 카와와의 주장에 따르면, 이 두 조직은 "식민지주의에 대한 투쟁에서 역사적 중요성을 갖는 해방위원회"였다. 국제연합 식민지주의위원회의 위원장이었던 말리의 쿨리발리(M. Coulibaly)가 이에 대해 항의했다. 그는 "국제연합의 위원회가 지역적 군사 기구와 동일시될 수는 없다"고 말했다. 하지만 그는 곧 굴복했다. 쿨리발리가 이끄는 위원회는 어느 국가든 포르투갈인을 추방하기 위해 무력을 사용하는 것은 합법적인 일이라고 규정했다. 이것은 국제연합이 정치 문제의 평화적 해결이라는 원칙을 뒤집고 군사적 해결을 지지한 역사상 최초의 사례다. 4개월 후 1965년 11월 니에레레는 아프리카 통일기구를 설득해 이 원칙을 로디지아에까지 확대했다.[92)]

늘어나는 폭력 사태의 비극

국제연합과 아프리카통일기구는 실로 폭력을 지지했을 뿐 아니라 폭력을 고무하고 지시했다. 이에 따라 아프리카의 국가들은 점차 폭력을 통해 부족 간 내전과 식민지 시대가 남겨놓은 국경 분쟁을 해결하려 했다. 아프리카는 언어적으로나 종족적으로 가장 다양한 대륙이다. 41개 독립 국가 가운데 이집트, 튀니지, 모로코, 레소토, 소말리아 국민만 기본적으로 동질적이었다. 하지만 이들 국가에서도 국경 분쟁의 여지는 남아 있었다.[93)] 아프리카에서 발생하는 대부분의 내전은 외국과의 전쟁으로 확대되는 경향이 있었다. 내전이 국경을 초월한 부족 간의 충돌로 초래되었기 때문이다. 이중 최초의 전쟁은 르완다에서 일어났다. 1958년 르완다에서 인구의 다수를 차지했던 후투족이 지배 계급 투치족에 대항해 반란을 일으켰다. 그러자 부룬디가 개입했다. 이런 양상은 그 뒤 15년간 3차례나 반복되었다. 모로코와 모리타니에 대한 폴리사리오(Polisario)의 반란, 차드에서 일어난 북쪽 회교도와 남쪽 기독교도 사이의 충돌, 앙골라 내전, 수단과 나이지리아의 전쟁도 있었다. 이상의 내전은 그중 상당히 길고 심각했던 충돌로 모두 외국이 개입했다. 국제연합과 아프리카통일기구가 이런 충돌을 중재할 수 없었다는 것은 놀랄 일이 아니다. 전형적인 사례는 스페인령 사하라 문제였다. 스페인령 사하라 지역은 모로코와 모리타니가 각각 영유권을 주장했는데, 그곳 유목 민족이었던 사라위족은 독립을 주장했다. 결국 이 지역은 1975년 12월 모로코와 모리타니 사이에서 분할되었다. 이 일은 18세기(또는 1939년) 폴란드 분할을 떠올리게 한다. 여기서 배제된 알제리는 서사하라 지역에 욕심을 내고 사라위족이 조직한 폴리사리오를 지원했다. 국제연합은 상호 배타적인 결의안 두 개를 통과시켰다. 하나는 모로코를 지원하는 것이었고, 다른 하나는 알제리를 지원하는 것이었다. 아프리카통일기구는 국가들이 서로 내정에 간섭해서는 안 된다는 주요 행동 원리를 강제하기 위해 진지한 시도를 해본 적이 없다. 딱 한 번 예외가 있기는 했다. 홍미롭게도 아민의 우간다가 그 경우였다. 리비아의 카다피는 이집트의 안와르 사다트(Anwar el-Sadat), 수단의 니메이리(Gaafar M. el-Nimeiri), 튀니지의 부르기바(Habib Bourguiba), 차드의 프랑수아 톰발바예와 펠릭스 말룸(Felix Malloum)을 정권에서 축출하려 했고, 다른 대여섯 개 국가에도 뻔뻔스럽게 개입했다. 하지만 아프리카통일기구는 그를 비난하지 않았다. 아프리카통일기구는 아프리카 대륙 밖의 열강들이 개입하는 것도 막을 수 없었다. 어느 나라도 콩고 사태와 같은 끔찍한 사태에 국제연합이 다시 끼어드는 것을 바라지 않았기 때문이다. 외국 군대의 도움을 바란 것은 해당 국가였다. 케냐, 우간다, 탄자니아는 영국에, 코트디부아르, 가봉, 세네갈은 프랑스에 도움을 청했다.[94]

국경을 둘러싼 분쟁은 1973~74년 소련과 쿠바가 처음 대규모 군대를 아프리카 전장에 파견하면서 더 복잡한 양상으로 전개되었다. 에티오피아에서는 늙은 황제 하일레 셀라시에(Haile Selassie)가 외국의 원조를 적절히 이용해 반봉건적이고 반자유주의적인 정권을 유지하고 있었다. 인도인이 육군을 훈련하고, 영국인과 노르웨이인이 해군을 육성하고, 스웨덴인이 공군을 훈련하고, 프랑스인이 철도를 운영하고, 오스트레일리아인이 호텔을 경영했다. 유고슬라비아인은 항만을, 소련인은 정유 시설을, 불가리아인은 고기잡이 어선을, 이탈리아인은 양조장을, 체코슬로바키아인은 구두 공장을, 일본인은 직물 공장을 운영했다.[95] 소련은 1974년 이 늙은이를 제거할 기회를 잡았다. 군사 쿠데타가 일어났고, 에티오피아에는 임시 군사정부가 들어섰다. 왕궁에 갇힌 하일레 셀라시에는 1년 뒤 베개에 눌려 질식사한 상태로 발견되었다. 그리하여 소련은 에티오피아에서 독점적인 영향력을 행사했다. 1977년 소말리아가 에티오피아를 침공했을 때, 소련은 소말리아와 관계를 끊고 에티오피아를 지원했다. 하일레 셀라시에 황제가 생전에 행한 검열 중 가장 가혹한 것은 「맥베스 Macbeth」에서 왕이 죽는 부분을 잘라낸 것이다. 그가 축출된 이후 에티오피아에서는 아예 셰익스피어 작품이 공연되지 못했다. 셀라시에 뒤에 들어선 에티오피아 정권은 전체주의적이었다. 그들은 수만 명의 적을 학살했다. 또 1980년대까지 계속된 대규모 국경 전쟁에 몰두했다. 소련이 아프리카에까지 냉전을 확대하자, 아프리카는 현실 정치의 고전적인 무대가 되었다. 동맹 관계를 갑자기 맺거나 끊는 일이 빈번했고, "나의 적의 적은 나의 친구다"라는 원칙이 지배했다. 전형적인 사례는 1977~78년 카탕가 반군이 앙골라 국경을 넘어 자이르를 공격한 일이다. 이번에는 1960년의 '제국주의 분리주의자'를 대신해 공산주의자들이 쿠바와 소련군대를 이용해 카탕가를 도왔다. 모로코와 프랑스는 자이르를 지원했다.

아프리카 신생국들이 독립 후 20여 년간 30여 차례나 치른 나라 안팎의 전쟁으로 헤아릴 수 없이 많은 난민이 생겨났다. 1970년까지 국제연합이 파악한 난민은 100만 명에 이른다. 그 숫자는 1978년 450만 명으로 늘었다.

이외에도 고국으로 돌아간 뒤 '정착하지 못한' 사람이 200만 명이다. 1980년 국제연합은 아프리카 17개 국가에 2,740,300명의 난민이 있으며, 이외에도 200만 명의 '실향민'이 더 있는 것으로 추산했다. 이중 대다수는 소련과 쿠바, 리비아의 군사 행동 때문에 피해를 당한 경우다.[96] 대부분이 다시 정착할 가능성이 희박하다. 1980년대 초가 되자, 코트디부아르, 케냐, 산유국 알제리, 리비아, 나이지리아를 제외하면, 모든 아프리카 신생 독립국이 식민지 시대보다 더 가난했다. 일부 국가는 시장 경제 밖으로 완전히 떨어져나갔다.

1945~60년 식민지 시대 마지막 단계에서는 급속한 물질적 진보가 있었다. 그러나 이제 상황이 반전되었다. 독립 후 '카사블랑카 그룹 6개국' '몬로비아 그룹 15개국' '브라자빌 12개국' 등 지역 협약이 양산되었지만, 대개 정치적 목적을 띤 구두 협정에 불과했다. 이런 협약들은 결국 오래가지 못했다. 그동안 통화, 운송, 통신을 위한 구체적이고 실질적인 국가 간의 협정들은 깨지거나 자취를 감추었다. 전쟁, 긴급 사태, 국경 폐쇄 때문에 도로와 철로 연결이 이루어질 수 없었다. 철도 차량은 교체되지 않았고, 도로는 보수가 이루어지지 않았다. 여행 패턴은 1890년대로 되돌아가는 경향을 보였다. 대개의 연안 도시들은 서로 오갈 수 있었지만(선박보다는 항공 수단이 이용되었다), 내륙 쪽의 장거리 이동은 거의 자취를 감추었다. 철로와 도로는 중간에서 자주 끊겼고, 믿을 만한 것이 못 되었다. 1970년대 말까지 인간 때문에 야기된 가장 심각한 교통 체증은 발달된 서구 국가가 아니라 나이지리아의 라고스에서 나타났다. 나이지리아의 국가수반 모하메드(Murtala Mohammed) 장군은 해결하지 못한 교통 체증 때문에 죽었다고 말할 수 있다. 그의 차는 매일 아침 8시 똑같은 시간에 교통 정체 때문에 옴짝달싹 못했다. 그 덕분에 암살범들은 쉽게 암살 계획을 짤 수 있었다.

1976년에 나이지리아 정부는 1,800만 톤의 시멘트를 주문했다. 시멘트를 실은 선박이 라고스 항구 앞까지 왔지만, 거의 500척에 달하는 배들이 수로를 막고 있었다. 대부분의 배가 하역을 마쳤을 때는 이미 시멘트가 못쓰게 되어 있었다.[97]

많은 내륙 지역, 심지어 나이지리아조차 육상 교통이 쇠퇴했다. 이렇게 말하는 사람도 있었다. "아프리카의 생활이라고 할 만한 것은 30여 개의 국제공항 주변 30킬로미터 반경 내에서나 찾아볼 수 있다."[98] 항공 교통 관제 수준이 저하되고, 저마다 자국 영공을 폐쇄하는 일이 잦아지자, 아프리카 도시를 오갈 때는 직항보다는 유럽을 경유하는 편이 더 편하고 저렴했다. 전화 통화도 마찬가지였다. 유럽이나 북미를 거치지 않고는 몬로비아(Monrovia)에서 650킬로미터가량 떨어진 아비장(Abidjan)에 전화를 할 수 없었다. 이런 교통 및 통신의 낙후와 쇠퇴가 독재 정부에 유리했다는 견해도 있다. 체제 비판적인 세력의 활동이 원천적으로 차단되었기 때문이다. 이런 견해에 따르면, 어차피 아프리카 정부는 대부분 철의 장막 뒤의 국가처럼, 독점적으로 사용할 수 있는 군사적 운송 통신망을 유지하고 있었기 때문에 교통 통신 시설의 낙후에 영향받지 않았다. 하지만 국가 체제도 곤란을 겪어야 했다. 1982년 브뤼셀 주재 차드 대사는 일 년 이상 정부로부터 소식을 듣지 못했다고 불평했다.[99]

의료 수준도 현저하게 떨어졌다. 1940년대 후반과 1950년대에는 말라리아 퇴치에 눈부신 진전이 있었다. 하지만 곧 사정이 달라졌다. 1958년에 시작된 세계보건기구(WHO)의 20년 계획은 실패로 끝났다. 1970년대가 끝날 때쯤에는 전 세계적으로 말라리아 환자가 2억 명으로 추산되었고, 10억 명이 말라리아 위험 지역에 살고 있었다. 이런 퇴보 현상은 결코 아프리카에 국한된 것이 아니다. 중앙아메리카와 아시아는 더 절망적인 상황이었다.[100] 하지만 1970년대 말이 되자 1950년대에 이미 말라리아가 퇴치되었던 아프리카 국가의 수도 곳곳에서 말라리아 환자가 크게 증가했다.[101] 과거의 질병이 다시 기승을 부리는 현상은 영양 부족, 기근, 보건 체계와 병원 서비스의 붕괴 및 낙후, 자격을 갖춘 의사가 부족한 현실을 반영했다. 1976년 세계보건기구는 정책을 바꾸어 시골 보건 기관에 '마을 치유사' 를 고용할 거라고 발표했다. 단 아프리카식의 산파, 접골사, 약초의, '주문과 미신' 을 이용하는 '주술사' 와 구분할 것이라고 했다. 하지만 1977년에 이러한 구분 방침을 포기했다. 시골 주민의 90퍼센트가 즐겨 찾는 '주술사' 에게 과학적으로 훈련받은 개업의와 동일한 자격이 주어졌다.[102] 세계 최악의 교통 체증이라는 오명의 그늘이 드리워져 있는 라고스에서는 합동 병원이 문을 열었다. 합동 병원 의사들은 의료 행위와 '치유' 를 병행했다.

독립 후 한 세대가 지나는 동안 아프리카 대륙은 비극적인 현실을 다양하게 보여주었다. 그 양상은 1979년과 1981년에 발생한 사건들에 그대로 반영되어 있다. 다음을 보자.

1979년 국가별 주요 사건

수단: 쿠데타 기도.

모로코: 폴리사리오 게릴라군을 상대로 서부 사하라 지역에서 전투. 전비 하루 75만 파운드.

에티오피아: 2만 명의 쿠바군이 에티오피아군과 함께 에리트레아와 소말리아에 대항하여 세 곳에서 전쟁을 벌임. 100만 명 이상의 난민 발생.

지부티: 아다르 지역에서 반란이 일어남.

케냐: 다당제 선거를 성공적으로 치름.

탄자니아: 4만 병력의 군대가 우간다 침공. 2,500명의 리비아군의 지원

을 받던 아민이 축출됨.

가나: 공군 중위 제리 롤링스가 쿠데타를 일으킴. 전 국가수반 세 사람과 많은 정치인이 총살당함. 부패한 시민은 공개 태형시킴. 경찰 파업. 국가는 공식적으로 파산 선언.

나이지리아: 문민 통치로 돌아감.

라이베리아: 식량 폭동. 7명 살해됨.

세네갈: 4번째 합법 정당 탄생.

모리타니: 쿠데타 일어남. 1978년 울드 살레크를 축출한 울드 다다를 울드 하달라가 축출함. 폴리사리오 게릴라 조직과 평화 협약 체결.

말리: 일당 선거.

기니: 정치범 석방. 코나크리의 대주교도 포함됨.

베냉: 일당 선거.

토고: 일당 선거. '브라질 엘리트주의자' 에 대한 정치 조작 재판이 열림.

카메룬: 쿠데타 기도. 소규모 학살이 뒤따름.

차드: 내전.

콩고 인민공화국: 쿠데타 일어남.

적도 기니: 독재자 마시아스 응궤마 타도.

중앙아프리카 공화국: 보카사 정권 전복.

자이르: 주요 도로 대부분이 통행 불능 상태. 차량의 3분의 2가 부품 부족으로 운행 불능. 벵겔라 철도 폐쇄. 채무 원리금 상환을 위해 외환의 38퍼센트 배정. 5세 미만 어린이 42퍼센트가 영양실조로 고생.

부룬디: 선교사 52명 '국가 전복' 혐의로 추방.

기니 비사우: 세입이 세출의 65퍼센트에 불과함.

카보 베르데: 소비 식량의 90퍼센트 이상을 수입함.

모잠비크: 사형의 범위가 확대되어 사보타주, 테러 행위, 용병 활동에도 적용됨. 수차례 정치범 처형이 이루어짐. 대통령 마셸이 머리를 기른 남자와 꽉 붙는 옷을 입은 여자를 힐난함. 가톨릭교회와 성공회교회가 폐쇄됨.

앙골라: 내전.

잠비아: 정치범 체포가 계속됨.

말라위: 수입 통제.

짐바브웨: 10여 년의 내전 뒤 백인 지배 종식. 2만 명 사망.

나미비아: 게릴라전.

레소토: 게릴라전.

스와질란드: 난민으로 인한 경제적 압박.

보츠와나: 스와질란드와 동일.

남아프리카 공화국: 게릴라전.

1980년 국가별 주요 사건

수단: 일당 선거.

튀니지: 쿠데타 기도.

모로코: 폴리사리오와 전쟁.

알제리: 소련식 중공업 중점 육성 정책을 실패로 간주하고 폐기.

에티오피아: 소련제 무장 헬리콥터로 소말리족, 갈라족, 오로모족, 암하라어를 사용하지 않는 다른 여러 종족을 공격함.

소말리아: 난민이 150만 명을 넘음.

탄자니아: 단독 후보 니에레레가 대통령에 당선됨. 기근.

잔지바르: 쿠데타 기도.

우간다: 탄자니아 주둔군 2만 명과 우간다군 6,000명 유지비용이 정부

수입의 37퍼센트까지 상승. 캄팔라에서 정치적 살인이 한 주에 50건씩 발생. 기근.

가나: 114퍼센트의 인플레이션. 대학이 문을 닫음.

나이지리아: 쿠데타 기도. 1,000명 사망.

감비아: 야당 활동 금지. 많은 사람이 체포됨.

라이베리아: 쿠데타. 총살 부대가 수많은 사람을 처형함.

세네갈: 상고르가 20년간의 통치를 마치고 자진해서 물러남.

모리타니: 쿠데타. 울드 룰 리가 울드 하달라를 축출함.

말리: 학교 파업. 경제가 '파국에 이르렀다" 고 보고됨.

기니: 기니 비사우의 쿠데타 지원. 기니 비사우와 석유 채굴권 두고 대립.

코트디부아르: 일당 선거.

오트볼타: 쿠데타.

니제르: 리비아가 지원하는 유목 민족이 영토 침공.

베냉: 카다피를 방문하는 동안 케레쿠 대통령 이슬람교로 개종.

카메룬: 차드에서 온 난민 때문에 경제적 압박을 받음.

차드: 내전. 리비아가 침공함.

자이르: 2월 4일 모부투가 "내가 살아 있는 한 다른 당이 생겨나는 것을 그냥 내버려두지는 않을 것" 이라고 선언함.

기니 비사우: 쿠데타.

상투메: 망명자들의 침공 위협. 1,000명의 앙골라인과 100명의 쿠바인 입국.

앙골라: 내전.

잠비아: 쿠데타 기도.

짐바브웨: 영국의 감독 아래 자유선거 실시.

나미비아: 게릴라전.

레소토: ‘레소토 해방군’ 의 침공.

남아프리카 공화국: 게릴라전.[103)]

이런 일련의 사건들은 많은 뉘앙스를 담고 있다. 여기서 우리는 아프리카에 대한 관심의 순환 주기가 하향 국면에 들어섰다는 사실을 확인할 수 있다. 첫 번째 상향 국면은 1880년대부터 제1차 세계대전 때까지다. 이때를 세실 로즈 시대라 부를 수도 있을 것이다. 이 당시 많은 사람은 아프리카의 자원이 앞으로 유럽 번영의 대들보가 되어줄 것이라고 믿었다. 이 시기는 1920년대 초반까지 유지되다가 곧 사라졌다. 아프리카에 대한 관심의 두 번째 상향 국면은 1940년대 말부터 시작되어 1960년대 초 절정을 이룬다. 이 기간에 아프리카는 식민 지배에서 벗어나 독립을 달성했다. 하지만 1960년대 말 아프리카에 군국주의가 도래하면서 두 번째 국면은 막을 내리기 시작했고, 1980년대 초에는 완전히 끝났다. 이제 아프리카에 대한 외부 세계의 관심은 특정한 주요 자원 생산국, 특히 나이지리아와 남아프리카 공화국에 국한되었다. 그 무렵 아프리카 대륙 대부분의 지역이 정치적으로 불안정하고 경제 성장을 뒷받침할 수 없으며, 심지어 국제 경제에서 별 의미를 갖지 못한다는 사실이 분명해졌다. 앞으로도 상황은 크게 달라지지 않을 것이다. 아프리카는 1930년대의 스페인처럼 단순히 대리전을 위한 무대가 되었다. 아프리카에서는 직업 정치인 ‘계급’ 과 전지전능한 국가가 큰 희생을 치르며 실패를 자인했다. 우리는 이제 아시아에서도 똑같은 패턴이 어떻게 반복되었는지 살펴볼 것이다. 특히 중국과 인도에 관심을 기울여 살펴볼 텐데, 고통에 신음하는 두 거인 국가에는 세계 인구의 절반에 가까운 숫자가 살고 있다.

제 16 장

거대한 사회 실험

마오쩌둥과 사회 개조

1966년 여름 베이징의 공식 언론 보도에 따르면, 7월 16일 중국 공산당 주석 마오쩌둥은 일흔 살의 나이로 사람들과 함께 양쯔 강을 헤엄쳐 건넜다. 신문에는 흐릿한 사진이 실렸다. 사진 속에서 사람들은 마오쩌둥의 커다랗고 둥근 머리가 물 위에 떠 있는 모습을 볼 수 있었다. 언론은 그가 1시간에 거의 15킬로미터를 헤엄쳤다고 보도했다. 그는 "활력이 넘쳤고 원기 왕성했다."[1] 이 일은 마오쩌둥이 집권하고 나서 1976년 사망하기 전까지 사반세기 동안 중국에서 일어난 숱한 기적 가운데 하나일 뿐이다. 중국은 땅이 넓고 엄청나게 인구가 많고 낙후되어 있었다. 이런 열악한 조건에서 직면한 경제 문제를 중국이 꾸준히 극복해나가고 있다는 믿음이 널리 퍼졌다. 게다가 이 일을 열정적인 국민적 합의 속에 이루어가고 있다고 알려졌다.

중국을 방문한 사람들은 마오쩌둥 방식의 공산주의에 대해 열렬한 찬미자가 되어 돌아왔다. 그중 한 명은 이렇게 썼다. 중국은 "황제이자 성직자인 인물이 통치하는 일종의 온화한 군주국이며 …… 백성들은 통치자에게 몸과 마음을 다 바치고 있다." 다른 사람은 중국인이 "새로운 세계 문명의 화신"이 되리라 예상했다. 시몬 드 보부아르(Simone de Beauvoir)는 이렇게 말했다. "오늘날 중국의 삶은 특별히 활기차다." 다른 목격자는 중국이 "거의 뉴질랜드만큼 국민의 삶에 큰 관심을 기울이고 있다"고 말했다. 데이비드 록펠러(David Rockefeller)는 "국가적 일치의 정신"을 칭찬했다. 그의 주장에 따르면, 마오쩌둥의 혁명으로 "더 능률적이고 헌신적인 정부가 탄생했으며, 국민의 사기가 높아지고 일치된 목표가 생겨났다." 중국을 방문한 또 다른 미국인은 그러한 변화가 '기적'임을 발견했다. 그는 "마오쩌둥의 혁명은 중국인들에게 지난 수 세기 동안 일어났던 일 중에서 가장 좋은 일"이라고 말했다. 사람들의 가장 큰 찬사를 받은 것은 도덕적 풍조의 쇄신이었다. 펠릭스 그린(Felix Greene)은 이렇게 보고했다. "내가 가본 많은 인민공사에서 단 한 곳 외에는 사생아를 보지 못했다." 또 다른 미국인 방문객은 "법과 질서가 …… 치안 활동보다는 높은 도덕규범으로 유지되고 있다"고 말했다. 또 다른 사람은 세금을 거둬들이는 사람들이 절대 "부패할 수 없다"고 말했다. 이어 지식인들이 "여가 시간에 거름통을 나르며" 결코 "농민을 무시하지 않는다"는 사실을 보여주려 열심이라고 덧붙였다.[2]

이러한 얘기들은 공포스런 농업 집산화와 숙청의 시기에 스탈린과 소련을 방문했던 사람들의 무비판적인 찬사를 떠올리게 한다. 이 점을 지적하면, 중국 찬미자들은 마오쩌둥이 예외적인 천재성으로 소련의 실수로부터 큰 교훈을 얻었다고 대답했다. 얀 뮈르달(Jan Myrdal)은 마오쩌둥이 "마르크스나 레닌과 견줄 만한 인물"이라고 평가했다. 또한 그가 "혁명의 타락을 어떻게 막을 수 있는지" 알아냈다고 말했다. 어떤 미국인 정치학자는 "그가 한 사람의 내부에 거의 공존할 수 없는 여러 자질을 겸비했다"고 썼다. 한수인(韓素音)은 마오쩌둥이 스탈린과 달리 "매우 침착하고 논쟁과 재교육을 신뢰한다"고 주장했다. "그는 민주주의를 실제 적용하는 문제에 끊임없는 관심을 기울인다." 미국인 중국학자에 따르면, 마오쩌둥은 문제가 생기면 "예외 없이" "특유의 독창성을 통해 매우 윤리적인 방법으로" 대응책을 찾았다. 펠릭스 그린은 중국에는 권력에 대한 탐욕이 사라졌다고 믿었다. "우리가 크렘린에서 그토록 자주 보아왔던 것과 달리 권력의 탈취를 위한 책략이나 개인 간의 권력 투쟁은 존재하지 않았다." 마오쩌둥은 군인이자 지도자, 시인, 철학자, 교사, 사상가였으며 카리스마가 넘쳤다. 그는 또한 성인이기도 했다. 휼렛 존슨은 마오쩌둥을 보고 놀랐다. 그가 "지금까지 그림으로 표현된 적이 없는 모습을 하고 있고, 그림으로도 표현할 수 없는 자비와 연민의 표정을 하고 있었기" 때문이다. 그는 "다른 사람이 무엇을 원하는지 항상 염두에 두고 있으며 …… 이것이 그의 사상의 깊은 본질을 이루고 있다."[3)]

말할 필요도 없이 이 여행자들의 이야기는 스탈린의 러시아가 그랬던 것처럼 진실과는 거의, 혹은 아무런 관련이 없다. 진실은 더 흥미로우며 훨씬 더 비극적이다. 마오쩌둥의 이미지 또한 스탈린의 경우처럼 현실과 동떨어져 있다. 마오쩌둥은 성인이 아니다. 그는 몸집이 크고 거칠고 난폭하고 세속적이며 인정머리 없는 농부에 불과했다. 참으로 쿨라크라고 할 수 있었다. 다만 그는 아버지와 달리 교육받은 농부였다. 흐루쇼프는 그를 '곰'에 비유했다. 틀린 얘기는 아니다. 그는 "몸을 흔들며 이쪽에서 저쪽으로 걷곤 했다. 침착했고 동작이 느렸다."[4)] 1956년 마오쩌둥은 정치국원에게 이렇게 경고했다. "맹목적으로 소련을 따를 수는 없소. …… 방귀를 뀌면 냄새가 나는 법인데, 소련이 뀌는 방귀가 모두 향기롭다고 말할 수는 없는 것 아니겠소."[5)] 3년 뒤 그는 '대약진'이 실패했다는 것을 인정하며 똑같은 사람들에게 이렇게 말했다. "동지 여러분, 여러분은 각자의 책임을 철저히 분석해야 할 거요. 똥을 누고 싶다면 누시오! 방귀를 뀌고 싶다면 뀌시오! 그러면 한결 기분이 나아질 것이오."[6)] 다시 1974년 문화대혁명의 실책을 검토하면서 이렇게 말했다. "먹은 다음에 똥을 눠야 한다는 것 때문에 먹는 것이 쓸데없는 일이 되는 것은 아닙니다."[7] 벨기에 출신의 한 공산주의자는 1966년 8월 18일 천안문 광장에서 홍위병(紅衛兵) 대회가 열리는 동안 마오쩌둥의 모습이 어떠했는지 묘사한 바 있다. 그는 때때로 뒤로 물러나 웃옷을 벗고 가슴과 겨드랑이의 땀을 닦았다. 그는 "땀을 닦지 않고 그대로 식히면 건강에 좋지 않지요"라고 말했다.[8]

하지만 이런 천박한 외양 아래서는 낭만주의자의 강하고 사나운 심장이 뛰고 있었다. 1949년 스탈린은 마오쩌둥이 실제로는 전혀 마르크스주의자가 아니라고 주장했다. "그는 가장 기본적인 마르크스주의 진리도 모르고 있다."[9] 어쩌면 스탈린의 주장이 옳을지도 모른다. 마오쩌둥은 마르크스주의 문구와 표현을 사용했고, 자신을 위대한 마르크스주의 사상가로 여겼으며, 자신이 스탈린의 못난 후계자들보다 훨씬 낫다고 생각했다. 그러나 실제로 객관적인 마르크스주의 분석을 적용한 적은 없다. 그는 '객관적인 상황'을 전혀 믿지 않았다. 그런 것은 모두 그의 머릿속에 있었다. 그는 정치 분야에 있어 '물질에 대한 정신의 우위'를 주장한 약리학자 에밀 쿠에(Emile Coué)에 비견되는 인물이다. 마오쩌둥은 "대중의 엄청난 활력"을 바탕으로 "어떤 과업도 달성할 수 있다"고 주장했다.[10] 그는 이렇게 말했다. "비생산적인 지역은 없다. 단지 비생산적인 사상이 있을 뿐이다. 열악한 땅이란 없다. 단지 열악한 경작 방식이 있을 뿐이다."[11] 이처럼 객관적인 현실을 무시하는 태도는 핵전쟁을 기꺼이 받아들이려는 그의 의지를 설명해준다. 마오쩌둥은 중국이 이길 것이라고 확신했다. 그는 1951년에 이렇게 말했다. "동풍이 서풍을 잠재울 것이다. 제국주의 국가들이 전쟁을 고집한다면, 우리에게 다른 대안은 없다. 우리는 마음을 다잡고 우리의 건설적 사업을 추진하기 전에 끝장을 볼 때까지 싸워야 한다."[12] 같은 해 모스크바에서 그는 똑같은 주장으로 공산주의자 동지들을 충격에 빠뜨렸다. "3억 명이 목숨을 잃을 수도 있습니다. 그래서 어떻다는 겁니까? 전쟁은 전쟁입니다. 전쟁의 날들은 흘러갑니다. 그러면 우리는 전보다 더 많은 아기를 낳기 위해 힘쓸 것입니다." (흐루쇼프에 따르면, 그는 "외설적인 표현"을 사용했다.)[13] 그는 나중에 소련과의 전쟁에 대해서도 같은 견해를 취했다. "심지어 전쟁이 영원히 계속된다고 하더라도 하늘이 무너지지는 않습니다. 나무는 자라고, 여자들은 아기를 낳고, 물고기들은 여전히 물속을 헤엄칠 겁니다."[14] 그는 평생 동안 진정한 역사의 동력은 계급의 성장(이것이 외적 표현이 될 수는 있겠지만)이라기보다 영웅적인 결단력이라고 믿었던 것 같다. 그는 자신을 살아 있는 니체적 초인으로 여겼다.

그의 예술적 열망 속에서, 그의 낭만주의 속에서, 그의 신념 속에서, 의지는 권력을 얻기 위한 열쇠일 뿐 아니라 대업을 완수하기 위한 열쇠였다. 그 점에서 마오쩌둥은 동양의 히틀러였다. 마오쩌둥 숭배는 표면적으로 스탈린주의와 유사했지만, 마오주의 국가에서는 마오쩌둥 숭배가 훨씬 더 창조적이고 중심적인 역할을 했다. 히틀러처럼 마오쩌둥은 무대의 정치를 사랑했다. 그의 정권을 치장한 장식들은 나치의 화려한 연출을 어설프게 모방한 스탈린의 무대 장치보다 훨씬 더 독창적이고 인상적이었다. 그는 황제 시대의 장엄함을 끌어왔다. 군중은 훈련을 받고 "마오쩌둥 주석이여, 영생하소서"라는 노래로 그를 맞았다. 그는 황제처럼 해마다 상징적으로 밭을 가는 의식을 거행했다. 황제의 도시 베이징에 살며 기념비에 새길 글귀를 지시하곤 했다.[15] 하지만 그는 여기에다 자신만의 태양 숭배 문화를 가미했다. 이 사상은 '동방홍(東方紅)'이라는 마오쩌둥 찬가에 반영되어 있다. 그의 지시에 따라 이 노래는 중국인들에게 제2의 국가가 되었다.

동쪽 하늘에 붉은 태양이 뜬다.

중국에 마오쩌둥이 나타났다.

태양처럼 둥근 마오쩌둥의 얼굴이 거대한 포스터로 등장했다. 1966년 여름 마오쩌둥은 백만 명의 홍위병을 시찰하기 위해 태양처럼 새벽에 모습을 드러냈다.

몇 주 동안 그는 여덟 번 나타나 1,100만 명 이상의 사람들에게 태양처럼 빛을 비추어주었다. 이 장면은 나치의 뉘른베르크 집회 모습과 무척 흡사했다. 홍위병들은 마오쩌둥의 표어를 노래처럼 리드미컬하게 외쳐댔고, 린뱌오(林彪)는 (괴벨스처럼) 1966년 8월 18일 다음과 같은 독설을 늘어놓았다. "권력을 쥔 주자파(走資派)를 타도하자! 반동 부르주아 권력자를 타도하자! 모든 사악한 정신을 일소하자! 낡은 생각, 낡은 문화, 낡은 관습, 낡은 습관을 없애자. 마오쩌둥의 사상이 정신을 지배해야 한다. 정신의 힘이 물질을 변화시킬 때까지!"[16] 마오쩌둥의 사상은 "우리 마음의 태양이며, 우리 삶의 뿌리이며, 우리 힘의 근원"이었다. "그의 사상은 나침반이며 정신의 양식이다." 그것은 "손오공이 휘두르는 여의봉"과 같으며, "괴물과 도깨비를 찾아내는 광선"이며, "귀신을 비추는 신령한 거울"이었다. 마오쩌둥에게서 "모든 지혜가 비롯된다." 말하자면 문화대혁명과 그 위업은 마오쩌둥의 거대한 사상을 담는 그릇이었다. "우리의 모든 승리는 마오쩌둥 사상의 승리"이기 때문이다.[17]

『마오쩌둥 어록』은 『나의 투쟁』과 비슷한 역할을 했다. 이외에도 마오쩌둥은 히틀러처럼 군사 훈련과 대규모 악단, 음향과 빛의 효과를 이용하여 환상과 히스테리를 창조했다. 1966년의 집회 때는 1,000개의 악단이 「동방홍」을 연주했다. 또 1969년 제9차 전국공산당대회의 모습을 담은 기록 영화에서는 인민대회당에 있는 사람들이 『마오쩌둥 어록』을 높이 들고, 미친 듯이 몸을 위아래로 움직이고, 눈물을 펑펑 쏟고, 짐승처럼 울부짖고 외치는 광경을 볼 수 있다.[18] 마오쩌둥과 그의 추종자들이 격렬하고 성급한 행동주의를 불러일으키기 위해 사용한 독설은 히틀러의 반유대주의를 상기시킨다.

히틀러와 닮은 점 가운데 특히 중요한 것은 임박한 종말론이다. 마오쩌둥 역시 매우 성급한 인물이다. 스탈린은 냉정하고 끈기 있게 자신의 목표와 증오를 세상에 펼쳐놓았지만, 마오쩌둥은 그런 침착함과 냉정함이 부족했다. 마오쩌둥은 히틀러처럼 역사의 진행 속도를 높이고 싶었다. 그는 후계자들을 겁쟁이거나 소심한 자들이라고 생각했다. 생전에 일을 끝내지 못한다면 아무것도 이루어지지 않으리라 생각했다. 그는 언제나 등 뒤에서 화살처럼 날아가는 시간을 의식했다. 그의 성급함은 드라마에 대한 만족할 줄 모르는 사랑으로 나타났다. 어떤 의미에서 마오쩌둥은 혁명에서 통치의 단계로 넘어간 적이 없다고 할 수 있다. 그에게는 스탈린의 관료주의적 욕망이 없었다. 그에게 역사는 장엄한 사건이 연속적으로 펼쳐지는 우주적 활극이었다. 거기서 그는 배우이자 지휘자이자 관객이었다. '대장정' 이나 '국민당의 몰락' 과 같은 한 장면이 끝나고 막이 내리면, 마오쩌둥은 막을 올리라고 고함을 쳤고, 전보다 더 빠르고 격렬하게 움직이라고 무대에 소리쳤다.

따라서 마오쩌둥의 통치는 한 편의 선정적인 멜로드라마였다. 그것은 때로 소극(笑劇)으로 변질되기도 했지만, 본질적으로 언제나 비극이었다. 그가 행동에 나선 곳이 극장이 아니었기 때문이다. 그는 살아 숨 쉬고 고통 받는 현실 속의 수억 명을 대상으로 일련의 실험을 했던 것이다. 국민당이 패배하고 1950년 말엽에 최초의 드라마가 시작되었다. 1949년의 법령을 근거로 남부에 도입된 토지개혁은 처음에는 그다지 급진적이지 않았다. 1950년 6월 14일 린뱌오의 연설은 토지개혁에 제동을 걸었다. '부농' 대신 '부유한 중농' 이라는 호의적인 용어가 사용되었고, '계몽된 지주' 나 '소지주' 라는 범주가 만들어져 생산성 있는 농민의 농지 운영을 보호했다.[19) 그 뒤 한국전쟁이 일어났다. 한국전쟁은 마오쩌둥에게 전후 최초의 대변혁을 추진하는 구실이 되었다. 1951년과 1952~53년에는 토지개혁이 더 가속화되었고, 매우 잔인한 방식으로 이루어졌다. 삼반운동(三反運動)이 시작되었고, 곧이어 오반운동(五反運動)이 전개되었다. 1951년 2월 21일 '반혁명분자의 처벌에 관한 법률' 이 새로 만들어져, 광범위한 '범죄' 행위에 대해 사형과 종신형을 부과했다. 모든 주요 도시에서 대중 집회가 열렸다. 여기서 사회적 '적들' 이 공개적으로 비난받고 형을 선고받았다. 몇 달 동안 베이징에서만 그런 집회가 3만 번 열렸고, 300만 명이 참석했다. 신문은 매일 처형된 '반혁명분자' 의 이름을 발표했다. 1951년 10월, 그해 처음으로 6개월 동안 80만 명의 반혁명분자가 처리되었다고 공표되었다. 저우언라이는 그중 16.8퍼센트가 사형을 언도받았다고 했다. 135,000명이 사형된 셈이다. 한 달로 하면 22,500명이고, 이 비율은 소련의 경우보다 더 끔찍했다. 마오쩌둥의 전후 최초의 드라마가 전개되는 동안 살해당한 사람의 수는 1,500만 명에 달한다는 설도 있다. 하지만 아마도 100만 명에서 300만 명 사이라는 게 더 타당할 것이다.[20)]

토지개혁이라는 거대한 사회공학 작품에는 마오쩌둥이 최초로 시도한 정신 개조, 즉 세뇌 작업이 수반되었다. 그는 이를 '사상 개조' 라고 불렀다. 사상 개조 운동은 전통적인 가족애 대신 국가에 대한 충성을 국가의 중심 도덕률로 확립하기 위해 추진되었다.[21)] 1951년 10월 23일 마오쩌둥은 사상 개조를 "우리나라에서 완전한 민주화를 이루고 산업화를 진전시키기 위한” 핵심 선결 조건이라고 규정했다. 그는 국가적으로 “마오쩌둥 사상의 학습 운동”을 전개했다. 이를 거부하는 사람은 “서양 사상에 물든 자”로 낙인찍혀 감옥에서 개조를 받았다. 수감 기간은 천차만별이었고, 보통 무거운 쇠고랑을 차고 있어야 했다.[22] 드라마는 토지개혁의 희생자들뿐만 아니라 “토지개혁의 방식을 비판하는 사람들”까지 아우르고 있었다. 팔반(八反)은 대개 상인, 기업 경영자, 관료를 그 대상으로 했다. 사실상 모든 국민을 포괄하였다.

마오쩌둥의 모든 드라마가 그렇듯, 그가 흥미를 잃으면서, 아니면 결과를 확신할 수 없게 되면서, 그것도 아니면 낮은 생산성과 기근이라는 재앙이 닥칠 게 분명해졌기 때문에, 토지개혁은 용두사미로 끝나고 말았다. 하지만 1955년이 되자 마오쩌둥의 조급함이 다시 고개를 들었다. 1955년 7월 31일의 연설에서 갑자기 농업 집산화의 속도를 올리고, 그때까지 개인적으로 운영하던 모든 상공업을 국유화한다고 선언했다. 그는 1955년을 “사회주의와 자본주의 투쟁을 결정짓는 한 해”로 규정했다.[23] 이 운동 역시 의식 구조를 바꾸는 일이 필요했다. ‘반혁명분자’ ‘악당’ ‘악귀’의 침투에 대항하여 ‘빈농’이 ‘중농’, 심지어 ‘중상층 농민 계급’과 힘을 합해야 했다. 국민의 반응에 실망한 마오쩌둥은 1956년, 역시 갑자기 백화제방(百花齊放) 운동을 실행에 옮겼다. 이 운동은 다양한 비판의 목소리를 내도록 국민을 설득했다. 그는 “올바른 사상이라도 온실에서 자라나 질병에 대한 저항력이나 면역력을 얻지 못하면 잘못된 사상과 맞서 승리할 수 없다”고 말했다. 흐루쇼프는 백화제방 운동이 단순히 도발일 뿐이라고 생각했다. 마오쩌둥은 그저 “민주주의의 수문을 활짝 열어놓은 척”한 것에 불과했다. “사람들이 내면의 생각을 밖으로 드러내도록 꼬드기기 위해서”였다. 그래야 “위험한 생각을 하고 있는 자를 골라내 처단할 수 있기 때문이다.”[24] 어쨌든 백화제방 운동은 아무런 경고도 없이 갑작스럽게 폐기되었다. '우익분자'는 노역장으로 보내졌다. 잠깐 동안 "꽃을 피웠던" 교수들은 화장실을 청소했다. 1957년 한시적이었던 '사회주의 법률'의 보호는 철회되었다.[25)]

우리는 이런 혼란스런 사건들, 실패한 미니 드라마의 배경을 살펴보아야 한다. 마오쩌둥은 모스크바에 있는 스탈린 후계자들의 정책에 점차 강한 불만을 품게 되었다. 그는 스탈린을 싫어했고 스탈린과는 생각도 달랐다. 스탈린이 죽자, 마오쩌둥은 1954년 2월 스탈린의 앞잡이이자 국가계획위원회 의장이었던 카오 캉(Kao Kang)을 (자살이든 타살이든) 죽음으로 몰아넣었다. 하지만 그는 '탈스탈린화'에 대해서는 반대했다. 집단의 실책을 개인의 탓으로 돌리려는 시도로 생각했기 때문이다.

그는 스탈린을 비난한 흐루쇼프의 1956년 '비밀 연설'을 일종의 위선으로 간주했다. 흐루쇼프를 비롯하여 다른 자들도 스탈린의 범죄 행위에 깊이 관여하지 않았는가? 마오쩌둥은 물었다. "가슴을 치고, 탁자를 두드리고, 목소리를 높여 폭언을 내뱉을 때" 흐루쇼프는 자신을 어떤 사람으로 생각하고 있었던 것인가? 자신이 '살인자'이자 '악당'이 아니었단 말인가? 아니면 그는 단순히 '바보 천치'란 말인가?[26)] 마오쩌둥은 '개인숭배'에 대한 모스크바의 반대 운동이 자신에게도 영향을 미칠까봐 두려웠을 게 분명하다. 하지만 더 근본적으로는 스탈린이 죽은 이상 새로운 모스크바 지도부의 지적 빈곤으로 공산권의 맹주 자리를 노리는 자신의 입지가 강화되었다고 생각했다. 그는 동서양의 공산주의 동지들에게 충격을 줄 결심을 했다. 마오쩌둥은 놀랍도록 대담하게 다음 단계를 밟아나갔다. 1957년 9~10월 그는 '대약진'이라는 새로운 드라마를 전개한다고 선언했다. 다음해 봄 엄청난 선전과 함께 대약진이 개시되었다.

대약진은 마오쩌둥의 만성적인 조급증을 철저히 드러냈다. 여기에는 또한 물질보다 정신이 우위에 있다는 신념, 의지만 있으면 기적의 시대는 아직 끝나지 않았다는 확신이 강하게 내포되어 있었다. 그는 단번에 공산주의로, 더욱이 국가가 '소멸하는' 단계로 나아가고자 했다. 마오쩌둥은 역사를 단축하려는 욕망을 농민에게 투영했다. 그들은 "가난하고 텅 비어 있다." 이것은 "좋은 일이다." "가난한 사람들은 변화를 원하고 일을 원하고 혁명을 원한다. 깨끗한 종이에는 얼룩이 없다. 따라서 그 위에 새롭고 아름다운 글을 쓸 수 있는 것이다."[27] 사회공학의 일종인 대약진은 마오쩌둥의 기준에서 보더라도 무모하고 충동적이었다. 마오쩌둥은 스탈린이 "한쪽 다리로 걸었다" 면서 대약진 운동을 정당화했다. 말하자면 스탈린이 산업 지역과 농업 지역을 만들었지만, 이 두 지역이 분리되어 따로따로 운영되었다는 것이다. 중국은 "두 다리로 걸어야" 했다. 이를 위해 자급자족을 추구하는 인민 공사가 만들어졌다. (1871년 파리 코뮌을 모델로 삼았다.) 각각의 인민 공사는 고유의 농업 공업 서비스 부문과 자위를 위한 민병대까지 갖추었다. "노동과 군사의 통일" 을 꾀하려는 시도였다.[28]

이 실험극의 규모와 속도는 상상을 뛰어넘는다. 1958년 1~2월과 혼란을 수습하기 위한 짧은 휴지기 뒤 8월과 12월 사이에 약 7억 명에 달하는 사람들(인구의 90퍼센트)의 경제적 정치적 행정적 생활이 완전히 바뀌었다. 허난성에서는 집단 농장 5,376개가 평균 8,000가구로 구성된 208개의 대규모 인민 공사로 재편성되었다. 단위 인민 공사는 실제로 자급자족을 이루어야 했으며, 특히 강철을 생산해야했다. 흐루쇼프는 "마오쩌둥이 옥좌에 앉은 미치광이처럼 굴며 나라를 뒤엎어버렸다" 고 표현했다. 흐루쇼프는 모스크바에 온 저우언라이가 이런 정책 때문에 중국의 철강 산업이 곤경에 빠졌다는 사실을 인정했다고 말했다. 국가계획위원회의 부의장 자시

아드키(A. F. Zasyadki)가 상황을 조사하기 위해 파견되었다. 그가 흐루쇼프에게 보고한 바에 따르면, 소련에서 훈련받은 철강 기술자들이 농장에서 일하고 있고, 철강 산업은 한마디로 엉망이었다. 그가 가본 제강소는 어떤 늙은이가 맡고 있었다. 소련에서 제공한 모든 장비와 돈, 노력이 헛되이 낭비되고 있었다.[29] 흐루쇼프는 아무래도 마오쩌둥이 스탈린 같은 인물이거나 그보다 심한 인간이라고 결론내린 것 같다. 마오쩌둥은 나라를 파탄내고 수단만 있으면 세계를 날려버릴 미치광이였던 것이다. 그리하여 대약진 운동은 소련이 1959년 기술 원조 프로그램을 중단하는 계기가 되었다. (핵무기도 마찬가지다.) 소련은 이듬해 루마니아 당대회에서 중소 관계가 단절되었다고 공개적으로 인정했다. 여기서 흐루쇼프는 중국의 지도부를 핵전쟁도 마다하지 않는 "미치광이들" "순수한 민족주의자들"이라고 비난했다.

중국 내부에서 대약진 운동이 중단된 것은 1959년 7월 23일이다. 마오쩌둥은 갑자기 종을 쳐 막을 내렸다. "혼란이 엄청나다. 내가 책임을 지겠다."[30] 하지만 '대약진'이라는 드라마가 퍼뜨린 영향력은 돌이킬 수 없었다. 1959년은 자연 재난의 해였다. 여기에 대약진이라는 비자연적인 재난이 결합되어 기근이 일어났다. 기근은 규모 면에서 1930년대 초 스탈린 시대의 재앙에 필적했고, 1962년까지 계속되었다.[31] 오늘날까지 외부인들은 이 끔찍한 시간에 중국의 농업에 어떤 일이 일어났는지 정확히 모르고 있다. 강철 산업은 파탄이 나서 토대부터 다시 세워야 했다. 농업은 과거로 다시 돌아가 협동 농장으로 재편되었다. 인민 공사의 조직 규모는 2,000가구로 크게 축소되었다. 하지만 잃어버린 곡식과 가축은 영원히 되찾을 수 없었고, 사람들은 기아에 허덕였다. 대약진 운동 때문에 몇백만 명이 죽었는지는 추측만 할 뿐 정확한 숫자는 알 수 없다.

마오쩌둥은 중국을 공산화하는 과정에서 전쟁을 성공적으로 이끌었고, 이 때문에 동지들 사이에서 정치적 신뢰를 얻었다. 하지만 대약진 운동이란 재앙을 맞아 그에 대한 신뢰는 크게 훼손되었다. 마오쩌둥은 스탈린이나 히틀러와 달리 절대 권력을 가져본 적이 없다. 우선은 해결하기 힘든 중국 문제의 본질적인 성격 때문이다. 중국은 중앙 집권 기능이 발달되어 있지 않았고, 현대식 통신 시설도 미비했다. 또 마오쩌둥에게는 KGB나 친위대, 게슈타포 같은 테러 기구가 없었다는 점도 문제였다. 당은 소련과 달리 지역에 따라 분권화가 이루어져 있었다. 특히 베이징의 보수주의와 상하이의 급진주의 사이에는 골이 매우 깊었다. 1959년 드라마가 막을 내린 뒤 마오쩌둥은 한동안 2선으로 물러났다. 그는 '쉬는' 것처럼 보였다. 그래서 이 무렵부터 '두 노선의 갈등' 이 시작되었다. 이때는 '수정주의자' 가 우위를 점했다. 그들은 마오쩌둥이 농업이든 중공업이든 생산 과정에 직접 관여하는 것을 허용하지 않았다. 그래서 대신 마오쩌둥은 문화와 교육에 관심을 가졌다. 그는 언제나 중국의 전통 관료 제도와 기존의 문화 체제를 싫어했다. 어떤 의미에서 그는 히틀러만큼 '문명' 을 증오했다. 중국에서 '문명' 은 유대인의 국제적 음모가 아니라, 4,000년의 과거가 내리누르고 있는 견디기 힘든 압력이었다. 이 점에서 그의 대약진은 아무것도 바꾸어놓지 못한 것처럼 보였다. 그리고 그의 추론에 따르면, 대약진이 현실의 장벽에 부딪힌 것은 문화적 실패 때문이다.

1964년 2월 13일 마오쩌둥은 불길한 얘기를 했다. "현재의 교육 방식은 재능을 망가뜨리고 젊은이를 망치고 있다. 나는 책을 너무 많이 읽는 것에 찬성하지 않는다. 시험이라는 방식은 적을 다룰 때 쓰는 방식이다. 따라서 대단히 유해하며 즉시 중단되어야 한다."[32] 9개월 뒤 그는 조급증과 드라마에 대한 갈망을 무심코 드러냈다. "우리는 세계의 다른 모든 나라가 걸어간 기술적 진보의 과정을 답습해서는 안 된다. 그들 뒤를 따라 엉금엉금 기어가서는 안 된다. 관행을 깨뜨려야 한다. …… 대약진은 바로 이런 것을 의미한다."[33] 따라서 대약진은 물리적인 것에서 정신적인 것으로 바뀌어야 했다. 1965년 초가 되자 정신 개조에 대한 마오쩌둥의 관심이 되살아났다. 이러한 특징은 다음번에 있을 가장 거대한 드라마의 뚜렷한 특징이 된다.

문화대혁명의 등장과 파국

이 무렵 중국은 실제로 마오쩌둥, 류사오치(劉少奇), 린뱌오 세 명이 통치했다. 류사오치는 국가 주석이었으며 공산당, 특히 베이징 당 조직에 영향력을 행사했다. 린뱌오는 군대 수반이었다. 마오쩌둥은 간접적인 방법으로 새로운 드라마를 무대 위에 올렸다. 중앙에는 영화 배우였던 세 번째 아내 장칭(江靑)을 세웠다. 그녀는 '문화대혁명' 이라는 시대극의 주연으로 잘 어울렸다. 마오쩌둥이 여배우에 특히 애착을 가진 것은 낭만주의적 특성 때문이다. 그는 유명한 여배우 릴리우와도 연애를 했다. 당시 그의 두 번째 아내였던 허쯔전(賀子貞)은 이 사실을 알고 소송을 제기하여 특별중앙인민위원회 재판소에서 마오쩌둥과 이혼했다. 그 후 허쯔전과 릴리우 둘 다 추방당했다.[34] 1939년 마오쩌둥은 장칭과 결혼했다. 그녀는 1930년대 말 상하이에서 란핑이라는 예명으로 배우로 활동했다. 그녀의 설명에 따르면, 열세 살에 연예계에 발을 디뎠고, 열아홉에 당원이 되었다. 그녀는 스물세 살에 옌안에서 마오쩌둥을 만났다. 당시 마오쩌둥은 마르크스레닌주의 연구소에서 강연을 하고 있었다. 그는 장칭에게 강연에 올 수 있도록 무료 수강증을 주었다.[35] 하지만 다른 사람의 얘기를 들어보면, 장칭은 본인이 말한 것보다 나이가 많았다. 그녀는 1930년대 말 상하이에서 세 번째인가 네 번째 결혼을 한 적이 있다. 게다가 수많은 연애 사건에 휘말려 영화계 내에서는 장칭에 대한 원한과 적대감이 상당했다.

장칭은 결혼 후 20여 년간 전면에 나서지 않았다. 중국에는 통치자의 아내에 대한 뿌리 깊은 불신이 있다. 사람들은 통치자의 아내가 정치적 영향력을 행사하고 권모술수를 일삼지 않을까 두려워했다. 가히 '황태후 신드롬' 이라 할 만하다. 1960년대 초 류사오치의 다섯 번째 부인 왕광메이(王光美)는 남편을 따라 외국에 나가 있는 동안 크게 주목을 받았다. 그녀가 외국에서 최신식으로 차려입고 진주 목걸이를 하고 춤까지 추었다는 사실이 알려졌다. (왕광메이는 미국에서 태어났다.) 이런 일은 장칭의 시기심을 자극했다. 그녀는 불만을 품은 사이비 지식인, 실패한 작가, 삼류 배우와 별 볼일 없는 영화감독을 끌어다 그룹을 만든 뒤 중심인물이 되었다. 대개 상하이 출신이었던 이들은 예술계를 장악하여 급진적으로 만들고 싶었다. 당시는 그들의 '노선' 이 따라야 할 당령이 있었다. 소련에서 즈다노프의 정풍운동이 일어나고 나서 1950년에 중국에는 '경극 개혁 사무국' 이 설립되었다. 이 기관은 1931년 홍군 군사 학교에서 창설된 연극 단체와 즉흥적인 연극으로 이동 무대에서 이데올로기를 선전하는 청의단(淸衣團)으로부터 자극을 받아 만들어졌다. 1952년에는 최신의 교훈적 드라마를 공연하기 위해 베이징 인민 예술단이 설립되었다.[36] 하지만 현대극은 별로 공연되지 않았다. 1960년대까지 공연된 작품은 여전히 중국의 고전이 많았다. 그러는 중에도 많은 독립 극단이 번성하여 입센(Henrik Ibsen), 유진 오닐, 버나드 쇼, 체호프의 작품을 공연했다. 그들은 스타니슬라프스키 방식(Stanislavsky method)을 사용했다.[37] 장칭이 주도하는 좌익 작가 연맹은 작품을 무대에 올리는 것이 쉽지 않으며, 트로츠키주의로 몰릴 수 있다

▶ **장칭** (1914~1991)
마오쩌둥의 세 번째 부인이며, 마오쩌둥이 죽은 해인 1976년까지 강력한 영향력을 행사했다. 4인방의 한 사람으로서 1981년 반혁명죄로 유죄판결을 받고 투옥되었다.

는 사실을 깨달았다.[38] 중국의 무대는 이미 마르크스레닌주의 정치학에다 고유하고 지독한 파벌주의에 물들어 있었다. 장칭은 여기에 연극적인 원한과 복수의 파토스(pathos)를 불어넣고자 했다.

그녀는 1964년 6~7월 돌파구를 마련했다. 낙담해 있는 마오쩌둥의 허락을 받고 인민대회당에서 현대 경극 경연 대회를 열었다. 37개의 새로운 경극이 공연되었다. (33개는 혁명을 주제로, 4개는 그전의 반란을 주제로 공연했다.) 성 19군데에서 온 프롤레타리아 극단 28곳이 경연을 펼쳤다. 가장 놀라운 것은 마오쩌둥이 장칭의 연설을 허락했다는 사실이다. 그가 집권한 이래 여성이 연단에 선 것은 처음 있는 일이었다. 그녀는 중국에 3,000개의 전문 극단이 있으며 그중 90개는 '현대' 드라마를 다루게 되어 있다고 말했다. 그런데 중국의 무대는 영웅과 여걸, "황제, 왕, 장군, 대신, 학자, 미녀, 혼령, 귀신"이 등장하는 "낡은 주제"가 장악하고 있다는 것이다. “우리나라에는 6억 명이 넘는 노동자, 농민, 병사가 있습니다. 반면 지주와 부농, 반혁명분자, 불순분자, 우파, 부르주아는 소수에 불과합니다.” 그런데 왜 중국의 극장은 6억이 아닌 이 소수에게 봉사해야 하는가? 그녀는 「기습백호단 寄襲白虎團」「지취위호산 智取威虎山」 같은 “모범적인 경극”을 널리 공연해야 한다고 주장했다.[39] 중국 문화의 보고이며 수호지인 베이징에서는 그녀의 주장이 전혀 받아들여지지 않았다. 펑전(彭眞)은 베이징 시장이자 당 고위 인사였으며 관료 중의 관료였다. 그는 장칭이 말한 경극을 전혀 인정하지 않았다. 그것이 아직 “엉덩이 부분이 찢어진 바지를 입고 손가락을 빠는 유아 단계”에서 벗어나지 못했다고 지적했다. 그런데 장칭은 반대자나 비판자에게 전화를 해 싸움을 거는 습관이 있었다. 물론 누구든 그런 습관을 좋아할 리 없었다. 그녀는 자신이 직접 고치겠다며 펑전에게 경극단을 달라고 요구했다. 그녀는 개작하려고 생각 중인 새로운 혁명 경극을 그에게 보여주었다. 펑전은 딱 잘라 거절하며 대본을 빼앗았다. 그는 이렇게 말했다. “당신이 원하는 대로 하려면 더 높은 자리에 올라야 할 거요.”[40]

그녀가 할 수 있었던 일은 마오쩌둥을 설득해 베이징을 떠나는 것뿐이었다. 마오쩌둥은 1965년의 대부분을 상하이에서 보냈다. 여기 있는 동안 그의 머릿속은 여러 가지 단상으로 복잡했다. 소련과 그 지도부에 대한 증오, 대약진을 좌절시킨 새로운 부르주아 관료 계급에 대한 증오, 국민의 영웅으로서 다시 젊은이들의 마음을 사로잡고 싶은 갈망, 정규 교육에 대한 경멸, 관료제에 안주해 이득을 보는 사람들에 대한 혐오감, 류사오치에 대한 시기심 등. 류사오치의 책 『훌륭한 공산주의자가 되는 법』은 1962~66년 사이에 1,500만 부가 팔렸다. 당시 마오쩌둥의 저서만큼이나 많이 팔렸다. 공식적인 사설과 논설은 공산주의자 동지에게 마오쩌둥의 책과 함께 류사오치의 책을 읽으라고 독려했다. 마오쩌둥과 류사오치는 대약진의 실패를 두고 격론을 벌인 적이 있다.[41] 따라서 실패한 여배우의 억눌린 야망에 상처받은 저술가의 분노가 결합되었다고 할 수 있다. 마오쩌둥은 베이징의 「인민일보」를 더 이상 읽지 않고, 대신 군 기관지 「해방군보」를 읽었다. 그는 또 다른 폭발적인 드라마를 준비하고 있었다. 그는 앙드레 말로에게 단호한 어조로 이렇게 말했다. "나는 대중과 함께 있지만 혼자입니다. 나는 기다리는 중입니다." 프랑스 대사가 아첨하는 투로 그에게 아직 젊다고 말하자 마오쩌둥은 날카롭게 대꾸했다. "당신이 보고 있는 것은 일면에 지나지 않습니다. 다른 면은 보지 못하고 있는 겁니다." 마오쩌둥은 알바니아인들에게 소련의 새로운 특권적 엘리트 계급은 문학계와 예술계에서 처음 나왔으며 중국에서도 똑같은 일이 벌어지고 있다고 말했다. "왜 베이징에 그렇게나 많은 문학 협회와 예술가 협회가 있어야 합니까? 그건 그들이 달리 할 일이 없기 때문입니다. …… 군 공연단이 가장 훌륭하고, 지역 공연단이 그 다음이며, 베이징의 공연단이 가장 형편없습니다." 경제 개발 계획의 입안자들에게는 이렇게 말했다. 공식적인 문화 단체들은 "단지 소련에서 이식된 단체들일 뿐입니다. …… 외국인과 죽은 사람들이 모든 문화 단체를 지배하고 있는 겁니다." 베이징의 과학원은 "도원경"이며 그곳에는 "읽을 가치가 없는 잡지를 읽는 고물 애호가들"이 가득하다고 말했다.[42] 마오쩌둥은 흙냄새 나는 농민 군대에 의지해야 했다. 그는 친소련 활동을 했다는 이유로 참모총장 뤄루이칭(羅瑞卿)을 해임했다. 그는 린뱌오를 국방장관 자리에 앉히고, 류사오치와 베이징 '파벌'에 맞서게 했다. 그리고 장칭이 상하이에서 '군부대 내 문학과 예술 활동에 관한 공개 토론회'를 열 수 있도록 허락해주었다. 이로써 일의 윤곽이 잡혀가기 시작했다. 토론회가 열리기 전 신경이 쓰인 린뱌오는 고위 장교들에게 간단한 사항을 미리 주지시켰다.

> 그녀는 문학과 예술의 문제에 관해 정치적으로 매우 명석합니다. …… 유익한 견해를 많이 들려줄 겁니다. 여러분은 그녀의 얘기에 주의를 집중해야 하며 아울러 그 문제들이 이념적으로 조직에 맞게 반영되도록 해야 할 것입니다. 이제부터 문학과 예술에 관계되는 모든 군의 문서는 그녀에게 보내야 합니다.[43]

마오쩌둥은 군대에서 세력을 결집한 뒤 공격을 개시했다. '문화대혁명'은 사실 마오쩌둥의 개인적인 분노가 기폭제가 되었다. 그의 분노를 불러온 것은 1961년에 우한(吳晗)이 쓴 『해서파관』이었다.[44] 우한은 베이징의 부시장이며 전형적인 관료였다. 『해서파관』은 명나라 황제의 토지개혁에 반대하는 관리 하이루이(海瑞)가 정직함 때문에 불공정한 파면을 당한다는 내용이다. 이 희곡을 접한 마오쩌둥은 『해서파관』을 자신에 대한 비난으로 생각했다. 류사오치가 사주한 게 틀림없다고 여겼다. 더 화가 나는 것은 우한의 희곡이 비판한 토지개혁이 실제로 재앙을 일으켰다는 사실이다. 마오쩌둥은 토지개혁의 실패를 부정할 수 없었다. 그는 1965년 11월 10일 상하이 신문 「문회보」에 우한의 희곡에 대한 비평을 실어 공격을 시작했다. 그해 말 베이징에 돌아온 마오쩌둥은 소련 총리 알렉세이 코시긴을 만나 빈정대듯이, 미국이 베트남전쟁에서 중국을 공격한다면 소련이 중국을 도우러 올 것인지 물었다. 코시긴은 대답하지 않았다. 하지만 마오쩌둥은 그 자리에서 자신이 동지들과 대립하고 있다는 사실을 솔직하게 털어놓았다. 그는 실제로 다가오는 폭발을 감추기 위한 노력을 거의 하지 않았다. 1966년 초 상하이로 돌아간 그는 당황하는 일본 공산당 대표단의 면전에

▶ **문화대혁명**(1966~1976)
마오쩌둥이 중국이 소련식 사회주의 건설노선을 따라갈지도 모른다는 우려와 자신의 역사적 위치에 대한 우려 때문에 추진한 대격변. 문화대혁명 당시 마오쩌둥, 덩샤오핑, 저우언라이의 모습.

서 덩샤오핑(鄧小平)과 베이징에서 달려온 고위 간부들에게 고함을 쳤다. 마오쩌둥은 그들이 "소련에 대해 나약한 태도"를 보인다면서, "베이징의 심약한 무리"라고 비난했다. 일본인들은 "놀라움에 몸 둘 바를 몰랐다."[45)]

이때부터 문화대혁명은 탄력이 붙었다. 마오쩌둥은 (나중에 스스로 밝혔듯이) "고개만 끄덕였다." 1966년 2월 장칭의 확고한 동맹 세력이 되어 있던 린뱌오는 그녀를 전군의 '문화 고문'으로 임명했다. 아니꼬운 베이징 시장 펑전은 류사오치와 함께 해임당하고 무대 뒤로 사라졌다. 이듬해 펑전, 류사오치, 덩샤오핑은 다른 사람들과 함께 체포되었다. 3월 20일 늙은 마법사 마오쩌둥은 마법을 이용해 교육받지 못한 젊은이들의 야만적인 힘을 땅 위로 불러내리라 결심했다. "우리에게 필요한 사람은 제대로 교육받지 못했지만 확고한 태도로 일을 해나갈, 정치 경험이 있고 결의가 굳은 젊은이들이다." 그는 또 말했다. "혁명이 시작되었을 때 당시의 통치자들은 …… 늙고 경험이 풍부했지만, 우리는 단지 스물세 살의 젊은이였다. 그들이 아는 게 더 많았을지 몰라도 우리에게는 더 큰 진리가 있었다."[46] 장칭은 당시 상하이 출신의 활동가들 안에서 정신적인 지도자가 되어 있었다. 마오쩌둥은 그녀를 문화대혁명의 책임자로 임명했다. 그녀는 5월 16일 최초의 회람을 배포했다. 여기서 그녀는 '전제적 학자들' 을 비난했다. 그들이 '난해한' 언어를 사용하여 계급투쟁을 무력화시키고, 학계를 정치로부터 분리해놓았다고 말했다. 그녀는 "진리 앞에서는 누구나 동등하다" 는 궤변을 늘어놓았다. 회람의 여섯 번째 항목은 노골적으로 문화와 예술에 대한 파괴를 옹호했다. "마오쩌둥 주석은 파괴 없이는 건설이 없다고 자주 말씀하신다. 파괴는 비판과 배척을 의미한다. 그것은 혁명을 의미한다." 「인민일보」와 다른 베이징 신문들은 그녀의 회람을 싣지 않았다. 이틀 뒤 린뱌오는 정치국에서 권력에 대한 주목할 만한 연설을 했다. 그는 이 연설에서 쿠데타의 역사를 분석했다. 마치 괴벨스처럼 그는 권력과 선전이 불가분의 관계라고 주장했다. "정치력의 장악은 총과 잉크에 좌우되는 겁니다." 그렇다면 무엇을 위한 권력인가? "정치권력은 한 계급이 다른 계급을 억압하기 위한 수단입니다. 혁명이나 반혁명이나 똑같죠. 내가 아는 바로는, 정치권력은 다른 자들을 억압하기 위한 권력이에요."[47] 그 정도면 충분히 솔직했다. 국가의 안보를 책임지고 있는 사람으로부터 그런 말이 나왔으니, 테이블 주위에 앉아 있는 사람들이 두려움에 떠는 것도 당연했다. 더 나쁜 소식은 비밀경찰 책임자 캉성(康生)이 문화대혁명 추진 세력에 가담했다는 것이다. 그 사실은 새로운 '총과 잉크' 가 아무런 제재 없이 나아갈 것임을 의미했다. '총과 잉크' 는 5월 중순 이후 홍위병과 벽보의 형태로 등장했다.

중국에서는 학원 폭력과 정치적 변화가 오랫동안 연결되어 있었다. 학생들은 1919년 5·4운동을 일으켰고, 1935년 12·9운동에서도 주역을 담당했다. 백화제방 운동 중에도 비슷한 학생 봉기가 있었다. 결국 학생들의 봉기는 마오쩌둥이 "고개를 끄덕이자" 즉시 자리를 박차고 나선 덩샤오핑과 류사오치 등이 진압했다. 이 때문에 1957~58년 10만 명의 교사가 해고당했다.[48] 하지만 문화대혁명은 규모부터 달랐다. 8억 인구의 중국에서 8,000만 명의 아이들이 초등학교에 다니고 있었다. 1천만 명의 아이들은 중학교에 다녔고, 대학생은 60만 명이었다.[49] 최초의 홍위병은 5월 29일에 등장했다. 홍위병은 중학생이었고, 나이는 12~14살이었다. 그들은 무명으로 된 빨간 완장을 차고 있었는데, 그 위에는 노란 글씨로 홍위병이라고 쓰여 있었다. 그들이 맨 처음 한 일은 칭화대학교를 습격한 일이다.[50] 곧 그보다 나이가 많거나 적은 집단도 동참했다. 학생이 많았고, 특히 공산당 청년 연맹이 여기에 가담했다. 그들은 마오쩌둥의 사주로 공식적인 지도부를 거역하고 거리로 나섰다. 초여름 동안 중국 전역의 학교는 휴교 상태가 되었다. 교수와 교사가 테러를 피해 도망쳤기 때문이다. (운 좋게 체포와 '재교육'을 피해 도망친 사람들이다.)

나중에 서구에서는 문화대혁명에 대한 오해가 생겨났다. 문화대혁명을 지식인의 반란으로 보는 시각이다. 그러나 사실은 정반대다. 문화대혁명은 지식인에 대한 문맹과 반(半)문맹의 혁명이었다. 그들은 지식인을 "안경 쓴 자"라고 불렀다. 문화대혁명은 외국 배척 운동으로 "외국의 달이 더 둥글다고 생각하는" 자들을 겨냥했다. 홍위병은 룀의 갈색셔츠단과 흡사했으며, 문화대혁명 전체가 '세계주의 문명'에 반대하는 히틀러의 운동과 비슷했다. 문화대혁명은 실로 역사상 가장 거대한 마녀 사냥이었다. 전후 소련에서 벌어진 즈다노프의 정풍운동도 이에 비하면 사소하게 여겨질 정도다. 그럼에도 이러한 문화 예술 파괴 운동의 융성으로 특정 부류의 급진적인 학자들이 부상했다는 사실은 중요하다. 우울한 일이지만, 그 뒤 유럽이나 북미에서도 이런 지식인을 자주 볼 수 있게 되었다. 베이징대학교에서는 대학 당국을 비판하는 최초의 '대자보'가 나붙었다. 대자보는 여자 철학 교수 녜위안쯔(攝元梓)가 썼다. 그녀는 그 뒤 학원 테러에 있어 드파르주(Defarge) 부인 같은 인물이 된다. 대자보에는 이렇게 쓰여 있었다. "당신들은 왜 그토록 대자보를 두려워하는가? 이것은 검은 무리에 맞서는 생과 사의 투쟁이다!" 일주일 동안 만 명의 학생이 10만 장의 대자보를 붙였다. 대문짝만한 대자보도 있었고, 글씨의 높이가 1.2미터나 되는 것도 있었다.[51] 이런 문장이 되풀이해 쓰여 있었다. "당신들은 결코 이 글을 떼어서는 안 된다. …… 우리의 인내는 한계에 다다랐다." 이와 동시에 첫 번째 폭력 사건이 발생했다. 거리의 난폭한 무리배가 머리를 길게 땋은 소녀들을 잡아다가 머리를 짧게 잘랐다. 남자아이들이 외국 스타일의 홀쭉한 바지를 입고 있으면 바지를 찢어버렸다. 이발사들은 오리 꼬리 모양으로 머리를 자르지 말라는 지시를 받았다. 레스토랑은 메뉴를 간소화하라는 지시를 받았다. 상점은 화장품이나, 옆이 트인 스커트나 선글라스, 모피 코트, 화려한 장식품을 팔지 말라는 지시를 받았다. 네온사인이 부서지고, 거리에는 금지된 물품을 태우기 위해 모닥불이 피워졌다. 금지된 물품에는('압류' 품목에서 보듯이) 비단, 양단, 금, 은, 체스 도구, 여행 가방, 골동품 서랍장, 카드, 마작 도구, 프록코트, 실크 모자, 재즈 레코드판, 그 외 다양한 예술품이 포함되었다. 홍위병은 찻집, 커피숍, 개인이 경영하는 극장, 모든 개인 소유 레스토랑을 폐쇄시키고, 떠돌이 악사, 곡예사, 순회 공연하는 배우들의 활동을 금지시켰다. 결혼식과 장례식, 손을 잡는 행위나 연날리기도 금지했다. 베이징에서는 고대 성벽을 무너뜨렸고, 베이하이 공원(北海公園)과 국립 미술관의 문을 닫았다. 도서관을 약탈하고 폐쇄했으며 책을 불태웠다. 도서관이 열려 있어도 감히 들어가려는 사람이 없었다. 10년 뒤 덩샤오핑이 한 말에 따르면, 비철 금속 연구소의 기술자 800명 가운데 4명만이 문화대혁명 기간에 도서관을 이용하는 용기를 보였다고 한다. 그는 또 이 암흑기에 15만 명의 과학원 기술자들 중 실험실에 간 사람은 '반동 전문가' 로 비난받았다고 말했다.[52)]

홍위병의 행동을 막을 권력 기구는 존재하지 않았다. 상점 주인이나 피해를 입은 다른 무리가 경찰의 보호를 요청했을 때, 그들은 "위대한 프롤레타리아 문화혁명에 관한 중국 공산당 중앙 위원회의 결정"(1966년 8월 1일)에 대해 들어야 했다. "유일한 방법은 대중이 자신을 해방시키는 것이다. …… 대중을 믿고 그들에게 의지하고 그들의 결정을 존중하라. …… 소요를 두려워하지 말라. …… 대중이 스스로 교육하도록 내버려두어라. …… 대학생, 중학생, 초등학생의 뜻에 반하는 어떤 조치도 취해서는 안 된다."[53)] 사실 홍위병의 운동을 억누르려 했던 당 지도자들은 원추형의 바보 모자를 쓰고 플래카드를 걸고 거리를 행진해야 했다. 당시는 모든 학교장이 해임되었던 것으로 보인다.

운동이 진행되면서 폭력은 흔하고 보편적인 것이 되었다. 홍위병의 지도자들은 사회 최하층 계급 출신이었다.[54)] 몇몇은 거리의 좀도둑이거나, 금속 버클이 달린 두꺼운 가죽 혁대를 휘두르는 불량배들이었다. 그들이 내붙인 대자보에서는 "기름에 튀겨버리자" "개 같은 그의 머리를 박살내자" 라는 말을 볼 수 있었다. 남녀를 불문하고 '잡귀' '불순분자' '반혁명분자' 로 분류된 사람은 삭발을 당했다. 그들이 나눈 '정치적 토의' 의 단편들이 나중에 알려졌다. "물론 그는 자본주의자요. 그의 집에는 소파와 세트로 된 안락의자가 있거든."[55)] 수십만의 가정이 이런 이유로 침입 약탈당했다. 홍위병들은 정부 기관에도 난입했다. 그들은 "수정주의자 앞잡이" 로 규탄하겠다며 공무원을 위협하고는 공문서를 내놓으라고 강요했다. 중국 외무부는 하급 공무원 출신 야오덩산(姚登山)이 이끄는 무리가 장악했다. 그는 한 명만 빼놓고 대사 전원을 소환한 뒤 직위를 박탈하고 하찮은 일만 맡겼다. 그가 외국에 보내는 문서는 홍위병의 대자보식으로 쓰여졌다. 문서는 정중하게 반환되었다. 다음부터는 저우언라이 총리의 서명이 있는 문서를 보내달라는 요청도 빠지지 않았다. 저우언라이는 마오쩌둥의 모든 드라마가 휩쓸고 지나가는 동안에도 중국 사회의 견고한 중심이 되어왔다. 하지만 그런 저우언라이조차 한때는 위험에 처했던 것으로 보인다. 고위층의 경우 홍위병이 함부로 죽일 수 없었던 것은 사실이지만, 많은 사람이 감옥에서 죽었다. 류사오치는 1973년 콘크리트 독방에 갇혀 배설물로 어질러진 차가운 바닥 위에서 벌거벗은 채로 죽었다.[56] 지위나 신분이 더 낮은 사람들의 인명 손실은 재앙의 수준이었다. 프랑스의 AFP 통신은 1979년 2월 3일 홍위병이 약 40만 명을 살해했으리라 추산했다. 이 수치는 가장 널리 인정받고 있다.

그동안 장칭은 문화계를 지배하며 대중 집회에서 연설을 했다. 그녀는 대중 집회에서 자본주의(그녀의 말에 따르면 자본주의는 예술을 파괴한다), 재즈, 로큰롤, 스트립쇼, 인상주의, 상징주의, 추상 미술, 야수파, 모더니즘을 비난했다. 이 모두는 "한마디로 인민의 정신을 타락시키고 더럽히는 외설적이고 퇴폐적인 예술"이었다. 그녀의 연설은 비밀경찰의 총수 캉성을 흉내 낸 것이다. 그녀는 종종 캉성과 함께 나타났다. "여러분은 코뮈니케와 열여섯 가지 지령에 대해 학습하고 싶습니까?" "예." "여러분은 그 모든 것을 반복적으로 학습하기를 원합니까?" "예." "여러분은 그 모든 것을 완전하게 배우고 싶습니까?" "예." "여러분은 그 모든 것을 이해하길 원합니까?" "예." "여러분은 그 모든 것을 적용하기를 원합니까?" "예." "여러분은 그 모든 것을 이행하여 학교에서 문화대혁명을 실천하기를 원합니까?" "예, 맞아요! 맞습니다!"[57] 1966년 하반기에 사실상 중국의 모든 주요 문화 단체가 장칭의 군 조직 아래 들어갔다. 그녀는 연극계와 영화계에 쌓인 원한을 모두 풀었다. 그녀의 오랜 원한은 1930년대까지 거슬러 올라가는 것도 있었다. 일급의 영화감독, 극작가, 시인, 배우, 작곡가들이 고발당했다. 그들의 혐의는 "외국인의 비위를 맞추고" "외국의 악마로부터 나온 것"을 상찬하고, (이제 문화적 영웅으로 비쳐지고 있는) "의화단을 비웃고" 중국의 보통 사람들을 "매춘부, 아편 중독자, 사기꾼, 전족이라는 악습에 학대당하는 여자"로 묘사하여 "국가적 열등의식"을 조장했다는 것이다. 그녀의 지시를 받은 홍위병은 "검은 관계를 뿌리 뽑고" "가면을 벗기고" "국가 방위선"을 위협하는 영화, 노래, 희곡을 파괴하고, "검은 무리"의 일원들을 "색출했다."

1966년 12월 12일 많은 "공식적인 적"과 전 베이징 시장, 문화계를 이끌던 관료들이 목에 나무로 된 표지판을 걸고 노동자 경기장까지 행진했다. 한 번이라도 장칭에 반대했던 영화감독이나 연극 연출자들은 모두 그 무리에 끼어 있었던 것으로 보인다. 그들이 도착한 노동자 경기장에 운집한 1만 명이 그들에게 야유를 보냈다.[58] 문화대혁명의 가장 악질적인 면모는 비난 대상의 부인을 다루는 방식에서 나타났다. 1967년 4월 10일 류사오치의 부인은 칭화대학교의 교정에 모여 있는 30만 명의 군중 앞으로 끌려갔다. 그녀는 몸에 붙는 이브닝 가운을 입고 하이힐을 신고 머리에는 영국제 밀짚모자를 쓰고 있었다. 그녀가 걸고 있는 탁구공 모양의 목걸이에는 해골이 장식되어 있었다. 군중은 그녀 앞에서 외쳤다. "우귀사신(牛鬼蛇神)을 타도하자!"[59]

장칭의 졸개들은 라디오와 TV 방송국, 신문사, 잡지사를 접수했다. 그들은 카메라와 필름을 압수했고, 증거를 찾기 위해 스튜디오를 수색했으며, 촬영 중인 모든 필름을 압수하여 재편집하라고 명령했다. 대본과 프롬프터용 원고와 악보도 압수했다. 화가들은 더 이상 작품에다 이름을 써넣을 수 없었다. 서명 대신에 "마오쩌둥 주석 만세"라는 글귀를 써넣어야 했다.[60] 장칭은 "나는 망치를 손에 들고 모든 낡은 관습을 타파할 것이다"라고 말했다. 그녀가 중앙 필하모니 오케스트라의 리허설에 참석하여 연습을 중단시키자, 지휘자 리더룬(李德倫)은 몹시 화가 나 "당신은 큰 망치로 나를 공격하고 있습니다!"라고 소리쳤다. 작곡가의 작품이 완성되면, 대중에게 시연해본 뒤 대중의 반응에 따라 작품을 고치게 했다. "망치로 쳐서" 그들을 복종하게 만들고 "외국의 영향력"을 제거해야 한다고 주장했다.[61] 추종자들 중 일부는 그녀의 비유적인 표현을 문자 그대로 받아들였다. 서양에서 교육받은 한 피아노 연주자는 이 때문에 손뼈가 부서질 정도로 맞았다. 망치, 주먹, 때리기, 부스러뜨리기 등은 혁명 예술의 상징이 되었다. 발레에 손을 댔을 때 장칭은 "난초 모양의 손동작"과 손바닥을 위로 하여 팔을 뻗는 동작을 금지시켰다. 대신 그녀는 주먹을 쥐고 격렬한 동작을 하라고 지시했다. "지주 계급에 대한 원한"과 "복수에 대한 결의"를 보여줘야 한다는 것이다.[62]

장칭은 1966년 사실상 모든 형태의 예술 표현을 금지시켰다. 그리고 텅 빈 공간을 메우기 위해 필사적으로 애썼다. 하지만 성과는 대단치 않았다. 고작 관현악 연주곡 2작품, 경극 4작품, 발레 2작품이 그녀의 영향력 아래서 태어났다. 이 여덟 작품은 모두 '모범 레퍼토리'로 분류되었다. '모범 농장'과 비슷한 식이다. '소작료 징수업자의 안뜰'이라는 조각 연작이 있었고, 그림도 몇 점 있었다. 가장 잘 알려진 그림은 마오쩌둥의 초상화였다. 이 그림은 푸른색 제복을 입은 마오쩌둥이 1920년대 초 광산 현황을 살펴보고 있다. 사실 그림의 구도를 잡은 것은 베이징대학 학생들이지만, 그림을 그린 것은 어떤 '빈농' 의 아들이다. 영화는 거의 제작되지 못했다. 장칭의 주장에 따르면, '사보타주' 가 있었기 때문이다. 배우와 감독에게는 "형편없는 기숙사"가 제공되었고, 무대와 영화 세트장에는 전기가 끊겼다.[63)]

멜로드라마의 비극적 결말

1966년은 마오쩌둥이 수영을 하고, 그에 대한 개인숭배가 최고조에 이른 때였다. 절정의 시기가 지나자 중국은 내전으로 비틀거리기 시작했다. 1967년 2월 5일 상하이에 있는 마오쩌둥의 부하들은 '인민 공사'를 설립했다. 이 사건은 마오쩌둥이 대약진 운동에 대한 미련을 버리지 못했다는 사실을 시사한다. 상하이 인민 공사는 항만 노동자를 기반으로 하고 있었다. 특히 제5하역장의 호전적인 노동자 25,000명이 주축이 되었다. 1966년 6월 그들은 하루에 1만 장의 대자보를 만들어 붙이기도 했다. 그러나 제5하역장에서 노동자 532명은 인민 공사에 반대했다. 그러자 그들을 비난하는 대자보가 나붙었다. 그들은 원추형의 긴 모자를 쓰고 포스터를 들고 다니는 모욕을 감수해야 했다. 포스터에는 '4가구 마을' '반당 무리' 등 이해하기 힘든 문구가 쓰여 있었다. 그들은 집을 습격당했고 '상징적인' 사형 선고를 받았다. 상징적인 사형은 언제든 실제적인 사형이 될 수 있었다.[64] 상하이 인민 공사가 기폭제가 되어 전국 각지에서 인민 공사 설립 운동이 일어날 것으로 예상되었다. 하지만 노동자들은 반응을 보이지 않았다. 실제로 그들은 공장을 습격하는 홍위병에게 저항했다. 상하이에서조차 시 당국이 호위병과 맞서 싸웠다. 양측은 일렬로 거대한 확성기를 세워 놓고 상대 진영을 향해 목이 터져라 구호를 외쳐댔다. "2월의 권력 탈취는 불법이다." "2월의 권력 장악은 정당한 일이다." 이런 일은 새벽부터 저녁까지 계속되었다. 고문과 납치가 빈번했다. 자전거 체인이나 손가락에 끼는 무기를 사용하여 싸움을 벌였다. 급기야 군대가 시내 각지로 급히 투입되었다.

대학에서는 사설 군대가 조직되었다. 칭화대학교의 '징강산(井岡山) 연대'는 극좌파의 '엘리트 그룹'으로 이루어졌다. 그들은 죽창, 사제 장갑차나 대포로 무장하여 '잡귀'들을 상대로 격전을 벌였다. 다른 군 조직으로는 5 · 16, 신북대(新北大) 코뮌, 지질학 협회의 동방홍 코뮌, 항공 연구소의 '하늘파'가 있었다. 공장과 대학이 없는 지역에서도 이를 모방해 조직을 만들었다. 일종의 봉건적 무정부 상태가 되어, 중국은 조직적 파벌 항쟁과 군벌주의로 되돌아갔다. 1967년 7월 우한(武漢)에서는 '반란'이 일어났다. 반란이라고 불리기는 했지만, 실제로는 홍위병 노동자 군대와 '백만 영웅'이라고 불린 보수 단체의 싸움에 불과했다. 우한의 군 지휘관은 백만 영웅을 지원했다. 질서를 회복하기 위해 저우언라이가 파견되었다. 그는 운 좋게 아내와 도망칠 수 있었지만, 동료 두 사람은 체포되어 고문을 당했다. 장칭은 "이성으로 공격하고 무력으로 방어하라"는 구호를 외쳤다. 그리하여 홍위병 조직에 상당한 무기가 지급되었다.[65]

폭력은 1967년 늦여름 절정에 달했다. 그 무렵 마오쩌둥은 늘 그랬던 것처럼 자신이 저지른 일에 놀랐고, 그칠 줄 모르는 논쟁에 진저리가 났다. 그는 장칭에게 이제 그만 하라고 말했던 것 같다. 그해 9월 그녀는 폭력은 오로지 말에 그쳐야 한다고 선언했다. 기관총은 "꼭 필요한 경우에만" 사용해야 한다고 강조하며, 지시에 거역하는 자들을 '산새주의(山塞主義)'라고 비난했다. '5·16 도당들' 이 선동한 극좌파는 영국 대사관과 대사관 직원들까지 공격했다.[66] 마오쩌둥도 연루되어 있었다. 그는 중앙 위원회에서 이렇게 말했다. "나도 놀랄 정도로 상황이 빠르게 진전되었습니다. 여러분이 나를 비난하더라도 나는 여러분을 비난할 수 없습니다." 그는 외무장관 천이(陳毅)가 홍위병에게 호된 심문을 받는 동안 몸무게가 12킬로그램이나 줄었다는 데 괴로워하며, "이런 상태에서 외국인 방문객에게 그를 보여줄 수는 없습니다"라고 말했다. 그는 '청년 선동대' 와 '어린 악당들' 에게 학교로 돌아가라고 말했고, 상하이 인민 공사를 해체시켰다. "중국은 지금 800개의 군주 국가로 분열되어 있는 나라나 다름없다" 며 불만을 토로하기도 했다.[67]

1967년 가을 마오쩌둥은 문화대혁명에 대한 공식적 지지를 철회했다. 어쨌든 홍위병 형태의 문화대혁명에는 반대했다. 그는 인민 해방군을 통해 질서를 회복하고, 불완전하고 정치적으로 미숙하다고 비난하는 단체들로부터 권력을 빼앗아왔다. 마오쩌둥은 이러한 무력의 사용을 정당화했다. "군인들은 군복을 입은 노동자와 농민들이다." 싸움은 일부 지역에서 1968년까지 계속되었다. 하지만 규모와 횟수는 감소되었다. 그해 여름 마오쩌둥은 둥팅호(洞庭湖)에 있는 고향에서 홍위병 지도자들과 기묘한 '새벽 담화' 를 나누었다.

> 마오쩌둥: 나는 지금까지 어떤 대화도 테이프로 녹음해본 적이 없소. 하지만 오늘은 그렇게 할 테요. 안 그러면 여러분이 집으로 돌아간 뒤 오늘 내가 한 이야기를 마음대로 해석할지도 모르니까. …… 너무 많은 사람이 체포되었소. 내가 고개를 끄덕인 탓이오.
>
> 경찰총장: 과도한 체포로 비난받아야 할 사람은 접니다.

마오쩌둥: 나를 위한답시고 내 실수를 대신 책임지려 하거나 덮어두려 하지 마시오.

천보다(陳伯達, 좌익이론가): 주석님의 가르침을 충실히 따르겠습니다.

마오쩌둥: (퉁명스럽게) 내게 가르침에 대해 얘기하지 마시오.

이어 마오쩌둥은 만약 홍위병이 군대와 싸우거나 사람을 죽이거나 운송 수단을 파괴하거나 방화를 하면 홍위병을 전멸시켜버리겠다고 위협했다. 하지만 무정부주의를 완전히 포기하려 하지는 않았다. "학생들은 이후 십 년 동안 싸우게 내버려두어라. 그래도 지구는 평소대로 돌아갈 것이고, 하늘은 무너지지 않을 것이다." 하지만 홍위병의 주요 지도자 5명은 곧 오지의 돼지 농장에서 일하는 신세가 되었다.[68] 그렇게 드라마는 끝났다.

문화대혁명은 실패로 끝을 맺었지만, 그 대가는 중국 경제와 보통 사람들이 치러야 했다. 대가는 가혹했다. 누군가는 책임을 져야 했다. 1971년 9월 12일 트라이던트 비행기 한 대가 중국 국경선 상공 250마일 지점에서 추락해 몽골인민공화국에 떨어졌다. 비행기에는 인민 해방군 사령관 린뱌오와 두 번째 아내 예췬(葉群)이 타고 있었다. 탑승했던 사람들은 모두 죽었고, 일부 시체는 총탄으로 벌집이 되었다. 베이징 당국에 따르면, 린뱌오는 마오쩌둥을 모살하려는 음모가 발각되자 도망을 가는 중이었다. 압수된 문서가 증거로 제시되었다. 여기서 마오쩌둥은 B-52라는 암호명으로 지칭되었다. 문서는 린뱌오가 마오쩌둥을 죽이려 했다는 사실을 입증했다. 교통사고로 위장하거나 음식에 독을 타거나 공군기로 집에 폭탄을 떨어뜨리거나 마오쩌둥이 타고 있는 기차를 날려버리려는 계획이었다. 린뱌오는 이렇게 썼다. "B-52는 편집증 환자이며 사디스트에다 …… 중국 역사에서 가장 악랄한 독재자이자 폭군이다. …… 지금 그와 가장 친한 친구라고 하더라도 내일이면 감옥에 갇힐 것이다. …… 그는 심지어 아들까지 미치광이로 만들었다." 소문에 의하면 이 음모는 린뱌오의 딸 두두(豆豆)를 통해 저우언라이의 귀에 들어갔다. 두두는 린뱌오가 첫 번째 아내에게서 얻은 딸로 계모를 싫어했다.[69] 좀 더 신빙성 있는 설은, 린뱌오가 인민대회당에서 동료에게 먼저 살해당했다는 것이다. 혁명 드라마가 현실이 된 셈이다. 이듬해 군부 내에서 또 다른 음모가 발각되었다. 수십 명의 고위 장교가 홍콩으로 도피를 꾀했다. 린뱌오가 관계되어 있는 수많은 책과 기록이 회수되었다. 그가 쓴 시문과 사진도 마찬가지였다. 마오쩌둥의 유명한 사진 열 한 장에는 린뱌오의 모습이 들어 있었다. 이 사진들은 모두 폐기되었다. 사건의 진실은 명확히 밝혀지지 않았지만, 어쨌든 갑자기 종결되었다. 1974년 2월 20일 중국 언론에 두두가 광저우(廣州) 근처에서 총에 맞아 죽었다는 기사가 발표되었다. 그녀의 몸은 붉은 천으로 묶여 있었고, 거기에는 '반역죄' '흉악범' 이라는 글이 쓰여 있었다고 한다.[70]

이 무렵 마오쩌둥의 시대는 끝나가고 있었다. 저우언라이는 암으로 고생했고, 마오쩌둥도 파킨슨병을 앓고 있었다. 그의 말년은 실패와 혼란에 대한 자각으로 고통스러웠다. 장칭과 다투었고, 1973년에는 더 이상 함께 살지 않았다. 장칭은 마오쩌둥을 만나려면 글로 미리 알려야 했다. 1974년 3월 21일 마오쩌둥이 쓴 답변은 이랬다. "우리는 서로 만나지 않는 것이 좋겠소. 당신은 오랜 세월 동안 내가 말해왔던 것을 하나도 지킨 적이 없어. 우리가 만나 좋은 일이 뭐가 있겠소? 당신은 마르크스와 레닌의 책을 갖고 있고, 내가 쓴 책도 갖고 있지. 하지만 당신은 끝까지 그 책을 학습하려 하지 않았소." 마오쩌둥은 장칭에게 그녀의 다양한 요구가 자신의 건강을 해쳤다고 말했다. "나는 이미 여든 살이오. 그런데도 당신은 이것저것 요구하며 나를 괴롭히고 있어. 자비를 가져보는 게 어떻겠소? 나는 저우언라이와 그의 아내가 부럽소." 마오쩌둥의 이런 말만큼 그녀를 두렵게 한 것은 숙적 덩샤오핑의 재등장이다. 그는 죽음 가운데서 부활했고, 이제 부도옹(不倒翁)으로 불렸다. 덩샤오핑은 기자들에게 그동안 장시성의 사상 개조 학교에 있었다고 말했다. 1975년 마오쩌둥은 마지막 표어로 '3증1감(三增一減)' 이라는 말을 만들어냈다. "저우언라이는 더 쉬어야 하고, 덩샤오핑은 더 일해야 하고, 왕훙원(王洪文)은 더 공부해야 한다. 장칭은 말을 아껴야 한다." 그는 "귀는 열려 있게 만들어져 있지만 입은 닫을 수 있다"라는 격언을 덧붙였다.[71]

인생의 황혼기를 맞은 마오쩌둥은 때론 팔팔했다. 그는 이렇게 말했다. "사람들은 중국이 평화를 사랑한다고 말한다. 그건 허풍이다. 사실 중국은 투쟁을 사랑한다. 나는 투쟁을 위해 일한다." 그는 여전히 정규 교육에 불만을 품고 있었다. "사람은 책을 많이 읽으면 읽을수록 더욱 더 어리석어진다." 한편 마오쩌둥은 임종 직전에 장칭에 의해 숙청당했다가 복권된 칭화대학교 총장에게서 보고를 받았다. 마오쩌둥이 그에게 3분을 주겠다고 하자, 총장은 딱 잘라 말했다. "30초면 충분합니다. 지금 대학생은 중학교 교재로 배우고 있습니다. 사실 대학생의 학문 수준은 초등학교 수준입니다." 마오쩌둥은 (슬픈 어조로) 말했다. "이런 상태가 계속된다면 당이 붕괴될 뿐 아니라 민족 자체가 망하고 말게요."[72] 그의 정신은 내세와 현세를 배회했다. "내 몸은 질병으로 망가졌다. 나는 신과 만날 약속을 해놓았다." 동료에게 이렇게 묻기도 했다. "당신들 중 내가 곧 마르크스를 보러 갈 거라고 생각했던 사람은 없소?" 그들이 "아무도 없습니다"라고 대답하자, "그런 말은 못 믿겠소"라고 대꾸했다.[73] 그의 마지막 말은 수수께끼 같다. "사람들은 판결의 번복을 원하지 않는다."

분기점이 된 1976년은 불투명한 혼란의 시대를 열었다. 저우언라이는 4

월 초 사망했다. 그는 외국에서 많은 존경을 받은 사려 깊은 관료였으며 훌륭한 인물이다. 신중하게 정권의 실패나 비열한 행위로부터 자신을 분리시켰다. 저우언라이는 정부 내 실력자 중에서 중국 인민의 진정한 정서를 고무시켰던 유일한 인물이다. 4월 5일 당국이 베이징 천안문 광장에 저우언라이를 기리며 놓여 있던 화환을 치워버렸다. 이 때문에 10만 명이 폭동을 일으켰다. 덩샤오핑은 이 사태로 비난을 받았고, 두 번째로 권좌에서 밀려났다. 마오쩌둥은 9월 9일에 죽었다. 죽음을 앞둔 마지막 몇 달 동안 병상 주변에서 격렬한 파벌 싸움이 벌어졌다. 그가 죽자마자, 장칭은 마오쩌둥과 이미 화해했다고 주장했다. 종이 한 장을 내밀며 시인 마오쩌둥이 임종에 이르러 자기에게 쓴 시라고 주장했다. 거기에는 이렇게 쓰여 있었다. "당신은 부당한 대접을 받아왔어. 나는 혁명의 정상에 도달하기 위해 노력했지만, 성공하지 못했다오. 하지만 당신은 정상에 오를 수 있을 게요."[74)]

저우언라이의 뒤를 이어 총리가 된 사람은 화궈펑(華國鋒)이다. 그 역시 종이 한 장을 내밀었다. 그는 당시 쉰다섯이었고, 정부 내에서는 상대적으로 초임자였다. 1969년에 중앙 위원회 위원이 되었고, 1968년에는 공안 장관으로 일했다. 화궈펑은 거의 '낙하산' 이나 마찬가지였다. 하지만 낙하산이라는 말은 장칭의 부하 왕훙원에게 더 자주 사용되었다. 왕훙원은 빠르게 승진하여 상하이 공산당의 우두머리가 되었다. 어쨌든 마오쩌둥은 화궈펑을 편애했다. 부분적으로는 그가 마오쩌둥이 좋아하는 후난성의 농민 출신이었기 때문이다. 하지만 가장 큰 이유는 그가 교활한 아첨꾼이었기 때문이다. 4월 30일 늙은 폭군 마오쩌둥은 화궈펑에게 여섯 글자를 휘갈겨 써주었다. "그대에게 맡기면, 걱정할 게 없소" 라는 내용이었다. 화궈펑이 내민 종이는 의심할 여지가 없었다. 게다가 그에게는 베이징 최고의 보안군 8341부대라는 더 신뢰할 만한 신용장이 있었다. 8341부대는 마오쩌둥 경호 부대로, 화궈펑은 1975년 12월 캉성이 사망한 뒤 이 부대의 명령권을 넘겨받았다.

마오쩌둥이 죽은 지 한 달이 지난 10월 6일 드디어 대단원의 막이 내렸다. 마오쩌둥의 옛 동료 예젠잉(葉劍英)의 집에서 정치국 회의가 열렸다. 예젠잉은 국방장관이자 사실상 정권의 2인자였다. 장칭은 흔히 4인방이라 불리는 왕훙원, 장춘차오(張春橋), 야오원위안(姚文元)과 함께 나타났다. 장칭은 사람들 앞에서 종잇조각을 흔들며 자신에게는 주석직을, 장춘차오에게는 총리직을, 왕훙원에게는 전국 인민 대표 회의 의장직을 주라고 요구했다. 하지만 그녀의 요구는 설득력이 없었다. 그들은 체포되어 회의 장소에서 감옥으로 직행했다. 그들의 거점인 상하이에서는 추종자들이 3만 명의 좌익 의용군을 무장시킬 계획을 세웠다. 하지만 결정적인 행동이 있기 전에 지역 당 지도부와 수비대 지휘관이 제거되었다. 화궈펑은 보안 부대를 장악하고 있었고, 장칭은 원래부터 군대 내에서 미움을 받았다.[75] 상하이에는 그녀를 추종하는 무리가 있었을지 모르지만, 베이징 사람들은 그녀를 싫어하여 '여황' 이라고 불렀다. 의화단운동 이후 '여황' 이라는 말은 모욕적인 의미였다. 4월 5일의 천안문 광장 사태도 장칭 세력에 반대해 일어난 것이었다. 1976년에 소름끼치는 천재지변이 일어났다는 사실도 그녀에게는 불운이다. 중국인들은 천재지변을 왕조의 교체와 연관시켜 생각하기 때문이다. 그해 4월 지린성(吉林省)에 관측 기록 사상 가장 큰 유성이 떨어졌다. 7월과 8월에는 지진이 중국 북부를 강타했다. 이 때문에 베이징 일부가 피해를 보았고, 인근 공업 중심지 탕산(唐山)은 쑥대밭이 되었다. 사망자 수가 665,000명에 달했다. (775,000명 이상이 부상을 당했다.) 중국 역사상 두 번째로 큰 지진이었다.

천재지변과 함께 인재 — 경제적 실패, 교육 제도의 붕괴, 귀중한 문화재

▶ 4인방 타도를 외치는 중국인들의 시위 장면.

와 중국 문화생활의 파괴 — 의 책임을 '황후' 와 그녀의 추종 세력에게 돌리는 것은 간단했다. 곧 대자보가 나붙었다. "장칭을 갈기갈기 찢어라." "4인방을 뼛속까지 기름에 튀겨라." 1980~81년에 열린 재판 때 최종적인 기소장은 무려 48페이지에 달했다. 4인방 모두 놀랄 만큼 많은 범죄 혐의를 받았다. 4인방 각각에 대해 사악함, 허영, 사치와 관련된 구체적인 행동들이 제시되었다. 특히 그들이 누린 사치는 청교도적 공포 통치가 한낱 위선에 지나지 않았다는 사실을 보여주었다. 장칭은 오래전부터 "장제스에게 매수된 스파이" 였다. 왕훙문은 바람을 피우고, 값비싼 스테레오 장비를 수입하고, 체포되기 전 나흘간 무려 114장의 사진을 찍었다는 이유로 고발당했다. 야오원위안은 저우언라이의 죽음을 애도하는 호화스런 연회에 500달러를 썼다. 장칭은 사프란수를 마셨고, 황금잉어를 먹었으며, 악명 높은 「사운드 오브 뮤직 Sound Of Music」을 비롯하여 트럭 한 대 분량의 영화 필름을 수집하고 매일 밤 음란 영화를 보았다. 말을 타다가 이제는 리무진을 탔으며, 도서관에서 황후나 여황에 관한 책을 가져다보았다. 그녀는 "공산주의에서도 여황은 있을 수 있다"고 말했다. 장칭은 광저우에 있는 조선소 한 곳을 폐쇄했다. 소음에 짜증이 났기 때문이다. 숙면을 취할 수 있도록 비행기 착륙도 금지시켰다. 그녀는 서태후가 "법에 충실했다"고 말하기도 했다. 일부러 길을 우회하면서 자신이 광저우에 도착하기 전 낙엽을 모두 치우라고 명령했다. 그녀는 이렇게 말했다. "시간에 맞춰 달리는 수정주의 기차보다 늦게 도착하는 사회주의 기차가 더 낫다." 장칭은 마오쩌둥의 병상을 여기저기로 옮기며 죽음을 재촉했다. 그가 누워 있는 동안 포커를 치며 "남자는 여자에게 권력을 넘겨주어야 한다"고 말했다. 그녀를 포함한 4인방은 "외국의 것을 숭배하고, 외국인에게 아첨하고 몰래 외국과 관계를 유지한 …… 믿지 못할 인간들"이었으며, "파렴치한 항복과 국가적 배신행위"에 관여했다. 그들은 "문학계와 연극계의 대마왕"이었다.[76] 장칭은 1981년 초에 끝난 7주간의 재판 내내 반항적이었다. 재판이 진행되는 동안 갑자기 옷을 벗어던지고 알몸을 노출하여 드라마의 흥을 돋우기도 했다. 그녀에게 씌워진 모든 혐의에 대해 유죄 판결이 내려졌고, 사형이 선고되었다. 형의 집행은 2년 동안 일시적으로 유예되었다.[77]

이 무렵 화궈펑은 영향력을 잃고 덩샤오핑에게 밀려났다. 늙은 오뚝이 덩샤오핑은 1977년 공직에 다시 등장하여, 1978년 말부터는 확실히 권력을 장악했다. 그는 쓰촨성 출신의 거칠고 모진 사람으로, 마오쩌둥의 조잡하고 야만적인 특성을 가지고 있었다. 하지만 그에게는 감상적 낭만주의가 전혀 없었다. 일종의 예술로 정치에 흥미를 느낀 적이 없었다. 덩샤오핑은 누구보다 일관되게 마오쩌둥의 정치 드라마에 반대했다. 비록 때때로 마오쩌둥의 드라마에 단역으로 출연해야 했지만 말이다. 그는 대담하게도 문화대혁명의 과도한 열기에 대해 공개적인 반대 의사를 표현하기도 했다. 문화대혁명이 부정되고 지탄을 받는 이상, 그가 권력의 자리에 등장하는 것은 논리적으로 당연한 일이었으며 어찌 보면 불가피한 일이었다. 그는 정치를 인생에서 가장 중요한 일로 여기는 사람을 경멸했다. 특히 완고한 좌파를 싫어했다. "그들은 변기에 앉아 똥을 눌 줄도 모른다." "매일같이 계급투쟁에 관한 얘기나 하고 있어서는 안 된다. 실제 삶은 계급투쟁이 전부가 아니다." 덩샤오핑은 프롤레타리아 예술을 경멸했다. "여러분은 지금 무대 위에서 이리저리 뛰어다니는 사람들을 보았습니다. 예술이라고는 흔적도 찾아볼 수 없지요. …… 외국인들은 단지 예의로 박수를 보내는 것뿐이에요." 빈 필하모닉 오케스트라의 공연을 보고는 이렇게 말했다. "이것이야말로 내가 찾던 영혼의 양식이다." 그는 요즘의 경극이 그저 "징과 북을 울리는 볼거리"로 전락했다고 덧붙였다. "누구든 극장에 가보면 그곳이 전쟁터가 되었다는 것을 알게 될 것이다." 덩샤오핑은 누구도 특별히 미워하지 않았다. "지나간 것은 지나간 것이다. 공직에서 해임된 사람들을 복직시켜야 한다." 그는 "고함치고 소리 지르는 일"을 끝내고 싶다고 말했다. 다시 국민이 일할 수 있도록 해야 했다. "요즘 대학생 대부분은 대자보를 쓸 붓 한 자루밖에 가지고 다니지 않는다. 그들은 대자보를 쓰는 일 외에는 할 줄 아는 게 아무것도 없다." "오늘날 과학자들은 연구할 시간이 없다. 어떻게 그들이 물건을 창조하거나 발명할 수 있겠는가?" 군대도 마찬가지였다. 군대는 장제스 시대처럼 해이해져 있었다. 자칫하다간 군벌주의로 되돌아갈지도 몰랐다. 군대는 "뻔뻔스럽고 결속력이 없고 거만하고 나태하고 나약하다."[78)]

덩샤오핑은 구식에다 보수적인 규율주의자였다. 70대 후반이 된 그는 법과 질서, 근면의 가치를 믿었다. 그는 곧 베트남에 군대를 파견했다. 부분적으로는 중국인 소수 민족을 학대하는 친소적인 베트남 지도부를 응징하기 위해서였다. 하지만 무엇보다 인민 해방군에게 삶이 진지한 것임을 가르쳐주기 위해서였다. 제대로 훈련받지 못한 군대가 전위에 섰고 엄청난 사상자를 냈다. 이 일을 끝낸 뒤 덩샤오핑은 마오쩌둥의 오랜 전횡이 경제 분야에 남겨놓은 혼란을 제거하는 작업에 착수했다. 마오쩌둥의 시대가 그동안 과시된 것처럼 금욕적 엄격함이 아니라 고위 공직자들의 끔찍한 부패로 특징지어진다는 사실이 공개적으로 인정되었다.[79] 베이징의 「인민일보」는 독자에게 그동안의 "모든 거짓과 왜곡"에 대해 사과했으며, "여전히 자주 게재되는" "거짓되고 과장되며 진실하지 못한 보도"에 대해서도 인정했다.[80]

1978~79년에는 중공업을 강조하는 스탈린주의와 마오쩌둥주의에서 벗어나 개발도상국에 적합한 경제 구조를 지향한다는 결정이 내려졌다. 1978년에 GNP에서 차지하는 중공업 투자 비율은 38퍼센트였다. 중공업 투자가 너무 많다는 판단하에 1980년대 중반까지 중공업 투자 비율을 약 25퍼센트로 떨어뜨리는 계획이 세워졌다. 이윤 동기와 이익 배당 제도를 도입해야 했다. 법은 시민권을 강조하는 방향으로 개정해야 했다. 관료 정치의 폐해를 막기 위한 민주적인 장치를 고안할 필요가 있었다. 무엇보다 시장의 힘이 작동하여 유익한 효과를 낼 수 있도록 조치해야 했다.[81] 또한 당이 국민 생활과 관련하여 더 이상 절대적인 영향력을 행사하지 못하게 해야 했다. 1982년에 당원은 3,900만 명이었다. 문화대혁명 기간에 두 배로 불어난 것이 틀림없었다. 덩샤오핑은 당원 가운데 많은 수가 제대로 "교육을 받지 못했고 …… 수준 이하"라고 경고했다. 1981년에 제출된 보고서에서, 그는 많은 당원이 "아첨을 좋아하고 …… 자기만족에 빠져 있으며 정신이 해이해져 있고" 더 이상 "대중의 고통에 관심을 기울이지 않고" "관료주의의 먼지를 뒤집어쓰고" 있다고 말했다. 그들은 "오만하고 보수적이며

게으르고 오로지 쾌락에만 관심이 있고 특권 사상에 젖어 있다."[82] 덩샤오핑의 '신현실주의' 도 자연재해라는 재난을 만났다. 1980년과 1981년에 가뭄이 들어 농사에 큰 타격이 있었다. 자신감에 넘쳐 있던 덩샤오핑 정권도 할 수 없이 서구에 원조를 청해야 했다. 따라서 1980년대에 들어서, 중국은 더 이상 기적을 일으킨 새로운 초강대국이라 할 수 없었다. 마오쩌둥의 낭만주의가 만들어낸 비현실적인 세계 위로 막이 내려졌고, 끔찍한 멜로드라마는 끝이 났다. 대신 중국은 현실 세계로 진입했다. 그곳에는 느리고 고통스러우며 실용적인 과정이 중국인을 기다리고 있었다.

인도와 파키스탄

마오쩌둥의 통치는 중국의 비극이었다. 적어도 외부 세계에는 그렇게 보였다. 1950년대와 1960년대에는 그의 전제적 중앙 집권주의가 중국에 통합과 안정, 생활수준의 지속적인 향상을 가져다주었다는 주장이 흔했다. 이런 점에서 인도의 의회 민주주의가 보여주는 무능은 중국의 상황과 비교되곤 한다. 우리가 보았듯이, 네루는 일류 세계 정치가로 두각을 나타냈다. 그는 당대의 요구에 부합하는 인물로 비쳐졌다. 하지만 세계 문제와 관련하여 네루 시대는 일련의 환상에 기초하고 있다. 그중 가장 큰 환상은 세계에서 인구가 가장 많은 두 나라 인도와 중국이 형제라는 믿음이다. 그는 중국과 인도가 함께 행동할 수 있다고 믿었고, 힌디치니바이바이(Hindi-Chini-Bhai-Bhai, 인도와 중국은 형제)라고 말했다. 이런 정책은 1959년에 일어난 인도와 중국의 충돌로 위기를 맞았다. 1962년 중국이 더 강력한 공격을 퍼부으면서 네루의 중국 정책은 무너질 수밖에 없었다. 이제 일흔여섯이 된 네루에게는 치명적인 타격이었다. 그는 이 타격으로부터 회복되지 못했다. 슬픔과 당혹감에 빠져 있다가 1964년 5월 잠을 자다 운명했다.

중국과 인도처럼 인구가 많고 가난하고 낙후된 나라에서는 국가 차원의 근본적인 문제가 제기된다. 어떻게 국가의 통합을 보존해야 하는가? 어떻게 인구 대다수가 신뢰하고 인정하는 정치체제를 유지할 것인가? 이런 상황에서 정부가 느끼는 가장 큰 유혹은 이웃 국가의 불행을 이용해 인기를 얻는 방법이다. 마오쩌둥은 1959년과 1962년 이 충동에 굴복하여 인도의 약점과 분열을 이용했다. 이 때문에 인도는 더욱 곤란한 상황에 빠졌다. 물론 장기적으로 이런 일이 마오쩌둥의 어려움을 덜어주지는 못했지만 말이다.

1947~48년에 분할이 이루어지는 순간부터 인도와 파키스탄은 적이 되었다. 사반세기 동안 경제학자들은 영국의 지배가 인도의 경제 발달을 촉진시켰는지, 방해했는지에 대해 논쟁을 계속했다.[83] 네루는 말할 필요도 없이 영국의 지배가 해를 끼쳤다고 믿었다. "오늘날 우리가 안고 있는 대부분의 문제는 …… 영국 통치 당국이 성장을 저지하고 정상적인 조정을 방해했기 때문이다."[84] 하지만 네루의 견해는 인도아대륙을 통합하고 분열이라는 '일반적인 조정' 과정을 막은 영국의 공헌을 무시하고 있다. 영국의 지배는 경제적 통합의 점진적 과정이었다. 인도 파키스탄 분할은 이러한 과정을 파괴하는 첫 번째 단계였다. 파키스탄과 인도는 각각 내부적인 갈등까지 안고 있었다. 파키스탄은 특히 동부와 서부가, 인도는 중앙 정부와 지방 유력자들이 팽팽한 긴장관계를 형성했다. 이러한 상황은 인도아대륙이 곧 1920년대 중국과 같은 운명을 맞으리라는 사실을 시사했다. 파키스탄은 단명하는 군부 독재의 형태로 군벌주의를 지향하는 경향을 보였다. 반대로 인도는 허약한 의회주의 통치를 좋아하는 경향이 있었다.

네루가 죽자, 국민회의당의 일부 집단과 지방 유력자들이 단합하여 네루의 가장 유력한 후계자였던 모라르지 데사이(Morarji R. Desai)의 총리직 승계를 막았다. 그들이 데사이 대신 선택한 인물은 랄 바하두르 샤스트리(Lal Bahadur Shastri)였다. 샤스트리는 '작은 참새' 라는 별명으로 사람들에게 알려져 있는데, 키가 매우 작았다. 머리가 겨우 드골의 배꼽에 닿을 정도였다. 1965년 가을 인도와 파키스탄은 카슈미르 지역을 놓고 전쟁에 휘말렸다. 군사적으로 보면 승부가 나지 않은 전쟁이었지만, 경제적으로 보면 둘 다 패자였다. 전쟁의 폐해는 엄청났다. 1966년 1월 파키스탄의 독재자 아유브 칸(Mohammad Ayub Khan) 원수와 샤스트리가 타슈켄트(Tashkent)에서 만나면서 전쟁이 종결되었다. 이 회담에서 힘을 다 써버린 작은 참새는 다음날 밤 죽고 말았다.

당황한 국민회의당 지도자들은 네루의 딸인 인디라 간디(Indira Gandhi) 여사를 후계자로 내세웠다. 그녀는 샤스트리 내각에서 공보부 장관으로 일하고 있었다. 많은 힌두교인이 그녀를 네루의 환생으로 여겨 "네루 만세!"를 외치곤 했다.[85] 그녀는 아이리시 울프 하운드를 다섯 마리 길렀는데, 모두 전 총리 샤스트리보다도 컸다. 사실 그녀에 관한 한 작거나 약한 것은 아무것도 없었다. 중국과 적대적인 관계를 쌓은 그녀는 인도의 미래를 소련과 동맹을 맺는 데서 찾으려 했다. 그녀는 인도를 좌경화했다. 1969년 인디라 간디는 재무부 장관이었던 데사이와 싸운 뒤 그를 해임하고 은행을 국유화했다. 기존의 국민회의당을 쪼개 사적인 파벌을 중심으로 신당을 창당했고, 유력자들의 자금력을 분쇄했다. 대법원에서 그녀의 조치를 위헌으로 판결하자, 1971년 3월에는 의회를 해산했다. 그녀는 총선에서 압도적인 승리를 거두어 525개 의석 중 350석을 얻었다.

두건을 쓰고 매 같은 눈을 한 인디라 간디의 머릿속은 타산적이며 파렴치한 생각으로 복잡했다. 하지만 그녀는 아버지 네루처럼 경제 현실을 제대로 이해하지 못했고, 역시 네루처럼 대외적 사건에 눈을 돌렸다. 점점 더 큰 곤란에 빠져가고 있던 파키스탄이 해답이 되어주었다. 동파키스탄과 서파키스탄은 이슬람교가 종교라는 사실과 인도의 힌두교도를 두려워한

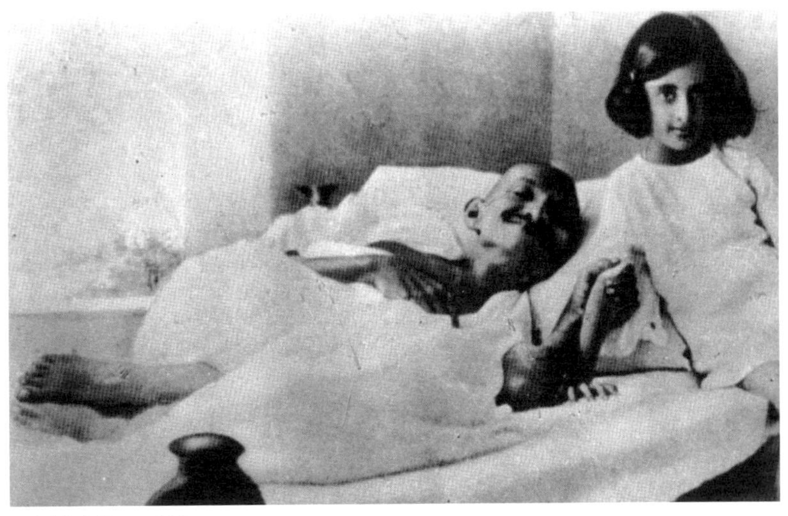

▶ **인디라 간디(1917~1984)**
간디는 아버지 네루가 채택했던 준사회주의 경제 정책을 고수했으며, 외교적으로는 소련과 긴밀하게 접촉하여 파키스탄과의 오랜 분쟁에 대처했다. 마하트마 간디와 어린 인디라 간디.

다는 사실을 빼면 공통점이 아무것도 없었다. 국가는 서파키스탄이 지배하고 있었다. 이 사실은 일인당 국민소득의 불균형에 반영되었다. 1959~67년 서파키스탄은 일인당 국민소득이 366루피에서 463루피로 증가한 반면, 동파키스탄은 278루피에서 313루피로 늘어나는 데 그쳤다. 인구의 다수가 동파키스탄에 살고(1960년대 말 1억 2,500만 명 중 7,000만 명), 동파키스탄이 수출품의 대부분을 생산했지만, 대부분의 수입품은 서파키스탄이 가져갔다. 전력 생산량은 서파키스탄이 동파키스탄의 5~6배였다. 병상 수는 동파키스탄이 26,000개인 반면 서파키스탄은 겨우 6,900개에 불과했다.[86] 동파키스탄은 불만이 많을 수밖에 없었다. 파키스탄 정부가 벵골만에 홍수 방지를 위한 효과적인 대책을 강구하지 않는 것도 불만이었다. 1970년 11월 12일 태풍이 벵골만을 강타했고, 엄청난 자연재해가 발생했다. 폭이 80킬로미터에 달하는 파도가 육지를 삼켰고, 수백 개의 마을이 물에 잠겼다. 다시 파도가 몰려와 또 다른 수백 개의 마을을 침수시켰다. 이 재앙으로 30만 명 이상이 목숨을 잃었다.

그 결과 동파키스탄의 지도자 무지브 라만(Mujibur Rahman)은 연방제를 요구했다. 그는 이를 공약으로 내걸어 선거에서 승리했다. 파키스탄 정부는 티카 칸(Tikka Khan) 장군을 계엄 사령관으로 임명하고 동파키스탄에 파견했다. 티카 칸 장군은 서파키스탄에서 저지른 만행 때문에 '발루치스탄의 도살자' 로 알려져 있었다. 당시 독재자 야햐 칸(Yahya Khan)으로부터 무지브 라만의 "추종자를 색출하라" 는 지시를 받은 티카 칸 장군은 1971년 3월 25일 다카대학교에 군대를 풀었다. 이튿날 무지브 라만은 방글라데시 공화국의 독립을 선언했다. 어쨌든 인도는 파키스탄의 내전에 끼어들 수밖에 없었다. 1971년 중반 인도 영토 안으로 난민 1,000만 명이 몰려들었기 때문이다. 하지만 인디라 간디의 딜레마를 해결해준 것은 파키스탄이었다. 파키스탄은 인도 공군 기지에 선제공격을 가했다. 그해 12월 4일 인디라 간디는 전쟁을 선포했다. 인도는 방글라데시를 독립국으로 인정하고 동파키스탄으로 군대를 보냈다. 인도군은 쉽게 승리했고, 파키스탄은 항복했다. 인도의 최고 사령관과 파키스탄의 사령관은 샌드허스트(Sandhurst) 육군사관학교에서 함께 공부한 적이 있다. 인도의 최고 사령관은 부관을 보내 파키스탄 사령관에게 이렇게 전했다. "나의 친구 압둘라여, 게임은 끝났다. 네가 항복하길 바란다. 그러면 내가 널 돌봐줄 것이다."

파키스탄에 대한 승리는 인디라 간디의 정치 인생에서 절정의 순간이었다. 하지만 그 뒤의 사건들은 그녀에게 불리한 방향으로 움직였다. 방글라데시와의 우호 관계는 오래 지속되지 않았다. 방글라데시는 독립국이 되자 곧 파키스탄의 동맹국이 되었다. 인도 국내의 지역적 문제들은 증가해 갔다. 파키스탄을 강타했던 자연재해가 이번에는 인도의 상황을 악화시켰다. 1972년은 우기에 비가 많이 오지 않았다. 이 때문에 가뭄과 기근이 찾아왔다. 1973년 우타르 프라데시에서 보안 부대가 반란을 일으켰다. 인디라 간디는 군대의 힘을 빌려야 했다. 그녀는 군대에 우타르 프라데시의 통치를 맡겼다. 이듬해에는 구자라트(Gujarat)의 반란을 진압해 같은 조치를 취했다. 같은 해 그녀는 비하르(Bihar)에서 국경 방위군과 중앙 예비 경찰대를 이용해 자야 프라카시 나라얀(Jaya Prakash Narayan)이 이끄는 반정부 운동 세력을 탄압했다. 자야 프라카시 나라얀은 네루의 오랜 동료로 모한다스 간디와 비슷한 전술을 구사했다. 그는 주 의회를 평화적인 방법으로 봉쇄하고 상점이나 사무실을 폐쇄시켰다. 인도에서는 정부에 반대하는 세력들이 모여 새로이 자나타 전선(Janata Sakars)을 형성하기 시작했다. 1975년 나라얀은 인도 전역에서 시위를 주도하고, 북부 지방에서 '인민의 정부' 를 세우겠다고 위협했다. 이때 간디 여사는 선거법 위반으로 곤경에 빠져있었다. 고등법원은 1971년의 선거가 무효라고 판결했다. 영국령 인도를 위기로 끌고 간 상황과 유사했다. 정상적인 통치를 불가능하게 만드는 대대적인 소요와 이러한 소요를 법치의 틀 안에서 처리하기 어렵게 만드는 곤경이 결합되었던 것이다.

인디라 간디는 무자비한 인물이었다. 과거 인도의 어떤 부왕들보다 한 수 위였다. 그녀는 비하르 한 지역에만 경찰과 준군사 조직 6만 명을 파견하여 나라얀의 시위를 분쇄했다. 철도 파업이 일어났을 때는 영장도 없이 사람들을 대거 체포했다. 파키스탄 전쟁 이후 그녀는 '대외 비상사태' 로 큰 이득을 얻었지만, 이를 근거로 고등법원의 판결을 무시하거나 번복할 수는 없었다. 1975년 6월 25일 그녀는 신문을 정간시키고 나라얀과 데사이를 비롯해 정적들을 체포했다. 그리고 다음날 '국내 비상사태' 를 선언했다. 사실상 반정부 세력에 대한 정부의 쿠데타였다. 그녀는 겁에 질린 당 지도자들을 집으로 초대하여 용기를 불어넣어주었다. "거대한 독수리가 창공을 날면 작은 새들은 숨는다고 합니다. 여러분은 이 속담을 아십니까?" 이 말을 마치고, 그녀는 의원 한 사람에게 고개를 돌려 사납게 물었다. "제가 어떤 속담을 말했죠? 말해 봐요!" 당황한 그는 이렇게 대답했다. "거대한 도깨비가 창공에서 설치면 작은 새들은 숨는다고 하셨습니다."[87)]

인도는 독립 이래 끈질기게 민주주의에 매달렸다. 그리고 군국주의적인 파키스탄과 비교하며 인도를 자랑스러워했다. 하지만 인디라 간디는 민중 선동가 줄피카르 알리 부토(Zulfikar Ali Bhutto)에 맞서야겠다고 생각했다. 이것은 그녀가 독재 정치에 발을 담근 이유이기도 하다. 부토는 직업 정치가였다. 그는 방글라데시의 독립 후 군사적 무능력에 대한 대안으로 권력의 자리에 올랐다. 그의 파키스탄 통치는 사람들의 이목을 집중시켰다. 그는 모든 법률을 자신에게 유리한 쪽으로 바꾸고, 재판관을 해임하고, 신문사를 탄압하고, 군의 최고위직에 원하는 인물을 마음대로 앉혔다.[88)] 하지만 부토가 군 출신이 아니었기 때문에, 인디라 간디는 의회제를 완전히 버릴 필요는 없다고 생각했다. 그 결과 비상사태의 시기에 줄곧 상황에 따른 임시방편적인 조치가 취해졌다. 명령 계통도 없었고, 명확한 법적 책임을 따지지도 않았다. 그녀의 정치적 조치들은 잔혹 행위와 부패를 위한 처방에 불과했다. 정치 활동가 수천 명이 감옥에 갇혔다. 끔찍한 상황에 처한 사람들도 있었다. 그중에는 괄리오르 왕국과 자이푸르 왕국의 왕후들과 스네할라타 레디(Snehalata Reddy) 같은 유명 인사도 있었다. 사회주의자였던 스네할라타 레디는 유명한 영화감독의 딸이었다. 그녀의 이력이 그녀를 죽음으로 몰고 갔다. 철도 파업을 조직했던 조지 페르난데스(George Fernandez)는 지하로 숨었으나 형제 한 명이 체포되어 고문을 당했다.

비상사태를 선포하기 전에도 인디라 간디는 많은 부패 혐의를 받고 있었다. 특히 아들 산자이(Sanjay Gandhi)와 관련된 부패가 많았다. 무법의 혼

▶ 1977년 총선 당시 인디라 간디(왼쪽)의 모습. 오랫동안 연기되었던 총선에서 인디라파는 완패하고 말았다. 간디는 공직에서 사퇴했으며 자나타당이 대권을 승계했다.

돈 속에서 인도의 공직 사회에는 부패가 신속히 퍼져나갔다. 인디라 간디는 이제 산자이를 국민회의당 청년파의 수장으로 만들었다. 그녀는 1970년 이후 산아 제한 계획을 가장 중요한 국내 정책으로 생각하고 있었는데, 산아 제한 계획의 급진적인 부분을 산자이에게 맡겼다. 산자이와 친구들은 이 기회를 이용해 마오쩌둥주의 모델에 근거한 사회공학을 실행에 옮겼다. 그는 델리의 빈민가 주민을 교외로 이동시켰다. 더 야만적인 행동은 거대한 불임 캠프를 세운 것이다. 그는 미끼와 위협을 동시에 사용하여 인도 남성 수십만 명에게 정관 절제 수술을 받게 했다. 수술은 대단히 원시적인 방법으로 이루어졌다. 신문과 라디오가 정부의 압력을 받고 있는 상황에서 인도인들은 BBC 방송을 듣고 나서야 자국에서 어떤 일이 벌어지고 있는지 알게 되었다. 본인이 인정했듯이 인디라 간디는 BBC를 듣지 않았다. ("BBC는 언제나 내게 적대적이다.") 그 때문에 그녀는 정보에 어두울 때가

많았다.[89] 부토가 1977년 3월에 총선을 실시한다고 발표하자, 다시 부토에게 맞서려는 욕심이 생겼다. 그래서 인도에서도 선거를 실시해야겠다고 생각했다. (아첨하기 좋아하는 지방 관리들의 보고서를 근거로) 선거에서 승리하고 비상사태를 합법화할 수 있다고 믿은 것이다. 그 결과 부토나 인디라 간디에게 끔찍한 재앙이 찾아왔다. 부토는 멋지게 승리했지만, 선거 부정 시비가 난무했다. 결국 파키스탄에 계엄령이 선포되었고, 다시 쿠데타가 일어났다. 부토는 살해 음모 혐의로 고발당했다. 격론이 오간 두 번의 긴 재판이 끝난 뒤 1979년 4월 교수당했다.[90] 인디라 간디 여사는 선거에서 패했다. 산자이가 추진했던 사회공학과 또 다른 수많은 문제가 그녀를 권좌에서 끌어내렸다.

하지만 승리를 거둔 자나타당은 인디라 간디 정권의 대안이 될 수 없었다. 자나타당은 그저 정권에 불만을 품은 사람들의 연합 세력에 불과했다. 데사이는 그중 가장 중요한 인물이었다. 그는 모한다스 간디의 나쁜 점을 다수 가지고 있었지만, 간디의 좋은 점은 하나도 찾아볼 수 없었다. 데사이는 술을 마시지도 않았고 담배를 피우지도 않았다. 그는 영국인이 토착민을 타락시키기 위해 술과 담배를 들여왔다고 주장했다. 그도 역시 물레를 좋아했다. 그는 현대 의학을 신뢰하지 않았다. 건강을 유지하기 위해 아침마다 소변을 한 컵씩 마셨다. 보건부 장관 라즈 나라인(Raj Narain) 역시 소변 치료의 효과를 믿었고, 공식적으로 소변 치료법을 권장했다. 산아 제한에 관한 질문을 받자 데사이는 여성들이 임신을 막기 위해 약초를 먹어야 한다고 말했다. 이러한 기이한 언행 외에 그에게서 행정 능력이나 성실성을 찾아보기는 힘들었다. 사실 자나타당이 통치하는 동안 인도는 인디라 간디의 통치 때보다 더 부패했다. 인디라 간디의 부정을 조사하기 위해 조사위원회를 구성하거나 그녀를 법정에 세우려는 노력이 진행되었다. (그녀는 한 주 동안 감옥에 있었다.) 이러한 노력은 거대한 흙탕물을 휘젓는 행위나 다름없었다. 사방에 더러운 물이 튀었다. 보궐 선거에서 이겨 의회로 돌아온 그녀는 의회에서 다시 쫓겨났다. 그러자 그녀는 역할을 반전시켜 자신을 정치적 박해의 희생자로 가장하는 데 성공했다. 그녀는 '작별하며 손을 흔들 때 나에게 행운을 빌어줘요' 라는 노래를 이용해 대중에게 호소했다. 이 노래는 랭커셔 출신의 여가수 그레이시 필즈(Gracie Fields)가 1939년에 부른 히트곡이다. 식민지 시대의 '가치' 가 살아남은 기묘한 사례라 하겠다.[91] 1980년 1월 3일의 총선에서 인도인들은 인디라 간디와 자나타당 중에서 선택을 해야 하는 상황에 직면했다. 양쪽 모두 이제는 익숙해진 악당이었다. 인도인들의 본능은 왕조적 정통성을 지닌 것으로 생각되는 인물에게 끌렸고 그쪽에 투표했다. 인디라 간디는 선거에서 압승을 거두었다. 그녀의 당은 524석 중 351석을 차지했다. 1977년의 선거 결과는 혼란의 위험을 무릅쓰고 전제 정치에 반대한 판결이었고, 1980년의 선거 결과는 거꾸로 전제 정치의 위험을 무릅쓰고 혼란에 반대한 판결이었다.

독립 후 인도의 역사는 영국이 안고 있던 풀기 어려운 문제의 본질을 반복해서 드러냈다. 거대하고 엄청나게 다양한 민족 집단 가운데서 어떻게 법을 수호하는 동시에 평화를 유지할 것인가? 네루는 독립이 되면 문제가 쉽게 해결될 것이라고 생각했다. 그의 생각은 아무 근거가 없었다. 독립이 되자 문제는 더 큰 미궁에 빠져들었다. 한 세대가 지나며 인도의 인구가 두 배가 되었기 때문이다. 정부 통계에 따르면, 1981년 1월 인도 인구는 683,810,051명이었다.[92] 이렇게 늘어난 인구의 압력으로 영국의 통치 아래 확립되었던 시민적 자유의 틀이 서서히 허물어지기 시작했다. 인디라 간디의 비상사태는 이러한 퇴행 과정에서 중요한 역할을 했다. 경찰과 보안 부대에 대한 문민정부의 통제력은 회복되지 않았다. 질서가 유지되었다고 하더라도, 정의보다는 테러에 의한 평화였다. 1980년 11월 비하르주에서 경찰이 산성 물질과 자전거 바퀴살로 용의자의 눈을 멀게 한 사실이 신문에 폭로되었다. 이런 일은 조직적으로 이루어졌다. 대략 30가지 사례가 사실로 확인되었다. 다음해 1월 성스러운 도시 베나레스(Benares)에서 경찰이 수감 중인 사람들의 다리를 부러뜨린 일도 있었다.[93] 경찰은 강도를 소탕하는 과정에서 살인을 저질렀다는 혐의도 받고 있었다. 경찰의 고문 행위는 사법부로부터 자주 비난받는 사항이었다. 알라하바드(Allahabad) 고등법원의 판사는 이렇게 말했다. "인도에서 경찰보다 더 잘 조직된 범죄 단체는 찾아볼 수 없다."[94]

이런 잔혹 행위들이 특히 혐오스러운 것은 여기에 카스트 제도의 편견이 그대로 반영되어 있기 때문이다. 영국 통치의 자랑거리는 카스트 제도를 없앨 수는 없었지만 법 앞에서는 누구나 평등하다는 영국식 원리를 통해 카스트 제도의 부정적인 영향을 완화시킬 수 있었다는 것이다. 처칠은 인도의 독립을 서두르는 일에 반대했다. 그렇게 되면 무엇보다 하층 계급이 큰 희생을 당하게 되고, 상층 계급(특히 네루 같은 브라만 계급)은 큰 이득을 볼 것이라고 생각했기 때문이다. 경찰이나 경찰을 비호하는 정치가들은 상층 계급 출신이었고, 희생자는 예외 없이 하층 계급 출신이었다. 이것은 경찰이 저지른 잔혹 행위에서 가장 크게 비난받아야 할 점이다. '불가촉천민' 이 독립으로 얻은 것은 아무것도 없었다. 1980년대 초 불가촉천민의 수는 1억이 넘었다. 의회와 정부에 불가촉천민을 대표하는 의원이나 관료가 얼마간 있다고 하지만, 그것 자체가 계급 착취의 일면이라고 할 수 있었다. 불가촉천민이 어떻게 살고 있는지, 정말로 그들이 어떻게 목숨을 부지하고 있는지는 수수께끼로 남아 있다. 인도 사회의 어두운 구석을 파헤쳐 본 사람은 거의 없다. 당국은 점점 더 경찰의 잔혹 행위에 무관심해졌다.[95]

경찰의 테러가 복잡한 계급 제도에 뿌리를 둔 사회 통제의 한 형태였다는 사실을 입증하는 자료는 수많이 많다.

인류의 절반 이상이 아시아의 거대한 본토 국가에 살고 있다. 1980년대가 되자 중국의 인구는 10억을 넘어섰다. 독립을 하거나 외국의 지배에서 벗어난 모든 국가가 사회공학이라는 실험에 빠져들었다. 중국은 공산주의를 선택했다. 중국에서는 농업 집산화와 산업의 완전 국유화가 시행되었다. 버마는 일당 사회주의를 선택했다. 1962년부터는 나중에 대통령이 된 네윈(U Ne Win) 장군 아래서 군부 지배라는 또 하나의 지배 체계가 버마에 덧씌워졌다. 파키스탄에는 부토의 지배 아래서 철저한 국유화 계획이 단행되었다. 파키스탄이나 인도는 높은 관세 장벽으로 시장의 힘을 막았다. 인도의 경제는 사회주의 성격이 압도적으로 강했다. 통상적으로 중공업이 강조되는 스탈린주의에 따라 경제가 계획되었다. 인도 경제에서 실질적인 부분을 차지하고 활기에 차 있던 민간 부문도 엄격한 규제 아래 있었고, 곳곳에 만연한 부패 덕분에 그나마 겨우 돌아가는 실정이었다. 한 세대가 지난 뒤 파키스탄이나 인도 모두 결과는 보잘것없었다. 이러한 나라들은 정도에 차이가 있기는 했지만 서로 적대시했다. 중국과 파키스탄은 인도에 대한 증오심의 끈으로 어색한 동맹 관계를 유지했다. 중국이 1964년 에 핵무기를 개발하자, 인도는 1974년에, 파키스탄은 1978년에 핵무기를 개발했다. 이들 국가는 (가장 가난한 방글라데시를 포함하여) GNP에서 식민지 시대보다 훨씬 높은 비율을 방위비로 지출하고 있었다. 버마는 주로 중국이 후원하는 공산주의 반란 단체 때문에 상당한 돈을 군사비에 지출했다. 1980년이 되자 국가 예산의 3분의 1과 거의 모든 외환 수입이 군사비에 충당되었다.[96] 반둥 세대는 평화와 비동맹 외교 정책을 토대로 서구식 생활 수준을 단기간에 달성하겠다는 희망에 차 있었지만, 1970년대 말에 모두 희망을 버린 상태였다.

1940년대 말 인류의 절반인 아시아인들은 기대에 부풀어 있었다. 그들을 곤경에서 빠져나오게 해줄 직접적이고 즉각적이며, 본질적으로 정치적인 해결책이 있다는 얘기를 들었기 때문이다. 하지만 이후의 경험은 그러한 얘기가 틀렸다는 사실을 말해주었다. 오히려 정치, 특히 이데올로기적 정치는 인류에게 불행을 가져온 주요 원인이 되었다. 우리는 그렇게 결론내릴 만한 충분한 증거를 가지고 있다. 캘커타 대도시권이라는 말에 숨겨져 있는 우울한 현실을 한번 살펴보기로 하자. 캘커타에는 주변 지역까지 합치면 지구상에서 가장 가난한 1억 5,000만 명이 모여 살고 있다. 식민지 시대에도 이곳은 행정 당국에 악몽 같은 지역이었다. 키플링은 뛰어난 통찰력으로 캘커타를 "끔찍한 밤의 도시"라고 불렀다. 그는 캘커타에 고유한 특징이 있다고 썼다. 그것을 "BCS, 즉 캘커타의 대악취(Big Calcutta Stink)"라고 불렀다.[97] 1940년대 초 캘커타 시 행정 당국은 정치 문제는 제쳐놓더라도 도시 대부분의 지역에 하수 처리 시설을 마련하는 것만으로도 버거웠다. 인도 파키스탄 분할은 캘커타에 회복할 수 없는 큰 타격을 주었다. 벵골 지역의 경제가 파탄나면서 사실상 일자리를 찾을 수 없었던 난민 400만 명이 벵골 서부 지역에 몰려들었다. 100만 명은 캘커타에 유입되었다. 1921~61년의 인구 조사를 보면, 도시 인구는 세 배로 늘어났고, 시민들에게 현대적 수준의 서비스를 제공하려는 노력은 포기했다.

1960년대 말 어떤 관찰자의 말에 따르면, 캘커타 대도시권 지역 대부분은 "시 당국에서 관리하는 하수 시설이 없었다. 하수관이나 하수도 혹은 배수 시설 같은 게 전혀 없었고, 정화조 같은 개인 소유의 하수 처리 시설도 없었다." 거기에는 약 20만 개의 원시적인 공중변소가 있었다. 공중변소는 "벽돌로 만든 낮고 비좁은 개방형의 광 같았다. 자기 재질의 변기나 지저분한 바닥 위에 디딤대가 마련되어 있었다."[98] 이미 말했듯이 방글라데시 사태로 또 다시 집 없는 난민이 1,000만 명가량 생겨났다. 이들은 인도에 속한 벵골 지역으로 흘러들어갔다. 그들 중 상당수는 결국 캘커타 거리에 나앉는 처지가 되었다. 그리하여 1970년대 말이 되자 캘커타 중심부만 해도 백만 명의 사람들이 노천에서 잠을 자고 있었다. 1960년대와 1970년대 마르크스주의자들이 추진한 서벵골 지역의 당파적이고 이념적인 정치는 무분별한 행정 처리와 부패를 끊임없이 양산했다. 법률적인 제한이 가해지지 않고 직할 통치를 받지도 않는다는 사실이 상황을 악화시켰다.

캘커타가 봉착하고 있는 곤경을 보고 많은 자원 봉사자가 몰려왔다. 테레사(Mother Teresa) 수녀도 그중 한 명이었다. 그녀는 1948년 캘커타에서 '사랑의 선교회' 를 창설했다. 하지만 때때로 마르크스주의 정부는 문제를 근본적으로 해결하는 일보다 의료 자원 봉사단을 쫓아내는 일에 더 안달이 난 것처럼 보였다. 자신들이 실패했다는 사실에 주목을 받는 게 싫었기 때문이다.[99] 캘커타는 현실로 태어난 현대의 디스토피아(dystopia)다. 그곳은 산산조각 난 환상의 도시이며, 아시아의 빛이 아니라 아시아의 어둠이다. 인류의 절반을 대상으로 한 실험은 사회적인 기적보다는 프랑켄슈타인 같은 괴물을 낳는 경향이 컸다. 캘커타는 그러한 경고를 인상적으로 보여주고 있다.

제 17 장

유럽의 부활

데가스페리의 시대

대전 후 아시아와 아프리카의 신생국들이 어두운 통로를 헤매다 때로 공포와 야만의 땅에 발을 디뎠다면, 유럽 국가들은 좀 더 편안한 시간을 보냈다. 예기치 못한 일이었다. 사실 1945년의 분위기는 절망과 무력감이 팽배했다. 역사에서 유럽의 시대는 이제 끝이 났다. 어떤 의미에서 히틀러는 유럽의 진정한 마지막 지도자였다. 그는 유럽 중심적 시각에서 세계적 사건을 주도해나갔다. 하지만 히틀러는 1941년 말에 그 힘을 잃었다. 그의 몰락으로 생긴 엄청난 공백은 다른 유럽 국가가 메울 수 없었다. 전쟁이 끝날 무렵, 유럽 밖의 두 초강대국은 폭발이 끝난 화산 가장자리에서 아직 연기를 내고 있는 분화구의 깊은 곳을 경멸에 찬 눈길로 들여다보고 있었다. 그들은 유럽과 달리 붕괴되지 않았다. 유럽에 이제 더 이상 인류를 공포에 몰아넣을 만한 악마적 에너지가 없다는 사실이 기쁠 뿐이었다.

1945년 10월 26일 샹젤리제 극장에서 새로운 발레가 초연되었을 때 좌석을 가득 메운 상류층 관객들은 피카소가 만든 현수막에 야유를 보냈다.[1] 과거의 파리 이야기를 하고 있었기 때문이다. 3일 뒤 클럽 맹트낭에서 장 폴 사르트르가 실존주의는 휴머니즘이라는 강연을 했다. 새로운 파리는 그곳에 있었다. 강연장 역시 대만원을 이루었다. 남녀 할 것 없이 자리를 차지하기 위해 다투었다. 그 과정에서 사람들 30여 명이 치고받으며 싸웠다. 졸도한 사람도 있었다. 관객은 고함치며 야단법석을 떨었다. 사르트르는 또한 새로운 평론잡지 『현대 *Les Temps modernes*』를 창간했다. 여기서 그는 현재 프랑스에 남은 것이 문학적 소양과 고급 의상점뿐이라고 주장했다. 이 둘은 그 시대 유럽을 상징했다. 사르트르는 사람들에게 존엄성을 부여하고 그들이 쇠락과 부조리 가운데서 개성을 지킬 수 있도록 실존주의를 창조했다. 반응은 엄청났다. 사르트르의 동반자 시몬 드 보부아르는 "우리는 열광적인 반응에 크게 놀랐다"고 말했다.[2] 실존주의는 확실히 프랑스적이지 않았다. 그렇기 때문에 아마 더 큰 매력을 발산했을 것이다. 사르트르의 몸에는 반쯤은 알자스인의 피가 흘렀다. (알베르트 슈바이처는 그의 친척이다.) 그는 외할아버지 카를 슈바이처(Karl Schweitzer)의 집에서 자랐다. 그래서 사르트르에게는 프랑스 문화와 독일 문화가 공존했다. 그의 철학은 본질적으로 베를린 철학파의 산물이다. 특히 하이데거의 영향을 많이 받았다. 사르트르의 사상 대부분이 하이데거에게서 나온 것이다. 사르트르는 제2차 세계대전 기간에도 비교적 잘 지냈다. 양국의 표면적인 적대감에도 불구하고, 그에게는 프랑스 정신과 독일 정신이 조화되는 부분이 조금은 있었다. 유대인 일제 검거 같은 불쾌한 사건에 눈감을 수만 있다면, 파리는 지식인에게 더없이 좋은 장소였다. 사실 대부분의 사람이 그런 일에도 별 불편 없이 잘 지냈다.[3] 유대인 지식인 베르나르 앙리 레비(Bernard-Henri Levy)는 과격한 원형적 파시스트 형태의 인종주의가 프랑스인에게는 그다지 불쾌한 것이 아니었고, 프랑스 지식인 역시 마찬가지였다고 지적했다. 그는 이를 "프랑스적 이데올로기"라고 불렀다.[4]

파리에 있는 극장들은 나치 치하에서 번영을 누렸다. 앙드레 말로는 나중에 이렇게 일갈했다. "내가 게슈타포와 싸우고 있는 동안 사르트르는 파리에서 독일 검열관의 승인을 받아 희곡을 무대에 올렸다."[5] 나치의 군 신문 「파리저 차이퉁 Pariser Zeitung」 지에서 연극 평론을 담당하고 있던 알베르트 뷔셰(Albert Büssche)는 사르트르의 희곡 「닫힌 방 Huis Clos」을 "연극계 최고의 사건"이라고 말했다. 독일의 지지가 사르트르에게만 혜택을 준 건 아니다. 알제리 태생의 작가 알베르 카뮈가 쓴 새 희곡 작품 「오해 Le Malentendu」는 1944년 6월 24일 마튀랭 극장에서 공연되었다. 대부분이 파시스트였던 프랑스의 엘리트 지식인들이 야유를 보냈다. 카뮈가 레지스탕스 운동에 관여했던 인물이기 때문이다. 그러나 뷔셰는 카뮈의 희곡에 대해 "심오한 사상으로 가득하고 …… 선구적인 작품"이라고 말했다.[6] 카뮈는 사르트르와 달리 전쟁에 무관심하지 않았다. 로제트 장식이 달린 레지스탕스 메달을 받은 프랑스인은 4,345명에 불과했는데, 카뮈도 그중 한 명이었다. 하지만 그의 사고방식은 점점 커지는 독일 철학과 프랑스 철학의 근친성을 반영하고 있었다. 이런 특징은 나치 점령 기간에 장려되어 대전 후 프랑스에서 중요한 자리를 차지하게 되었다. 카뮈의 인생에서 가장 중대한 영향을 미친 인물은 니체였다. 소설 『이방인 *L'Étranger*』과 『페스트 *La Peste*』는 카뮈가 프랑스 청년 세대를 위해 니체를 프랑스화한 것이나 다름없다.

사르트르와 카뮈는 1943~44년 생제르맹데프레(St Germain-des-Prés) 지역에 모인 작은 집단의 주역으로 손을 잡았다. (나중에는 서로 대적했다.) 이들이 모인 집단은 철학과 문학을 대중 운동과 연계시키려 했다. 그들의 아지트는 카페 플로르였다. 이곳은 프랑스 지식인의 삶에 내재하고 있는 모호성을 상징했다. 생제르맹데프레는 디드로, 볼테르, 루소가 자주 찾던 지역이다. 그들은 오래된 카페 프로코프에 모이곤 했다. 카페 플로르는 제2제정 때 생겨난 곳으로, 고티에(Théophile Gautier), 뮈세(Alfred de Musset), 상드(George Sand), 발자크(Honoré de Balzac), 졸라(Émile Zola), 위스망스(Joris Karl Huysmans)가 자주 드나들었다. 나중에는 아폴리네르(Guillaume Apollinaire)가, 그 다음에는 모라스가 이끄는 「악시옹 프랑세즈」 그룹이 드나들었다. 사르트르는 아직 모라스의 체온이 남아있는 자리를 차지하고 앉았다.[7] 전후 실존주의는 칸트(Immanuel Kant)의 도덕규범에서 비롯되었다. "네 행위의 준칙이 네 의지를 통해 보편적인 자연법칙이 될 수 있게 행동하라." 사르트르는 우리가 적극적인 행동을 통해 "각자 되고 싶어하는 사람"이 될 수 있을 뿐만 아니라, "인간이라면 마땅히 그러하리라 생각하는 인간상"을 창조할 수 있다고 믿었다. 인간은 적극적인 정치 행위를 통해 자신의 본질을 실현할 수 있다. 이에 따라 사르트르는 절망에 대한 인간적인 저항의 몸짓을 합리화할 수 있었다. 칼 포퍼는 이를 "신이 없는 새로운 신학"이라고 표현했다. 여기에는 하이데거와 니체의 사상에 특징적으로 나타나는 독일의 염세주의가 내포되어 있다. 그래서 신 없는 세계에서 느끼는 인간의 근본적인 고독과 자아와 세계 사이의 긴장을 지나치게 강조했다.[8] 하지만 젊은이들에게 사르트르의 철학은 마법과도 같았다. 실존주의는 일종의 유토피아적 낭만주의로 150년 전 유행했던 낭만주의 운동만큼이나 사람들의 관심을 불러일으켰다. 사실 실존주의는 정치적 행동주의를 제시했기 때문에 훨씬 더 매력적이었다. 포퍼가 불평했듯이 실존주의는 고상한 파시즘의 형태였고, 부언할 필요도 없이 마르크스주의에서 파생된 여러 가지 것들과 쉽게 연합할 수 있었다. 1951년 카뮈와 사르트르는 심한 논쟁을 벌였다. 사르트르가 다양한 형태의 전체주의적 폭력을 옹호했기 때문이다. 카뮈는 자신은 결코 실존주의자가 아니라고 주장했다. 하지만 카뮈야말로 현대의 관점에서 반항 행위로 운명과 외부 세계에 저항하는 고독한 바이런적 영웅을 재탄생시킨 사람이다. 그의 '반항' 은 실존주의 세력에 활기를 불어넣어주었고, 라인 강 양편의 젊은이들에게는 실존주의에 실제 의미를 부여해주었다.

실존주의는 프랑스가 수입한 문화였다. 파리는 여기에 더 세련되고 매력적인 치장을 한 뒤 실존주의의 발원지인 독일에 역수출했다. 이 점을 강조할 필요가 있다. 프랑스와 독일 젊은이들이 자발적으로 문화적인 친화력을 느끼고, '세계관' 을 공유하게 된 것은 괴테(Johann W. von Goethe), 바이런(George G. Byron), 드 스탈(Germaine de Staël)의 시대 이후 처음 있는 일이기 때문이다. 이런 움직임은 더 확고한 경제적 정치적 공조를 위한 준비 과정으로, 두 나라의 협력에 유리하게 작용했다. 하지만 무엇보다 다음 두 가지 조건이 수반되었기에 가능한 일이었다. 첫 번째는 마침내 정치 분야에서 기독교 행동주의가 무르익었다는 것이다. 기독교 행동주의는 한 세대 동안 유럽에서 뚜렷한 흐름을 형성했다. 두 번째는 유럽의 거물들이 등장한 것이다. 그들은 바이런을 닮지 않았고, 젊지도 않았고, 낭만적이거나 영웅적이지도 않았다. 그들에게는 실존주의적 의미를 전혀 부여할 수 없었다. 하지만 스스로 죽음을 택한 유럽의 시체에 다시 생명을 불어넣어야 하는 건 그들의 몫이었다. 기독교 원리나 원리를 실천하는 아데나워, 데가스페리(Alcide De Gasperi), 드골은 모두 천성적으로 실존주의적 행동주의의 창시자들을 혐오했다. 하지만 역사는 늘 그렇듯 아이러니를 통해 진전된다.

아데나워, 데가스페리, 드골은 모두 위대한 생존자였다. 그들의 차례는 오지 않았고, 영원히 오지 않을 것 같았지만, 재앙이 기회가 되어 드디어 그들이 등장했을 때는 역량을 한껏 꽃피울 수 있었다. 1945년 전쟁이 끝날 무렵, 알치데 데가스페리는 이미 예순다섯 살이었고, 아데나워는 예순아홉 살이었다. 두 사람은 모두 국경 지방 출신이었고, 독실한 가톨릭교도였고, 반(反)민족주의자였다. 그들은 사회의 단위로 가족을 신뢰했고, 국가를 혐오했다. 국가는 필요한 최소 규모로 축소되어야 했다. 그들은 조직 사회의 가장 중요한 특징은 자연법에 기초한 법치여야 한다고 믿었다. 절대 가치가 사회를 지배해야 한다고 믿은 것이다. 그들은 20세기에 나타난 여러 뚜렷한 특징들과는 전혀 다른 인물이었다. 완강했고 이상해 보였으며, 실제로 이상한 얼굴을 하고 있었다. 아데나워는 1917년 끔찍한 사고를 당한 뒤 담배 가게의 인디언마냥 무표정한 얼굴이 되었다.[9] 데가스페리는 아데나워처럼 젊었을 때 키가 크고 매우 마른 편이었다. 그는 험상궂은 파수견처럼 삶에 맞섰고, 그 흔적을 얼굴에 담고 있었다. 아데나워와 데가스페리는 모두 연방주의자였다. 아데나워는 신성 로마 제국 시대 독일의 다극주의를, 데가스페리는 합스부르크 제국 시대의 이탈리아 북부를 대표하는 인물이다.

실제로 데가스페리는 오스트리아 지배 당시 이탈리아 트렌토 근처에서 태어났다. 아버지는 지방 경관을 지휘했는데, 데가스페리는 국가보다는 왕실에 세속적인 충성심을 느꼈다. 하지만 그의 근원적인 충성심은 영적인 것이었다. 그는 평생 동안 가능하면 빠지지 않고 매일 미사에 참석했다. 1921년에는 미래의 아내가 될 프란체스카 로마니(Francesca Romani)에게 편지로 청혼하며 이렇게 썼다. "살아 있는 그리스도의 인격이 나를 이끌고, 나를 종으로 삼고, 나를 위로합니다. 나는 마치 아이가 된 것 같습니다. 나는 당신이 똑같이 그리스도에게 매혹당해 빛의 심연 속으로 나와 함께 빨려 들어가기를 바랍니다."[10] 데가스페리는 빈대학에서 수학했고, 빈의 유명한 시장 카를 뤼거를 존경했다. 물론 히틀러와는 매우 다른 이유에서였다. 데가스페리는 뤼거가 진보적인 교황들이 내놓은 '사회적인 회칙' 을 실현할 방법을 제시했다고 믿었다. 따라서 데가스페리는 독일의 가톨릭 대중주의에서 사상적 기반을 얻은 셈이다. 그의 초기 글은 오스트리아의 가톨릭 신문 「라이히스포스트 Reichspost」 지에 실렸다. 사실 데가스페리는 현대가 낳은 두 가지 질병, 인종 민족주의와 인종 민족주의에 기초한 국가가 유토피아가 될 수 있다는 믿음에 거의 면역이 되어 있었다. 1902년 트렌토에서 행한 첫 번째 연설에서, 그는 청중들에게 이렇게 주장했다. "먼저 가톨릭 신자가 되고, 그 다음 이탈리아인이 되시오!" 그는 국가의 "우상화"와 "조국의 종교화"에 유감을 표시했다. 그의 모토는 "가톨릭, 이탈리아, 민주주의"였다.[11] 데가스페리가 중요하게 생각하는 순서대로다.

따라서 데가스페리는 본질적으로 무솔리니와 정반대 인물이다. 두 사람은 1909년 메라노 비어홀에서 '역사 속의 사회주의'에 관한 논쟁을 벌인 적이 있다. 무솔리니는 폭력의 필요성을 주장했고, 데가스페리는 절대 원칙에 근거한 정치 행위의 필요성을 역설했다. 데가스페리는 기차를 타기 위해 자리에서 일찍 일어나야 했다. 무솔리니는 데가스페리가 문을 열고 나갈 때까지 야유를 퍼부었다. 그는 데가스페리를 가리켜 "문법에도 안 맞고 오류투성이인 문장을 구사하는 인물, 난처한 논쟁을 피하려고 오스트리아식 시간 개념을 끌어들이는 얄팍한 인물"이라고 평했다.[12] 데가스페리는 무솔리니를 파괴적인 과격파로밖에는 생각해본 적이 없다. 그는 무솔리니를 "검은 옷을 입은 볼셰비키"라고 평했다. 데가스페리가 이끄는 트렌티노인민당은 우호적으로 루이지 스투르초(Luigi Sturzo)가 이끄는 가톨릭인민당에 통합되었다. 무솔리니의 로마 진군만 없었다면, 가톨릭인민당은 양차 대전 사이에 이탈리아를 통치했을 것이다. 데가스페리는 연극적이고 웅변적인 책략을 경멸했고, 그런 것들이 난무하는 이탈리아의 의회 정치를 싫어했다. (그는 이를 '곡마단의 곡예'에 비유했다.) 하지만 전체주의 국가는 더 싫어했다. 1925년 6월 28일 마지막 인민당 전국대회 때 그는 이렇게 말했다. "파시즘의 이론적이며 실제적인 원리는 국가에 관한 기독교 개념에 반한다. 기독교에서는 개인과 가족, 사회의 권리가 국가에 앞선다." 파시즘은 단지 "가면을 쓰고 다시 나타난 예전의 경찰국가에 불과하다. 파시즘은 기독교적 관례와 규범에 다모클레스의 칼(Sword of Damokles, 절박한 위험을 의미함)을 드리우고 있다." 1926년 11월 파시스트 재판소에 끌려나온 데가스페리는 이렇게 주장했다. "내가 받아들일 수 없는 것은 바로 파시스트 국가라는 개념이오. 이 세상에는 국가도 유린할 수 없는 자연권이 존재하오."[13] 그는 다행히 운이 좋았다. 무솔리니는 1927년 그를 레지나 코엘리 감옥에 집어넣었다. 데가스페리 역시 그람시처럼 무솔리니 시대에 살아남지 못할 수도 있었다. 하지만 1929년에 교황 피우스 11세가 무솔리니와 라테란조약(Lateran Treaty)을 맺었고, 데가스페리를 감옥에서 꺼내 교황청의 도서관으로 데려왔다. 데가스페리는 도서관 사서로 14년간 보호를 받았다.

따라서 파시즘이 붕괴되었을 때, 주요 인사들 가운데 오점이 없는 사람은 데가스페리뿐이었다. 그는 이탈리아인의 품에 파시즘과는 다른 정치를 안겨주려 했다. 또 다른 형태의 국가주의가 되어서는 안 될 일이었다. 그는 1945년 12월 전후 최초의 연립 정부를 구성했다. 제헌 의회 선거에서 그가 새롭게 결성한 기독교민주당이 35.2퍼센트의 지지로 선두를 차지했다. (사회당은 20.7퍼센트, 공산당은 18.7퍼센트에 그쳤다.) 진정한 전기는 1947년 1월에 찾아왔다. 이때 주세페 사라가트(Giuseppe Saragat)가 이끄는 사회민주당이 피에트로 네니(Pietro Nenni)가 이끄는 마르크스주의사회당으로부터 갈라져 나왔다. 이 사건으로 데가스페리는 동질적인 기독교민주당 정부를 구성할 수 있었다. 이어 1948년 4월 새로운 헌법 아래 결정적인 첫 승리를 거두었다. 그는 유권자로부터 48.5퍼센트의 지지를 얻고 절대 다수 의석(574석 중 304석)을 차지했다. 이 선거는 전후 유럽에서 치러진 중요한 선거들 가운데 하나다. 이 선거로 이탈리아는 한 세대 동안 상대적인 안정을 유지할 수 있었다. 1945~53년의 '데가스페리 시대'에 이탈리아는 유럽 내에서 중도파 국가로 정치적 신뢰를 얻었고, 마셜플랜을 받아들였고, NATO에 가입했으며, 유럽회의(Council of Europe)와 유럽석탄철강공동체(European Coal and Steel Community)에 참여했다. 이탈리아는 경제 기적을 이룩했다. 베스파(Vespa), 에밀리오 푸치(Emilio Pucci)의 색채, 피닌파리나(Pininfarina)의 차체(車體), 네치(Necchi)의 재봉틀, 올리베티(Olivetti) 타자기, 산업 부흥의 원동력이 된 밀라노의 아침 인사(Buon' lavoro)는 이탈리아가 이룬 경제 기적을 상징했다.

아데나워의 독일

데가스페리의 성공은 독일의 콘라트 아데나워가 나아갈 길을 마련해주었다. 두 사람은 이탈리아와 독일에서 이전에 집권했던 전체주의 정권의 대안으로 떠올랐다. 이미 보았듯이, 아데나워는 1926년에 총리가 될 수 있었다. 하지만 그는 자신이 총리직을 성공적으로 수행하지 못할 거라고 생각했다. 바이마르와 바이마르의 총리는 줄곧 호의적인 평가를 받지 못했다. 아데나워는 바이마르 공화국의 문제는 해결할 수 있는 성질이 아니라고 생각했다. 그는 당시 독일에 널리 퍼져 있던 견해에도 공감하지 못했다. 그렇다고 라인란트 분리주의자는 아니었다. 그는 연방주의자였다. 하지만 '독일의 비범함' 을 결코 믿지 않았다. "독일인은 과대망상증에 걸린 벨기에인이다." 그는 그렇게 주장했다. "프로이센인은 할아버지가 누구인지 망각한 슬라브인이다." 이런 말도 했다. "쾰른에서 베를린으로 가는 밤기차를 타고 가다 엘베강을 건너면 더 이상 잠을 이룰 수가 없다."[14] 바이마르 공화국에서는 쾰른 시장이 독일 가톨릭 사회의 비공식적인 수장이었다. 아데나워에게는 그 정도면 충분했다. 그에게는 독일인이 가지고 있는 인종적 편견이 전혀 없었다. 그는 비스마르크식 국가에 관심을 가진 적도 없다. 비스마르크는 독일 가톨릭교도에게 무엇을 해주었나? 비스마르크는 가톨릭교를 억압했고, 이 때문에 독일 정부와 가톨릭 사이에는 '문화 투쟁' 이라는 비극이 벌어지지 않았는가? 히틀러는 1933년 3월 13일 아데나워를 해임했다. 운이 좋아서 그는 룀 숙청 기간에 슐라이허와 함께 처형당하는 운명을 피할 수 있었다. 그는 히틀러를 미치광이로 생각했다. 히틀러가 독일을 전쟁으로 끌고 가겠지만 패배할 것이라고 생각했다. 막내딸 리베트 베르한(Libeth Werhahn)에 따르면, 아데나워의 가족은 전쟁의 패배를 기원했다고 한다.[15] 아데나워는 독일의 저항을 불신했고, 연합군의 무조건 항복 조건에 아무 불만도 없었다. 오히려 그런 조건이 필요하다고 생각했다.

전후 아데나워의 이력을 살펴보면, 정치에서 운이 얼마나 중요한지 알 수 있다. 미군이 쾰른을 점령했을 때, 쾰른은 도시라고 부를 수조차 없는 수준이었다. 인구는 75만 명에서 32,000명으로 줄어들었다. 앙드레 지드는 폐허가 된 쾰른을 방문한 뒤 너무 놀라 서둘러 떠나려 했다. 연합군은 (가능하다면) 나치가 공직에서 쫓아낸 인물을 원래 자리로 복귀시키는 정책을 취했다. 그래서 미군은 아데나워를 쾰른 시장 자리에 다시 앉혔다. 몇 달 뒤 1945년 10월 쾰른이 영국 점령지가 되자 그는 해임되었고 추방당했다. 이에 대한 만족할 만한 설명도 듣지 못했다.[16] 당시 노동당이 집권하고 있던 영국은 가능하다면 사회민주당을 지원하려 했다. 영국 행정관들이 구상하는 독일의 모습은 통일된 국가로서 무장 해제된 상태에서 온건한 사회주의자가 운영하고, 산업은 크루프 같은 몇몇 인물에게서 빼앗아 국영화해야 했다. 영국 군정의 교육 및 정치부서는 사회주의 경향이 짙은 장교로 채워져 있었다. 그들은 독일 사회민주당 세력이 라디오와 통신사, 「디 벨트 Die Welt」 지 같은 준(準)관영 신문을 경영하게 했다.

영국은 유럽에 대한 외교 정책에서 심각한 실수를 많이 저질렀다. 독일 사회민주당을 지원한 것이 첫 번째 실수다. 사회민주당을 지원한다는 것은 영국의 돈이 사회민주당 지도자 크루트 슈마허(Kurt Schumacher)에게 흘러들어간다는 것을 의미했다. 크루트 슈마허는 비극적인 과거의 희생자였다. 한쪽 팔이 없었고, 곧 한쪽 다리까지 절단해야 했다. 끊이지 않는 고통 때문에, 그는 까다롭고 흥분을 잘하며 참을성이 없고 때로는 비이성적인 행동을 서슴지 않는 인물이 되었다. 그는 여러 면에서 아데나워와는 반대였다. 프로이센인이었고, 개신교도였으며, 거대한 국가, '대독일' 을 신봉했다.[17] 독일에 대한 슈마허의 비전은 본질적으로 소련이 독일 통일에 동의하는지 여부에 달려 있었다. 따라서 동독과 분리되어 있는 서독에는 적합하지 않았다. 슈마허는 그 사실을 이해하려 하지 않았다. 더불어 사회민주당의 노선에 따르는 비스마르크식 독일을 재건하는 것이 히틀러식 독일의 진정한 대안이 될 수 없다는 사실도 알지 못했다. 슈마허의 견해에 따르는 영국도 마찬가지였다. 새로운 독일은 체제의 독을 제거해내야 했다. 하지만 사회민주당의 노선을 따르면, 전능한 온정주의적 국가가 탄생하게 될 것이다. 레닌주의에 근거한 중앙 집권적 산업 국유화가 시행될 것이고, 거대한 프로이센식 관료 체제가 생겨나 평등과 획일화, 집단주의가 강조될 것이다. 이것은 사실 소련인들이 동독에 부과한 처방이었다. 그 결과로 생겨난 것은 급진화된 나치 국가에 불과했다. 동독은 괴벨스(그리고 말년의 히틀러)가 좋아했을 만한 국가였다. 국가사회주의의 진정한 해독제는 개인주의이며, 공적 생활보다 사적 생활이 우선시되는 사회이고, 사회 단위로 가족이 선호되는 곳이며, 자발적 원리가 무엇보다 중시되는 사회다.

이런 생각은 아데나워가 평생토록 지켜왔던 신념과 정확히 일치했다. 그는 가지 모양으로 뻗은 방대하고 긴밀한 가족의 일원으로서, 그리고 나중

▶ **콘라트 아데나워**(1876~1967)
기독교민주당의 당원이며 확고한 반공주의자였던 그는 북대서양조약기구의 창설을 지지했으며, 전쟁 중 독일의 적대국들, 특히 프랑스와의 관계개선을 위해 노력했다.

에는 가장으로서 가족을 전체주의의 침입을 막을 수 있는 유일한 도피처로 생각했다. (철의 장막 뒤에 있는 수백만 명도 이 사실을 깨닫고 있었다.) 물론 가족 또한 완전히 산산조각 날 수 있다. (히틀러는 실제로 유대인 가족 전체를 없애버리곤 했다.) 하지만 가족은 부패하거나 쇠락하지 않는다. 가족 가운데 많은 구성원을 잃는다 해도 사람들은 꿋꿋하게 다시 모이고 다시 가족을 형성한다. 유대 민족의 경험이 이 사실을 증명한다. 정당이나 이데올로기 프로그램이 아닌 가족을 재건의 출발점으로 삼는 사회가 전체주의적 악에 대한 해답이 되어줄 것이다. 슈마허는 아데나워의 생각이 현실에 접목된다면 독일 사회의 나쁜 점만 되살아날 것이라고 주장했다. 이런 주장은 그가 얼마나 큰 오판을 하고 있었는지 보여준다. 아데나워는 다른 누구와 비교할 수 없을 정도로 1860년대 이후 널리 퍼진 독일의 통상적인 사고방식에 반감을 갖고 있었다.

만약 영국이 아데나워를 쾰른 시장 자리에 계속 앉혀두었다면, 그는 결코 새로운 국가의 정치에 참여하지 못했을 것이다. 영국은 그를 시장직에서 쫓아냈다. 한편 소련 당국은 아데나워의 가장 위험한 적수 안드레아스 헤르메스(Andreas Hermes)의 정치 활동을 금지시킴으로써 아데나워의 정계 진출을 도왔다. 1945년의 여름과 가을에 독일 각지에서 기독교민주당 그룹이 등장했다. 그가 쾰른 시장 자리에서 쫓겨난 시기는 의도적으로 보일 정도로 딱 들어맞았다. 그는 기독교민주당 연합을 쾰른 지역을 기반으로 하는 서독의 정당 연합으로 조직하고 당을 이끌었다. 따라서 그는 새로 등장한 독일 국가의 특징에 맞게 당 조직을 만들어냈던 것이다.[18] 1946년 3월 첫 공식 연설에서 아데나워는 목표를 대략적으로 설명했다. 새로운 국가는 더 이상 개인을 지배하지 않을 것이다. 각자가 책임을 지고 모든 생활을 영위해나가게 될 것이다. 기독교 윤리가 독일 사회의 근간이 될 것이다. 독일은 연방 국가가 되고, 유럽 연방의 궁극적인 탄생을 염두에 둘 것이다.[19]

쾰른대학교에서 행한 이 연설은 전후 세계에서 가장 중요한 연설 가운데 하나로, 전후 독일, 나아가 서유럽 정치의 시작을 알리는 연설이었다. 아데나워는 27년 전인 1918년 6월에도 쾰른대학교에서 주목할 만한 연설을 한 적이 있다. 그는 그때 이렇게 경고했다. "강화 조약의 궁극적인 형태가 어떻든, 고대 세계의 교차로였던 이곳 라인 강 위에서 독일 문명과 서구 민주주의 문명은 앞으로 수십 년간 만나게 될 것입니다. 두 문명 간에 진정한 화해가 이루어질 수 없다면 …… 유럽은 영원히 주도권을 상실하게 될 것입니다"[20] 유럽은 그의 경고를 무시했다. 그리하여 유럽의 주도권은 사라져버렸다. 어쩌면 영원히 사라져버렸을지도 모른다. 하지만 유럽의 안정과 번영은 아직도 실현 가능한 목표로 남아 있었다. 1919년 아데나워는 독일 연방 내에 라인 루르 국가를 만들려고 생각한 적이 있다. 1946년 7월 영국은 라인란트 산업 지대와 베스트팔렌 농업 지대를 합쳐 노르트라인 베스트팔렌(Nordrhein-Westfalen) 주를 만들었다. 주의 국경선은 1919년 아데나워가 구상했던 것과 거의 일치했다. 따라서 영국은 그의 계획을 실현할 완벽한 수단을 준 셈이다. 아데나워에게 또 한 번 행운이 찾아왔던 것이다.

그 뒤 3년간 아데나워는 영국이 모르고 넘겨준 카드를 완벽하게 활용했다. 그는 노련하고 다부진 늙은이였다. 그는 인내를 배우고, 위엄과 평상심을 지켰다. 유연하고 차분했으며, 탁자를 치는 일도 아첨을 하는 일도 없었다. 하지만 그는 사람들을 기쁘게 했고, 때로는 분별력을 발휘해 남을 치켜세우는 일도 마다하지 않았다. 처칠은 "독일인은 언제나 남을 제압하려들거나 그렇지 않으면 남에게 군말 없이 복종한다"고 말한 적이 있다. 아데나워는 처칠의 말을 가슴 깊이 새겼다. 그는 어느 쪽에도 해당되지 않았다. 영국 장관이 말했듯이, 아데나워에게는 "독일인의 국민성에서 한 발짝 물러설 수 있는 힘"이 있었다. 그는 "독일인이 드러내는 약점" 또한 잘 알고 있었다.[21] 상황은 그에게 유리하게 돌아갔다. 소련이 철의 장막을 튼튼히 하면 할수록 연합국의 노력은 아데나워가 원하는 서독 국가의 수립 쪽으로 기울어졌다. 그는 베를린을 수도 후보에서 배제했다. "베를린을 새로운 수도로 삼는다면, 새로운 정신적 프로이센이 탄생하게 될 것이다." 수도는 "독일의 창이 서구 쪽으로 활짝 열려 있는 곳"이어야 했다.[22] 베를린에서 발생한 첫 번째 위기는 이러한 견해를 강화시켰다. 아데나워는 사회민주당이 계획하고 있는 독일 산업의 전면적 국유화를 저지했다. 영국은 처음에는 사회민주당의 계획을 지지했다. 소련은 동독에 대한 마셜플랜의 원조를 거부함으로써 아데나워를 이롭게 했다. 그 덕분에 기독교민주당 연합의 지도자이자 아데나워의 주요 경쟁자였던 야코프 카이저(Jakob Kaiser)의 기반이 약화되었고, 아데나워가 장기 목표를 추진하기 위해 요구했던 서독의 독자적인 경제 발전이 가능해졌다. 독일이 원래의 산업 기반을 그대로 갖춘 인구 8,000만 명의 대국이라면, 프랑스는 독일을 포함한 유럽 연방의 창설에 동의하지 않을 것이다. 아데나워는 그 무렵 이미 그 사실을 알고 있었다. 소련은 아데나워가 계획했던 독일의 진정한 창조자였다. 소련은 독일의 분단을 지속시킬 정책을 폈다. 1947~48년 냉전을 강화하려는 소련의 행동은 서독의 탄생을 가속화시켰다. 모든 독일인이 그랬듯이, 아데나워는 그때나 그 후에나 말로만 재통일을 얘기했을 뿐이다. 실제로 그는 독일을 분단된 상태로 놔두기를 원했다. 소련이 그 일을 대신 해주었다.

아데나워에게 주어진 가장 큰 은총은 임시의회 의장이 되어 직접 헌법을 작성할 수 있었던 것이다. 그는 많은 시간과 공을 들였다. 마침내 그의 손에서 탄생한 서독 헌법은 현대 국가의 가장 뛰어난 헌법으로 손꼽을 만했다. 총리의 충분한 권한과 연방 정부의 확고한 권리가 균형을 이룬 서독 헌법은 바이마르 헌법에 비할 수 없는 걸작이다. 1949년 8월 14일 서독에서 총선이 치러졌다. 이 선거에서 아데나워는 루트비히 에르하르트(Ludwig Erhard)와 연합했다. 루트비히 에르하르트는 영미 점령 지구 경제위원회의 위원장이었다. 자유시장경제에 관한 그의 철학은 낮은 관세, 자유 무역, 저가 수입, 고가 수출에 기반을 두고 있었다. 그의 경제 철학은 아데나워의 정치 철학과 궁합이 맞았다. 에르하르트의 경제 정책은 실제로 1949년 여름에 이미 성과를 내고 있었다. 끝까지 방향을 잘못 짚은 영국은 사회민주당이 낙승(樂勝)하리라 예상했다. 하지만 막상 뚜껑을 열어보니 기독교민주당이 736만 표를 획득한 반면, 사회주의 세력은 700만 표에도 못 미쳤다. 아데나워는 초당적 연립 정부의 구성 가능성을 부인하며, 총 1,300만 명이 (에르하르트가 추진하는) 자유 기업에 찬성표를 던졌으며, 겨우 800만 명만이 국유화에 찬성하고 있다고 주장했다. 선거 뒤 아데나워가 기독교민주당과 에르하르트를 완전히 장악하고 있다는 사실이 드러났다. 그는 총리의 자리에 오르고 내각을 구성하는 동안, 전횡이라고 할 수는 없지만 권위적인 태도를 보였다. 의사는 그가 총리 자리에 앉아 있을 수 있는 시간이 2년 정도일 거라고 말했다.[23] 하지만 그는 14년간 총리직을 지켰다. 따라서 8월 총선은 전후 세계의 결정적인 사건이었다. 당시 사회민주당의 경제 철학이나 경제 프로그램으로 미루어보건대, 만일 사회민주당이 정권을 잡았다면, 서독은 '경제 기적'을 이루지 못했을 것이다. 아데나워와 에르하르트의 협력이 경제 기적을 이루어낸 것이다. 사회민주당이 1969년 마침내 권력을 잡았을 때, 그들은 이미 마르크스주의 집단 소유를 포기하고 사실상 에르하르트의 시장 경제 철학을 받아들인 상태였다.

아데나워는 또 한 번 영국 덕분에 결정적인 이득을 보았다. 히틀러는 노조 운동을 완전히 파괴했다. 그런데 영국은 독일 민주주의를 재건하기 위해서는 노조 운동이 필수적이라고 생각했다. 영국은 정당을 허용하기 훨씬 전인 1945년부터 노동조합의 창립을 독려했다. 영국이 지지했던 인물은 라인란트 금속 노동자들의 지도자였던 한스 뵈클러(Hans Boeckler)였다. 한스 뵈클러는 거대한 규모의 노조를 구성할 생각이었다. 그러한 생각은 사실 1914년 이전의 기묘한 생디칼리스트의 개념에 기반을 두고 있다. 영국은 광산 노조 대표 윌 로더(Will Lawther)와 토목 노동자 대표 잭 태너(Jack Tanner)를 파견했다. 뵈클러를 설득하여 산업별 노동조합을 창설하기 위해서였다. 그리하여 독일에는 역사 발전의 정상적인 과정을 따랐다면 불가능했을 노조 조직이 확립되었다. 독일 노조는 영국 노동조합 모델을 완벽하게 개선한 형태였다. 독일 노조에서는 영국 노조 조직에 존재하는 모든 약점과 모순, 불합리, 비능률이 제거되었다. 영국은 역사상 유례가 없는, 무모할 정도의 관대함을 보여주었다. 독일은 주요 무역 경쟁국인 영국으로부터 '공짜로' 현대 산업의 요구에 정확히 들어맞는 노조 조직을 얻었다. 영국은 반세기 동안 민주적 합의를 통해 이러한 노조 조직을 달성하려다 실패했다.

독일노동조합연맹(DGB)이라는 단체 안에 대략 16개의 산업별 노조가 창설되었다. 영국의 권고로, 독일노동조합연맹은 제명 처분을 내릴 수 있는 법적 권한뿐만 아니라 모든 노조 조합비의 일정 비율을 재정으로 이용할 수 있는 권리를 얻었다. 이에 따라 독일노동조합연맹은 막대한 자금을 보유할 수 있게 되었다. 노조는 이 돈을 사용할 수 있었고, 파업이 발생하면 이 돈을 끌어다 써야 했다. 파업을 하기 위해서는, 비밀 투표를 통해 75퍼센트의 찬성을 얻어야 했다. 독일노동조합연맹은 사실상 여기에 거부권을 행사할 수 있었다.[24] 정치적 목적의 파업은 배제되었다. 노동조합과 정치운동의 유기적 관계도 마찬가지로 배제되었다. 서독은 주요 산업 국가 가운데서 가장 효율적인 노조 조직을 구성했던 것이다. 독일은 (미국과 달리) 서로 경쟁하는 연합 조직이 없었고, (이탈리아, 프랑스와 달리) 종교적인 분열이나 마르크스주의적 분열이 없었으며, (영국과 달리) 정치적인 노조가 없었다. 무엇보다 독일은 초기 산업 단계의 몹쓸 유물이었던 직업별 노동조합이 없었다. 직업별 노동조합은 생산성의 제고를 방해하는 주된 장치였다.

아데나워는 영국이 선사한 이 선물을 능수능란하게 활용했다. 뵈클러는 1949년 10월 독일노동조합연맹의 초대 의장이 되었고, 그 뒤로는 연맹의 독재자가 되었다. 그는 한때 쾰른 시의회에서 아데나워와 함께 일한 적이 있다. 총리가 된 아데나워는 에르하르트와 함께 뵈클러를 중용했다. 두 사람은 아데나워가 추진한 사회 경제 정책의 설계자가 되었다. 아데나워는 뵈클러를 설득하여 공유제를 포기하고, 노동과 자본의 협력, 생산성 협약에 근거한 고임금 정책을 받아들이게 했다.[25] 아데나워는 1951년 사회민주당의 도움으로 연립 정부 붕괴의 위험을 무릅쓰고 연방 하원에서 협력 법안을 통과시켰다. 이 법안은 상당한 정치적 경제적 이익을 가져다주었다. 이듬해 독일은 충분히 부유해졌다. 덕분에 아데나워는 독일의 사회적인 안정을 확립할 수 있었다. 또한 그 과정에서 사회민주당의 정책 목표 대부분을 완전하게 성취했다.[26] 1950년대 중반에 이르자, 독일 노동계는 높은 이윤, 높은 임금과 수당, 높은 생산성, 훌륭한 사회보장, 정책 결정 참여 등을 통해 본질적으로 비정치적인 노선을 견고하게 구축해놓은 상태였다. 이런 과정에서 서독에서는 계급투쟁이 사라졌다. 그 결과 1959년 사회민주당은 마르크스주의 철학을 포기했다.

아데나워는 현대사에서 가장 뛰어난 정치가에 속한다. 적어도 최근 독일사에서 가장 큰 성공을 거둔 정치가라는 사실은 틀림없다. 그가 총리로 재직하는 동안 독일의 실질 소득은 3배나 증가했다. 1953년 아데나워의 연합 세력은 연방 하원에서 과반수를 얻었다. 독일 통화가 유럽에서 가장 강한 통화가 된 1957년에는 압도적인 과반수를 차지했다. 그는 독일 민주주의를 난공불락의 요새로 만들었다. 독일은 문명화된 강대국의 협력 체제 안으로 돌아갔을 뿐 아니라 합법적인 민주주의 체제를 떠받치는 대들보가 되었다. 아데나워에게 진정한 의미의 이상주의 성향과 냉소적인 교활함이 없었다면, 이런 일들을 성취할 수 없었을 것이다. 에르하르트는 아데나워가 인간을 경멸한다고 생각했다. 사실 아데나워는 인간의 나약함, 특히 독일인의 부도덕성을 강하게 의식했다. 그는 새로운 연방 하원 의회 건물의 내부 설계를 직접 감독하여 웅장한 무대로 만들었다. (마치 막스 라인하르트가 「율리우스 카이사르」 공연을 위해 설치한 무대 같았다.) 하지만 잉크병과 탁상 용품은 고정식으로 만들었다. 난동을 막기 위해서였다. 그러한 조치는 대단한 것이었고, 아데나워의 냉정함, 위엄, 원숙함을 돋보이게 했다. 아데나워에게는 캘빈 쿨리지 같은 장난기도 있었다. 땅딸막한 오이겐 게르스텐마이어(Eugen Gerstenmaier) 하원 의장은 의회에서 연설할 때 나무 받침대를 사용했는데, 아데나워는 장난으로 받침대를 감추어놓기도 했다. 아데나워는 독일인이 개인으로든 민족으로든 믿을 만한 사람이 못 된다고 생각했다. 그래서 장관들의 뒷조사를 하기도 했다. 외무장관이 파리의 유곽에 갔다는 사실을 알아내고는 파직했다.[27] 아데나워는 가족을 제외한 다른 사람들에게는 거의 애정을 보이지 않았다. 아데나워의 가장 절친한 동료는 한스 글롭케였다. 글롭케는 뉘른베르크법을 기초한 사람이었지만, 아데나워 밑에서 총리 비서실장으로 일하며 사적인 정보 조직까지 책임지고 있었다. 아데나워는 웃으며 이렇게 말하곤 했다. "글롭케의 금고 안에 무엇이 들어 있는지 누가 알겠소?"[28] 그는 민주주의 정치가는 전체주의 정치가들보다 더 현명하고 정보 수집에도 더 뛰어나야 한다고 생각했다. 집단의 관점에서 국가마저 예속시키는 절대적인 법치의 틀 안에서만 독일인을 신뢰할 수 있다고 믿었다. 그가 확립한 법치의 틀은 궁극적으로 독일 정치문화에 크게 이바지했다.

소련 지도자들은 히틀러처럼 법을 증오하고 조롱했다. 이 때문에 아데나워는 그들과 협상하려 하지 않았다. 그들에게서는 아무런 보장도 받을 수 없고, 협상에서 세부 사항을 일일이 감시할 수도 없다는 게 아데나워의 생각이었다. 그는 소련 정권이 전쟁 기간과 그 후에 유럽에서 130만 제곱킬로미터의 영토를 갈취했다고 말하곤 했다. 소련은 이제 세계에서 유일한 팽창주의 국가였다. 소련은 다른 나라와 체결한 48개 조약 가운데 45개를 파기하거나 위반했다.[29] 아데나워는 소련의 의도를 제대로 알아야 한다고 주장하면서, 1952년, 1955년, 1959년의 '재통합' 제안이 사기였음을 폭로했다. 그는 독일인 전쟁 포로 1,150,000명이 소련으로 흘러 들어갔고, 그 가운데 행방을 확인할 수 있었던 사람은 '전범'으로 분류된 9,268명뿐이었다는 사실을 잊지 않았다.[30] 그래서 그는 서독으로 피신하라고 독일인을 설득하는 데 수단을 가리지 않았다. 서독에서는 그들에게 법과 자유, 일자리를 줄 수 있기 때문이다. 1953년 6월 동독 노동자들의 봉기가 일어나자, 소련 지도자들은 적군으로 잔인하게 진압하는 한편 발터 울브리히트(Walter Ulbricht)가 이끄는 동독을 위성 국가로 만들어버렸다. 동독은 순탄치 못한 길을 걸었다. 아데나워가 피난민 지원 정책을 편 후, 동독은 1961년 7월까지 하루 1,000명씩 인구가 줄어들었다. 이 일은 동독을 국가적 위기로 몰아넣었다. 그해 8월 13일 울브리히트는 소련의 승인 아래 베를린 장벽을 세우기 시작했다. 물론 불법이었다. 트루먼이나 아이젠하워였다면 베를린 장벽을 부숴버렸을 것이다. 하지만 존 F. 케네디는 약한 대통령이었다. 그는 그것을 어쩔 수 없는 사실로 받아들였다. 아데나워로서는 할 수 있는 일이 아무것도 없었다. 베를린과 관련해서는 아무 권한이 없었기 때문이다. 베를린은 여전히 영국, 미국, 프랑스, 소련 4개국의 책임 아래 있었다. 난민 유입의 흐름이 끊겼고, 베를린 장벽은 동독 경제를 살렸다. 소련의 입장에서 동독은 골치 아픈 짐에서 수익을 낳는 재산으로 탈바꿈했다. 동독은 소비에트 블록의 믿을 만한 산업 기지가 되었고, 아데나워는 말년에 슬픔 속에서 그 일을 지켜보아야 했다.

하지만 그 무렵 아데나워의 작품이 완성되었다. 그의 손을 통해 서독은 경제적 군사적 정치적으로 서구 문화와 서구적 합법성에 연결되었다. 서독은 인간의 창조력으로는 그 이상을 바랄 수 없을 만큼 긴밀히, 그리고 영구적으로 서구와 연결되었다. 아데나워의 실제적인 이상주의가 현실 정치와 균형을 이룬 덕분이다. 그는 독일의 이익보다 유럽의 이득을 우선시한 최초의 독일 정치가다. 아데나워를 비판하는 사람은 그가 "훌륭한 유럽인이지만 형편없는 독일인"이라고 말한다.[31] 그 말은 사실일 것이다. 그런 의미에서라면 아데나워는 "형편없는 독일인"이 되기를 바랐다. 그는 칼만 교수가 그린 초상화를 좋아하지 않았다. "독일인처럼" 보이기 때문이었다. 그는 독일과 서구가 감당할 수 없는 대가를 지불하지 않는 한, 독일의 재통합은 불가능하다고 생각했다. 그의 생각은 옳았다. 그의 후계자들이 20년에 걸쳐 노력했음에도 불구하고 실패했다는 사실이 이를 증명해준다. 이와 반대로 서구와의 통합은 실현 가능한 목표였다. 아데나워는 그것을 깨달았다. 하지만 그는 이번에도 역시 운이 좋았다. 그는 감정적이라기보다는 이성적으로 독일의 미래가 프랑스에 달려 있다는 것을 깨달았다. 그는 프랑스에 호감을 가지고 있지는 않았다. 그에게는 프랑스적 취향도 전혀 없었다. 프랑스에 대한 지식 자체가 거의 없었다. 일흔 살이 될 때까지 프랑스에 가 본 적은 한 번밖에 없었다. 그것도 회의 때문에 이틀간 머무른 게 전부다. 하지만 항상 그래왔듯 그는 현실적으로 정치 문제에 접근했다. "프랑스가 없는, 혹은 프랑스에 반대하는 유럽의 정책은 있을 수 없다. 독일이 없는, 혹은 독일에 반대하는 유럽의 정책이 있을 수 없는 것과 마찬가지다."[32)]

드골과 프랑스의 부활

아데나워가 프랑스에서 함께 일하기를 희망했던 인물은 로베르 슈만(Robert Schuman)이었다. 슈만은 데가스페리나 아데나워와 공통점이 많았다. 그는 로렌 출신으로, 독일어가 모국어였다. 알자스로렌(Alsace-Lorraine) 지방이 1871년부터 프로이센에 병합되었기 때문이다. 1919년 그는 중년의 나이가 되었지만, 그때까지도 프랑스 시민이 아니었다. 아데나워는 그를 로타르 왕국의 시민으로 생각했다. 로타르 왕국은 샤를마뉴(Charlemagne) 대제의 손자 로타르 1세(Lothar Ⅰ)가 지배하던 왕국이며, 흔히 '중부 왕국' 이라 불렸다. 로렌과 쾰른은 이 중부 왕국에 속해있었다. 1950년 5월 9일 아데나워는 유럽경제공동체(European Economic Community)의 근간이 되는 유럽석탄철강공동체에 대한 아이디어를 슈만에게 제시했고, 슈만은 이를 받아들였다. 1955년 10월 충분치는 않지만 정서적으로 중요했던 자를란트 문제가 마침내 해결되었다. 누구보다 슈만의 공이 컸다. 자를란트 주민들은 독일 연방에서 분리되는 데 반대했고, 결국 프랑스는 자를란트를 독일에 반환했다.

하지만 슈만은 프랑스인의 대표성이 약했다. 아데나워가 품고 있던 더 웅대한 구상에 프랑스를 끌어들이는 데는 그만으로는 충분하지 않았다. 슈만은 제1차 세계대전 기간에 독일군에서 중사로 복무했다. 프랑스로서는 로렌 사람이 독일군 이등병이나 일등병, 심지어 장교가 되는 것도 양해할 수 있는 일이었다. 단순한 출생지의 문제일 수 있기 때문이다. 하지만 슈만이 하사관의 자리까지 올랐다는 것은 독일에 열정적인 충성을 바쳤다는 것을 의미했다. 어쨌든 제4공화국 자체가 프랑스를 제대로 끌고 나갈 수 없었다. 제4공화국은 너무나 허약했기 때문에 아무것도 영구적으로 끌고 나갈 수 없었다. 프랑스가 독일을 포용하기 위해서는 새로운 힘에서 우러나온 자신감이 필요했고, 그 자신감을 실제로 보여줄 수 있는 인물과 정부가 필요했다. 드골이 다시 등장할 때까지 아데나워가 장기 집권할 수 있었던 것 또한 큰 행운이었다. 드골은 다시 권력의 자리에 올랐고, 이어 제5공화국이 탄생했다.

1960년대와 1970년대에 일어났던 프랑스의 부흥은 현대사에서 주목할 만한 사건이다. 앞에서 보았듯이 1930년대에는 상상할 수도 없었던 일이다. 하지만 그러한 일이 실제로 일어났다. 프랑스가 다시 번영에 이르는 길은 험난했고 역설적이었다. 말기의 제3공화국은 "작은 것이 아름답다"는 개념을 현실로 보여주었다. 인구 감소, 총생산 · 생산성 · 투자 · 임금 · 소비의 감소, '작은 사람' 에 대한 광적인 숭배, 작은 공장, 작은 농장, 작은 도시 등. 프랑스는 독일에 패배하기 전에 이미 죽어 있었고, 1940년 여름에는 한 덩어리의 흙먼지로 변해버렸다. 비시 정권이 부흥의 시초가 되었다는 사실을 이해할 필요가 있다. 비시 정권을 만든 게 프랑스 파시스트와 협력자들뿐 아니라 그전 정권의 부패와 무능력에 통탄했던 사람들 모두였기 때문이다. 페탱은 아케이즘(archaism)에 젖어 있었는지도 모른다. 그는 이렇게 말했다. "프랑스는 마을의 문 주위에서 늑대들이 울부짖기 전까지는 다시 위대해질 수 없을 것이다."[33] 하지만 비시 정권에서 요직에 있었던 사람들 대부분은 급진적인 현대화를 추진했던 사람들이다. 1930년 폴리테크니크 경제 연구소를 창설한 장 쿠트로(Jean Coutrot) 아래서 새로운 세대의 전문 관료들이 비시 정부의 전면에 등장했다. 산업생산장관 장 비슐론(Jean Bichelonne), 비시 정부의 주요 경제 이론가 앙리 쿨망(Henri Culman), 그리고 1934년 라발의 고문이 되었으며 나중에는 드골의 고문이 된 자크 뤼프(Jacques Rueff), (피에르 망데스 프랑스 시대와) 드골 시대에 영향력을 행사한 롤랑 보리스(Roland Boris), 나중에 제5공화국의 경제 계획 위원회 위원이 되는 피에르 마세(Pierre Massé) 등이 있었다.[34]

비시 정부는 기묘한 혼란과 모순, 배반의 와중에 있었지만, 기존의 질서를 전복했다는 사실 하나만 보자면 실험과 도전의 시대였다. 진취적인 젊은 세대의 프랑스 농민도 이 시대의 수혜자였다. 그들은 새로운 농민의 전형으로 나중에 유럽경제공동체에서 역량을 발휘했다. 어쨌든 이때 최초로 농민들이 근대화나 기계화, 생산성에 관심을 갖게 되었다.[35] 반(半)자발적인 경제 계획 시스템(유도형 계획)이 탄생했다. 이 시스템은 '국가계획위원회'의 모태가 되었다. 세금을 재원으로 하는 가족 수당을 처음 시행한 것도 비시 정부였다. 이러한 가족 수당은 1932년 인구 통계학자 아돌프 랑드리(Adolphe Landry)가 출산율을 높이기 위해 생각해낸 제도다. 실제로 비시 정부 아래서 프랑스의 출산율이 다시 오르기 시작했다. 100년 만에 처음 있는 일이었다. 이에 따른 심리적 효과는 엄청났다.

비시 정부는 젊은이들에게 큰 애정을 쏟았다. 독일에서 전염된 유행이었다. 제3공화국보다 교육에 훨씬 더 많은 투자를 했다. 프랑스에서 실제로 인기 스포츠를 탄생시킨 것도 비시 정부였다. 특히 축구가 그렇다. 1939년 프랑스에는 프로 축구 선수가 30명뿐이었는데, 1943년이 되자 10배로 증가했다.[36] '청년 작업장' 또는 '청년 조선소' 역시 비시 정부의 특징을 보여준다. 이것은 말 그대로 조선소였는데, 비시 정부가 그때까지 부족했던 기술 교육에 중점을 두었음을 알 수 있다. 목표는 프랑스의 회춘이었다. 정보장관 폴 마리옹(Paul Marion)은 이렇게 썼다. "우리 덕분에 아페리티프(apéritif), 끽연실, 사교 파티, 긴 식사 시간의 프랑스가 캠핑, 스포츠, 댄스, 여행, 그룹 하이킹의 프랑스로 바뀔 것이다."[37] 이러한 예측은 상당 부분이 현실이 되어 나타났다.

비시 정권의 대부분의 성과는 정권 자체의 붕괴와 뒤따르는 국가 분열로 내팽개쳐졌다. 대략 12만 명이 레지스탕스 운동에 참여했다. 나치 협력자로 고발당한 사람은 19만 명으로 그보다 더 많았다. 대략 10만 명이 투옥되었다. 1944년에 얼마나 많은 사람이 살해되었는지는 오늘날까지 아무도 모른다. 실제 확인된 건 약 4,500명 정도다.[38] 1939~40년 사실상 전쟁에 반대했던 공산주의자들은 1944년에 가장 큰 이득을 보았다. 이때 대부분의 적을 처단할 수 있었기 때문이다. 그들은 '처형당한 자들의 당' 이라는 이름을 내걸었고, 나치와 비시 정권이 '공산주의 애국자' 75,000명을 살해했다고 주장했다. 하지만 프랑스의 공식적인 집계에 따르면, 뉘른베르크 재판 때 나치 점령기의 피살자 총수는 29,660명에 지나지 않았다. 게다가 공산당은 공산당 '영웅' 176명 외에는 살해당했다는 사람들의 이름을 대지 못했다.[39]

사실 공산주의자들은 리옹 재판 때 사회주의자에 대한 혐의 증거를 제공하겠다고 제의한 적이 있으며, 공산당 기관지 「위마니테 L' Humanité」는 비시 정부가 반나치 인사들을 감옥에서 풀어주었을 때 항의하기도 했다.[40] 다른 당과 달리 공산당은 나치 협력자를 제거하지 않았다. 공산당 지도자 모리스 토레즈도 아무런 처벌을 받지 않았다. 1944~45년에 제거된 공산당원은 1939~40년 스탈린 노선에 따르지 않고 나치와 싸운 사람들뿐이었다.

전쟁 뒤 공산당은 프랑스 정당 가운데 재원과 조직 등 여러 면에서 가장 앞선 정당이 되었다. 뒤늦게 레지스탕스 운동에 참여해 피해가 적었기 때문이다. 공산당의 득표수는 1936년에는 150만 표에 불과했지만 1946년에는 550만 표가 되었고, 1949년까지 꾸준히 증가했다. 1940년대 말 당비를 납입한 공산당원은 대략 90만 명이었다. 프랑스 공산당은 완전히 스탈린주의를 따르고 있었다. 그건 스탈린이 죽은 뒤에도 마찬가지였다. 프랑스 공산당은 모리스 토레즈 때문에 지적으로나 도덕적으로 철두철미하게 부패했다. 토레즈는 전형적인 20세기 직업 정치가로, 스물세 살에 당의 상근 직원이 되었다. 그 뒤로 다른 일은 해본 적이 없다. 사실 그는 평생 동안 모스크바 공무원으로 산 셈이다.[41] 토레즈는 공산당 표를 꽁꽁 묶어두었고, 공산당의 영역에 작은 철의 장막을 쳤다. 그곳에는 공산당을 위한 신문, 희곡, 소설, 시, 여성 잡지, 아동용 만화, 요리책, 농민들을 위한 연감이 따로 있었다.[42]

공산당은 기본적으로 외국에 충성하는 세력이었다. 이 거대하고 완고한 조직 때문에 프랑스를 통치하는 데는 극복하기 힘든 어려움이 따랐다. 드골은 (자기 말대로) "공화국을 시궁창에서 건져냈지만," 연립 정부에서 가장 중요한 외무부, 군대, 경찰을 공산당에게 넘겨줄 수는 없다고 생각했다. 라디오에서 말했듯이, 드골은 "대외 정책을 집행하는 외무부, 대외 정책을 뒷받침하는 군대, 대외 정책을 엄호하는 경찰" 중 하나라도 그들 손에 넘겨줄 생각이 없었다. 아무 것도 그들에게 양보할 수 없었다.[43] 개별 정당의 당론을 넘어 국가 이익을 우선시하는 정책을 펼 수 없었기 때문에, 드골은

1946년 1월 사임했다. 그 결과 그는 새로운 헌법의 틀을 짜는 데 직접적인 역할을 할 수 없었다. 제4공화국의 새 헌법은 공산당과 사회당의 작품이었다. 결과는 비극적이었다.

일찍이 신권 군주 정치의 종식 이후 프랑스에서는 중앙 정부의 요구와 대의제의 권리를 조화시킬 만한 마땅한 헌법이 마련된 적이 없었다. 헌법의 중심이 이쪽 혹은 저쪽으로 쏠릴 때마다 프랑스는 독재와 혼돈 사이를 오락가락했다. 최초의 12개 헌법은 모두 실패작이었다. 1875년 제3공화국의 헌법은 의회에서 한 표 차이로 통과되었다. 사실 의회에서는 군주제 지지자들이 다수를 차지했지만, 누구를 왕으로 할지 합의에 도달하지 못했던 것이다. 제3공화국은 동요와 불안 속에서 65년간 지속되었다. 하지만 1940년에 결국 완전한 실패로 막을 내렸다. 사실 국민의 반은 정신적으로 제3공화국을 인정한 적이 없었다. 이것이 비시 정권이 그토록 열광적인 환영을 받은 이유다. 그후 페탱은 새 헌법을 만들 권한을 부여받았지만, (히틀러처럼) 그 권한을 내팽개쳤다. 드골은 물론 강력한 대통령제를 지지했다. 그는 1946년 6월 바이외(Bayeux)에서 행한 연설에서 이런 구상을 개략적으로 밝혔다. 하지만 그의 구상은 헌법안이 되어 투표에 부쳐지지 못했다.

프랑스 제4공화국 최초의 헌법안은 공산주의자와 사회주의자가 작성했다. 그들의 헌법안은 국민 투표에서 거부되었다. 마지못한 인민공화운동당의 지원을 받아 수정안이 마침내 승인되었다. 하지만 찬성표를 던진 사람은 겨우 900만 명에 불과했다. 원래의 헌법안보다 더 적은 숫자였다. 800만 명 이상이 반대표를 던졌고, 850만 명은 혐오감 속에서 기권했다.[44] 제4공화국의 헌법은 신랄한 언쟁 속에서 시간에 쫓겨 서둘러 만들어졌다. 이 헌법은 거대하고 지적인 나라 프랑스에 억지로 떠맡겨졌던 최악의 헌법이다. 문장 표현도 엉망이고, 많은 조항이 서로 모순되었다. 어떤 조항들은 너무 복잡해 이해하기 힘들었고, 세부 사항 일부는 누락되어 있었다. 프랑스 연합과 '지역 공동체' 에 관한 장은 아예 시행되지 않았다. 내각 구성이나 불신임 투표, 의회 해산의 절차는 거의 무용지물이었다. 복잡하고 혼란스런 타협의 산물이었던 탓에, 타협안을 제시했던 사람들조차 싫어할 정도였다.[45] 거기에는 제3공화국 헌법의 혼란스런 결함들이 대부분 그대로 남아 있었고, 새로운 결함까지 더해졌다.

헌법을 제정하는 일은 생색이 나지 않는 일이다. 게다가 헌법을 검토하는 일은 역사의 따분한 면을 살펴보는 일이다. 하지만 헌법은 중요하다. 바이마르 공화국은 헌법에 결함이 있었기 때문에 붕괴되었다. 독일연방공화국(서독)은 아데나워가 헌법의 균형 잡힌 토대를 마련했기 때문에 성공할 수 있었다. 제4공화국 헌법은 공화국을 드골의 말대로 "정당들의 발레" 를 위한 장소로 바꿔놓았다. 드골은 제4공화국 헌법을 경멸했다. 헌법의 비례대표제 때문에 어떤 정당도 동질적인 내각을 구성할 수 없었다. 대통령은 명색뿐이었고, 총리는 대개 무기력해 있으나마나한 존재가 되었다. 연립정권이 자주 교체되었기 때문에 통치의 안정과 연속성이 없었고, 무엇보다 중대한 결정을 내릴 수가 없었다. 특히 인기가 없는 사안들은 강력한 압력 단체들이 반발했다. 식민지 문제가 그런 경우다. 제4공화국 정권이 인도차이나반도에서 이길 수 없는 전쟁에 휘말리고, 결국 1954년 디엔비엔푸에서 베트남군에 항복한 것도 우연이 아니다. 수년 뒤 프랑스가 알제리에서 마침내 쓰디쓴 맛을 보게 된 것도 마찬가지다.

하지만 제4공화국의 12년이 완전히 낭비된 것은 아니다. 그동안에도 비시 정부에서 시작된 전문 관료 혁명이 계속되고 있었다. 사실 헌신적인 장 모네 덕분에 이 혁명은 속도가 붙었다. 그의 가족은 작은 코냑 회사를 운영했다. 대개 오랜 전통의 프랑스산 코냑을 취급했지만, 세계로 수출했기 때문에 회사는 국제적인 시야를 가지고 있었다. 장 모네는 열여섯 살 때부터 사업차 해외 출장을 다녔다. 대개 금융 관련 업무 때문이었다. 하지만 제1차 세계대전 때는 대부분의 시간을 상무장관 에티엔 클레망텔 밑에서 일했다. 클레망텔은 자본주의 기업이 계획을 세울 수 있도록 정부가 도와야 한다고 믿은 최초의 프랑스인이다. 그는 또 '민주 국가의 국민들' (그에게는 서유럽과 미국 사람을 의미했다)이 '경제 연합' 을 구성해야 한다고 생각했다.[46] 제2차 세계대전 동안 장 모네는 뛰어난 능력으로 연합군의 무기 생산을 차질 없이 수행했다.

드골이 그에게 파탄 난 프랑스 경제 재건의 책임을 맡긴 것은 당연한 일이다. 장 모네는 '국가계획위원회' 를 창설했다. 이를 모태로 그는 미래에 태어날 유럽경제공동체의 최초의 기구를 만드는 작업에 착수했다. 그는 보기 드문 사람이었다. 아이디어가 풍부하고 열정과 확신에 가득 차 있었다. 하지만 이데올로기를 믿지 않았다. 효과가 있는 유일한 산업 육성 계획은 설득과 동의를 토대로 하는 것이라고 생각했다. 그에게 산업 육성 계획을 담당하는 기관은 단지 틀일 뿐이었다. 규칙이나 규정의 목적은 유토피아를 만드는 것이 아니라 완전 경쟁을 유도하는 것이어야 했다. 산업 육성 계획을 이끌 위원들의 기능은 명령을 내리는 것이 아니라 뜻을 모으는 것이어야 했다. 모네가 취한 접근 방식의 미덕은 계획과 시장 시스템의 조화가 가능하다는 점이다. 관료주의와 관료주의가 낳는 전횡은 최소화되었다. 국가계획위원회에서 고위 관료는 모두 30명에 불과했다.[47] 모네는 작고, 차분하고, 개성이 없고, 생기가 없었으며, 연설을 좋아하지 않았다. 외모나 태도나 모두 드골과는 정반대였다. 하지만 두 사람에게는 공통점이 있었다. 불요불굴의 집념과 의지, 그리고 젊은이들에게 영감을 불어넣고 그들을 이끌 수 있는 능력 말이다. 드골에게 드골주의자가 있었다면, 모네에게는 유럽 공동체의 행정관들이 있었다.

모네의 '유도형 계획' 시스템은 제4공화국이 내놓은 핵심 성과다. 하지만 충분한 결과를 얻기 위해서는 정치적 안정을 이루어야 했다. 정치 안정을 통해 강한 통화를 구축하고 각계각층의 모든 국민에게 혜택이 돌아가는 어려운 결정을 내릴 수 있어야 했다. 그것은 제4공화국이 성취할 수 없는 일이었다. 모네는 유럽경제공동체를 직접 고안하지는 않았지만, 유럽경제공동체를 제 궤도 위에 올려놓았다. 유럽공동체는 일종의 관세 동맹으로 긴 역사를 자랑한다. 프로이센은 1818년의 공동 역외 관세 제도를 확대하여 1834년 '촐베라인'을 형성했다. 이것은 마침내 1871년에 달성된 독일 통합의 근간이 되었다. 역사적 경험은 공동 관세가 정치 통합에 이르는 확실한 지름길임을 보여준다. 원래 촐베라인의 회원국이었던 룩셈부르크는 1921년 벨기에와 공동 관세와 국제 수지에 관한 협정을 맺었다. 제2차 세계대전이 끝난 뒤 네덜란드도 이 협정에 동참했다. 1948년 1월 1일부터 세 나라에는 공동 역외 관세가 적용되었다. 1949년 10월 15일에는 역내 관세라는 '융화 과정'이 시작되었다. 베네룩스 3국 개념을 확대하여 서유럽의 세 강대국(그는 영국도 원했다)을 포함시킨다는 생각은 모네의 아이디어였다. 우선 석탄과 철강부터 시작한다는 생각이었다.

모네의 독일인 친구들이 아데나워를 설득했다. 아데나워는 경제적인 세부 사항에 대해 이해한다고 말하지는 않았지만, 그러한 원리가 정치적으로 중요하다는 사실을 인식하고 있었다. 1951년 4월 베네룩스 3국인 프랑스, 독일, 이탈리아가 파리 협정을 체결했다. 이제 석탄과 철강 제품의 공동 시장이 형성되었다. 6년 뒤 1957년 3월 25일 6개국이 로마 협정에 합의하여 보편적인 공동 시장이 만들어졌다. 역내외 관세 제안을 비롯하여, 노동력 · 서비스 · 자본에 대한 이동 제한 규정의 철폐, 완전 경쟁을 조성하기 위한 '융화' 과정, 가장 어려우리라 생각되는 농업의 공동 가격 보장 제도가 제안되었다.

제4공화국은 프랑스를 유럽경제공동체 안으로 끌어올 수 있었지만, 제도 운영에 필요한 결의가 부족했다. 제도 운영은 본질적으로 상호 희생에 달려 있었기 때문이다. 무엇보다 독일과 프랑스의 희생이 필요했다. 프랑스가 공동 시장 안에서 살아남기 위해서는 신속하게 산업화를 이루는 것만으로는 부족했다. 전통적이고 비능률적인 소작농 형태의 농업 부문을 4분의 1로 줄여야 했다. 1950년대 초 프랑스는 여전히 농업 노동자 대 공업 노동자의 비율이 1 대 1이었다. (영국은 1 대 9였다.) 총 노동 인구 2,050만 명 중 910만 명이 시골의 작은 행정 단위에 살았다. 그중 650만 명이 실제로 농업에 종사했다. 이외에도 125만 명이 시골과 다름없는 지역에 살고 있었다.[48] 이들 대부분을 공장으로 가도록 설득해야 했다. 그렇게 된다면 제4공화국으로서는 감당하기 힘든 사회적 대격변이 일어날 게 분명했다. 농업 분야의 자발적인 혁명을 가능하게 하려면 엄청난 자금을 농업에 투자할 수 있어야 했다.

프랑스는 이 돈을 서독이 제공해야 한다고 생각했다. 서독이 제공하는 자금은 공동 농업 정책 안에서 이전 지출 또는 역내 시장세의 형태로 주어져야 했다. 그 대가로 생산성이 뛰어난 독일 제조 산업은 프랑스 소비 시장에 진출하게 될 것이다. 따라서 로마 협정은 상호 희생에 기초하고 있지만 균형이 잘 맞추어진 거래였다. 공동 농업 정책이 정당화되기 위해서는 프랑스에서 농업 혁명이 신속하게 이루어져야만 했다. 이와 비슷하게 프랑스 공업도 충분한 확신을 갖고 근대화를 이루고 규모를 확대해야 했다. 독일이 거래에서 큰 이득을 보고 프랑스를 경제 식민지로 만드는 일은 없어야 하기 때문이다. 따라서 농업과 공업 분야에서 추진되어야 할 과정은 강력하고 자신감 넘치는 정부를 요구하고 있었다. 하지만 제4공화국은 그렇지 못했다.

그 외에 프랑스 국가 정체성의 재확인이 필요했다. 1950년대 프랑스에서는 '유럽인' 이란 본질적으로 소수 엘리트를 가리키는 말이었다. 프랑스 정치계는 대개 외국인을 싫어하는 분위기였고, 실제로 인종 차별이 존재했다. 공산당 지도자들이 이를 주도했다. 그들은 "독일인 슈만" 에 대해 말했고, 공산당 노조 지도자는 레옹 블룸에게 이렇게 소리쳤다. "블룸! 블룸은 이디시어로 꽃이 아닌가!" 공산당 지역 신문은 이렇게 썼다. "블룸, 슈만, 모크(Jules Moch), 마이에르(René Mayer)에게는 향기로운 프랑스 흙냄새가 나지 않는다." 「위마니테」 지는 '미국파 인물' 에 관한 시사만화를 실었다. 미국파 인물은 슈만, 모크, 마이에르였다. 만화 속에서 세 사람은 모두 매부리코를 하고 있었고, 공산주의자들이 프랑스 국가를 부르자 당황하며 이렇게 말했다. "우리가 아는 노래가요?" "아뇨, 하지만 들어보니 프랑스 노래인 것 같군요." [49] 중도파와 우파 가운데서도 석탄철강공동체 계획은 "유럽을 독일의 헤게모니 아래 두려는 책략" 으로 비난받았다. 좌파는 그러한 계획을 "유럽을 교황청에 예속시키려는 시도" 라며 공격했다. 늙은 달라디에 같은 급진적 중도파는 이렇게 주장했다. "그들이 유럽을 말할 때는 독일을 말하는 것이다. 그리고 그들이 독일을 말할 때는 대(大)독일을 말하는 것이다."

우파 쪽에서는 피에르 에티엔 플랑댕(Pierre-Étienne Flandin)이 "유럽 연방" 은 "프랑스의 자살" 을 의미한다고 주장했다. 중소기업연합은 아마도 구시대 프랑스의 가장 전형적인 기관이었을 것이다. 중소기업연합의 레옹 쟁장브르(Léon Gingembre)는 유럽경제공동체 안을 "트러스트, 국

▶ **샤를 드골**(1890~1970)
1958년 12월 21일 공화국 대통령으로 당선되었다. 그의 정략은 먼저 대통령 1인의 정책통제에 대해 국민적인 공감대를 형성한 다음, 선거나 국민투표와 같은 정기적인 여론 자문을 통하여 통제력을 갱신하는 것이었다.

제 사업, 대형 금융의 유럽"으로 요약했다. 역사가의 주장에 따르면, 그것은 "신성 로마 제국의 개념"을 부활시키려는 반동적인 기도였다. 그는 이렇게 말했다. "과거는 죽지 않았다. 아데나워, 슈만, 데가스페리가 이끄는 독일의 문화적 세계 안에 살아남아 있다."[50]

이런 적들이 연합했다면, 유럽경제공동체는 제대로 기능하지 못했을 것이다. 서독 내에도 외국인 혐오증에 눈이 먼 강력한 적들이 존재했기 때문이다. 슈마허는 파리 협정을 "하찮은 유럽주의"라 일컬었다. "내 말은 그것이 범(汎)프랑스적인 개념이라는 것이다. …… 파리 협정에 서명한 사람은 더 이상 독일인이라고 할 수 없다." 파리 협정은 "연합국의 총리"로 불린 아데나워의 작품이다.[51] 프랑스와 독일의 거래가 양 당사자에게 공정했다는 것을 입증하기 위해서는 단호한 의지가 필요했다. 제4공화국이 존속했다면, 그러한 일은 불가능했을 것이다.

따라서 1958년 5월 드골이 권력의 자리에 다시 오른 일은 프랑스뿐만 아니라 전후 유럽의 역사에서도 분기점이 되는 사건이다. 언뜻 보면 드골은 유럽의 경제 통합을 추진할 인물로 보이지 않았다. 그는 알제리를 프랑스에서 독립시키는 일 이상을 해낼 것 같지 않았다. 하지만 드골은 겉으로 보이는 것과는 전혀 다른 인물이다. 그는 현대사에서 손꼽히는 지적 능력을 갖춘 인물이다. 풍부한 패러독스와 파악하기 힘든 냉소적 아이러니, 끝도 없는 치밀함을 갖추고 있었다. 그는 세계 대전 전의 인물이지만, 머릿속에는 전후의 정신이 담겨 있었다. 그것은 참으로 미래를 향해 있는 정신이었다. 군주제를 지지했지만, 드레퓌스(Alfred Dreyfus)가 결백하다고 믿었다. 천성적으로 프랑스 제국과 프랑스 농촌을 사랑했지만, 사실 이 두 가지를 모두 해체시켰다.

우리가 반드시 이해해야 할 것은 드골이 본질적으로 군인이 아니며 심지어 정치가도 아니고 지식인이었다는 사실이다. 그는 특별한 부류의 지식인이었다. 드골은 전 생애를 정신, 권력, 행위에 관한 숙고에 바쳤다. 게다가 그에게는 현재의 사건을 '영원의 상(相) 아래서' 보는 역사가의 능력이 있었다. 그는 아버지에게서 이런 가르침을 받았다. "나폴레옹이 한 말을 기억하거라. '지금 피에르 코르네유(Pierre Corneille)가 살아 있었다면, 나는 그를 왕으로 만들었을 것이다' 라는 말을."[52] 드골은 언제나 지식인들의 지지를 얻으려고 애썼다. 프랑스에서 공식적으로 지식인으로 분류되는 사람들이 많았기 때문만은 아니다. (1954년의 인구 조사에 따르면, 110만 명 이상이었다.)[53] 1943년 알제에서 그는 앙드레 지드가 이끄는 지식인 대표단을 자기편으로 끌어들였다. 드골은 거기서 이렇게 말했다. "예술에게는 예술만의 명예가 있습니다. 똑같이 프랑스에게는 프랑스만의 명예가 있습니다." 지식인들은 그가 자신들과 똑같은 지식인이라는 걸 깨달았다.[54]

1958년 권력의 자리에 다시 오르자, 드골은 앙드레 말로에게 문화부 장관 자리를 맡겼다. 말로는 내각에서 그의 오른팔 역할을 했으며, 드골의 내적 감정에 누구보다 큰 영향을 미쳤다. 가스통 팔레브스키(Gaston Palewski)는 이렇게 말했다. "말로는 수도회에 들어가는 사람처럼 드골이라는 서사시 안으로 들어갔다. 우리 모두 마찬가지였다."[55]

드골은 군사 이론가로서 군사 문제를 풀어나갈 때도 철학적 정치적 개념으로 접근했다. 그것은 드골이 보여주는 주지주의(主知主義)의 특징이었다. 그는 『군대의 미래 *L' Armée de métier*』라는 책에서 "진정한 의미의 군사적 능력은 일반적인 문화 내에 존재한다"고 썼다. 그는 이렇게 덧붙였다. "알렉산드로스 대왕의 승리 뒤에는 아리스토텔레스가 있었다." 정치 역시 똑같은 식으로 접근했다. 그가 즐겨 인용하는 문구(『전쟁 회고록 *War Memoirs*』의 앞장에도 등장한다)는 괴테의 『파우스트 *Faust*』에 나오는 '권력 예찬' 이었다. 여기서 파우스트는 "태초에 말씀이 있었다"고 하지 않고 "태초에 행위가 있었다"고 말한다.[56] 드골은 이 말을 인용하여, 프랑스인은 명석한 사고를 갖고 있지만 행동에 옮길 의지가 없다고 지적했다. 따라서 프랑스에 우선 필요한 것은 강력한 국가였다. "국가의 재건 없이는 효과적이거나 확고한 일은 아무 것도 할 수 없다. …… 바로 이 때문에 국가의 재건이 시작되어야 한다."[57] 국가의 "역할과 존재 이유는 보편적인 이익을 제공하는 것이다." 국가만이 사회 전체의 이익을 구현할 수 있다. 국가는 그 구성 요소의 힘을 합한 것보다 더 큰 힘의 리바이어던이 되어야 한다. 특히 프랑스에서는 구심력과 균형을 이루는 원심력이 전반적인 분열의 위험을 낳고 있었다.

드골에게 국가는 전체주의적인 것이 아니었다. 오히려 도덕적 문화적 가치를 상징했다. 특히 프랑스에서 국가는 "프랑스의 주된 특징과 프랑스의 영향력 가운데 본질적인 요소"를 이루는 이상주의를 상징했다. 드골은 국가를 자유나 고전 문명과 동일시했으며, 프랑스 문명을 아주 빼어난 민주주의 문명으로 여겼다. 자유와 문화적 진보가 함께하는 오랜 역사를 갖고 있기 때문이다. 민주주의는 사람들을 정신적인 공동체 의식으로 한데 묶을 수 있다. 드골은 이를 '단결'이라고 불렀다. 민주주의 의식(儀式)은 통합의 구체적인 상징이다. 하지만 합의가 민주주의 형태에 선행한다. "위대한 프랑스와 세계의 자유 사이에는 20세기 동안 지속된 계약이 존재한다." 따라서 "민주주의는 양해된 프랑스의 이익과 떼려야 뗄 수 없는 관계로 맺어져 있다."[58)]

드골의 국가관은 본질적으로 전체주의 국가관에 앞서 있었다. 그는 국가를 합법성과 동일시했고, 성스런 통치자가 최상의 국가를 구현한다고 생각했다. 군주는 사적인 이득이 전체 사회와 복잡하고 유기적으로 얽혀 있다는 점에서 유일한 개인이었다. 군주는 당 지도자와 달리 국가의 어떤 계급이나 계층에 얽혀 있는 게 아니었다. 그리하여 영국 여왕 엘리자베스 2세가 현대 사회에서 자신의 역할을 어떻게 찾아야 할지 물었을 때, 드골은 그녀에게 이렇게 충고했다. "여왕님, 영국은 하나님께서 당신에게 맡기신 나라입니다. 그런 나라에서 당신은 당신 자신이 되셔야 합니다. 말하자면, 합법성의 원칙에 따라 당신의 왕국 내 모든 것이 당신을 통해 명령을 받고, 모든 국민이 당신에게서 자기 자신이 국민임을 느끼고, 당신의 존재와 위엄으로 국가 통합이 지탱될 수 있도록 하셔야 합니다."[59)] 1940년에 드골은 난국에 처해 더 나은 상황을 바라며 스스로 이 역할을 떠맡았다. "거의 알려져 있지 않았던 드골은 홀로 프랑스의 짐을 짊어져야 했다." 그는 그렇게 기록하고 있다.

1958년에 끔찍한 알제리 사태가 프랑스를 위협하고 스페인 내란과 비슷한 내전의 위험이 닥쳤을 때 드골은 다시 이 역할을 떠맡았다. "사람들에게 널리 알려져 있던 드골은 자신이 지닌 합법성 외에는 아무 무기도 없이 이 운명을 두 손으로 붙잡아야 했다.”[60] 1946년에 드골은 바로 이런 목적으로 “모습을 감추었다.” “깨끗한 이미지”를 지키기 위해서였다. (그가 썼듯이) “만약 잔 다르크가 결혼했다면, 그녀는 더 이상 잔 다르크가 아니었을 것이다.”[61] 그는 정말로 한 개인인 자기 자신과 공적인 페르소나를 분리시키는 능력을 키워나갔다. (“나에게 드골은 오로지 역사에 등장하는 인물로 흥미를 끌 뿐이다.”) 그래서 그는 이렇게 말할 수 있었다. “하고 싶은 일이 많았지만, 드골 장군에게는 어울리지 않는다는 이유 때문에 많은 것을 하지 못했다.”[62]

드골의 국가관에서 나오는 논리적 귀결은 스스로 왕국을 세우는 것이다. 백 년 전이라면 분명 그렇게 했을 것이다. 하지만 1958년 그는 군주제를 거부했다. 대신 국민 투표 제도와 직접 보통 선거로 대통령을 뽑는 민주주의를 택했다. 이에 따라 대통령에게는 상징적인 역할 외에 실제적인 강력한 권한이 주어졌다. 그가 만든 헌법은 1,750만 표 대 450만 표로 채택되었다. (15퍼센트는 기권했다.) 바이외 연설에 기초하고 있는 그의 헌법은 프랑스 역사상 가장 명확하고 일관성 있는 법이며, 적절한 권력 균형까지 갖추고 있다.[63] (비록 4당 구조이긴 했지만) 의도했던 대로 정당 체제가 좌익과 우익의 양대 블록으로 나누어졌다.

유권자의 선택은 결선 투표를 통해 명확하게 드러났다. 행정부는 활력을 되찾았다. 행정부는 권위를 갖고 결단을 내리며, 일관성 있는 정책을 추진할 수 있게 되었다. 무엇보다 1962년 대통령 직접 선거 제도가 1,315만 표 대 797만 표로 승인되자, 국가수반은 정당을 거치지 않고 전체 유권자로부터 직접 권한을 위임받게 되었다. 그 결과 프랑스는 현대에 들어 가장 긴 정치 안정의 시대를 누리게 되었다. 정부의 통치 철학은 1958년으로부터 23

년이 지나고 나서야 바뀌게 된다. 그러나 1981년 5월에 치른 대통령 선거에서 사회당의 미테랑이 승리하고 난 뒤에도 드골의 헌법은 여전히 제 역할을 다했다. 헌법은 시대에 영향을 받지 않았다. 따라서 프랑스는 마침내 독일처럼 일급의 국가 기틀을 마련했던 셈이다.

이렇게 안정이 찾아오자, 비시 정부와 제4공화국에서는 단순히 불씨로만 남아 있던 프랑스의 '부활' 이 가능하게 되었다. 한 세기 이상의 오랜 쇠퇴가 끝나고, 찬란한 비약이 시작되었다. 드골은 전통주의와 근대성을 역설적으로 결합하여 경제 문제를 다루었다. 그가 경제위원회의 의장으로 삼은 전문 관료는 자크 뤼프였다. 자크 뤼프는 드골의 경제적 성공을 이끈 경제 정책의 입안자였다. 그는 금을 가치의 가장 중요한 척도로 신뢰했고, 신보수주의 정책을 행동에 옮겼다. 신보수주의는 '통화주의' 라는 잘못된 이름으로 1970년대에 국제적으로 유행했다. 1958년 12월 8일 뤼프가 입안한 계획은 디플레이션, 큰 폭의 정부 지출 삭감, 평가 절하, 태환성, 이전 가치의 100배에 해당하는 '새로운 프랑' 을 다루고 있었다. 이 계획은 1959년 1월 1일부터 이루어지는 역외 관세와 수출입 할당 물량의 대규모 축소 또는 철폐와 연계되어 있었다. 프랑스는 자유 기업과 자유 시장에 인도되었던 것이다. 드골은 나중에 이렇게 지적했다. "나를 사로잡은 것은 계획의 대담성과 야심뿐만 아니라 계획에 내재된 일관성과 열정이었다." 그는 TV에서 국민에게 "계획의 목적은 진실과 엄격함의 토대 위에 국가를 세우는 것" 이라고 말했다.[64]

프랑스는 기본적으로 부유한 나라다. 프랑스 국민은 지적으로 매우 우수하고 근면하다. 프랑스를 제대로 돌아가게 만드는 데 필요한 것은 안정된 체제와 정력적인 리더십이 전부였다. 성과는 신속하게 나타났다. GNP는 1959년 하반기에 3퍼센트 증가했고, 1960년에는 7.9퍼센트, 1961년에는

4.6퍼센트, 1962년에는 6.8퍼센트 증가했다. 생활수준은 일 년에 4퍼센트씩 향상되었다. 산업 혁명 이후 처음으로 프랑스가 경제 성장을 주도했다. 드골주의는 제4공화국 아래서 진행되던 대단치 않은 경제적 진보를 가속화시킨 다음 프랑스 경제를 고지 위에 올려놓았다. 여기에서는 안정된 통화와 (프랑스 기준으로) 매우 낮은 인플레이션이 토대가 되었다. 수출은 1956~62년에 두 배로 증가했고, 산업 생산은 1952년부터 20년 동안 세 배가 되었다. 프랑은 경화(硬貨)가 되었고, 1968년 초 프랑스의 준비금은 (새 통화로) 총 350억 프랑이라는 엄청난 액수에 이르렀다.[65]

이런 성과는 다른 장기적 동향들이 뒤따르며 강화되었다. 인구는 1946년 4,100만 명에서 1974년 5,200만 명으로 증가했다. 새롭게 늘어난 인구는 어느 때보다도 좋은 교육 환경과 주거 환경에서 자라났다. 1914~39년 사이에 정체되어 있던 주택 수는 1960년대에 크게 증가했다. 증가율은 양차 대전 기간과 비교하면 10배였다. 1968년이 되자 주택이 1,825만 채에 달해 1939년의 두 배를 기록했다. 또한 프랑스에서는 1960년대부터 현대 의약품이 상용화되었고, 효과적인 보건 서비스가 등장했다.[66] 국립 중등학교 교사의 수는 1945년 17,400명에서 1965년 67,000명으로 증가했다. 사립학교 부문도 신속하게 커졌다. (유명한 데브레법 덕분이다. 이 법의 이름은 드골 정부 첫 번째 총리였던 미셸 데브레에게서 따온 것이다.) 프랑스에서는 1950년대 말부터 수준 높은 대중 교육이 시행되었다. 단과 대학과 종합대학의 학생 수는 1939년에 78,691명이었으나, 1968년에는 563,000명으로 증가했다.[67]

프랑스는 드골 아래서 근대 산업 국가가 되었다. 프랑스는 기술 진보의 최전선에 서서 새로운 사고를 흡수했다. 1930년대의 프랑스와는 정반대의 모습이었다. 오래된 나라에서 일어나는 이런 근본적인 역사적 경향의 대

반전은 매우 보기 드문 현상이다. 이 사실에 비추어볼 때, 드골은 진실로 현대의 뛰어난 정치가였다고 할 수 있다. 물론 변화는 고통과 불쾌함, 충격 없이 이루어질 수 없었다. 하지만 프랑스인들은 그들의 나라가, 젊은 루이 14세나 나폴레옹의 시대처럼 다시 한번 강력한 국가가 되었다는 사실을 자각했다. 이런 자각이 전통적인 프랑스 농촌의 해체를 감수하게 했고, 더욱이 아데나워의 독일과 협력하여 유럽공동체를 형성하도록 힘을 불어넣어주었다.

드골은 통합과 초국가적인 유럽에 대한 모네의 열정을 공유하고 있지는 않았다. 그는 공식적으로는 언제나 유럽을 "조국 유럽"이라고 불렀다. 하지만 항상 그랬듯 드골의 표면적인 행동은 서로 다르고 미묘한 여러 가지 목표를 숨기고 있었다. 그는 끝까지 실용주의자로 남았다. 프랑스의 국익이 좀 더 확실히 보장되기만 하면, 프랑스가 특정한 목적을 위해 더 큰 실체에 소속되는 것을 반대하지는 않았다. 1950년 봄 드골은 카탈루냐 평원의 전투에 대해 곰곰이 생각해보았다. "카탈루냐 평원에서 프랑크족, 갈리아족, 튜턴족이 협력하여 아틸라의 군대를 물리쳤다. …… 라인 강이 장벽이 아닌 만남의 장소가 되어야 할 때다. …… 사물을 냉정하게 바라보지 않는다면, 눈앞에 펼쳐진 전망에 정신을 잃게 될 것이다. 독일의 능력과 프랑스의 가치가 합쳐져 큰 이익을 가져다주고, 그것은 아프리카에까지 확대될 것이다. 유럽을 변화시키고 철의 장막 너머까지 그 변화를 확대하는 것은 협력 발전을 통해 가능해질 것이다."[68]

어떤 의미에서 드골은 단순한 프랑스 민족주의자가 아니었다. 그는 카롤링거인이었다. 그는 페르낭 브로델(Fernand Braudel) 같은 새로운 아날 학파의 역사가들과 같은 견해를 취했다. 지리가 본질적으로 역사를 결정한다는 견해였다. 사실 이런 견해는 새로운 게 아니다. 그것은 적어도 알베르

소렐(Albert Sorel)까지 거슬러 올라간다. 소렐은 위대한 저서 『유럽과 프랑스 혁명 *L' Europe et la Révolution francaise*』(1885)에서 "프랑스 국가의 정책은 지리가 결정한다"고 주장했다. "그것은 샤를마뉴 제국에 기초하고 있었다. 샤를마뉴의 유산을 두고 벌어진 해결할 수 없는 분쟁은 프랑스의 역사에 점철되어 있는 소송의 발단이 되었다."[69] 필리프 4세(Philippe IV)부터 앙리 4세(Henri IV)와 쉴리(Maximilien de Béthune, duke of Sully), 리슐리외(Cardinal Richelieu)와 마자랭(Cardinal Jules Mazarin), 루이 14세(Louis XIV), 당통(Georges Danton)과 나폴레옹의 시대까지 프랑스는 무력으로 샤를마뉴의 제국을 재현하기 위해 애써왔던 것이다.

독일에서 잘려나간 동쪽의 땅은 원래 카롤링거 왕조의 땅이 아니었다. 이제 서독과 함께한다면, 평화적이고 우호적으로 소유의 의미에서 벗어나 제국을 재현할 수 있지 않을까? 이런 실용적인 관점이 드골의 마음을 강하게 끌었다. 대부분의 현대 프랑스 지식인들과 달리 드골은 니체를 싫어했다. 그는 드 스탈 부인의 『독일론 *De l' Allemagne*』(1810)을 통해 독일을 알게 되었다. 그녀의 책은 프랑스에서 '훌륭한 독일인', 즉 서방파에 대한 예찬을 불러일으켰다. 드골은 드 스탈 부인처럼 괴테를 열정적으로 찬양했다. 그는 아데나워에게서 '훌륭한 독일인'의 모습에 딱 들어맞는 성향을 발견했다. 드골이 생각하기에 아데나워는 자신처럼 "신의 뜻으로" 권력의 자리에 오른 인물이었다. 아데나워가 권력의 자리에 있는 것이 프랑스에는 다시 없을 좋은 기회였다. 드골은 아데나워를 라인란트 사람이라고 말했다.

> 그에게는 갈리아족과 튜턴족의 기질이 조화를 이루고 있다. 갈리아족과 튜턴족의 조화와 협력은 한때 프랑크 왕국에 번영을 가져다주었고, 샤

를마뉴 대제에게 영광을 선사했다. 또한 오스트리아에 합당한 근거를 마련해주었고, 프랑스 왕과 독일 선제후의 관계를 정당화해 주었으며, 독일을 혁명의 불꽃으로 태웠고, 괴테와 하이네, 드 스탈 부인, 빅토르 위고에게 영감을 불어넣어 주었다. 두 민족은 격렬한 싸움에도 불구하고 어둠 속에서 더듬거리며 계속하여 조화와 협력의 길을 모색해왔다.

드골은 이런 생각으로 1958년 9월 14일 콜롱베레되제글리즈(Colombey-les-deux-églises)에 있는 성에 아데나워를 초청했다. 그의 표현대로 "늙은 프랑스인과 더 늙은 독일인 사이에 역사적인 만남이 이루어졌다."[70)]

만남은 대성공이었다. 아데나워는 "나의 경우처럼" 집무실에 있으면 다시 젊음을 되찾을 것이라고 드골에게 말해주었다. 드골은 "노인"을 환대했다.[71)] 아데나워는 드골이 "실로 고결하고 올바르며 도덕적인 사람"임을 알아보았다. 그날 이후 만남은 계속되었고, 사이가 더 좋아졌다. 1962년 아데나워가 은퇴할 때까지 두 사람은 모두 40여 차례 만났다. 그들은 1980년대 초까지 이어질 프랑스 독일 우호 관계의 초석을 마련했다. 여기에는 유럽경제공동체의 초국가적 측면을 어느 정도 포기하는 한편, 프랑스와 독일 경제의 상호 결합을 통해 경제적 측면을 극대화시키려는 전략이 깔려 있었다.

따라서 유럽경제공동체의 성패가 달려 있는 균형을 이룬 거래는 구시대의 보수적 가톨릭교도 두 명이 현실화했다고 할 수 있을 것이다. 그들의 정치 철학은 기독교 민주주의 시대보다 시기적으로 앞서 있었다. 그들의 세계관은 1914년 이전에 형성되었다. 하지만 드골과 아데나워는 그들 생애에 비극적인 사건들이 가져온 변화와 기회에 마지막까지 주의를 기울였다. 두 사람의 우정은 진정한 우정이었다. 그리고 인물의 성격과 개인적인 관계가 어떻게 세계적인 사건의 진로에 큰 영향을 미치게 되는지를 보여주는 중요한 사례다.

처칠과 영국 경제

드골과 아데나워의 우정은 공통의 적대감 때문에 더 확고해졌다. 상대는 영국이었다. 드골은 영국을 진정한 의미의 유럽 국가로 보지 않았다. 영국은 대서양 국가였고, 그의 지적에 따르면 '앵글로색슨 국가' 였다. 영국은 영어권 동맹 세력의 일원이기도 했다. 이 세력은 제2차 세계대전 당시 드골과 프랑스를 전시 연합국의 의사 결정 집단에서 배제한 바 있다. 드골의 목표는 카롤링거 왕조의 제국 개념을 유럽경제공동체에 적용하여, 미국과 소련에 대항하는 권력의 중심점을 유럽에 확립하는 것이었다. 드골은 영국이 끼어들기를 바라지 않았다. 샤를마뉴의 옥좌를 요구할 프랑스의 입지가 흔들릴 게 분명했기 때문이다. 전후 10년간 영국의 대외 정책은 혼란스럽고 비현실적이었다. 그것은 프랑스가 여전히 허약하고 서독이 완전히 미국에 의존한다고 가정할 때에만 타당했다. 원하기만 한다면 영국은 유럽 연방의 주도권을 얻을 수 있었을 것이다. 하지만 영국은 전통적으로 영 연방의 수입품에 의존하는 저가 식량 정책을 취해왔다. 게다가 미국과 '특별한 관계' 를 확신하고 있었기 때문에, 영국은 그런 역할을 원하지 않았다. 1946년 취리히에서 처칠은 "여러분을 놀라게 할" 말이 있다고 서두를 꺼냈다. 그것은 "프랑스와 독일의 협력 관계"에 기초한 "일종의 유럽 연방"이었다. 그는 이렇게 말했다. "프랑스와 독일은 함께 유럽을 이끌어가야 할 것입니다. 영국 …… 미국 그리고 소련은 …… 새로운 유럽의 친구이자 후원자가 되어야 할 것입니다."[72]

이렇게 생색을 내는 태도는 영국이 과거에 세계 제국으로서 차지하고 있던 지정학적 지위를 잃지 않고 여전히 독립적인 강대국으로 행세할 수 있다는 전제에 기초하고 있다. 1950년에 처칠이 지적했듯이, 영국은 동시에 영어권, 영연방, 유럽이라는 세 그룹에 속해 있었다. 그런 판단은 1950년에는 그나마 타당한 것처럼 보였지만, 수에즈 위기 뒤에는 무의미한 소리가 되었다. 수에즈 위기는 영국이 중요한 국가 이익을 수호하는 데 영연방이나 다른 '특별한 관계'가 아무 도움이 되지 않는다는 사실을 보여주었다. 당시 나침반이 가리키고 있는 방향은 분명 유럽 쪽이었다. 1957년 1월 이든의 뒤를 이어 총리가 된 해럴드 맥밀런에게는 기회가 있었다. 그는 완전히 새로운 진로를 찾아 아직 완료되지 않은 로마 협정의 협상 과정에 참여했어야 했다. 하지만 그는 기회를 놓쳤다. 아직 웅대한 환상에서 벗어나지 못했던 탓이다. 1959년 2월 맥밀런은 유럽 동맹의 대변자를 자청하며 모스크바로 갔다. 「타임스」는 이렇게 논평했다. "아이젠하워 대통령은 한물간 인물이고, 독일 총리는 불행에 빠진 노인이며, 프랑스 대통령은 다른 생각으로 머릿속이 가득하다. 유럽 동맹을 현명하고 강력하게 이끌어나가기 위해 영국 총리의 책임이 …… 막중하다."[73]

모스크바 방문은 아무 성과도 없었다. (1960년의 파리 정상 회담도 마찬가지였다.) 사실 모스크바 방문은 값비싼 실패였다. 이로 인해 아데나워가 영국과 맥밀런을 믿지 못하게 되었기 때문이다. 아데나워는 대체로 영국, 특히 맥밀런이 신뢰할 수 없는 파트너이며, 영국이나 맥밀런이 등 뒤에서 독일의 희생을 대가로 소련과 거래를 할지 모른다고 생각했다.[74] 그의 내면에 잠자고 있던 영국 혐오증이 모습을 드러냈다. 아데나워는 영국이 국제적인 사기꾼이며 자신의 자원과 노력으로는 어림도 없는 지위를 요구하고 있다고 생각했다. 그는 이렇게 썼다. “영국은 모든 재산을 잃고 난 뒤 그 사실을 깨닫지 못하는 부자와도 같다.”[75] 그는 자신이 싫어하는 세 가지가 “소련인, 프로이센인, 영국인” 이라고 말했다. 아데나워는 맥밀런이 그들을 “불쌍하고 어리석은 대륙인” 으로 만들려 한다고 생각했다. 아데나워에게 영국 정책은 “장기간의 속임수” 에 불과했다.[76] 드골은 아데나워와 자주 긴 대화를 나누며 아데나워의 적대감과 의심을 교묘하게 활용했다. 1961년 7월 맥밀런은 마침내 영국의 유럽경제공동체 가입을 신청했다. 그 무렵 유럽경제공동체는 이미 형태를 갖추고 순항에 나선 상태였다. 영국의 참여는 유럽경제공동체의 구조 변화를 의미했다. 따라서 프랑스와 독일이 우선시된 미묘한 균형에 위협이 될 수 있었다. 이 점이 명백해지자, 드골은 1963년 1월 14일 이목이 집중된 기자 회견장에서 영국의 가입을 반대했다. 영국이 가입한다면, 유럽경제공동체에 트로이 목마가 들어오는 꼴이 될 것이라고 말했다. “결국 미국의 주도 아래 미국에 종속되는 거대한 대서양 공동체가 생겨나 유럽경제공동체를 완전히 삼켜버릴 것이다.” 그러면 “엄청난 대중의 지지를 받았지만 …… 독일과 프랑스의 우호 관계, 양국이 바라는 유럽 통합의 방식, 세계적인 문제에 대한 공동 대응” 이 위태로워질 것이다.[77] 영국으로서는 분한 일이었지만, 아데나워는 침묵으로 프랑스의 반대에 동의를 표시했다.

그렇다고 드골과 아데나워가 세계를 바라보는 방식이 영국의 가입을 막은 유일한 이유는 아니다. 해가 갈수록 영국은 유럽경제공동체 회원국에 비해 상대적으로 가난해졌다. 이러한 상황은 또 다른 문제를 제기하고 있었다. 유럽경제공동체의 구조(특히 공동 농업 정책)가 프랑스와 독일의 거래에 기초한다면, 영국도 그 거래 내용에 따라야 할 것이다. 그러면 영국은 유럽경제공동체의 비싼 농산물에 돈을 지불하고 대신 공산품 시장에 진출하게 된다. 하지만 영국의 공산품이 거래를 만족시킬 정도로 충분한 경쟁력을 보여줄 수 있을까? 1967년 11월 드골은 다시 영국의 가입에 거부권을 행사했다. 이번에는 영국 경제의 만성적인 취약점을 지적했다. 그는 영국 경제를 바로잡기 어렵다고 평가했다.[78)]

주요 경쟁 산업국과 비교했을 때 영국 경제는 구조적으로 취약했다. 이것은 1870~1914년 사이, 그리고 1920년대에 다시 명백해졌다. 하지만 영국 경제는 1930년대 중반에 접어들며 회복되었다. 특히 첨단 기술 분야에서 괄목할 만한 성장을 보여주었다. 영국 경제는 제2차 세계대전 동안 제 몫을 충분히 했다. 1950년까지 그 기조는 그대로 유지되었다. 1938년의 수출을 100으로 했을 때, 1950년의 수출은 144였다.[79)] 1950년 영국의 GNP는 470억 달러였다. 앞으로 유럽경제공동체 회원국이 될 6개국의 GNP는 겨우 750억 달러에 불과했다. 63억 달러에 달하는 영국의 수출액은 이 6개국의 수출액(94억 달러)의 3분의 2에 상당했다. 일인당 GNP를 따지면 940달러 대 477달러로 거의 두 배나 많았다. 그로부터 20년 뒤인 1970년 영국의 일인당 GNP는 두 배 이상 증가하여 2,170달러가 되었다. 하지만 6개국의 일인당 GNP는 5배 이상 증가하여 2,557달러에 이르렀다. 영국의 수출액은 세 배가 되었지만, 6개국의 수출액은 거의 10배로 증가했다. 1950년 6개국의 준비금은 영국보다 적었는데(영국 340억 달러, 6개국 290억 달러), 1970년이 되자 6개국의 준비금은 10배로 증가했지만 영국은 줄어들었다.[80)] 유럽 대륙의 기준에서는 어느 모로 보더라도 영국의 경제가 형편없다고 말할 수밖에 없었다. 1973년 1월 1일부로 영국이 실제로 유럽경제공

▶ 영국이 유럽경제공동체에 가입하기 위해 서명하는 모습.

동체에 가입했음에도 불구하고 격차는 1970년대 내내 더 벌어졌다.

왜 영국 경제에 이러한 만성적인 취약성이 나타난 것일까? 영국은 최초의 산업 국가였다. 일찍이 영국에서는 1760년대 대대적인 산업화 과정이 시작되었다. 그로부터 200년 뒤 영국은 혁명의 격변, 외국의 침략, 내전을 겪지 않은 유일한 주요 산업 국가가 되어 있었다. 이러한 과거와의 근본적인 단절은 전후 프랑스와 독일의 역사가 보여주듯이 사회적 경제적 활력을 촉진시키는 것이다. 영국에는 헌법상의 권리 장전이 없다. 자유로운 사회를 보호하는 성문 보장이 없다. 영국에는 대신 재판관이 중재하는 관습법(Common Law)의 전통이 존재한다. 관습법은 효과적으로 자유와 재산에 대한 권리를 보장했고, 영국이 최초의 근대 산업 사회를 창조하는 법적 틀이 되어주었다. 관습법의 틀은 19세기 내내 기업을 위한 효과적인 법적 장치로 기능했다. 하지만 1900년에 영국의 노동조합이 노동당을 창당했다. 노동조합은 산업화 시대 초기의 시대착오적이며 예외적인 성격을 띠고 있었다. 특히 이미 구식이 된 수많은 직업별 노동조합에 그러한 성격이 반영되어 있었다. 노동당을 창당한 이유는 "노동자의 직접적인 권익에 따른 입법화"를 추진하고 "이와 상반된 조치"를 막기 위해서였다.[81] 영국 노동당의 뚜렷한 성격은 서구의 다른 사회주의 운동과 달리, 기본적으로 마르크스주의나 사회주의가 아니라 일종의 의회 생디칼리즘에 기초하고 있다는 점이다. 노조가 노동당을 소유하고 있었다. 노조는 노동당 하원 의원의 강경파를 직접 후원했다. (1975년에는 128명을 후원했다.) 더 중요한 것은 노동당의 국민 기금 중 4분의 3과 선거 비용의 95퍼센트를 노조에서 지원했다는 점이다.[82] 블록 투표 제도를 규정하고 있는 당 규약 때문에 노조가 당 정책에 압도적인 영향력을 행사했다. 블록 투표 제도는 대의원에게 그가 대표하는 인원수에 비례하여 표를 주는 집단 투표 방식이다.

의회 권력은 법률 제정에 신속히 반영되어 영국의 불문 헌법 안에 존재하는 관습법의 균형을 파괴했다. 법제는 노동당 조직에 유리한 방향으로 기울었다. 1906년은 노동당이 의회에서 강력한 세력을 얻은 해였다. 그해 의회는 노동쟁의법을 통과시켰다. 이 법에 따라 노조는 "노조 또는 노조를 대신해 저질렀다고 주장되는" 불법 행위에 대해 민사 소송을 면제받았다. 이런 특권은 서구 어느 나라에도 존재하지 않았다. 이렇게 되면 사실상 노조는 계약 위반에 관한 소송에 영향을 받지 않지만, 고용주는 노조의 고소를 당할 수 있기 때문이다. 심지어 웹 부부도 이를 "예외적이며 무제한적인 면책 권한"이라고 생각했다. 헌법학자 다이시(Albert Venn Dicey)는 이렇게 항의했다. "그 법 덕분에 노조는 우리나라의 일반적인 법률로부터 면제된 특권 단체가 되었다. 영국 의회에서 심사숙고 끝에 그런 특권 집단을 만들어낸 적은 지금까지 한 번도 없었다."[83] 노동쟁의법은 중요했다. 법 체제 안에서 노조에 특별한 지위를 부여했기 때문이다. 이어 노동쟁의법은 중요하고 복잡한 노조의 법적 특권 구조를 세우기 위한 주춧돌이 되었다.

▶ **영국 노동당**
1900년에 노동조합회의와 독립노동당이 제휴하여 노동자대표 위원회를 설립했고, 1906년에 노동당으로 개명했다. 1964년에 다시 권력을 잡게 되었고, 이때부터 불경기와 혼란기에 보수당과 번갈아 집권하는 시소게임을 벌였다. 노동당 내각의 모습.

1913년의 노동조합법에 따라 노조가 정치적 목적, 즉 노동당의 기금을 사용하는 일이 합법화되었다. 또 이 법의 규정에 따라, 다른 당에 소속된 조합원이 노동당 기금에 돈을 내고 싶지 않은 경우, 정치 헌금을 내지 않는다는 의사를 밝히기 위해 적절한 절차를 밟아야 했다. (까다롭고 환영받지 못한 절차였다.) 이 절차는 1927년의 보수당 노동쟁의법에 따라 정치 헌금을 하고 싶은 경우에 공식적 절차를 밟는 방식으로 바뀌었고, 정치적 파업도 불법으로 규정되었다. 하지만 1945년 노동당이 의회에서 압도적인 다수를 차지하자, 1927년의 법은 폐지되었다. 노조는 노동당이 추진한 국유화된 산업 안에서, 그리고 모든 노동당의 사회적 경제적 정책 안에서 특별한 지위를 누리게 되었다. 재판관들은 여전히 관습법을 근거로 노조에 대항하여 개인의 권리를 지키려 했다. 하지만 노조는 특권적인 법률에 빈틈이 생길 때마다 곧장 노동당이 지배하는 의회로 달려가 새로운 조치를 취할 수 있었다. 루크스 대 바너드 사건(Rookes v. Barnard, 1964년)에서 상원은 계약을 위반하는 비공식 파업의 경우 소송을 제기할 수 있다는 견해를 취했다. 하지만 이듬해 새로운 노동당 정부가 1965년 노동쟁의법으로 비공식 파업을 합법화했다.

1960년대와 1970년대에는 증대된 노조의 힘이 다양한 방식으로 행사되었다. 1969년 노조는 노동당 총리 해럴드 윌슨(Harold Wilson)이 파업 횟수를 줄이기 위해 제안한 이른바 '분쟁대체법'을 거부했다. 1972년 노조는 대규모 피케팅, 피케팅 원정 지원대, 대항 피케팅 등 새로운 형태의 직접 행동을 도입했다. 경찰은 이를 제지하기를 꺼렸다. 1974년 노조는 이런 수단을 이용하여 1971년 노사관계법을 통과시킨 보수당 정부를 붕괴시켰다. 1971년의 노사관계법은 효과적이지는 못했지만 노조 행위에 관한 법규를 도입하기 위해 만든 것이다. 그 뒤의 노동당 정부는 1971년의 노사관계법을 폐지했을 뿐만 아니라 노조의 특권을 확대하는 법안을 의회에서 통과시켰다. 그중에서 1974년과 1976년의 노동조합법과 노동관계법, 그리고 1975년과 1979년의 고용보장법이 가장 중요하다. 불법 행위에 대한 노조의 면책 권한이 노조가 다른 당사자에게 계약을 위반하도록 조장한 경우에까지 확대되었다. 고용주들은 노조를 인정하고 '클로즈드숍'을 지지하고(피고용자들이 노조 가입을 거절할 경우 법적 구제 수단 없이 해고될 수 있는 수준에까지), 노조 조직을 위해 시설을 제공할 수밖에 없었다. 이런 법률의 영향으로 '클로즈드숍' 산업의 수가 증가했고, 최초로 노동 인구의 노조 가입률이 50퍼센트 벽을 넘어섰다. 미국이나 프랑스, 서독은 노조 가입률이 25퍼센트 이하였다. 하지만 더 중요한 것은 노조의 교섭 권한을 제한하는 모든 규정이 사실상 제거되었다는 사실이다. 기록 보관관 톰 데닝(Tom Denning)은 이렇게 말했다. "모든 법적 제한이 사라져버렸기 때문에, 이제 그들은 원하는 대로 모든 것을 할 수 있게 되었다."[84] 1979년 초 몇 달 동안 노동당 지도부가 혼란 속에서 허우적대고 있는 사이에 거칠 것이 없었던 노조는 그들의 대리자였던 노동당 정부를 사실상 붕괴시켰다. 그 뒤를 이은 보수당 정부는 1980년과 1982년의 고용법(Employment Act)을 통해 노조의 사소한 특권 몇 가지를 없애버렸다.

노조의 과도한 법적 특권과 정치적 권한은 영국의 성장을 둔화시킨 원인이 되었다. 우선 '제한적 관행' 이 생산성의 증가를 막고 투자를 위축시켰다. 1950~75년 사이에 영국의 투자와 생산성은 주요 산업 국가 가운데 최악이었다. 두 번째 임금 상승 압력이 크게 늘어났다. 1960년대 말부터 특히 심해졌다.[85] 세 번째 노조가 정부에 사회적인 혹은 법적인 요구를 해오면서 공공 부문의 규모가 꾸준히 확대되었고, GNP에서 정부가 차지하는 부분도 지속적으로 늘어났다. 영국은 전통적으로 최소 정부로 운영되는 국가였다. 작은 정부는 부분적으로 산업 혁명을 가능케 한 유익한 토대가 되었다. 1851년의 인구 조사에 따르면, 75,000명 정도의 공무원이 있었는데, 대부분이 세관과 간접 세무국, 그리고 우체국 직원이었다. 1,628명만이 정부의 중앙 관청에 근무했다. 1846년에 프랑스 공무원의 수는 932,000명에 달했다. 20세기가 되자 상황이 달라졌다. 공공 부문에 고용된 노동 인구의 비율은 2.4퍼센트에서 1950년 24.3퍼센트로 증가했다. 1790년에서 1910년까지 120년간 GNP에서 공공 지출이 차지하는 비율은 23퍼센트를 넘은 적이 없었고, 평균 13퍼센트였다. 하지만 1946년 이후에는 36퍼센트 아래로 떨어진 적이 없었다.[86]

1964년부터 1979년 사이에 노동당이 집권했던 11년간 공공 부문은 치명적으로 증대되었다. 1950년대와 1960년대 초반 공공 부문은 GNP의 40퍼센트를 넘었다. 1965년에는 45퍼센트를 넘었고, 1967년에는 50퍼센트를 기록했다. 노동당이 1974년 재집권한 후 곧바로 55퍼센트를 초과했고, 이듬해에는 59.06퍼센트까지 늘어났다. 1975~76년의 공공 부문 차입금만 해도 총산출의 11.5퍼센트에 달했고, 그로부터 과거 5년간의 공공 부문 신규 차입금은 310억 파운드를 초과했다.[87] 이 무렵 공공 부문의 과도 지출과 임금 상승이 결합되어 영국의 인플레이션율은 40퍼센트대로 진입할 위험에 처하게 되었다. 1976년 가을 영국은 국제통화기금(IMF)에 도움을 청할 수밖에 없었다. 영국은 국제통화기금의 지시에 따라야 했다. 그 뒤 얼마간 정부 지출 삭감이 있었다. 보수당이 1979년 선거에서 승리한 뒤에는 체계적으로 공공 부문의 차입금을 축소하고 공공 부문을 억제하는 노력이 이루어졌다. 보수당은 시장의 힘이 요구하는 디플레이션에 경제를 맡기려 했다. 이러한 노력은 북해 유전에서 생산되는 석유와 함께 영국 경제를 안정시켰다. 영국은 1980년 석유를 자급하게 되었고, 1981년에는 석유 수출국이 되었다. 1960년대 말 이후 영국의 경제 활동은 최저 수준에 있었지만, 생산성을 경쟁력 있는 수준으로까지 끌어올렸다. 1983년이 되자 영국은 회복되고 있었다. 하지만 회복 속도는 매우 느렸다. 당분간은 영국이 유럽 경제공동체 안에서나 밖에서나 주도권을 행사하는 일은 불가능해 보였다.

modern times

전후 유럽의 발전

그렇지만 영국의 상대적인 실패는 예외적인 것이었다. 철의 장막 서쪽으로 유럽 전체가 전후 40년간 눈부신 사회적 경제적 발전을 이룩했다. 게다가 이러한 성과는 합법성과 정치적 안정을 배경으로 이루어졌다. 양차 대전 사이와 비교하면 실로 놀라운 성장이었다. 양차 대전 사이에 상대적으로 혜택을 누리고 있던 지역도 마찬가지였다. 스칸디나비아 국가들은 1920년대와 1930년대 내내 최악의 실업률을 기록했다. 1932~33년의 겨울 스웨덴의 실업률은 31.5퍼센트, 노르웨이는 42.4퍼센트, 덴마크는 42.8퍼센트에 달했다.[88] 당시는 격렬한 계급투쟁의 시기였다. 질서를 유지하기 위해 준군사 집단을 만들어야 했을 정도다. 노르웨이의 '반역자' 비드쿤 크비슬링(Vidkun Quisling)은 사회 분쟁에 신물이 나 나치식 투쟁 운동을 전개했다. 제복을 입은 '비르드멘(birdmenn)' 은 그가 친위대를 모방해 만든 조직이다.[89]

변화는 1930년대 후반에 찾아왔다. 노르웨이(1935년), 스웨덴과 덴마크(1936년), 핀란드(1937년)에서 사회민주주의 정부가 출범해 광범위한 사회보장 프로그램을 도입했다. 그들 국가는 신속한 경제 회복으로 재정을 확보할 수 있었다. 비록 사회민주주의가 높은 실업률을 해결하는 데 있어 이전 체제보다 뛰어난 능력을 보여준 것은 아니었지만(히틀러 정권만은 예외였다), 노르웨이는 GNP가 1914~38년 사이에 75퍼센트 증가했고, 스웨덴은 1932~39년에 50퍼센트 증가했다.[90] 1930년대 후반 이미 마퀴스 차일즈(Marquis Childs)나 와이덴쇼(Wythenshawe)의 로저 사이먼(Roger Simonn)은 이런 현상에 주의를 기울이고 있었다. 사이먼은 이를 두고 "오늘날 세계에서 볼 수 있는 가장 고무적인 일"이라고 말했다.[91] 사회민주주의 세력은 1970년대 말까지 여전히 스칸디나비아반도의 정치를 지배했다. 그들은 보기 드문 민주주의적 연속성을 유지했다. 스웨덴에서는 타게 에를란데르(Tage Erlander)가 23년간 총리로 봉직하는 기록을 세웠다. 노르웨이 총리 에이나르 게르하르트센(Einar Gerhardsen)도 1965년 은퇴할 때까지 그에 상당하는 기록을 남겼다. 사회민주주의 세력은 스웨덴에서 1936년에서 1976년까지, 노르웨이에서는 (1965~71년을 제외하면) 1935년에서 1981년까지 권력을 유지했다. 이 기간에 덴마크와 핀란드에서도 사회민주주의 세력이 우세했다. 이러한 사회적 정치적 안정으로 스칸디나비아 국가들은 세계 경제에 크게 기여했다. 1970년대 중반 2,200만 명의 스칸디나비아인은 거의 2,000만 톤의 곡물과 560만 톤의 어류(미국 생산량의 2배이며 영국 생산량의 5배)를 생산했다. 또 2,520만 톤의 철광석(영국, 프랑스, 독일의 전체 생산량보다 많은 양)과 4,900만 톤의 목재와 종이(미국 생산량의 4분의 1)를 생산했다. 스칸디나비아는 프랑스보다 많은 전력을 생산했고, 선박 생산량도 미국, 영국, 프랑스, 독일의 전체 선박 생산량보다 많았다.[92] 그러나 1970년대에 들어서자 복지 서비스 비용이 증가하고, 영국처럼 강력한 노동조합 운동이 위기를 조성하고, 높은 세금이 악영향을 끼쳤다. 이러한 원인들이 에너지 위기와 복합적으로 작용하여 스칸디나비아 경제에서 활력을 앗아갔다. 특히 스웨덴이 심했다. 그리하여 사회민주주의 세력의 권력 독점 시대도 끝이 났다. 1976~82년 사이에는 스웨덴과 덴마크에서, 1981년에는 북해 유전의 덕을 보고 있던 노르웨이에서 비사회주의 세력이 정권에 복귀했다. 스칸디나비아의 경험이 우리에게 확인해주는 사실은 가장 좋은 환경에서도 현실적으로 사회 복지 민주주의가 제공할 수 있는 것에는 한계가 있다는 것이다.

사실 이 무렵 주목할 국가는 스위스였다. 1970년대 스위스는 스웨덴을 따라잡았다. 스위스는 생활수준이 매우 높고 사회적으로 균형을 이룬 국가가 되었다. 국민 투표 제도에 근거한 보수주의가 이룬 결과였다. 스위스에서는 1800년부터 산업화가 시작되었다. 1920년이 되자 40퍼센트 이상의 고용 인구가 산업체에 종사하고 있었다.(이외에 호텔이나 은행 등 서비스직 고용 인구도 있었다.) 반면 농업에 종사하는 인구는 25퍼센트에 불과했다. 성인 남성의 보통 선거권이 법률에 근거한 국민 투표 제도와 함께 1848년 초 일찍이 도입되었다. 1874년과 1891년에는 국민 투표를 통한 추가적인 선택권이 부여되었다. 이에 따라 대중 유권자의 직접 투표를 통해 법률을 제정하고 개정하는 것이 정상적인 절차가 되었다. 이와 아울러 '조화 민주주의' 라는 제도가 마련되었다. 조화 민주주의에 따라 모든 주요 정당의 대표자가 연방 평의회에 참여했고, 압력 단체들의 공개적인 승인 절차가 요구되었다.[93] 이러한 시스템은 매우 중요한 두 가지 정치적 결과를 낳았다. 첫째, 국민 투표 제도 때문에 보수파들은 엘리트보다는 대중에 기반을 둔 대중 정당을 조직할 수밖에 없었다. 급진파, 가톨릭 보수주의자, 농민으로 이루어진 반(反)사회주의 '시민 연합' 은 1919년부터 줄곧 스위스 정치를 지배해왔다. 시민 연합은 극빈층도 일부 포함하는 다양한 계급의 정당이었다. 사실 이탈리아어를 사용하는 가톨릭 당원은 프랑스어나 독일어를 사용하는 자유주의 개신교 당원에 비해 상대적으로 차별을 받는다고 느꼈다. 하지만 보수주의는 강력한 저항력이 되어 국민 투표를 통한 변화를 차단할 수 있었다.[94] 둘째, 노동자들의 급진화가 차단됨으로써 보수적 대중주의가 사회주의자들을 중도파 쪽으로 이끌었다. 1935년에 스위스 사회민주당은 계급투쟁의 원칙을 포기했다. 2년 뒤에는 엔지니어링 산업계와 '평화 협약'을 체결했다. 이를 계기로 사회주의자들이 1943년 연방 정부에 참여하는 길이 열렸고, 이어 반동적 보수주의에 바탕을 둔 부르주아 사회주의 민주주의 통합 국가가 탄생하게 되었다.

소극적 접근 방식은 역설적이게도 스위스 경제에 활력을 불어넣어 주었다. 특히 가장 크게 성장한 은행업에 유리하게 작용했다. 1960년대와 1970년대 동안 보수파는 스위스 은행업을 '민주화' 하고 관련 정보를 공개하자는 사회민주주의 세력의 요구를 거절했다. 그리하여 경제는 계속 성장했고, 은행은 키아소 사건(크레디트스위스 사가 이탈리아 마피아의 돈세탁에 연루된 사건) 후에도 살아남을 수 있었다. 스위스 은행들은 계좌 정보를 누설하는 것이 법으로 금지되어 있었다. 이 법은 1934년 나치 정부가 독일계 유대인의 돈을 추적하는 것을 막기 위해 만들어졌다. 계좌 정보는 납치나 강도의 경우 인터폴을 통해, 특별한 조직범죄의 경우에는 (1980년 이후) 미국 정부에 정보가 제공되었다. 하지만 스위스는 정치적인 목적으로는 누구에게도 금융 자료를 넘겨주지 않았다. 1979년 이란 국왕이 쫓겨났을 때 엄청난 압력을 받고 금융 정보를 제공한 적이 있기는 하다. 스위스에는 철의 장막 뒤편에서 흘러들어 온 많은 계좌를 포함하여 수천 개의 '정치적' 계좌가 있었다. 하지만 이런 계좌의 거래는 스위스 은행업 중 극히 일부에 불과했다. 1978년 말 스위스 은행들은 1,150억 6,000만 달러의 외화 예금과 1,237억 달러 이상의 유가 증권을 보유하고 있었다.[95] 1980년대 초 스위스 은행의 총 보유액은 1조 달러를 넘어섰다. 보수파들은 시스템을 '민주화' 하면 효율이 파괴될 것이라고 주장했다. 그것은 스위스 은행 시스템의 비밀주의가 간소한 형식, 신속성, 반(反)관료주의와 연결되어 있기 때문이다. 은행업이 스위스 산업 성장의 동맥이었기 때문에(1980년에는 스위스 3대 은행이 1,700개 스위스 기업에서 2,200개의 이사회 의석을 보유하고 있었다), 자본 유출이 일어난다면 전체 경제가 침체에 빠질 수도 있었다. 그렇다고 하더라도 20세기 말에 누군가 은행의 비밀주의를 옹호한다면 국민으로부터 인기를 얻거나 지지를 받기 힘들었을 것이다. 하지만 스위스는 국민 투표제에 근거한 민주주의를 시행하고 있었기 때문에, 반동적 연합을 구성하기가 쉬웠다. 이러한 노선이 1970년대 내내 유지되었다. 덕분에 스위스 경제는 활력을 잃지 않았다. 스위스 프랑은 세계에서 가장 강한 통화가 되었고, 스위스의 일인당 국민 소득은 스칸디나비아와 북미의 수준을 앞질렀다.

스위스와 스칸디나비아반도 국가들은 일반적으로 '개신교 국가' 로 분류된다. 이들 국가의 높은 성장과 민주적 안정은 종교의 신념이 경제 패턴을 결정한다는 이론과 잘 들어맞았다. 이런 이론은 1830년대 프랑스에서 처음 등장하여 막스 베버의 '프로테스탄트 윤리' 에 집약되었다. 하지만 이 이론은 1940년대와 1950년대에 들어 역사적 논거를 통해 반박되었다. 더욱 흥미로운 것은 전후 시대 남유럽, 즉 '비개신교' 국가의 경제 발전으로 이 이론이 현실적으로 반박되었다는 것이다. 스위스의 이탈리아어권은 프랑스어나 독일어를 사용하는 주를 따라잡았다. 이탈리아는 1950년대에 경제 기적을 이룩했다. 1960년대의 프랑스도 마찬가지였다. 과거의 성과에 비추어볼 때 더욱 더 인상적인 것은 이베리아반도와 그리스의 정치적 사회적 진보다.

포르투갈의 안토니우 살라자르(António Salazar)와 스페인의 프랑코는 세계대전 전의 독재자들 가운데 가장 오랫동안 정권을 유지했을 뿐 아니라 가장 큰 성공을 거두었다. 역사는 1980년대 초 지배적이었던 호의적인 평가에 머물지 않고, 그들을 훨씬 더 높은 자리에 올려놓게 될 것이다. 살라자르는 1928년 정부 재정에 대한 전권을 얻었고, 1932년 포르투갈 총리가 되었다. 그는 1968년 접이식 의자 위에서 떨어져 머리를 다치고, 2년 뒤에 뇌출혈로 사망했다. 위험한 의자 때문에 권력의 자리에서 떨어진 역사상 유일한 독재자다. 그는 또한 지식인들의 독재를 실천한 유일한 인물이다. (레닌도 이에 근접하기는 했지만.) 1932년과 1961년 사이 살라자르의 내각에서 대학 교수들이 차지하는 비중은 21퍼센트를 상회했다. 1936~44년에는 대학 교수들이 내각의 절반을 점령하고 있었다. 살라자르의 동료 네 명 중 한 명은 코임브라대학교 법학과 교수였다. '교수들의 통치' 는 매우 성공적이었다. 느리지만 지속적인 경제 성장이 이루어졌고, 강력한 통화를 유지했으며, 인플레이션을 억제했다. 무엇보다 현대에 들어 그전에는 가져본 적이 없는 값진 선물을 포르투갈에 선사했다. 바로 정치적인 안정이다. 정치 안정은 규모는 작지만 매우 효율적인 비밀경찰 조직을 통해 이루어졌다. '국가 방위를 위한 국제 경찰(PIDE)' 은 1926년에 창립되었다. 살라자르는 유한계급의 이익을 보호했다. 하지만 유한계급의 소망을 물리친 채 비싼 대가를 치르며 아프리카 영토에 매달리기도 했다. 이 일은 기업계가 타협을 원한 뒤에도 오랫동안 계속되었다. 그는 PIDE의 수장을 매일 접견했고, 경찰의 움직임을 세세하게 감독했다. 적은 장기간 감옥에 가두었다. 1970년대 중반 공산당 중앙 위원회 소속 22명은 자신들의 복역 기간을 합하면 모두 308년이고 평균하면 14년이 된다고 주장했다.[96] 하지만 살라자르는 사형을 부과하지는 않았다. 때로 그의 허락을 받고 PIDE가 비공식적으로 암살을 하기는 했지만 말이다. 1965년 2월 PIDE는 반대파 지도자 델가도(Humberto Delgado) 장군을 살해했다.[97] PIDE는 매우 신중하게 행동했기 때문에, 그들이 저지른 잔혹 행위는 거의 드러나지 않았고, 심지어 존경을 받기도 했다. 지휘관 아고스티뇨 로렌코(Agostinho Lourenco)는 1940년대 후반 파리 인터폴의 책임자로 일했다. 1967년 교황 바울로 6세가 파티마를 방문했을 때는 PIDE의 고위 지휘관들에게 훈장을 수여하기도 했다.

1969년에 살라자르는 접이식 의자에서 떨어져 의식을 잃은 상태였다. 그해 교수들이 대학으로 돌아갔고, PIDE는 '폐지' 되었다. 더 정확하게 말하면 이름이 바뀌었다. 대부분의 관료주의적 개혁처럼, 포르투갈에 불어온 변화로 관리의 숫자가 크게 증가했고, 효율이 크게 떨어졌다. 1974년 4월 25일 군부 쿠데타가 일어나 정권을 전복했다.[98] 포르투갈은 그 뒤 민주화되었다. 식민지는 사라지고, 포르투갈 경제는 비틀거렸고, 인플레이션이 발생했다. 하지만 혼란을 겪고 3년 뒤 포르투갈에 대한 기사는 신문의 1면에서 사라졌고, 포르투갈은 기본적으로 살라자르 때의 경제적 양상으로 돌아갔다. 여기에는 놀랍고 고무적인 면이 있다. 포르투갈이 영구적인 경찰국가에서 실제 민주주의 국가로 옮겨가는 동안 피 한 방울 흘리지 않았을 뿐 아니라 구체제의 성과 대부분을 온전히 보존할 수 있었기 때문이다.

스페인도 1970년대에 비슷한 경험을 했다. 상황을 보면 스페인의 경우는 더 놀랄 만하다. 1974년 여름 프랑코는 후안 카를로스(Juan Carlos)에게 권력을 넘겨주었다. (카를로스는 프랑코가 죽고 2일 뒤 1975년 11월 왕의 자리에 올랐다.) 프랑코는 38년간 효과적으로 권력을 행사하며, 펠리페 2세라도 경탄할만한 업적을 이루었다. 프랑코는 공화파가 승리했다면, 스페인에 또 한 번 내란이 일어났을 것이라고 생각했다. 그의 생각은 아마도 옳았을 것이다. 프랑코의 정권은 '분열을 최소화한' 정권이었다. 파시스트와 전통적 보수파가 군주제 지지 세력을 나누어놓고 있었다. 이 상황은 공화파 내에서 공산당과 다른 파벌들이 서로 끔찍이 증오했던 것과 비슷했다. 1944년 10월 프랑스가 해방된 뒤 2,000명의 공화파가 피레네 산맥을 넘어 '침공' 해왔다. 그들은 스페인 내에서 전면적인 반란이 일어나리라 예상했다. 하지만 아무 일도 일어나지 않았다. 공화파 정부가 1945년 8월 26일 형성되었지만, 실속 없는 요란한 행사에 불과했다. 연합국은 프랑코에 적대적인 행동을 취하지 않았다. 스페인에서 다시 내란이 일어나기를 원하지 않았기 때문이다. 연합국의 비위를 맞추기 위해 프랑코는 파시스트식 경례를 버렸다. 사실 프랑코도 그런 식의 경례를 별로 좋아하지 않았다. 하지만 팔랑헤당을 금지하지는 않았다. 팔랑헤당을 못마땅하게 여겼지만, 팔랑헤당은 극우파에 대한 안전판 역할을 했고 통제가 가능했다.

본질적으로 프랑코는 비정치적인 인물이었다. 그는 교회, 지주 계급, 실업계에 받아들여질 만한 인물을 고루 등용하여 통치했다. 군대가 원하던 바였다. 군대는 프랑코가 등장하기 오래전부터 정부 정책에 거부권을 행사해왔다. 프랑코도 군대처럼 반동적인 세력이었다. 그는 국가를 부동 상태로 만들어 위험에 뛰어들지 못하게 했다. 직업 정치가들이 나서는 것도 막았다. 그는 고위 장교들에게 자신을 "결코 경계 태세를 늦추지 않는 보초"로 묘사했다. 그는 "달갑지 않은 전보를 받고 답변을 구술하는 사람이며, 다른 사람이 잠들어 있을 때 주위를 감시하는 사람"이었다.[99] 젊은 나이였다면, 프랑코는 아마 국민 투표 제도를 도입했을 것이다. 사실 그는 1947년 7월 6일 군주제를 구체화하는 '계승법(Law of Succession)'을 투표에 부쳤다. 1,720만 명에 가까운 유권자 중 1,520만 명이 투표를 했고, 이

▶ **후안 카를로스(1938~)**
1975년에 즉위한 뒤 진보적이고 민주적인 입장을 취해 정당의 부활을 장려하고 정치범에 대한 사면을 실시했다. 군부 세력을 배제하고 민주주의 상태를 유지했으며, 1982년 말 사회주의 정부가 등장할 수 있게 했다.

가운데 14,145,163명이 찬성표를 던졌다. 투표 절차를 감시한 감시단은 투표가 공정했음을 확인해 주었다.[100)]

이 일을 끝낸 프랑코는 후계자로 후안 카를로스를 교육시키고 지도했다. 그동안 반동적인 정부의 틀 안에서 경제는 시장의 힘을 빌려 근대화되었다. 살라자르 정권의 경우와 다르지 않았고, 그 부분에서는 스위스 연방과도 비슷했다. 1950~70년의 20년간 스페인에서 변화가 일어났다. 2만 개 이상의 도시에 사는 사람들이 인구의 30퍼센트에서 50퍼센트 가까이 증가했다. 문맹률은 3년 동안 19퍼센트에서 9퍼센트로 떨어졌다. 불과 15년 동안 학생 인구는 두 배로 증가했다. 스페인은 낙후된 남부를 근대화시키면서 어떤 면에서 이탈리아보다 더 큰 성공을 거두었다. 1950~75년 안달루시아 지방의 풍경은 물리적으로나 가시적으로 상당히 바뀌었다. 빠른 속도로 감소한 지방 인구는 실질 임금의 측면에서 보자면, 아마도 팽창한 도시의 산업 근로자들보다 더 큰 혜택을 입었을 것이다. 하지만 중요한 변화는 마음가짐에서 일어났다. 조사에 따르면, 노동자들은 아버지 세대보다 보수와 명예 면에서 더 나은 직업을 기대했다. 남자들은 20세보다는 40세에 더 큰 기대를 품고 있었다. 늙고 희망 없는 스페인, 음침하고 비참한 불행의 나라, 한때 분노와 폭력으로 얼룩졌던 나라는 이제 사라지고 없었다.[101] 1950년대와 1960년대에 실질적으로 스페인은 보편적인 근대 유럽 경제의 일부가 되었고, 유럽 경제와 성공, 실패, 전반적인 번영을 함께했다. 피레네 산맥은 더 이상 문화적 경제적 장벽이 아니었다.

프랑코식 안정과 정치적 반동주의 때문에 가능했던 상대적 번영은 변화의 성공을 설명하는 데 도움이 된다. 카를로스 아리아스(Carlos Arias)는 프랑코 시대의 마지막 총리이자 후안 카를로스 시대 첫 번째 총리였다. 그는 사실 정치인도 전문 관료도 팔랑헤당원도 아니었다. 중요한 군대 장군이 그의 후견인이었을 뿐이다.[102] 민주주의 정권 최초의 진정한 총리 아돌포 수아레스(Adolfo Suarez)는 중도우파 정당인 스페인 국민 연합을 '연속성'의 원리에 따라 창당했다. 이 사실은 스페인이 프랑코 정권의 장점을 인정했다는 사실을 특징적으로 보여준다. 수아레스는 드골주의의 경험에 힘입은 바 크다. 드골주의가 거둔 본질적인 성공과 드골이 죽은 후에도 유지된 드골주의의 영향력은 그를 고무시켰다. 수아레스는 프랑코 시대의 마지막 의회를 해산하지 않았다. 그는 구시대의 의회를 통해 정치 개혁을 행동에 옮겼다. 1976년 12월 15일 그의 개혁은 94.2퍼센트의 찬성표를 얻었다. 선거 전 11개월 동안 그는 프랑코의 일당 독재 구조를 폐지하고 공산당을 포함한 다당제를 도입했다. 노조를 합법화하고, 언론과 출판의 자유를 회복하고, 투표 제도를 정착시켰다. 그리하여 1936년 2월 이후 최초로 자유 선거가 실시되었다. 선거 제도는 실상 시골 지역에 유리하게 되어 있었다.

인구가 총 340만 명인 15개의 가장 작은 지방이 의회에서 차지하는 의석은 53석이었다. 반면 인구 450만 명의 바르셀로나는 의석수가 33석에 불과했다. 하지만 1977년 6월 선거로 스페인 의회는 프랑스처럼 4당 구조를 갖추게 되었다. 스페인국민연합에서 민주중도연합으로 이름을 바꾼 수아레스의 당이 34퍼센트를 득표하여 가장 유력한 정당이 되었다. 그 뒤를 사회당(29퍼센트)이 따랐고, 공산당과 보수당이 양쪽에서 균형을 잡고 있었다.[103)]

중도파에 권력이 집중되었다는 사실이 중요하다. 새로운 의회에 헌법을 작성할 권한이 부여되었기 때문이다. 마침내 의회에서 입안되어 1978년 12월 국민 투표로 승인된 헌법은 스페인을 "법이 지배하는 사회적이며 민주적인 국가"로 규정했다. 정부 형태는 '의회 군주제'였다. 하지만 헌법은 또한 '민족 집단'의 자치를 보장했다. 중앙 집권주의와의 결별을 의미했다. 따라서 프랑코 시대와 결별하는 것뿐만 아니라 스페인의 과거와 결별하는 것을 의미했다. 스페인에서는 15세기 말부터 그때까지 카스티야 지방의 지배권이 널리 인정되고 있었기 때문이다. 왕은 국가수반일 뿐 아니라 군대의 수반이기도 했다. 이것이 매우 중요하다. 그 덕분에 1981년 쿠데타 기도를 좌절시킬 수 있었기 때문이다. 스페인은 여전히 군대의 특별한 역할을 인정하는 국가로 남아 있었다. 하지만 흥미롭게도 군대는 대규모 병력을 보유하고 있지는 않았다. (육군 220,000명, 해군 46,600명, 공군 35,700명.) 헌법에 따라 사형 제도는 폐지되었다. 공식적이지는 않지만 가톨릭교회도 인정되었다. 이혼을 할 수 있는 길이 열렸고, 노조와 정당에 합법적인 지위가 부여되었다. 헌법은 또 지방 분권을 위한 매우 복잡한 절차를 규정하고 있다. 이 때문에 많은 문제가 제기되었다. 그 문제들은 1980년대 스페인 정계의 주요 쟁점이 될 것이 분명했다. 실제로 이때의 헌법은 의회에서 만들어진 문서이며 명령서는 아니었다 하더라도, 너무 길고(169개

조항), 복잡하고, 지나치게 상세하고, 문장 표현은 형편없었다. 하지만 이 헌법의 장점은 합의를 표현하고 있었다는 데 있다. 스페인 최초의 헌법은 하나의 이데올로기를 표현하지도, 일당의 권력 독점을 제안하지도 않았다.[104] 카를로스는 냉정하고 현명한 군주였다. 그는 1981년에는 수아레스를 공작에 임명함으로써 자신감을 보여주었다. 수아레스는 전후 유럽에서 최초로 왕실 출신이 아닌 공작이 되었다. 1980년대 초까지 후안 카를로스가 이끄는 새로운 스페인 체제는 한쪽에서 급진적 테러리즘을 고립시키고, 다른 한쪽으로는 군대의 음모를 물리쳤다. 이 둘은 이제 주류 사회에서 배제되었다. 그리하여 1982년에 1936년 이후 처음으로 사회당 정부가 평화적으로 정권을 잡을 수 있었다. 따라서 정치적인 관점에서 보더라도 스페인은 이제 유럽 문화에 합류했다고 할 수 있다.

더욱 놀라운 일이 있다. 가난하고 학대받던 그리스 또한 마침내 유럽 문화에 합류한 사실이다. 로이드 조지조차 어두운 안색을 활짝 펼 만한 일이다. 베르사유조약에 따르자면, 원래 엘레우테리오스 베니젤로스(Eleuthérios Venizélos)의 그리스는 많은 이득을 얻게 되어 있었다. 하지만 그리스는 실상 얻은 게 거의 없었다. 그리스에서는 1912~22년까지 10년간 전쟁이 계속되었다. 전시 참모총장 존 메타크사스(John Metaxas) 장군은 일찍이 1923년에 쿠데타를 기도했고, 마침내 1936년에 독재 정권을 수립하는 데 성공했다. 그는 그리스 국민에게 '규율'을 부여하고자 했다. 그리스의 개인주의를 '진지한 독일식 정신'으로 바꾸려 했다. 그는 '최초의 농민' '최초의 노동자' '국민의 아버지'가 되었다. 1940년에 이탈리아군을 격퇴시킨 것도 그다. (그는 1941년 초 사망했다.) 그리고 그리스를 패배와 전후의 고통에서 영광의 길로 이끈 것은 다른 기구가 아니라 군대였다. 처칠이 스코비 장군에게 보냈던 유명한 전보는 그리스를 구했고, 그리스는 서구의 일원으로 남을 수 있었지만, 북부에서는 공산주의자들의 저항이 계속되었다. 1949년 여름이 되어서야, 메타크사스 아래서 참모총장을 지냈던 야전군 원수 파파고스(Alexandros Papagos)가 그리스 전역에서 정부의 권한을 확립했다. 이번에도 그리스에서는 제2차 세계대전이 10년간 지속되었다. 내전으로 8만 명이 죽고, 2만 명이 투옥되었고(5,000명은 사형 또는 종신형), 70만 명의 난민이 발생했으며, 인구의 10퍼센트는 주거지를 옮겨야 했다.[105)]

1946년부터 1952년까지 16개의 정부가 들어섰지만 모두 단명했다. 파파고스는 드골이 이끄는 프랑스공화국연합의 노선을 그대로 따라서 '국민' 정당을 창당했다. 파파고스는 1952년 선거에서 압승을 거두고, 11년간의 우익 통치를 시작했다. 1955년에 그가 사망하자 콘스탄티노스 카라만리스(Konstantinos Karamanlis)가 파파고스의 당을 차지했다. 카라만리스는 1958년과 1961년 선거를 승리로 이끌었다. 군대가 인정할 수 있는 유일한 종류의 '정상적인' 민주주의였다. 게오르기우스 파판드레우(Andreas Papandreou)가 예전의 베니젤로스식 중도좌파 연합을 재건했고, 1963년 카라만리스 대신 총리가 되었다. 카라만리스는 파리로 망명했다. 그 뒤 혼란의 시기가 찾아왔고, 결국 군부 쿠데타가 일어났다. 기오르기우스 파파도풀로스(Giorgios Papadopoulos) 대령이 이끄는 중간 계급 장교들이 쿠데타를 주도했다.

스페인에서처럼 그리스에서도 군대는 다른 어떤 정당보다 대중적인 기관이었다. 군대는 전통적으로 세습적인 중상층 계급이 이끌었다. 요직은 정실에 따라 배분되었다. 하지만 군대는 능력에 따라 진급이 이루어지며 장교 대부분이 농민 출신이라고 주장했다. 군대는 또한 교회와 가까웠다. 교회에서처럼 군대에서도 직업 정치인에 대한 증오가 널리 퍼져 있었다.

파파도풀로스 정권은 메타크사스 정권을 연상시켰다. 파파도풀로스는 '규율'과 '헬레니즘 기독교 문명'을 강조했다. 그의 정권에서 1968년과 1973년에 권위주의적인 신헌법이 만들어져 언제나 불만족스러웠던 군주제가 종식되었다. 노동자와 농민은 열렬히 환영하지는 않았지만, 반대도 하지 않았다. 파파도풀로스 정권은 중산 계급의 적들을 투옥하거나 고문했다. 그의 정권은 무한히 지속될 수도 있었을 것이다. 하지만 파파도풀로스는 동료의 신뢰를 잃고 쫓겨났다. 그 뒤 군사 정부는 키프로스 정치에 섣부르게 관여했고, 이 때문에 1974년 터키의 침공을 받았다. 터키와의 전쟁에서 패하자 그리스에는 혼란이 찾아왔다. 군사 정부는 몰락했고, 카라만리스가 망명지 파리에서 날아왔다. 그는 선거에서 300석 중 219석을 얻어 압도적인 승리를 거두었다. 1975년 카라만리스는 새 헌법을 통과시켜 드골주의에 바탕을 둔 강력한 행정부를 확립했다. 드골이 1960년대와 1970년대의 유럽에 끼친 놀라운 영향력을 보여주는 사례다. 이러한 탄력적인 틀은 어느 정도 확신을 주었다. 1981년에 있었던 다음번 선거에서 안드레아스 파판드레우(Andreas Papandreou)가 사회주의 강령으로 승리를 거두었지만, 헌정의 불안이 되풀이되지는 않았다.

대부분의 그리스인에게 중요했던 것은 정치적 투표나 직업 정치가들의 활동이 아니었다. 그들에게 중요한 것은 1952년 파파고스가 장기간의 사회적 경제적 성장을 가져왔다는 사실이다. 이런 성장은 대충 비슷한 속도로 카라만리스 아래서, 군사 정부 아래서, 다시 카라만리스 아래서 지속되었다. 이 사실은 현대사를 연구하면서 얻을 수 있는 한 가지 교훈을 예증하고 있다. 정치적 활동은 경제적 안녕을 촉진할 수 없으며 오히려 경제적 안녕의 토대를 허문다는 것이다. 그러한 불행은 길고 심각할 수도 있다. 정부의 가장 유용한 기능은 말하자면 고리를 붙들고 있는 것이다. 개개인이 자신의 이익을 추구해나가고, 그 과정에서 사회적 이익을 낳을 수 있도록 개개인을 고리 안에서 보호하는 것이다. 1950년부터 1980년까지 30년간 그리스인의 평균 재산은 그리스 역사상 가장 큰 폭으로 증가했다.[106] 이 점은 신뢰할 만한 지표인 인구 이동에도 반영되어 있다. 사람들은 투표용지가 아니라 발로 투표하는 법을 알고 있다. 그들은 발로 투표할 때에 의중을 가장 솔직하게 드러낸다. 그리스인들의 해외 이주가 시작된 건 기원전 8세기였다. 1970년에는 1,300만 명의 그리스인 중 400만 명이 해외에 거주했고, 그중 300만 명은 영구 이주자였다. 이민은 1965년 117,167명으로 절정에 다다랐다. 이때가 전환점이었다. 군사 정부의 후기에는 미국 이민을 제외하면 이민률이 급속하게 떨어졌다. 점점 더 많은 해외 이주자들이 고국으로 돌아오기 시작했다. 1974년에는 1850년 통계 자료가 집계된 이래 처음으로 국내 경제에 참여한 그리스의 인구가 해외 취업을 위해 이주하는 인구보다 많았다. 1979년 이민 인구는 2만 명 이하로 떨어졌고, 해외에서 보낸 송금(12억 달러)이 그리스의 주요 수입원인 관광업(17억 달러)과 선박업(15억 달러)에 미치지 못했다. 실제로 1970년대 그리스의 경제 성장률은 평균 5~6퍼센트였고, 실업률은 2퍼센트였다. 이런 수치는 서유럽보다 훨씬 나은 것이었다.[107] 1980년대 초 그리스는 서유럽의 생활수준에 빠르게 근접해가고 있었다. 그 사실은 그리스에서 새로운 정치적 사회적 안정이 지속되리라는 가정에 또 하나의 근거를 제시해주었다.

철의 장막 서쪽과 남쪽에 사는 약 3억의 유럽인들은 35년 동안 민주주의의 틀 안에서, 그리고 법치 아래서 상대적인 풍요의 결실을 얻었다. 그 과정은 인류의 전 역사에서 가장 주목할 만한 일이다. 사실 예상 밖의 일이었다. 거의 성공할 뻔했던 대륙의 자살 기도가 두 차례 일어나고 나서 곧 바로 이런 성공이 뒤따랐기 때문이다. 하지만 새로운 안정과 번영에는 모순이 있었다. 1980년대 초 전쟁이 끝나고 나서 35년이 흘렀지만, 민주화된 유럽은 민주주의의 결과로 얻은 부에도 불구하고, 여전히 대서양 저편의 미국에 안보를 맡기고 있었다. 유럽은 미국의 보장뿐만 아니라 물리적인 미국 주둔군에 의존했다. 이상한 일이었다. 1960년대와 1970년대 미국의 역사는 그것이 이상할 뿐 아니라 위험한 일이었다는 사실을 보여준다.

제 18 장

미국의 자살 기도

선린정책과 페론주의

아이젠하워의 시대는 미국의 국력이 절정을 구가한 시기다. 공산권 주변으로는 집단 안보의 벽이 세워졌다. 이 높은 성벽 뒤에서 미국과 서유럽은 유례가 없는 번영을 누렸다. 따라서 그들이 양차 대전 사이에 외교적 경제적 교훈을 얻었다고 말할 수도 있을 것이다. 다시 1920년대의 번영이 찾아왔다. 하지만 이번에는 더 차분하고 안전했다. 번영은 대서양 양쪽에 더 넓게 분포되어 있었다. 1950년대는 풍요의 시대였다. '풍요' 라는 말은 유명한 경제학자 존 갤브레이스의 『풍요한 사회 *The Affluent Society*』를 통해 널리 퍼졌다. 이 책은 1958년도 베스트셀러다. 『풍요한 사회』는 기존의 '일반적인 통념' 을 비난하며 새로운 개념을 탄생시켰다. 갤브레이스와 그의 학파는 빈곤의 시대는 끝났다고 주장했다. 세계는 자원이 풍부했다. 발달된 경제는 상품 생산의 난제를 극복했다. 따라서 경제적 문제는 해결되었다. 남아 있는 것은 정치적 문제, 즉 공평한 분배의 문제였다. 국가는 창조적인 역할을 수행해야 했다. '개인적 풍요' 를 끌어와 '공적인 빈곤' 을 척결하고, 국내적으로나 국제적으로 부의 위험한 불균형을 해소해야 했다. 아이젠하워는 이러한 낙관주의에 공감하지 않았다. 그는 미국 경제가 쉽게 무너질 수 있다고 생각했다. 무기나 복지 분야에 과도한 지출을 한다면 그렇게 될 것이다. 이 두 가지를 병행한다면 물론 말할 것도 없다. 1920년대와 달리 번영이 영원히 지속되리라 믿고, 1960년대를 환상의 시대로 바꿔놓은 것은 우파가 아닌 좌파였다. 이 점은 주목할 만하다.

1960년 무렵 아이젠하워는 백악관을 차지했던 대통령 중 가장 나이가 많았다. 그는 무기력해 보였다. "미국을 다시 움직이자." 행동을 촉구하는 외침이 들려왔다. 미국은 복지 대책뿐만 아니라 군사력에서도 후퇴하고 있는 듯한 인상을 주었다. '미사일 갭(missile gap)' 이라는 말도 나왔다.[1] 1960년 대통령 선거에서 공화당 후보는 부통령 리처드 닉슨이었다. 그는 마흔일곱으로 비교적 젊지만, 아이젠하워 행정부의 무기력한 기운을 풍기고 있었다. 게다가 고집 센 캘리포니아인으로 동부 연안의 자유주의적 언론으로부터 미움을 받았다. 민주당 후보는 존 F. 케네디였다. 그는 닉슨보다도 젊은 마흔셋이었고, 부자였으며 미남이었다. 그는 선전과 홍보에 능했고, 동생 로버트가 효율적인 정치 기구를 이끌고 있다는 장점이 있었다. 케네디가 선거에서 승리한 것은 그 덕분이다. 만약 케네디가 합법적으로 승리했다고 말할 수 있다면 말이다. 케네디는 약 6,900만 표 중 12만 표 차이로 간신히 이겼다. 선거 결과는 상대 후보 측이 앨라배마주의 득표를 다르게 해석하면서 문제가 되었다. 선거인단은 케네디가 닉슨보다 84명이 많았다. 이것이 중요했다. 하지만 텍사스와 일리노이에서 저질러진 부정행위는 다시 케네디의 승리에 의혹을 던졌다. 그러나 닉슨은 선거 결과에 이의를 제기하지 않았다. 미국 대통령의 직위, 나아가 미국이라는 국가에 누가 되지 않을까 해서였다.[2] 하지만 그렇다고 닉슨에게 명예가 돌아간 것은 아니다. 1960년의 선거 뒤 케네디는 닉슨을 이렇게 평가했다. "그는 왔다가 갔을 뿐이다. 사실 그는 형편없는 사람이다."[3]

케네디는 형편없지 않았다. 사실 그 반대였다. 그는 루스벨트 이래 자기 손으로 돈을 벌 필요가 없었던 최초의 대통령이었다. 그는 루스벨트처럼 워싱턴을 희망의 도시로 바꿔놓았다. 중산층 지식인들이 일자리를 얻기 위해 구름 떼처럼 몰려들었다. 아내 재클린 케네디(Jacqueline B. Kennedy)는 고급문화 취향을 자랑하는 사교계의 미인이었다. 백악관에 이렇게 멋진 부부가 사는 걸 보고, 어떤 사람은 케네디의 워싱턴을 '캐멀롯(Camelot)'에 비유했다. 물론 차가운 시선으로 바라보는 사람도 있었다. 한 정치가는 케네디 가의 백악관 입성을 가리켜 이렇게 말했다. "아름다운 북부 이탈리아의 도시를 점령한 보르자 가문의 형제를 보는 것 같다." 새로운 정권의 최초의 수혜자는 '군산 복합체'였다. 이미 보았듯이 이 이름은 의심 많은 아이젠하워가 붙인 것이다. 재래식 무기와 핵무기에 대한 지출이 크게 증가했다. 어떤 면에서 케네디와 국무장관 딘 러스크(Dean Rusk)는 가장 열정적인 냉전의 전사였다. 그렇다고 잘 싸운 것도 아니었지만 말이다. 케네디는 미국의 대외 임무에 세계적인 관점을 불어넣었다. 이러한 관점은 완전히 새로운 것이었다. 고전적인 미국의 태도를 1821년 당시 국무장관 존 퀸시 애덤스(John Quincy Adams)은 이렇게 정의했다. "자유와 독립의 깃발이 세워져 있거나 혹은 세워질 곳은 어디든 미국의 마음과 미국의 축복과 미국의 기도가 함께할 것이다." 하지만 그는 이렇게 덧붙였다. "그럼에도 미국은 자기 손으로 쓰러뜨릴 괴물을 찾아 해외에 가지는 않을 것이다. 미국은 모든 나라의 자유와 독립을 소망한다. 허나 미국은 미국 자신을 위해서만 투사가 될 것이다."[4] 이 원칙은 트루먼과 아이젠하워 때 수정되었다. 미국의 국익을 위해 중요하다면 "미국이라는 국가 자체"를 확대하여 연합국도 그 안에 포함시킬 수 있었다.

케네디는 범위를 더욱 확대시켰다. 과거에 스탈린은 핵심 기지를 축으로 전선을 전진시키는 방식으로 냉전을 전개했다. 하지만 냉전은 더 이상 이런 한 가지 방식에 국한되지 않았다. 케네디는 그 사실을 알고 있었다. 스탈린의 후계자들은 기동전을 도입했다. 미국의 방어벽은 이제 소련의 전장 안에 포함될 수도 있었다. 케네디가 권력을 손에 넣기 얼마 전인 1961년 1월 6일 니키타 흐루쇼프는 새로운 정책을 제시하며, 실제로는 과거 레닌의 시대까지 거슬러 올라가는 오래된 정책이라고 정의했다. 그의 말에 따르면, 러시아에는 이런 정책을 강력하게 추진할 만한 자원이 있다. 공산주의의 승리는 핵전쟁으로 달성되는 게 아니다. 핵전쟁은 인류를 파멸시킬 것이다. 정규전으로 달성되는 것도 아니다. 정규전은 핵전쟁을 야기할 수 있다. 공산주의의 승리는 아프리카, 아시아, 라틴아메리카의 '민족 해방 전쟁' 을 통해 달성될 것이다. 이것은 "제국주의에 대한 혁명 투쟁의 중심지" 가 될 것이다. "공산주의자들은 혁명가들" 이기 때문에, 이런 "새로운 기회" 를 "활용" 해야 한다. 케네디는 이런 주장을 일종의 전쟁 선포로 간주했다. 그는 취임 연설 석상에서 이 도전에 응했다. 그는 자유가 "최대의 위험에 처한 시기" 라고 선언했다. 자유를 수호할 책임이 그의 세대에 주어졌다. 케네디는 이렇게 말했다. "나는 이 책임을 회피하지 않을 것입니다. 기꺼이 이 책임을 받아들일 것입니다." "미국은 자유의 수호와 번영을 위해서라면 어떤 대가도 치를 것이고, 어떤 짐도 짊어질 것이며, 어떤 고난도 받아들이고 어떤 우방도 지원할 것이며 어떤 적과도 싸울 것" 이다.[5] 이것은 파격적인 보증이었으며, 세계의 발밑에 뿌려진 백지 수표였다.

케네디가 이런 과장된 제스처를 취한 데는 이유가 있다. 케네디와 그의 고문들은 자유주의적이고 민주적인 정권의 탄생을 도우면, 가난한 국가의 국민으로부터 호의와 지지를 얻는 경쟁에서 소련을 물리칠 수 있으리라 생각했다. 그들은 거의 모든 지역의 경제적 군사적 원조를 늘렸고, 미국 젊은

▶ 존 F. 케네디(1917~1963)
취임 초기부터 외교문제에 관심을 쏟았다. 인상적인 대통령 취임연설에서 "인간 공동의 적인 압제 빈곤 질병 전쟁에 대한 지속적이고 힘든 투쟁의 부담을 함께 져나가자" 고 요청했다. 라오스 지도를 보며 설명하고 있는 케네디.

이들의 해외 자원 봉사 단체인 평화 봉사단, 대(對)반란 활동에 종사하는 그린베레, '마음과 정신' 에서 이기기 위한 캠페인, 라틴아메리카를 대상으로 한 '진보를 위한 동맹' 등 다양한 조직과 기구로 새로운 '행동 외교' 를 추진했다.[6] 하지만 이러한 조치는 모두 대영제국의 중요한 교훈을 무시한 것이다. 지배 권력이 바랄 수 있는 최상의 것은 안정이다. 그것이 아무리 불완전하더라도 말이다. 힘에 바탕을 둔 정책을 추진하면 혼돈이 찾아온다. 결국 지배 권력은 무력으로 체제를 수호하거나 영국처럼 체제가 무너지는 것을 지켜볼 도리밖에 없다. 케네디의 취임 연설이 보여주듯이 미국은 이제 새로운 탈식민지 체제를 탄생시켰다. 하지만 미국이 확립한 체제 역시 번영을 위해 안정에 의존할 수밖에 없었다. 미국의 자원은 영국이 가지고 있던 자원보다 훨씬 크다. 하지만 미국의 자원도 제한되어 있기는 마찬가지다. 따라서 반드시 방어해야 하는 지역과 오로지 무력으로 방어할 수밖에 없는 지역을 선별하고, 다른 지역은 적절한 대안 장치를 설치하는 방법을 추진해야 했다. 여기에 세계주의적인 케네디 정책의 약점이 있었다.

문제는 라틴아메리카에서 즉각적이고 심각한 형태로 나타났다. 1823년의 먼로주의(Monroe Doctrine) 아래서 미국은 아메리카 대륙을 보호하고 있었다. 표면적으로는 유럽의 탐욕으로부터 라틴아메리카 국가의 독립을 보호한다고 했지만, 실상은 자국의 이익을 보호하기 위해서였다. 미국은 때로는 군사 개입을 서슴지 않았다. 특히 중앙아메리카와 카리브해 국가의 경우가 그랬다. 먼로주의는 카리브해가 미국의 '내해' 이며 미국 경제권의 일부라는 가정에 근거했다. 미국이 스페인으로부터 해방시킨 쿠바에서는 이른바 '플랫 수정 조항(Platt Amendment)' 을 통해 미국이 개입할 권리가 쿠바 헌법에 성문화되었다. 양차 대전 사이에 윌슨의 민족자결주의의 영향을 받아 이 체제는 무너져 내리기 시작했다. 1928년의 클라크 각서(Clark Memorandum)에서 미 국무부는 먼로주의가 미국의 개입을 정당화하지 못한다고 밝혔다. "먼로주의는 미국과 유럽에 한하여 언급할 뿐이며, 미국 대 라틴아메리카에 대해 언급하고 있지는 않기" 때문이다.[7] 루스벨트는 이 논리를 받아들여 1934년 플랫 수정 조항을 폐기했고, 대신 '선린정책(Good Neighbour Policy)' 을 도입했다. 선린정책은 원칙상 라틴아메리카 국가를 미국과 대등하게 취급했다. 시간이 지난다면, 이런 전제는 훌륭한 성과를 가져올 게 분명했다. 더 큰 라틴아메리카 국가들은 캐나다처럼 그들의 거대한 후원국과 유익한 관계를 이루어나갈 수 있었을 것이다.

가장 촉망받는 국가는 아르헨티나였다. 양차 대전 사이에 아르헨티나 경제는 캐나다와 오스트레일리아의 경제가 걸어간 길을 따라갔다. 아르헨티나는 캐나다처럼 1900년부터 1914년까지 호황기를 누렸다. 1920년대에는 느리지만 지속적인 성장을 경험했다. 1929~33년에는 심각한 후퇴를 맛보았지만, 그 뒤 한 해 평균 2~3퍼센트에 달하는 장기간의 성장을 유지했다. 제조업, 광업, 석유, 공공시설, 전기 부문이 꾸준한 성장세를 유지했다. 아르헨티나는 사실상 라틴 아메리카에서는 최초로 경제 도약을 성취한 국가다.[8] 더불어 시장 경제, 최소 정부, 늘어난 중산 계급, 언론의 자유, 법치를 이룩했다. 제2차 세계대전 동안에는 임금이 서유럽 수준까지 올라갔고, 오스트레일리아를 제외하면 그때까지 남반구에서는 볼 수 없었던 번영을 누렀다. 달러와 파운드화로 15억 달러나 되는 엄청난 준비금을 보유하고 있었다. 아르헨티나의 주요 경제 협력국이었던 영국이 과거 70년 이상 아르헨티나에 투자했던 금액보다 많은 액수다.[9] 만약 이 자금이 철강과 석유 산업 혹은 다른 수입 대체 산업에 투자되었다면, 아르헨티나는 1950년대 역동적이고 자립적인 경제 성장을 이룩했을 것이다. 그랬다면 라틴아메리카의 전 역사가 달라졌을 수도 있다.

하지만 아르헨티나는 라틴아메리카에 퍼진 군국주의와 정치가라는 두 가지 독에 희생당했다. 19세기 라틴아메리카에서 군사 쿠데타는 정권을 바꾸는 통상적인 수단이었다. 이 파멸적인 관행은 보통 선거권이 도입된 이후에도 계속되었다. 1920~66년 사이에 라틴아메리카 18개국에서 성공한 쿠데타는 80차례나 되었다. 에콰도르와 볼리비아가 각 9차례로 제일 많았고, 파라과이와 아르헨티나가 7차례로 그 다음이었다.[10] 아르헨티나에서는 1943년에 중요한 쿠데타가 일어났다. 군사 정부는 노동부 장관에 믿을 만한 후안 페론(Juan Perón) 대령을 임명했다. 페론 대령은 빈농의 아들이었지만, 군에서 두각을 나타냈다. 미남이었고, 스키와 펜싱에서 당할 자가 없었다. 정신과 육체 모두 섬광같이 빨랐다. 한때 사회학을 공부한 그는 전후 시대에 매우 흔하게 찾아볼 수 있는 사이비 지식인이었다. 군대는 그때까지 노조를 짓밟아왔다. 페론은 노동자를 후원하여 대중적인 지지 기반을 얻을 수 있다는 사실을 깨달았다. 그는 노동부 장관으로 노조를 장악했다. 그때까지 노조 지도자들은 개인적으로 뇌물을 받아왔다. 페론은 노동 운동 세력 전체를 매수했다.[11]

페론을 보면 마르크스주의자와 파시스트의 권력의지가 본질적으로 동일하다는 것을 알 수 있다. 그는 레닌, 무솔리니, 히틀러, 스탈린으로부터 동시에 권력의지를 빌려왔다. 그에게는 사람을 끌어당기는 매력이 있었다.

▶ **후안 페론**(1917~1963)
선거를 치를 때마다 페론주의 세력은 아르헨티나 정계에서 새롭고 이해할 수 없는 힘으로 작용했다. 1955년 이래 아르헨티나를 통치해온 문민정부나 군사정부는 제대로 힘을 발휘할 수 없었고, 고질적인 정치적 정체 상황을 해결할 수도 없었다.

듣기 좋은 목소리를 지녔고, 이데올로기적인 표현에 탁월한 재능을 보였다. 자신을 추종하는 노동자 세력을 "셔츠를 입지 않은 사람들"이라고 불렀다. (사실 그들은 좋은 보수를 받고 있었다.) 또한 자신의 철학을 '정의주의(正義主意)' 라고 했다. 그의 정의주의는 제3세계에서 유행한 가짜 '주의' 가운데 하나다. 페론은 새로운 유형의 라틴아메리카 독재자였을 뿐만 아니라, 아프리카와 아시아의 탈식민지 시대에 등장할 카리스마적 인물의 원형이었다. 그는 구시대의 사기꾼 독재자들과 새로운 반동형 독재자의 가교 역할을 했다. 머릿수로 민주주의를 조작하는 방법을 보여주기도 했다. 그에게는 실체가 없었다. 1945년에 군부 동료에게 체포되었을 때, 그저 무릎을 꿇고 자비를 구해야겠다는 생각밖에 하지 않았다. 노동자를 궐기시켜 그의 석방을 이끌어낸 것은 정부(情婦) 에바 두아르테(Eva Duarte)였다. 그녀는 호전적인 여성 운동가였다. 페론은 그녀와 결혼하여 교회의 체면을 세워주었다. 그 뒤 1945년 2월 24일 그는 선거에서 너끈히 승리했다. 이 선거는 아르헨티나 역사상 몇 안 되는 자유선거였다.[12)]

대통령이 된 페론은 사회주의와 국가주의의 이름으로 어떻게 경제를 파탄 낼 수 있는지 고전적인 사례를 보여주었다. 그는 중앙은행, 철도, 통신, 가스, 전기, 어업, 항공 운송, 강철, 보험을 국유화했다. 그리고 수출을 위한 국영 판매 담당 기관을 두었다. 그는 단번에 '큰 정부' 와 복지 국가를 만들어냈다. 공공 서비스 지출은 GNP 비율로 따지면 5년 만에 19.5퍼센트에서 29.5퍼센트로 늘어났다.[13] 페론의 국가 체제에는 우선순위가 없었다. 그는 사람들에게 즉시 모든 것을 가지게 될 것이라고 말했다. 원칙적으로 틀린 말은 아니었다. 노동자들은 일 년을 일하고 13개월의 월급을 받아갔다. 유급 휴가가 주어졌고, 사회 혜택은 스칸디나비아 수준을 따라잡았다. 페론은 노동자에게 후한 회사를 찾아내 다른 회사들에 이런 관행을 따르라고 강요했다. 회사의 재정 따위는 신경 쓰지 않았다. 이와 동시에 아르헨티나 국내 자본의 주요 원천이었던 농업 부문을 뒤엎었다. 1951년이 되자 페론은 준비금을 모두 탕진하고 나라에서 자본의 씨를 완전히 말려버렸다. 국제 수지는 파탄이 났고, 임금 인플레이션이 관행화되었다. 이듬해 가뭄이 농업에 큰 타격을 주자 위기가 표면화되었다. 지지 세력이 사라지는 것을 보고, 페론은 경제적 선동에서 정치적 독재로 전환했다. 대법원을 박살내고, 라디오 방송국과 라틴아메리카 최대의 신문 「프렌사 La Prensa」 지를 탈취했다. 대학교를 타락에 빠뜨리고 헌법을 조작했다. 무엇보다 공공의 '적' 을 창조했다. 영국, 미국, 모든 외국인과 조키 클럽(Jockey Club)이 공공의 적이 되었다. 1953년에 페론 일당은 조키 클럽에 불을 질러 도서관과 미술품을 파괴했다. 다음해 그는 가톨릭교회에 눈을 돌렸다. 1955년 노동자들이 아르헨티나에서 가장 멋진 성당인 성 프란시스코 성당과 산토 도밍고 성당, 그리고 그 밖의 많은 성당을 파괴했다.

그게 마지막이었다. 1955년 군대가 페론을 축출했다. 그는 파라과이의 군함을 타고 피신했다. 하지만 페론의 뒤를 이은 정권들은 아르헨티나를 부유하게 만들어준 최소 정부로 돌아가지 못했다. 너무나 많은 기득권층이 생겨났기 때문이다. 아르헨티나는 거대한 기생 국가였고, 노조가 지나치게 많은 권력을 가진 나라였고, 공공 부문 근로자가 너무 많았다. 여기서 우리는 20세기의 우울한 교훈 한 가지를 배울 수 있다. 일단 국가가 팽창하면 다시 부피를 줄이는 일은 거의 불가능하다는 것이다. 페론의 유산은 그의 화려한 말보다 오래갔다. 그리고 페론 역시 이에 못지않게 오래갔다. 1968년 군부의 수장 알레한드로 라누세(Alejandro Lanusse) 장군은 이렇게 썼다. "페론이 …… 다시 이 땅에 발을 들여 놓는다면, 페론이든 나든 둘 중에 한 명은 이 땅을 떠나야 할 것이다. 자식들에게 내가 겪은 고통을 맛보게 하고 싶지는 않다." 5년 뒤 라누세 장군은 대통령으로서 선거를 실시했으나, 그 결과 일흔아홉 살의 페론을 권좌로 불러들이고 말았다. 존슨 박사는 재혼에 관해 "경험에 대한 희망의 승리"라고 말한 적이 있는데, 그 상황과 다를 바 없었다.[14] 이 무렵 아르헨티나는 역사 과정 전체가 바뀌었다. 선진 경제 국가가 될 수 있는 기회를 잃고, 영원한 이류 라틴아메리카 국가로 전락했다. 산업의 낙후, 정치적 불안정, 군사 독재가 아르헨티나의 운명이었다. 1970년대 말과 1980년대 초 아르헨티나 공화국의 삶은 점차 야만적으로 변해갔다. 1982년에는 영국을 상대로 무모한 군사적 모험을 벌이기까지 했다. 포클랜드를 침공했던 것이다. 결국 아르헨티나는 영국에 치욕적인 패배를 당했다.

페론주의 혁명은 라틴아메리카에 재앙을 가져다주었고, 미국도 이 때문에 곤경에 빠졌다. 아르헨티나를 캐나다와 비교하는 일은 더 이상 없었다. 절망과 좌절 속에서 선동 정치가 꽃을 피웠다. 선동 정치가는 페론이 그랬듯이 미국을 비난하는 손쉬운 방법을 택했다. 페론이 강력한 본보기로 남아 있었다. 페론은 "양키에 과감히 맞섰고" 처음으로 아르헨티나의 진정한 독립을 이루어냈다는 식이다. 그의 경제적 실패는 뇌리에서 사라졌고, 정치적 성공만이 기억되었다. 선동 정치가들은 앞다투어 페론을 모방했다.

쿠바 혁명과 미사일 위기

페론의 그림자는 쿠바에까지 드리워졌다. 쿠바는 페론 이전의 아르헨티나처럼 가장 부유한 라틴아메리카 국가 중 하나였다. 하지만 경제 구조는 달랐다. 쿠바 경제는 실제로 미국 경제의 일부였다. 쿠바는 1898년 독립을 쟁취했을 때, 논리적으로만 보자면 텍사스나 뉴멕시코처럼 미국의 한 주가 되든지, 푸에르토리코처럼 미국의 자치령이 되었어야 했다. 1924년 쿠바에 대한 미국의 투자액은 12억 달러에 달했다. 쿠바는 수입품의 66퍼센트를 미국에서 들여왔고, 수출품의 83퍼센트를 미국에 수출했다. 수출품은 주로 설탕이었다. 1934년 호혜통상협정(Reciprocal Trade Agreement)에 따르면, 쿠바는 미국에서 들여오는 많은 수입품에 대해 관세를 부과하거나 할당 제도를 적용할 수 없었다. 이에 상응하는 존스코스티건법(Jones-Costigan Act)은 미국이 쿠바의 설탕 작물을 싼 가격에 살 수 있게 보장했다. 미국 설탕 정제 회사 대표인 얼 뱁스트(Earl Babst)는 이러한 협정을 두고 "안정된 식민 정책으로 나아가는 단계"라고 말했다.[15] 1945년 이후 쿠바 경제에 대한 미국의 지배력은 점차 쇠퇴했다. 하지만 1950년대에도 아바나의 미국 대사는 "쿠바에서 두 번째로 중요한 인물이며, 어떤 때는 쿠바 대통령보다 훨씬 중요했다."[16] 사실 쿠바는 어떤 의미에서 미국의 위성 국가였다. 하지만 플랫 수정 조항이 폐기되자 쿠바는 완전한 독립국이 되었다. 그러나 원칙적으로만 독립국일 뿐이었다. 이 사실이 엄청난 분노를 낳았다.

대부분의 라틴아메리카 독재자처럼 쿠바의 독재자들은 항상 자유주의자로 시작해 폭군으로 끝이 났다. 그 과정에서 넘어설 수 없는 미국의 우월성과 타협하곤 했다. 구시대의 마지막 독재자는 역시 한때는 자유주의자였던 헤라르도 마차도(Gerardo Machado)였다. 마차도는 1933년 9월 풀헨시오 바티스타(Fulgencio Batista)가 주도한 '중사들의 반란'으로 대통령직에서 쫓겨났다. 중사이자 속기사였던 바티스타는 국민적인 인물이다. 인디언 혼혈이었고, 아버지는 사탕수수 농장의 일꾼이었다. 바티스타 역시 농장에서 일한 적이 있다. 그는 극단적인 과격파였다. 미국 대사 섬너 웰스는 바티스타 정권이 "명백한 공산주의"라고 생각했으며, 쿠바로 미국 전함을 보내주기를 바랐다.[17] 공산주의 지도자 블라스 로카(Blas Roca)는 바티스타를 인민 전선의 아버지, "쿠바 민주주의의 위대한 자산" "인민의 우상" " 우리나라 정계의 위대한 인물"이라고 칭송했다.[18] 바티스타는 1940년부터 1944년까지 대통령으로 직접 나라를 통치하기도 했지만, 대개 다른 사람을 활용했다. 주로 급진적인 학생들과 연대를 맺었다. 그가 기꺼이 대통령의 자리에 내세웠던 인물은 학생 세력의 지도자로 정규혁명당을 창설한 라몬 그라우 산 마르틴(Ramón Grau San Martin)이었다. (정규혁명당과 대립하는 세력으로는 '쿠바인민당'의 혁명가 세력이 있었다.) 하지만 그라우는 사기꾼이었다. 그는 나약했고 탐욕스런 정부(情婦)의 조종을 받고 있었다. "폴리나(Paulina Alsina)와 얘기를 해보는 것"이 그의 통치 방법이었다. 1952년 바티스타는 다시 자기 손으로 권력을 잡았다. 하지만 그

때는 이미 정치가 상당한 타격을 입은 상태였고, 바티스타 역시 부정 이득과 뇌물의 늪에 빠져있었다. 사실 공직에 있는 사람들은 다 마찬가지였다.

1940년대와 1950년대에 쿠바는 과격한 깡패 사회로 변해버렸다. 예전이라면 미국이 개입하여 다른 사람을 권좌에 앉혔을 것이다. 하지만 이제는 그럴 수 없었다. 그런데도 미국은 쿠바와 주요 품목을 거래했기 때문에 쿠바 사건에 휘말릴 수밖에 없었다. 페론주의 시대에는 모든 것이 미국 탓이었다. 쿠바는 제3세계의 특징이라 할 수 있는 말과 현실의 괴리를 그대로 보여주었다. 정계에 있는 모든 사람이 말로는 혁명을 떠들어댔지만, 실제로는 부정부패를 저질렀다. 물론 부패에는 폭력이 따라다녔다. 아바나대학교는 군대만큼이나 중요한 기관이었는데, 아바나대학교 학생 연맹 회장을 선출하는 방법은 총싸움이었다. 경찰은 교내에 들어갈 수 없었다. 교내 경찰은 살해당하거나 테러를 당했다. 많은 학생이 45구경 권총을 소지하고 있었고, 강의는 총성으로 중단되곤 했다. 공산당원도 누구 못지않게 부패해 있었다. 그라우는 공산당원이 손가락을 붙여 경례를 하면 이렇게 말하곤 했다. "걱정하지 마시오. 저들도 내일이면 손가락을 펴게 될 테니."[19)]부자들 소수만 부패와 타락에 저항했다. 그중에는 쿠바인민당의 지도자 에두아르도 치바스(Eduardo Chibás)도 있었지만, 그마저도 결투라는 방식으로 폭력에 참여했다. 다양한 조직이 깡패 집단처럼 서로 싸움을 벌였다. 대부분의 조직에는 정치적 서열까지 있었다. '행동대'를 구성하고 있는 정치적 총잡이들과 넘쳐나는 마르크스주의 · 파시즘 · 페론주의 표어는 1920년대 초의 독일을 연상시켰다. 학생들은 가장 악질적인 살인자이자 가장 불쌍한 희생자였다.

피델 카스트로(Fidel Castro)도 학생 깡패 중 하나였다. 아버지 앙헬 카스트로(Angel Castro)는 스페인 갈리시아 출신으로, 카를로스를 지지하는 우익 가문에서 출생했다. 대부분의 스페인 이주민처럼 앙헬은 미국을 싫어했다. 그는 유나이티드 프루트에서 일했고, 농장을 장만해 크게 성공했다. 그의 농장은 1만 에이커에 500명의 노동자가 일했다. 아들 피델은 직업적인 학생 정치가가 되었다. 정치 외에 다른 일을 하고 싶어하지 않았다. 부유했던 그는 치바스의 쿠바인민당을 지지했고, 학생 시절부터 권총을 가지고 다녔다.[20] 1947년 스무 살의 나이에 기관총으로 무장하고 '행동대' 의 도미니카공화국 침공에 가담했다. 이듬해 미주회의(Pan-American Conference)가 열리는 동안 보고타(Bogota)에서 끔찍한 폭동을 조직하는 데 관여했다. 이 폭동 사태로 3,000명이 피살되었다.[21] 같은 해 그는 쿠바 경찰과 총격전을 벌였다. 그로부터 10일 뒤, 체육부 장관 살해 혐의로 기소당했다. 바티스타는 카스트로가 뛰어난 정치 깡패라는 얘기를 듣고 포섭하려고 안간힘을 썼다. 그러나 카스트로는 '세대 차이' 를 이유로 바티스타의 제안을 거절했다. 동료 법학생은 카스트로에 대해 이렇게 말했다. "그는 권력에 굶주린 인물이며, 전혀 원칙이 없고, 정치 경력에 도움이 된다 싶으면 어떤 그룹에라도 들어갔을 것이다."[22] 카스트로는 나중에 '혁명가' 가 자신의 '천직' 이라고 주장했다. 그는 레닌과 히틀러의 충동을 겸비하고 있었으며, 두 가지 충동은 폭력적인 성격 안에서 한 몸을 이루었다. 하지만 그는 마르크스주의 상투어를 떠들기 전까지는 페론처럼 스페인의 원형적 파시스트, 프리모 데 리베라의 정치적 산문을 흉내 냈다.[23]

1951~52년 바티스타에게 기회가 찾아왔다. 치바스가 미쳐서 자살하자 '이상주의자' 의 자리가 공석이 되었다. 바티스타는 끊임없는 폭력 사태를 종식시킬 심산으로 정당을 폐지하고 독재자가 되었다. 그의 '자유 쿠데타' 는 노동자들 사이에서 인기가 좋았다. 그가 계속 집권을 했더라면 전에 그랬던 것처럼 결국 헌정을 회복시켰을지도 모를 일이다. 하지만 카스트

로는 그에게 시간을 주지 않았다. 카스트로는 쿠데타를 환영했고, 쿠데타를 진지한 싸움을 걸 수 있는 기회로 보았다. 카스트로는 첫 번째 정치 성명에서 "투쟁의 시간이다"라고 말한 바 있다. 그는 총잡이 150명을 데리고 시에라 산맥으로 갔다. 하지만 도시 테러 활동이 많은 사상자를 내는 데 반해 게릴라 작전은 그리 대단치 않았다. 쿠바 경제는 1957년까지 번영을 유지했다. 본질적인 부분에서 쿠바를 둘러싼 싸움은 뉴욕과 워싱턴에서 벌이는 홍보 전쟁이었다. 카스트로를 옹호하는 주요 인물은 「뉴욕 타임스」의 허버트 매튜스(Herbert Matthews)였다. 그는 카스트로를 카리브해의 토머스 로런스로 묘사했다.[24] 허스트(William R. Hearst)의 보도가 1898년의 쿠바 혁명을 도왔듯이, 이번에는 「뉴욕 타임스」가 카스트로를 도왔다. 이 때문에 미국 국무부는 동요했다. 카리브해 담당 부서를 책임지고 있던 윌리엄 윌런드(William Wieland)는 그때까지 이런 견해를 취하고 있었다. "많은 사람이 바티스타를 개자식이라고 생각하는 걸 나도 알고 있다. …… 하지만 미국의 국익이 우선이다. …… 적어도 그는 우리의 개자식이다."[25] 그러나 곧 윌런드는 생각을 바꾸었다. 1957년 아바나 대사로 임명된 얼 스미스(Earl Smith)는 이런 말을 들었다. "당신은 바티스타의 몰락을 이끌어 내기 위해 쿠바에 가는 겁니다. 바티스타를 제거해야 한다는 결정이 내려졌습니다." 윌런드는 스미스를 매튜스에게 보내 개략적인 상황을 듣게 했다. 매튜스는 이렇게 말했다. "바티스타를 제거하는 것이 …… 쿠바의 국익을 위해 …… 세계를 위해 …… 최선의 선택일 겁니다." 국무차관보 로이 루버텀(Roy Rubottom) 또한 카스트로 지지자였다. 아바나(La Habana)의 CIA도 마찬가지였다.[26]

하지만 쿠바에 당도한 얼 스미스는 카스트로가 승리하면 미국에 큰 골칫거리가 될 거라는 사실을 깨달았다. 카스트로의 승리를 막아야 했다. 스미스는 워싱턴으로 가겠다고 고집했고, 자비를 들여 비행기를 탔다. 루버텀이 자금을 지원해주지 않았기 때문이다. 얼 스미스는 기자 회견을 열어, 카스트로가 "국제적인 책임을 존중하지 않는" 인물이기 때문에, "미국 정부"는 "피델 카스트로와 잘 지낼 수 없을 것"이라고 말했다.[27] 그 뒤 국무부는 스미스 몰래 일을 처리했다. 이로 인한 혼란과 오해는 루스벨트의 외교가 최악의 양상을 보여주었을 때나 1979년 일부 국무부 관리들이 이란의 국왕을 축출하려고 시도했을 때를 생각나게 한다. 1958년 3월 13일 얼 스미스는 바티스타를 만났다. 집무실 안에는 링컨의 반신상이 쭉 늘어서 있었다. 여기서 1959년 2월 24일에 자유선거를 실시하고 바티스타가 퇴진한다는 협약이 맺어졌다. 하지만 다음날 워싱턴에서는 스미스에게 알리지도 않고 쿠바에 대한 모든 공식적인 무기 판매 중지 결정을 내렸다. 뉴욕의 부둣가에서는 개런드 소총의 선적이 중지되었다. 하지만 미국의 카스트로 지지자들은 계속 무기를 공급했다. 결국 미국은 1958년 초부터 한쪽에만 무기를 공급했던 셈이다. 미국의 무기를 받고 있는 쪽은 알다시피 반란 세력이었다. 미국의 무기 판매 중지 조치는 카스트로가 달려가고 있던 권력의 길에서 반환점이 되었다. 그전까지 카스트로가 수중에 둔 병력은 300명 정도였다. 그러나 미국의 움직임을 본 쿠바인들이 미국의 정책이 바뀌었다고 생각하고 카스트로 쪽으로 돌아섰다. 카스트로에 대한 지지는 급상승했고, 경제는 바닥으로 곤두박질쳤다. 그래도 카스트로를 따르는 무리는 3,000명을 넘지 않았다. 그의 '전투'는 사실상 선전 활동에 가까웠다. 이른바 '산타 클라라 전투'에서 카스트로의 병력 손실은 여섯 명에 불과했다. 1958년 여름 가장 큰 교전이 벌어졌고, 카스트로가 바티스타의 공세를 물리쳤지만 병력 손실은 40명 정도였다. 바티스타 측의 병력 손실은 300명이었다. 진짜로 격전을 벌인 쪽은 도시의 반(反)바티스타 세력으로 그중

1,500~2,000명이 희생되었다. 게릴라전은 광범위한 선전 활동일 뿐이었다.[28] 체 게바라(Che Guevara)가 모든 일이 끝난 뒤 인정했듯이, 그들에게 "군사적 승리보다 중요했던 것은 외국 기자들의 존재, 특히 미국 기자들의 존재였다."[29] 미국의 태도 변화는 그렇다 치고, 사실 바티스타 정권의 사기를 꺾은 것은 도시 게릴라들이었다. 그들 대부분은 카스트로파가 아니었다. 1958년 11월 마지막 순간에 미국 정부는 다음 쿠바 정권에 카스트로 말고 다른 인물을 앉힐 계획이었다. 역시 이번에도 쿠바 대사에게는 아무 말도 하지 않았다.[30] 하지만 이미 때는 늦었다. 바티스타는 1959년 1월에 쫓겨났고, 쿠바는 카스트로의 수중에 들어갔다.

언제부터 카스트로가 레닌주의자가 되었는지는 분명치 않지만, 레닌과 히틀러가 절대 권력의 자리에 오르기 위해 사용한 방법을 자세히 연구한 것만은 분명하다. 1959년 1월 권력을 잡은 카스트로는 군 최고 사령관이 되었다. 군대의 힘을 독점하면서 그가 내세운 명분은 폭력 사태의 재발을 막는 데 필요하다는 거였다. 모든 경찰 조직이 내무부가 아닌 그의 손안에 들어갔다. 게릴라 동지들이 신속히 경찰과 군의 요직을 차지했다. 민주적인 '혁명 간부회'를 포함하여 반바티스타 경쟁 세력을 무장 해제시킨 때가 결정적인 순간이었다.[31] 그 뒤부터 카스트로는 원하는 모든 것을 할 수 있었다. 임시 대통령이었던 판사 마누엘 우루티아(Manuel Urrutia)는 18개월 동안 선거를 연기하자는 카스트로의 요구에 동의할 수밖에 없었다. 그동안은 포고령으로 통치하기로 했다. 레닌이 쓰던 수법이다. 최초의 포고령은 정당을 폐지한다는 내용이었다. 그가 장악하고 있던 「레볼루시온 Revolucion」 지는 1959년 1월 7일 이렇게 보도했다. "실체가 분명한 정당에 소속되어 있는 훌륭한 사람들은 이미 임시 정부에서 공직을 맡고 있다. …… 그 외의 사람들은 …… 침묵하고 있는 것이 낫다." 이것은 히틀러가 즐겨 쓰던 수법이다. 2월 7일에 선포된 '공화국 기본법' 이라는 포고령은 내각에 입법권을 부여했다. 히틀러의 수권법과 본질적으로 같았다. 곧이어 카스트로는 총리로서 대통령의 내각 회의 참석을 금지했다.[32] 따라서 권력을 장악한 지 몇 주 만에 자유주의 인사와 민주주의 인사는 실질적으로 권력에서 배제되었다. 내각은 정치국이었다. 그 안에서 친구와 동지에게 둘러싸여 있는 카스트로는 영락없는 독재자였다. 바티스타와 다를 바 없었다. 하지만 바티스타가 권력뿐만 아니라 돈에 관심을 쏟은 반면, 카스트로는 권력만을 원했다.

카스트로는 군법 회의를 통해 적을 숙청하는 작업에 착수했다. 그는 1959년 3월 3일에 명백한 독재 권력을 행사했다. '전범' 으로 기소되었던 바티스타 공군 병사 44명이 증거 불충분으로 산티아고에서 석방된 뒤였다. 카스트로는 즉시 TV를 통해 재판이 잘못되었다고 선언했다. 재판은 다시 열렸고, 재판장은 시체로 발견되었다. 카스트로의 수하가 재판장으로 임명되었다. 공군 병사들은 다시 재판을 받고 징역 20~30년형을 선고받았다. 카스트로는 이렇게 선언했다. "혁명의 정의는 법의 명령이 아니라 도덕적 신념에 근거한다." 그의 선언은 쿠바에서 법치의 종식을 알리는 것이었다.[33] 그라우가 언제 선거를 치를 거냐고 묻자, 카스트로는 토지개혁이 완료되고 모든 아이가 자유로이 학교에 가서 읽고 쓸 수 있게 되고, 모든 사람이 마음대로 병원에서 진료를 받을 수 있게 될 때라고 대답했다. 한마디로 안 하겠다는 소리다. 그는 1959년 여름 토지개혁법(Agrarian Reform law) 문제로 우루티아를 제거했다. 우루티아 대통령은 베네수엘라 대사관으로 피신한 다음 국외로 탈출했다.

이와 동시에 카스트로는 소련에 접근하기 시작했다. 사실 쿠바는 과거나 현재나 자립 경제를 이룰 힘이 없었다. 미국이 후원자로 적합하지 않다면,

다른 강대국이 역할을 대신해야 했다. 미국은 후원자가 될 수 없었다. 카스트로는 제3세계의 다른 독재자처럼 적이 필요했기 때문이다. 바티스타가 사라지자 그는 미국을 적으로 돌렸다. 미국이 적이라면, 필요한 우방은 소련이 되는 게 당연했다. 소련이 우방이 되자, 1959년 중반부터 카스트로의 이데올로기는 마르크스주의가 되었다. 마르크스주의는 그의 좌파 파시스트적인 독재 정치에 잘 들어맞았다. 그러나 카스트로는 사실 정통파 마르크스레닌주의 통치자는 아니다. 비밀 위원회뿐만 아니라 무솔리니, 히틀러, 페론처럼 대중 연설을 통해 통치했기 때문이다. 1959년 중반부터 그는 메피스토펠레스(Mephistopheles)와 계약을 맺었다. 소련의 무기, 군사 고문, KGB의 지원을 받아 보안 부대를 조직하기 위해서였다. 그는 소련과 공범이 되었다. 이제부터 쿠바인은 반(反)공산주의 견해를 취하기만 해도 체포될 수 있었다. 이 무렵 카스트로는 적에 대한 암흑가식 살인을 시작했다. 최초의 희생자는 의문의 죽임을 당한 육군 사령관 카밀로 시엔푸에고스(Camilo Cienfuegos)였다. 우베르트 마토스(Hubert Matos) 같은 예전 동지들에 대한 숙청 재판은 1959년 12월에 시작되었다. 우베르트 마토스는 카스트로의 전체주의 체제를 받아들이려 하지 않았기 때문에 희생되었다. 그해 말 쿠바는 공산주의 독재 국가가 되었다.[34)]

미국으로부터 65킬로미터밖에 떨어지지 않은 섬이 갑자기 종속적인 동맹국에서 소련의 위성국으로 바뀌었다. 이 사건은 그 자체로 세계의 세력 균형에 일어난 중대한 변화였다. 1957년에 카스트로가 4,000자로 된 선언을 발표하자 이 사건은 더 심각한 문제로 부각되었다. 카스트로는 권력을 잡으면 "다른 카리브해 독재자"에 대해 적극적인 대외 정책을 펴나갈 것이라고 공표했다.[35)] 미국은 무력을 포함한 어떤 수단을 써서라도 국면을 전환시킬 권리가 있었다. 쿠바는 중립국 핀란드의 경우와 비슷했다. 소련과

▶ **피그스 만 침공(1961)**
미국 정부의 재정지원을 받아 공격이 이루어졌기 때문에 이미 심각한 상태에 놓여 있던 미국과 쿠바 사이의 적대 관계가 더 악화되었을 뿐만 아니라, 세계적으로 긴장감을 고조시켰다.

지리적으로 가까운 탓에 핀란드의 외교와 방위 정책은 소련의 거부권에 영향을 받았다. 그러나 1959년이 끝날 무렵 덜레스는 이미 사망했고, 아이젠하워는 다음번 선거에 출마하지 않은 채 레임덕에 뒤뚱거렸다. 많은 계획이 고려되었지만, 구체적으로 이루어진 것은 아무것도 없었다. 1961년 초 케네디가 집권하자, CIA와 합동참모본부장이 작전 안을 내놓았다. 쿠바 해방군으로 알려진 무장한 쿠바 망명자 12,000명을 쿠바의 피그스 만에 상륙시키고, 반(反)카스트로 대중 봉기를 촉발시키자는 작전이었다. 지략과 경험이 풍부한 아이젠하워였다면, 과연 이 작전 계획을 최종적으로 승인했을지 의심스럽다. 공군과 해군이 참여해 얻을 수 있는 이익을 배제한 채 미국이 단지 도덕적으로나 정치적으로 관여한다는 것은 문제가 있었다. (해안에 처음 발을 디딘 두 사람은 CIA 요원이었다.)[36] 4월 17일 순진하고 나약한 케네디는 작전을 실행하라고 허락했다. 결과는 대실패였다. 완벽한 미군의 지원이 없는 한 작전은 취소되었어야 했다. 여기에서 케네디의 본성을 볼 수 있다. 그는 동생에게 자신이 "망나니보다는 침략자로 불리게 될 것"이라고 했다.[37] 결국 그에게는 결단력이 부족했던 것이다. 정치적이고 군사적인 오판의 측면에서 보자면, 피그스 만 작전은 수에즈 위기 때 이든의 무모한 모험을 생각나게 한다.[38] 피그스 만 침공 사건이 쿠바에는 재앙이었다. 카스트로가 이를 계기로 반대 세력에 테러를 가할 수 있는 기회를 잡았기 때문이다. 이미 감금되어 있던 사람들 대부분이 총살당했다. 아마도 10만 명가량이 체포되었던 것으로 보인다. 개중에는 실제 지하 운동 세력, CIA 요원 2,500명, 반(反)혁명 동조자 20,000명이 포함되었다.[39] 5월 1일 카스트로는 쿠바가 사회주의 국가가 되었다고 선언했다. 더 이상 선거는 없을 것이다. 그러나 카스트로의 말에 따르면, 쿠바에서는 매일같이 선거가 치러지고 있었다. 혁명 정권이 민중의 의사를 표현하고 있었기 때문이다.[40]

피그스 만 침공 실패로 미국의 여론은 격해졌다. 미국인들은 직접적인 개입을 지지했을 것이다. 고위 정책 입안자였던 체스터 볼스(Chester Bowles)는 케네디가 "군대를 파견하든 폭격을 하든, 아니면 다른 뭘 하든" 결정하기만 하면, "국민 90퍼센트 이상이 지지할 것"이라고 생각했다. 케네디가 조언을 청하자 리처드 닉슨은 이렇게 말했다. "저라면 마땅한 합법적인 구실을 찾아 쿠바로 쳐들어갈 것입니다."[41] 하지만 행정부는 주저했다. 국방장관 로버트 맥나마라(Robert McNamara)는 그 사실을 인정했다. "피그스 만 사건 당시나 그 뒤에 우리는 카스트로 때문에 충격을 받고 허둥댔다."[42] 여러 차례에 걸쳐 갖가지 계획을 세웠다. 쿠바 관리를 공격하기 위해 깡패를 고용하는 방법, 카스트로가 적그리스도이며 그리스도의 재림이 임박했다는 소문을 퍼뜨리고, 잠수함으로 조명탄을 쏘아 올리는 방법,

생명에는 지장이 없는 화학 약품을 이용해 사탕수수 노동자를 쓰러뜨리는 방법, 탈륨염으로 카스트로의 수염이 빠지게 만드는 방법, 정신을 잃게 만드는 화학 약품을 카스트로의 여송연에 첨가하거나 치명적인 식중독균을 넣는 방법, 카스트로의 정부 마리 로렌츠(Marie Lorenz)에게 독약 캡슐을 주는 방법, 쿠바인과 미국인 깡패를 시켜 카스트로를 청부 살해하는 방법, 결핵균과 피부병균이 묻어 있는 잠수복을 선물하는 방법, 그가 잠수하는 곳 근처에 폭발 장치가 들어 있는 희귀한 조개를 놓아두는 방법 등. 케네디가 CIA의 국장에 앉힌 리처드 헬스(Richard Helms)는 나중에 다음과 같이 증언했다.

> 당시 정책 목표는 카스트로를 제거하는 거였다. 그러나 그를 죽이는 것이 우리가 해야 할 일이라고 하더라도 …… 가이드라인 안에서 행동해야 한다고 생각했다. 아무도 대통령의 면전에서 외국 지도자의 암살에 대해 논의하고 싶어하지 않았다. …… 대통령의 심기를 불편하게 하고 싶지 않았기 때문이다.[43]

이런 무모한 계획 중 행동에 옮겨진 것은 아무것도 없다. 케네디에게 쿠바 문제를 해결할 수 있는 기회를 준 것은 결국 흐루쇼프였다. 흐루쇼프에게도 실재든 허구든 자신만의 '미사일 갭' 이 있었다. 그는 쿠바에 중거리 미사일을 배치하여 추가 비용 없이, 전략적 핵무기의 세력 균형을 소련에 유리한 쪽으로 과감히 바꾸어놓으려 했다. 미사일이 배치되어 완전한 방어 태세를 갖춘다면, 핵전쟁 없이는 공격당하지 않을 것이고, 그렇다면 쿠바 정권을 난공불락의 요새로 만들 수 있었다. 나중의 상황 전개를 보면, 흐루쇼프가 쿠바를 미국에 '잃고' 동료에게 비난받을까봐 두려워했음을 알 수 있다.[44] 카스트로가 프랑스 기자에게 설명한 바에 따르면, "그런 생각을 처음 한 건 소련인들이다. …… 그것은 우리의 국가 방위를 보장한다기보다는 주로 국제적인 지평에서 사회주의를 강화하려는 거였다." 카스트로는 결국 동의했다. "소련이 우리를 위해 위험을 무릅쓰는 데 우리가 동참하지 않을 수는 없었다. …… 그것은 결국 명예의 문제였다."[45]

사실 명예는 이 문제와 아무 상관도 없다. 소련이 쿠바 경제를 지탱하고 카스트로의 야심 찬 계획을 지원하는 데 드는 비용은 눈덩이처럼 불어났다. 카스트로는 그 대가로 섬을 미사일 기지로 제공할 수밖에 없었다. 그는 또한 쿠바 국민을 위해서는 아니더라도 자신의 정권을 위해서는 미사일이 없는 것보다는 있는 것이 더 안전하다고 생각했다. 그 계획은 피그스 만 침공만큼 정신 나간 짓이었으며, 훨씬 더 위험한 장난이었다. 카스트로에 따르면, 흐루쇼프는 스탈린이라면 엄두도 못 냈을 일이라며 자랑스러워했다고 한다. 흐루쇼프의 동료 아나스타스 미코얀은 워싱턴의 소련 외교관을 불러 모은 자리에서 미사일 사건이 "사회주의 세계와 제국주의 세계 간의 권력 관계를 결정적으로 바꾸어놓기 위해" 계획되었다고 설명했다.[46]

이 계획이 더 무모했던 건 흐루쇼프가 의도적으로 케네디에게 거짓말을 했기 때문이다. 흐루쇼프는 소련이 쿠바에 무기를 제공한다는 사실을 케네디에게 인정했다. 하지만 단거리 지대공 미사일만 설치될 것이라고 비밀리에 보장해주었다. 어떤 경우라도 쿠바에 장거리 전략 미사일을 보내지는 않을 것이라고 말했다. 그러나 실제로는 1,100마일 사정거리의 중거리 핵미사일 42기, 2,200마일 사정거리의 미사일 24기를 보냈다. (사정거리 2,200마일짜리 미사일은 결국 쿠바에 상륙하지 못했다.) 이외에도 지대공 마시일 24기, 폭격기, 전투기, 소련군과 기술자를 딸려 보냈다.

이러한 군사 조치를 취하면서 미국의 항공 관측에 걸리지 않기를 바라는

▶ U2
정찰 및 탐사용 고공 단좌 제트비행기로, 1960년 5월 1일 U2기 1대가 소련 상공에서 격추되었으며, 1962년에는 쿠바에 소련제 미사일이 있다는 증거 사진을 촬영했다.

것은 불가능한 기대였다. 1962년 10월 15일 U2기가 쿠바의 미사일 기지를 관측 촬영했다. 12월까지 적어도 50기의 전략 미사일이 배치될 게 분명했다. 그렇게 되면 불과 몇십 킬로미터를 사이에 두고 삼엄한 방어 속에 핵무기가 미국을 향하게 된다. 10월 16일부터 미국 행정부는 대응 조치에 관한 논쟁을 벌였다. 의견은 '매파' 와 '비둘기파' 로 나뉘었다. 딘 애치슨은 매파였다. 비밀 토론 당시 그는 사전 경고 없이 "공습으로 미사일 기지를 완전히 일소" 해버리자고 주장했다. 로버트 케네디와 로버트 맥나마라가 이끄는 비둘기파는, 매파의 주장대로라면 "미국이 오히려 진주만 공습을 하는 꼴" 이 된다며 유감을 표시했다. 쿠바 공습을 감행할 경우 "수천 명의 소련인이 죽고 쿠바 시민도 그에 못지않게 죽을 것" 이 분명했다. 참모총장들은 800회 정도 출격할 필요가 있을 것이라고 예상했다. 맥나마라는 모스크바가 "대대적인 반격" 을 하게 될 것이라고 주장했다. "그럴 경우 미국은 상황에 대한 통제력을 잃고, 전면전으로 치달을 것" 이다. 비둘기파는 대신

봉쇄 또는 '격리' (루스벨트가 일본에 대해 사용한 매우 교묘한 단어) 작전을 주장했다. 소련에 크게 체면을 잃지 않고 파국에서 한 발짝 물러설 수 있는 기회를 주기 위해서였다.[47]

케네디 대통령은 이쪽 편에서 저쪽 편으로 오락가락했다. 공습 준비를 계속하라고 명령했지만, 결국 격리 작전을 택했다. 그는 10월 22일 이를 공개적으로 통보했다. 마감 시한을 이틀 뒤로 못 박았다. 마감 시한이 그렇게 정해진 것은 10월 23일이 되면 6개 중거리 미사일 발사 기지 중 4개를 가동시킬 수 있었기 때문이다. 따라서 소련이 발사 기지를 정상 운용하기 위해 외교적인 지연작전을 펼치는 것을 막아야 했다. 10월 24일 소련의 미사일을 실은 배가 격리 라인에 접근하다가 정지했다. 소련의 배는 그대로 남아 있었다. 목적을 바꿔 쿠바에 있는 미사일을 도로 가져가야 했기 때문이다. 다음날 케네디 대통령은 흐루쇼프에게 원상회복, 즉 미사일의 철수를 요구하는 전문을 보냈다. 흐루쇼프는 답변을 두 번 보냈다. 먼저 10월 26일에 미국이 쿠바를 침공하지 않겠다고 약속하면 요구에 따르겠다는 답변을 보내왔다. 다음날 미국의 추가적인 양보를 요구하는 두 번째 답변이 날아왔다. 미국의 중거리 미사일 주피터를 터키에서 철수하라는 것이었다. 케네디는 두 번째 요구는 무시하고, 쿠바 불가침 보장을 요구하는 첫 번째 제안을 받아들이겠다고 했다. 10월 28일 결국 흐루쇼프는 미사일을 철수하는 데 동의했다.[48]

케네디 대통령이 쿠바 미사일 위기를 처리한 솜씨는 당시는 물론 이후에도 칭송을 받았다. 한편 흐루쇼프는 동료에게 비난을 받았다. 1964년 10월 최고소비에트회의 간부회가 흐루쇼프를 해임했을 때, "그의 정신 나간 계획, 성급한 결론, 무모한 결정, 안이한 생각에 따른 행동"을 거론했다.[49] 세계가 대규모 핵전쟁에 성큼 다가섰다는 사실은 의심의 여지가 없었다. 10

월 22일 미국의 모든 미사일 전문 요원은 '최대 경보' 상태에 있었다. B-47 800대, B-52기 550대, B-58기 70대가 분산되어 있는 여러 기지에서 폭탄을 적재하고 즉시 이륙 준비에 들어갔다. 대서양 상공에서는 B-52기 90대가 메가톤급 폭탄을 탑재한 채 비행 중이었다. 핵탄두를 탑재한 아틀라스 미사일 100기, 타이탄 50기, 미니트맨 12기가 발사 준비에 들어갔고, 항공모함, 잠수함, 해외 미군 기지에 있는 핵무기도 마찬가지였다. 모든 사령부가 데프콘-2 상태에 있었다. 바로 전쟁에 들어갈 수 있는 최대 전투 준비 태세였다.[50] 로버트 케네디는 "미국인 6,000만 명이 사망하고, 비슷하거나 그 이상의 소련인이 사망할 수 있다"고 말했다. 흐루쇼프는 군부와 논의하는 동안 "5억 명이 죽을지 모른다"고 경고했다.[51] 그는 엄청난 도박에 뛰어들었지만, 허풍이 탄로 나자 파산에 직면해 발을 뺄 수밖에 없었다. 사전에 소련의 양보에 대해 알지 못했던 카스트로는 소식을 전해 듣고 격분했다. 그 자리에 함께 있던 체 게바라의 말에 따르면, 카스트로는 벽을 발로 차고 거울을 박살내버렸다.[52] 하지만 10년이 훨씬 더 지나서, 그는 조지 맥거번(George McGovern)에게 이렇게 말했다. "나라면 흐루쇼프보다 훨씬 더 강경한 자세로 나갔을 겁니다. 그가 타협을 했을 때 나는 무척 화가 났어요. 하지만 흐루쇼프는 늙고 현명했습니다. 되돌아보면 그가 케네디와 함께 적절한 해결책을 찾았다는 걸 깨닫게 됩니다. 당시 내가 마음대로 할 수 있는 위치에 있었다면, 아마 끔찍한 전쟁이 일어났을 겁니다."[53]

사실 카스트로와 소련은 흐루쇼프의 벼랑 끝 정책으로 큰 덕을 보았다. 소련이 1962년 9월 대규모로 무기를 공급하기 전까지 카스트로는 미국이 쉽게 개입할 수 있는 상대였다. 그때까지 미국 대통령은 위기를 처리해야 하는 상황에서 약속을 지켜야 한다는 조건을 따른 적이 없다. 공정하게 평가하자면, 흐루쇼프가 전략적 미사일을 쿠바에 배치한 행위는 침략 행위나 다름없다. 흐루쇼프의 허세를 꺾어놓았을 때 케네디는 확실히 유리한 입장에 있었다. 드골이 정확히 파악했듯이, 소련은 완전히 물러설 수밖에 없는 상황이었다. 흐루쇼프도 이를 시인했다. "쿠바는 소련으로부터 11,000킬로미터 떨어져 있다. 우리는 해상이나 항공 통신 체계가 너무나 불안하기 때문에, 미국에 대한 공격은 생각해볼 수도 없었다."[54] 쿠바 마사일 위기는 전략 핵무기의 균형이 여전히 미국 쪽에 유리한 상황에서 발생했다. 게다가 카리브해는 재래식 화력에서도 미국이 압도적으로 우위에 있는 지역이었다. 따라서 케네디는 완전한 원상회복을 요구할 수 있는 입장이었다. 어쩌면 더 많은 것을 요구할 수도 있었을 것이다. 소련에 쿠바의 무장 해제와 중립화 동의를 요구할 수도 있었다. 딘 애치슨은 이렇게 말했다. "우리에게 흐루쇼프의 숨통을 조일 손잡이나사가 있는 한, 우리는 매일같이 그를 조였어야 했다."[55] 그의 말은 틀리지 않다.

케네디는 선전과 홍보에서 승리했지만, 침략국 소련에 두 가지 실질적인 양보를 해주었다. 한 가지는 터키에서 주피터 미사일을 철수시킨 것이다. 미국은 미사일이 노후하다는 이유를 들었다.[56] 또 한 가지는 쿠바에서 공개적으로 소련과 군사 동맹을 맺은 공산주의 정권이 유지되도록 묵인한 것이다.[57] 쿠바와 카리브해의 안보라는 실질적인 관점에서 보자면, 케네디는 미사일 위기에서 소련에 패한 것이나 마찬가지다. 케네디의 패배는 미국의 패배였다. 그리고 그때까지 미국이 냉전에서 겪은 패배 중 가장 쓰라린 패배였다.

어느 쪽으로 생각하더라도 쿠바는 미국의 국익에 매우 중요한 지역이다. 카스트로는 이곳에서 살아남아 사반세기 이상 미국의 가장 끈질긴 적이자 가장 성공한 적이 되었다. 카스트로는 1960년대 남미에 혁명을 퍼뜨리고, 1970년대 말과 1980년대 초에는 중미에 혁명을 퍼뜨렸다. 중미에서는 더 큰 성공을 거두었다. 카스트로는 제3세계 회의에서 미국의 '제국주의' 를 비방하며, '비동맹' 국가를 자처했다. 또한 1970년대에는 소련 정책의 집행자로 아프리카에 원정군을 파견했다. 카스트로는 놀랄 만큼 대담하게 미국 내에 있는 억압받는 자들의 대변자임을 자처했다. 일부 미국의 진보적인 인사들은 그에게 아첨 섞인 찬사를 보냈다. 솔 랜도(Saul Landau)는 카스트로를 "민주주의에 푹 젖어 있는" 사람이라 평했고, 레오 허버맨(Leo Huberman)과 폴 스위지(Paul Sweezy)는 그를 "열정적인 인도주의자" 라고 생각했다. 쿠바를 방문했던 어떤 사람들은 카스트로의 '백과사전적 지식' 에 대해 얘기했다. 그의 영향으로 사람들은 "사회주의와 기독교의 연관성" 에 대해 생각했다. 카스트로는 "부드럽게 말하며, 수줍음이 많고, 예민했다." 동시에 그는 원기 왕성하며 잘생겼고, 격식에 얽매이지 않고 전혀 교조주의적이지 않으며, 개방적이고 인간적이며, 매우 친근하고 따뜻했다. 노먼 메일러(Norman Mailer)는 그를 "제2차 세계대전 이후 세계에 등장한 최초이자 최고의 영웅" 이라고 생각했다. 애비 호프먼(Abbie Hoffman)은 다음과 같이 썼다. "똑바로 서면 그는 살아 있는 거대한 페니스 같다. 그가 곧은 자세로 서면 군중은 즉시 변화된다."[58] 한때 스탈린을 둘러싸고 모락모락 피어났던 여러 가지 환상이 카스트로에게 옮겨갔다. 마오쩌둥이 영광의 자리에서 떨어진 뒤에는 카스트로가 전체주의 세계에서 최후의 카리스마적 존재로 군림했다.

이와는 대조적으로 쿠바의 보통 사람들은 발과 모터보트로 의사를 표시했다. 1960년대만 해도 100만 명 이상이 카스트로를 떠났다. 1980년에는 15만 명의 정치적 난민이 생겼다. 정치적 난민을 모두 합하면 전체 인구의 5분의 1에 이르렀고, 그들은 망명자 신세로 주로 미국에서 살았다. 1981년의 추정에 따르면, 카스트로가 쿠바를 장악하고 나서 쿠바의 연간 일인당 국민 소득 성장률은 평균 마이너스 1.2퍼센트였다. 가장 부유한 라틴아메리카 국가였던 쿠바는 이제 가장 빈곤한 나라로 전락했다. 쿠바의 일인당 국민 소득은 810달러로, 이웃 국가인 자메이카, 도미니카공화국, 콜롬비아, 멕시코보다도 못했다. 반면 20만 명의 무장 병력(이중 4분의 1이 해외에서 활동했다)은 브라질을 제외하면 라틴아메리카 국가에서 최대 규모였다. 일인당 무장 병력 수로 따지면 세계 최고였다.[59] 이것이 카스트로의 작품이며 케네디의 유산이다.

베트남전쟁

케네디가 쿠바 문제를 처리한 방식을 보면, 그가 미국의 중대한 국익에 관해 제대로 이해하지 못했으며, 실상과 허상을 구분하는 능력이 부족했다는 것을 알 수 있다. 선전과 대외 홍보의 측면에서 정치에 접근했기 때문이다. 이러한 약점은 우주 계획과 베트남전쟁에서도 그대로 드러났다. 포로로 잡은 독일 과학자들의 도움을 받아 소련은 (핵무기를 개발하는 계획 다음으로) 중장거리 로켓 개발 계획에 우선적으로 힘을 쏟았다. 성과는 1950년대 말 현실로 나타나기 시작했다. 1957년 10월 4일 소련이 스푸트니크 1호를 쏘아 궤도에 올려놓았다. 스푸트니크 1호는 83.6킬로그램의 작은 인공위성이다. 미국인들은 충격을 받았다. 다음달 무게가 508킬로그램이나 되는 스푸트니크 2호가 발사되었다. 여기에는 '라이카' 라는 개가 타고 있었다. 미국의 첫 인공위성 익스플로러 1호는 1958년 1월 31일이 되어서야 궤도에 진입했다. 무게는 13.6킬로그램에 불과했다. 어떤 미국 장군은 이렇게 말했다. "우리는 쓸모없는 장군들만 잡아왔다." 사실 미국도 대형 로켓을 건조하고 있었다. 이중에는 앨라배마 헌츠빌(Huntsville)의 베르너 폰 브라운(Werner Von Braun)이 개발한 거대한 군사용 새턴 로켓도 있다.

이와 아울러 소형화 기술이 발달했다는 점이 중요하다. 이 때문에 미국은 페이로드(payload)가 낮은 쪽을 선호했다.[60] 그것은 어디까지나 목적, 우선순위, 재정의 문제였다. 미국의 경제력에 대해 끊임없이 염려했던 아이젠하워는 방위에 실제로 필요한 수준 이상으로 우주 계획에 많은 투자를 하지 않았다. '국가 위신' 때문에 모험과도 같은 우주 계획에 돈을 낭비하는 데는 단호히 반대했다. 위신은 그가 혐오하는 말 중 하나다. 그는 소련의 스푸트니크호 발사 뒤 찾아온 미국인들의 정신적 공황에 대해 신경 쓰지 않았다.

케네디가 대통령 집무실을 차지하자 정책의 우선순위가 완전히 바뀌었다. 우주 계획을 책임지게 된 부통령 린든 존슨은 텍사스인답게 씀씀이가 헤펐다. 게다가 항공 우주 산업계에 많은 연줄이 있었다. 그는 제임스 웹(James Webb)을 미국항공우주국(NASA) 국장에 임명했다. 제임스 웹은 여론에 무척 신경을 썼다. 1961년 4월 12일 케네디가 정권을 잡은 지 3개월도 안 되어 소련이 보스토크 1호를 발사했다. 이 우주선에는 최초의 우주비행사 유리 가가린(Yuri Gagarin)이 타고 있었다. 미국인들은 거의 4주 동안 충격에 빠졌다. 보스토크 1호가 발사되고 나서 이틀 뒤 백악관에서는 회의가 열렸다. 그 자리에 있던 케네디는 거의 제정신이 아니었다.

우리가 소련을 따라잡을 만한 다른 장소는 어디 없습니까? 우리는 뭘 할 수 있는 거죠? 소련보다 먼저 달에 갈 수는 없나요? 소련보다 먼저 달에 사람을 보낼 수는 없는 겁니까? …… 소련을 뛰어넘을 수는 없나요? …… 할 수 있다면 누가 방법을 좀 말해보세요! 누군가를 찾아봅시다. 누구라도 좋아요. 방법을 알고 있다면 저기 있는 경비원이라도 좋습니다.[61]

3일 뒤 피그스 만의 재앙이 찾아왔다. 험악한 얼굴을 하고 있던 케네디는 4월 19일 존슨 부통령을 호출해 45분간 얘기를 나누었다. 4월 20일 그는 잔뜩 흥분해 명령을 내렸다. 그는 존슨 부통령에게 방법을 찾아내라고 다그쳤다. "우리가 소련을 쳐부술 방법은 없는 겁니까? 우주에 실험실을 세우거나, 달을 한 바퀴 돈다거나, 아니면 사람을 태운 로켓으로 달에 갔다 오거나, 여러 가지 방법이 있지 않습니까? 우리가 극적으로 승리할 수 있는 다른 우주 계획은 정말 없습니까?"[62] '쳐부수다' '극적인 결과' '승리하다' 등의 단어는 케네디의 성격을 대변해준다.

어떤 점에서 케네디는 한 나라의 대통령이라기보다는 프로 스포츠 선수였으며, 선전선동가였고, 정치적 장사꾼이었다. 그해 5월 그는 미국의 아폴로 계획 착수를 공개적으로 선언했다. 아폴로 계획의 목적은 "1960년대가 끝나기 전에" 유인 우주선을 달에 착륙시키는 거였다. 아폴로 계획은 전형적인 1960년대의 환상에 젖어 있는 프로젝트였다. 재정 따위는 안중에도 없었고, 자원은 무한하다는 가정에 기초했다. 아폴로 계획은 1963년에 시작되었다. 이후 10년간 미국은 우주에다 한 해 50억 달러를 쏟아 부었다. 물론 목표는 달성했다. 1969년 7월 20일 닐 암스트롱(Neil Armstrong)과 에드윈 올드린(Edwin Aldrin)이 타고 있던 아폴로 11호가 달에 착륙했다. 달 착륙은 4차례 더 있었고, 그 뒤 아폴로 계획은 끝이 났다. 그때까지 미국과 소련은 1,200개 이상의 인공위성과 탐사용 로켓을 쏘아 올렸다. 비용을 합치면 약 1,000억 달러에 달한다. 1970년대 중반, 더 진지한 분위기에서 우주 개발은 선전 활동에서 실용주의로, 우주 실험실과 우주 왕복선으로 전환되었다. 미국항공우주국이 우주 왕복선을 개발한 것은 1981년이다. 소련은 저(低)지구궤도로 100톤의 중량을 실어 올릴 수 있는 90미터짜리 화물선을 개발했다. 우주여행이라는 화려한 쇼의 시대는 그렇게 막을 내렸다.

케네디는 달 경쟁을 시작하여 미국의 위신과 기술 분야의 주도권을 재확립하는 한편, 피그스 만의 굴욕 이후 외교 정책에서도 성공을 이끌어낼 만한 곳을 물색하고 있었다. 국가안전보장회의에서 누군가 그에게 이렇게 충고했다. “정부가 신뢰를 얻으려면 공산주의와 싸워 크게 승리하는 것이 중요합니다. …… 베트남이라면 아직 우리 쪽에 기회가 있습니다.” 1961년 5월 1일 피그스 만 침공 사건이 있고 2주 뒤 국방부는 어떻게 베트남을 ‘구할’ 수 있는지 개략적인 보고서를 내놓았다. 11일 뒤 케네디는 국가안전보장회의 각서 52호로 그 계획을 승인했다. 이에 따라 “남베트남에서 공산주의 지배를 막기 위한” 다양한 조치가 허가를 받았다. 다음달 흐루쇼프와 빈 정상 회담을 마치고 나서, 케네디는 기자에게 이렇게 말했다. “이제 우리의 힘을 확실히 보여주는 문제만 남았습니다. 적당한 장소는 베트남이 될 것 같군요.”[63]

그러나 예상과 달리 베트남전쟁과 관련하여 케네디에게 엄청난 비난이 쏟아졌다. 하지만 이런 비난은 부분적으로만 옳다. 케네디는 위기를 이어받았던 것이다. 그는 대통령에 취임하고 얼마 안 있어 에드워드 랜즈데일(Edward Lansdale)이 작성한 보고서를 받아보았다. 랜즈데일은 그레이엄 그린(Graham Greene)이 1956년에 쓴 소설 『조용한 미국인 *The Quiet American*』에 등장하는 CIA 요원의 모델이 된 인물이다. 그는 케네디에게 사이공의 상황이 급속히 악화되고 있다고 말했다. “이 정도면 최악의 상황이라고 할 수 있지 않을까요?”[64] 인도차이나 전쟁은 일본의 점령이 끝나자마자 시작되어 1980년대까지 계속되었다. 전후의 전쟁 중 인도차이나 전쟁보다 더 거대한 신화에 둘러싸여 있는 전쟁은 없다. 복잡하게 얽힌 인도차이나 전쟁은 서양 정치가들뿐만 아니라 궁극적으로 중국인들까지 어리둥절하게 만들었다. 미국 대통령은 누구든 저마다 조금씩은 죄를 저질렀다. 아는 게 전혀 없었던 루스벨트는 인도차이나를 중국에 넘겨 주려고 했다. 그가 죽고 나자 CIA의 전신인 전략사무국의 열렬한 반(反)식민지주의자들은 인도차이나에 좌익 민족주의 정권을 수립하기 위해 힘썼다. 일본이 항복하고 3주 뒤 공산주의 지도자 호치민은 전략사무국의 후원을 받아 1945년 '8월 혁명'을 일으켰다. 베트남 황제 바오 다이(Bao Dai)는 폐위되었다. 실제 호치민을 새로운 통치자의 자리에 앉힌 것은 전략사무국 요원 아키미디스 패티(Archimedes Patti)였다.[65)]

사실 미국은 군사 기지나 다른 목적으로 인도차이나 영토에 욕심을 내본 적이 없다. 하지만 미국의 베트남 정책은 뒤죽박죽에다 갈팡질팡하고 있었다. 초기에 미국은 완전히 유럽 편향적인 정책을 추구했다. 대통령이 된 트루먼은 인도차이나는 부차적인 문제라는 조언을 받았다. 우선은 더 안정된 유럽 국가로 프랑스의 체제를 다지고, "힘과 영향력을 회복할 수 있도록 도덕적으로나 물리적으로" 프랑스를 지원해야 한다는 것이다.[66)] 프랑스가 다시 자신감을 얻기 위해서는 인도차이나 식민지를 되찾아야 했다. (적어도 그렇게 주장되었다.) 1946년 12월 프랑스는 호치민을 정글로 내쫓고, 홍콩에서 바오 다이를 다시 데리고 왔다. 미국은 프랑스가 수립한 라오스, 캄보디아, 베트남의 괴뢰 정권을 마지못해 묵인하고, 1950년 2월 7일 3국을 프랑스 연합 내의 독립 국가로 인정했다. 반면 소련과 중국은 호치민 정권을 승인했다. 이 무렵 전쟁이 국제전의 양상을 띠게 되었다. 소련과 중국이 다량의 무기를 제공했다. 그해 5월 미국도 똑같은 일을 했고, 한국전쟁이 발발하자 다음달 미국 원조 프로그램은 더욱 속도가 붙었다. 1951년에는 2,180만 달러의 경제 원조와 4억 2,570만 달러의 군사 원조가 제공되었다. 이듬해 군사 원조는 5억 달러를 넘어섰다. 이 액수는 프랑스가 들이는 비용의 40퍼센트를 차지했다. 딘 애치슨은 미국 국무부 관리로부터 "인도차이나에서 미국의 입장이 바뀌어가고 있다"는 경고를 받았다. "프랑스의 책임을 보완하기보다 프랑스의 책임을 대신하는 경향"으로 나아가고 있다는 것이다. 하지만 딘 애치슨은 "일단 칼을 뽑아든 이상, 그냥 물러설 수 없다"고 생각했다. 그는 이렇게 주장했다. "동양에서 프랑스를 그대로 방치한다는 것은 생각하기 힘들다. 그러면 유럽의 상황이 미국에 너무 위험해질 것이다."[67] 1953~54년에 이르자 미국은 프랑스 전쟁 비용의 80퍼센트를 지불하고 있었다.

1954년 5월 8일 디엔비엔푸에 있는 프랑스의 요새가 함락되었다. 소련과 중국이 호치민의 군대에 제공한 막대한 규모의 무기가 패배의 원인이었다. 프랑스는 미 공군의 직접적인 참전을 요청했다. 이 요청이 거절당하자 프랑스는 피에르 ㅈ 프랑스 아래 새로운 정부를 구성하고, 협상을 통해 프랑스의 철수와 정치적 해결책을 모색했다. 7월 제네바에서 정전 협정이 체결되었다. 이 협정에 따라 북위 17도를 경계로 베트남의 분단이 결정되었다. 공산주의자가 북쪽을, 서구측이 남쪽을 맡기로 했다. 2년 뒤에는 국제통제위원회(International Control Commission) 아래 자유선거를 치러 나라를 통합하기로 했다. 아이젠하워는 대체로 옳은 판단을 해왔지만, 여기에서 큰 잘못을 저질렀다. 베트남에서 발생한 궁극적인 혼란은 다른 누구보다 아이젠하워의 책임이 컸다. 그는 협정에 따라 남베트남의 총리 고 딘 디엠(Ngo Dinh Diem)에게 압력을 행사하여 협정을 준수하게 했어야 했다. 물론 호치민이 자유선거에서 승리하여 통일된 공산주의 국가를 수립할 수도 있을 것이다. 하지만 그렇다고 미국이 피해를 볼 게 무엇이란 말인가? 딘 애치슨조차 1950년 1월에 행한 유명한 '경계' 연설에서 인도차이나에 공산주의 정권이 들어서느냐 여부가 미국의 안보에 치명적이라고 보지는 않았다.[68] 조지 케넌은 1950년 8월 21일자 메모에서 이렇게 주장했다. "남베트남과 북베트남이 궁극적으로 협상을 하든, 베트민(Vietminh, 越盟)이 베트남 전역을 차지하든…… 그 나라에서 소용돌이를 일으키고 있는 정치적 격류는 알아서 잠잠해질 때까지 놔두는 게 좋을 것이다."[69] 사실 아이젠하워도 같은 생각이었다. 그는 "베트남전쟁에 깊이 관여하는 것보다 미국에 더 큰 비극은 없다"고 생각했다. "더 이상은 관여하지 않을 것이다." 그렇게도 말했다. 미군이 베트남에 들어가려면, 주요 동맹국과 협정을 이루고, 의회에서 명백하고 합법적인 승인을 받아야 할 것이다. 1954년 5월 그는 참모총장을 설득하여 다음과 같은 보장을 받아냈다. "인도차이나에는 결정적인 군사적 목표가 없으며, 그 지역에 상징적인 병력 이상을 배치한다면, 제한된 미군의 군사력을 분산시키는 결과를 가져올 것이다."[70]

하지만 아이젠하워의 생각은 두 갈래였다. "베트남을 잃는다면 인도차이나 전역이 공산주의자의 손에 들어갈 것이며, 공산주의가 인도차이나를 삼키면, 동남아시아의 다른 나라들도 똑같은 운명에 놓일 수밖에 없을 것이다." 그는 이런 생각을 이론으로 만들어 퍼뜨렸다. 그는 "병에 끼워져 있는 코르크 마개" "연쇄 반응" "도미노 현상"에 대해 얘기했다.[71] 아이젠하워는 제네바협정에 서명하는 것을 거절했을 뿐 아니라 자유선거의 실시를 거부하는 고 딘 디엠의 행동을 묵인했다. 그 일은 냉전 기간에 전 세계를 대상으로 취해왔던 미국의 정책 방향에서 근본적으로 이탈하는 행위였다. 미국의 정책이 깔고 있는 기본적인 전제는 동서 간의 분쟁은 군사력이 아니라 공정한 선거가 결정해야 한다는 것이었다. 그러나 미국은 고 딘 디엠이 이런 기본 원칙에서 벗어나는 것을 용인했다. 게다가 프랑스를 거치지 않고 직접 군사 원조와 경제 원조를 제공했다. 따라서 베트남과 관련하여 원죄를 저지른 사람은 아이젠하워다. 고 딘 디엠이 통일 선거의 약속을 저버리자, 1957년 베트콩(남베트남 게릴라 조직)이 출현했다. 남베트남에서는 새로운 전쟁이 시작되었다. 아이젠하워는 미국을 전쟁의 당사자로 만들었다. 그는 1959년 4월 4일 마지막으로 이 문제에 관한 주요 성명을 발표했다. "지금까지의 경과로 미루어보건대, 남베트남을 잃는다면, 미국이나 미국이 수호하는 자유주의에 중대한 결과를 초래할 붕괴 과정이 시작될 것이다."[72]

케네디가 백악관에 입성했을 때, 베트남은 이미 세계에서 미국이 가장 깊이 관여하고 또 가장 많은 비용을 들이고 있는 지역으로 변해 있었다. 물론 왜 그가 제네바협정으로 돌아가 통일 자유선거를 실시하지 않았는지 이해하기는 힘들다. 1961년 5월 31일 파리에서 드골은 케네디에게 베트남에서 손을 떼라고 재촉했다. "내가 예상컨대, 당신은 점차 바닥도 보이지 않는 군사적 정치적 곤경에 빠질 것이오."[73] 그런데도 그해 11월 케네디는 "기지의 안전"을 위해 7,000명의 미군 파병을 승인했다. 이러한 조치를 권했던 맥스웰 테일러(Maxwell Taylor) 장군은 만약 사태가 악화되면, "병력 증가에 대한 압력을 물리치기 힘들 것"이고, "우리가 어디까지 관여해야 할지 한계가 사라질 것"이라고 경고했다.[74] 케네디도 똑같이 불안함을 느꼈다. 보좌관 아서 슐레징거(Arthur Schlesinger)에게 이렇게 말했다. "군대가 행진하고 군악대가 군가를 연주하면, 군중은 박수를 치겠지. 하지만 나흘만 지나면 사람들은 모두 잊어버릴 것이네. 그러고 나서 우리는 병력 증강 요청을 받을 거야. 그건 술을 마시는 것과 같지. 취기가 가시면 한 잔 더 마셔야 하지 않겠나."[75] 그의 예상은 적중했다. 케네디는 베트남에서 아예 발을 빼거나, 하노이를 직접 공격하여 문제에 곧장 달려들어야 한다고 직감했다. 만약 미국이 이 시점에서 북베트남을 침공했다면, 상당한 성공을 거두었을 것이고, 역사의 시계를 1954년 제네바협정 당시로 되돌려놓을 수 있었을 것이다. 기본적으로 이런 조치에 대한 도덕적인 반대는 없었다. 실질적으로 1961년부터 북베트남이 남베트남을 공격했기 때문이다. 호치민과 동지들 그리고 후계자들은 라오스와 캄보디아를 포함해 인도차이나반도 전역을 장악하려 했다. 1945년 이래 인도차이나반도를 석권하려는 그들의 의지가 투쟁과 궁극적인 유혈 사태를 불러왔다. 인도차이나반도에서 벌어진 기나긴 비극을 분석할 때는 이 점을 간과해서는 안된다. 미국의 실책 역시 이러한 비극에 기여한 바 크다. 케네디는 베트남을 운명에 맡기고 싶지도 않았고, 북베트남과 육상전을 벌이고 싶지도 않았다. 결국 미국은 희망 없는 타협을 선택했다. 그래서 통제하기조차 힘든 고 딘 디엠 정부에 군사 지원을 해준 것이다. 군사 지원은 계속 늘어났다. 디엠은 매우 유능한 베트남 지도자였다. 민간인이라는 장점도 있었다. 부통령 린든 존슨은 다소 과장하여, 그를 "동남아시아의 처칠"이라고 불렀다. 기자에게는 이렇게 말했다. "제기랄, 보시오. 거기서 우리가 믿을 만한 사람은 그 친구뿐이오."[76] 하지만 베트남에서 화려한 성과를 올리지 못하는 데 화가 난 케네디는 모든 책임을 고 딘 디엠 탓으로 돌렸다. 1963년 가을 그는 디엠 정권을 전복시키려는 쿠데타를 지원하도록 비밀리에 승인했다. 쿠데타는 11월 1일에 일어났고, 디엠은 살해당했다. CIA는 임시 군사 정부를 세운 병사들에게 42,000달러를 건네주었다. 베트남에서 미국이 저지른 두 번째 범죄다. 린든 존슨은 "그것은 우리가 저지른 최악의 실수였다"고 말했다.[77] 3주 후 11월 22일 케네디는 댈러스에서 암살당했고, 린든 존슨이 36대 미국 대통령이 되었다.

존슨도 단호하지 못하기는 마찬가지였다. 존슨은 결단력을 발휘하지 못한 채 케네디의 타협 정책을 1964년 8월까지 끌고 갔다. 그달 북베트남이 통킹 만(Tonkin Gulf)에 있던 미국 구축함을 공격했다. 나중에 제기된 주장과는 달리 미국을 좀 더 깊숙이 전쟁에 끌어들이기 위해 사건이 조작되었다는 증거는 없다.[78] 사실 존슨은 확전을 매우 꺼렸다. 그는 평화 공약을 내걸며 대통령 선거 운동을 벌였다. 당시 공화당 후보는 배리 골드워터(Barry Goldwater)였다. 골드워터는 베트남전쟁에서 이기기 위해서라면 핵무기 사용도 불사해야 한다고 주장했다. 하지만 의회는 압도적인 다수로 '통킹 만 결의안'을 통과시켰다.(양원 535명 중 상원 의원 웨인 모스와 어니스트 그루어닝만 반대했다.) 이 결의안은 미군을 보호하기 위한 대통령의 강력한 조치를 승인했다. 당시 전쟁을 지지했던 상원 의원 윌리엄 풀브라이트는 결의안이 상원에서 통과되도록 힘썼다. 그는 실제로 통킹 만 결의안에 따라 존슨에게 더 이상의 의회 승인 없이 전쟁에 들어갈 수 있는 권한이 주어졌다고 말했다. 존슨은 거의 6개월 동안 권한을 유보해 두었다. 그는 전쟁을 확대하지 않겠다는 공약으로 선거에서 압승한 뒤, 윌슨이나 루스벨트처럼 공약과 반대되는 길을 걸어갔다. 1965년 2월 베트콩의 막사 공격으로 많은 미군 사상자가 나오자, 존슨은 북베트남 폭격을 지시했다.[79]

미국의 입장에서 보자면, 이러한 조치는 결정적인 실수였다. 직접 개입한 이상 미국은 상황에 따라 북베트남을 점령하는 방법으로 공격에 대응했어야 했다. 북베트남 폭격은 인도차이나의 비극이 벌어지는 내내 이어진 미국 정책결정자들의 우유부단함과 나약함을 여실히 보여주는 결정이다. 다낭(Da Nang)에서 이륙한 비행기가 북베트남을 폭격함에 따라, 기지를 안전하게 지킬 필요성이 대두되었다. 그리하여 3월 8일 3,500명의 해병대가 다낭에 상륙했다. 4월에 병력 규모는 82,000명으로 늘어났다. 6월에는 44개 대대 병력의 추가 파병 요청이 날아왔다. 7월 28일 존슨은 이렇게 선언했다. "나는 오늘 공수 사단과 다른 몇몇 부대의 베트남 파병을 지시했습니다. 이로써 즉각적으로 125,000명으로 병력이 늘어나 …… 우리의 전투

▶베트남 민족해방전선 요새가 미군의 폭격을 받아 화염에 휩싸였다.

력은 크게 강화될 것입니다. 나중에 추가 파병이 필요하면, 요청에 따라 파병할 것입니다."[80] (케네디는 의심의 눈초리를 보냈지만) 군부가 정치인을 기만하려고 시도한 적은 없었다. 합동참모본부는 7월 14일 이렇게 보고했다. "우리에게 전쟁에서 이기려는 의지가 있고, 승전의 의지가 전략과 전술을 통해 드러난다면, 전쟁에서 승리하지 못할 이유는 없습니다."[81] 존슨은 합동참모본부의 휠러(Gilmore Wheeler) 장군에게 물었다. "그런데 그 일을 끝내는 데 얼마나 걸릴 것 같습니까?" 휠러 장군은 70만~100만 명의 병력으로 7년이 걸릴 것이라고 답했다.[82] 사실 존슨은 사정을 훤히 아는 상태에서 전쟁에 들어갔다. 그는 기합을 불어넣었다. "당시에는 누구도 샘 휴스턴(Sam Houston)이 알라모전투에서 패한 이후 그렇게 빨리 일을 마무리 지으리라고는 생각하지 못했지요."[83]

하지만 린든 존슨은 샘 휴스턴이 아니었다. 심지어 유능한 폭파범조차 되지 못했다. 미 공군은 대규모 공격을 아무런 제한 없이 신속하게 되풀이하면, 성과를 얻을 수 있을 것이라고 말했다. 사실 그것은 제2차 세계대전이 가르쳐준 교훈이다. 미 공군은 공격이 제한적이거나 신속하지 못하면, 약속할 수 있는 것이 아무것도 없다고 보고했다.[84] 하지만 존슨이 한 일은 공군이 우려하던 바로 그 일이다. 폭격은 처음부터 끝까지 완전히 정치적인 이유로 제한이 가해졌다. 존슨은 매주 화요일 점심 식사 때 목표물과 폭격량을 결정했다. 다시 한번 이든과 수에즈 위기를 떠올리게 하는 일이었다. 존슨은 거침없는 인물로 보이고 싶어했지만, 사실은 그렇지 못했다. 그는 도덕심 때문에 압박을 받았다. 전기 작가 도리스 컨스(Doris Kearns)가 날카롭게 지적했듯이, 그에게 "제한된 폭격은 강간이 아니라 유혹이었다. 유혹은 통제할 수 있으며 더욱이 없던 일로 할 수도 있었다."[85] 따라서 폭격의 강도는 증대되었지만 속도는 매우 느렸다. 덕분에 베트민은 대피소를 만들고 재정비할 수 있는 시간을 벌었다.

소련이 방어용 미사일을 베트남에 들여놓을 때도 미군 폭격기는 건설 중에 있는 미사일 기지를 폭격하는 걸 허락받지 못했다. 게다가 '폭격 중지' 명령이 열여섯 차례나 있었다. 베트민은 아무런 반응도 보이지 않았다. 미국이 '평화 제안' 을 했을 때도 들은 척도 하지 않았다.[86] 미국과 달리 북베트남 지도자들의 의지는 결코 흔들리지 않았다. 그들은 나라 전체를 완전히 지배하겠다는 정치적인 목표를 이루기 위해 어떤 대가라도 치를 태세였다. 베트남인들이 얼마나 고통을 받고, 얼마나 많이 죽건 조금도 신경쓰지 않는 것처럼 보였다.

따라서 대량 학살이라는 비난이 미국에 돌아간 것은 아이러니가 아닐 수 없다. 펜타곤 기록 보관소에 보관되어 있는 기밀문서를 조사해보면, 1967년 스톡홀름 '국제전쟁범죄재판소' 가 미군에 부과한 모든 혐의는 근거가 없다는 걸 알 수 있다. '무차별 폭격 지대' 를 만들기 위해 전투 지역에서 민간인을 대피시키는 행위는 민간인의 생명을 보호하는 행위였을 뿐 아니라, 1949년 제네바 조약에서 요구하고 있는 일이기도 했다. 민간인 지역에서 격렬한 전투가 많이 벌어진 것은 베트콩 전술이 빚어낸 결과다. 베트콩은 촌락을 요새화된 거점으로 바꾸는 전술을 구사했다. 이것은 그 자체가 제네바 조약 위반이다. 미국의 폭격 제한 조치 덕분에 민간인의 생명과 재산은 보호되었지만, 그 때문에 폭격은 효과가 없었다. 모든 전쟁 사망자의 약 45퍼센트를 차지하는 민간인 사망자 비율은 20세기에 일어난 다른 전쟁들과 별반 다를 바 없다. 실상 전쟁 기간에 베트남 인구는 꾸준히 증가했다. 미국의 의료 프로그램 덕분이었다. 또 남베트남에서는 생활수준이 급속히 향상되었다.[87)]

하지만 20세기의 경험은 문명화된 국가가 스스로 부과한 제한 조치들이 소용없을 뿐 아니라 유해하다는 사실을 보여준다. 그런 일들은 우방이나 적국에 인도주의가 아니라 정의로운 신념이 부족하다고 해석되거나 죄책감으로 해석된다. 이런 사실 때문에 존슨은 서구 사회 전체, 특히 미국에서 벌어진 홍보라는 전투에서 지고 말았다. 처음에 베트남전쟁은 온건파 자유주의자 대다수로부터 지지를 받았다. 1961년 4월 7일자 「워싱턴 포스트」는 이렇게 썼다. "베트남 방어는 미국에 매우 중요하다. 미국의 명예는 공산주의의 마수로부터 베트남 국민을 보호하는 노력에 매우 깊이 관련되어 있다." 「뉴욕 타임스」는 1963년 3월 12일에 "베트남을 구하는 데 드는 비용은 막대하다" 고 인정했다. "하지만 동남아시아가 소련과 중공의 지배 아래 놓일 경우 그 손실은 훨씬 더 막대할 것이다." 1964년 5월 21일자에서는 이렇게 주장했다. "공산주의의 승리를 막기 위해 우리가 모든 군사적 정치적 노력을 다할 것이라는 사실을 보여준다면, 공산주의자들도 조만간 현실을 인정하게 될 것이다." 1964년 6월 1일자 「워싱턴 포스트」는 미국이 베트남에서 "계속된 침략은 무익한 것이며, 더욱이 치명적인 것" 임을 보여주어야 한다고 주장했다. 하지만 「뉴욕 타임스」는 1966년 초에, 「워싱턴 포스트」는 1967년 여름에 존슨에 대한 지지를 철회했다.[88] 대략 같은 시기에 텔레비전이 중립적인 태도로 변했고, 이후 서서히 반대 입장으로 기울었다.

행정부가 두려워했던 것은 신문의 사설보다는 왜곡된 뉴스 보도였다. 미국의 일부 매체는 지나치게 편향된 시각을 보여주었다. 사실을 오도하거나 교묘하게 오도된 사실을 그대로 보도하기도 했다. 미군 헬리콥터에서 '포로' 를 내던지는 사진은 매우 널리 알려졌지만, 사실은 연출된 것이다. 콘손(Con Son) 섬에 있는 미군의 '호랑이 우리' 에 관한 묘사는 정확한 것도 아니었는데 세간의 이목을 집중시켰다. 네이팜탄에 피부가 그을린 채 울면서 뛰어가는 아이 사진도 유명해졌다. 이 사진으로 미군이 수천 명의 아이를 학살하고 있는 게 아닌가 하는 의혹이 일었다.[89] 하지만 그것은 사실과 달랐다.

더 심각한 것은 언론 매체를 통해 베트콩의 승리가 불가피하다는 생각이 널리 퍼진 것이다. 1968년 1월 30일 '테트 공세(Tet Offensive)' 에서 이러한 양상이 절정에 달했다. 테트 공세는 공산주의자들이 공개적으로 시도한 최초의 대규모 공격이었다. 공산주의자들은 이로써 전술적 승리를 달성하는 한편, 대중 봉기를 촉발시키려 했다. 사실 테트 공세는 둘 다 실패했다. 베트콩은 처음으로 통상적인 전투에서 엄청난 사상자를 냈다. 교전을 통해 베트콩의 군대가 매우 허약하다는 사실이 드러났다.[90] 하지만 언론 매체, 특히 TV는 테트 공세를 베트콩의 결정적인 승리로 묘사했다. 테트 공세가 한마디로 미국판 디엔비엔푸라는 것이었다. 이때의 보도에 관해

▶ **테트 공세(1968)**
1월 30일 북베트남군과 베트콩은 베트남인의 테트 축제일을 기해 대규모 기습공격을 감행, 남베트남의 36개 지방 중심도시와 5개 주요도시를 공격했다.

상세히 연구한 1977년의 조사는 대개 고의는 아니었다 하더라도, 당시 어떻게 진실이 왜곡되었는지를 보여준다.[91] 결정적인 것은 테트 공세의 실상이 아니라 테트 공세를 통해 받은 인상이었다. 특히 영향력 있던 동부 연안의 자유주의자들 사이에서 그러했다. 대개 미국 여론은 전쟁을 지지했다. 한국전쟁보다도 베트남전쟁에 대한 지지가 더 컸다. 여론 조사에 따르면, 적대적인 그룹은 '유대인 하위 그룹' 이라고 분류되는 사람들이 전부였다.[92] 존슨의 지지율은 베트남에 압력을 가할 때마다 상승했다. 폭격을 시작하자 지지율은 14퍼센트나 뛰어올랐다.[93] 전쟁 내내 미국인들은 존슨이 지나치기 때문이 아니라, 너무 소극적이라는 이유로 비난했다. 여론이 갑자기 베트남전쟁에 등을 돌렸다는 얘기, 특히 젊은이들이 전쟁에 반대했다는 얘기는 조작된 것이다. 사실 미군 철수를 지지하는 쪽은 1968년 11월 선거 전까지 20퍼센트를 넘은 적이 없다. 그때는 이미 베트남에서 빠져나온다는 결정이 내려진 상태였다. 전쟁에 전력을 기울여야 한다는 주장은 35세 이상의 사람들보다 35세 이하 사람들에게 훨씬 큰 지지를 받았다. 젊은 백인 남성들은 일관되게 전쟁 확대를 지지했다.[94)]

케네디가 취임 연설에서 요구한 희생에 입맛을 잃은 것은 미국인들이 아니라 미국의 지도층이었다. 1967년 말, 특히 테트 공세 이후 미국의 지배 계층은 크게 흔들렸다. 국방장관 클라크 클리퍼드(Clark Clifford)는 전쟁에 반대하는 입장으로 돌아섰다. 나이 든 딘 애치슨도 마찬가지였다. 상원의 강경파들도 더 이상의 확전에 반대하기 시작했다.[95)] 마침내 린든 존슨도 용기를 잃었다. 재선을 위해 선거 운동에 나섰지만, 1968년 3월 12일 뉴햄프셔 예비 선거에서 표가 형편없이 줄어들었다. 그는 선거전을 포기했고, 나머지 임기 동안 평화를 위해 노력하겠다고 선언했다. 그렇다고 그것이 전쟁의 종식을 의미하지는 않았다. 전쟁에 이기려는 의지의 종식을 의미했다. 미국 지배 계층도 문제였다. 그들은 신문에서 읽은 것을 믿었고, 뉴햄프셔 예비 선거를 평화파의 승리로 여겼다. 사실 존슨에 반대하는 사람들 가운데는 매파가 비둘기파보다 3 대 2의 비율로 더 많았다.[96)] 존슨은 예비 선거에서, 그리고 더불어 전쟁에서 패했다. 그가 충분히 강한 사람이 아니었기 때문이다.

존슨 대통령은 "끝까지 린든 존슨과 함께"라는 표어를 내걸었지만, 그런 그를 좌절에 빠뜨린 요인이 또 있었다. 1968년 3월 베트남 사령부가 추가로 206,000명의 병력을 요청했을 때, 재무장관 헨리 파울러가 이에 반대했다. 그는 그 요청을 수락할 경우, 다른 방위 계획뿐만 아니라 중요한 국내 계획이 축소되어야 하며, 심지어 달러화도 영향을 받을 것이라고 경고했다.[97)] 헨리 파울러의 경고는 수에즈 위기로 영국 내각에서 논쟁이 벌어졌을 때 찬물을 끼얹은 맥밀런의 행동을 생각나게 한다. 이것은 미국 역사의 중요한 전환점이었다. 위대한 공화국, 세계에서 가장 부유한 나라가 재정 자원의 한계에 부딪혔다는 것을 의미하기 때문이다.

위대한 사회의 비극

헨리 파울러의 경고는 존슨에게는 특히 쓰라린 타격이었다. 그는 케네디나 다른 어떤 사람보다 1960년대의 환상에 더 깊이 빠져 있었다. 서구의 능력과 미국의 무한한 경제력을 그만큼 열정적으로 믿은 사람도 없다. 존슨은 미국 대통령으로서 마지막 낭비가였으며, 그중에서도 씀씀이가 가장 컸다. 그는 국내 지출 계획을 언급하며 "아름다운 여인"에 비유했다. 존슨은 전기 작가에게 이렇게 말했다. "나는 전쟁의 리더일 뿐만 아니라 평화의 리더가 되기로 마음먹었소. 나는 두 가지 모두를 원하오. 이 두 가지 모두 될 수 있다고 믿으며, 미국에는 전쟁과 평화를 동시에 성취할 만한 자원이 있다고 믿소."[98] 트루먼과 아이젠하워 때는 방위비가 연방 지출에서 가장 큰 항목이었다. 주택, 교육, 복지, 다른 '인적자원'에 관한 지출은 예산의 4분의 1에 불과했고, GNP의 5퍼센트에도 미치지 못했다. 정부는 경기가 나쁜 때를 제외하면, 예산의 균형을 맞추기 위해 노력했다. 아이젠하워가 퇴임할 때까지 미국의 국가 재정은 본질적으로 이러한 전통적인 기조를 유지했다.

원칙상의 큰 변화는 케네디 정부 때 일어났다. 1962년 가을에 행정부는 새롭고 급진적인 원칙을 받아들였다. 경제가 긴급한 상황에 있지 않으며, 예산이 이미 적자 상태이고, 경기가 상승하고 있을 때라도 적자 예산을 편성할 수 있다는 원칙이다. 그리하여 케네디에게는 재정상의 자유가 주어졌고, 그는 '큰 정부' 라는 새로운 개념을 채택했다. '큰 정부' 는 이제 '해결사' 가 되었다. 인류의 불행을 낳는 모든 영역은 '문제' 로 분류될 수 있고, 연방 정부는 이런 문제를 '해결' 하기 위해 무장을 할 수 있었다. 1960년대 초 마이클 해링턴(Michael Harrington)의 베스트셀러 『또 다른 미국 *The Other America*』(1962)이 '빈곤 문제' 를 당면 과제로 부상시켰다. 케네디도 마이클 해링턴의 책을 읽고 충격과 자극을 받았다. 1963년 그는 많은 비용을 요하는 법안과 함께 '빈곤 퇴치 프로그램' 을 도입했다. 하지만 케네디는 팽창주의적 사고를 의회에 이해시키기 힘들다는 것을 알았다. 법안은 쌓여만 갔다. 하지만 케네디가 암살되기 전에 이미 반론이 약화되기 시작했다.[99] 린든 존슨은 케네디 암살과 관련된 정서적인 반응을 이용하고, 또 의회 조종자로서 뛰어난 수완을 발휘하여 미국 역사상 가장 방대하고 돈이 많이 드는 법안을 통과시켰다.

1964년 1월 8일 존슨은 연두 교서에서 이렇게 선언했다. "오늘 우리 행정부는 마지막까지 빈곤과 싸울 것을 선언합니다." 1964년 8월 20일 빈곤 퇴치 법안인 기회균등법(Equal Opportunities Act)에 서명하면서, 그는 이렇게 자랑했다. "오늘 인류 역사상 최초로 거대 국가가 국민의 빈곤을 근절하기로 서약했습니다."[100] 그해 여름 선거 운동을 준비하면서, 그는 "아름다운 여인" 에게 생명을 불어넣었다. 그리하여 '위대한 사회' 가 탄생했다. 그의 말에 따르면, 미국은 "부를 이용하여 국민의 삶을 풍요롭게 하고 고양시키기 위해, …… 부유하고 강력한 사회를 넘어 위대한 사회로 도약하기 위한 …… 지혜" 를 얻어야 했다. 위대한 사회는 "모든 사람에게 풍요와 자유"

를 가져다주어야 했다. "아이들"은 "정신을 풍요롭게 하고 재능을 확대시키는 지식"을 찾을 것이다. 모든 사람이 "미에 대한 욕구와 사회 참여의 욕구"를 충족시키게 될 것이다.[101)]

위대한 사회는 1964년 11월 선거를 통해 대중적인 지지를 확인했다. 이 선거에서 존슨은 예외적으로 약했던 공화당 대통령 후보를 누르고 압도적인 승리를 거두었다. 일련의 법안이 연이어 상정되었다. 초중등교육법(Elementary and Secondary Education Act), 의료보호법(Medicare Act), 임대료보조법(Rent Supplement Act) 등 빈곤 퇴치를 위한 법안은 다양했다. 존슨은 1965년 7월 20~27일을 "금세기 워싱턴에서 가장 생산적이고 가장 역사적인 입법 주간"이라고 명했다. 그는 이렇게 큰소리쳤다. "사람들은 존 F. 케네디에게 품격이 있었다고 말한다. 하지만 법안을 통과시킨 사람은 바로 나다." 자유주의 언론인 톰 위커(Tom Wicker)는 환호하며 「뉴욕 타임스」에 이렇게 기고했다. "최근 의회에서 법률이 쏟아져 나왔다. 마치 디트로이트에 있는 공장의 조립 라인에서 최신식의 미끈한 차가 쏟아져 나오는 것과 비슷하다." 제89차 의회의 첫 번째 회기는 우드로 윌슨 집권 초기 이래로 기본법을 가장 많이 쏟아낸 기간이다. 존슨이 추진한 법안 가운데 68퍼센트가 통과되었다. 역사상 가장 높은 성공률이다. 상정된 법안 가운데 207개가 법제화되었다. 존슨은 이들 법률을 "더 나은 미국을 위한 건축 자재"라고 불렀다.[102)] 그는 의식적으로 베트남에서 벌어지고 있는 전쟁과 유사한 점을 끌어들였다. 사실 그에게는 베트남전쟁 또한 이상주의의 실험장이 아니었던가. 그는 화려한 군사적 은유를 빌려, 열 개의 빈곤 퇴치 '대책반'을 창설했다. 주택 공급을 담당하는 관리에게는 이렇게 말했다. "나는 여러분을 탁상공론이나 하고 있는 장군이 아니라 최전선의 사령관으로 바꾸어놓을 것입니다." '이웃'을 위한 청년 봉사단, 취학전 교육

프로그램, '낙오자' 를 위한 직업 훈련 프로그램, 대학생을 위한 해외 연수, 그 외 수없이 많은 계획과 조직이 만들어졌다. 비용은 껑충 뛰어올랐다. 빈곤 퇴치 프로그램이 시행된 첫 해에 300억 달러가 소요되었고, 프로그램이 끝날 무렵까지 300억 달러가 더 지출되었다.[103] 이러한 금액은 구조적으로 연방 정부 경비의 일부가 되었고, 축소할 수 없게 되었다. 실제로 액수는 계속 증가했다. 1971년에 이르자, 존슨의 노력 덕분에 연방 정부는 처음으로 방위보다 복지에 더 많은 돈을 지출하게 되었다. 1949년부터 1979년 사이에 방위비는 10배로 증가했지만(115억 달러에서 1,145억 달러로), GNP에서 차지하는 비율은 대략 4~5퍼센트에 머물렀다. 그런데 복지비 지출은 106억 달러에서 2,590억 달러로 25배가 증가했다. 복지비는 예산의 절반 이상을 차지했으며, GNP에 대한 비율은 거의 12퍼센트로 3배나 증가했다.[104]

미국 중앙 정부의 기본 목적과 지출 양상은 크게 변했다. 이런 변화는 존슨이 대통령직에서 물러나기 전부터 상당한 부담이 되기 시작했다. 이 무렵 GNP에서 차지하는 정부지출은 아이젠하워 시대의 28.7퍼센트에서 33.4퍼센트로 증가한 상태였다. 재무부는 통제력을 잃었다. 아이젠하워 시대 예산국은 하딩이 생각했던 대로 효율적으로 기능했다. 객관적인 기구였고, 마치 법정처럼 모든 지출을 관리했다. 케네디 시대에는 예산국이 정치화되었고, 존슨 시대에는 행동주의 분위기가 예산국을 지배했다. 예산국장도 '큰 정부' 의 가치를 공유해야 했다.[105] 의회는 정부 지출 프로그램에는 동의했지만, 이를 위해 세금을 쓰는 데는 난색을 표했다. 존슨은 의회에서 재정 전문가로 알려진 윌버 밀스(Wilber Mills), 공화당 지도자 제럴드 포드(Gerald Ford)와 심한 언쟁을 벌였다. 세금을 얻을 수 없게 되자 존슨은 돈을 찍어냈다. 그는 인플레이션을 두려워했지만, 인플레이션에 대처

할 수 있는 능력은 없었다. 이것은 그가 1968년 공직 생활을 떠나기로 결정한 진짜 동기이기도 하다. "나는 밀스에게, 알고 있는지 모르지만, 나라의 경제가 점점 나빠지고 있다고 말했다." [106)]

그 무렵 정부 지출을 늘리는 것이 미덕이라는 존슨의 환상은 부분적으로 무너지기 시작했다. 결과만 좋다면 경제에 미치는 부정적인 영향이 정당화될 수 있는지 더 이상 확신할 수 없었다. 그중에서 가장 중요하고 오래갔던 충격은 의도하지 않은 것이었다. 모든 노동자 가운데 정부에 고용된 노동자는 두 배가 되었다. 1976년이 되자 노동자 여섯 명 중 한 명(1,300만 명 이상)이 워싱턴으로부터 직접 급여를 받았다. 이런 변화의 수혜자는 중산계급이었다. 존슨은 대통령으로 재직하던 1964년, "가난에서 빠져나오지 못하고" 있던 3,500만 명 중 1,240만 명(거의 36퍼센트)을 가난에서 "구제했다" 고 주장했다.[107)] 하지만 이것은 통계 자료를 바라보는 한쪽의 시각일 뿐이다. 생활수준이 향상되면서 가난의 정의도 달라졌다. 실질 소득은 상승했지만, 가난한 사람들은 전과 똑같이 가난하다고 느꼈다. 존슨이 창조한 복지 국가에는 사람들을 생산적인 경제에서 영구적으로 끌어내 국가에 의존하게 만드는 위험이 있었다. 노인들이 분가하거나 사람들이 이혼하면서 가족이 쪼개지자, 소득이 분할되면서 가난이 확대되었다.[108)] 법률이 종종 이러한 과정을 촉진시켰다. 미국 사회에서 가난의 가장 큰 원인은 흑인 가정의 불안정이었다. 존슨 시대의 노동 차관보 대니얼 모이니한(Daniel P. Moynihan)은 1965년 3월 '모이니한 보고서' 에서 흑인 인구의 절반이 가정에서 비롯된 '사회 병리' 로 고통을 받고 있다고 주장했다. 흑인 가정은 남편이 아내와 자식을 버리는 경우가 심각할 정도로 많았다. 따라서 정책의 목표는 '안정된 가족 구조의 확립' 이 되어야 했다.[109)] 빈곤과의 전쟁은 오히려 역효과를 낳았다. 복지 제도가 가난한 가족이 갈라설 수 있도록 돈을 지불했기 때문이다. 존슨이 은퇴를 준비하고 있을 무렵, 모이니한은 빈곤 퇴치 프로그램 전체가 개념적으로 잘못되었고, 방향 또한 옳지 않다는 주장을 전개했다.[110)]

더 비극적이고 고통스러운 사실은 교육에 대한 환상이 더 이상 유지될 수 없었다는 점이다. 교육에 대한 환상은 1960년대의 환상에서 가장 핵심적인 부분을 차지한다. 보편적인 교육만이 민주주의를 지탱시킬 수 있다는 오래된 자유주의자들의 믿음은 영국의 역사가 매콜리(Thomas B. Macaulay)가 널리 퍼뜨린 것이다. 그 믿음을 진보주의 어구를 다수 만들어냈던 허버트 웰스가 완성시켰다. 허버트 웰스는 현대사를 "교육과 비극적 결말 간의 경쟁"으로 정의했다. 히틀러에 열광하고 그의 끔찍한 전쟁을 견고한 산업으로 떠받친 나라가 세계에서 교육 수준이 가장 높은 나라였다는 우울한 사실에도 불구하고 이러한 믿음은 사라지지 않았다. 1950년대에는 교육이 사회의 기적적인 처방이라는 신화가 그 어느 때보다 강력하게 부상했다. 존슨만큼 그 신화를 열정적으로 믿은 사람도 없을 것이다. 존슨 대통령은 이렇게 말했다. "우리나라의 모든 문제에 대한 답은 교육의 세계에서 찾을 수 있다."[111)]

존슨의 생각은 당대의 통념을 반영했다. 1950년대 말 찰스 스노(Charles P. Snow)는 고등 교육에 투자된 돈과 국가의 GNP 사이에 직접적인 인과관계가 있다고 주장했다.[112)] 데니슨(E. F. Denison)은 1930~60년 사이의 미국의 성장은 절반 정도를 교육, 특히 대학 교육의 확대로 설명할 수 있다고 말했다. 같은 해 1962년 프리츠 마흐루프(Fritz Machlup)는 '지식 산업'이 미국 GNP의 29퍼센트를 차지하고 경제 전반에 비해 두 배 빠른 성장을 보이고 있다고 추산했다.[113)] 1963년 하버드대학교의 고드킨 강연에서 버클리대학의 총장 클라크 커는 이제 지식이 경제 성장의 '주도적인 분야'가

되었다고 주장했다. "지난 세기의 하반기에는 철도가, 금세기의 상반기에는 자동차가 했던 일을, 금세기의 하반기에는 지식 산업이 하게 될 것입니다. 지식 산업이 국가 성장의 중심이 될 것입니다."[114)]

이러한 배경에서 1960년대는 역사적으로 가장 폭발적인 교육의 확대를 경험했다. 미국에서는 그 과정이 1944년 제대군인원호법(GI bill)으로 시작되었다. 이 법에 따라 귀환한 제대 군인의 대학 교육에 공적 자금이 할당되었다. 1952년 한국전쟁 제대 군인 원호법에서도 마찬가지였다. 1958년 국가방위교육법(National Defense Education Act)에 따라 연방 정부의 교육 예산은 두 배로 불어났고, 최초로 정부가 교육 재정의 중추가 되었다. 공립학교 교사 수는 1950년 100만 명에서 1970년 230만 명으로 늘어났고, 1인당 지출도 100퍼센트 이상 증가했다. 고등 교육의 성장은 무엇보다 놀라웠다. 이제 고등 교육의 혜택이 보편적으로 확대되어야 한다는 주장이 일었다. 한 공식 보고서는 이렇게 주장했다. "중요한 질문은 누가 입학 허가를 받을 만한가가 아니라 사회에서 양심적으로, 그리고 이익 면에서 누가 배제되어야 하는가가 되어야 한다." "능력이 심각하게 부족하여" "가장 융통성 있고 헌신적인 기관" 조차 도울 수 없는 경우가 아니라면, 누구에게든 대학 교육의 기회를 부여하지 않는 것은 "옳지 못하기" 때문이다.[115)] 이러한 현상은 서구에서 보편적으로 나타났다. 영국에서는 1963년 로빈스 보고서 이후 10년간 대학 시설이 두 배로 늘어났고, 1981년까지 학생 수를 200만 명으로 늘린다는 계획이 세워졌다. 이와 비슷한 계획들이 프랑스, 캐나다, 오스트레일리아, 서독에서도 채택되었다. 통계 자료를 보면 미국의 경우는 실로 놀랍다. 1960년에서 1975년 사이 미국 단과 대학과 종합 대학의 수는 2;040개에서 3,055개로 증가했다. 교육 확대의 '황금시대' 에는 대학이 일주일에 한 개 꼴로 문을 열었다. 학생들은

1960년 360만 명에서 1975년 940만 명으로 증가했고, 증가된 인원(400만 명)은 대부분 공립학교가 수용했다. 연수 과정의 학생들까지 포함하면, 학생 총수는 1975년에 1,100만 명을 넘었고, 연간 비용은 450억 달러에 달했다.[116)]

인적자원에 대한 방대한 투자는 국가의 성장을 가속화시킬 뿐 아니라 노동 계급의 '중산 계급화' 를 촉진하여 도덕적이고 사회적인 목적을 달성할 수 있을 것으로 예상되었다. 클라크 커가 말했듯이, 이로써 "자유와 함께하는 중산 계급 민주주의가 …… 미래의 물결" 이 될 것이다. 따라서 전반적인 만족과 정치적 안정이 보장되고, 특히 계몽된 자본주의 체제의 토대가 강화되어 그 모든 것을 가능하게 만들어줄 것이라 믿었다. 하지만 실제로는 반대의 현상이 일어났다. 고등 교육 단계에서는 투자가 두 세 배로 늘어났지만, 학업 성취도는 오히려 떨어졌다. 교육 제도가 여러 소수 집단을 흡수하면서 학업 성취도가 하락하리라고 예상 못한 것은 아니지만 정도가 그렇게 심각할 줄은 아무도 몰랐다. 신뢰할 만한 지표라 할 수 있는 학습능력적성시험(SAT)을 보면, 1963년부터 1977년까지 언어 영역에서는 49점이 떨어졌고, 수학 영역에서는 32점이 떨어졌다.[117)] 1970년대 중반 쏟아져 나온 우울한 보고서들은 교육에 더 많은 돈을 들인다고 해서 사회 문제가 해결되는 게 아니라는 사실을 보여주었다.[118)] 정규 교육을 받는 아이들 사이에서 범죄율이 가차없이 증가했다. 1970년대 중반을 넘어서자 교육 과정에 관한 견해가 바뀌기 시작했다. 시와 주에서는 교사의 수를 줄였다. 전후 '베이비 붐 현상' 이 끝났다는 것만이 이유는 아니었다. 주된 원인은 교육 확대의 경제적 이득에 대한 확신을 잃어버렸다는 데 있다. 1970~78년 사이에 대략 2,800개에 달하는 공립학교와 대학이 문을 닫았다. 미국 역사에서 처음 있는 일이었다. 1980년대 중반에 이르자, 공립학교와 대학의 학생 수는 400만 명이 줄어들 것으로 예상되었다.[119] 1978년을 기준으로 하면, 미국 노동자는 평균 12.5년간 학교 교육을 받았으며, 그중 17퍼센트가 학사 학위를 소지하고 있었다. 하지만 대학 졸업생(특히 여자)은 전문직이나 관리직을 찾기가 더 어려워졌다. 교육 기간과 봉급의 비례 관계는 크게 감소되었다. 교육 기회가 균등하다고 해서 성인들 사이에 더 큰 평등이 이뤄진 것도 아니라는 사실이 드러났다.[120] 그리하여 대학의 매력은 시들해졌다. 대학에 들어가는 젊은 남성의 비율은 1944년에 44퍼센트로 신속히 증가했다가 1974년에는 34퍼센트로 떨어졌다. 여성의 경우도 마찬가지다.

교육 확대가 더 확실한 사회 안정을 가져다준 것도 아니었다. 사실은 그 반대였다. 이러한 현상은 조지프 슘페터가 이미 예견했던 일이다. 조지프 슘페터는 케인스와 같은 해에 태어났으며, 케인스와 견줄 만한 위대한 경제학자였다. 그는 1920년에 발표한 논문에서 자본주의가 여러 방법으로 자기 파괴를 향해 나아가는 경향이 있다고 지적했다. 그의 논문은 1942년에 『자본주의, 사회주의, 민주주의 *Capitalism, Socialism and Democracy*』라는 책으로 출간되었다. 자본주의의 자기 파괴 경향 중 하나는 지식인 계층의 끝없는 확대다. 자본주의는 지식인 계층을 탄생시키고, 자유를 추구하는 체제의 속성에 따라 사회의 통제 권한은 지식인에게 흘러들어간다. 그러면 지식인들은 필연적으로 사회를 파괴하는 역할을 수행한다.[121] 이러한 지적은 1930년대 이미 어느 정도 사실로 입증되었지만, 1950년대와 1960년대의 대학 교육 확대 계획에서는 간과되었다. 어쨌든 슘페터의 얘기는 린든 존슨의 시대에 입증되었다. 급진적인 학생들이 사회 정치 문제에 관심을 갖게 되었다. 그 첫 번째 징후는 1958년에 나타났다. 1960년 봄 최초의 '연좌' 농성이 발생했다. 샌프란시스코에서 비(非)미활동위원회

(Un-American Activities Committee)에 반대하는 시위가 벌어졌고, 서해안에서는 강간 살해범 카릴 체스만(Caryl Chessman)의 처형에 반대하는 '철야' 농성이 벌어졌다. 학군단 제도, 충성 선서, 남학생 사교 클럽과 여학생 사교 클럽의 차별, 대학 규율에 대한 여러 문제, 단순한 시민권의 문제에 대한 항의가 직접적인 정치 운동으로 확대되었다.

처음에 학생들의 행동은 환영을 받았다. 그런 행동이 학생들의 '성숙' 과 '의식' 을 의미한다고 생각했기 때문이다. 대규모 폭력의 징후는 일찍이 1964년 '자유의 여름' 에 나타났다. 장소는 클라크 커가 총장으로 있는 버클리대학이었다. GNP 성장의 '주도적인 분야' 가 되어야 할 곳이 이제 '학생 소요' 라는 전혀 다른 분야에서 앞서나가게 되었다. 그해 12월 캘리포니아 주지사는 경찰 기동대의 출동을 요청했고, 버클리는 세계에서 가장 중요한 '정치적' 캠퍼스가 되었다.[122] 존슨의 위대한 사회를 위한 프로그램은 이러한 소요의 불꽃에 기름을 끼얹는 격이었다. 이듬해 학생 25,000명이 워싱턴을 습격했다. 베트남전쟁에 대한 반대 집회를 열기 위해서였다. 1966~67년에는 더 많은 대학이 '급진화' 되었다. '학원 소요' 는 대학 문화의 일부가 되었고, 대학 총장들은 타협하거나 굴복하거나, 아니면 퇴진했다. 1968년 4월 23일에는 미국 일류 대학에 속하는 콜롬비아에서 파괴적인 충돌이 벌어졌다. 하버드대학교 법학과 교수 아치볼드 콕스(Archibald Cox)가 이에 관한 조사 보고서를 작성했다. 콕스는 당대의 낙관주의에 젖어 있었다. "대학에 다니는 오늘날의 젊은 세대는 그 어느 때보다 박식하고 총명하며 이상주의적이다." 라이오넬 트릴링이 비꼬았듯이, 콕스는 사실 한발 더 나아간 여러 공적인 행위를 지식과 지성으로 여기고 있었던 것뿐이다. 트릴링의 주장에 따르면, 콕스는 지식과 경험이 아니라 젊음에서 가치를 끌어냈다. 그들이 '인정' 한다면, 콕스에게는 자신의 견해가 옳다는

것이 증명된 셈이다.[123)]

당시 학생들이 역사적으로 가장 총명했는지는 알 수 없지만, 그들이 가장 파괴적이었던 것만은 틀림없다. 1968년 여름이 되자, 콕스 유형의 자기 도취는 사라져버렸다. 특히 5월에 파리의 학생 소요 사태 이후 그러했다. 파리 학생 운동을 시작으로 새롭고 더 야만적인 학생 폭력의 양상이 전 세계, 특히 미국에서 전개되었다. 미국의 전국 학생 연합은 1968년에 미국의 여러 대학에서 221차례의 시위가 있었다고 주장했다.[124)] 유진 매카시(Eugene McCarthy)의 선거 운동을 이끈 것도 급진파 학생들이다. 유진 매카시는 뉴햄프셔의 대통령 후보 경선에서 린든 존슨을 물리친 인물이다. 하지만 학생 운동은 본질적으로 부정적인 영향을 미쳤다. 1968년 8월 시카고 민주당대회에서 학생들은 시장 데일리(Richard Daley)의 치안대, 일리노이 주 방위군 7,500명, FBI 1,000명, 재무부 검찰국 요원과 격렬한 싸움을 벌였다. 학생들은 언론 매체에서 승리했다. 데일리의 법률 집행자들이 '경찰 폭도' 로 낙인찍혔기 때문이다. 하지만 유진 매카시를 대통령 후보자로 만드는 데는 실패했고, 그들이 가장 싫어했던 리처드 닉슨이 대통령이 되는 것도 막지 못했다. 1972년 마침내 그들이 원했던 조지 맥거번이 민주당 대통령 후보로 지명되었지만, 결과는 리처드 닉슨의 압승으로 드러났다.

학생 소요는 사실 사회 발전에 긍정적인 측면이 없지 않았다. 하지만 전 세계, 특히 미국의 고등 교육에 큰 손해를 끼쳤다. 교수들은 낙담했다. 루이스 캄프(Louis Kampf) 교수는 1971년 현대언어학협회 회장 연설에서, 1968년 이후 "젊은이들은 두려움 속에 교수가 되고, 나이 든 교수들은 거의 퇴직까지 기다리지도 못하며, 중년의 교수들은 안식년을 간절히 바라고 있다" 고 말했다.[125)] 위대한 독일 학자 프리츠 슈테른은 학생 운동가들의

'저속한 언어'에 주목하며, 그것이 그들의 유일한 독창성이라고 말했다. 그들은 대개 극단적인 행동 양식만을 반복해서 보여주었다. 독일에서 히틀러가 권력의 자리에 오르는 동안 독일 학생들 사이에서 볼 수 있었던 행동 양식과 같았다.[126)]

고등 교육의 확대는 선의에 바탕을 두고 실시되었다. 하지만 이 때문에 학생 소요라는 폭력 현상이 커졌다. 이것 역시 '의도하지 않은 결과의 법칙'을 보여주는 실례라 할 수 있다. 백인과 흑인의 평등을 실현하려는 미국 대통령들의 시도 역시 동일한 법칙을 예증한다. 여기서 다시 선의가 죽음과 파괴를 낳았다. 문제 해결 노력은 세 가지 측면으로 전개되었다. 첫 번째는 (특히 교육 분야에서) 인종 차별의 종식이다. 두 번째는 흑인들이 투표권을 행사할 수 있게 하는 것이다. 세 번째는 흑인의 소득을 백인의 소득 수준으로 끌어올리는 것이다. 앞의 두 가지 목표가 해결된다면, 세 번째 목표는 저절로 해결될 것이라고 예상했다. 1954년 연방 대법원은 공공 교육 부문에서 인종 차별이 없어져야 한다는 판결을 내렸다. 문제는 법을 실제로 시행하는 데 있었다. 1957년 아칸소 주지사 오벌 퍼버스(Orval Faubus)가 연방 대법원의 판결을 무시하자, 아이젠하워는 법의 준수를 강요하기 위해 리틀록에 군대를 파견했다. 다시 1962년 케네디는 군대를 동원하여 흑인 학생 제임스 메레디스(James Meredith)가 미시시피 주립 대학에 들어갈 수 있게 했다. 그때까지 미시시피 주립 대학은 백인 학생만 다니고 있었다. 실력으로 밀어붙이는 게 케네디의 정책이었다. 그는 기존의 법을 수호하기 위해 연방의 힘을 이용했다. 이러한 조치는 곤란한 상황을 몰고왔다. 한쪽의 대중과 대립하다가 이제 다른 쪽과 대립하게 되었기 때문이다. 그 과정에서 과격한 시민권 운동이 발생했고, 이 운동에서 백인 자유주의자들은 점차 배제되었다. 흑인들에게는 물리적 행동이 해결책인 것처럼 보였다. 독립 전 인도의 상황처럼, 항의는 폭력으로 변질되는 경향을 보였다. 진정한 해결책은 흑인이 투표를 할 수 있도록 빨리 조치하는 것이었다. 일단 정치인들이 흑인들의 표를 필요로 한다면, 양보가 따라올 것이기 때문이다. 남부에서도 마찬가지일 것이다. 아이젠하워는 1957년과 1960년 두 차례에 걸쳐 의회에서 다소 불충분한 민권법(Civil Rights Act)을 통과시켰다. 케네디는 마침내 훨씬 강화된 민권법안을 제출했지만, 의회의 반대에 부딪쳤다. 존슨은 케네디보다 성공적이었다. 그는 1964년에 기념비적인 민권법안을 통과시켰고, 1964년 11월 선거에서 승리하자마자 투표권리법(Voting Rights Act)에 매달렸다. 이 법안은 1965년 의회에서 통과되었다. 미시시피 주는 흑인 인구가 36퍼센트로 가장 많은 주였다. 하지만 6퍼센트의 흑인만 투표권자로 등록되어 있었다. 복잡한 심사와 여러 다른 장벽들 때문이었다. 새로운 투표권리법에 따르면, 연방 조사원이 투표권을 강제할 수 있었다. 30일도 안 되어 미시시피 주의 흑인 투표권 등록자 수는 120퍼센트 증가했다. 1970년 말이 되자, 미시시피 주에 등록된 흑인 유권자 비율은 71퍼센트 대 82퍼센트로 백인과 거의 비슷했다. 1971년에는 미시시피 주에서 50명의 흑인이 공직에 선출되었다.[127] 1970년대 초 흑인 표는 이제 남부의 여러 주에서 중요한 변수로 작용했다. 따라서 남부 정치에도 진보의 바람이 불게 되었다.[128]

하지만 투표권이 흑인과 백인의 소득을 균등하게 만들어줄 수는 없었다. 그 점에서는 존슨이 흑인 '문제'에 쏟아 부은 엄청난 연방 자금도 다를 바 없었다. 점점 더 진보적인 조치가 취해지고, 점점 더 많은 돈이 들어갔지만, 흑인들의 분노는 커져만 갔다. 1950년대와 1960년대 초 연방은 군대를 동원하여 백인들의 폭력으로부터 흑인들을 보호했다. 하지만 케네디 시대에 폭력의 주도권은 흑인에게로 넘어갔다. 전환점이 된 사건은 1962년 5월

10일 밤 앨라배마 주 버밍햄에서 일어난 흑인 폭동이다. 경찰이 방어에 나섰지만 백인들의 상점이 수없이 파괴되었다. 폭동 주동자는 이렇게 소리쳤다. "이 더러운 도시 전체를 불태워버리자. 비열한 백인 놈들에게 본때를 보여줘야 한다!" 이것은 미국 인종 정치에 있어 새로운 외침이자 새로운 태도였다. 달라진 상황은 남부에만 국한되지 않았다.[129]

존슨이 놀란 것도 당연한 일이지만, 흑인의 권리 확보를 위해 효과적이고 실질적인 조치를 취할 때마다, 특히 남부 밖의 대도시에서 흑인 폭동은 더욱 과격해졌고 규모 또한 커졌다. 추악하고 대규모라는 점에서 진정한 의미의 첫 흑인 폭동은 1964년 7월 18일 할렘과 브루클린에서 일어났다. 획기적인 민권법이 의회를 통과한 지 겨우 2주가 지나서였다. 폭력 사태는 뉴욕 주의 로체스터로, 뉴저지 주의 저지 시, 패터슨, 엘리자베스로, 그리고 시카고의 딕스무어와 필라델피아로 확대되었다. 1965년 8월 로스앤젤레스의 와츠 폭동은 6일간 지속되었다. 와츠 폭동에는 15,000명의 방위군이 동원되었다. 폭동으로 34명이 사망했고 856명이 부상당했으며, 2억 달러의 재산 피해가 발생했다. 그 뒤 도심부에서 일어나는 흑인 폭동은 계속 되풀이되었다. 흑인 폭동은 학내에서 일어나는 학생 소요와 짝을 이루어 1960년대를 특징지었다. 흑인과 학생들은 때론 계획적으로 공동 행동을 취하기도 했다. 1967년 7월 24~28일의 폭동은 미국 역사상 가장 심각한 사태를 불러왔다. 43명의 사망자가 발생했다. 허둥대던 존슨 대통령은 낙하산부대인 제18공수부대를 투입했다. 부대 지휘관은 자신이 "공포에 휩싸인" 도시에 들어가는 것이라고 말했다.[130] 1968년 베트남전쟁이 파국으로 치닫고 있을 무렵, 200개 이상의 대학에서 학생 소요가 일어났고, 흑인들은 일부 대도시를 방화했다. 존슨 대통령은 실패한 것처럼 보였다. 다시 대통령 선거에 출마하지 않겠다는 결정은 패배를 인정하는 것이나 다름없었다. 그는 1960년대의 환상이 야기한 첫 희생자였다. 하지만 그가 마지막 희생자는 아니다. 미국의 고난은 이제 겨우 시작되었을 뿐이다.

언론과 닉슨 행정부

존슨은 잃어버린 환상의 희생자로 그치지 않는다. 그는 진정한 의미에서 언론 매체의 희생자였다. 특히 영향력 있는 여러 신문과 거대 TV 네트워크를 조종하는 동부 연안의 자유주의자들이 그를 궁지에 몰아넣었다. 존슨을 제물로 삼은 1960년대의 환상과 언론 매체는 서로 관련이 있다. 1960년대에는 전통적인 권위의 여러 형태가 약화될 수도 있다는 환상이 있었다. 여기에는 세계에서 차지하는 미국의 권위와 미국 내에서 차지하는 대통령의 권위도 해당되었다. 강력하고 여러 면에서 유능한 대통령으로서 린든 존슨은 권위를 대표했다. 그것은 그를 무력화시킬 만한 충분한 이유가 되었다. 또 다른 이유는 그의 사고방식이 동부 연안 자유주의자들의 사고방식과 차이가 난다는 데 있다. 그런 점에서 그는 루스벨트나 케네디와 달랐다. 존슨은 이 때문에 1964년 대통령 선거에 출마할 때조차 회의적이었다. "나는 국가가 남부인 아래서 …… 단합될 수 있으리라 생각하지 않는다. 대도시의 언론이 그러한 상황을 용납하지 않을 거라는 게 …… 한 가지 이유다."[131] 예상은 적중했다. 비록 예상이 현실로 드러난 것이 나중의 일이지만 말이다. 1967년 8월 「세인트루이스 포스트디스패치 Saint Louis Post-Dispatch」

지의 워싱턴 특파원 제임스 디킨(James Deakin)은 "대통령과 워싱턴 언론 단체 사이에는 상습적인 불신이 형성되어 있다"고 보도했다.[132] 테트 공세에 대한 언론의 왜곡된 보도는 존슨의 퇴진을 불러온 직접적인 원인으로 작용했다. 하지만 더 근본적인 문제는 백악관이 결정적이고 강력한 행동을 취할 때마다 언론이 습관처럼 이를 악의적으로 보도했다는 데 있다.

그것은 새로운 양상이었다. 그전까지 대통령의 강력한 권한에 대한 반대 세력은 당연히 입법부, 특히 상원이었다. 루스벨트가 말했듯이, "미국 정부에서 뭔가를 하고자 한다면 상원을 피해갈 수밖에 없다."[133] 그의 공화당 적수 웬델 윌키(Wendell Wilkie)는 "상원으로부터 미국을 구하기 위해" 일생을 바치겠다는 말까지 했다.[134] 루스벨트와 트루먼 시대에 언론과 대학의 헌법학자들은 대통령의 확고한 지도력을 강력히 지지했다. 특히 외교 정책에서 그러했다. 그들은 강력한 대통령을 의회의 난맥상과 비교했다.[135] 매카시의 조사위원회가 미국을 떠들썩하게 하는 동안, 아이젠하워는 언론으로부터 거센 비난을 받았다. 의회의 조사에 대해 행정부의 권한을 보호하지 않았다는 이유에서였다. 『뉴 리퍼블릭』 지는 1953년 이렇게 논평했다. "현재 권력의 중심은 행정부가 아니라 의회다. 그렇지 않다면 믿기 힘든 일이다."[136] 비미활동위원회가 정부 활동에 관한 정보를 요구했을 때 아이젠하워가 '대통령 특권'을 발동하여 이를 거부하자, 자유주의 언론은 그에게 갈채를 보냈다. 「뉴욕 타임스」에 따르면, 비미활동위원회는 "행정부의 회의실에서 무슨 일이 벌어지고 있는지 자세한 사항에 대해 캐물을" 권리가 없었다. 「워싱턴 포스트」는 아이젠하워에게 "행정부의 회의 내용"을 기밀로 할 수 있는 "충분한 권리"가 있다고 말했다.[137] 1960년대 중반까지 언론 매체는 시민권, 사회 정치적 현안, 특히 외교 정책에 관한 대통령의 단호한 지도력을 여전히 지지했다. 케네디는 1960년 "우리의 외교 정책과 관련하여 중대 결정을 내릴 수 있는 사람은 대통령 한 사람뿐이다"라고 말했다.[138] 언론은 케네디의 이러한 선언에 동의했다.

통킹 만 결의안 이후 변화가 찾아왔다. 1969년 존슨이 백악관을 리처드 닉슨에게 넘겨줄 무렵, 동부 연안의 언론 매체는 나라를 소란스럽게 하는 다른 세력들과 함께 반(反)정부 세력으로 변해 있었다. 한 논평가가 말했듯이 "1968년 린든 존슨의 권위를 무너뜨린 사람들과 운동 세력이 1969년에는 리처드 닉슨을 무너뜨리기 위해 나섰다. …… 대통령을 때려눕히는 일은 다른 여러 묘기처럼 첫 번째보다는 두 번째가 쉬운 법이다."[139] 닉슨에게는 특히 큰 약점이 있었다. 그는 1940년대 말부터 동부 언론이 줄곧 미워하던 캘리포니아 출신이다. 그래서 1960년 대통령 선거에서 케네디에게 패하고 나서, 부분적으로는 언론 때문에 패했다고 생각했다. 1963년에는 언론이 자신의 정치 인생을 끝장내기 위해 공동으로 공세를 취했다고 생각했다. 닉슨은 언론의 적대감에 이자를 붙여 되돌려주었다. 그는 참모진에게 이렇게 말했다. "기억하세요. 언론은 적입니다. 뉴스와 관련된 일이라면, 언론의 그 누구도 친구가 될 수 없습니다. 그들은 모두 적입니다."[140] 1968년 닉슨은 언론의 기대와 달리 선거에서 승리했다. 하지만 아슬아슬한 승리였다. 닉슨의 득표율은 43.4퍼센트였고, 허버트 험프리는 42.7퍼센트였다. 1912년 이래로 일반 투표에서 그 정도로 낮은 득표율을 기록했던 당선자는 한 명도 없었다. 투표율이 낮았기 때문에(61퍼센트), 전체 유권자 중 27퍼센트만 그를 지지했다고 볼 수 있다. 그는 선거에서 대도시는 하나도 얻지 못했다.[141] 일부 언론에서는 대통령으로서 그의 적법성을 부정하기도 했다. 비합법적인 수단으로 당선을 무효화하려는 움직임까지 있었다.

이러한 약점에도 불구하고 닉슨은 존슨과 케네디 시대의 무정부적 유산을 일소하는 데 큰 성공을 거두었다. 특히 베트남에서 빠져나오는 문제에서 뛰어난 역량을 발휘했다. 그는 전임 대통령들과 똑같은 목표를 천명했다. "남베트남인들은 외부의 개입 없이 스스로 정치적 미래를 결정해야 하고, 우리는 이를 도울 기회를 찾고자 합니다."[142] 그가 미국의 정책을 완전히 책임지고 있는 동안은 훨씬 적은 비용으로 이 목표를 이루어나갈 수 있었다. 4년 뒤 그는 베트남에 주둔하는 미군을 55만 명에서 24,000명으로 감축시켰다. 비용은 존슨 시대에 한 해 250억 달러였던 것이 30억 달러 이하로 줄어들었다.[143] 군사력을 효과적으로 사용했기에 가능했다. 1970년에는 캄보디아에서, 1971년에는 라오스에서 전투를 벌였고, 1972년에는 북베트남을 폭격했다. 이 때문에 하노이의 북베트남군 수뇌부는 줄곧 당황했고, 미국의 의도가 무엇인지 불안해했다. 이와 동시에 닉슨은 적극적으로 북베트남과 평화 협상을 추진했다. 무엇보다 닉슨은 케네디나 존슨은 감히 엄두도 내지 못했던 일을 해냈다. 중소분쟁의 틈을 타 중국과 관계를 정상화시킨 것이다.

캘리포니아인다운 성향이 닉슨을 베이징으로 이끌었다. 그는 미래에는 태평양이 세계의 무대가 될 것이라고 생각했다. 그래서 1969년 1월 31일 백악관 집무가 시작된 지 11일 만에, 새로운 중국 정책을 추진하기 시작했다. 이 정책은 1969년 2월 4일 국가 안전 보장 연구 지침 14호에서 구체화되었고, 닉슨과 앙드레 말로의 회견으로 더욱 공고화되었다. 앙드레 말로는 닉슨에게 "세계에서 가장 부유하고 가장 생산력이 높은 나라"가 "세계에서 가장 가난하고 가장 인구가 많은 나라"와 반목하고 있는 것은 "비극"이라고 말했다.[144] 중국의 우려 때문에 중국과 '화해' 하려는 움직임은 비밀리에 이루어졌다. 닉슨은 오랜 시간을 들여 비밀을 보장받은 뒤에야 의회 지도자들과 의견을 나누고 조언을 들었다. 그는 참모들에게 이렇게 말했다. "세계 인구의 4분의 1이 중공에 살고 있습니다. 현재 중공은 그다지 주목할 만한 국가가 아니지만, 앞으로 25년이 지나면 중요한 국가가 될 수도 있지요. 우리가 현재 할 수 있는 일을 하지 않는다면, 미국은 무척 위험한 상황에 직면할지 모릅니다. 미국과 소련은 완전한 긴장완화를 이루었지만, 중국이 국제사회 밖에 머물러 있으면, 아무 의미도 없습니다."[145]

새로운 중국 정책과 미국 군사 전략의 변화로 미국과 하노이의 평화 협정도 가능해졌다. 1973년 1월 27일 파리에서 닉슨의 국무장관 윌리엄 로저스(William Rogers)와 북베트남의 구엔 두이 트린(Nguyen Duy Trinh)이 '베트남전쟁 종결과 평화 회복에 관한 협정' 에 서명했다. 이 협정으로 미국은 베트남을 떠날 수 있게 되었다. 협정에 따라 인도차이나 수역에 미국의 항공모함이 머무를 수 있게 되었고, 만약 하노이 측에서 협정을 위반하는 경우 타이완과 타이에 배치되어 있는 비행기를 사용할 수 있는 권리가 미국에 주어졌다.[146] 닉슨이 권력의 자리에 있는 동안 이런 구속력은 매우 실제적인 역할을 했다. 닉슨이 물려받은 상황과 전임자들이 남겨놓은 죄과와 실수를 고려해보면, 닉슨은 한편의 멋진 탈출극을 보여주었다고 할 수 있다.

하지만 미국과 인도차이나는 성공의 열매를 빼앗겼다. 1973년 닉슨과 미국이 '워터게이트' 사건이라는 혼란에 휩쓸렸기 때문이다. 이것은 인도차이나인에게 특히 비극적인 일이 되고 말았다. 미국은 이상하게도 균형감각을 잃고 국익도 고려하지 않은 채 독선적인 정치적 감정에 빠져드는 경향이 있다. 1918~20년에 불붙은 외국인 혐오증은 민주당 우파의 소행이었다. 1940년대 말부터 1950년대 초까지 계속된 반공 선풍은 주로 공화당 보수파들이 이끌었다. 이와는 대조적으로 워터게이트 사건이라는 마녀사냥은 언론 매체의 자유주의자들이 주도했다. 그들이 닉슨을 눈엣가시처럼 생각한 진짜 이유는 닉슨이 인기가 있었기 때문이다. 닉슨은 1968년 선거에서 겨우 승리했지만, 대통령으로서 여론 형성자들과 의회를 장악한 민주당 의원들을 제치고 '중산층 미국인'에게 큰 인기를 끌었다. 나서지도 않고 자기주장을 내세우지도 않는 '중산층 미국인'은 가족을 사랑하고, 교회에 다니고, 나라를 사랑하고, 근면하고, 반(反)자유주의적인 성향을 보였다. 1969년 11월 3일 연설에서 닉슨은 외교 정책을 지지해달라고 국민에게 호소했다. 그는 지지자들을 향해 "여러분, 고결하고 과묵한 나의 친구들, 대다수 미국인 여러분"이라고 말했다. 이 연설은 큰 성공을 거두었다. 이 연설로 당분간 언론 매체의 '닉슨 타도' 운동은 꼬리를 내렸다.[147] 1972년 대통령 선거에서 민주당은 개혁파였던 조지 맥거번을 대통령 후보로 지명했다. 닉슨은 기뻤다. 그는 참모들에게 이렇게 말했다. "마침내 동부의 기존 언론과 거의 똑같은 견해를 가진 대통령 후보가 등장했소." 「뉴욕 타임스」「워싱턴 포스트」『타임』『뉴스위크』, TV 네트워크의 진정한 이데올로기적 성향은 정치범 사면, 마리화나, 낙태, 사유 재산의 몰수, 대폭적인 복지 제도의 확충, 일방적인 군비 축소, 방위비 삭감, 베트남 철수를 지지하는 쪽이었다. 마침내 그는 결론을 내렸다. "우리는 지난 5년간 언론 매체가 진정으로 다수의 생각을 대변하고 있었는지 진실을 알게 될 것이오." 이 문제가 쟁점이 되었든 안 되었든 닉슨은 선거에서 압승을 거두었다.[148] 획득한 선거인단 수는 521 대 17이었고, 닉슨은 일반 투표에서 60.7퍼센트의 지지를 얻었다. 1964년 존슨의 기록에 조금 뒤지는 대단한 기록이다.[149]

언론계에서는 많은 사람이 닉슨의 승리로 굴욕을 당했다고 생각했고, 심지어 경악하기까지 했다. 어떤 영향력 있는 편집자는 이렇게 말했다. "살을 깎는 고통이 있어야 한다. 아무도 이런 일이 다시 일어나리라 생각할 수 없게 확실한 조치를 취해야 한다."[150] 목표는 선전 선동을 통해 1972년의 선거 결과를 뒤엎는 거였다. 형이상학적인 의미에서 보자면, 1972년의 선거 결과는 부당했다. 보수적인 독일인들이 바이마르 공화국을 부당한 것으로 간주했던 것과 다르지 않았다. 닉슨의 백악관은 언론계가 그들의 소망을 실현할 수 있는 계기를 제공했다. 백악관이 대통령이라는 직위와 대통령의 정치 행위를 보호할 목적으로 초법적인 수단을 사용했던 것이다. 사실 대통령의 부정행위라는 전통은 프랭클린 루스벨트 때부터 시작되었다. 루스벨트는 대통령이 혼자 관리하는 '첩보 조직' 을 두었다. 이 조직은 11명으로 구성되어 있었고, 국무부의 '특별 긴급 사태' 자금을 재원으로 삼았다.[151] 루스벨트는 후버의 FBI와 법무부를 동원해, 특히 언론계에 많았던 반대자들을 괴롭혔고 전화를 도청했다. 광산 노동자들의 지도자 존 루이스(John L. Lewis)도 희생자였다.[152] 또한 루스벨트는 몹시 싫어했던 「시카고 트리뷴 Chicago Tribune」 지를 법정으로 불러내기 위해 사력을 다했다. 정보부 조직을 끌어들여 아내의 호텔 방을 도청하기도 했다.[153] 트루먼과 아이젠하워는 참모들과 CIA의 비밀 활동에 거리를 두었지만, 그런 활동이 이루어지고 있다는 사실은 알고 있었다. 그들은 소련이나 전체주의 테러 정권을 다루기 위해서 어쩔 수 없는 일이라고 생각했다. 케네디와 동생 로버트는 이 게임에 몰두했다. 케네디는 로버트를 CIA 국장 자리에 앉혀 CIA를 가족의 지배 아래 두지 않은 것을 크게 후회했다. 법무장관이었던 로버트 케네디는 FBI 요원을 시켜 새벽에 US스틸 경영진의 집을 급습했다. 그들이 대통령의 정책에 반대했기 때문이다.[154] 케네디 형제는 민권 운동을 추진하며 연방 계약 제도를 활용했고, 목표를 이루기 위해 (법률이 아니라) 주택 자금 지원에 관한 행정 명령을 이용했다.[155] 우익계 라디오와 TV 방송국에 대한 음모를 꾸미기도 했다.[156] 케네디와 존슨 시대에 전화 도청은 기록적으로 증가했다.[157] 그들은 도청을 적극적으로 활용했다. 인권

▶ **로버트 케네디**(1925~1968)
형 존 F. 케네디 행정부에서 법무부장관과 대통령 고문을 지냈다. 후에 연방상원의원으로 대통령 후보지명을 위한 선거유세 중 암살당했다. 케네디 형제의 모습.

운동가 마틴 루터 킹을 도청하여 복잡한 여자관계를 신문사에 넘기기도 했다.[158] 존슨은 정부의 기밀문서, 국세청이나 다른 행정 기구를 동원해 1963년에 자신이 연루된 보비 베이커 스캔들(Bobby Baker Scandal)을 무마하려 했다. 보비 베이커 스캔들은 아마 미국에서 티폿 돔 사건(Teapot Dome Scandal) 이후 최대의 스캔들이었을 것이다. 닉슨의 재임 전까지 언론 매체는 대통령의 비행을 폭로하는 데 매우 선택적인 입장을 취했다. 현장 기자들은 루스벨트를 보호하기 위해 그의 애정 행각이 폭로되지 않게 애썼다.[159] 케네디의 경우도 마찬가지였다. 기자들은 케네디가 대통령 재임 기간에 애인을 만나는 장소로 워싱턴에 있는 아파트를 사용하고, 그의 애인 중 한 명이 폭력배의 애인이기도 하다는 사실을 감추었다.[160] 존슨이 보비 베이커 스캔들로부터 빠져나오려 애쓰고 있을 때, 「워싱턴 포스트」는 그를 고발한 상원 의원 존 윌리엄스(John Williams)의 명성에 타격을 입혀 존

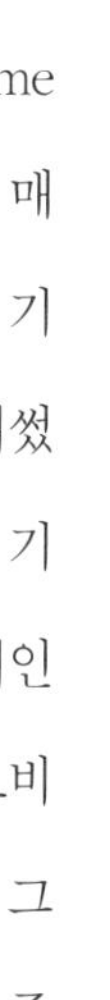

슨을 도왔다.[161] 존슨은 부통령 시절에 뇌물을 받기도 했다. 닉슨의 부통령 스피로 애그뉴(Spiro Agnew)도 뇌물을 받았다. 스피로 애그뉴는 부정행위가 폭로되어 유죄를 선고받았지만, 존슨은 백악관에 들어갔다.[162)]

언론은 닉슨에게는 관용을 베풀지 않았다. 물론 당시 상황을 보면, 닉슨이 이전 대통령들보다 지나쳤던 게 사실이다. 부분적으로는 규모의 문제였다. 당시 백악관은 통제할 수 없는 수준으로 확대되어 있었다. 링컨은 사비로 비서 한 명을 고용했다. 후버는 세 명의 비서를 두었다. 루스벨트는 1939년 최초로 여섯 명의 '행정 보좌관'을 임명했다. 케네디 때는 23명이었고, 집권 마지막 해에 백악관 직원은 총 1,664명이었다. 존슨 시대에는 그 규모가 후버 시대의 40배에 이르렀다. 닉슨 때에는 1971년 5,395명이 되었고, 비용은 3,100만 달러에서 7,100만 달러로 치솟았다.[163)] 이렇게 백악관 직원을 확대한 것은 헨리 키신저(Henry Kissinger)다. 그는 닉슨의 안보 담당 보좌관으로 나중에는 국무장관이 되어 베트남 협상을 주도했다. 전화 도청 규모를 확대한 것도 키신저다. 원칙적으로는 평화 공세를 지원한다는 목적에서였다.[164)] 베트남에서 미국인의 목숨이 위험에 빠지자, 문제가 될 수 있는 많은 행위에 표면적인 정당성이 부여되었다. 닉슨은 비도덕적인 행위를 어쩔 수 없는 것으로 생각했다. 베트남에서 원하는 목표를 이루려면 비밀을 지키는 것이 중요하다고 생각했다. 그런데 1971년 행정부의 기밀문서(펜타곤 문서)가 대량으로 도난당했다. 「뉴욕 타임스」는 이를 입수해 세상에 공개했다. 영국이나 다른 서구 민주주의 국가에서라면 정부 기밀에 관한 법률 위반으로 관련자들이 감옥에 갔을 것이다. 하지만 미국에서는 그런 일이 일어날 수 없었다. 언론이 헌법 수정 조항 제1조에 따라 법률적 특권을 누리고 있었기 때문이다. 닉슨의 동료가 말했듯이, 닉슨에게 이러한 행위는 "정부의 지고한 권위에 대한 언론의 도전"이었다. "정부는 민주적으로 국민이 선택했지만, 언론은 누구도 선출한 적이 없는 엘리트 집단이다. 우리가 당면해 있는 것은 도덕의 문제다."[165] 행정부 내 '특별 조사 기관' 에 불법적인 수단(가택 침입을 포함하여)을 사용할 수 있는 권한이 주어졌다. 기밀을 누설한 자들을 체포하기 위해서였다. 이 비밀공작 팀은 이후 다른 공작 팀의 시초가 되었다. 공작 팀 하나가 1972년 5월 31일과 6월 17일에 워터게이트 건물에 있는 민주당 본부에 침입했다. 두 번째 침입 때는 민주당에서 미리 알고 기다렸다가 '공작원' 을 체포했다.[166]

미국에서는 그때까지 절도를 포함한 정치적 첩보 활동을 심각하게 생각해 본 적이 없다. 존슨은 1964년 골드워터를 도청했고, NBC TV 네트워크는 1968년 민주당 본부를 도청했다. 이 기간에 「워싱턴 포스트」와 「뉴욕 타임스」는 훔친 자료(홀드먼과 키신저의 비망록)를 공개했다. 그것은 매우 귀중한 자료였다. 하지만 「워싱턴 포스트」는 1972년 10월 10일부터 시작된 일련의 기사를 통해 워터게이트 사건을 도덕적인 문제로 탈바꿈시켰다. 다른 동부 연안의 언론 매체도 그 뒤를 따랐다. 이런 상황은 그 자체로는 큰 문제가 되지 않았다. 닉슨이 대통령 선거에서 압승을 거두는 데도 장애가 되지 않았다. 문제는 이 사건이 명성을 갈망하던 존 시리카(John Sirica) 판사의 관심을 끈 것이다. 그는 엄중한 판결 때문에 '최대 형량 존' 이라는 별명으로 불렸다. 다른 경우였다면 그는 자유주의 언론의 지지를 받을 만한 판사가 결코 아니다. 워터게이트 침입자들이 앞에 서자, 존 시리카 판사는 잠정적으로 종신형을 구형했다. 그들을 압박해 행정부 요원에 대한 증거를 얻어내기 위해서였다. 그는 유일하게 요구를 거부한 고든 리디(Gordon Liddy)에게 20년의 감옥형에 벌금 4만 달러를 선고했다. 사실 고든 리디는 무단 침입이라는 불법 행위를 처음 저질렀으며, 아무것도 훔치지 않았고, 경찰에 저항하지도 않았다.[167] 존 시리카 판사는 이런 사실을 무시했다. 사법적 테러리즘이라고 할 만했다. 다른 법치 국가였다면 결코 있을 수 없는 일이다. 이후 이와 비슷한 사법적 마녀 사냥이 이어져 닉슨 행정부 요원들이 체포되고 유죄를 선고받고 판결을 받았다. (어떤 사람은 비싼 변호사 비용을 감당할 수 없어 순순히 유죄를 시인했다.)[168] 결국 원하던 대로 워터게이트 사건이 낱낱이 파헤쳐지기 시작했다. 민주당이 다수를 차지하고 있던 의회의 조사위원회는 '최고 권위의 대통령' 에 대해 전면적인 공격을 개시할 수 있게 되었다. 그 과정에서 한때 자유주의 언론 매체가 열렬히 옹호했던 대통령 특권이라는 개념은 폐기되었다. 닉슨을 파멸로 몰아넣으려는 거대한 욕망에 휩싸여 국가 안보에 관한 고려는 완전히 무시되었다.

1973년 7월 13일 금요일, 백악관 참모가 집무 중인 닉슨의 모든 대화가 자동으로 녹음되었다는 사실을 시인했다. 그 덕분에 마녀 사냥은 좀 더 수월해졌다. 하지만 이 사실 역시 새로운 것이라고 할 수 없었다. 루스벨트는 대통령 집무실 밑에 조그만 방 하나를 만들었다. 그 방 안에 있는 속기사들은 백악관을 찾아온 방문객들의 얘기를 몰래 기록하곤 했다. 1982년에 결국 루스벨트 역시 1940년에 비밀 테이프로 녹음을 했다는 사실이 밝혀졌다. 거대 네트워크를 소유하고 있던 라디오 코포레이션 오브 아메리카가 그에게 도움을 주었다. 트루먼에게도 녹음 테이프가 있었다는 사실이 밝혀졌다. 아이젠하워는 테이프와 벨트형 녹음기를 사용했고, 케네디는 암살되기 전 16개월간 비밀리에 방문객(그리고 그의 아내)의 대화를 녹음했으며, 존슨은 상습적인 도청자였다.[169] 사실 닉슨은 1969년 2월 대통령이 되자마자 존슨이 설치한 녹음 장치를 제거했다. 닉슨은 녹음이 잘못된 방법이라고 생각했다. 하지만 1971년 2월 미래의 자유주의 역사가들이 베트남 정책을 잘못 평가하지 않을까 염려하여 새로운 녹음 장치를 설치하라고 지시했다. 수석 보좌관 밥 홀드먼(Bob Haldeman)은 음성에 반응하여 무차별적으로 녹음이 되는 장치를 설치했다. 이것은 "대통령의 보좌관이 대통령에게 끼칠 수 있는 최악의 피해"를 낳았다.[170] 법원과 의회의 조사위원회는 닉슨에게 녹음된 테이프를 요구했다. 결국 이 테이프는 — 유령이 된 조지프 매카시 상원 의원이 흥미롭게 지켜보았을 테지만 — 대통령 탄핵을 실행에 옮기는 데 활용되었다. 여러 주장처럼 닉슨이 실제로 법의 절차를 어기거나 방해하려고 시도했는지, 또 그런 시도를 했다면 '국가적인 이유'로 보호받을 수 없었는지는 결코 밝혀지지 않았다. 닉슨은 탄핵 사태로 장기간의 국가적 동요가 일어나는 일을 막기 위해 1974년 8월 사임했다. 그리하여 언론 쿠데타라고 할 수 있는 사건이 1972년 유권자들의 판결을 뒤집었다. '최고 권위의 대통령' 대신 '최고 권위의 언론'이 등장한 것이다.[171]

외교 정책의 변화와 그 영향

닉슨의 몰락으로 권력의 균형이 입법부로 기울어지는 근본적인 변화가 일어났다. 일부 움직임이 지체되기는 했지만, 결국 입법부의 권한이 지나치게 커지는 결과가 생겼다. 1973년 전쟁권한법(War Power Resolution)이 닉슨의 거부를 무시하고 통과되었다. 전쟁권한법에 따라 미군을 해외에 파병하는 대통령의 권한은 전과 달리 제한을 받게 되었다. 이제 대통령은 미군을 해외에 파병할 때 60일 이내에 의회의 승인을 받아야 했다. 1973~74년의 잭슨 배닉 수정안(Jackson-Vanik Amendment)과 스티븐슨 수정안(Stevenson Amendment)으로 대통령의 외교 정책에도 제한이 가해졌다. 1974년 7~8월 의회는 대통령이 키프로스 사태에 손을 쓸 수 없게 만들어 버렸다. 그해 가을에는 의회가 CIA의 활동에 대해서도 제한을 두었다. 1975년에는 의회 때문에 대통령이 추진했던 앙골라 정책도 좌절되었다. 그해 말 의회는 무기수출규제법(Arms Export Control Act)을 통과시켰다. 이로써 대통령은 무기 공급에 관한 재량권을 잃고 말았다. 의회는 또한 외국과 맺는 '대통령 합의' 제도를 제한하기 위해 재정적인 압력을 가했다. 1946~74년에 대통령 합의로 체결된 조약은 6,300개 이상이었고, 의회의 비준이 필요한 조약은 411개에 불과했다. 의회는 계속해서 대통령 권한에 대한 제재를 적극적으로 강화해나갔다. 상원 위원회 17개와 하원 위원회 16개에 외교 정책을 속속들이 감시할 수 있는 권한이 생겼고, 의회의 전문 참모진은 3,000명 이상으로 늘어났다. (1971~77년 하원의 국제관계위원회의 참모진은 세 배로 증가했다.)[172] 1970년대 말에 이르자 외교 정책과 관련하여 대통령의 행위를 제한하는 수정 조항이 70개 이상 존재했다. 전쟁권한법을 검토해보면, 대통령은 더 이상 전군 최고 사령관이라고 할 수 없으며, 미군의 해외 주둔과 철수에 대한 결정은 연방 대법원에 있다는 주장이 제기되기까지 했다.[173]

워터게이트 히스테리는 인도차이나 전역의 자유주의 제도를 붕괴시키는 결과를 낳았다. 닉슨의 베트남 철수 정책은 한 가지 가정에 기초할 때만 타당한 것이 될 수 있었다. 북베트남이 미국의 의중에 의혹을 품고, 미국이 남베트남 정권에 강력한 지원을 해줄지 여부를 몰라야 한다는 것이다. 그러나 전쟁권한법과 1974년 미국의 군사적 개입에 대한 의회의 반대, 워터게이트 사건의 직접적인 결과로 미국의 정책에 필요한 모호성의 안개가 완전히 걷히고 말았다. 닉슨의 후임자 제럴드 포드는 힘이 없었다. 그는 협정을 위반하고 모든 것을 장악하려드는 북베트남의 행동을 막을 수 없었다. 일부 프랑스 전문가들은 인도차이나 전쟁의 진정한 원인과 이 전쟁을 이끈 원동력이 북베트남의 적극적인 팽창주의와 인도차이나반도 전체를 지배하려는 그들의 오래된 야심에 있고, 공산주의 조직과 그 냉혹한 성격은 그들의 야심을 채워줄 수단이 되어 주었다고 주장했다. 실제로 일어난 사건들이 이런 주장이 사실임을 입증하였다. 미국의 원조가 끊기면서 1973년의 군사적 균형은 북베트남 쪽으로 확실히 기울었다. 그해 말 북베트남은 2 대 1의 우위를 점했고, 전면적인 침공을 개시했다. 1975년 1월 중부 베트남

전역에서 백만 명의 난민이 사이공으로 피신했다. 제럴드 포드 대통령은 의회에 강력히 호소했다. "목숨을 걸고 싸우고 있는 동맹국에 미국이 적절한 지원을 해주지 않는다면, 동맹국으로서 우리의 신뢰는 심각한 타격을 입게 될 것입니다."[174] 그러나 의회는 아무 조치도 취하지 않았다. 제럴드 포드는 3월 26일 기자 회견에서 다시 한번 의회에 호소하며, "많은 국가의 외교 정책이 크게 바뀔 수 있으며 …… 미국의 안보에 근본적인 위협이 될 수 있는" 가능성에 대해 경고했다.[175] 하지만 여전히 의회는 외면했다. 그로부터 한 달도 지나지 않은 4월 21일 남베트남의 구엔 반 티우(Nguyen Van Thieu) 대통령이 사임하고 타이완으로 도망쳤다. 그것으로 남베트남은 끝이었다. 해병대 헬리콥터가 날아와 사이공의 미국 대사관 지붕에서 미국 관리와 베트남인 몇 명을 실어 날랐다. 9일 뒤 공산주의자들의 탱크가 사이공에 들어왔다. 이는 미국 역사상 가장 크고 치욕적인 패배였으며, 남베트남 사람들에게는 재앙과 같았다.

1975년 4월 무력으로 인도차이나 전역에서 권력을 잡은 엘리트 공산주의자들이 즉시 국가 차원의 사회공학 프로그램에 착수했다. 다시 스탈린의 농업 집산화를 떠올리게 했지만, 어떤 면에서 인도차이나반도에 강요된 사회공학 프로그램은 훨씬 더 비인간적이었다. 캄보디아에서 크메르 루주(Khmer Rouge)가 시행한 '전원화' 정책은 잘 알려져 있다. 크메르 루주는 4월 중순 수도 프놈펜으로 쳐들어왔다. 미국 대사관은 4월 12일에 철수한 상태였다. 잔학 행위는 4월 17일에 시작되었다. 문맹의 농민 병사들이 주로 앞장섰지만, 이미 2년 전 중산층 이론가들이 계획해놓았던 것이다. 그들은 자신을 '중앙당(Angka Loeu)'이라고 칭했다. 국무부 전문가 케네스 퀸(Kenneth Quinn)이 전원화 정책에 관한 상세한 내용을 입수하여, 1974년 2월 20일자 보고서로 회람시켰다.[176] 그 계획은 마오쩌둥이 25

년 동안 중국에서 이룬 변화를 단번에 성취한다는 목표를 가지고 있었다. '총체적인 사회 혁명' 이 일어날 예정이었다. 과거의 모든 것을 "척결하고 파괴해야" 했다. "사회의 개별 구성원을 정신적으로 개조하는 일" 이 필요했다. "테러나 다른 수단을 통해 개인의 삶을 형성하고 이끌어왔던 전통적인 토대, 구조, 영향력을 제거하고 …… 당의 원칙에 따라 새로운 가치를 주입하여 개개인을 다시 만들어내야" 했다.[177] '중앙당' 은 직업 정치가이자 지식인 20명 정도로 이루어져 있었다. 주로 교사나 관리였다. 여자 한 명을 포함하여 모두 40대였던 지도자 여덟 명 가운데 다섯 명은 교사였고, 한 명은 대학 교수, 한 명은 경제학자, 한 명은 관리였다. 모두들 1950년대 프랑스에서 공부했고, 프랑스에서 급진 좌파를 물들였던 '불가피한 폭력' 의 개념을 흡수했다. 그들은 모두 사르트르의 제자였다. 이 일단의 이론가들은 전원생활의 미덕을 설교했지만, 정작 그중 단 한 사람도 육체노동에 종사하거나 부를 창조하는 과정에 참여해 본 적이 없었다. 그들은 레닌처럼 순수 지식인으로, 20세기의 거대한 파괴적 힘을 대표했다. 직업 정치가의 모습을 한 종교적 광신자였다. 그들이 한 일은 사고와 개념의 비정함을 극명하게 보여준다. 다른 시간 다른 장소였다면, 이 냉혹한 공상가들의 계획은 병적인 상상력 안에 머물러 있었을 것이다. 하지만 1975년의 캄보디아에서는 그 계획을 실행에 옮기는 것이 가능했다.

4월 17일 프놈펜에는 300만 명 이상이 살고 있었다. 그들은 말 그대로 도시 주변의 시골로 쫓겨났다. 아침 7시 중국인 상점을 약탈하는 것으로 폭력이 시작되었다. 그 뒤 어디서나 약탈 행위가 일어났다. 8시 45분 첫 번째 살인이 벌어졌다. 15분 뒤 군대가 육군 병원에서 사람들을 쫓아내기 시작했다. 의사, 간호사, 아픈 환자도, 죽어가는 병자도 거리로 내몰렸다. 한 시간 뒤 군인들이 거리에서 눈에 띄는 사람들에게 총격을 가했다. 도시는 공포의 도가니에 빠졌다. 정오에는 프레아 케트 멜레아 병원에 있던 사람들이 모두 쫓겨났다. 그들은 총구를 겨누고 수백 명의 남자, 여자, 아이들을 섭씨 37도가 넘는 한낮의 폭염 속에 내몰았다. 해질 무렵 프놈펜에 있던 2만 명의 환자와 부상자는 모두 정글로 쫓겨났다. 어떤 남자는 두 다리가 절단된 아들을 등에 업고 있었다. 혈장이나 혈청이 든 병을 들고 중환자의 병상을 밀고 있는 사람도 있었다. 도시의 모든 병원이 비워졌다. 서류와 기록은 모두 파기되었다. 책은 모두 메콩 강에 던져지거나 강둑에서 불태워졌다. 크메르 상업 은행에 있던 지폐도 모두 소각되었다. 자동차, 오토바이, 자전거는 압수되었다. 군인들은 인기척이 있는 집이면 로켓이나 바주카포를 쏘았다. 즉결 처형도 수없이 이루어졌다. 사람들은 이런 말을 들었다. "즉시 여길 떠나라. 그렇지 않으면 전원 사살하겠다." 저녁이 되자 급수가 중단되었다. 이 사건이 카프카의 소설 속 공포 분위기를 연상시키는 것은 권력자들의 모습이 눈에 보이지 않았기 때문이다. 농민 병사들은 '중앙당'의 명령에 따라 죽이고 파괴할 뿐이었다. 아무 설명도 없었다. 이 야만적인 사건을 계획한 지식인들은 아무도 모습을 드러내지 않았다.[178)]

4월 23일 군대는 인구가 15,000명~200,000명인 다른 도시에서도 사람들을 쫓아내기 시작했다. 역시 수많은 잔혹 행위가 벌어졌다. 시엠레아프(Siem Reap)의 몬테 페트 병원에서는 100명 이상의 환자가 침상 위에서 곤봉과 칼로 살해당했다. 육군 병원에서는 40명 이상이 살해당했다. 스탈린이 폴란드에서 그랬던 것처럼 장교들을 대량 학살하기도 했다. 몽콜 보레이(Monkol Borei)에서는 대량 학살을 위해 특별히 설치한 지뢰밭에 장교 200명을 한꺼번에 몰아넣었다. 시소폰(Sisophon) 근처의 스바이 파고다(Svay Pagoda)에서는 비행기 조종사 88명이 맞아 죽었다. 대량으로 살해당한 집단 중에는 길거리의 거지, 매춘부, 병이 심해 치료할 수 없는 환자들, 공무원, 교사, 학생들이 있었다. 인도네시아에서 일어난 대규모 학살 때처럼, 병사들은 '복수'를 막기 위해 '죄인'의 가족도 함께 살해했다. 크메르 루주 여자 대원들은 여자와 아이들을 죽음의 구덩이로 데려가곤 했다. 살인 행위를 감추려는 시도는 하지도 않았다. 시체들은 부패하도록 방치되거나 무더기로 강물에 떠내려갔다.[179)]

6월에 도시에서 온 350만 명과 '열악한' 촌락에서 온 50만 명이 시골로 분산되어 새로운 마을을 건설하는 작업에 착수했다. 그들은 때로 맨손으로 일해야 했다. 태만하거나 노동을 기피하는 자들은 "역사의 수레바퀴에 깔려 으스러질 것"이라는 말을 들었다. 참으로 레닌주의를 생생하게 떠올리게 하는 말이다. 성관계는 금지되었고, 간통이나 간음은 사형으로 처벌받았다. 형벌은 가차없이 집행되었다. 결혼한 부부라고 해도 긴 대화를 나누는 것을 금지했다. 대화는 '모의'로 간주되었고, 두 차례 발각되면 사형이 내려졌다. 기아와 전염병이 발생하자 노인, 환자, 어린아이(특히 고아)가 유기되었다. 처형은 공개적으로 진행되었다. 가족들은 형제, 어머니, 자식들이 교수당하거나 참수당하거나 칼에 찔려 죽거나 곤봉에 맞아 죽거나 도끼에 맞아 죽는 동안 그 모습을 지켜봐야 했다. 일가족이 몰살당하기도 했다. 전직 관리들은 고문 끝에 숨을 거두었고, 사지가 잘린 뒤 처형당할 때도 있었다. 도나우이(Do Nauy)에서는 사라이 사바트(Saray Savath) 대령이 코와 귀가 잘린 뒤 나무에 매달렸다. 그는 고통 속에서 신음하다가 사흘 뒤 죽었다. 똑같은 곳에서 탄 사마이(Tan Samay)라는 교사는 토지 경작 말고는 어떤 것도 가르치지 말라는 당국의 명령을 어겨 교수당했는데, 당국의 강요에 못 이겨 여덟 살에서 열 살 가량의 학생들이 처형을 집행했다. 그들은 스승의 목을 매달면서, "자격 없는 선생"이라고 외쳤다.[180)] 역겨운 잔혹 행위의 목록은 끝이 없다.

1976년 4월 '중앙당'의 지도자 키우 삼판(Khieu Samphan)이 국가수반이 되었다. 정부 수반의 자리는 중산층의 광신적 지식인 폴 포트(Pol Pot)가 차지했다. 키우 삼판은 1976년 8월 콜롬보에서 열린 비동맹 국가들의 회의에 참석했다. 그는 이탈리아 잡지와 혼란스런 인터뷰를 하는 과정에서 크메르 루주가 정권을 장악한 후, 백만 명의 '전범'이 죽었다는 사실을 시인했다. 하지만 그 때에도 대규모 살인극은 계속되었다. 300명에 달하는 목격자들의 인터뷰 기록, 그리고 그보다 더 많은 사람을 만나고 조사했던 프랑스 학자, 프랑수아 퐁쇼(Francois Ponchaud)의 저서에 따르면, 1975년 이전에 이미 약 10만 명의 캄보디아인이 처형당했다. 이외에도 2만 명이 피신하려다 죽었으며, 40만 명이 도시와 마을에서 추방되는 과정에서 죽었고, 43만 명은 야영지나 '건설 중인 마을'에서 죽었다. 1976년에는 25만 명이 더 죽었다. 계산해 보면 1975년 4월부터 1977년 초까지 마르크스 레닌주의 이론가들에게 목숨을 빼앗긴 사람은 캄보디아 전체 인구의 5분의 1에 해당하는 120만 명이다.[181)]

캄보디아의 잔학 행위는 서구에서 큰 관심을 끌었지만, 라오스와 남베트남에서도 비슷한 종류의 사회공학이 시행되었다. 1975년 말경 라오스에서는 중산 계급이 완전히 초토화되거나 타이로 쫓겨났다. 1975년은 라오스 인민민주공화국의 수립이 선포된 해다. 하지만 인민민주공화국이라는 명칭은 북베트남이 라오스를 식민지화하기 위해 만든 구실에 불과했다. 소수민족은 죽임을 당하거나 추방당했다. 북부 지역에는 1977~78년 북베트남 농민들이 대거 이주해왔다. 1976년 7월 남베트남은 북쪽의 지배 아래 북베트남과 '통일'되었다. 캄보디아에서처럼 많은 도시 거주자들이 강제로 시골로 이주해야 했다. 베트남 공산당 서기장 레주언(Le Duan)은 이제 생활수준이 떨어질 것이라고 선언했다. "남베트남 사람들은 국가 경제가 감당할 수 없는 높은 생활수준을 영위하고 있다." 그런 "소비 사회"는 "진정으로 행복하고 문명화된 삶에 완전히 반대되는 것이다." 그것으로 끝이었다. 당 기관지는 "전 국민이 사회를 대표하는 상위 계급의 의지에 따라야 한다"고 썼다. 1977년 1월이 되자, 정치범은 20만 명에 달했고, 이외에도 처형당한 사람이 수천 명이었다. 1978년 12월 북베트남의 지배층은 마침내 캄보디아 폴 포트 정권과 관계를 끊었다. 베트남은 캄보디아를 침공하여 1979년 1월 7일 프놈펜을 점령했다. 이제 인도차이나반도 전역이 북베트남의 군사 독재 정권 아래 실제적인 의미에서 '통일' 되었다. 베트남 군대는 캄푸치아(캄보디아는 이제 이렇게 불렸다)에 20만 명, 라오스에 2만 명이 있었다. 1980년에 이르자 베트남은 군대 병력이 100만 명을 넘어섰고, 국민 일인당 병사수로 따지면 세계에서 쿠바 다음이었다.[182] 그러나 아직 '해방투쟁' 의 음울한 클라이맥스가 기다리고 있었다. 해방 투쟁은 새로운 단계에 접어들었다. 중국이 지원하는 게릴라 세력이 하노이 측에 저항해 전투를 개시했다. 소련은 북베트남에 무장 헬리콥터를 제공해 군사적 우위를 유지할 수 있게 해주었다. 20세기는 이런 아이러니가 넘쳐났다.

미국이나 서구 국가 전체는 이런 일련의 사건을 냉담하게 바라보았다. 그들에게 이들 사건은 1970년대의 특징이었던 환멸의 과정에서 하찮은 일면에 지나지 않았다. 환멸은 주로 세계 경제의 침체에서 비롯되었다. 베트남전쟁은 쓰라린 결과를 낳았고, 위대한 사회는 붕괴되었으며, 무소불위의 대통령은 몰락했다. 이런 모든 것이 서구 초강대국의 자살 기도를 완성했다. 미국의 자살 기도는 위대한 전후 경제의 성장을 끝장내고, 국제사회를 1930년대의 공포와 혼란으로 되돌아가게 만드는 중요한 요인이 되었다. 새로운 불안정에 대응하는 미국의 지도력도 약화될 수밖에 없었다.

제 19 장

1970년대의 집단주의

modern times

반기업 풍토와 달러의 약화

경제적 혼란은 전쟁의 군사적 혼란에 선행한다. 1930년대 초에 일어난 경제적 붕괴가 제2차 세계대전을 불러온 것은 틀림없는 사실이다. 전쟁이 끝난 뒤 서양의 정치인들은 그러한 양상이 재현되는 것을 막을 방법을 모색했다. 그 결과 케인스 시대가 열렸다. 케인스는 1933년 「뉴욕 타임스」에 기고한 유명한 글에서 자신의 철학을 이렇게 규정했다. "나는 국민 구매력의 증가를 대단히 중요하게 생각한다. 이를 위해서는 차관을 통해 얻은 자금으로 정부 지출을 늘려야 한다."[1] 1950년대와 1960년대에 케인스의 논리는 주요 서구 국가의 경제 원칙이 되었다. 게다가 케인스주의는 국제적 수준에서 도입되었다. 1944년 7월 미국 뉴햄프셔 주의 브레턴우즈(Bretton Woods)에서 케인스와 미국 재무부 관료 해리 덱스터 화이트가 세계은행(국제부흥개발은행)과 국제통화기금을 창설했다. 왕의 나라에서 온 케인스는 화이트가 참을 수 없을 만큼 무례하다고 생각했다. 화이트는 "예의바른 행동"이 무엇인지 "생각조차 해본 적이 없는 것 같다." 화이트는 케인스를 '전하'라고 불렀다. 하지만 각자 떳떳치 못한 비밀을 가지고 있던 두 사람은 호흡이 잘 맞았다. 케인스는 1914년 이전까지 국제통화제도를 이끌었던 런던의 역할이 끝났다고 주장했다. 영국이 양차 세계 대전을 거치면서 약해졌기 때문이다. 따라서 세계는 재난에 직면했다. 공백을 메우기 위해 새로운 체제를 만들어야 했다. 새로운 체제는 "지역적 금융 업무의 원리를 세계적인 영역으로 확장시키는 것이어야 한다. …… 따라서 한쪽이 재원을 놀려두고자 할 때, 이 재원이 금융 순환 구조에서 빠져나가게 하는 것이 아니라 재원이 필요한 다른 쪽에서 사용할 수 있게 해야 한다. 재원의 원래 소유자가 유동성을 잃게 되는 일 없이 이 일을 가능하게 해야 한다."[2)]

새로운 브레턴우즈 체제는 1946년 5월 현실화되었다. 이 체제는 매우 잘 운영되었다. 주로 미국이 호황을 누리고, 미국의 정책 입안자들이 케인스주의에 따라 세계를 경영할 준비가 되어 있었기 때문이다. 세계적으로 달러에 대한 수요가 엄청났다. 워싱턴은 마셜플랜이나 다른 외국 원조 프로그램, 값싼 차관의 형태로 달러를 제공했다. 그 결과 세계 역사상 가장 신속하고 긴 경제 성장이 이루어졌다. 세계 무역은 1930년대 초에 실질적으로 3퍼센트 감소되어 1930년대 말에야 겨우 원래의 수준을 회복했지만, 1948~71년 사반세기 동안 연평균 7.27퍼센트라는 놀라운 성장률을 보여주었다.[3)] 일찍이 경험해 보지 못한 일이었다. (1926~29년의 짧은 호황기에도 연평균 성장률은 6.74퍼센트에 불과했다.) 산업의 확대도 대단했다. 1705~1971년까지 약 260년 동안 세계 산업 생산은 1,730배가 증가했다. 이 증가분의 절반 이상이 1948년 이후 사반세기 동안 이룩된 것이다. 세계 산업 생산의 증가는 평균 5.6퍼센트였다. 해마다 이 수준이 유지되었다.[4)]

인간 조건에 일어난 이런 물질적 진보는 놀랄 만한 것이었다. 이를 가능케 한 안정의 틀은 달러가 제공했다. 달러는 국제 통화로 관대하게 운용되었다. 하지만 달러의 신뢰성은 미국 경제의 힘에 좌우되었다. 1960년대에 집권한 미국 대통령들은 계속해서 국가 경제에 짐을 지웠다. 더구나 미국 경제는 근본적으로 기업가의 경제였다. 미국 경제의 성장은 기업가가 안심하고 존경을 받는 유익한 풍토에 힘입은 바 크다. 1920년대에는 이런 풍토가 형성되어 있었다. 하지만 1930년대에는 이런 풍토가 사라졌다. 그러다 제2차 세계대전 기간에 다시 나타났다. 당시는 히틀러를 물리치기 위해 산업의 힘이 필요했던 때다. 기업가들에게 유리한 환경은 아이젠하워 정권이 끝날 때까지 유지되었다. 1960년대 큰 변화가 찾아왔다. 국가의 분위기가 기업에 적대적인 방향으로 바뀌었다. 그 최초의 징후는 정부가 독점금지법을 강력하게 시행하는 방향으로 선회한 것이다. 법무부는 전기 산업에 대해 전면적인 공격을 단행했다. 1961년 초 제너럴 일렉트릭과 웨스팅하우스 등 여러 회사의 최고 경영진이 가격 담합 혐의로 유죄를 선고받았다. 판결에만 이틀이 걸렸다. 중요 기업가 일곱 명이 구속되었으며, 총 200만 달러에 달하는 벌금이 부과되었다.[5]

그것은 단지 시작에 불과했다. 케네디 형제의 아버지는 투기로 돈을 번 사람이다. 그런 아버지는 아들에게 기업가를 미워하라고 가르쳤다.[6] 법무장관이 된 로버트 케네디는 1962년 철강 산업에 대한 공격을 주도했다. 그는 조지프 매카시의 보좌관이었을 때 사람을 괴롭히는 기술과 법률을 조작하는 법을 배워놓은 터였다. 「크리스천 사이언스 모니터」 지는 "권력이 이처럼 노골적으로 과시된다면, …… 앞으로 미국 경제가 어떻게 자유로울 수 있겠는가?"라고 물었다. 「월스트리트 저널 The Wall Street Journal」은 정부가 "공포의 압력으로, 즉 벌거벗은 권력의 위협과 경찰의 하수인을 통해" 철강 산업을 지배하고 있다고 불만을 나타냈다.[7] 그 결과 뉴욕 증권 시장에서 전후 최초로 대폭락이 일어났다. 증권 시장은 곧 회복되었지만, 일부 산업의 주식은 결코 인플레이션의 그늘을 벗어날 수 없었다. 1966년 인플레이션이 처음 3퍼센트 벽을 넘어서고, 이자율이 당시로서는 위협적인 수준인 5.5퍼센트까지 올라가자 증권 시장은 활기를 잃었다. 1968년은 린든 존슨이 초래한 여러 가지 문제가 절정에 이른 해였다. 주식 시장의 성장은 완전히 끝났다. 다우존스 산업지수는 마의 1,000포인트를 넘지 못했다. 12년 뒤 다우존스 지수는 인플레이션을 감안하면 약 300포인트로 떨어졌다.[8] 1970년대에만 뉴욕 증권 거래소의 일반 주식 가치는 대략 42퍼센트가 하락했다.[9] 전체적으로 보자면, 주식에 대한 신뢰의 상실, 즉 미국 기업 경제에 대한 신뢰의 상실은 후버 시대의 대공황에 버금가는 수준이었다. 비록 훨씬 더 오랜 기간에 걸쳐 진행되기는 했지만 말이다.

증권 거래소의 침체는 미국 기업이 감당해야 할 고난의 시작이었을 뿐이다. 미국의 생물학자 레이첼 카슨(Rachel Carson)은 1951년에 『우리를 둘러싼 바다 *The Sea Around Us*』를, 1962년에 『침묵의 봄 *The Silent Spring*』을 출간했다. 『침묵의 봄』은 현대에 들어 경제를 급속히 발전시키는 과정에서 천연자원이 심각하게 오염되고 유기체의 삶이 파괴당했다는 사실에 세인의 주의를 환기시켰다. 레이첼 카슨의 주장에 따르면, 특히 농작물 생산을 늘리기 위해 독성의 화학 물질을 살포하고 살충제를 사용하는 것이 문제였다. 1965년에 랠프 네이더(Ralph Nader)가 『어떤 속도로 달려도 안전하지 않다 *Unsafe at Any Speed*』라는 책을 출간했다. 그는 미국 자동차 산업의 대표적인 차종 코르베어를 언제 터질지 모를 시한폭탄으로 묘사했다. 이로써 미국 경제의 대들보나 다름없는 자동차 산업이 공격의 대상이 되었다. 이런 책들은 역사적으로 매우 중요하다. 급속한 성장에 따른 해로운 부작용을 바로잡기 위해서는 절대적으로 필요한 책이기 때문이다. 하지만 이런 책으로 인해 환경과 소비자의 보호가 거의 종교적인 성전의 성격을 띠었고, 이를 위해 광신적인 열정으로 투쟁하는 시대가 열렸다. 고등 교육 확대의 결과로 이제 대학에서는 수십만 명의 졸업생이 쏟아져 나왔다. 그들은 대학에서 흡수한 급진주의를 표현하고 싶어했고, 그 방법을 찾으려 열망했다. 그들은 카슨류의 책에 큰 매력을 느꼈다. 건강이나 안전과 관련된 로비 활동이 증가하면서 기업에 적대적인 환경이 조성되었다. 기업에는 최악의 상황이었다. 하지만 그것은 1960년대 중반 이후 미국식 생활의 현저한 특징이 되었고, 곧이어 수많은 규제법에 반영되었다. 법안을 의회에 통과시키는 데 남다른 재능을 지닌 린든 존슨이 그 첫 발을 내디뎠다. 1964년 다용도법(Multiple Use Act)과 토지및수자원법(Land Water Act), 1965년 수질오염방지법(Clean Water Resolution Act)과 대기정화법(Clean Air Act), 1966년 수질개선법(Water Restoration Act) 등. 존슨이 망설이자 1968년의 '환경 의회' 가 주도권을 잡고, 1970년대까지 계속해서 환경 법안을 통과시켰다. 그 결과 미국 기업은 환경보호법(Environmental Protection Act), 유독물질규제법(Toxic Substance Control Act), 산업보건안전법(Occupational Health and Safety Act), 대기정화개정법(Clean Air Amendments Act), 그리고 일련의 식품의약법(Food and Drug Act) 등 환경법으로 이루어진 '환경 천국' 한가운데 놓이게 되었다. 1976년도 추정에 따르면, 기업이 새로운 법령을 따르는 데 한 해 630억 달러가 지출되었다. 이외에도 정부 규제 기관을 유지하는 데 필요한 30억 달러를 납세자들이 부담해야 했다. 1979년에 이르자 총비용은 1,000억 달러를 넘어섰다.[10]

생산성 면에서도 심각한 영향이 나타났다. 석탄 산업을 한 번 보자. 1969년에는 노동자 한 사람이 하루에 19.9톤의 석탄을 생산했다. 1969년에 (어떤 면에서는 매우 바람직한 법령인) 탄광보건안전법(Coal-Mine Health and Safety Act)이 충분한 효과를 발휘하면서, 1976년 노동자 당 하루 생산량은 13.6톤으로 감소했다. 생산성이 32퍼센트나 감소한 것이다.[11] 1975년 오염 방지와 노동 안전에 관련된 규제 때문에 미국 전체 산업은 규제가 없었을 때보다 생산성이 1.4퍼센트 감소했다. 과도한 정부 규제는 1960년대 후반과 1970년대 내내 미국 경제 성장의 발목을 잡았다. 노조의 법적 특권이 영국의 경제 성장을 저해한 상황과 비슷했다. 결과적으로 1967년부터 1977년까지 10년간 미국 제조 산업의 생산성은 겨우 27퍼센트 성장했다. 대략 영국과 비슷한 수준이다. 반면 서독은 70퍼센트, 일본은 107퍼센트 성장했다. 1970년대 중반부터 미국의 생산성은 실질적으로 감소했다.[12] 이런 불황과 경제 활력이 떨어진 원인은 통화량 조절의 실패, 과도한 세금 부담, 정부의 개입과 규제등 주로 정치적인 문제에 있었다.[13]

그렇다고 반(反)기업 풍토가 오로지 정치에서만 비롯된 것은 아니다. 사법부의 작품이기도 했다. 사법부는 1960년대 연방 대법원을 필두로 공격적인 팽창에 들어갔다. '소송 천국' 으로 향하는 미국적 흐름의 일부이기도 했다. 대법원장 웨이트(Morrison R. Waite)는 1877년 올바른 원칙을 이렇게 규정했다. "국민은 입법부의 권력 남용으로부터 보호받고자 할 경우 사법부가 아니라 국민 투표에 의존해야 한다." 그러나 1950년대와 1960년대 초 의회가 민권법안을 거부하자 자유의 나라 미국은 법정에 호소했다. 법정은 호소에 부응했고, 권력의 향기를 맛보고 나서는 중요한 민권법이 세상에 등장한 후에도 오랫동안 권력에 탐닉하게 되었다. 사법부는 의회뿐 아니라 대통령의 영역까지, 권리의 영역뿐만 아니라 경제 행위의 영역까지 침범했다. 따라서 1970년대 초에는 '무소불위의 언론' 뿐 아니라 '무소불위의 사법부' 까지 탄생하게 되었다.

사법부의 적의는 특히 기업가에게 향해 있었다. 판사들은 민권 개념의 연장으로 '소수 민족 우대' 원칙을 받아들였고, '인종 할당제' 를 강요하려 들었다. 하지만 그들은 사실 '권리' 의 한 측면만 보고 있었던 것이다. 사법부는 여성, 동성애자, 장애자, 그리고 그 밖의 여러 집단의 권리를 기업이나 정부처럼 강력한 기관에 강요할 수 있다고 해석했다. 연방 대법원은 사실상 헌법을 재해석하여 자유주의적인 법관들의 특별한 정치적이고 법률적인 선호를 지지했다. 이에 따라 법적 원리와 이로부터 파생된 법률 실무는 놀라운 속도로 변화했다.[14] 기업은 자원과 시간의 큰 부분을 점차 소송에 대처하는 데 바치게 되었다. 1970년대에 미국은 1인당 변호사 수가 서독의 4배였고, 일본의 20배였다.[15]

법원은 또한 지방 정부나 주 정부, 연방 정부가 공공 부문의 규모와 지출을 축소할 수 없게 했다. 닉슨이 1974년 경제기회국에 자금을 제공하지 않자, 900개의 지역사회 행동 기구가 문을 닫을 처지에 놓였다. 이 기구들은 사실 실제 가치가 그다지 크지 않았으며, 관료주의적 방만을 보여줄 뿐이다. 하지만 연방 법원의 판사는 닉슨 대통령의 조치를 위법으로 판결했다.[16] 법원은 또한 행정 당국이 사회사업 또는 복지 사업을 시행하지 않아서 시민의 민권을 침해할 경우 그 손해에 책임을 져야 한다고 판결했다. 경제적인 이유로 당국이 교도원의 수를 줄이는 경우 수감자의 민권을 침해하는 것이며, 의회가 특정한 민권 영역(예컨대 낙태에 대한 권리)에 쓰일 자금 제공을 중단할 경우 위법으로 간주되며, 모든 정부 부서와 정부의 보조금을 받거나 정부와 계약 관계에 있는 모든 사기업은 인종별로 피고용자를 할당해야 했다.[17] 이런 여러 판결과 유사한 여러 결정이 미치는 영향 때문에 정부 지출이 증가하는 것을 막기 어려웠을 뿐 아니라, 기업은 자신감과 능률을 회복하기가 힘들었다.

다른 국가들과 비교해 볼 때, 전후 미국 경제의 절정기는 1968년이었다. 그해 미국 산업 생산은 세계 총 산업 생산의 34퍼센트를 차지했다. 그때는 미국이 전 세계에 미치는 영향력이 절정에 이른 때이며, 린든 존슨이 큰 고민에 빠진 때이기도 하다. 이때부터 대외 지출과 국내 지출의 짐이 미국이 감당하기 어려울 정도로 커졌기 때문이다. 그 뒤부터 모든 것이 쇠퇴하기 시작했다. 미국 경제가 상대적으로 침체에 빠지자 준비 통화로서 달러 또한 점차 약화되기 시작했다. 이 때문에 브레턴우즈 체제의 토대가 흔들릴 수밖에 없었다. 1960년대 말부터 워싱턴은 세계 국제 금융 제도를 더 이상 관리할 수 없었다. 빠져나간 상당한 양의 달러 때문에 미국은 자국 통화마저 제대로 관리할 수 없는 처지였다. 드골은 달러를 두고 "미국이 자국의 인플레이션을 수출하고 있다"고 불만을 표시했다. 본국으로 환류되지 않는 달러의 양은 끔찍한 수준에 이르렀다. 이제 달러의 시대는 끝나고, 유러달러의 시대가 밝아왔다.

일찍이 1949년 중국은 그들이 벌어들인 달러의 송금을 미국이 막을지도 모른다고 걱정했다. 중국은 달러를 미국 밖의 소비에트 파리 은행에 예탁하기로 결정했다. 소비에트 파리 은행의 수신 성명은 '유러뱅크' 였다. 그리하여 유러달러라는 이름이 생겨났다. 미국은 1958년에 처음으로 적자를 기록했다. 그 뒤로 달러는 꾸준히 유럽으로 유입되었다. 런던 남미 은행에서 일하고 있던 영국의 금융가 조지 볼턴(George Bolton)은 새로운 생각을 해냈다. 국가의 관리를 벗어나 축적되고 있는 통화, 이 국적 없는 통화로 거대한 규모의 신용을 창출할 수 있을 것이라는 생각이었다. 그는 런던을 새로운 유러달러 체제의 중심지로 만들었다.[18] 유러달러의 시장 규모는 1959년 한 해에만 세 배로 증가했다. 1960년에는 다시 두 배로 커졌다. 케네디는 통화 관리로 유러달러 시장을 무력화시키려 했지만, 오히려 유러달러 시장에 대한 관심을 증폭시키는 결과만 낳았다. 유럽 정부들이 취한 비슷한 조치도 똑같이 역효과를 냈다. 이런 사례는 시장이 정부와 세계 기구가 강요하는 엄격한 억압을 단호히 거부한다는 사실을 여실히 보여주고 있다. 뉴욕 시티은행의 월터 리스턴(Walter Wriston)이 말했듯이, 유러통화 시장은 "규제가 육성한 것"으로, 사실 암시장의 성격을 띤 세계 금융 제도였다. 정부의 간섭에서 벗어난 유러통화 시장은 1960년대와 1970년대에 가능하게 된 새로운 전자 통신 장비를 최대로 활용했다. 리스턴의 말을 다시 들어보자. "인류는 이제 완벽하게 통합된 국제 금융 시장과 정보 시장을 갖추었다. 지구상의 어떤 장소든 돈이나 아이디어를 몇 분 안에 전송할 수 있게 되었다."[19)]

하지만 유러달러 시장은 미국의 인플레이션의 산물이었고, 그 자체가 인플레이션의 성격이 매우 강했다. 어떤 점에서는 1920년대 뉴욕 금융 시장의 나쁜 면을 그대로 재생산했다. 특히 국제 융자 분야에서 그러했다. 유러달러 시장은 돈의 휘발성을 증가시켰고, 여러 단계의 대부를 통해 신용을 창출했다. 따라서 존재하지 않는 '달러'가 창출되었다.[20)] 유러본드(Eurobond)와 유러크레디트(Eurocredit)도 생겨났다. 모든 세계 주요 은행이 이 시장에 뛰어들었고, 신디케이트(syndicate)를 형성해 전에는 상상도 할 수 없었던 규모로 각국 정부에 차관을 제공했다. 1969년 신디케이트가 제일 먼저 차관을 제공한 사람은 이란 국왕이었다. 무려 8,000만 달러 규모였다. 이탈리아는 그해 말 2억 달러의 차관을 제공받았다. 곧 200개의 은행이 여러 신디케이트를 만들었고, 차관의 규모와 횟수, 자금이 조성되는 속도는 극적으로 증대되었다. 수십억 달러 규모의 차관이 보편화되었다. 상업 은행은 제3세계의 주요 자금원으로 부유한 서구 정부나 개발 원조 프로그램을 대신했다. 상업 은행은 1967년에 세계적으로 공공 외채의 12퍼센트를 차지하고 있었지만, 1975년 말이 되자 단번에 50퍼센트를 넘어섰다.[21)]

은행이 국제 금융 체제를 장악하면서, 워싱턴의 관리자 역할도 끝이 났다. 1971년 닉슨 행정부는 당시 상황에 대한 통제력을 잃거나 아니면 포기했다고 할 수 있다.[22] 2년 뒤 1973년 3월 닉슨은 금과 달러의 연결 고리를 끊어버렸고, 그 뒤 대부분의 주요 통화에 대해 변동 환율제가 도입되었다. 변동 환율제는 달러의 약화를 수면 위로 드러냈다. 달러는 1973년 2월과 3월 사이에 도이치마르크에 대해 40퍼센트의 가치를 상실했다. 변동 환율제는 돈의 흐름의 속도와 히스테리적 성격을 증대시켰다. 전자 장치 덕분에 어마어마한 규모의 돈이 국경을 넘나들며 이리저리 움직였다. 1970년대 말 뉴욕에서만 하루 평균 230억 달러의 금융 거래가 이루어졌다.[23] 1973년 가을이 되자, 세계 경제를 떠받치는 금융의 토대는 무너진 상태였다. 이제 갑작스런 한 번의 충격만으로도 재앙이 일어날 수 있었다. 하지만 실제로 일어난 것은 충격 정도가 아니라 지진에 가까웠다.

오일 쇼크와 세계은행

지진의 진원지가 중동이었던 것은 결코 우연이 아니다. 전후 호황기의 추진력은 값싼 에너지였다. 1951년부터 1972년까지 제조품의 가격에 비해 연료의 가격은 계속 하락했다. 연료는 1953~69년 가격이 상대적으로 큰 폭으로 떨어졌고, 1963~69년에는 절대적인 가격이 하락했다.[24] 이러한 가격 하락은 값싼 중동 원유의 수출 증가로 가능했다. 서구에서 호황기를 이끌었던 세 부문, 자동차, 화학, 전력 산업이 모두 에너지 집약 산업, 다시 말하면 석유 집약 산업이었다는 사실은 의미심장하다.[25] 모든 산업 국가가 저렴한 가격의 에너지 공급이 계속되리라 가정하고 있었지만, 그것은 근시안적인 판단이었다. 미국의 에너지 정책은 특히 근시안적이었다. 미국에서는 정부가 개입하여 국내 가격을 세계 평균 가격보다 낮은 수준으로 유지하고 있었기 때문이다. 미국은 세계적인 에너지 수출 국가에서 순수 수입국으로 바뀌고 말았다. 1960년 수입 의존율은 7퍼센트였다. 에너지 소비는 매년 빠르게 증가했고, 1960년대 후반에는 매년 5퍼센트씩 증가했다. 석유 수입은 특히 우려할 만했다. 1960년 10퍼센트였던 석유 수입이 1968년에는 28퍼센트, 1973년에는 36퍼센트로 뛰어올랐다.[26] 미국 자체의 석유 생산은 1970년에 최고를 기록했고, 그 이후는 감소했다.

중동 산유국의 통치자들은 중동 원유에 대한 서구와 일본의 의존도가 계속 증가하고 있다는 사실에 주목했다. 서구 국가나 일본은 대체 에너지 혹은 보조 에너지를 개발하는 데 실패했다. 이란의 국왕을 포함하여 일부 중동 산유국 통치자들은 선진 산업 국가, 특히 미국이 천연자원을 지나치게 많이 소비하고 있다는 생태학자들의 주장에 강한 인상을 받았다. 1972~73년 이미 원자재나 농산물 등 다른 상품 가격이 오르는 징후가 보였다. 석유도 그 뒤를 따르기 시작했다. 이란 국왕은 중동의 석유 수출국이 생산량의 증가 속도를 늦추어 가격을 올리는 게 낫다고 판단했다. 그렇게 되면 중동에 묻혀 있는 원유의 가치는 상승할 것이다. 이런 판단으로 중동 지역 통치자들을 설득했다. 그들의 관심을 끌기 위해서는 이성뿐만 아니라 감정에 호소할 필요가 있었다. 그래서 이스라엘에 대한 증오, 이스라엘의 동맹국인 미국에 대한 증오를 이용했다.

엄밀히 말하면, 1956~57년의 수에즈 위기 이후 중동에는 절대 강자가 없었다. 그러나 매우 저자세이기는 해도 영국이 얼마간 중동에서 적극적이고 실제적인 활동을 펼쳤다. 영국은 1958년 요르단, 1959년 오만, 1961년 쿠웨이트에 군사적으로 개입했고, 이들 지역에서 어느 정도 안정을 유지하는 데 성공했다. 1960년대 말 영국군이 아덴과 페르시아 만에서 단계적으로 철수하자 변화가 일어났다.[27] 그 뒤 중동에는 국제 경찰 같은 것이 사라졌다. 국제연합군은 사실 아무런 도움이 되지 못했다. 독립국의 주권에 대한 국제연합의 원칙에 따라, 나세르 대통령이 자력으로 이스라엘을 압도할 수 있는 충분한 힘이 있다고 느낄 때, 곧바로 국제연합군의 철수를 요구할 수 있었기 때문이다. 1967년 5월 16일에 나세르는 국제연합군의 철수를 요구했다. 국제연합은 사흘 뒤 요구에 응했고, 그날 오후 카이로 라디오는 이렇게 선언했다. "지금이 바로 우리 아랍이 이스라엘에 치명적인 일격을 가할 수 있는 기회다. 이스라엘을 멸망시켜야 한다." 나세르는 5월 27일 "우리의 기본 목표는 이스라엘의 섬멸이 될 것이다"라고 선언했다. 이라크의 아레프(Abdel-Rahman Aref) 대통령은 이렇게 말했다. "우리의 목적은 분명하다. 이스라엘을 지도상에서 없애버리는 것이다." 6월 1일 팔레스타인해방기구의 아메드 슈케리(Ahmed Shukairy)도 한마디 했다. "팔레스타인의 유대인은 떠나야 한다. …… 팔레스타인에 살던 유대인 중 살아남은 사람은 계속 거기 머물 수 있겠지만, 내 생각에는 아무도 살아남지 못할 것 같다."

국제연합군이 철수하고 아랍 국가의 위협이 계속되는 상황이었다. 이스라엘 국경에는 이스라엘군보다 세 배나 많은 아랍군이 집중 배치되었다. 아랍군은 소련제 최신식 무기로 중무장하고 있었다. 이스라엘은 6월 4일 예방 전쟁에 나섰다. 우선 이집트 공군에 선제공격을 가했다. 제3차 중동전쟁은 그렇게 시작되었다. 전쟁은 6일간 지속되었고, 이스라엘은 대승을 거두었다. 요르단군과 시리아군은 패배하여 도주했고, 이집트는 치욕적인 패배를 당했다. 이스라엘은 시나이 반도와 요르단 강 서안을 점령했다. 갈릴리 북부 지방의 이스라엘 정착지에 폭격을 가했던 시리아의 골란 고원도 습격했다. 통곡의 벽과 여러 성지가 있는 예루살렘 구시가는 1948년 예루살렘의 손아귀에서 빠져나갔지만, 이때 다시 되찾았다. 예루살렘 구시가는 제3차 중동전쟁의 가장 큰 전리품이었다. 따라서 제3차 중동전쟁은 예루살렘에 강요되었던 뒤틀어진 현실을 바로잡은 셈이다. 예루살렘은 4,000년의 역사를 지나는 동안 가나안인, 여부스족, 유대인, 바빌로니아인, 아시리아인, 페르시아인, 로마인, 비잔틴 제국, 아랍인, 십자군, 맘루크 왕조, 오스만 제국, 영국의 지배 아래서 포위당하고 점령당한 뒤 다시 복구되곤 했다. 하지만 예루살렘은 1948~67년을 제외하고는 한 번도 분할된 적이 없었다. 이스라엘인 아래서 도시는 재통합되었다. 예루살렘은 이제 한 국가의 수도가 되었고, 예루살렘의 여러 성지는 회교도, 유대교, 기독교도의 합의에 따라 관리할 수 있게 되었다.[28)]

그러나 다른 관점에서 보면 이스라엘의 승리가 영구적인 이익을 가져다 주지는 못했다. 나세르는 뛰어난 군중 조작 능력 덕분에 살아남았다.[29)] 그의 군대는 소련제 무기로 재무장했다. 1967년의 두 배가 넘는 수준이었다. 나세르의 선전 선동은 점차 반미로 기울었다. 그는 "이스라엘은 미국이고 미국은 이스라엘이다"라는 표어를 내세웠다. 이 표어에는 그의 반미 감정이 집약적으로 드러나 있다. 미국에 대한 공격은 이스라엘을 공격하는 것이므로, 중동의 원유에 대한 미국의 의존도가 높아지고 있는 상황을 이용해야 한다고 나세르는 주장했다. 하지만 이집트는 석유가 많이 나는 나라가 아니었다. 나세르는 1970년 9월 28일 심장 마비로 사망했다. 그는 천재적인 선전선동가였지만, 정치적 군사적 지도자로서는 형편없는 인물이었다. 그럼에도 나세르가 죽자 아랍의 희망을 상징하는 인물로 그를 대신할 수 있는 사람이 아무도 없었다. 하지만 폭력의 주창자이자 이행자였던 나세르의 역할은 곧 리비아의 무아마르 카다피 대령이 이어받았다. 그는 리비아에서 다른 젊은 장교들과 함께 1969년 쿠데타를 일으켜 친서구적인 왕국을 전복시켰다. 나세르가 이집트에서 파루크 1세를 퇴위시킨 상황과 비슷했다. 많은 점에서 카다피는 나세르를 모델로 삼았고, 나세르의 범아랍주의와 반이스라엘 미사여구를 앵무새처럼 되풀이했다. 리비아는 겨우 200만 명이 사는 작은 아랍 국가였다. 하지만 수에즈 서쪽의 아랍 국가 중에서 가장 많은 석유를 생산하는 나라였다. 1967년의 제3차 중동전쟁 이후 리비아의 지리적 중요성은 더 확실해졌다. 수에즈 운하가 폐쇄되었고, 서구 국가들은 중동의 석유를 수입하는 데 애를 먹었다. 카다피는 독재 초기부터 석유의 무기화를 강조했다. 이스라엘을 지원하는 '서구 제국주의'의 후방을 치자는 전략이었다.

카다피는 석유 회사와 석유 수입국을 다루는 데 뛰어난 솜씨를 발휘했다. 석유 회사와 석유 수입국은 서로 분열했고 각기 협박을 당했다. 카다피가 권력을 잡았을 때는 리비아의 석유가 세계에서 가장 쌌다. 그러나 1970년, 1971년, 1973년 일련의 협상을 통해, 그는 리비아의 석유 가격을 크게 인상했다. 가격 인상분은 아랍 국가 중에서 가장 컸다. 게다가 달러가의 하락을 고려하여 가격을 상향 조정할 수 있는 권리까지 얻었다. 그 결과 아랍 국가가 지배하는 석유수출국기구(OPEC)가 리비아의 뒤를 좇았다. OPEC은 석유 가격을 보호하기 위해 만든 방어적인 단체였다. 1965년 광구 사용료에 관한 원칙에 합의한 뒤 그때까지 집단행동에 나선 적이 없었다. 그러나 1971년에 페르시아 만에 위치한 OPEC 회원국은 카다피를 본받아 집단적으로 석유 회사와 협상을 벌였다.[30] 1971년 2월 14일 테헤란에서 배럴당 40센트의 가격 인상이 결정되었다. 이 일은 에너지 가격 폭등의 시초가 되었다. 새 협정의 유효 기간은 5년이었다. 키신저의 말대로 그 협정은 "엄숙한 약속이었지만 깨졌고, 약속 위반이 신속하게 이루어지고 그 정도가 크다는 점에서 세계적인 기록으로 남을 만했다."[31]

석유의 무기화 가능성은 안와르 사다트 장군의 등장으로 훨씬 더 커졌다. 나세르의 뒤를 이어 이집트의 대통령이 된 사다트는 소련과 동맹 관계를 끊고, 소련의 고문과 기술자를 추방했다. 그리고 사우디아라비아나 페르시아 만의 다른 산유국들과 동맹을 맺었다. 사다트는 나세르 같은 떠버리가 아니었다. 정신적으로도 반동 세대가 아니었다. 그는 현실주의자였다. 사다트는 이집트와 이스라엘의 반목은 이집트의 역사에서 예외적인 일이고, 특히 경제적인 면에서 당면한 이집트의 국익에 해가 된다는 사실을 깨달았다. 사다트는 이스라엘과 적대 관계를 종식시키고 싶었다. 하지만 평화를 조성하는 데 필요한 힘을 얻으려면 우선 군사적인 승리라는 명예가 필요했다. 1973년 10월 6일 토요일은 욤 키푸르(Yom Kippur), 즉 속죄의 날로 유대력에서는 가장 성스러운 날이었다. 그날 사다트는 시리아와 연합하여 이스라엘을 공격했다. 욤 키푸르 전쟁(제4차 중동전쟁)이 발발한 것이다. 전쟁 초반의 승리는 대단했다. 시나이 반도에 있는 이스라엘의 '바르 레브선(Bar Lev Line)'이 돌파당했다. 이스라엘 공군력 대부분은 소련제 지대공 미사일에 파괴되었다. 이스라엘 총리 골다 메이어는 공황 상태에 빠져 워싱턴에 호소했다. 22억 달러 가치에 상당하는 미국의 최신식 무기가 이스라엘에 공수되었다. 10월 8일부터 이스라엘의 반격이 시작되었다. 이스라엘은 잃었던 영토를 다시 찾았고, 공격할 수 있는 최대 범위까지 다마스쿠스(Damascus)에 진격했고, 수에즈 운하의 서쪽에 교두보를 확보했으며, 대부분의 이집트군을 포위했다. 10월 24일 정전 협정이 체결되었다.[32] 하지만 이집트는 욤 키푸르 전쟁에서 예상치 못한 군사 역량을 과시할 수 있었다. 사다트에게는 그것으로 충분했다. 이스라엘 역시 이 전쟁으로 초반의 열세는 충분히 극복할 수 있다는 것을 과시할 수 있었다.

그러나 이스라엘은 욤 키푸르 전쟁으로 인해 군사적으로 완전히 미국에 의존하게 되었다. 이제 미국의 의지에 따라 중동전쟁의 승패가 결정될 수밖에 없었다. 당시는 미국의 언론과 의회가 파헤친 워터게이트 사건으로 서구 세계에 대한 미국의 주도권이 크게 약화되었던 때다. 욤 키푸르 전쟁은 이 사실 또한 부각시켰다. 이스라엘의 반격이 성공적으로 진행되자, 사다트는 소련에 지원을 호소했다. 브레즈네프는 10월 24일 닉슨에게 전갈을 보냈다. 이후로 추가 경고 없이 이스라엘과 싸우기 위해 소련군을 파병할 수 있다는 내용이었다. 닉슨은 이미 이스라엘에 충분한 물자를 지원하라고 명령해놓았고, 세계 각지에 주둔한 미군에 경계 태세를 발령하는 데 동의했다. 이런 대대적인 조치는 1962년 쿠바 미사일 위기 이후 처음 있는 일이었다. 그러나 닉슨은 워터게이트 사건으로 몸을 사리고 있었고, 당시 국무장관이던 키신저에게 사태 수습의 권한을 위임해야 한다고 생각했다. 브레즈네프의 전갈을 받고 소련의 행동에 대응하기 위해 열린 백악관 회의는 닉슨이 아니라 키신저가 주재했다. 미군의 경계 태세 발령을 명령한 사람도 키신저였다. 워터게이트 마녀 사냥꾼들은 닉슨이 곤경에서 빠져나가기 위해 사태를 조작하고 있다고 주장했다. 키신저는 10월 25일 기자 회견에서 코웃음을 치며 다음과 같이 답변했다.

> 우리는 현 유권자뿐만 아니라 미래 세대를 위해 외교 정책을 수행하고 있습니다. 미국이 내부적인 이유로 군에 경계 태세를 발령할 수 있다는 생각 자체가 현재 우리나라에서 어떤 일이 벌어지고 있는지를 보여주는 징후라고 할 수 있습니다.[33]

미국 대통령이 국내의 적 때문에 꼼짝할 수 없게 되자, 세계 석유 수입국을 대신하여 서구를 이끌어나갈 지도자가 아무도 없었다. 이스라엘이 제4차 중동전쟁 이후에도 건재하자 아랍의 OPEC 국가들은 석유를 무기화했다. 이미 10월 16일부터 그들은 석유 수출에 정치적인 의미를 부여했다. 그들은 석유 생산을 감축하고, (다른 비아랍 산유국들과 함께) 가격을 70퍼센트 인상했다. 12월 23일에 다시 한번 가격 인상이 있었다. 이번에는 128퍼센트였다. 결과적으로 원유 가격은 일 년도 안 되어 세 배가 되었다. 키신저가 말했듯이, 석유의 무기화를 낳은 이러한 결정은 "금세기 역사에서 가장 중요한 사건이다."[34] 전반적이지만 완만했던 가격 상승은 폭등의 양상으로 변했다. 그처럼 단기간에 가격 혁명이 일어났던 적은 일찍이 없었다. 가장 큰 타격을 받은 쪽은 최빈국들이었다. 최빈국들은 한 해 일인당 소득이 100달러 이하이며 모두 10억의 인구를 이루고 있었다. 아시아와 아프리카의 최빈국들은 1960년대에 (연간 2퍼센트 정도로) 소득이 완만하게 증가해왔지만, 유가 폭등 전부터 이미 성장의 하향세가 나타나고 있었다. 따라서 유가 인상은 그들에게 재앙이나 다름없었다.[35] 1970년대 말 그들은 1970년대 초보다 더 가난해졌다. 이런 반전은 현대에 들어 처음 있는 일이었다. 본래 낮은 수준에 머물러 있던 소득이 큰 폭으로 떨어지자 영양실조와 전염병이 때를 기다리던 손님처럼 찾아왔다. 1973년 이후 아랍 산유국의 고유가 정책 때문에 사망한 아프리카인과 아시아인은 수천만 명에 이른다.

세계는 전체적으로 부의 쇠퇴를 경험했다. 생산 손실의 가치가 산유국으로 흘러들어간 추가 자금의 두 배에 해당했기 때문이다. 산업 국가의 경우 그 영향은 케인스주의가 예측할 수 없었던 경제적 질병의 형태, 스태그플레이션(stagflation)으로 나타났다. 세계 경제는 4.1퍼센트의 평균 물가 상승을 동반한 5.2퍼센트의 성장률에서 1974~75년 제로 성장 또는 마이너스 성장으로 돌아섰고, 평균 물가는 매년 10~12퍼센트 상승했다. 물가 상승은 높은 인플레이션을 가져왔고, 많은 나라에서 초(超)인플레이션으로 확대되었다. 유가 상승으로 인한 가격 혁명은 1972년부터 1976년까지 이어졌다. 가격 혁명은 1945년 이래 경제에 가장 큰 악영향을 끼친 사건이다. 이 때문에 미국과 서유럽, 일본에서 장기간의 경제 성장을 가능케 했던 에너지 집약 산업에 브레이크가 걸렸다. 이들 나라에서는 1930년대 이후 볼 수 없었던 갑작스런 대규모 생산 감소와 높은 실업률이 나타났다.[36] 1980

년대 초에 이르자 미국과 서유럽의 실업자만 2,500만 명에 달했다.

재앙은 탄력적인 은행 체제가 없었다면 한층 더 심각했을지 모른다. 1973년 11월, 중동 위기의 즉각적인 여파 속에서 런던의 변두리 은행 중에서는 대형 은행에 속했던 런던 앤드 카운티 은행이 곤란한 사태에 빠졌다. 잉글랜드 은행은 황급히 '구명정(救命艇)'을 보냈다. 그리고 주요 은행들이 26개의 다른 변두리 은행에 30억 달러를 지원하도록 조치했다. 위기의 순간은 다음해 6월에 찾아왔다. 독일의 헤르슈타트 은행이 도산했다. 당시 헤르슈타트 은행은 영국과 미국의 은행에 막대한 빚을 지고 있었다. 1931년 크레디트 안슈탈트 은행의 도산 때와 같은 불안이 퍼졌다. 하지만 다시 은행 간 지원 시스템이 가동되었다. 1974년 말 워싱턴의 통화 감독관은 특별한 감시 체제로 채무에 허덕이는 대형 은행 두 곳을 포함한 약 150개 은행을 관리하고 있었다. 영국에서는 부동산 경기가 가라앉았고, 전망이 밝았던 몇몇 회사는 부진을 면치 못했다. 「파이낸셜 타임스 Financial Times」 지수는 1972년 3월 543에서 1975년 초 146으로 급락했다. 주식의 실제 가치는 1940년 전쟁의 깊은 늪에 빠져 있었을 때보다도 못했다. 미국에서는 은행이 더 이상 대출을 해주지 않자, 오래전부터 우려했던 뉴욕 시의 재정이 바닥 나고 말았다. 세계에서 가장 부유했던 도시가 백악관에 지원을 호소했지만, 제럴드 포드는 개입하는 걸 거절했다. 이 사건은 「뉴욕 데일리 뉴스 New York Daily News」의 헤드라인으로 유명해졌다. "포드, 뉴욕 시에게 그냥 죽어버리라고 응답."[37] 그러나 그 무렵 최악의 금융 위기는 한 고비를 넘겼고, 실제로 문제가 되었던 은행과 기관들은 아직 무사했다.

유러달러로 국제 금융의 불안을 야기했던 상업 은행들이 비슷한 방법으로 혼란 가운데서 일종의 질서를 확립하려 했다. 문제는 이렇다. 유가 혁명은 OPEC 회원국이 세계 경제에서 일 년에 800억 달러의 돈을 추가로 가져간다는 것을 의미했다. 이 액수는 세계 전체 수출의 10퍼센트에 해당하는 금액이었다. 인구가 적은 사우디아라비아와 쿠웨이트만 해도 한 해 370억 달러의 추가분을 가져갔다. 25년이면 이 돈으로 세계의 모든 증권 거래소에 있는 주요 기업의 모든 주식을 사들일 수도 있을 것이다. 아랍 국가들이 석유를 무기로 삼았듯이 돈을 새로운 무기로 이용할지 모른다는 현실적인 두려움이 싹텄다. 따라서 서둘러 현금을 세계 생산 경제 안으로 다시 끌어오는 것이 중요했다. 워터게이트 사건에 여전히 발이 묶여 있는 워싱턴은 지도력을 발휘할 수 없었다. 다행히 관료주의적인 도움이나 방해 없이 시장의 순수한 요구에 반응하곤 했던 유러달러 체제가 이때를 기다리고 있었다. 유러달러에는 오일달러라는 새로운 이름이 붙었다. '환류'라는 새로운 용어가 쓰이기 시작했다. 오일달러는 신속하게 막대한 금액의 대부금으로 꾸려져 심한 타격을 입은 선진 산업국에 제공되었다. 이외에도 인도네시아, 자이르, 브라질, 터키처럼 훨씬 큰 곤란을 겪는 개발도상국과 멕시코 같은 아랍 산유국의 새로운 경쟁국에도 오일달러가 돌아갔다.

아랍 국가는 부대조건(附帶條件)이 붙는 정부 차관의 형태 외에는 제3세계에 도움을 주려 하지 않았다. 하지만 일단 돈을 세계은행 체제 안에 넣고 나면, 돈의 행방을 알 수 없었다. 게다가 그들에게는 돈을 예치시킬 만한 곳이 달리 없었다. 그들은 크로이소스(Kroisos)처럼 어찌할 바를 몰랐다. 돌아가는 상황이 마음에 들지 않았지만, 코란에서 금기시하는 이유로 은행제도를 만들지 못했다. 미 의회의 한 증인은 이렇게 말했다. "그들이 가진 것은 은행 계좌라는 차용증이 전부였다. 돈은 어느 때고 미국이든 독일이든, 혹은 다른 어딘가로 흘러들어갈 수 있었다."[38] 국가에 쓸 수 있는 것보다 많은 돈이 있으면, 그 돈을 다른 데서 사용할 수 있어야 한다. 미국은 기꺼이 그렇게 할 수 있게 했다. 미국은 1945년 이후 마셜 원조, 포인트 포

(Point Four Aid, 후진국 원조 프로그램), 소련의 팽창주의에 대한 군사적 봉쇄의 형태로 돈을 뿌렸다. 아랍 국가에는 그러한 의지가 없었다. 하지만 은행이 다른 국가에 돈을 빌려주는 것을 막을 수도 없었다. 시티은행의 월터 리스턴은 다음과 같이 명쾌하게 상황을 설명했다.

> 만약 엑슨사가 사우디아라비아에 5,000만 달러를 지불한다면, 시티은행으로서는 차변에 엑슨사를, 대변에 사우디아라비아를 쓰는 것이 전부다. 시티은행의 대차대조표에는 아무런 변화가 없다. 만약 그들이 미국 은행을 좋아하지 않는다면, 그들은 크레디트 스위스에 입금하려 할 것이다. 그래도 우리가 하는 일은 차변에 사우디아라비아를, 대변에 크레디트 스위스를 기입하는 것이 전부다. 여전히 우리의 대차대조표에는 아무런 변화가 없다. 하늘이 무너져도 돈이 이 체제를 벗어날 수는 없다. 여기는 닫힌 회로다.[39)]

물론 아랍 국가에 제대로 된 은행 네트워크가 있었다면, 얘기는 달라졌을 것이다. 그들은 그 사실을 뒤늦게 깨달았다. 아랍 국가가 1980년대 초 그들만의 국제 은행을 설립하려 했을 때, 산업 국가들은 이미 대체 에너지원을 찾고 있었다. 여기에는 비아랍 국가의 석유도 포함되었다. 게다가 세계의 석유 공급은 과잉 상태였다. 그리고 오일달러 문제가 그처럼 강력한 형태로 다시 일어날 것 같지는 않았다. 아랍 국가의 권력이 최고조에 달했던 순간은 이미 지나간 것이다. 그 순간은 1974~77년이었다. 이때 아랍 국가는 세계 유동 자산의 절반을 가지고 있었다. 세계 금융의 암시장이라고 할 수 있는 상업 은행 체제 덕분에 현금이 개발도상국의 자금 수요가 낳은 바닥없는 구멍으로 흘러들어갔다. 1977년 개발도상국들은 상업 은행에

750억 달러를 빌려 쓰고 있었다. 그중 절반 이상이 미국 은행에서 빌린 것이지만, 사실상 거의 모든 돈이 아랍의 돈이었다. 세계적인 관점에서 보자면, 이런 막대한 자금의 대부는 1973년 이전보다 좋은 결과를 얻지 못했다. 1973년 이전에는 서구 산업 국가들이 돈을 빌려 경제를 꾸준히 성장시켰다. 하지만 개발도상국들은 대부분 그러지 못했다. 인도네시아는 60억 달러 이상을 빌렸지만, 대부분 낭비되었다. 그리고 마침내 채무 불이행 상태에 빠졌다. 부패한 관리는 8천만 달러를 개인 계좌에 집어넣었다.[40] 1979년까지 30억 달러를 빌렸던 자이르도 똑같이 어리석음과 부패에 돈을 탕진했다.[41] 가장 많은 돈을 빌렸던 브라질과 멕시코는 차입 자금을 생산적인 방식으로 운용했다. 그리하여 돈은 원래 있던 곳, 즉 산업 경제 안으로 되돌아왔다. 하지만 채무의 막대한 양 때문에 세계 금융 위기가 재현되지 않을까 하는 불안감이 조성되었다. 따라서 1970년대는 서구에 불안을 심화시킨 시대였다고 할 수 있다. 자금이 환류된다는 사실에 안도감을 느끼는 데는 얼마간 시간이 걸렸다.

미국의 침체와 소련의 계층 사회

그 사이 경기 침체는 경제뿐만 아니라 정치에까지 영향을 미쳤다. 이미 보았듯이 1930년대 대공황은 민주주의 국가의 사기를 떨어뜨렸다. 그들은 위협이나 침략에 대응하려는 의지를 잃어버렸고, 불법적인 국가의 성장이나 폭력 행위에 대항하여 집단 안보를 추진하려는 열의 또한 상실했다. 이번에는 다행히 NATO와 다른 집단안보체제가 이미 형성되어 있었고, 그럭저럭 제 기능을 발휘했다. 하지만 이전의 혹은 새롭고 변화된 형태의 위협에 대처 방안을 모색할 지도자가 없었다. 미국의 국력과 의지의 상대적 쇠퇴는 가격 혁명과 불경기 때문에 더욱 가속화되었다. 달러는 1970년대 말 가치가 절반으로 떨어졌다. '미국의 세기'는 25년 만에 끝나는 것처럼 보였다. 미국은 사실상 자급자족 국가에서 세계에 크게 의존하는 국가로 바뀌어 있었다. 아랍 국가들뿐만 아니라 캐나다, 베네수엘라, 멕시코, 나이지리아, 인도네시아가 미국에 석유를 수출했다. 미국은 크롬, 보크사이트, 망간, 니켈, 주석, 아연 대부분을 서반구의 거의 모든 나라와 말레이시아, 잠비아, 오스트레일리아, 자이르, 남아프리카 공화국에서 수입했다.[42)]

해상 항로에 대한 의존도가 증가하는 동안 해로를 안전하게 확보할 수 있

▶ **도널드 럼즈펠드(1932~)**
제럴드 포드 대통령 밑에서 비서실장과 국방장관을 역임했다. 백악관 비서실장이었을 당시 딕 체니를 행정부 요직에 중용했으며, 1975년 43세의 나이로 국방장관에 취임하여 최연소 국방장관의 경력을 가지게 되었다. 왼쪽부터 럼즈펠드, 포드, 체니.

는 능력은 오히려 뒤처졌다. 국방장관 도널드 럼즈펠드(Donald Rumsfeld)는 1977년 예산 보고서에서 "현재 미국의 함대는 유럽으로 가는 대서양 해상 항로를 통제할 수 있지만" 선박의 "심각한 손실"을 감수해야 한다고 지적했다. "동부 지중해에서 작전을 전개할 수 있는 능력은 아무래도 불확실하다." 태평양 함대는 "하와이와 알래스카로 가는 해상 항로를 안전하게 지킬 수 있지만 …… 서태평양까지 해상 항로를 보호하는 데는 어려움이 따른다." 그의 경고에 따르면, 세계 전쟁 시 미국은 일본이나 이스라엘 같은 동맹국을 보호하거나 NATO를 지원하기 어려울 것이 분명했다.[43] 이것은 1950년대, 심지어 1960년대 초와도 전혀 다른 양상이었다.

물리력의 쇠퇴는 지도력의 붕괴로 더욱 커졌다. 1970년대는 미국 대통령의 권력이 땅에 떨어진 시대였다. 1973년 봄 이후 닉슨은 워터게이트 사건 때문에 완전히 무력해졌다. 그의 후임인 제럴드 포드는 겨우 2년간 대통령의 자리에 있었다. 그는 부통령으로 대통령직을 물려받았을 뿐, 선거를 통해 국민에게서 권한을 위임받은 게 아니다. 제럴드 포드는 처음 1년을 워터게이트 사건에서 행정부를 구하는 데 바쳤다. 다음해는 대통령 선거에서 승리하기 위해 세력을 조직하는 데 썼다. 제럴드 포드의 백악관이 보여주는 평화로운 모습의 이면에는 대적하는 부하들 간의 끊임없는 세력 다툼이 존재했다. 포드에게는 이런 암투를 끝낼 수 있는 권위와 냉혹함이 부족했다. 동료의 말대로 "제럴드는 너무 착해 자기 몫도 못 챙겼다."[44] 포드는 좀처럼 의견을 드러내지 않았지만, 그의 의견은 대체로 분별 있는 것으로 평가되었다. 하지만 그는 위엄이 부족해서, 공개 석상에 서면 좋지 않은 결과를 낳곤 했다.[45] 그의 후임은 훨씬 더 나쁜 결과를 초래했다. 포드는 워터게이트 사건과 자신의 무능에도 불구하고 1976년 거의 대통령으로 당선될 뻔했다. 부통령 넬슨 록펠러(Nelson Rockefeller)를 러닝메이트로 지명할 수 있었다면, 분명 대통령 선거에서 승리했을 것이다. 이 무렵 언론의 공격 때문에 대통령직은 그다지 매력적인 자리로 보이지 않았다. 경쟁 상대는 대단한 인물이 아니었다.

조지아 주 출신의 지미 카터(Jimmy Carter)가 민주당 후보로 나섰다. 애틀랜타의 뛰어난 광고 제작자 제럴드 래프순(Gerald Rafshoon)은 TV 광고를 이용해 지미 카터의 선거 운동을 도왔다.[46] 카터는 근소한 차이로 역사상 가장 약했던 현직 대통령을 누르고 그보다 더 약한 대통령이 되었다. 카터는 닉슨과 키신저가 추진했던 미 · 소 긴장완화정책을 답습했다. 하지만 긴장완화정책은 과거에는 타당성이 있었을지 모르지만 이미 시대에 뒤쳐져 있었고 정책의 입안자들마저 신념을 잃어버린 상태였다.[47] 최초의 전략무기제한협정(SALT)은 1972년 5월에 체결되었는데, 이 때문에 1970년대 중반 미국의 방위 정책에 예상치 못했던 요소가 끼어들었다. 워싱턴의 관

▶ **전략무기제한협정(SALT)**
핵무기 운반용 전략미사일 제조를 제한하기 위해 미국과 소련 사이에 맺어진 협약으로, 제1차 및 제2차 협정을 각각 1972년과 1979년에 조인했다. 제럴드 포드와 브레즈네프가 1974년 11월 블라디보스토크에서 임시협정에 조인하는 모습.

료 체제 안에 무기 제한과 관련된 압력 단체가 생겨난 것이다. 특히 국무부가 문제였다. 압력 단체는 연구 개발 단계에서 새로운 무기 개발 계획을 조사하고, 만약 SALT 1에 위배되는 특별한 문제가 야기될 경우 해당하는 무기 개발 계획을 중지시키려 했다.[48] 카터의 정책은 이런 혼란스런 상황을 심화시켰다.

카터의 무분별한 '인권' 정책은 미국의 국익에 더 큰 피해를 끼쳤다. 그의 인권 정책은 헬싱키협정(Helsinki Accords)에 근거했다. 헬싱키협정에 따르면, 서명국들은 전 세계에서 인권 위반 행위를 종식시키기 위해 노력해야 했다. 헬싱키협정은 원래 소련의 자유화를 강제하기 위해 생각해낸 거였다. 하지만 결과는 원래의 의도와는 판이하게 달랐다. 철의 장막 뒤쪽에서는 헬싱키협정이 무시되었고, 협정이 제대로 준수되는지 감시하기 위해 만들어진 자발적인 집단을 당국이 체포했다. 서구에서는 미국이 오래된 동맹국들과 반목하는 결과를 빚어냈다. 이번에는 행정부 안에 인권 압력 단체들이 생겨났다. 국무부의 한 국 전체를 인권 압력 단체가 차지했다. 그들은 미국의 국익에 반하는 활동을 적극적으로 전개해 나갔다.

1977년 9월 미국 국무부의 비난을 받자, 브라질은 그때까지 유지하고 있던 미국과 맺은 방위 협정 4개를 모두 파기했다. 그중 두 개는 1942년에 체결한 것이다. 아르헨티나도 미국과 갈등을 빚었다. 국무부는 니카라과의 소모사(Somoza) 정권을 전복시키는 데 중요한 역할을 했다. 국무부 차관보 바이런 배키(Viron Vaky)는 미국 정부를 대변하여 이렇게 선언했다. "소모사 정부와는 더 이상 어떤 협상도, 중재도, 타협도 할 수 없다. 우선 과거와 완전히 단절함으로써 해결책을 찾는 방법밖에 없다."[49] 과거와의 완전한 단절은 1979년 소모사 정권을 교체하는 형태로 이루어졌다. 사실 소모사는 혐오스럽기는 해도 서방의 충실한 동맹자였다. 마르크스주의 정권이 소모사 정권을 대신했다. 산디니스타 민족해방전선은 인권에 대해서는 똑같이 경멸적인 태도를 취했지만, 과테말라, 엘살바도르, 그리고 다른 중앙아메리카 친미 정권에 반대하는 정책을 전개해나갔다. 1978년에도 국무부의 인권국은 이란에서 모하마드 레자 샤 팔라비(Mohammad Reza Shah Pahlavi) 국왕의 기반을 약화시켰고, 1979년 그의 퇴위에 중요한 역할을 했다. 그를 대신한 인물은 호메이니(Ruhollah Khomeini)였고, 이란에는 반미 정권이 들어섰다.[50] 미국의 인권 정책은 원칙적으로는 가치가 있지만, 실제로는 너무 순진하고 고지식한 정책이었다.

카터 시대의 미국 정책은 너무 혼란스러웠다. 우방과 동맹국에 해를 끼치는 경향 외에는 뚜렷한 특징을 찾아볼 수도 없었다. 포드 시대의 내부 암투는 카터 시대의 삼각관계에 비하면 아무것도 아니었다. 삼각관계를 이루고 있던 인물은 국무장관 사이러스 밴스(Cyrus Vance), 안보 담당 보좌관 즈비그뉴 브레진스키(Zbigniew Brezezinski), 조지아 주 출신 보좌관 해밀턴 조던(Hamilton Jordan)이다. 그들의 삼각 투쟁은 대부분 공공연하게 벌어졌다. 한편 카터의 술고래 동생 빌리(Billy Carter)는 리비아 정부로부터 돈을 받고 로비 활동을 벌였다.

카터가 거느리고 있던 인물들은 미국이 세계적 사건을 처리할 능력이 없다는 데에는 의견이 일치했던 것으로 보인다. 사이러스 밴스는 "소련과 쿠바의 아프리카 개입에 반대하는 것은 무익한 일"이라고 생각했다. 그는 이렇게 덧붙였다. "사실 우리는 더 이상 변화를 막을 수 없다. 크누트(Cnut) 대왕이 바닷물을 멈추게 할 수 없는 것과 같다." 브레진스키는 이런 주장을 펼쳤다. "세계가 어떤 정부도 통제할 수 없는 여러 세력의 영향을 받으며 변화해 가고 있다." 카터 역시 세계적인 사건에 영향력을 행사할 수 있는 미국의 힘은 "매우 제한되어 있다"고 말했다. 스스로 무력하다고 느낀 행정부는 안개처럼 불분명한 은유의 세계에서 피난처를 구했다. 브레진스키는 이 방면에서 뛰어난 재능을 보였다. 베트남은 "앵글로색슨계 백인 신교도 엘리트에게는 워털루" 같은 곳이었다. 미국이 다시 그렇게 개입하는 일은 없어야 한다. "세계에는 서로 다른 많은 갈등의 축이 존재한다. 갈등의 축이 많이 엇갈리면 그만큼 위험해진다." 서아시아는 "위험이 도사린 호(弧)"다. "묘기가 아닌 건축술이 필요하다."[51] 하지만 대외 정책의 건축술은 모습을 드러내지 않았다. 이란의 테러리스트 정권이 미국 대사관 직원을 인질로 잡았을 때는 묘기를 부려야 했다. 그러나 1980년 5월 인질 구출 작전은 폭발 사고로 실패하고 말았다. 불덩이가 된 미국 헬리콥터는 사막에 떨어졌고 묘기는 끝이 났다. 아마도 20세기 미국 역사에서 가장 불운했던 사건일 것이다.

1970년대 미국의 쇠퇴는 소련 정권의 표면적인 자신감과 확신에 대비되어 더 비참해 보였다. 1971년 소련은 지상에 배치하거나 잠수함에 탑재하는 전략 핵미사일 수에서 미국을 앞질렀다. 같은 해 안드레이 그로미코(Andrei Gromyko)는 이제 세계 어느 곳에서도 "소련을 배제하거나 소련에 대적하여 …… 중요한 문제를 결정할 수는 없을 것"이라고 호언했다.[52) 그로미코는 소련의 국내 안정과 대외 정책의 일관성을 동시에 상징하는 인물이었다. 그는 일찍이 1946년 외무차관이 되었고, 1957년부터는 외무장관으로 일했다. 그는 1980년대까지 그 자리를 지켰다.

스탈린 이후 소련의 국내 사정이 무사 평온했던 것은 아니다. 스탈린 시대의 마지막 비밀경찰 총수였던 베리야는 스탈린이 죽고 얼마 되지 않아 살해당했다. 최고위층 인물들에 대해 너무 많은 것을 알고 있었기 때문이다. 동료가 기소장을 작성했다. 스탈린의 딸 스베틀라나에 따르면, 기소장을 읽는 데만 세 시간이 걸렸고, 대부분 여성 편력에 관한 것이었다. 시인 예프투셴코는 회고록에 이렇게 썼다. "나는 베리야의 탐욕스런 얼굴을 본 적이 있다. 머플러로 반쯤 가린 그의 얼굴은 리무진의 차창에 달라붙어 있었다. 그는 차를 보도에 바싹 붙여 몰며 하룻밤을 보낼 여자를 물색하고 있었다."[53) 베리야는 1953년 6월 26일에 체포되었고, 공식적으로는 재판 후 12월에 총살당한 것으로 되어있다. 하지만 당서기였던 흐루쇼프는 1956년 이탈리아 공산주의자에게 사실 베리야를 체포할 당시 그 자리에서 살해했다고 말했다. 베리야가 총을 집으려 하자, 말렌코프, 미코얀, 코네프(Ivan S. Konev), 모스칼렌코(Moshkalenko)가 그를 붙잡았고, 그 자리에서 교살했다. (흐루쇼프는 그를 총으로 쏴 죽였다고 말한 적도 있다.)[54) 1955년 흐루쇼프는 스탈린 이후 함께 과두 정치를 이끌어왔던 말렌코프를 축출했다. 2년 뒤 그는 '반당 집단'을 요직에서 몰아내 권력을 확립했다. 몰로토프와 카가노비치, 말렌코프 같은 오래된 스탈린주의자, 그리고 그들과 뜻을 같이했던 불가닌(Nikolai A. Bulganin)이 반당 집단으로 내몰렸다. 흐루쇼프의 설명에 따르면, 그들은 최고회의 간부회에서 다수 세력을 얻어 불가닌을 공격했다. 하지만 주코프가 그를 도왔다. 주코프는 동맹 세력을 모스크바에 모으고 중앙 위원회에서 결정을 뒤집었다. 4개월 뒤에 흐루쇼프는 공격의 화살을 주코프에게 돌렸다. 주코프는 '보나파르트적 야심'을 품고 있으며, '레닌주의 규범을 모독'했다는 혐의로 고발당했다. 흐루쇼프는 그때까지 총리의 자리에 있던 불가닌을 내쫓고 총리가 되었고, 6년간 최고 권력을 누렸다.

하지만 '탈스탈린주의'는 전혀 찾아볼 수 없었다. 소련 내에서는 이 말이 결코 쓰인 적이 없다. 스탈린 사후의 변화와 1956년 제20차 전당대회에서 흐루쇼프가 행한 '비밀 연설'은 당원에 대한 집단 테러리즘의 종식, 즉 지배 체제 내에 있는 사람들을 보호하려는 목적이었다.[55] 레닌주의 국가의 전체주의 구조에서는 당이 절대 권력을 독점한다. 더 정확하게 말하면 절대 권력은 당을 움직이는 소수 엘리트에게 집중되어 있다. 흐루쇼프 시대에도 이러한 성격은 조금도 변하지 않았다. 전처럼 비밀경찰과 군대가 전체주의 체제를 유지했다. 또한 당 관리로 이루어진 내부 조직이 군을 통제했다. 전체주의의 주춧돌은 그대로 남아 있었다. 따라서 어느 순간 무자비한 인물이 나타나면, 그 위에 집단 테러의 거대한 건축물을 세울 수도 있었다. 흐루쇼프는 여러 면에서 독재자처럼 행세했고, 독재자에 걸맞게 제거되어야 했다. 동료는 그의 모험을 싫어했다. 그들은 그를 불온한 인물로 간주했다. 흐루쇼프는 당내에 민주주의를 도입하려고 노력했다. 하지만 알다시피 그것은 레닌주의 개념에 속하는 게 아니다. '전 인민의 국가'에 관한 그의 생각은 당이 독점하고 있는 권력의 종식을 의미했고, 따라서 완전히 반레닌주의적이었다.

흐루쇼프는 레닌과 달랐다. 어떤 면에서 그는 정말 마르크스주의자였다. 그는 공산주의를 성취 가능한 목표로 생각했다. 1961년 제22차 전당대회에서 그는 자신의 계획을 발표했다. 이에 따르면, 1960년대에 미국의 생활수준을 앞지르고, 1970년대에 공산주의(무료 임대 주택, 무료 공공 운송 수단 등)를 시작하고, 1980년대에는 공산주의를 완전히 실현하게 되어 있었다. 그는 1960년대의 환상에 굴복한 또 다른 낙관주의자로 생각할 수 있다. 최고회의 간부회에서 그를 비판하는 사람들은 그러한 약속은 실현될 수 없으며 실망과 분노만 낳게 될 것이라고 생각했다. 1962년 쿠바 미사일 위기 때도, 1954년 '처녀지' 계획 때도 그렇지 않았는가. 처녀지 계획은 소련령 중앙아시아와 시베리아에 있는 1억 에이커의 미경작지를 개간하는 계획이었다. 하지만 이 계획은 토양 침식을 막을 수 없어 역사상 가장 큰 모래 바람만 일으키고 끝났다. 1964년 10월 흐루쇼프가 크림 반도에서 휴가를 즐기고 있는 동안, 최고회의 간부회는 그를 축출하기 위해 투표를 진행했다. 중앙위원회는 다음날 그 결정을 승인했다. 당의 주요 이론가로 극단적인 레닌주의자였던 미하일 수슬로프(Michael Suslov)가 계획을 짰다. 계획을 실행한 것은 KGB 의장 알렉산드르 셸레핀(Alexander Shelepin)이었다. 흐루쇼프는 중무장한 경찰의 호위를 받으며 비행기를 타고 모스크바로 날아왔고, 셸레핀이 공항에서 그를 맞았다.[56] 이 무혈 쿠데타의 목적과 방법은 '레닌주의 규범'과 비밀경찰의 유기적 관계를 극명하게 보여주었다.

수슬로프는 무대 뒤에 남아 있기를 원했다. 그는 새로운 제1서기 레오니트 브레즈네프가 최고 권력의 자리에 오르는 데 힘을 보탰다. 브레즈네프는 1966년 서기장으로 임명되었다. 그 뒤 1976년에는 소련군 원수가 되었고, 1977년에는 국가수반 겸 최고회의 간부회 의장이 되었으며, 레닌 평화상(1972년)과 레닌 문학상(1979년)을 받기도 했다. 브레즈네프의 손에 집중된 화려한 명예와 공직은 당 지도부의 나이 많은 동료가 그의 공로에 대한 보상으로 준 것이다. 그가 단호한 결단력으로 권력을 공산당의 엘리트에게 집중시켜 소련의 국가적 기틀을 새로운 안정과 신뢰, 예측 가능성의 궤도 위에 올려놓았기 때문이다.[57] 브레즈네프는 자신의 통치 철학을 '간부에 대한 신뢰'라는 말로 요약했다. 이 말은 특권 지배 계층의 강화와 영속화를 의미했다. 이에 따르면 국가는 지배자와 피지배자로 나누어져야 했다. 그 경계선이 어떻게 그어지는지에 대해서는 논란이 있을 수 없으며, 당 지도부에 권력이 집중되어 있는 것에 문제를 제기해서도 안 된다. 권력의 자리는 일단 얻으면 결코 포기하지 않았고, 이 원칙은 국내나 국외나 똑같이 적용되었다. 브레즈네프는 1968년 체코의 자유주의적 공산주의자 둡체크(Alexander Dubĉek)에게 이렇게 말한 바 있다. "나에게 사회주의에 대해 말하지 마시오. 우리는 우리가 얻은 것을 지킬 뿐이오."[58]

브레즈네프의 소련은 기대가 되는 사회가 아니라 완성된 사회였다. 질적인 변화보다는 같은 것을 더 많이 제공하는 사회였다. 브레즈네프는 1981년 제26차 전당대회에서 1961년의 목표가 유효하지 않다고 인정했다. 이제 더 이상 구체적인 '공산주의적' 목표는 없을 것이다. 그는 스탈린주의 노선에 따라 군비 확장에 우선순위를 두었다. 군사 부문은 소련 경제에서 가장 많은 혜택을 받고 가장 크게 확대된 부문이다. 1960년대와 1970년대 군사비 지출은 실질적으로 연간 3퍼센트씩 증가했다. 흐루쇼프의 몰락 이후 1970년대 중반까지 소련의 군사비 지출은 보유 자원 대비 미국의 두 배에 달했다.[59] 소련 경제는 전체적으로 매우 느리게 성장했다. 1978년 소련 GNP는 1조 2,536억 달러였고, 미국은 2조 1,076억 달러였다. 1인당 국민소득은 소련이 4,800달러, 미국이 9,650달러였다.[60] 문제는 공공 부문이 압도적으로 많은 사회에서는 일인당 국민 소득에 관한 이런 수치가 별 의미가 없다는 것이다. 어쨌든 우리는 소련 정부가 집계한 통계 자료에 의존할 수밖에 없다. 소련에서는 독립적인 기관의 자료 조사가 이루어질 수 없었다. 흐루쇼프는 소련 통계국의 관리를 한마디로 이렇게 표현했다. "그들은 똥으로 총알을 만들어낼 인간이다."[61)]

1960년대와 1970년대 브레즈네프는 일반 소비자가 질은 낮지만 상당한 양의 물품을 소비할 수 있게 해주었다. 한 평가에 따르면 1970년대 말 소련 노동자의 생활수준은 대략 1920년대 미국 노동자의 생활수준과 비슷했다.[62)] 하지만 이런 비교에는 세 가지 유보 조건이 따른다. 첫 번째로 소련에서 도시 주택 공급은 도시 유입 인구를 따르지 못했다. 도시 인구는 1926년 전체 인구의 19퍼센트였지만, 50년 후에는 약 62퍼센트로 늘어났다. 그 결과 소련인은 다른 산업 국가에서는 볼 수 없는 열악한 주거 환경에서 살게 되었다. 일인당 바닥 면적은 고작 6.5제곱미터였다. (미국은 약 110제곱미터였다.) 두 번째로 소련인은 46명당 1명꼴로 자동차를 소유했다. (교통사고 사망자수는 오히려 더 많았다.) 세 번째로 브레즈네프 시대에는 식량 사정이 악화되었다. 특히 1970년대 말과 1980년대 초에 아주 나빠졌다.[63)]

그럼에도 소련이 어느 정도 번영을 이루었던 것은 사실이다. 브레즈네프는 그 정도면 충분하다고 생각했다. 그는 '기대감을 높이는 혁명'을 원하지 않았다. 정권의 목표는 권력을 유지하는 것뿐이었다. 알렉산드르 헤르첸(Alexander Herzen)이 차르 체제를 두고 말했던 것처럼, 소련 역시 "권력을 행사하기 위해 권력을 행사한다." 하지만 차르 체제를 소련과 비교하는 것은 정당하지 않다. 차르는 종종 백성의 삶을 향상시키려고 진심으로 노력했기 때문이다. 미국 망명 중에 있던 알렉산드르 솔제니친은 어느 면으로 보나 소련 정권이 제정 러시아 독재 체제의 연장이라는 주장에 화를 내며 부인했다.[64)] 정치적으로나 도덕적으로 소련 체제는 전혀 다른 종류의 전체주의 사회였다. 정권은 합법적인 정부 형태라기보다는 자신들의 안위와 존속만을 염두에 둔 공모 집단이었다. 비록 시카고 갱 스타일의 스탈린 정권 대신 브레즈네프와 그의 동료로 이루어진 온건한 마피아 스타일의 정권이 들어섰지만, 본질적인 범죄의 속성은 그대로 남아 있었다.

소련 정권은 법이 아니라 힘에 의존했다. 경제적인 면에서 보면, 소련 경제는 '초독점 자본주의'라고 할 수 있었다. 이 용어는 표도르 즈니아코프(Fedor Zniakov)라는 필명의 저자가 쓴 『기록 *Memorandum*』에 등장한다. 이 지하 출판물은 1966년 5월에 유포되기 시작했다. '초독점 자본주의'에서는 모든 중요한 소유권이 하나의 중심부에 집중되어 있다.[65] 브레즈네프의 정치적 문제는 결국 이 초독점 체제의 이윤이 지배 계층 사이에서 적절히 분배되도록 보장하는 것이었다. 소련에는 세 가지 계층이 존재했다. 1976년 러시아 인구 2억 6,000만 명 중 약 1,500만 명이 당에 소속되어 있었다. 물론 이들 모두가 지배 계층을 구성한 것은 아니다. 단지 지배 계층이 될 수 있는 신분을 가졌을 뿐이다. 근면과 복종의 미덕을 통해 그들 중 소수는 실제로 지배 계급의 일원이 되었다. 나머지 당원들은 당국이 당증의 갱신을 거부하는 방법으로 해마다 30만 명씩 제거했다. 진정한 지배 계층은 50만 명에 달하는 당과 정부의 상근 관리(그들의 가족을 포함해서)였다. 그들에게는 행정 권한이 부여되었다. 그들의 특권은 엄청난 규모의 국가 기관과 전 세계에 걸쳐 일자리를 만들어놓은 소비에트 제국 — 로버트 월폴(Robert Walpole) 경은 "세상의 모든 양들이 뛰어놀 수 있는 방목지"라는 표현을 즐겨 사용했다 — 이 뒷받침했다. 경제적인 특권도 주어졌다. 그들은 닫힌 분배 체제 안에서 삶을 즐길 수 있었다. 식품이나 다른 여러 소비재를 파는 상점, 주택, 외국 여행, 의료 기관, 휴양지, 고등 교육 등. 따라서 소련의 지배 계층은 진정한 의미의 특권 계급이라 할 수 있다. 구시대의 봉건적 의미에서, 그리고 마르크스주의적 의미에서도 그러했다. 그들은 상대적 부뿐만 아니라 특별한 상위의 법적 행정적 권리를 소유했다는 점에서 다른 사회 구성원과 명백히 구별되었다. 소련은 레닌과 스탈린, 브레즈네프 시대를 거치며 완전한 계층 사회가 되었다. 소련에서 1970년 노로브리스크(Norosibrisk)에 과학자들을 이주시켰을 때 주택 배정은 다음과 같이 이루어졌다. 학회 정회원은 단독 주택 한 채, 학회 통신 회원은 단독 주택의 절반, 상급 연구원은 천장 높이가 3미터인 아파트, 하급 연구원은 천장 높이 2.25미터에 공동욕실을 함께 사용하는 아파트.[66] 하지만 실질적으로 다른 사회 구성원과 구분되는 사람들은 바로 50만 명에 달하는 당과 정부의 상근 관리였다. 그들은 진정한 엘리트였고, '우리' 라고 하는 소련 대중의 반대편에 선 '그들' 이었다. 이 상위 계층 중 426명이 중앙 위원회 위원으로 실제 정치권력을 행사했다. 약 200명은 장관급 위치에 있었다. 그들이 브레즈네프에게 요구한 것, 그리고 그가 그들에게 준 것은 광범위한 특권과 생활의 안정, 재산, 보장된 일자리였다. 1976년에 중앙 위원회 의원 83.4퍼센트가 재선되었다. 이 비율은 거의 일정하게 유지되었다. 1970년대 말 최고 간부 200명 중 대부분이 65세를 넘었고, 70대 중반인 사람도 많았다. 그들은 다른 사회 구성원들과 단절되어 있었고, 자기네끼리 결혼하는 경우가 많았으며, 최상의 고등 교육을 받을 수 있는 특별한 기회를 가졌다. 따라서 새로운 지배 계층은 이미 세습적인 성격으로 변해 있었다. 브레즈네프의 집안이 전형적인 사례다.

탄압과 테러

히틀러의 독일에서처럼, 스탈린 치하의 소련에서는 반대 세력이라고 해봐야 고작 음모를 꾸미는 수준이거나, 반대 세력 자체가 존재할 수 없는 분위기였다. 전체주의 정권은 스스로 자유화를 시도하지 않는 이상 내부로부터 공격을 당하는 경우는 드물다. 흐루쇼프 시대에 이런 경향에 어느 정도 변화가 찾아왔다. 강제수용소 체제 중 일부가 해체되었다. (물론 핵심적인 부분은 여전히 남아 있었다.) 1958년 12월 25일에는 새로운 '형법 및 소송 절차의 기본 원칙' 이 제정되어 피고에게 원칙적인 권리가 주어졌다. 이 때문에 소련 언론에서 처음으로 법적인 논쟁이 벌어지기도 했다. 하지만 이러한 위로부터의 개혁은 사회에 불안정을 낳았고, 결국 원래 상황으로 돌아가고 말았다. 소련은 법이 지배하는 사회가 아니었기 때문에 어쩔 수 없는 일이었다. 마르크스주의에서는 법에 관한 철학을 찾아볼 수 없다. 유일한 소련의 법 철학자 예브게니 파슈카니스(Evgeny Pashukanis)는 사회주의 사회에서 계획이 법을 대체할 것이라고 주장했다.[67] 그의 주장은 확실히 논리적이었다. 개별적인 법적 절차는 마르크스주의 엘리트들이 해석하는 불가피한 역사의 과정이라는 개념과 양립할 수 없기 때문이다. 파슈

▶ **니키타 흐루쇼프**(1894~1971)
당서기와 총리직을 7년 동안 겸임했다. 1959년 디너 모임에 동행한 흐루쇼프 부부와 아이젠하워 부부(가운데)의 모습.

카니스는 자신의 주장을 스스로 증명했다. 스탈린의 계획이 법을 대체하였고, 파슈카니스는 1930년대 살해당했다. 1958년 법령도 실제로 시행되지는 않았다. 1958년 법령이 시행될 경우, 사법부에 독립적인 지위가 부여될 테고, 그렇게되면 당이 누리고 있는 독점 권력이 침해당할 것이 분명했기 때문이다. 흐루쇼프 시대에도 소련의 법정은 정치범에게 '무죄' 판결을 내리지 못했다. 소련의 항소 법원도 정치범의 유죄 판결을 번복하지 못했다. 이 때문에 소련에서는 레닌의 집권 첫 해부터 끝까지 지배 정당에 대한 전적인 사법적 복종의 기록이 깨지지 않았다.[68]

더 중요한 것은 흐루쇼프가 검열을 완화했다는 사실이다. 최고회의 간부회는 제도를 바꾸자는 그의 요청을 거절했다. 그래서 그는 자신의 책임 아래 출판물 몇 개를 간행하도록 승인해 주었다.[69] 이단적인 글이 신문이나 잡지, 책에 등장했다. 1962년 알렉산드르 솔제니친은 『이반 데니소비치의 하루 *One Day in the Life of Ivan Denisovich*』를 출간할 수 있었다. 이 책은 러시아 혁명 이후 자유롭게 유통된 책 중 가장 영향력 있는 책이었다. 같은 해 노보체르카스크(Novocherkassk)에서 식품 가격의 인상에 반대하는 대중 시위가 일어났다. 6월 2일 군대가 군중에게 발포를 했고, 많은 사람이 죽었다. 폭동은 역사적으로 러시아 사회에서 여러 차례 반복되어왔던 전통적인 특징이다. 중세 시대에는 폭동이 현대의 파업이나 정치 행위처럼 불만을 나타내는 수단이었다. 하지만 6월 폭동은 예전과 달리 규모가 상당했고, 2년 뒤 흐루쇼프의 몰락을 가져왔다.

흐루쇼프는 역사의 무대에서 퇴장하기 전부터 강제수용소에 관한 책은 더 이상 출판하지 못하게 했다. 우리의 가장 중요한 정보원인 로이 메드베데프에 따르면, 반체제 운동은 1965년부터 시작되었다. 흐루쇼프가 실각되고 난 다음해다. 1966~67년에는 대중 시위에 근접한 움직임이 있었고, 지하 출판물도 쏟아져 나왔다.[70] 이와 때를 같이하여 탄압이 시작되었다. 1966년 2월 주요 반체제 인사 시냐프스키(Andrei D. Sinyavsky)와 다니엘(Yuli Daniel)이 재판을 받았다. 이로써 사법 개혁 또는 자유화의 가면은 완전히 벗겨진 셈이다. 얼마 안 있어 비밀경찰 고위 간부 두 명이 소련 연방 대법원의 판사로 임명되었다. 1968~70년의 탄압은 가장 악질적인 양상을 띠었다. 1968년 1월 열린 갈란스코프(Yuri Galanskov), 긴즈부르크(Alexander Ginzburg), 도브로볼스키(Alexander Dobrovolsky), 라슈코바(Vera Lashkova)에 대한 '4인 재판'은 그 시작을 알리는 사건이었다. 이 재판은 소련의 문서에 잘 보존되어 있다. 재판은 사전에 조작되었고, 소련이 본질적인 면에서 여전히 전체주의 국가로 남아 있다는 사실을 여지없이 보여주었다. 소련 같은 전체주의 국가에서 자기 개혁이란 거의 불가능한 일이었다.[71]

1970년 이후 새로운 테러는 어느 정도 완화되었다. '긴장완화' 정책의 일환으로 서방의 인사들은 '유럽의 안전 보장과 협력'에 관한 헬싱키회담(1973년 7월~1975년 7월)에서 소련이 요구한 사항을 수용해야 한다고 촉구했고, 헬싱키협정에 따른 인권 준수 사항을 소련 지도자들에게 강요할 수 있을 것이라고 주장했다. 포드와 카터 행정부는 이를 정책으로 삼았다. 헬싱키협정의 일곱 개 원칙에 따라 소련 정부는 '인권과 기본적인 자유를 존중할 것'을 약속했다. 하지만 소련은 다른 협정을 위반했듯 헬싱키협정도 위반했다. 사실 헬싱키협정은 소련뿐만 아니라 철의 장막 뒤쪽에까지 광범위한 탄압이 재개되는 결과를 초래했다. 헬싱키협정으로 반체제 인사들이 공개적인 행동에 나서게 되었기 때문이다. 그들은 모스크바, 우크라이나, 그루지야, 아르메니아, 리투아니아에서 '헬싱키협정의 준수를 촉구하기 위해' 감시 단체를 조직했다. 체코슬로바키아, 동독, 폴란드, 그리고 소련의 다른 위성국에서도 이와 비슷한 움직임이 태동했다. 협정 위반에 관한 증거가 서방 기자들에게 전해졌다. 폭력적인 박해의 물결이 그 뒤를 따랐다.

박해는 1975년에 시작되어 1977년 이후 몇 년간 절정으로 치달았다. 감시 단체의 지도자들이 주요 희생자였다. KGB는 그들 중 일부에게 새로운 조치를 취했다. 출국 비자를 발급하여 고국에서 쫓아버린 것이다. 하지만 대부분은 강제 노동과 함께 장기간의 수감형을 선고받았다. 결과적으로 헬싱키협정은 소련에서 자행된 인권 위반의 사례와 잔혹성을 급격히 증대시켰을 뿐이다. 파렴치한 촌극은 1977~78년 베오그라드에서 열린 후속 회의에서 절정에 이르렀다. 이 회의에서 소련 대표단은 북아일랜드의 가톨릭교도 박해와 미국의 흑인 박해에 관한 상세한 자료를 제시했지만, 자국의 사정에 대해 토의하는 것은 단호히 거절했다. 회의가 결렬되고 얼마 안 있어 우크라이나 감시 단체 회원 두 명이 각각 7년의 중노동형에 처해졌다. 이미 재판 없이 15개월간 감금되어 있던 모스크바 감시 단체의 설립자는 7년간 '엄중한' 강제수용소 수감형을 선고받았다. 소련의 반체제 인사 중 가장 유명한 안드레이 사하로프(Andrey D. Sakharov)는 '반소 활동' 으로 고발당했다. 그는 가택 연금 상태에 있다가 결국 유배당했다.[72] 그루지야의 감시 단체에 대한 재판은 스탈린 시대의 끔찍한 기억을 떠올리게 했다. 재판은 조작되었고, 그들에게는 서방을 위해 첩보 활동을 했다는 혐의가 씌워졌다. 고문을 가하고 자백을 강요한 게 틀림없다.[73]

반대 세력에 대한 소련의 정책은 레닌의 통치 초기 단계에서부터 1980년대 초까지 일관된 특징을 보였다. 그들은 언제나 반대 의견을 일종의 정신병으로 취급했다. 따라서 반체제 분자들은 언제나 특수 정신 병원에서 '치료' 를 받아야 했다. 우리에게 알려진 첫 번째 사례는 마리아 스피리도노바(Maria Spiridonova)의 경우다. 그녀는 사회 혁명당의 지도자였는데, 1919년 모스크바 혁명 재판소에서 요양소 수감형을 선고받았다.[74] 정신병 치료라는 처벌이 규모가 커지고 조직적인 형태를 띠게 된 것은 1930년대 말이다. 내무인민위원회는 그 무렵 카잔에 있는 일반 정신 병원 부지에 400개의 침상이 갖추어진 특별 형무소를 세웠다. 세르프스키연구소는 범죄 심리학 교육과 연구를 담당하는 주요 기관이었는데, 1940년대 말 여기에 '정치범' 을 담당하는 특별부서가 마련되었다.[75] 1950년대 초에는 적어도 세 개의 기관이 정치범 '치료' 를 담당했다. 우리는 이 세 기관에서 치료받았던 일리야 야르코프(Ilya Yarkov)라는 남자를 알고 있다. '반소 활동' 을 다루는 만능 형법 제58조를 위반할 경우, 누구에게든 정신적 처벌이 가해졌다. 야르코프와 함께 수감된 사람들 중에는 기독교도, 목숨을 부지하고 있던 트로츠키주의자, 리센코의 반대 세력, 이단의 작가, 화가, 음악가, 라트비아인, 폴란드인, 그리고 그 밖의 민족주의자들이 있었다.[76] 흐루쇼프 시대에도 이 제도는 폐지되지 않았고 오히려 확대되었다. 그럼에도 흐루쇼프는 소련이 정치범, 단순히 정신이 혼란한 이런 사람들을 더 이상 감옥에 가두고 있지 않다며 세계를 설득하려 했다. 1959년에 「프라우다」 지는 그의 말을 다음과 같이 인용했다.

> 범죄는 일반적으로 인정되는 행동 기준에서 일탈된 행위다. 주로 정신 장애 때문에 저질러진다. …… 공산주의에 대한 반대를 외치는 사람들을 보면 …… 그들의 정신 상태는 분명히 비정상적이다.[77]

1965년 발레리 타르시스(Valery Tarsis)의 『제7병동 *Ward 7*』이 출간되었다. 이때 비로소 서방 세계는 소련에서 행해지는 정신병 치료에 대해 알게 되었다. 그 뒤 정신 의학계에서 특정한 사례에 관한 자료를 수집하고 세계정신의학협회 회의에서 이 문제를 정식으로 다루려는 움직임이 일어났다.[78] 그러나 이런 노력은 좌절되었다. 우선 일부 정신 의학자들(주로 미국인)이 동유럽 국가들의 학회 참가를 막는 행동에 찬성하지 않았다. 또 소련의 정신 병원들이 그 흔적을 교묘히 감추어버렸다. 세르프스키연구소 시찰은 위장된 외관에서 틈을 찾아내지 못했다.[79] 그런데도 1965~75년 사이에 완전한 사실로 확인된 210가지 사례에 관한 상세한 자료가 입수되었다.[80] 카잔에 있는 정신병 치료소 외에 1960년대와 1970년대 적어도 13개의 특수 정신 병원이 문을 열었다. 서구인은 정신과 의사든 아니든 절대로 특수 정신 병원을 방문할 수 없었다. 하지만 특수 정신 병원이 보건부가 아니라 내무부 관할이라는 사실이 밝혀졌다. 군 장교가 병원을 책임지고 마치 교도소처럼 운영했다. 이곳에 수감되었던 사람들의 말에 따르면, 특수 정신 병원은 힘러의 인종 프로그램 아래 친위대 의사들이 운영한 포로수용소의 의학 실험실과 놀랍도록 유사했다. 거기서 행해진 잔혹 행위나 이를 담당한 의사의 유형은 거의 똑같았다.

가장 흔한 고문은 '젖은 천으로 말기' 였다. 수감자를 젖은 천으로 감싸면 천이 마르면서 오그라들었고, 고통 때문에 수감자들은 정신을 잃곤 했다. 이 고문 방법을 개발한 사람은 엘리자베타 라비츠카야(Elizaveta Lavritskaya) 박사다. 그녀는 야르코프가 가장 무자비한 인물로 묘사한 사람이다.[81] 고문, 구타, 약물 투여에 대한 상세한 자료가 1972년 미 상원의 청문회에서 공개되었다.[82] 가장 흉포한 인물은 안드레이 스네즈넵스키(Andrei Snezhnevsky) 교수, 루벤 나자로프(Ruben Nadzharov) 교수, 게오르기 모로조프(Georgy Morozov) 박사, 다니엘 룬츠(Daniel Lunts) 교수였다. 안드레이 스네즈넵스키 교수는 의료과학아카데미 부속 정신의학연구소 소장으로 반체제 인사를 정신 분열증 환자로 취급하는 운동에 앞장섰다. 루벤 나자로프 교수는 정신의학연구소 부소장이었다. 게오르기 모로조프 박사는 세르프스키연구소의 소장이었다. 다니엘 룬츠 교수는 정신의학적 테러를 당한 반체제 인사들에게는 가장 끔찍한 악당으로 묘사되었다. 나치의 친위대처럼 일부 의사는 군 장교이기도 했다. 룬츠에게는 KGB 대령이나 내무부 소속 소장 등 다양한 직함이 있었다. 그들은 소련 정신 의학계를 대표하여 외국을 여행했고, 다른 정신과 의사들보다 세 배나 많은 봉급을 받았다. 그들은 소련 지배 계층의 상층부에서 누리는 사치와 특권을 향유했다.[83]

정신 의학적 처벌은 브레즈네프 시대에 크게 확대되었다. 그러나 서구 국가에서 소련의 특수 정신 병원에 대해 알게 된 뒤, 이런 유형의 처벌은 대개 외부의 이목을 끌지 않을 미천한 노동 계급의 반체제 인물에게 한정되었다. 저명한 인물에게는 더 가혹한 수준의 수많은 탄압이 준비되어 있었다. 재판 따위는 하지 않았다. 사하로프가 고리키(Gorky)로 유배된 사실을 언급하며 메드베데프는 이렇게 말했다. "사하로프는 고리키에서 시베리야의 이르쿠츠크(Irkutsk)로, 혹은 톰스크(Tomsk)나 치타(Chita)로 추방당할 수 있다. 점점 더 상황이 열악해지고 …… 중요한 것은 희생자들에게는 언제나 잃을 게 있다는 것이다. 따라서 그들은 두려움을 느낄 수밖에 없다."[84] 1977년 3월 말 브레즈네프는 더 이상 자유화는 생각해 볼 수 있는 문제가 아님을 명백히 밝혔다.

> 우리나라에서는 대부분의 사람들과 '다른 생각'을 하는 것이 금지되어 있지 않습니다. …… 하지만 누군가 적극적으로 사회주의 체제에 반대하고 나서거나, 반소 활동의 길에 들어서거나, 법률을 위반하거나, 국내에서 지원 세력을 얻지 못해 외국, 즉 제국주의 파괴 분자들의 원조에 기댄다면 …… 그런 자들을 사회주의의 적으로, 조국에 해를 끼치는 자로, 제국주의자들의 앞잡이는 아니라 하더라도 제국주의자들의 공범으로 …… 취급할 것을 인민은 원하고 있습니다. …… 우리는 소련의 법률이 허용하는 한도 내에서 그들에 대한 조치를 취해 왔으며, 앞으로도 그렇게 할 것입니다.[85]

소련 당국은 정치적 비판을 반역으로, 나아가 적극적인 모반 행위로 규정했다. 물론 이런 방침들은 레닌 스탈린주의 테러의 토대를 이루고 있는 것들이다. 브레즈네프는 테러가 언제든 다시 시작될 수 있다는 사실을 분명히 했다. 테러에 대한 규정은 새로 개정된 헌법에 마련되었다. 새 헌법은 1977년 10월 7일 소련 최고회의에서 비준되었다. 제6조는 공산당이 누리는 정치권력과 국가 활동의 완전한 독점을 인정했다. 제62조에 따르면,

"소비에트 사회주의 공화국 연방의 시민은 소비에트 국가의 국익을 보호하고, 그 국권과 국위를 강화할 의무가 있다." 이 문장의 첫 번째 절은 제2조와 모순된다. 제2조에서는 모든 권력이 인민에게 있다고 규정하고 있다. 제62조 문장의 두 번째 절은 제49조와 모순된다. 제49조는 시민에게 국가기관을 비판할 수 있는 권리를 부여하고 있다. 따라서 제6조와 제62조는 새로운 전체주의 헌법의 정신에 해당한다. 지배 계층에게 내부의 적을 억압하는 데 필요한 모든 권한을 부여하고 있기 때문이다. 이를 근거로 필요하다면 시민들에게 어떤 테러든 가할 수 있었다. 그러나 반체제 운동은 브레즈네프의 억압을 받으면서도 계속되었다. 1977~80년에는 지하 출판물 24종이 정기적으로 간행되었다. 1980년에 개인이 간행한 지하 출판물은 10만 종이 넘는다.[86] 하지만 종류를 막론하고 조직적인 정치 활동이나 이단적 견해의 광범위한 확산은 불가능했다. 1970년대 미국 정부의 합법적인 권한이 무참히 무너지고 있는 동안 소련 정부의 전제 권력은 체계적으로 강화되었다. 그러한 과정을 거쳐 1982년 브레즈네프가 사망하자 유리 안드로포프(Yuri Andropov)가 소련의 통치자가 되었다. 그는 15년 동안 KGB 의장으로 일했으며, 그동안 반체제 인사의 정신 의학적 처벌을 제도화했던 인물이다.

정치적 안정을 기반으로 소련은 1970년대 세계적인 영향력을 꾸준히 확대해나갔다. 세력 확대를 가장 뚜렷하게 보여준 지표는 소련 해군의 성장이다. 소련 해군의 발전상은 1890년대와 1900년대 독일 해군 확대 프로그램과 일맥상통한다. 소련은 보급선이나 병참로를 보호할 필요 때문이 아니라, 기존 해군력의 균형을 의도적으로 바꿀 목적으로 해군의 성장을 도모했다.[87] 19세기 영국 해군처럼 미국의 해군력과 공군력은 전후 세계를 안정시키는 데 큰 역할을 했다. 1945년 미국은 취역 중인 군함이 5,718척이었다.

항공모함은 98척, 전함은 23척, 순양함은 72척, 구축함과 호위함이 700척이었다. 1968년 6월이 되자 취역 중인 미국 군함은 976척이었다.[88] 그러나 1970년대 미국 함대는 항공모함과 호위함대 13척 정도로 규모가 급격히 축소되었다. 그러는 동안 소련 해군은 규모를 확대했다. 1951년 말까지만 해도 남유럽의 NATO군 지휘관 카니(Robert B. Carney) 제독이 지중해에서 소련 해군력을 무시할 수 있었다. "소련 잠수함 몇 척이 독불장군 식으로 지중해에 들어와 전투태세에 있는 다른 잠수함을 위압할 수 있겠지만, 오래가지는 못할 것이다."[89] 그러나 1962년 이후 큰 변화가 찾아왔다. 그해 쿠바 미사일 위기로 소련 지도부는 유라시아 대륙 밖으로 공산주의를 퍼뜨리려면 대규모 해군력을 구축해야 한다는 사실을 깨달았다.

새로운 전략은 고르슈코프(Sergey Gorshkov) 제독의 작품이었다. 그의 글은 머핸(Alfred T. Mahan) 제독의 저술에 비견될 정도로 명성이 높았다. 고르슈코프 제독은 해상 함대 전력 외에 대규모 잠수함 함대를 육성하자고 주장했다. 그의 주장은 1960년대 소련의 확고한 정책이 되었다.[90] 미사일 위기 이후 14년 동안 소련은 군함 1,323척을 건조했다. (미국은 302척을 건조했다.) 그중 대형 수상 전투함이 120척, 수륙 양용함이 83척, 보조함이 53척이다. 1976년에는 핵잠수함 188척으로 이루어진 함대를 구축했다. 이중 잠수함 46척은 전략 미사일을 탑재했다.[91] 1970년대 말에는 소련제 항공모함이 등장했다. 1967년 제3차 중동전쟁에서 새로 정비된 소련 해군의 지정학적 영향력은 더 이상 부정할 수 없을 정도였다. 당시 그리고 그 뒤로 동지중해에는 끊임없이 소련의 대규모 함대가 출몰했다. 1973년 제4차 중동전쟁에서 미국 함대의 지위는 "매우 불안정했다." 일본 해군력이 괴멸된 뒤 처음 있는 일이었다.[92] 이미 북동대서양과 북서태평양에서 우위를 점한 소련 해군은 이때쯤 남대서양과 인도양으로 진출할 채비를 갖추었다.

1970년 후반 소련은 검은아프리카에 손을 뻗쳤다. 소련 해군력과 쿠바군이 이를 가능하게 했다. 소련은 비교적 싼 가격에 쿠바의 충성을 살 수 있었다. 일 년에 5억 달러도 들지 않았다. 그 대가로 쿠바는 목소리를 높여 소련을 지지해 주었다. 카스트로는 1968년 소련의 체코슬로바키아 침공을 강력하게 옹호했다. 1970년대 초가 되자, 쿠바 경제는 급격한 속도로 침체의 늪에 빠져들었다. 결국 1972년에는 고통스럽더라도 소련과 쿠바의 관계를 돌아봐야만 했다. 쿠바는 소련에 대한 채무가 거의 40억 달러에 달했다. 브레즈네프는 모든 이자와 원금 상환을 1986년까지 연기하고, 그동안 책임을 면제해 주는 수밖에 없었다.[93] 소련이 부담하는 비용은 처음으로 하루 800만 달러를 넘어섰고, 그 다음에는 하루 1,000만 달러, 1980년대 초반에는 1,200만 달러로 증가했다. 한 해로 따지면 거의 45억 달러였다. 하지만 그 대가로 브레즈네프는 아프리카의 사하라 사막 이남 지역에 침투할 수 있는 귀중한 수단을 얻었다. 소련은 물론 1955년 나세르와 협상한 이후 아랍 아프리카에서 적극적인 활동을 펼쳤다. 하지만 소련의 군사 경제 파견단은 좋은 반응을 얻지 못했다. 파견단이 백인이었기 때문에 '제국주의' 라는 혐의를 받기가 쉬웠다. 아랍계 총리인 수단의 마굽(Mohamed A. Mahgoub)의 말에 따르면, 아랍 국가는 '물물 교환의 형태로' 1차 생산물을 주고, 소련으로부터 '한물간 기계' 를 얻어 썼다. 소비에트 블록은 "종종 우리에게서 얻은 원자재" 를 시장 가격 이하로 "서구 자본주의 국가에 되판다." 이 때문에 "원자재를 생산하는 우리 아프리카 국가들은 치명적인 손해를 보고 있다."[94]

쿠바 뒤에 숨는 것은 여러모로 이로웠다. 쿠바는 소련의 충실한 위성 국가지만, '비동맹권' 의 일원이기도 했다. 도무지 이해할 수 없는 일이지만, 어쨌든 소련에 유리하게 작용했다. 쿠바 병사는 비백인계로, 흑인이 많았다. 따라서 그들을 제국주의자로 보기는 쉽지 않았다. 카스트로는 1973년 비동맹 국가들이 모인 알제리회의에서 제국주의라는 혐의로부터 소련을 변호함으로써 이미 제몫을 한 바 있다. 당시 그는 이렇게 물었다. "소련의 독점 기업이 어디 있는가? 소련이 어디서 다국적기업 활동에 참여하고 있다는 건가? "소련이 저개발 국가에서 공장이나 광산이나 유전을 하나라도 소유하고 있는가? 아시아나 아프리카 혹은 라틴아메리카 어느 나라에서 노동자들이 소련 자본에 착취당하고 있단 말인가?"[95]

여기서 더 나아가 이제 그는 비제국주의 침략군을 제공할 생각이었다. 1975년 12월 소련 해군의 호위를 받으며 쿠바군이 앙골라에 상륙했다. 1976년에는 소련 진영에 속한 에티오피아로 들어갔고, 이어 중앙아프리카와 동아프리카로 진군했다. 일찍이 1963년에는 프랑스령 콩고가 콩고 인민공화국이라는 국명으로 독립을 선포했다. 이로써 콩고 인민공화국은 아프리카에서 최초로 마르크스레닌주의 국가가 되었다. 하지만 이 나라가 언제나 마르크스레닌주의 국가처럼 행동했던 것은 아니다. 유럽의 정치 개념들은 종종 아프리카의 현실과 괴리되었다.[96] 그러나 어쨌든 1970년대 말이 되자 아프리카에는 마르크스레닌주의 국가가 10개국으로 불어났다. 이들 국가는 소련에 외교와 선전 선동에 관련된 지원, 경제적 이득, 군사 기지를 다양한 방식으로 제공했다. 1979년이 되자, 이번에는 쿠바가 중앙아메리카의 니카라과에서 첫 번째 위성국을 구축했다.

냉전과 테러리즘

1970년대 냉전은 사실상 지구 전역으로 확대되었다. 이 때문에 1970년대에는 만성적인 불안의 공기가 떠돌았고, 실업, 경제 침체, 군비 확장, 공격적 행동 등 1930년대와 비슷한 특징이 나타났다. 소련의 팽창주의 정책에만 책임이 있었던 것은 아니다. 미국도 폭력의 경향을 낳는 데 일조했다. 베트남전쟁이 끝나자 무기 구매량의 감소를 보상할 필요가 생겼다. 미국의 산업은 국제 무기 거래 시장에 관심을 돌렸다. 무기 판매 규모는 유례를 찾아보기 힘들 정도였다. 1970년 미국은 9억 5,200만 달러 상당의 무기를 해외에 팔았다. 액수는 1977~78년에 100억 달러 이상으로 껑충 뛰어올랐다. 다른 국가들도 경쟁에 뛰어들었다. 1960년대와 1970년대 프랑스의 무기 판매량은 30배 이상 증가했다. 소련의 무기 수출은 미국보다 더 빠른 속도로 증가했다. 1979~81년 미국은 더 이상 무기 수출국 1위가 아니었다. 미국은 소련과 프랑스에 이어 3위로 떨어졌다. (영국은 4위였다.) 1980년대 초반 국제 무기 판매고는 연간 700억 달러에 달했고, 거의 모두가 국가 대 국가 차원으로 거래되었다. 면적이 50제곱미터나 되는 소련의 탱크 공장은 30개국에 제품을 수출했는데, 대부분 가난한 국가였다. 메가톤 단위의 무기를 팔기 위해 경쟁을 벌이는 현대 국가들과 비교하면, 그전의 무기 판매 기업들은 오히려 순진해 보인다.

강대국 중 어느 나라도 핵무기를 팔지 않은 것만은 사실이다. 하지만 핵무기의 확산을 방지하는 데는 실패했다. 1950년대 선의의 과학자들은 평화적인 목적의 원자로에 사용될 플루토늄은 일반적으로 폭탄 제조에는 적합하지 않다는 견해를 널리 퍼뜨렸다. 잘못된 생각이었지만, 어쨌든 이를 근거로 미국은 1953년 12월 '평화를 위한 원자력' 프로그램에 착수했다. 이 과정에서 11,000개 이상의 기밀문서가 공개되었다. 이중에는 퓨렉스 기술의 세부 사항에 관한 문서도 있었다. 퓨렉스 기술을 이용하면 큰 폭발을 일으키는 데 필수적인 순수한 플루토늄을 생산할 수 있었다.[97] 지원 프로그램의 일부 세부 사항은 엉성하게 꾸며졌다. 그래서 명백한 위반이 발생했을 때(1974년 인도가 핵폭탄 실험을 했을 때) 미국 관리들은 그런 일이 없었다고 발뺌하는 수밖에 없었다. 1968년 7월 미국, 소련, 영국은 핵확산금지조약(NPT)을 체결했다. 40개 국가가 곧 조약에 합류했다. 하지만 달라진 것은 거의 없었다. 조약에 서명한 국가들도 조약의 규정을 어기지 않고 핵 보유 능력을 기를 수 있고, 제11조에 따라 탈퇴하기 3개월 전에 사전 통지를 하고 나서 핵을 보유하면 되기 때문이다.

사실 핵보유국이 비관주의자들이 예상한 것만큼 크게 증가한 것은 아니다. 1960년에는 1966년이 되면 새로 12개 국가가 핵을 보유하게 될 것이라고 예상했다.[98] 하지만 북대서양조약기구나 동남아시아조약기구(SEATO), 중앙조약기구(CENTO) 등 핵우산을 형성하는 동맹 관계가 가맹국들이 독자적인 모험에 뛰어드는 일을 막았다. 핵은 적대 관계의 결과로 확산되었다. 1964년에 만들어진 중국의 핵폭탄은 중소분쟁의 결과다. 인도는 중국이 핵폭탄을 개발하자 자극을 받아 1974년에 핵폭탄을 개발했다. 파키스탄 역시 인도가 핵폭탄을 만들었기 때문에 그에 대응하여 핵폭탄을 만들었다. 이스라엘과 남아공은 1970년대 비밀리에 핵폭탄을 개발했다. 이스라엘과 남아공에는 핵우산이 되어줄 믿을 만한 군사 조약이 없었기 때문이다. 이스라엘이 핵을 보유하자, 이라크도 자극을 받고 핵무기 개발 프로그램에 착수했다. 하지만 1981년 프랑스가 건설한 '평화용' 원자로를 이스라엘의 비행기가 파괴하면서 이라크의 핵무기 개발은 좌절되고 말았다.

선진국 또한 핵무기 개발 프로그램을 추진하곤 했다. 이런 움직임은 프랑스에서 드골이 핵폭탄 제조 결정을 내리기 훨씬 전인 제4공화국 때부터 있었다. 프랑스 관리는 이렇게 말했다. "핵폭탄 제조는 …… 평화를 위한 공식적인 노력의 부산물로서 우리의 임무가 되었다."[99] 서독과 일본은 미국의 보장에 따라 그때까지 비핵 국가로 머물러 있고자 했다. 하지만 이제 서독과 일본 역시 핵폭탄을 개발하는 길로 나아가지 않을까 하는 우려가 커졌다. 1970년대 말 일본의 항공 산업은 규모가 큰 혁신적인 산업이 되었다. 따라서 단시간에 핵탄두를 제조할 수 있을 뿐만 아니라, 미국의 트리덴트 잠수함을 본떠 첨단 발사 장치를 만들 수 있는 위치였다. 하지만 이 무렵 일급 핵보유국이 되기 위해서는 방어 시설, 역탐지 능력, 최초 반격 능력을 갖추어야 했다. 어마어마한 비용이 드는 일이다.[100] 미국이 고립주의의 벽 뒤쪽에 물러나 앉지만 않는다면, 독일이나 일본은 핵클럽에 가입할 필요가 없어 보였다. 위험은 불안정한 아랍 국가들에 있었다. 그들도 진척이 미미하지만 어떻게든 핵무기를 개발하려 했다. 브라질이나 아르헨티나, 한국, 타이완, 인도네시아 같은 동맹국들의 보호는 불충분하고 불안했기 때문이다. 1980년대 초가 되면 (이스라엘과 남아프리카 공화국 외에) 22개 국가가 상대적으로 저렴한 비용으로 1~4년 안에 핵무기를 개발할 수 있는

능력을 갖게 되었다.[101)]

하지만 실제로 1970년대의 세계는 핵전쟁의 가능성보다는 여러 가지 다른 형태의 폭력이 증가하는 현실에 혼란을 겪어야 했다. 1970년대 30차례 이상 재래식 전쟁이 일어났다. 대부분은 아프리카가 전장이 되었다. 또 인명의 희생은 더 적지만 정치적으로나 심리적으로 세계를 더 큰 혼란에 빠뜨린 것은 국제적인 테러리즘의 증가였다. 이 새로운 현상에는 전통적인 폭력의 네 가지 요소가 혼합되어 있다. 우선 회교도의 정치 종교적 테러리즘 전통이다. 이 전통은 중세 시대의 암살 조직인 아사신파까지 거슬러 올라간다. 팔레스타인에서 이스라엘과 아랍이 갈등을 빚는 동안 회교도의 테러리즘 전통은 다시 태어나 팔레스타인해방기구에서 최종적으로 완성되었다. 팔레스타인해방기구는 1960년대와 1970년대 가장 크고 부유하며, 무장이 잘 갖추어진 가장 활동적인 테러 조직이었다. 팔레스타인해방기구에는 독자적인 훈련 캠프가 있었으며, 아무런 관련이 없는 많은 테러리스트 조직까지 이 캠프에서 훈련을 받곤 했다.

두 번째로 러시아의 테러리즘 전통이다. 레닌은 이를 국가 테러리즘으로 탈바꿈시켰다. (그는 사사로운 테러리즘을 '좌익 소아병'의 형태로 규정하고 이를 거부했다.) 그의 국가 테러리즘은 국내에서 이용되었을 뿐만 아니라 외국에 수출되기도 했다. 소련은 이 기간 내내 테러리스트 훈련 프로그램을 운영했다. 테러리스트들은 크림 반도 심테로폴의 군사 학교에서 훈련을 받았다. 이곳을 졸업한 외국의 '게릴라'와 '파괴 공작원'들은 중동, 라틴아메리카, 아프리카에서 활약했다. 대부분의 팔레스타인해방기구 테러 전문가들과 교관들은 이 과정으로 큰 덕을 보았다.[102)]

세 번째로 유럽, 특히 독일에는 폭력을 도덕적으로 합리화하는 전통이 존재했다. 현대의 정치적 테러리즘이 최초로 대규모 양상을 보인 것은, 이미 살펴보았듯이 1919~22년의 독일에서였다. 이때 우익의 살인자들은 354명을 살해했다. 독일 사회는 이런 테러리스트들에게 책임을 묻지 않았고, 결과적으로 히틀러의 국가 테러를 위한 길을 열어주었다. 독일의 테러리즘은 여러 양상으로 발전했다. 친위대의 갈색 자매단이 저질렀던 납치나 유괴도 그중 하나다. 그들은 금발 머리와 파란 눈의 아이들을 찾아 강제수용소를 샅샅이 뒤지곤 했다. 독일의 테러리즘 전통은 실존주의에서 철학의 옷을 입었다. 실존주의는 전쟁이 끝난 뒤 사르트르가 널리 퍼뜨렸다. 사르트르는 평생 동안 폭력에 매료되어 살았고, 제자 프란츠 파농(Franz Fanon)은 1961년 『자기 땅에서 유배당한 사람들 *Les damnés de la terre*』을 출판했다. 이 책은 테러리즘의 안내서로 가장 큰 영향력을 미친 책이다.

네 번째로 지중해 해적들의 비정치적인 폭력의 전통이다. 이런 형태의 테러리즘은 기원전 2000년 무렵까지 거슬러 올라간다. 폼페이우스는 기원전 1세기경 지중해에서 해적을 소탕했다. 로마의 국력이 쇠퇴하면서 서기 3세기 중반 해적이 다시 세력을 얻었다. 18세기 영국 해군은 바다에서 해적을 없애버렸다. 하지만 아프리카 북부의 바르바리 해적은 1830년에 프랑스가 알제를 점령할 때까지 여전히 골칫거리였다. 이후 식민지 시대가 이어진 130년간 대규모 약탈과 납치는 사실상 찾아볼 수 없었다. 그러나 해적 행위는 제국주의 물결이 퇴조하면서 다시 등장했다. 알제리 전쟁이 끝나고 카다피가 1969년 쿠데타를 일으키자, 전통적으로 해적 행위의 중심지였던 알제와 트리폴리가 다시 폭력의 온상이 되었다. 하지만 이제 이런 폭력은 뚜렷한 정치적 색채를 띠었다. 1960년대 알제리 지도자들과 1970년대의 카다피는 테러리즘을 위해 돈과 무기, 훈련 시설, 피난처, 조직을 제공했다. 이러한 테러리즘 요소들은 1970년대 함께 등장해 테러리즘을 정의하기 힘들고 복잡한 문제로 만들었다. 따라서 합법적인 국가들을 불안하게 한 것이 오로지 소련의 음모였다고 볼 수는 없다. 테러리즘도 1970년대 민주주의 국가에 큰 피해를 주었다. 이탈리아는 정치적인 테러보다는 '돈벌이를 위한' 폭력에 희생당한 경우다. 1975~80년에는 납치 사건에 총 1억 달러를 지불해야 했다.[103)]

독자적인 테러 운동 단체, 서독의 바더 마인호프(Baader-Meinhof), 아일랜드 공화국군(IRA), 이탈리아의 붉은 여단, 스페인의 바스크 분리주의자, 팔레스타인해방기구(PLO)와 몇몇 아랍 단체, 라틴아메리카와 검은아프리카의 테러 집단 등이 국제적인 조직망의 지원을 받는 것은 분명한 사실이다. 이런 국제 조직망의 중심에는 카를로스(Ilich Ramírez Sánchez, Carlos the Jackal)라고 알려진 베네수엘라의 암살자 같은 공산주의자들이 있다.[104)] 여러 사례를 통해 이 테러 운동 단체들이 국제적이며 마르크스주의적이라는 걸 알 수 있다. 그중 두 가지 사례만 살펴보자. 1972년 이스라엘 로드 공항에서 일본의 적군파가 성지 순례 중이던 여행객 26명을 학살했다. 대부분은 푸에르토리코인이었다. 학살을 저지른 일본 적군파는 레바논의 팔레스타인해방기구 조직으로부터 훈련을 받았다. 그들이 들고 있던 무기는 로마에서 카를로스가 직접 전해준 것이다. 두 번째로 1974년에는 바스크 분리주의자들이 스페인 제독을 살해했다. 범인들은 쿠바와 남예멘에서 동독인, 팔레스타인인, 쿠바인에게 훈련받았다. 희생자를 살해하는 데는 IRA로부터 얻은 폭발물이 사용되었다. IRA는 KGB의 주선으로 알제에서 처음 바스크인을 만났다.[105)]

1970년대에 상대적으로 미국의 세력이 쇠퇴하고 소련의 세력이 커지는 동안 국제적인 테러 사건은 꾸준히 증가했다. (폭파, 폭탄 투척, 암살, 인질 납치, 유괴 등.) 1971년에 279건에서 1981년에는 1,709건이 되었다. 암살 사건도 1971년에 17건에서 1980년에는 1,169건으로 놀랄 만큼 증가했다.[106] 전체주의 사회에는 비밀경찰이 곳곳에 배치되어 있었다. 그들은 재판 없이 마음대로 사람을 체포 투옥 고문 살해할 수 있었다. 따라서 전체주의 사회의 시민들은 테러리즘을 별로 두려워하지 않았다. 그러나 자유민주주의 사회는 큰 공포를 느꼈다. 1970년대의 교훈은 이렇다. 첫째 테러리즘은 능동적으로, 조직적으로, 필연적으로 전체주의 국가의 세력을 확대시킨다. 둘째 테러리즘은 법치 국가와 전체주의 국가를 구분하며 전체주의 국가를 지지한다. 셋째 테러리즘은 자유주의 사회의 관대한 조직과 기구를 활용하며, 이로써 자유주의 사회를 위험에 빠뜨린다. 넷째 테러리즘은 자신을 보호하려는 문명화된 사회의 의지를 약화시킨다.[107]

더 근본적인 의미에서 1970년대의 정치적 테러리즘은 도덕적 상대주의의 산물이다. 특히 정치적 테러리즘이 자행한 심각한 잔혹 행위는 마르크스주의 사고 습관에서 비롯되었다. 마르크스주의자들은 개인이 아니라 계급으로 사고한다. 젊은 마르크스주의 이론가들은 오로지 직업을 테러의 기준으로 삼고 주로 외교관이나 기업인을 희생자로 선택했다. 그들은 희생자를 꽁꽁 묶고, 눈을 가리고, 귀를 밀랍으로 막은 뒤 지하실에 가두어놓았다. 그리곤 몇 주 혹은 몇 개월이 지난 뒤 일말의 동정심이나 주저함 없이 처치해버렸다. 그들은 자신들이 고문하거나 살해하는 대상을 인간으로 보지 않았다. 정치적 도구로 보았을 뿐이다. 이 과정에서 그들은 자신들이 파멸시킨 사람들처럼 점차 비인간화되었고 영혼을 잃어버렸다. 도스토옙스키는 위대한 반테러리즘 소설『악령』에서 이런 식으로 타락해버린 인간을 잘 묘사해놓았다.

국제연합은 모든 법치 사회의 안정을 위협하는 국제 테러리즘에 무엇보다 관심을 가졌어야 했다. 하지만 1970년대 국제연합은 부패하고 타락한 기구가 되었다. 국제연합의 무분별한 개입은 폭력을 막기보다는 폭력을 조장하는 경향이 있었다. 트루먼은 1950년에 집행권을 국제연합 총회에 넘겨주는 치명적인 실수를 저질렀다. 아이젠하워는 1956년에 국제연합이 영국과 프랑스를 침략국으로 규정하고 이집트에서 쫓아내는 것을 내버려 둠으로써 상황을 악화시켰다. 이 때문에 비참한 결과가 초래되었다. 국제연합은 원래 55개 국가가 모여 창설했다. 55개국은 대개 민주주의 국가였다. 1975년에 이르자 국제연합 회원국은 144개국이 되었고, 곧 165개국으로 늘어날 예정이었다. 이중 25개국을 제외하면 전체주의 국가 아니면 일당 국가였고, 대개가 좌익 국가였다. 소비에트 국가, 아랍 회교도 국가, 아프리카 국가가 힘을 합치면, 과반수를 이루어 영향력을 행사할 수 있었다. 따라서 테러리즘에 대항하는 조치를 취한다는 것은 생각해 볼 수 없는 얘기였다. 상황은 반대로 돌아갔다.

이미 지적했듯이, 테러리즘의 후원자이자 수혜자로서 자신 역시 테러리스트였던 이디 아민은 1975년 국제연합에서 유대인 말살을 주장했을 때 기립 박수를 받았다. 팔레스타인해방기구의 지도자 야세르 아라파트는 세계에서 가장 큰 테러 조직을 이끌고 있었지만, 국제연합 총회에서 한 자리를 차지했다. 국제연합 사무국은 오래전부터 국제연합 헌장을 따르지 않았다. 사무총장은 우체국장이나 다름없었다. 사무국의 공산주의 국가 직원들은 국가가 지정한 공동 주거지에 살며 국제 통화로 받은 봉급 수표를 자기 나라 대사관의 재무 담당 관리에게 넘겨주었다. 안전보장이사회의 사무차장 아르카디 셰프첸코(Arkady Shevchenko)에게는 그를 감시하는 전담 KGB 요원이 따로 있었다.[108]

넓은 의미에서 1970년대 국제연합 다수파는 남아공과 이스라엘을 무너뜨릴 계획을 세우고, 미국으로 대표되는 '제국주의'를 비난하는 데 관심을 쏟았다. 1974년에 국제연합은 남아공을 제명하기 위해 남아공 국제연합 대사의 신임을 거부했다. 1975년 쿠바의 수도 아바나에서는 국제연합의 비동맹 국가 회의가 열렸고, 이 회의에서 이스라엘을 국제연합에서 제명하기 위한 계획을 세웠다. 하지만 미국이 국제연합 총회를 탈퇴하고 재정 지원을 중단하겠다고 위협하자 무산되었다. 대신 국제연합 제3위원회는 이스라엘을 '인종주의 국가'로 규정하는 반유대적 결의안을 통과시켰다. 찬성 70, 반대 29, 기권 27표였다. 결의안은 쿠바, 리비아, 소말리아가 만든 작품이다. 당시 세 나라는 모두 소련의 위성국이었다. 미국 대표 레너드 가먼트(Leonard Garment)가 지적했듯이, 그 결의안은 '불길한' 것이었다. 그 결의안으로 "인종주의"가 "실제적이며 구체적인 부당 행위가 아니라 단순히 적국으로 간주되는 누구에게든 쓰일 수 있는 명칭"이 되었기 때문이다. 인종주의라는 명칭은 이제 "극단적이고 불쾌한 개념"에서 "이데올로기적 수단에 불과한 것"이 되어버렸다.[109] 결의안에 찬성하는 일부 연설들은 공개적으로 반유대주의를 드러냈고, 나치의 뉘른베르크 집회 때 들렸던 노도와 같은 갈채를 받았다. 찬성표를 던진 70개 국가 중 8개 국가만이 민주적이라고 할 수 있는 견해를 보였는데, 3분의 2가 넘는 국가들은 공식적으로 다양한 형태의 인종주의를 시행하고 있었다.

당시 안드레이 사하로프는 아직 체포되지 않고 모스크바에 있었다. 그는 결의안이 "많은 나라에서 반유대주의적 경향을 낳을 것"이라고 주장했다. 결의안으로 인해 "반유대주의에 국제적인 합법성의 외관이 부여될 것이기" 때문이다. 더 심각하고 두려운 문제는 앞으로 아랍 국가들이 투표라는 방법을 오용할 수도 있다는 사실이다. 아랍 국가들이 공동 행동에 나서서 투표를 통해 이스라엘 민족을 절멸시키려는 시도를 도덕적으로나 국제법으로 정당화시킬지도 모를 일이었다. 사실 이스라엘 민족이야말로 인종 차별과 인종 말살 정책을 피해 팔레스타인 땅에 국가를 세운 것이 아니었던가. 결의안이 총회에서 67 대 55로 통과되었을 때, 미국의 국제연합 대사는 화를 내며 이렇게 말했다. "미국은 국제연합 총회와 세계 앞에서 이 불명예스런 결의안을 인정하지도, 준수하지도, 묵인하지도 않을 것이라고 선언합니다."[110] 투표가 단지 종이조각에 불과하다는 것은 사실이다. 하지만 국제연합에 내재하는 현실적인 위험은 종이조각으로 정해지는 다수가 점차 국제연합의 실제 정책을 결정하게 되었다는 사실이다. 1970년대에 투표는 무기나 국제연합 대표들에게 주는 사사로운 뇌물로도 살 수 있었다. 이러한 국제연합 총회의 타락은 알게 모르게 국제사회의 관례가 되었다.

집단주의와 결정론

미국에 대한 공격도 똑같이 전개되었다. 미국은 점차 고립되었고, 1970년대의 경제 위기가 심화되면서 세계적인 해악의 근원이라는 비난을 받았다. 반면 아랍의 산유국들은 유가 인상으로 1974~75년 한 해 동안 700억 달러를 더 벌어들였다. 이 돈은 산업 국가와 저개발 국가의 희생의 대가였다. 그러나 국제연합 총회나 위원회가 결의안을 채택해 아랍 산유국을 비난한 적은 한 번도 없었다. 투표로 모든 것을 해결하는 국제연합 방식이 드러낸 결과다. 국제연합의 과반수가 원조의 형태로 그들의 초과 이윤을 게워내게 한 적도 없다. 국제연합의 분노는 오로지 미국과 그 연장선상에 있는 서구 국가 전체에 집중되었다. 이 분노의 기원을 추적해 보는 것도 유익할 것이다. 원래 마르크스주의는 자본주의가 붕괴한다고 주장했다. 하지만 그런 일은 일어나지 않았다. 흐루쇼프는 처음으로 이 입장에서 후퇴했다. 그는 '사회주의 블록'이 서구의 생활수준을 따라잡을 것이라고 주장했다. 하지만 이 일도 역시 일어나지 않았다. 1970년대 초 두 번째로 새로운 주장이 등장했다. 서구의 높은 생활수준은 효과적인 경제 제도의 결과가 아니라 의도적으로 그리고 조직적으로 나머지 세계에 빈곤을 강요한 비도덕적 대가라는 주장이었다. 이 주장은 제3세계에 널리 받아들여졌고, 국제연합의 기본 전제가 되었다. 그리하여 국제연합은 1974년 서구 경제의 행태를 비난하는 '국가의 경제적 권리와 의무에 관한 헌장'을 채택했다. 1974년 국제연합 세계인구회의에서는 미국의 이기주의가 비난의 대상이 되었다. 1974년 국제연합 세계식량회의는 미국과 다른 여러 국가들, 실제로 잉여 농산물을 생산하는 국가들을 싸잡아 비난했다. 인도의 식량 장관은 이들 국가 때문에 "가난한 국가들이 현재 곤경에 처해 있는 게 분명하고", 따라서 그들에게는 가난한 국가를 도와줄 의무가 있다고 생각했다. 이런 도움은 "구호"가 아니라 "과거에 있었던 선진국의 착취에 대한 뒤늦은 보상"이었다. 다음해 2월 비동맹 국가들은 "제국주의 국가들이 집요하게 식민지주의와 신식민지주의 착취 구조를 지속하고 있다"고 비난했다. "이를 통해 인류 대부분을 불행과 굶주림으로 억압하면서 사치스럽고 부유한 그들의 소비 사회를 부양하고 있는 것이다."

실제 사정이 어떠했는지 들여다보면 이러한 비난은 무척 불합리하게 느껴진다. 그전 14년(1960~73년)만 하더라도 선진국은 공식적인 개발 원조를 통해 직접, 아니면 여러 기관을 통해 918억 달러를 가난한 나라에 제공했다.[111] 이 금액은 자발적인 자원 이전으로는 역사상 유례가 없을 정도로 큰 규모다. 돈이 효과적으로 쓰였는지 여부는 다른 문제다. 사실 대부분의 돈은 비효율적이고 전제적인 정권이 여러 '사회주의' 형태를 유지하는 데 쓰였다. 줄리어스 니에레레의 탄자니아가 바로 그런 경우다. 따라서 이런 국가에서는 낙후와 퇴보가 영속화되었다. 서구가 세계의 가난과 빈곤에 어느 정도 책임이 있다는 주장은 원래 서구에서 나왔다. 탈식민지화 개념처럼 이 주장도 죄의식의 산물이다. 죄의식은 법과 정의를 약화시키는 촉매제다. 탈식민지화 개념에서도 사람을 개인이 아닌 계급의 일원으로 범주화시키는 경향이 나타났다. 이런 특징은 마르크스주의가 낳은 근본적인 오류다. 국가 구조는 계급 구조와 비교되곤 했다.

우리는 이미 반둥 세대에 '제3세계' 개념이 어떤 영향을 끼쳤는지 살펴보았다. 뛰어나지만 왜곡된 여러 개념들처럼 '제3세계' 개념은 프랑스에서 비롯되었다. 1952년 인구 통계학자 알프레드 소비(Alfred Sauvy)는 「세 개의 세계, 하나의 지구 Three Worlds, One Planet」라는 유명한 논문을 썼다. 여기서 그는 시에예스가 1789년에 한 유명한 말을 인용했다. "제3신분이란 무엇인가? 모든 것이다. 제3신분은 지금까지 정치 질서에서 무엇이었나? 아무것도 아니었다. 그들은 무엇을 요구하는가? 의미 있는 무엇이 되기를 원한다." 소비의 주장에 따르면, 냉전은 본질적으로 제3세계를 두고 벌이는 자본주의 세계와 공산주의 세계의 다툼이다. 무시당하고 착취당하고 멸시당했던 '제3세계'는 제3신분과 마찬가지로 역시 중요한 존재가 되기를 원했다.[112] 제3세계라는 말은 점차 전후 시대의 가장 중요한 유행어가 되었다.[113] 하지만 이 말은 정의되지 않았다. 이유는 간단하다. 누군가 정의하려고 하면 제3세계라는 개념은 의미가 없는 것처럼 보이고, 금세 자취 없이 사라지기 때문이다. 그러나 그 개념은 지대한 영향을 미쳤다. 덕분에 단순한 도덕적 구분을 원하는 인간의 갈망이 충족되었다. 세계에는 '좋은' 나라(가난한 나라)와 '나쁜' 나라(부유한 나라)가 있다. 나라가 부유한 건 그 나라가 나쁘기 때문이다. 나라가 가난한 건 그 나라가 순수하기 때문이다. 이 논리는 국제연합 총회가 작동하는 원리가 되었다. 이에 따라 1962년 국제연합무역개발회의(UNCTAD)가 창설되었다. 이 기구는 이런 오류를 널리 퍼뜨렸다. 국제연합의 의뢰를 받은 1969년 피어슨위원회의 보고서는 1950~67년의 원조 프로그램을 조사한 후, 자금을 제공한 나라들을 실패의 원인으로 몰아세웠다.

때가 되자 제3세계라는 용어도 유통 기한이 지나 다소 진부한 말이 되었다. 파리 지식인들의 유행 공장은 이제 '남북 문제' 라는 새로운 용어를 들고 나왔다. 이 말은 1974년 프랑스의 지스카르 데스탱 대통령이 '석유 수입국, 석유 수출국, 비산유국' 회의를 요청했을 때 처음 생겨났다. '남북'의 개념에 따르면, 죄가 있는 쪽은 '북' 이었고, 죄가 없는 쪽은 '남' 이었다. 그러나 이 개념은 경제적 사실뿐만 아니라 지리적 사실과도 크게 배치된다. 이른바 '남' 은 알제리, 아르헨티나, 브라질, 카메룬, 이집트, 인도, 인도네시아, 이라크, 이란, 자메이카, 멕시코, 나이지리아, 파키스탄, 페루, 사우디아라비아, 베네수엘라, 유고슬라비아, 자이르, 잠비아가 대표했다. '북' 은 캐나다, EEC 국가들, 일본, 스페인, 오스트레일리아, 스웨덴, 스위스, 미국으로 구성되었다. 하지만 사실 '남' 에 속하는 11개 국가는 적도 북쪽에 위치하고 있다. 그중 사우디아라비아는 세계에서 가장 높은 일인당 국민 소득을 자랑했다. 오스트레일리아는 적도 이남에 있지만 북쪽 국가로 분류되었다. 백인 자본주의 국가이기 때문이다. 소비에트 블록은 전부 북반구에 있지만, 남북의 구분에서는 아예 고려되지 않았다. 정치적인 목적을 차치한다면 남북문제라는 개념은 무의미했다. 하지만 정치적인 목적으로는 매우 유용했다. 1977년 5~6월에 파리에서 회의가 열렸다.[114] 이 회의가 탄생시킨 브란트보고서는 피어슨보고서(1980)처럼 이제 '북' 이라고 불리는 서구를 비난했고, 국제적인 과세 제도를 마련하고 이런 제도에서 북은 남에게 보조금을 지급해야 한다고 주장했다. 복지 국가를 국외로 확대한 개념이었다.[115]

남과 북의 멜로드라마에서 미국은 제일의 악당으로 등장할 수밖에 없었다. 또한 미국은 1970년대에 등장한 '다국적기업' 이라는 새로운 용어의 표적이 되어야 했다. 이 역시 프랑스에서 만든 말이다. 1967년 프랑스의 장

▶ **빌리 브란트**(1913~1992)
브란트위원회로 알려진 국제개발문제에 관한 독립위원회를 이끌면서, 개발도상국에 관한 세계경제정책을 연구했다. 케네디와 함께 있는 브란트.

자크 세르방 슈레베르(Jean-Jacques Servan-Schreiber)가 『미국의 도전 *Le Défi Americain*』이라는 책을 발표해 선풍적인 인기를 끌었다. 이 책은 확대되는 미국 기업의 해외 활동에 주목했다. 세르방 슈레베르는 1980년대가 되면 "제3의 세계적 산업 세력"은 유럽이 아니라 "유럽 내의 미국 투자자본"이 될 것이라고 예측했다. "다국적기업"이 바로 세계에 대한 "미국의 도전"이었다. 유럽의 좌파 지식인들은 이 개념을 열정적으로 받아들였다. 다국적기업 개념은 제3세계 개념으로 재해석되었다. 이에 따라 다국적기업은 '미국 제국주의'의 첨병으로 국가의 주권을 유린하는 세력이 되었다. 1974년 4~5월에 개최된 국제연합 총회에서 다국적기업은 세계적인 비방을 받았다. 거의 남아공이나 이스라엘과 같은 수준이었다. 지식인들이 퍼뜨리는 다른 대부분의 유행처럼, '다국적 기업'은 잘못된 개념인데다 이미 시효도 지난 상태였다. 다국적기업이란 단순히 많은 나라에서 사업을 벌이는 회사일 뿐이다. 다국적기업의 기원은 1900년대까지 거슬러 올라간다. 이때 질레트나 코닥 같은 기업이 유럽에 설립되었다. 이들 기업은 은행, 석유 회사, 그리고 기본적으로 국제적인 사업을 수행하는 다른 여러 회사를 거느렸다. 이들 다국적기업은 자본, 기술, 업무 능력을 부국에서 빈국으로 전파하는 데 대단히 유용한 수단이 되었다. 또한 전후 시대 지역적 환경과 국가적 편견에 순응하고 적응하는 방법을 정부 기관보다 훨씬 더 빨리 터득했다. 칠레와 페루에 관한 다국적기업의 조사 연구에 따르면, 다국적기업의 정치적 영향력은 1939년까지 상당했지만, 다국적기업이라는 용어가 유행하게 될 무렵에는 이미 크게 감소된 상태였다.[116] 미국 내에서는 인종이나 노동관계 압력 단체가 국제 기업에 대항하는 역할을 했다. 다국적기업의 폭발적 확장은 실제로 1950년대와 1960년대 초반에 나타난 현상이다. 세르방 슈레베르가 글을 쓸 무렵에는 거의 확장의 절정기에 도달해 있었다.

1959년에 미국은 세계에서 가장 큰 기업 중 111개, 즉 71퍼센트를 소유하고 있었다. 1976년에는 그 숫자가 68개, 44퍼센트로 떨어졌다. 미국 다국적기업의 절정기는 1968년이다. 이 시기는 대체로 미국의 국가적 위상의 절정기와 일치한다. 1968년 미국 기업은 해외에 540개의 자회사를 설립하거나 획득했다. 하지만 1974~75년이 되면, 미국 다국적기업의 자회사는 한 해 겨우 200개가 늘어났을 뿐이다.[117] 1966~77년의 10년간 미국의 유럽 투자가 160억 달러에서 550억 달러로 증가한 것은 사실이다.[118] 하지만 1970년대 중반이 되자, 세르방 슈레베르의 묵시론적 예언은 옳지 않아 보였다. 이 무렵 서독과 일본 기업이 미국 기업보다 훨씬 더 신속하게 해외로 진출했다. 1970년에 가장 큰 10개 은행은 모두 미국 소유였다. 그러나 1980년에 가장 규모가 큰 은행 중 미국 소유는 2개였고, 나머지는 프랑스(4개),

독일(2개), 일본과 영국(각 1개)이 차지했다. 일본은 상위 20개 은행 중 6개를 차지했고, 브라질 은행도 상위 그룹에서 찾아볼 수 있었다.[119] 많은 증거가 1970년대 세계의 경제력이 훨씬 더 폭넓게 확산되었다는 사실을 보여준다. 하지만 다국적기업에 대한 두려움은 미국에 큰 해가 되었다. 그때는 마침 미국의 상대적인 영향력이 급속하게 쇠퇴하고 있을 때였다. 미국 회사들은 과도한 권력을 행사하기는커녕 점차 냉대를 받는 처지가 되었다. 체이스 맨해튼의 어떤 직원은 이렇게 불만을 토로했다. "우리는 멕시코에 있는 미국 은행인 탓에 멕시코 당국으로부터 쓰레기 취급을 받고 있습니다."[120] 멕시코는 사실 브라질과 함께 690억 달러에 달하는 변동 금리 부채를 안고 있었다. 그 대부분은 체이스 맨해튼에 갚아야 할 돈이었다.[121] 미국 다국적기업을 대상으로 조성된 적대감은 미국에까지 흘러들어갔다. 미국에서는 1971년 외국무역및투자법(Foreign Trade and Investment Act)이 통과되었다. 이 법은 자본과 기술의 수출 통제와 다국적기업의 이윤에 대한 중과세를 요구했다. 뒤따른 갈등은 미국의 경제적 이익에 상당한 손해를 입혔다.[122]

1970년대 미국에 대한 공격은 대단히 악의적이었고, 대부분 마녀 사냥으로 묘사될 수 있을 정도로 비이성적이었다. 1970년대 세계 각지에 가장 널리 퍼진 인종 차별주의는 바로 반(反)아메리카니즘이라고 할 수 있다. "모든 것을 알면 모든 것을 용서한다"는 속담은 국제 문제에는 해당되지 않았다. 미국이 그토록 공격을 받은 이유는 미국에 대해 너무 많은 것이 알려져 있었기 때문이다. 주로 미국의 언론과 학계의 책임이 크다. 그들은 끊임없이 자기 비판적인 자료와 글을 쏟아냈다.[123] 그러나 더 근본적인 이유는 다른 데 있다. 강대국으로서 미국, 그리고 하나의 개념으로서 아메리카니즘이 집단주의와 반대되는 개인주의를, 결정론에 반대되는 자유 의지를 대표했기 때문이다. 1960년대 말, 나아가 1970년대 초중반의 지배적인 정신은 강력한 집단주의와 결정론의 성격을 띠었다.

집단주의와 결정론의 시대정신 역시 파리의 지적 풍조에서 비롯되었다. 프랑스가 다시 찾은 경제적인 활력은 파리의 지적 성과물이 세계무대에 등장하는 데 일조했다. 1940년대와 1950년대 사르트르는 적어도 자유 의지를 믿었다. 자유 의지는 그의 철학의 본질이었다. 이 때문에 사르트르의 철학은 근본적으로 마르크스주의와 병존할 수 없었다. 그가 순수하게 정치적인 수준에서 마르크스주의자들과 동맹을 맺었다고 해도 그 사실은 변하지 않는다. 사르트르는 1980년까지 살았다. 하지만 1968년 학생 운동 당시 그는 이미 지적 퇴물이 되어 있었다. 그의 자리를 대신한 인물은 모두 어느 정도는 마르크스주의 결정론에 영향을 받았다. 알다시피 마르크스주의 결정론은 세계를 형성하는 데 있어 개인의 의지나 자유 의지 혹은 도덕적 양심의 중요성을 부정한다. 하지만 그들은 정통 마르크스주의자와 달리 계급을 통해 작동하는 경제적 힘을 인간 역사의 유일한 동력으로 보지 않았다. 그들은 이를 보완하거나 대체하는 다른 설명을 들고 나왔다. 그럼에도 그들은 하나같이 인간의 의지가 아니라 숨겨진 사회의 구조가 사건을 결정한다는 마르크스의 출발점은 인정했다. 그것은 전통적으로 마르크스주의를 표방하는 사람들에게 받아들여졌던 가정이다. 마르크스는 이렇게 기술했다. "표면적으로 드러나는 경제 관계의 최종 양태는 …… 내적이지만 감추어진 본질적 양태 혹은 이에 해당하는 개념과 매우 다르거나 실로 정반대다."[124)]

인간은 구조 안에 갇혀 있다. 20세기의 인간은 부르주아의 구조 안에 갇혀 있다. 클로드 레비 스트로스(Claude Lévi-Strauss)는 1958년에 출간된 『구조 인류학 *Structural Anthropology*』에서 사회 구조가 눈에 보이지 않고 경험적 관찰로도 탐지할 수 없지만 분명히 존재한다고 주장했다. 마치 분자 구조가 전자 현미경이 아니면 볼 수 없지만 존재하는 것과 마찬가지다. 이런 구조는 정신의 틀을 결정한다. 따라서 인간의 의지 작용으로 보이는 것도 실상 그 구조에서 벗어날 수가 없다. 마르크스에게 그랬듯이, 레비 스트로스에게도 역사는 사건의 연속이 아니라 발견 가능한 법칙에 따라 움직이는 식별 가능한 패턴일 뿐이었다. 이로부터 파생된 주장을 프랑스의 아날 학파 역사가들에게서 들을 수 있다. 그중에는 페르낭 브로델이 가장 중요한 인물이다. 그의 책 『펠리페 2세 시대의 지중해와 지중해 세계 *Mediterranean and the Mediterranean World in the Age of Philip II*』(1949)는 제2차 세계대전 이후 출간된 책 중에 가장 영향력 있는 역사서다. 아날 학파는 이야기(사건 서술)를 피상적인 것으로, 개인을 중요하지 않은 것으로 무시했고, 역사에 있어 지리적 경제적 결정론의 원리를 설교했다. 오로지 이런 구조가 역사의 장기적인 과정을 결정한다는 것이다. 심리학에서는 자크 라캉(Jacques Lacan)이 프로이트를 재해석했다. (그때까지 프랑스에서는 프로이트가 대체로 무시되었다.) 라캉은 인간 선택의 여지를 거의 남기지 않는 신호, 증상, 암호, 약속 등을 분석의 도구로 하여 인간 행동에 관한 새로운 결정론을 제시했다. 문학에서는 롤랑 바르트(Roland Barthes)가 소설가는 상상력을 통한 의지의 행위로 창조한다기보다는 사회 구조에 반응하는 것이라고 주장했다. 소설가는 사회 구조로부터 충동을 끌어내고, 그가 사용하는 상징으로 사회 구조를 표현한다. 사회 구조는 기호학이라는 새로운 학문으로 체계화될 수 있었다. 언어학에서는 미국의 학자 에이브럼 놈 촘스키(Avram Noam Chomsky)가 말과 언어의 물리적 성격을 피상적인 것으로 규정하고, 그것이 이른바 언어 규칙의 심층 구조에 따라 결정된다고 주장했다.

모든 구조주의자들에게 공통적인 것은 인간의 속성과 활동이 법칙의 지배를 받는다는 마르크스주의의 가정이다. 과학 법칙이 무생물의 세계를 지배하는 것과 비슷했다. 따라서 이런 법칙을 발견하는 것이 사회 과학의 역할이었다. 사회는 사회 과학이 발견한 법칙에 따라 움직여야 했다. 이 새로운 형태의 지적 유토피아는 그 여정의 끝에 강압적인 사회공학을 강하게 암시하고 있다. 구조주의의 등장은 1950년대 후반부터 1960년대 내내 일어났던 고등 교육의 팽창과 시기적으로 일치한다. 특히 사회 과학 분야가 크게 확대되었다. 1950년대 중반부터 1960년대 말까지 고등 교육의 연평균 비용은 크게 상승했다. 영국은 거의 10퍼센트, 미국, 스페인, 일본은 11퍼센트 이상, 프랑스는 13.3퍼센트, 이탈리아, 벨기에, 네덜란드, 덴마크는 15퍼센트 이상, 캐나다와 서독은 16퍼센트 이상이었다. 이 기간 대학 입학자의 비율도 연평균 12퍼센트 이상 증가했다.[125] 심층 구조든 뭐든 구조와는 전혀 관계가 없는 이런 역사적 사건 때문에 구조주의자들은 그들 이론의 본질적 타당성에 어울리지 않는 영향력을 얻었다. 1970년대는 그들이 사회에 영향력을 최고로 행사하던 시기다. 그때는 수백만 명의 대학 졸업생이 학교 밖으로 쏟아져 나온 때와 일치한다.

구조주의의 전성기는 미국이 쇠퇴하고 소련의 세력과 영향력이 꾸준히 확대되고 있던 시기와도 일치한다. 그리고 두 가지 경향을 모두 강화시켰다. 구조주의는 그 원류인 마르크스주의처럼 반(反)경험적이고, 실제 세계보다는 이론 세계를 옹호하고, '설명' 을 위해 사실을 부정하기 때문이다. 공산주의자들은 사실이 마르크스주의 명제를 가로막는 경향을 보일 때마다 언제나 분노해왔다. 스탈린의 독재 정치 자체는 사실에 저항하는 운동, 아니면 인류를 둘러싼 곤란한 사실을 2미터 땅속에 있는 새로운 '심층 구조' 로 바꾸어놓으려는 일종의 초인적 시도였다고 할 수 있다. 구조주의자들에게 사실은 정의상 피상적인 것이었고, 따라서 왜곡된 것이었다. 논증이라는 형식으로 현실을 정연하게 배열하려는 시도는 현상의 부끄러운 옹호에 지나지 않았다.[126)]

구조주의는 국제연합이라는 가상의 카드로 만든 집에 잘 어울렸다. 이곳에서는 사실이 중요하지 않았다. 여기서는 북반구가 남반구였고, 남반구는 북반구였으며, 부가 빈곤을 낳았고, 시온주의는 인종주의였고, 죄를 저지른 건 전부 백인이었다. 국제적인 부정과 불평등의 사악한 하부 구조였던 다국적기업은 본질적으로 구조주의식 개념이다. 구조주의는 마르크스주의처럼 영지주의의 한 형태다. 엘리트들만 알 수 있는 비밀스런 지식의 체계가 구조주의였다. 구조주의와 마르크스주의는 1960년대에 급속히 세력을 확대했고, 이 둘이 결합하여 1970년대를 지적으로 지배했다. 그러나 현실이 역사로부터 오랫동안 물러나 있는 법은 없다. 사실은 어떻게든 자신을 드러내기 마련이다. 1970년대의 양상은 몇 안 되는 민주주의 사회에는 당혹스런 것이었지만, 1980년대가 가까워오면서 붕괴되기 시작했다.

Modern Times
The World from the Twenties to the Nineties

제 20 장

자유의 회복

변화의 바람

20세기는 1914~18년 제1차 세계대전이라는 비극에서 시작되어, 많은 사람에게 무자비한 도덕적 물리적 재앙의 연속으로 보였다. 부는 급속히 증대되었다. 선진국은 특히 부유해졌다. 과학적 발견의 행진도 꾸준히 계속되었다. 하지만 그런데도 불행이 닥쳤다. 허버트 웰스는 한때 영원히 계속될 인류 진보의 예언자로 군림했다. 그러나 그 또한 일찍이 1945년 절망에 빠져 『정신의 한계 *Mind at the End of Its Tether*』라는 책을 출판했다.[1] 그 책은 그의 우울한 유언장과도 같았다. 그 뒤에도 다시 재앙이 일어났다. 1970년대는 예외적인 불안과 환멸의 시대였다. 냉전의 치열한 경쟁이 전 세계로 확대되었고, 여기에 환경과 천연자원의 고갈이라는 두려움이 더해졌다. 동유럽, 대부분의 아프리카, 아시아, 라틴아메리카는 집산주의의 고통 아래 신음했다. 민주주의와 민주주의에 의미를 부여하는 법치는 어디서나 수세에 몰렸다. 민주주의와 법치의 심장부라 할 수 있는 미국도 예외는 아니었다. 1979년 미국의 카터 대통령은 공개적으로 "국가의지의 심장과 영혼, 정신에 충격을 주는 위기"에 대해 언급했다. "미래에 대한 우리의 신념이 침식당하고 있습니다. 이런 상황은 미국의 사회적 정치적 구조를 파괴하는 위협이 되고 있습니다."[2)]

하지만 1980년대가 도래하면서 거대한 변화의 바람이 불어왔다. 1980년대를 너머 1990년대까지 기세를 떨친 이 변화의 바람은 기존의 모든 것을 일소하여, 세계의 풍경을 몰라보게 바꾸어놓았다. 1980년대는 현대사에서 일대 전환점이 되었다. 민주주의의 정신은 자신감과 영향력을 회복했다. 세계 대부분의 지역에서 법치가 다시 확립되었고, 국제적 약탈 행위는 저지되거나 응징을 당했다. 국제연합, 특히 안전보장이사회는 처음으로 원래의 설립 의도대로 기능하기 시작했다. 자본주의 경제는 대단한 번영을 누렸다. 거의 어디서나 시장 경제 체제가 부를 증대하고 생활수준을 향상시키는 가장 확실하고 유일한 방법임을 알게 되었다. 일종의 지적 교리였던 집산주의는 붕괴했다. 집산주의의 본거지에서도 집산주의를 포기하는 과정이 진행되었다. 마지막 식민지주의 제국이었던 스탈린 제국은 해체의 과정을 밟았다. 소비에트 체제 자체가 점증하는 긴장 아래 놓이게 되었고, 소련의 갖가지 문제는 초강대국이라는 국가의 위상을 형성하고 있던 토대를 허물어뜨렸다. 냉전을 지속시키려는 소련 통치자들의 의지도 크게 약화되었다. 1990년대에 이르자, 열핵전쟁에 관한 끔찍한 상상은 사라졌고, 세계는 더 안정되고 무엇보다 평화로워진 것 같았다. 이 극적인 반혁명은 어떻게 일어난 것일까?

그것은 본질적으로 보통 사람들의 생각과 바람, 신념을 충실히 따르는 뛰어난 대중 지도자들의 업적이다. 결코 지식인의 업적이 아니며, 철학자, 경제학자, 정치 이론가가 이룬 것도 아니고, 학계 전반이 이룩한 것도 아니다. 대학은 이와는 거의 혹은 전혀 상관이 없다. 대학이 18세기 말 첫 산업혁명 때 아무 역할도 하지 못했던 것과 비슷하다.[3)] 한때 마르크스주의를 열광적으로 선전하던 정부조차 마르크스주의를 포기하는 상황에서, 대학

교정만이 마르크스주의를 지지하고 가르쳤다. 대학은 실패한 이상의 영원한 고향이다.

20세기 지식인은 갈팡질팡하는 인류를 분명하고 확고한 길로 이끌지 못했다. 그들의 실패 또는 무능력에 대해 좀 더 상세히 살펴보는 일은 무척 중요하다. 그들의 실패와 무능력으로부터 20세기의 비극이 시작되었기 때문이다. 제1차 세계대전 후 70년간 지식의 총량 자체는 유례를 찾아볼 수 없을 정도로 급속하게 증가했다. 하지만 1990년대에 교육 받은 사람들은 여러 면에서 기원전 2500년경의 고대 이집트인보다도 확신이 부족했다. 적어도 고왕국의 이집트인에게는 분명한 우주관이 있었다. 1915년 아인슈타인은 뉴턴의 우주를 무너뜨렸다. 하지만 대신 등장한 우주론은 사변적인 이론에 불과했다. 일반상대성이론은 고전적인 설명이었고, 우주 탄생 순간의 특이점을 기술하는 데는 적용할 수 없었기 때문이다. 빅뱅이론은 우주가 60~100억 년 전 무(無)에서 시작되었다는 이론이다. 빅뱅이론에 따르면, 본질적으로 중요한 모든 것은 폭발 직후 20분 안에 생겨났다. 빅뱅의 수학적 모델은 창세기 1장에 소박하게 기술되어 있는 유대 기독교의 가설만큼이나 증명하기 힘든 것이다. 이 둘은 정말 놀랄 만큼 비슷하다. 아인슈타인의 발견 이후 70여 년간 우주에 관한 경험적 지식은 인상적인 속도로 축적되었다. 특히 1970년대와 1980년대에는 우주 탐사기로부터 막대한 양의 정보가 지구에 도착하기 시작했다. 우주에 떠다니는 마이크로파 배경복사의 측정 결과는 빅뱅이론이 거의 확실한 것임을 시사했다.[4] 하지만 한 과학자는 이렇게 간략하게 정리했다. "우리의 우주는 우연히 생겨나는 수많은 우주 가운데 하나일 뿐이다." 우주의 탄생에 관한 최초의 사건에 관해 명확히 그림을 그리는 일은 여전히 쉽지 않다.[5]

현대의 역사가는 때때로 진보가 확신을 무너뜨린다는 우울한 결론에 유혹을 받는다. 18세기와 19세기 서구의 엘리트들은 인간과 진보가 이성에 지배받는다는 것을 확신했다. 현대의 가장 큰 발견은 이성이 인간의 문제에 대단한 역할을 하지 못한다는 것이다. 심지어 과학자들조차 이성에 따라 움직이지 않는다. 막스 플랑크(Max Planck)는 슬픈 어조로 이렇게 말했다. "새로운 과학적 진리는 반대자들을 납득시키지 못한다. 그들은 단지 사라질 뿐이고, 다른 세대가 나타나 처음부터 그 진리를 새로 접하게 되는 것이다."[6] 에딩턴이 아인슈타인의 일반상대성이론을 입증하고 3년 뒤, 불변하는 시간과 공간에 대한 믿음이 사라졌을 때 루트비히 비트겐슈타인의 『논리 철학 논고 *Tractatus Logic-Philosophicus*』가 출간되었다. 비트겐슈타인은 우리 시대 중요한 인물이다. 그의 위대한 저서 『논리 철학 논고』는 인간 이성의 지침으로서의 철학에 대한 확신을 수십 년에 걸쳐 무너뜨렸다. 반세기 동안 철학계에 미친 비트겐슈타인의 영향력은 실로 엄청났다. 1990년대 초가 되자 그의 정신이 온전한가에 대한 의문이 제기되었다. 그는 천재였을까 아니면 단순히 미치광이였을까?[7] 하지만 그때는 이미 철학의 명예가 크게 손상된 상태였다. 논리 실증주의의 대가 알프레드 에어(Alfred J. Ayer)는 1989년 사망하기 전, 세계적인 철학자로 널리 인정받고 있었다. 어느 정도 자기만족적인 기분에서 그가 한 말에 따르면, 철학은 인간이 현명하다기보다는 무지하다는 것을 증명했다. "철학은 우리가 안다고 생각하는 많은 것을 우리가 실제로 모르고 있다는 사실을 보여주곤 한다." 경험적으로 널리 알려진 지식을 보통 상식이라고 하지만, 버트런드 러셀은 상식을 "미개인들의 형이상학"이라고 경멸했다.[8] 그러나 철학자들이 세계에는 온통 바보들이 살고 있다고 생각했다 하더라도, 그들 대부분은 당대의 중요한 문제들과 관련하여 사람들을 계몽시키려는 노력을 거의 혹은 전혀 하지 않았다. 중요한 현안에 관해 많은 글을 쓴 러셀조차 대중적인 저널리즘과 '진지한' 작업을 명확히 구분했다.[9] 20세기 철학은 부정적이고 파괴적인 성격을 띠었다. 게다가 언어의 부적합성과 불충분성에 지나치게 사로잡혀 있었고, 무엇보다 인류가 직면한 거대한 문제에 맞서려는 진지한 노력을 기울이지 않았다. 그리하여 이러한 문제와 씨름해온 소수의 철학자들은 부끄러움을 느꼈다. 대표적인 인물은 칼 포퍼다. 그는 "내가 철학자로 불리는 것이 자랑스럽다고 말하지 못하겠다"라고 썼다.[10]

더욱이 철학자들이 신뢰하는 도구조차 확대되는 불확실성의 안개에 둘러싸였다. 그 도구는 바로 논리학이다. 두 세기 전에 칸트는 『논리학 *Logik*』(1800년)에서 다음과 같이 단언했다. "더 이상의 변경을 허용하지 않고 항구적인 형태에 이를 수 있는 학문은 얼마 되지 않는다. 논리학은 이런 학문에 속한다. …… 논리학에서는 더 이상 발견을 요구하지 않는다. 논리학은 사고의 형식만을 다루기 때문이다." 1939년 말에 한 영국 철학자는 이렇게 주장했다. "오늘날의 독재자들은 매우 강력하다. 하지만 그들이라고 해도 논리학의 법칙을 바꿀 수는 없다. 아마 신조차도 그렇게 할 수는 없을 것이다."[11] 그로부터 13년 후 미국 철학자 윌러드 콰인(Willard Quine)은 논리학의 정의에 근본적인 변화가 일어나고 있다는 사실을 묵묵히 인정했다. "케플러(Johannes Kepler)가 프톨레마이오스(Claudius Ptolemaeos)의 뒤를 잇고, 아인슈타인이 뉴턴의 뒤를 잇고, 다윈이 아리스토텔레스의 뒤를 이었다. 이러한 일을 가능하게 한 변화와 논리학에서 일어나는 변화 간에 원칙적으로 어떤 차이가 있겠는가?"[12] 그 뒤 수십 년 동안 고전적인 논리학에 맞서는 새로운 체계가 출현했다. 보흐바르(D. A. Bochvar)의 다치논리학(多値論理學), 버크호프(George D. Birkhoff), 데스트슈 페브리에(Paulette Destouches-Février), 라이헨바흐(Hans Reichenbach)의 극소 논리 체계, 의무 논리 체계, 시제 논리 체계 등. 논리학에 대해서도 경험적 증거나 반증을 얘기하는 게 가능해졌다.[13] 걱정에 싸인 한 논리학자는 "비표준적 체계를 적용하면" 진리에 관한 이론에 어떤 결과가 생길지 의문을 제기했다.[14] 또 다른 논리학자는 양상 논리 체계를 연구하다가 이렇게 말했다. "누군가 이 학문에 속하는 체계를 더 많이 알고 또 연구하게 된다면, 아마 난감한 심정이 될 것이다. 이 학문은 꼭 씨족 같다. 새로운 논리의 체계를 끝도 없이 생산하고 증식시키는 능력이 있기 때문이다."[15]

논리 규칙마저 변화하고 분열되는 세계에서 1920년대 세대가 '당연하게' 생각한 양상으로 현대가 전개되지 않았다는 사실은 전혀 놀라운 일이 아니다. 역사에서는 일어난 사건뿐만 아니라 일어나지 않은 사건 또한 중요하다. 종교적 믿음이 사라지지 않았다는 것은 현대의 중요한 사건이라 할 수 있다. 수백만 명의 사람들, 특히 선진국에 사는 사람들의 삶에서 종교는 더 이상 그리 큰 역할을 하지 못했다. 파시즘, 나치즘, 공산주의, 인도주의적 유토피아를 건설하려는 시도, 우생 또는 보건 정치, 성적 해방의 이데올로기, 인종 정치, 환경 정치가 종교의 공백을 메웠다. 종교의 공백을 메우는 과정은 20세기 역사의 대부분을 뒤덮고 있다. 하지만 그보다 더 많은 사람들의 삶에서 — 사실상 인류의 압도적인 다수의 삶에서 — 종교는 여전히 큰 비중을 차지한다. 니체는 종교적 믿음이 정치적 광신과 전체주의적 권력의지로 대체되리라 정확히 예언한 바 있다. 하지만 대단히 비논리적이지만, 종교적 정신은 세속화 가운데서도 살아남았고, 따라서 죽어가는 신을 부활시킬 수 있었다. 니체는 이것을 알지 못했다. 1990년대에 시대에 뒤쳐지고 더욱이 우스꽝스러워 보인 것은 종교적 믿음이 아니라, 포이어바흐(Ludwig Feuerbach), 마르크스, 뒤르켐(Émile Durkheim), 프레이저, 레닌, 웰스, 쇼, 지드, 사르트르가 남긴 신의 죽음에 대한 확신에 찬 예언이었다.

우리 시대의 끝에 이르러서도 '세속화' 라는 용어는 논란을 낳고 있다. 한 사회학 교수는 분개하여 이렇게 썼다. "세속화라는 개념 전체가 반종교적 이데올로기의 수단으로 보인다. 비난하려는 목적으로 종교에서 '현실적인' 요소를 찾아내고, 이를 되돌릴 수 없고 이론의 여지가 없는 과정의 개념과 자의적으로 연결시킨 것이다. …… 세속화라는 개념은 사회학 용어에서 삭제되어야 한다."[16] 호전적인 무신론으로서 세속화 운동은 개신교의 비국교도 운동이 일어났던 1880년대와 때를 같이하여 서구에서 절정을 이루었다. 따라서 레닌은 선구자라기보다는 생존자다. 그리고 그의 세속화 프로그램은 논의를 통해 확립된 것이 아니라 무력이 강요한 것이다.[17] 1990년대 레닌이 세워놓은 반신 박물관(Museums of Anti-God)과 과학적 무신론의 권좌(Chairs of Scientific Atheism)는 단순히 역사적 기념물로 남아 있을 뿐이며, 이미 해체되거나 폐기되었다. 실증주의처럼 한때 영향력을 행사했던 종교의 대체물은 거의 자취도 남기지 않고 사라졌다. 그런 의미에서 존 헨리 뉴먼(John Henry Newman)의 말은 실로 타당했다. "진정한 종교는 느리게 성장한다. 하지만 일단 자리를 잡으면 그 뿌리가 쉽게 뽑히지 않는다. 반면 종교를 대신한 지적인 위조품은 그 안에 뿌리가 없다. 갑자기 피어났다가 갑자기 시든다."[18] 이 진리를 가장 극적으로 보여주는 사례는 러시아일 것이다. 이곳에서는 레닌이 이식한 공산주의 이데올로기에 대한 신념이 붕괴되었다. 1989~91년 자유주의의 물결이 높아지자 정교와 가톨릭교가 정권의 폭압에도 살아남아 영향력을 확대해 갔다.[19] 전 세계적으로 '불가지론' 으로 이름붙일 수 있는 정신적 혼란이 널리 퍼져 있는 상황에서도 진정한 무신론자들의 수는 1890년보다는 1990년에 더 적어 보인다.

하지만 종교 조직은 역설로 가득 차 있었다. 이러한 역설들은 카롤 보이티야(Karol Wojtyla)라는 폴란드인 안에 구현되었다. 그는 1978년 10월 16일 263대 로마 교황에 즉위했다. 그에게는 교황 요한네스 파울루스 2세(Johannes Paulus II)라는 새로운 호칭이 주어졌다. 그는 1522년 이후 최초의 비이탈리아계 교황이고, 1846년 이래 가장 젊은 교황이며, 최초의 동슬라브족 교황이다. 교황에 즉위하기 전까지는 추기경이자 크라쿠프(Cracow)의 대주교였다. 그를 선택한 것은 매우 적절했다. 이제 폴란드가 가톨릭의 중심이 되었기 때문이다. 처음에는 히틀러가, 나중에는 스탈린과 후계자들이 폴란드에서 교회를 없애기 위해 갖은 수단을 다 썼다. 히틀러는 가톨릭계 학교와 대학교, 신학교를 폐쇄했고, 성직자의 3분의 1을 살해했다. 적군은 1945년 폴란드에 루블린 정부를 세우면서 교회가 한 세대 안에 사라질 것이라고 확신했다. 하지만 전쟁 전 폴란드에서 교회가 특별한 지위를 누린 것은 사실이지만, 심한 박해를 받은 전쟁 후의 인민공화국이 가톨릭에 더 불리한 환경이었다고 할 수는 없다. 전후의 새로운 국경 덕분에 폴란드는 보기 드물게 동질적인 국가가 되었다. 95퍼센트 이상이 인종적으로 폴란드인이었으며, 사실상 모두가 가톨릭교도로 세례를 받았다. 가톨릭은 이질적인 공산주의 정권에 대한 저항의 중심 세력이 되었다. 1960년대에 가톨릭 사제직은 수적으로 전쟁 전의 수준인 18,000명을 회복했다. 사제, 수사, 수녀 등 교단에 소속된 사람들은 1939년 22,000명에서 36,500명으로 늘어났다. 수도원 시설, 소(小)수도원, 수녀원은 전쟁 전에 비해 50퍼센트 증가했다. 92~95퍼센트의 어린이가 18,000개의 교리 문답 교육 기관에서 교육을 받은 뒤 영성체를 받았다. 90퍼센트 이상의 폴란드인이 가톨릭의 의식에 따라 장례를 치렀다. 농민들이 도시로 유입되면서 도시 인구가 다시 복음의 말씀에 귀를 기울였다. 도시 거주자의 4분의 3이 교회에서 결혼했다. 심지어 도시에서조차 일요 미사 참석률이 50퍼센트를

넘었다. 이러한 수치는 세계 어느 곳에서도 찾아볼 수 없었다.[20]

게다가 가톨릭은 배후에서 '연대자유노조(Solidarność)' 라는 새로운 폴란드 노조를 움직였다. 연대자유노조는 1980년 6월 그다인스크 조선소에서 처음으로 활약했다. 2개월 뒤 정부는 마지못해 연대자유노조를 합법단체로 승인했다. 연대자유노조는 열렬한 가톨릭교도였던 지도자 레흐 바웬사(Lech Walesa) 아래서 1980년대 점차 정권의 토대를 허물어뜨렸다. 1981년에 연대자유노조는 불법화되었지만, 1989년 4월 마침내 공산주의 정권이 무너지면서 다시 합법화되었다. 4개월 뒤 8월 24일 폴란드는 소비에트 블록 가운데 비공산주의 정부를 세운 최초의 국가가 되었다. 바웬사의 동료로 가톨릭 신문의 편집장이었던 타데우슈 마조비에츠키(Tadeusz Mazowiecki)가 총리의 자리에 올랐다. 공산주의 붕괴는 1990~91년에 완료되었다. 바웬사는 대통령에 당선되었고, 남아 있던 모든 종교적인 제약은 사라졌다. 대체로 평화적인 정권 교체였다. 폴란드의 사례는 개인의 자유에 대한 인간의 갈망과 종교적 믿음이 결합되었을 때 얼마나 큰 힘을 발휘할 수 있는가를 보여준다. 폴란드인의 종교적 영혼은 이처럼 무신론 국가의 틀 안에서 용솟음쳤다.

폴란드 출신의 새 교황은 활력에 넘치는 이 역설적인 정열을 한 몸에 구현하고 있었다. 사실 카롤 보이티야라는 인물 자체가 역설이었다. 그는 지식인이자 시인, 극작가였으며, 실존주의를 기독교화한 현상학적 전통 가운데서 교육받은 전문 철학자였다. 하지만 한편으로는 성지, 기적, 순례, 성인, 묵주 신공, 성모 등 가톨릭 대중문화에 심취한 인물이기도 했다. 그는 제2차 바티칸 공의회의 가장 열성적인 일원이었다. 공의회는 개혁적인 교황 요한네스 2세가 교회를 '쇄신' 하기 위해 소집했다. 공의회는 4년 동안 모든 교회 활동을 현대화했고, 지역 특색에 맞는 새로운 예배 의식과 협의 민주주의 형태를 도입했다. 1960년대의 낙관주의와 환상을 반영하고 있었지만, 그 기조는 1968년을 넘어서지 못했다. 그해는 세속 사회처럼 가톨릭교회에도 긴장이 최고조에 달한 순간이었다. 새로운 교황 바울로 6세는 인공 피임에 대한 교회의 금지 철폐를 거부했고, 회칙 '인간의 생명' 에서 인공 피임을 다시 한번 비난했다. 1970년대는 교회 밖의 세계와 마찬가지로 가톨릭교 세계에도 환멸의 시기가 되었다. 미사 참석자 수는 줄어들었고, 교회의 권위는 쇠퇴했다. 심각한 내부 분열이 일어났고, 신앙은 퇴색되었으며, 수천 명의 사제가 성직을 포기했다. 가장 큰 수도회로 영향력 또한 막강했던 예수회가 하나의 실례가 될 것이다. 제2차 바티칸 공의회가 열렸을 때, 예수회에는 36,000명이 있었다. 1920년대의 두 배에 해당하는 숫자다. 하지만 이런 신장세는 1960년대 후반 역전되어 1970년대에는 예수회 수사의 수가 3분의 1로 줄어들었다. 또한 신학생과 수련 수사도 16,000명에서 3,000명으로 감소했다.[21)]

교황 요한네스 파울루스 2세는 1970년대와 1980년대 사이의 과도기적 특성을 나타내는 새로운 현실주의의 정신과 보수화 경향, 권위의 회복을 반영하는 인물이다. 그는 전통적인 가톨릭의 회복을 이루어냈다. 19세기에 찾아온 철도 시대가 순례자들을 로마, 루르드, 그리고 또 다른 성지로 불러들였듯이, 가톨릭은 새로운 교황의 지도력 아래 활기를 되찾았다. 요한네스 파울루스 2세는 교황의 정규 임무를 수행할 때면 제트기와 헬리콥터를 타고 전 세계를 돌아다녔다. 그는 더 많은 사람에게 자신의 모습을 보여주기 위해 특별히 제작된 유리 덮개 차량을 타고 다녔다. 이 차량은 '교황자동차(Popemobile)' 로 불렸다. 고령에도 불구하고 그는 1980년대와 1990년대 내내 세계 각지를 순방했다. 사실상 세계 거의 모든 곳을 돌아다녔고, 어떤 지역은 수차례 방문하기도 했다. 그는 여러 번 역사상 가장 큰

▶ 사람들의 환호를 받는 교황 파울루스 2세.

인파를 모았다. 1990년 말 그가 집전하는 미사에 참석한 사람은 2억 명을 넘어섰다. 1981년 5월에 암살 기도를 모면하고 건강이 회복되자마자, 그는 금세 외국 순방을 재개했다. 아프리카와 라틴아메리카에서는 100만 명 이상의 회중이 옥외 미사에 참석했다. 아일랜드에서는 전 인구의 절반이 그를 보기 위해 모여들었고, 성모 성지로 유명한 폴란드의 체스토호바(Czestochowa)에서는 350만 명의 회중이 운집했다. 그때까지 기록으로는 역사상 최대 규모였다.[22)]

사람들의 반응은 기독교가 얼마나 큰 영향력을 발휘하고 있는가를 보여주었다. 이 사실은 인구 통계학에 반영되었다. 1978년 요한네스 파울루스 2세가 교황으로 즉위할 당시 로마 가톨릭의 신자 수는 7억 3,913만 6,000명 — 세계 전체 인구 40억 9,411만 명의 약 18퍼센트 — 이었다. 로마 가톨릭 교회는 강력한 교육 문화 세력이기도 했다. 79,207개의 초등학교와 28,000개 이상의 중고등학교를 운영하고, 대학에도 상당한 지원을 하고 있었기 때문이다. 1960년대 초에는 전통적인 유럽의 가톨릭 신자가 (북미까지 포함해) 전체 신자의 51.5퍼센트를 점유하고 있었다. 그러나 요한네스 파울루스 2세가 즉위하고 나서 가톨릭은 근본적으로 제3세계의 종교가 되었다. 가톨릭 인구가 1,000만 명을 넘는 16개 국가 중 8개국은 제3세계에 속하는 나라였다. 가톨릭 신자 수가 많은 나라부터 열거하면, 브라질(가톨릭 교도는 1억 명이 넘고, 주교는 가장 많은 330명이다), 멕시코, 이탈리아, 아르헨티나, 콜롬비아, 페루, 베네수엘라, 프랑스, 스페인, 폴란드, 서독, 체코슬로바키아, 미국, 자이르, 필리핀 순이다.[23] 1990년에 가톨릭 신자의 60퍼센트 이상은 개발도상국, 특히 라틴아메리카와 아프리카에 살고 있었다. 1990년대 말이 되면 70퍼센트로 늘어날 것으로 예상되었다. 가톨릭은 이제 더 이상 유럽의 종교가 아니었다. 가톨릭은 도시와 대도시에서 영향력을 확대해갔다. 2000년경에는 많은 가톨릭 신자가 인구 500만 이상의 거대 도시에 거주하고 있을 것이라 기대되었다. 세계에서 가장 큰 두 도시 멕시코시티와 상파울루의 예를 들면, 멕시코시티에서는 3,100만 명, 상파울루에서는 2,600만 명의 가톨릭 신자가 살게 될 것으로 예상되었다.[24] 가톨릭 신자는 라틴아메리카가 가장 많았다. 높은 출산율로 1945년 이후 인구가 두 배 이상 늘어났기 때문이다. 그렇지만 가톨릭이 세를 확장한 것은 검은아프리카에서 급속하게 개종이 이루어졌기 때문이다. 가톨릭교회는 1950년 이후 선교사의 수를 두 배로 늘렸다. 1970년대 중반의 조사에 따르면, 가톨릭은 아프리카에서 가장 빠른 교세 확장을 보였다. 아프리카의 가톨릭 신자는 1950년 약 2,500만 명에서 1975년 약 1억 명으로 늘어났다.[25] 1990년대 초, 남아프리카, 중앙아프리카, 동아프리카의 가톨릭 신자는 약 1억 2,500만 명에 달할 것으로 추정되었다.

하지만 선진국에서는 (교황 요한네스 파울루스 2세의 노력에도 불구하고) 가톨릭 세력이 약화되었다. 미국에서는 일요일마다 정기적으로 교회나 예배당에 다니는 사람들의 숫자가 1950년대에 가장 많았다. (유럽에서는 1880년대 후반에 가장 많았다.) 다른 대부분의 주류 기독교 교회와 달리 가톨릭교회의 미사 참석자는 1970년대 중반까지 꾸준히 증가했다. 하지만 그 뒤 정체되었고, 1980년대 말부터는 급격한 감소의 징후를 보였다. 그 무렵 북미의 교회 내부에서 심각한 분란이 일어났기 때문이다. 피임, 결혼 무효(요한네스 파울루스 2세 아래서 특히 더 어려워졌다), 동성애자의 처우, 여성 성직자의 역할, 그 밖의 다른 쟁점에 대한 의견 대립이 있었다. 요한네스 파울루스 2세는 모든 문제에 대해 보수적인 입장을 취했다. 폴란드와 서독은 아니라고 해도 프랑스, 이탈리아, 스페인에서도 가톨릭의 교세가 감소했다. 영국에서는 1980년대 일요일마다 정기적으로 교회에 다니는 사람의 수가 10퍼센트 아래로 떨어졌다. 1991년에 발표된 영국 국교회 조사에 따르면, 1981~90년의 10년간 영국 교회 전체에서 일요일 예배자 수가 50만 명이나 줄어들었다. 침례교를 제외하면 모든 주류 교회의 신자 수는 감소했다. 세 번째로 신자가 많은 영국 국교회는 신자가 9퍼센트 줄어들었다. 여전히 가장 큰 교파였던 로마 가톨릭은 놀랍게도 14퍼센트나 감소했다. 유일하게 신자가 늘어난 교파는 교조적이며 근본주의적인 비국교 분파들이었다.[26)]

1970년대 말부터 1990년대까지 세계가 목격한 사실은 신앙을 합리화하고 대체로 비종교적인 사회와 타협하려 했던 교회와 종교 단체들이 전반적으로 쇠퇴했다는 것이다. 이와 동시에 근본주의가 득세하게 되었다. 근본주의는 합리주의를 도외시하고, 믿음과 기적적인 계시를 강조하고, 종교적 믿음에 기반을 두지 않은 단체와 타협하기를 거부했다. 종교 '합리화'의 상징은 세계교회협의회다. 이 조직은 1980년대 전반에 걸쳐 교회 일치 운동과 최소 신앙주의, 마르크스주의나 다른 반종교적 사상들과 타협할 필요가 있다고 강조했다. 하지만 세계교회협의회는 사람들의 지지를 잃었고, 1991년 2월 캔버라에서 열린 회의 때는 스스로 신뢰를 저버리는 지경에 이르렀다. 회의가 열리는 동안 일부 대표는 휴게실에서 여성의 성직 참여 확대를 요구하는 게시물을 보고 충격에 휩싸였다. 거기에는 "남녀가 비정상적인 행위를 하는 음란 만화도 있었다." 또 다른 음란 만화에서, 회의에 참석한 어떤 저명한 종교 지도자는 "한 여성 대표에게 성적 행위를 요구했다." 그는 "그녀가 자신의 요구를 받아들일 때까지 그녀의 머리를 때렸다."[27]

기독교 합리화의 또 다른 형태는 이른바 '해방 신학'이다. 원래 독일에서 유래한 해방 신학은 가톨릭 실천주의를 급진적인 정치적 힘으로 바꾸려 했다. 해방 신학의 지지자들은 공산주의 세포 원리에 따라 조직된 '기초 공동체'를 토대로 하여 무력으로 억압적인 우익 정권의 전복을 도모했다. 1970년대와 1980년대 해방 신학은 언론의 주목을 끌었고, 브라질과 중앙아메리카에서 세력을 확대했다. 카스트로의 공산주의 위성 국가 니카라과에서는 해방 신학을 지지한다고 밝힌 네 명의 가톨릭 사제가 1979년 장관직에 올랐다. 2년 뒤 담당 주교가 그들에게 목회자의 본분으로 돌아가라고 지시했지만, 그들은 주교의 지시를 거부했다. 라틴아메리카의 성직자들은 당시까지 대개 기존의 권위에 복종했지만, 그중 일부는 1965~80년 강력한 도덕률 폐지론자가 되었다.[28] 그러나 이러한 가톨릭의 정치화는, 비록 언론에게는 흥미진진한 소재였다 하더라도, 소수 엘리트에게 한정된 것이었다. 대부분의 사제와 주교는 전통을 강력하게 고수했다. 평신도들은 특히 더 그랬다. 해방 신학은 대중적인 시도를 벌이곤 했지만, 큰 반응을 불러일으키지는 못했다. 니카라과의 산디니스타 정권은 마르크스주의자 다니엘 오르테가(Daniel Ortega)가 이끌었고, 해방 신학의 지지자들은 그를 지원하거나 협조했다. 산디니스타 정권은 1990년 역사적인 자유선거가 실시되었을 때 결정적인 패배를 맛보았다.

사실 1970년대와 1980년대 라틴아메리카에서는 두 가지 근본주의 운동이 무엇보다 두드러진 종교 현상이었다. 둘 다 거의 모든 지역에서 광범위한 지지를 얻었다. 첫 번째는 복음주의 개신교다. 당시까지 라틴아메리카에서는 개신교로 개종하는 것이 금지되어 있었다. 국가와 가톨릭교회와 맺은 정교 조약이나 가톨릭에 특권을 부여하는 법률 때문이었다. 이런 금지 조항이 해제되자 개신교 세력이 대규모 선교사를 파견했다. 선교단은 주로 미국이 이끌거나 자금을 지원했다. 미국에서는 복음주의가 TV, 라디오, 유선 방송을 활용하여 1960년대부터 1980년대까지 큰 성장을 보였고, 널리 알려진 '도덕적 다수(Moral Majority)'를 형성했다. 미국의 선교 노력은 라틴아메리카, 특히 멕시코, 중앙아메리카, 콜롬비아, 브라질, 베네수엘라에서 놀랄 만한 성공을 거두었다. 1980년대 말이 되자 새로운 세대의 라틴아메리카 복음주의자들이 활동했다. 두 번째는 가톨릭의 반응으로 나타난 '민중 신앙'이다. 이 운동은 원래 자연 발생적으로 생겨났고, 개신교의 복음주의와 본질적으로 큰 차이가 없는 종교 의식이다. 반정치적이고 반지성적이며 자발적이고, 독실함과 열성을 강조했다. 민중 신앙은 가난한 사람들 사이에서 대중적인 지지를 얻었다. 하지만 개신교 복음주의가 성경을 강조하는 반면, 가톨릭 근본주의는 성인(때론 비공식적인 지역의 성인), 성물, 성지 숭배로 특징지어졌다.

요한네스 파울루스 2세는 1979년 1월 민중 신앙 운동에 승인 도장을 찍었다. 그는 이때 과달루페 성모의 성지를 방문했고, 인디언 스타일의 성모에게 멕시코 국민을 맡겼다. 물론 이런 민간 숭배는 대개 이단이며 이교와 기독교의 혼합으로, 시골에서 번성하여 이주 농민을 따라 끝없이 팽창하는 도시로 흘러들어갔다. 고향을 잃은 농민들은 이를 통해 도시적 소외를 극복하곤 했다. 이런 형태의 융합은 언제나 급속한 인구 증가, 인종적 문화적 혼융, 이주와 변화의 시기에 나타나는 경향이 있다. 이 현상은 브라질에서 특히 두드러졌다. 브라질에서는 조상이 노예였던 흑인 인구가 궁극적으로 아프리카에서 기원하는 신앙과 숭배 양식을 그대로 간직하고 있었기 때문이다.[29] 이교와 기독교의 융합 현상은 아프리카에서 훨씬 더 중요한 특징이 되었다. 기성 종파의 교세 확장, 신앙 부흥 운동, 기묘한 분파, 영지주의, 복음주의, 기독교 시온주의, 열렬한 정통파 신앙과 광신적 열정이 들끓는 소용돌이는 서기 3세기 소아시아와 발칸 반도에 퍼져 있던 원시 기독교와 더욱 더 흡사했다.[30] 튀빙겐과 위트레흐트대학교의 신학자들이 기독교 신앙의 토대를 허물고 있는 동안, 멕시코시티와 상파울루, 레시페와 리우데자네이루, 케이프타운, 요하네스버그, 라고스, 나이로비의 빈민가에서는 기독교 신앙이 퍼져나갔다. 전자의 집단이 수천 명을 대변한다면 후자의 집단은 수백만 명을 대변했다.

이슬람 근본주의의 부흥

이슬람 근본주의의 정신은 1975년 무렵부터 세력을 얻기 시작해 1980년대에는 강력하고 대중적이며, 많은 사람들에게 공포를 불러일으켰다. 이슬람 근본주의는 모든 종교에 영향을 미쳤다. 때로는 이에 대한 반발로 경쟁 종교에서 근본주의 운동이 일어나곤 했다. 1950년대에 시작되어 1990년대 초까지 계속된 이슬람 과격파의 부활은 회교도 세계 대부분의 지역으로 퍼져나가 폭발적인 반응을 얻었다. 인도에서 힌두교를 기반으로 한 자나타달당은 1980년대 말에 이슬람교의 압력으로 종교적 극단주의 형태에 빠져들게 되었다. 1991년 초에는 인도 북부에서 폭력 사태가 널리 번졌다. 힌두교도들이 회교 사원이 건립된 곳에서 힌두교 성지를 되찾겠다며 싸움을 벌였기 때문이다. 극단적인 정통파 유대교의 부활을 도운 것도 이슬람 근본주의였다. 랍비 메이르 카흐네(Meir Kahane) 아래서 시작된 극단적인 정통파 유대교는 곧 이스라엘로 옮겨갔다. 이로부터 다윗 왕국의 '역사적' 경계를 확장하고 이스라엘을 유대 신정 국가로 만들려는 목표가 생겼다. 이스라엘 당국에 대항하는 법적 투쟁과 시가전이 벌어졌고, 웨스트 뱅크에서는 근본주의를 부르짖는 유대인 정착민들과 아랍인들 사이에 더 치

열한 싸움이 전개되었다.[31)]

새로운 근본주의 세력 중에서 호전적인 이슬람 세력이 가장 중요하다. 참여한 사람들의 수가 엄청나고 지리적으로 방대한 분포를 보이기 때문이다. 이슬람 근본주의 세력권은 긴 초승달을 그리고 있다. 서아프리카에서 시작하여 지중해 남부 지역, 발칸 반도, 소아시아, 중동, 서남아시아 내륙을 지나 인도아대륙에서 말레이시아와 필리핀으로 내려간다. 이슬람 근본주의의 정치적 군사적 문화적 영향력은 세 대륙에 뻗어 있다. 이슬람 근본주의는 곧 검은아프리카로 향했다. 아랍의 자금, 무기, 군대가 이 움직임을 뒷받침했다. 1960년대 수단의 지배층인 북부 엘리트들은 기독교가 지배적인 남부에 이슬람교를 강요했다. 1970년대와 1980년대 카다피는 총과 검, 아니면 네이팜탄과 헬리콥터로 차드 전역을 이슬람교로 개종시키려 했다. 이디 아민이 대량학살을 통해 우간다를 이슬람화하려 한 것과 비슷했다. 하지만 이슬람 세력이 자연스럽게 성장하기도 했다. 이슬람 세계는 내적인 부흥에 힘입어 새로운 활력을 얻었다. 이슬람 세계의 자신감이 놀랄 만큼 커진 덕분이다. 석유로 얻은 새로운 부의 결과였다. 새로운 부와 활력은 곧 대중에게 스며들었다. 제트기를 전세 내 메카까지 가서 성소의 검은 돌에 입맞춘 뒤 새로운 종교적 열정으로 충전되어 돌아오는 이슬람교도의 수가 유례를 찾아볼

▶ **무아마르 카다피**(1942~)
자신이 믿는 엄격한 이슬람교 규율에 따라 음주와 도박을 금지시키고, 리비아를 다른 아랍 국가들과 통합하려 끈질기게 노력했으나 성공하지 못했다.

수 없을 정도로 증가했다. 이런 새로운 신앙의 열정으로 가장 큰 수혜를 본 것은 정통 수니파 이슬람교도들이 아니었다. 본래 이슬람교도의 다수는 수니파였다. 수니파는 우파적 사고, 보수주의, 이슬람 세계의 온건한 기존 체제를 대표했다. 여기에는 하심가와 사우디가라는 두 주요 지배 가문이 있다. 과거로 거슬러 올라가면 7세기와 8세기에 이슬람 세계에는 분열이 일어났다. 이때 시아파와 여기서 파생한 드루즈파, 이스마일파, 알라위트파 같은 많은 이단 분파가 생겨났다. 이슬람 세력이 부흥하자 그러한 극적인 분열이 다시 일어났다. 시아파는 '숨은 이맘(hidden Imam)'을 신봉했다. 시아파에게는 일종의 구세주였지만, 수니파는 이맘을 정치적 행정적 지도자로 해석했다. 이 부분에서 두 교파가 갈라졌다. 숨은 이맘에 대한 신앙은 결과적으로 천년 왕국에 대한 신앙, 순교와 고행에 대한 숭배, 엄격주의, 나아가 폭력의 탐닉을 낳았다. (아사신파는 암살 조직으로 시아파에서 나온 이스마일파의 일파다.) 시아파는 이슬람 세계에서 언제나 혼란의 진원지였다. 시아파의 수가 많은 시리아, 레바논, 이라크, 그리고 시아파가 다수를 형성하고 있는 이란에서 특히 큰 문제가 되었다. 시아파는 수니파가 기회만 있으면 자신들을 이류 시민으로 취급한다고 주장했다. 이슬람 세계가 부흥을 이루자 시아파는 새로운 대우를 요구했고, 이와 동시에 이교도에 대해 이슬람 세계가 단호한 태도를 보여야 한다고 주장했다. 그들은 익숙한 냉전의 패턴을 거스르는 위기 지대를 형성했다.

시아파의 혼란이 가져온 첫 번째 결과로 레바논이 무너졌다. 레바논은 작지만 문화 수준이 높은 국가였으며, 아랍에서는 유일한 민주주의 국가였다. 레바논이 겨우 살아남을 수 있었던 것은 주요 종교 집단 간에 이루어진 일련의 신사협정 덕분이다. 마론파(로마 가톨릭교회와 관련을 맺고 있는 동방 정교회의 일파), 동방 정교회, 수니파와 시아파 회교도, 드루즈파가 협정의 당사자였다. 이러한 협정은 모든 종교와 종파가 스스로 자제하여 광신주의를 포기할 때만 효과를 발휘할 수 있다. 아랍과 이스라엘의 분쟁으로 종파 간의 자기 억제는 갈수록 어려워졌다. 1949년 레바논은 30만 명의 팔레스타인 난민을 수용하지 않을 수 없었다. 그중 10만 명은 15개의 대형 수용소에 수용되었는데, 그 가운데 5개 수용소는 수도 베이루트(Bayrut)를 둘러싸고 있었다. 이곳의 수용 인원들은 베이루트로 드나드는 모든 길을 자신들의 통제 아래 두었다. 이어지는 아랍과 이스라엘의 위기 사태는 레바논의 취약한 통합성에 막대한 타격을 입혔다. 수에즈 위기에 이어 1958년에 레바논에서 내란이 일어났다. 지배 계층이었던 마론파의 요청으로 미국이 사태에 개입했다. 1967년의 전쟁으로 요르단의 난민수가 두 배로 불어났고, 1970~71년에 요르단의 후세인(Hussein ibn Talal) 왕은 호전적인 팔레스타인인을 강제로 국외로 쫓아냈다. 그들은 레바논으로 몰려가서 합법적인 정부를 무시하고 독자적인 군사 방어 지역을 만들었다. 그곳은 실상 팔레스타인해방기구의 테러리스트가 통치했다. 욤 키푸르 전쟁 뒤인 1975년 이집트의 사다트 대통령은 미국의 권고를 받아들여 이스라엘과 평화 협상을 개시하는 역사적인 첫걸음을 내딛었다. 카터는 사다트 대통령과 베긴 총리를 메릴랜드 주에 있는 캠프 데이비드라는 대통령 별장으로 불러들였다. 여기서 두 사람은 '캠프데이비드협정(Camp David Accords)'이라 부르는 평화 협정을 체결했다. 캠프데이비드협정은 양국에 엄청난 이득이 되었다. 이스라엘 쪽에서는 치명적인 위협이 될 수 있는 적국 하나가 사라졌고, 이집트 쪽에서는 정작 자신과는 아무 상관도 없었던 원한과 복수의 짐에서 빠져나올 수 있었다. 이집트에는 다시 야심 찬 경제 발전을 도모할 수 있는 계기가 찾아왔다. 이스라엘과 이집트의 평화 협정은 우울한 1970년대에 있었던 몇 안 되는 건설적인 성취다. 덕분에 이스라엘과 이웃 국가들 사이에 평화를 가능하게 했을 뿐만 아니라, 결국에는 평화를 필연적인 것으로 인식시켰다.

1980년대까지 이스라엘의 궁극적인 멸망에 대한 아랍인들의 확신은 이스라엘 땅과 점령 지구, 그리고 중동 전역에서 나타나는 인구 통계상의 동향에 근거를 두고 있었다. (아랍인들은 사실상 시온주의의 절멸을 원했다. 아랍 방송에서는 시오니즘의 절멸을 아랍 정책의 목표로 자주 언급하곤 했다.) 하지만 1980년대 말 이러한 추세가 반전되었다. 이스라엘과 이웃 국가들의 평화가 필연적이라는 말은 이 사실로 정당화될 수 있을 것이다. 1985년 1월 3일 수단의 동의로 25,000명의 팔라샤인이 비밀리에 이스라엘로 공수되었다는 사실이 밝혀졌다. (1991년에는 추가로 1만 명이 비행기를 타고 이스라엘로 날아왔다.) 팔라샤인은 수 세기 동안 에티오피아에 살고 있던 흑인 유대인을 말한다. 1985년의 사건은 대규모 이주의 서막을 알렸다. 곧 러시아 유대인들의 이주가 시작되었다. 소련의 정치 상황이 변하자 유대인들의 이주가 허용되었던 것이다. 1989년 러시아계 이주민은 10만 명에 달했고, 1990년에는 20만 명 이상으로 늘어났다. 이주민의 증가 속도는 빨라졌다. 이스라엘 당국은 소련에 살고 있는 유대인이 150만 명을 넘지 않을 것이라고 예상했다. 하지만 1990년 말 그보다 훨씬 많은 유대인이 소련에 살고 있는 것이 분명해졌다. 400만 명이 될지도 몰랐다. 어쨌든 그들 거의 모두가 소련을 떠나고 싶어했다. 소련 정부의 결정에 따라 이주자들은 이스라엘로 곧장 들어가야 했다. 이주자들의 대량 유입은 인구 통계상의 동향을 완전히 뒤집어버렸다. 이로써 다른 국가들, 특히 시리아가 궁극적으로 이집트의 선례를 따라 이스라엘과 평화 협정을 맺을 가능성은 한층 커졌다.

하지만 그 사이 1979년 3월 26일에 최종적으로 조인된 이집트와 이스라엘의 평화 조약으로 인해 레바논에 내전이 일어났다. 레바논 내전은 팔레스타인해방기구가 시작했고 시리아가 개입하여 확대되었다. 시리아의 지배층인 아왈리 분파는 이집트로부터 아랍 세계의 지도권을 가져오고 싶었다. 그는 레바논에서 그 기회를 찾으려 했다. 시리아가 개입하자 레바논의 불안정한 세력 균형은 곧 무너졌다. 당시까지 수니파가 이끄는 최고이슬람평의회는 융화적인 태도를 견지하며, 드루즈파를 포함한 모든 이슬람 종파를 대변했다. 하지만 시아파가 독립적인 시아파 최고이슬람평의회를 요구하면서 와해되고 말았다. 시아파의 지도자는 이맘 무사 사드르(Imam Moussa Sadr)라는 레바논계 이란인이었다. 시아파는 팔레스타인해방기구의 좌파들과 세속적인 동맹 관계를 맺었다. 기독교와 회교의 모든 종파가 사적인 군대를 조직했다. 1975~76년, 1982년, 1988~90년에 격렬한 전투가 벌어졌고, 그 사이사이에도 산발적으로 전투가 지속되었다. 이스라엘도 레바논 내전에 개입했다. 뒷골목 깡패들이 존경받는 게릴라와 정치 지도자로 활약했고, 4만 명이 목숨을 잃었다. 상업의 중심지 베이루트는 파괴되었고, 레바논은 더 이상 독립 국가로 존재할 수 없었다. 자고이래 기독교 공동체는 중요한 정착지를 지킬 수 있었지만, 막강했던 영향력을 잃었다. 아랍 세계에서 이성의 빛은 꺼져버리고 말았다.[32] 1982년 이스라엘은 전면적인 공격을 단행했다. 이 때문에 팔레스타인해방기구는 쫓겨나 흩어졌다. 처음에는 튀니지로, 다음에는 이라크로 옮겨갔다. 하지만 그 와중에 기독교 민병대가 서베이루트 인근의 사브라(Sabra)와 샤틸라(Chatila)에서 팔레스타인 난민을 대량 학살하는 만행을 저질렀다. 이스라엘군은 이를 방조했다. 비난이 쇄도하자 1983년 봄 이스라엘은 철군하기 시작했고, 레바논 남부의 안전지대로 물러나 그곳을 지켰다. 그러자 시리아군이 레바논에 생겨난 힘의 공백을 메웠다. 하지만 레바논에서 평화와 안전을 확보하는 일은 시리아군에게도 쉬운 일이 아니었다. 레바논은 한때 가장 부유하고 문화 수준이 높은 아랍 국가였지만, 1990년대 초반 통합의 구심점을 잃고 산산조각이 나 거의 아무것도 남아 있지 않았다.

이슬람 근본주의 세력은 전부는 아니지만 대부분이 시아파다. 그들은 중동에서 계속해서 안정 세력을 공격했다. 이집트의 기존 정권을 전복시키기 위해 애썼고, 1981년에는 마침내 사다트를 암살하는 데 성공했다. 1979년에는 무력으로 메카 성지를 장악했다. 사우디 왕가를 타도하려 했으나 격렬한 전투 끝에 일주일 만에 미로 같은 지하 터널에서 쫓겨났다. 1987년 7월 30일 또 다시 소름끼치는 사건이 발생했다. 155,000명의 이란인 시아파 순례자들이 폭동을 일으켜 메카를 장악하려고 꾀했다. 하지만 폭동은 실패했고, 사우디 경찰이 수백 명을 학살했다. 1978~79년 시아파는 드디어 승리의 환호성을 질렀다. 이란의 국왕을 권좌에서 끌어내렸기 때문이다. 중동의 지각을 뒤흔든 이 사건은 현대를 움직이는 힘이 무엇인지 여실히 보여준다. 모하마드 레자 샤 팔라비 국왕의 정권은 본래 대단히 견고했다. 그의 정권은 머리에서부터 발끝까지 미국과 영국이 공급한 무기로 무장하고 있었다. 무기는 서구 국가들이 군사적으로 철수한 뒤에도 남겨 놓은 '안정화 수단' 이었다. 이란에서 군주제는 역사가 깊고 사람들이 널리 인정하는 제도였다. 이란은 본질적으로 인종적 종교적 문화적 언어적 지리적 집단들이 뒤섞여 있는 나라다. 대부분 서로 증오했고, 보호를 기대하며 의지하던 존재가 군주였다. 그러나 이와는 대조적으로 쿰(Qum)과 마슈하드(Meshed)의 시아파 근본주의자들은 회교도 일파를 대변할 뿐이었다. 그들의 지도자 호메이니는 존경과 두려움 못지않게 증오의 대상이었다. 레자 모하마드 샤 팔라비 국왕은 친서방적이거나 자본주의자이거나 혹은 부패하거나 잔인했기 때문에 권좌에서 쫓겨난 게 아니다. (대부분의 중동 지도자들은 잔인했다. 그들의 기준으로 본다면 모하마드 레자 샤 팔라비는 자유주의적이다.) 그가 왕이기 때문에 그런 것은 더더욱 아니다. 사실 그는 현대의 치명적인 유혹이라 할 수 있는 사회공학에 굴복했기 때문에 파멸했다. 페르시아의 스탈린이 되려 했기 때문에 몰락한 것이다.

사회공학은 그의 혈통 속에 자리하고 있었다. 그의 아버지 레자 샤 팔라비는 코사크 여단의 페르시아인 장교였다. 1925년에 권력을 잡았고, 1935년에 국명을 페르시아에서 이란으로 바꾸었다. 그는 위대한 터키의 지도자 케말 아타튀르크를 본받으려 했다. 하지만 나중에는 농민들을 집단 농장에 몰아넣은 스탈린의 잔인함을 존경하고 부러워했다. 그는 섬뜩한 어조로 이렇게 말했다. "나는 이란인들에게 깨닫게 해줄 것이다. 아침에 일어나면 일하러 가야 하고, 가서 하루종일 일해야 한다는 사실을 말이다."[33] 그는 게으름을 피우는 장관을 창 밖으로 내던지기도 했다. 1944년 그의 아들은 어린 나이에 왕위에 올랐다. 모하마드 레자 샤 팔라비 국왕은 21세 때부터 나라를 통치하기 시작했다. 그가 웅대한 포부를 품은 것은 1960년대 석유로 국가 수입이 급속하게 증가한 때부터였다. 그는 우선 왕가의 토지를 농민들에게 무상으로 분배했지만, 곧 생각을 바꾸어 스탈린처럼 생전에 나라를 근대화시키리라 결심했다. 소련에서처럼 이란에서도 국민은 그런 것을 요구한 적이 없다. 그것은 위로부터의 혁명이었다. 모하마드 레자 샤 팔라비는 이를 '백색 혁명(White Revolution)' 이라고 불렀다. 단순한 투자 계획에서 시작한 계획은 몇 단계를 거쳐 과대 망상적인 사회공학으로 변해버렸다. 계획은 1940년대 말 처음 도입되었다. 제1차 7개년 계획에 따라, 농업, 일차 생산물, 도로, 시멘트에 5,800만 달러가 투자되었다. 이 정도 투자액이면 적절했다. 1955~62년의 제2차 7개년 계획은 도로, 철도, 전력 공급과 관개를 위한 댐에 10억 달러가 투자되었다. 1963~68년 제3차

▶ **모하마드 레자 샤 팔라비(1919~1980)**
미국의 원조 아래, 백색혁명으로 불린 국가발전 계획을 실현하는 데 박차를 가했다. 도로와 철도, 항공망의 확장과 건설, 댐 건설과 관개사업, 질병 퇴치, 공업 지원 · 장려, 토지개혁, 농촌 주민을 위한 문맹퇴치단과 보건단을 창설했다.

5개년 계획은 송유관, 철강과 석유 화학 산업에 27억 달러를 지출했다. 그리고 사회 분야로 옮겨가 사람들을 동원하기 시작했다. 1968~72년의 제4차 계획에는 도로, 항만, 공항, 댐, 천연 가스, 수자원, 주택 공급, 중금속, 농업 관련 사업에 100억 달러의 투자가 이루어졌다. 스탈린식의 단계는 1973~78년 제5차 계획부터 시작되었다. 제5차 계획의 당초 투자 금액은 360억 달러로 책정되었지만, 유가가 상승하면서 실제 투자액은 세 배로 불어났다.[34] 모하마드 레자 샤 팔라비로서는 마지막이었지만, 1978~79년의 회계연도에는 자원 개발에만 172억 달러의 자금이 소요되었다. 이 금액만 해도 1차 계획 전체에 투자된 비용의 300배에 달했다. 이외에도 보건, 교육, 복지에 85억 달러, 군사비에 100억 달러가 소요되었다.[35]

정책 입안자들은 외국에서 교육을 받았고, 사람들에게 마사추세티(massachuseti, 유명한 매사추세츠 공과 대학에서 비롯된 말)로 알려졌다.

그들은 공산당 기관원 같은 오만함이 몸에 배어 있었고, 중앙 집권 계획에 대한 스탈린주의 신념을 공유하고 있었다. 그들은 대규모 투자와 확장이 큰 효과를 낳으리라 믿었다. 무엇보다 그들은 변화를 갈망했다. 금, 소금, 석회, 인, 석고, 대리석, 설화 석고, 보석용 원석, 석탄, 납, 아연, 크롬, 철 등 천연자원 개발은 끝없이 확대되었다. 세계에서 여섯 번째로 큰 구리 산업 시설이 중부 이란에 새로 건설되었다. 그곳에서 일하는 광부 25,000명은 벽돌로 지은 허술한 막사에서 생활했다. 네 개의 원자로가 건설되기 시작했고, 이란 전역에서 자동차, 디젤 엔진, 엘리베이터, 자전거, 수량계, 석면, 주물모래, 포도당, 알루미늄, 의복, 트랙터, 공작 기계, 무기를 생산하는 공장이 폭발적으로 생겨났다. 모하마드 레자 샤 팔라비는 자신의 백색 혁명이 "자본주의의 원칙과 …… 사회주의, 나아가 공산주의의 결합"이라며 뽐냈다. "3,000년간 이렇게 대단한 변화는 없었다. 구조 전체가 완전히 바뀌고 있는 중이다."[36] 하지만 너무 빨리 너무 많은 돈을 쏟아 부음으로써 인플레이션을 자초했다. 그는 인플레이션을 막기 위해 학생 깡패 집단을 조직하여 폭리를 취한 상인과 중소기업가를 체포했다. 그러나 그의 섣부른 행동은 젊은이들에게 폭력의 맛에 탐닉하는 계기를 만들어 주었을 뿐이고, 왕위를 헐값으로 시장에 내놓는 결과를 초래했다.

이란 국왕에게는 그게 그다지 중요한 문제가 되지 않을 수도 있었다. 그때까지는 보수적인 농촌을 끌어들여 도시의 급진주의를 억누를 수 있었기 때문이다. 하지만 모하마드 레자 샤 팔라비는 농촌을 소외시키는 중대한 실수를 저질렀다. 알고 보면 그의 군대 역시 농민의 아들들로 구성되어 있었다. 왕실의 토지와 성직 계급으로부터 몰수한 토지를 농민들에게 나누어주었지만, 생산량이 감소했다는 사실을 알게 되었다. 이란이 식량 수출국에서 수입국으로 바뀌자, 1975년에 그는 정책을 변경하여 집산화를 추진했다. 1972~75년 북부 후제스탄(Khuzestan)에서 시행된 데즈 강 관개 사업이 좋은 사례다. 이 때문에 농민들에게 불과 5년 전에 나눠주었던 10만 헥타르의 주요 농경지를 회수했고, 모든 자원과 사람이 '통합된 농업 경영'에 휩쓸려 들어갔다. 그리하여 자작농들은 농촌 프롤레타리아로 변모했다. 그들은 하루에 1달러씩 벌며, '모범 도시'에 조성된 방 두 칸짜리 집에서 서로 등을 맞대고 살았다.[37] 1975년 6월의 법률로 이러한 과정이 전국으로 확대되었다. 농민들은 각기 농업 경영 단위나 거대한 농업 공사 혹은 2,800개의 협동조합에 강제로 소속되어야만 했다. 농민들이 자유 토지를 포기하며 새로운 단체에서 일정한 몫을 얻은 것은 사실이다. 하지만 그것은 본질적으로 집산화와 크게 다르지 않았다.[38] 이 계획에는 67,000개의 작은 마을을 3만 개의 더 큰 마을로 만드는 과정이 포함되었다. 새로운 마을은 진료소, 학교, 상하수도, 도로가 들어설 수 있게 충분히 커야 했다. 대가족은 해체되었다. 계획을 추진하는 과정에서 때론 어마어마한 크기의 불도저와 굴착 기계가 아무런 주의나 설명도 없이 들이닥쳤다. 2,000년 전통의 촌락 사회가 말 그대로 뿌리째 뽑혀 나갔다. 작은 마을, 심지어는 과수원의 이름까지 바뀌었다. 농업 정책 담당자들과 '정의의 병사들'이라 불리는 자들은 소련에서 스탈린의 정책을 밀어붙인 공산당 활동가들처럼 오만했다. 사실 아무런 저항이 없었기 때문에 실제로 야만적인 행위가 저질러지지는 않았다.[39]

전체적으로 보면, 그 계획은 부족의 다양성, 지역 족장들, 가족 간의 유대, 향토색과 지방 언어, 지역 의상과 관습, 이익 집단에 대한 공격이나 마찬가지였다. 여기에는 만능의 중앙 집권 국가 대신 영향력을 발휘할 수 있는 다른 대안을 모두 부셔버리려는 의도가 깔려 있었다. 모든 토지와 재산에 대한 궁극적인 소유권이 왕, 즉 국가에 있다는 생각이 백색 혁명의 근본적인 원리를 이루었다. 따라서 모하마드 레자 샤 팔라비는 겉으로 드러나는 자유주의와 서구의 대들보라는 공식 입장에도 불구하고, 급진적인 전체주의 정책을 추진했다. 그는 이렇게 주장했다. "만약 혁명의 성취를 위해서는 피를 흘리는 일이 불가피하다고 생각한다면, 당신의 생각은 틀렸소."[40] 하지만 틀린 것은 그였다. 나이 든 사람들은 '모범 도시' 에 들어갈 수밖에 없었지만, 이제 다 큰 그들의 아들들은 도시로 들어가 호메이니를 따르는 군중이 되었다. 군대에 있는 그들의 형들은 군중에 발포하기를 꺼렸다. 모하마드 레자 샤 팔라비 또한 꺼리기는 마찬가지였다. 집산화는 테러 없이는 불가능하다. 하지만 그는 테러에는 끌리지 않았다. 1978년 말 결국 중대한 순간이 찾아왔을 때, 그는 동맹 세력인 미국의 카터가 배신했다는 사실을 알았다.[41] 하지만 그 역시 자신을 배신한 셈이다. 결국 그는 권력의지를 상실했던 것이다.

이란 국왕과 미국 대통령 둘 다 이란인을 배신했다. 그들은 아무 방어 수단도 없는 소수자를 포함하여 나라 전체를 시아파 성직자 호메이니에게 넘겨주었다. 그 성직자는 정치권력을 행사해 본 적도, 그런 훈련을 받아본 적도 없었다.[42] 그 결과 소수의 근본주의 세력이 1979년 2월 이란에서 '이슬람공화국' 을 선포하고, 잔혹한 테러를 일삼았다. 이슬람공화국 선포 2년 만에 법정에서 '알라의 적' 으로 기소되어 처형된 사람만 8,000명이 넘었다.[43] 호메이니는 우선 이전 정부에서 일했던 사람들에게 테러를 가했다. 장군 23명, 군경 간부 400명, 관리 800명이 살해당했다. 그 뒤 테러의 화살은 호메이니의 경쟁자를 지지하는 사람들에게 향했다. 그중 700명이 처형당했다. 그 다음은 이전 동맹 관계에 있었던 자유주의자 500명과 좌파 100명이었다. 이란 이슬람공화국은 시작 단계에서부터 인종적 · 종교적 소수집단들의 지도자를 조직적으로 처형하거나 살해했다. 1,000명이 넘는 쿠르드족, 200명의 투르크멘족, 유대인, 기독교인, 샤이히족, 시바족, 그리고 정통 수니파뿐 아니라 견해 차이를 보이는 시아파의 일원들까지 죽였다.[44] 바하이교도에 대한 박해는 특히 잔인했다.[45] 교회와 유대교 예배당을 파괴했고, 묘지와 성지도 훼손하거나 파괴했다. 재판을 받고 처형당한 사람 중에는 백두 살 쿠르드족 시인 알라메 바히디(Allameh Vahidi)부터 혁명 수호대를 공격했다는 혐의를 받은 아홉 살 소녀까지 다양했다.

테러와 내전의 역사

이란에서 호메이니가 수니 소수파(이들 대다수는 이라크인이었다)를 박해하자, 이라크에서는 이란인 시아파에 대한 보복 조치가 있었다. 이란과 이라크는 곧 국경 분쟁을 재개했다. 1920~22년에 영국이 이라크를 수립한 뒤부터 이란과 이라크의 국경은 양국 관계의 암세포였다. 이란 고위 장교 대부분이 살해당하거나 도망치고, 이란 군대, 특히 막강했던 공군이 혼란에 빠졌다는 소식이 이라크에 전해졌다. 이라크의 바트당 지도자 사담 후세인(Saddam Hussein)은 유혹을 이기기 힘들었다. 그는 1980년 9월 이란에 전면 침공을 단행했다. 우선 아바단에 있는 세계 최대의 정유소, 샤트알아랍(Shatt-al-Arab)을 공습했다. 샤트알아랍은 티그리스 강과 유프라테스 강이 합류하는 지역으로 이란의 유전이 매장되어 있을 것으로 기대되었다. 전쟁은 예상과 달리 이라크의 신속한 승리로 끝나지 않았다. 무려 8년을 끌었다. 양쪽의 사망자는 100만 명 이상이었다. 후세인은 결국 얻은 게 거의 없었다. 국경을 몇 킬로미터 전진시켜 그리 중요하지 않은 땅을 조금 얻었지만, 1990년 걸프전쟁을 앞두고 결국 포기하고 말았다. 그러나 전쟁이 진행되는 동안 서구 국가들은 중립을 지킨다고 하면서 사실은 이라크를 지원했다. 서구는 사담 후세인 정권이 얼마나 잔인하고 무법하게 행동하는지 충분히 알고 있었다. 그렇지만 호메이니의 이란을 훨씬 더 적대시했다. 이란은 미국 대사관을 습격해 직원을 인질로 잡았고(몸값을 대가로 인질을 석방했다), 여러 반(反)서구 테러리스트 집단에 무기와 자금을 지원하고 있었다.

서구의 전함은 페르시아 만을 정찰하며 아랍의 유조선이 다니는 해로에서 이란의 기뢰를 제거했다. 하지만 이라크 공군이 이란의 유조선을 공격할 때는 아무 조치도 취하지 않았다. 1987년 5월 27일에는 이라크 제트기가 실수로 미국의 프리깃함 스타크 호에 엑조세 미사일을 발사했다. 이 사고로 승무원 37명이 사망했지만, 워싱턴은 가볍게 항의하는 게 전부였다. 사실 미국은 위협적이라고 판단되면 언제라도 이란의 목표물을 공격할 준비가 되어 있었다. 1988년 7월 3일 미국 전함 빈센스 호가 실수로 이란의 민간 항공기를 격추시키기도 했다. 민간기를 전투기로 오인해 빚어진 사고였다. 이 때문에 290명이 사망했다. 하지만 가장 심각한 문제는 서구 국가들의 이중적인 태도였다. 그들은 이란에는 무기 판매를 거절하면서 사담 후세인에게는 무기를 판매했다. 사담 후세인은 소련에서도 막대한 무기를 제공받았다. 주로 현대화된 탱크, 대포, 장갑 수송 차량, 항공기였다.

이란-이라크 전쟁은 1988년 8월 8일 결론 없이 끝났다. 하지만 사담 후세인은 군비를 축소하기는커녕 오히려 군대 규모를 늘렸다. 1990년 이라크 군의 규모는 세계 4위였다. 이라크는 석유로 벌어들이는 수입이 엄청났다.(1980년대 말 이라크는 중동에서 사우디아라비아 다음가는 석유 생산국이었다.) 게다가 후세인은 전쟁 중에 서구의 동의하에 수니파가 지배하는 페르시아 만의 산유국으로부터 군사 원조를 받았다. 1980년대를 통틀면 1,000억 달러에 상당하는 엄청난 돈이 군수 장비에 투입되었다. 서구와 달리 이스라엘은 이라크의 군사력이 증대하는 것에 무관심할 수 없었다. 게다가 프랑스가 건조한 바그다드 인근의 원자로가 핵폭탄용 원료 생산에 이용되고 있다는 정보를 입수했다. 이에 1981년 6월 7일 이스라엘 항공기가 이라크로 날아가 원자로를 파괴했다. 하지만 사담 후세인은 여전히 대량 살상 무기와 그런 무기를 만들 수 있는 수단을 찾아 세계 구석구석을 살폈다. 1980년대 말 드디어 그는 화학전과 생물학전 능력을 갖추게 되었다. 결국 1989년에 폭동 진압이라는 구실로 쿠르드족 마을에 화학탄을 떨어뜨려 5,000명 이상을 살해했다.

서구 정부에 사담 후세인은 보기 드물 만큼 사악한 인물로 알려져 있었다. 그의 집안은 전문적인 강도였다.[46] 사담 후세인은 열 살에 처음 총을 손에 쥐었다. (그리고 2년 후 처음 살인을 저질렀다.) 그가 1968년 비밀경찰의 우두머리가 되고, 1979년 대통령이 되는 길목은 동지와 적의 피로 점철되어 있다. 그는 종종 직접 살인을 저질렀고, 가능한 한 대량 학살을 도모했으며, 유대인을 공개적으로 교수형에 처하기도 했다. 그가 펴낸 소책자를 보면, 고대 바빌로니아 제국을 머릿속에 그리며 이라크의 국경을 끝없이 확장시키려는 야심에 차 있었다는 사실을 알 수 있다. 그러나 1980년대 미국과 영국이 지원을 차츰 줄여나가는 동안에도, 프랑스는 계속 현대식 무기를 이라크에 공급했고, 서독은 첨단 군사 전문 기술을 (일부는 불법적으로) 전해 주었다. 러시아는 이라크에 무기를 퍼주었을 뿐 아니라, 군사 전문가를 1,000명 이상 파견하여 이라크 군대에 무기 사용법과 전략, 전술을 전수했다.

소련의 정책은 1980년대에 들어서면서 점차 혼란에 빠졌다. 소련은 그때까지 중동에서 바트당 정권이 가장 신뢰할 만한 동맹 세력이라는 전제 아래 중동 정책을 전개했다. 이에 따라 시리아의 바트당과 이라크의 바트당에 무기를 공급했지만, 사실 이 둘은 불구대천의 원수였다. 서구는 무슨 일이 생기면, 이란보다는 이라크를 지지해야 한다고 생각했다. 이란은 국제 테러리즘 세력과 동일시되었기 때문이다. 서구에서는 시아파 민병대가 베이루트에서 서구 국가의 시민을 납치한 사건도 이란이 개입되어 있다고 생각했다. 물론 1980년대의 테러리즘이 다양한 양상으로 전개된 것은 사실이다. 대서양 한가운데서 인도 항공기를 격추시켜 전원을 몰살시킨 것은 아마 인도 테러리스트의 소행이었을 것이다. 시크교 테러리스트는 1984년 10월 31일 인도 총리 인디라 간디 여사를 암살했다. 1991년 5월에 간디 여사의 아들 라지브 간디를 죽인 것은 타밀족 테러리스트다. 1980년대 초 소련의 KGB는 크림 반도 등의 특수 캠프에서 세계 각국의 테러리스트를 양성했다. 소련 정부가 나서서 테러리즘을 직접 실행하기도 했다. 1983년 9월 1일 소련 비행기는 항로를 이탈해 소련 영토로 들어온 대한항공 보잉 747기를 의도적으로 경고 없이 격추했다.

몇몇 암살 사건은 아직도 미궁에 빠져 있다. 1986년 2월 28일 스웨덴의 올라프 팔메(Olaf Palme) 총리가 살해당했지만, 스웨덴 경찰은 범인을 찾아내지 못했다. 경찰이 의심했던 유일한 용의자는 무죄 방면되었다. 1984년 10월 12일 영국 보수당의 연례 전당대회가 열린 브라이턴 호텔에서 내각 전원을 몰살하려 했던 범인은 IRA가 틀림없다. IRA는 1991년 1월에도 영국 장관들을 향해 사제 모르타르 폭탄을 던졌다. 폭탄은 다우닝 가 10번지 총리 관저 뒤뜰에서 폭발했지만, 목적을 달성하지는 못했다. IRA는 체코슬로바키아로부터 셈텍스 폭약을 공급받았다. 체코슬로바키아는 셈텍스 폭약의 제조지로 유명했다. 바츨라프 하벨(Václav Havel)은 1990년에 체코 대통령이 되자 셈텍스 폭약에 대한 기록을 공개했다. 기록에 따르면, IRA는 체코슬로바키아 공산 정권으로부터 100년 동안 써도 남을 폭약을

▶ IRA
1921년 아일랜드가 영국으로부터 독립하면서 프로테스탄트 교도가 수적으로 많은 북아일랜드 지역이 영연방에 잔류하게 되면서 생겨났다. 영국이 무력으로 통치를 기정사실화하자 1969년부터 영국에 대한 테러활동을 시작했다.

제공받았다. 또한 카다피의 리비아에서도 엄청난 양의 무기를 공급받았다. (그중 일부를 가로채 이 사실을 확인했다.) 중동 국가와 팔레스타인해방기구도 IRA에 무기를 공급했다. 이란이 지원하는 단체는 테러 활동에서 눈부신 활약을 보였다. 1983년 10월 23일 베이루트의 미국 해병대 본부와 프랑스군 막사에서 일어난 자살 폭탄 테러도 그들이 한 짓이다. 20분 간격으로 벌어진 자살 폭탄 테러로 미 해병 241명과 프랑스 낙하산부대 병사 58명이 죽었다. 1986년 4월 5일에는 이란과 리비아로부터 자금 지원을 받는 중동 테러 단체가 미군이 자주 드나드는 서독의 디스코텍을 날려버렸다. 1988년 12월 21일에는 스코틀랜드 로커비(Lockerbie) 상공에서 팬아메리칸 항공 747기를 폭파하기도 했다. 승객과 승무원 258명이 죽고, 지상에 있던 시민 11명이 사망했다.

그러나 테러 조직은 이런 극악한 테러 행위로도 정치적인 목적을 달성하지 못했다. 서구 세력은 1970년대와 달리 1980년대와 1990년대로 갈수록 테러 조직과는 더 이상 협상하지 않으려는 강경한 자세를 보였다. 테러에 대항한 국제적인 협조가 긴밀해지고, 지명 수배된 테러범의 인도 및 송환도 점차 쉬워졌다. 하지만 서구 국가들은 특정 중동 국가를 다룰 때 국제적인 테러리즘 혹은 국가가 지원하는 테러리즘 때문에 정확한 판단을 하지 못할 때가 많았다. 특히 미국은 이란에 대한 적대적인 강박 관념에 사로잡혀 있었다. 이란 측에서도 언제나 미국을 '거대한 사탄' 으로 부르며 적대시했다. 이 때문에 미국은 이라크의 위협이 계속 증가하는데도 대수롭지 않게 여겼다. "나의 적의 적은 나의 친구다" 라는 격언이 이때처럼 무분별하게 수용된 예는 찾아보기 힘들다.

어쨌든 이란은 국제사회에서 고립되고 말았다. 워싱턴을 주적으로 삼은 비백인계 민족주의 지도자들은 서구 지식인에게서 비교적 쉽게 호응을 얻었다. 그러나 호메이니에게는 잠재적인 동맹 세력마저도 등을 돌리게 하는 뛰어난 재주가 있다. 인도 출신의 영국 소설가 살만 루슈디(Salman Rushdie)는 1981년 『한밤의 아이들 *Midnight's Children*』이라는 소설로 부커상(Booker Prize)을 수상한 뒤 문학적 명성을 얻었다. 그는 1988년에 많은 논란을 일으킨 소설 『악마의 시 *The Satanic Verses*』를 발표했다. 책의 제목은 마호메트의 코란에 나오는 구절을 가리켰다. 루슈디는 악마가 그 구절을 썼다고 생각했다. 많은 사람은 『악마의 시』가 난해하다고 생각했지만 이 책은 런던에서 베스트셀러 목록에 오르며, 3개월 만에 4만 권의 양장본이 팔려 나갔다. 반면 『악마의 시』가 신성 모독이라고 생각한 영국의 회교도들은 분노했다. 1989년 1월 14일 브래드퍼드(Bradford)의 회교도들이 공개적으로 루슈디의 책을 불태웠는데, 이 일이 호메이니의 관심을 끌었다. 그는 2월 14일 공개적으로 이렇게 선언했다. "이슬람과 예언자

마호메트와 코란에 반대하는 『악마의 시』의 저자, 그리고 책의 내용을 알면서 출판에 관여한 자들에게 사형을 선고한다. 나는 자부심을 가진 전 세계 이슬람교도들에게 이 사실을 알린다."[47] 회교도들은 이 '종교적 결정(fatwah)' 을 행동에 옮기라는 명령을 받았다.

이슬람 종교의 권위자들 사이에서는 한때 『악마의 시』가 정말로 신성 모독인지, 아야톨라 호메이니에게 사형 선고를 내릴 권한이 있는지 논란이 일었다. (1989년 6월 4일 호메이니가 여든여섯 살의 나이로 사망했을 때, 후계자들은 루슈디에 대한 호메이니의 사형 선고를 다시 한번 확인했다.) 하지만 누구도 모험에 나서려 하지 않았다. 『악마의 시』는 파키스탄, 인도, 사우디아라비아에서 오랫동안 금서가 되었다. 영국의 대형 체인 서점 W. H. 스미스에서는 더 이상 『악마의 시』를 판매하지 않았고, 독일 프랑스 이탈리아 출판사는 번역서 출간 계획을 포기했고, 펭귄북스는 보급판 출판 계획을 연기하다가 결국 철회했다. 일본에서는 일본어판 번역가가 살해당했다. 결국 루슈디는 미국 판촉 투어를 취소하고 은신했다. 이러한 일련의 사건이 세계적인 이목을 끌자, 책은 어마어마하게 팔려나갔으며, 루슈디는 백만장자가 되었다. 그럼에도 그는 사형 선고가 내려진 죄수였고, 평생 은둔하며 살아야 할지도 몰랐다. 대서양 양안의 문학계와 예술계 지식인들 — 뉴욕의 '아름다운 사람들' 과 런던의 '잡담을 좋아하는 계급' — 은 함께 손을 잡고 호메이니를 비난했다. 일반적으로 좌파는 워싱턴만큼 이란에 적대적이었다. 그리하여 기묘한 동맹 관계가 형성되었다. 하지만 영국 노동당 소속 몇몇 의원은 선거구에 파키스탄 소수 민족이 많다는 사실을 의식했던 탓에 출판의 자유를 지지하는 데 난색을 표했다. 그러던 중 살만 루슈디가 1990년 10월 갑자기 이슬람교 개종을 선언했다. 진심에서 우러난 개종이었을지도 모르지만, 많은 사람들은 살해 명령을 철회시키기 위한 필사적인 시도로 해석했다. (또한 소용없는 짓이라 생각했고, 사실이 그랬다.) 루슈디가 이슬람교 개종을 선언하고, 자기 때문에 일어난 소란에 대해 사죄하자, 루슈디 구명 운동을 하던 지식인의 열정은 상당 부분 식어버렸다.

따라서 호메이니 정권은 공포를 불러일으킬 수는 있었지만, 그 어디에서도 우호 관계를 맺을 수 없었다. 호메이니 정권이 고립되면서 그나마 유익했던 점은 팔라비 국왕의 사회공학이 끝나게 된 것이다. 외국의 재산을 몰수하고, 이라크와 8년 전쟁을 벌이고, 한동안 실질적으로 석유 생산을 중단하고, 중산 계급이 해외로 도망치거나 숨는 상황에서 그나마 근대화된 경제 부문은 비틀거리다 멈추어버렸다. 이란 경제는 1990대 초까지 회복의 기미를 보이지 않았다. 보건을 비롯한 기본적인 서비스의 중단, 실업, 전염병, 영양실조, 기근에 이르기까지 불가피한 결과가 뒤따랐다. 이란이 겪은 끔찍한 경험은 다시 의도하지 않은 결과의 법칙을 떠올리게 한다. 팔라비 국왕의 국가가 유토피아로 가기 위해 닦아놓은 길은 곧고다로 이어졌다.

이슬람 세계의 부흥과 팔라비 국왕의 몰락, 근본주의자의 테러는 1979년 12월에 일어난 아프가니스탄 내전의 직접적인 원인이었다. 여기서 사회공학이 야만주의를 낳는 사례를 다시 한번 확인할 수 있다. 이번에는 공산주의 진영에서 유토피아주의가 생겨났다. 이 사건이 중요한 건 궁극적으로 소련 제국 전체에 지대한 영향을 미쳤기 때문이다. 영국은 1838~42년, 1878~80년, 1919년 세 차례에 걸쳐 아프가니스탄 전쟁에 개입했다. 하지만 이 혼란스런 나라에 안정을 확립하는 데에는 전혀 도움을 주지 못했고, 아프간 문제를 해결하지도 못했다. 영국의 경험에서 아무 교훈도 얻지 못한 소련은 두려움, 탐욕, 선의가 뒤섞인 감정으로 아프간에 뛰어들었고, 결국 방향을 잃고 말았다. 소련 정부는 1979년까지만 해도 장기적인 목표가 있었다. 그때까지는 비마르크스주의자였던 모하메드 다우드(Mohammed

Daud)를 지원했다. 1953년 다우드는 아프가니스탄에서 입헌 군주제를 확립했다. 소련은 20년 뒤 다우드가 왕을 내쫓고 대통령이 되었을 때도 그를 지지했다. 1950년대에는 얼마간 자금을 지원하기도 했다. 결국에는 소련군을 위한 것이 되었지만, 어쨌든 1960년대에는 북쪽으로 연결된 도로를 건설해 주었다. 1970년대에는 통일된 마르크스주의 정당을 창설하는 데 주력했고, 1977년 원하던 바를 이루었다. 바브라크 카르말(Babrak Karmal), 무르 무하마드 타라키(Mur Muhammad Taraki), 하피줄라 아민(Hafizullah Amin)이 이끄는 3당이 연합하여 인민민주당이 탄생했다. 이렇게 하여 1978년 드디어 사회공학을 개시할 시간이 되었다. 그해 4월 소련이 승인한 쿠데타가 일어나 다우드 정권은 전복되었다.[48)]

20세기의 경험은 유토피아주의가 폭력주의와 크게 다르지 않다는 것을 보여준다. 소련 지도부는 아프가니스탄에서 혁명을 개시하기는 했지만 통제하지는 못했다. 권력을 얻은 인민민주당의 삼인조는 캄보디아를 테러의 피바다로 만든 음침한 이론가들과 다르지 않다. 그중 가장 무지막지했던 아민은 수학 교사였다. 그는 추상적인 수의 세계에 등을 돌리고 양적인 피의 세계로 건너왔다. 우선 다우드의 눈앞에서 일가 30명을 총살했다. 다음에는 내각을 총살했고, 그 다음에는 다우드를 총살했다.[49)] 국제사면위원회에 따르면 12,000명이 재판도 받지 않은 채 투옥되었고, 대부분 고문을 받았다. 캄보디아에서처럼, 그들은 마르크스레닌주의 '계획'을 밀어붙이며, 마을 전체를 박살내버렸다. 목격자의 증언을 들어보자.

군인들이 집을 부수고 불태우는 동안 아이 열세 명이 체포되어 부모 앞에 일렬로 섰다. 군인들이 쇠막대로 아이들의 눈을 찔렀다. 그리고 눈이 먼 아이들을 목 졸라 죽였다. 다음은 부모들 차례였다. …… 그들은 불도저로 주변을 밀어버렸다. 나무와 관목이 뿌리째 뽑혀나갔다. 지역 전체가 먼지만 날리는 폐허가 되었다.[50)]

카르말은 나중에 아민을 "피에 굶주린 교수형 집행인"이며, "집단 숙청을 벌였다"고 비난했다. 하지만 카르말이 1979년 3월까지 잔혹 행위에 가담했고, 아민과 똑같이 책임이 있다는 사실을 보여주는 증거는 넘쳐난다. 1979년 3월 아민은 독재자의 자리에 올라 카르말을 대사로 임명한 뒤 프라하로 쫓아버렸다. 그리고 테러를 강화했다. 새로운 호메이니 정권이 아프가니스탄에 있는 이슬람 반군을 지원하고 있었기 때문이다. 당시 아민은 이슬람교도를 전부 없애버릴 생각이었다. 1979년 내내 폭력 사태는 계속 늘어났다. 살해당한 미국 대사는 소련군의 손에 죽은 것으로 보인다. 8월 12일에는 칸다하르(Kandahar)의 회교도 사원 근처에서 소련인 고문 30명이 껍질이 벗겨진 채 시체로 발견되었다. 적군 내에서 당 고급 간부였으며, 1968년 체코슬로바키아 침공 때 정치적 임무를 맡아 처리했던 알렉세이 예피셰프(Alexei Yepishev)가 카불에 왔다. 그는 소련으로 돌아가며 타라키에게 아민을 제거하라고 지시했다. 당시 소련은 타라키를 가장 '신뢰할 만한' 인물이라고 생각했다. 하지만 소련 대사관에서 벌어진 격렬한 토론 과정에서 사살당한 건 타라키였다. 1979년 9월 17일 모스크바는 별 수 없이 아민에게 전보를 쳐야 했다. 아민은 '반혁명 음모'를 사전에 분쇄했으니 다행이라는 전갈을 받았다. 다음주 아민의 요청으로 소련군 3개 대대가 아프가니스탄에 들어왔다. 12월 17일에는 낙하산부대가 들어왔다. 아민은 몰랐지만, 소련군은 올 때 카르말을 데리고 왔다. 소련은 아프가니스탄에서 안정을 찾기 위해서는 어쨌든 아민을 제거해야 한다고 생각했다. 크리스마스에 소련의 전면 침공이 시작되었다. 총 7개 사단의 소련 공수 부대

중 4사단과 105사단이 침공 작전에 참여했다. 두 사단 모두 '대러시아인'으로 구성된 부대였다. 총 8만 명의 원정 부대가 새로운 도로를 따라 아프가니스탄으로 들어왔다. 도로를 건설한 보람이 있었다. 이틀 뒤 아민은 살해당했다. 아내와 자식 일곱 명, 조카 한 명, 참모진 이삼십 명도 모두 죽임을 당했다.[51] 소련군이 아프가니스탄의 모든 정부 기관, 군사 건물, 언론사를 장악했다. 이 군사 작전을 책임졌던 소련 장교 빅토르 파페르틴(Viktor Papertin)은 자살했다. 카르말은 새 정부를 구성했다. 하지만 새해가 되자, 그는 단지 전면적인 반란에 직면한 소련의 꼭두각시에 불과하다는 사실이 드러났다.[52]

처음에는 8만 명이던 소련 병력은 점점 늘어나 12만 명에 이르렀다. 간혹 그 이상으로 늘어난 적도 있다. 전쟁은 10년 넘게 지속되었다. 전쟁 내내 소련과 동맹 세력들은 주요 도시와 전략적인 도로를 장악했을 뿐이다. 당시에도 그 후에도 소련의 아프가니스탄 개입은 미국의 베트남 개입에 비교되곤 한다. 두 나라 모두 잘못된 판단으로 전쟁이라는 재앙에 빠져들었고, 결국 국가의 자존심에 큰 타격을 입었다. 미국이 베트남에서 그랬던 것처럼 소련은 아프가니스탄에서 잔인한 짓을 저질렀다. 탱크, 무장 헬리콥터, 무차별 폭격, 네이팜탄, 화학전 등 온갖 수단을 다 써서 반군을 진압하려 했다. '반도의 소굴' 이라고 부르는 마을을 조직적으로 파괴하기도 했다. 전쟁 때문에 아프가니스탄은 끔찍한 피해를 입었다. 주변 국가에도 사회적 정치적 격변이 일어났다. 살해당한 아프가니스탄인은 수십만 명에 달했다. (어떤 자료는 사망자수를 100만 명이라고 추정했다.) 소련 적군은 교전 중 16,000명이 죽고 30,000명이 부상당했다. 많은 아프가니스탄인이 나라를 떠나 피난을 갔다. 국제연합이 1985년에 집계한 아프가니스탄 인구는 18,136,000명이었다. 10년간의 참화가 끝나고 전투가 소강 국면에 접어

▶ **무자헤딘**
아랍어로 '성스러운 이슬람 전사'를 뜻하는 무자헤딘은 1979년 소련이 아프가니스탄을 침공하자 산악지방을 중심으로 게릴라 활동을 펼쳤다.

들 때까지 600만 명의 난민이 발생했다. 총인구의 3분의 1에 해당하는 숫자다. 난민들은 주로 파키스탄과 이란에 흘러들었다. 1970년대와 1980년대 소련과 쿠바, 에티오피아, 인도차이나반도의 소련 위성국이 추진한 정책으로 세계 난민 총수는 1,200만~1,500만 명이 증가했다. 이 정도면 스탈린이나 히틀러의 잔혹 행위가 낳은 통계 수치와도 비교할 만하다.

소련 지도자들이 뒤늦게 깨달은 것처럼, 군사 행동은 소용없는 짓이었다. '무자헤딘(mujaheddin)'이라고 불린 민족주의 반군 세력은 비아프간 군대로는 결코 물리칠 수 없었을 뿐 아니라 억제할 수조차 없었다. 게다가 미국, 중국, 여러 중동 국가에서 파키스탄을 거쳐 들어온 무기 덕분에 군사적 역량과 무자헤딘의 전투력은 점차 향상되었다. 그 무렵 소련 경제에 부담을 주고 있던 전쟁 비용은 감당하기 힘든 지경이 되었다. 아프가니스탄 전쟁은 모스크바의 사고를 근본적으로 변화시키는 데 큰 역할을 했다. 변화는 1980년대 중반부터 시작되었다. 1988년 2월 8일에는 소련의 새로운 지도자 미하일 고르바초프(Mikhail Gorbachyov)가 소련군을 아프가니스탄에서 완전히 철수시키겠다고 발표했다. 처음에 세계의 반응은 냉소적이었지만 실제로 5월 15일에 철수가 시작되었고, 1989년 2월 15일에는 아프가니스탄에서 완전히 빠져나갔다. 아프가니스탄 전쟁은 1992년에 마침내 끝이 났다.

마지막에 가서 소련 지도자들이 아프가니스탄에서 빠져나오려 했던 이유는 게릴라전이 인근 아시아 소비에트 국가의 이슬람 지역에까지 파급될까 두려웠기 때문이다. 소비에트 국가 이론은 마르크스주의가 그렇듯 이슬람 근본주의에 대해 명확한 답을 해줄 수 없었다. 볼셰비키는 전반적으로 이슬람교를 경시했다. 트로트키는 이렇게 생각했다. "부패하고 있는 이슬람교의 껍질은 바람만 불면 날아가 버릴 것이다." "동방의 여인이 미래에 일어날 혁명의 위대한 중심이 될 것이다." 따라서 변화를 두려워해야 하는 것은 이슬람이었다.[53] 스탈린에 이어 흐루쇼프와 브레즈네프도 다루기 쉬운 국가 소속 성직자를 통해 동방 정교회를 관리했던 방식으로 이슬람 세력을 다루려 했다. 1970년 타슈켄트 이슬람 총회에서 무프티 아메드 하비둘라크 보즈고비예프(Mufti Ahmed Habibullak Bozgoviev)는 소련의 지도자들을 칭송했다. 이교도임에도 불구하고 "신이 구술하고 예언자가 받아적은 율법"에 따라 사회 정책을 펴나간다는 이유였다. 총회에 참석한 이슬람 대표는 이렇게 말했다. "우리는 사회주의의 사회적 원리를 설교한 예언자 마호메트의 비범한 능력에 탄복하고 있습니다."[54] 1970년대와 1980년대에는 이슬람 순례자가 증가했고, 죽거나 살아있는 족장(성인)에 대한 숭배와 신비주의 일종인 수피즘이 꽃을 피웠으며, 열광적인 대중 운동이 일어났다. 이 모두가 소련 영토에서 이슬람 세력이 부흥하고 있었다는 사실을 말해준다. 이슬람 지도자들은 공개 기도, 라마단, 금식 등의 이슬람교 관습을 확립하기 위해 필사적으로 노력했다. 그들은 공산주의 사회 안에서 소비에트의 규칙에 맞게 '이슬람교를 합법화' 하기를 원했다. 그래서 이슬람인, 특히 젊은 이슬람인에게 이슬람교도로서 소련의 사회조직에 참여하라고 권고했다.[55] 그렇지만 이란 국왕 밑에 있던 이슬람 성직자들도 한때 동일한 일을 벌이지 않았던가.

이슬람의 부흥은 소련 제국이 안고 있던 더 큰 문제의 일부이기도 했다. 민족 문제는 해결하기 힘든 20세기 말의 거대한 모순이기도 했다. 레닌은 『제국주의』의 1921년판 서문에서 "차르 체제의 검열을 고려하여" 썼다고 인정했다. 『제국주의』는 1916년 봄 출간을 허락받았다. 다른 모든 제국은 가차없이 비판하되 차르의 제정 러시아에 대해서만은 모른 체했기 때문이다. 레닌은 이렇게 말했다. "나는 예를 들어야 한다고 생각했다. …… 바로 일본이다! 주의 깊은 독자라면, 쉽게 러시아를 일본의 경우에 빗대어 생각해 볼 수 있을 것이다."[56] 따라서 레닌의 제국주의 이론에서 러시아의 제국주의에 대한 비판을 발견하는 건 불가능하다. 이 사실은 그와 후계자들이 권력을 잡았을 때 매우 이롭게 작용했다. 소련 탄생 이후에도 가능한 한 차르 시대의 잔재를 그대로 유지할 수 있었기 때문이다. 대러시아 제국주의는 계속되었다. 차르 시대의 영토는 사회주의공화국이라는 이름의 위성국이 되었을 뿐이다. 1950년대 흐루쇼프는 꽤나 그럴듯한 '자치화' 과정을 도입했다. 1957년 8월 29일과 1959년 6월 22일에 포고령을 발표하여 연방공화국의 내각에 권한을 더 부여하고, 사법적 행정적 독립을 확대하겠다고 약속했다. 하지만 흐루쇼프의 동료는 이런 소극적인 조치마저도 좋아하지 않았다. 흐루쇼프가 몰락한 뒤 그가 추진한 정책은 모두 폐기되었다. 1977년 헌법은 제70조에서 공식적인 연방 제도를 유지하도록 하는 한편, 제72조에서는 비현실적인 '연방 탈퇴의 권리'를 규정하였다. 하지만 모든 면에서 그 헌법은 중앙 집권화, 통합, '소련 국민'의 출현이라는 일관된 목표 아래 작성된 문서였다. 이에 따르면, 소련 국민은 새로운 역사 공동체로서, 소비에트사회주의공화국연방의 52개 주요 민족 집단을 포용하고 그것을 대신해야 했다.[57]

따라서 본질적인 면에서 소련 제국의 정책은 프랑스의 정책과 흡사했다. 프랑스의 '식민지'는 프랑스 연합 내에서 점차 문화적 경제적 이득을 획득해갔다. 대러시아인도 여러 민족 집단에 민족주의적 소망을 버리는 대가로 이와 똑같은 이득을 나누어주었다. 소련의 정책은 프랑스처럼 부정 선거와 행정적인 강제로 추진되었다. 소련에서 특히 그랬는데, 프랑스와 달리 소련은 모든 정치권력과 출판 언론의 자유를 독점하고 있는 당이 제국주의 정책을 시행했기 때문이다. 1977년 헌법 아래서 통합을 이루는 주요 수단은 군대와 당이었다. 슬라브인(특히 대러시아인)은 모든 장성과 소비에트 최고회의 위원의 95퍼센트를 차지했다. 슬라브인은 모든 핵심 국가 기구를 장악했고, 당을 통해 비러시아계 공화국의 각 단계에 있는 모든 정치 행정 기술 간부를 조종했다.[58] 1980년대까지는 언어가 민족의 결집력을 녹여내는 수단으로 사용되었다. 러시아어를 가르치는 학교의 수가 매우 빠르게 증가했고, 러시아를 구사하는 능력이 신분 상승의 필수 사항이 되었다. 민족적 교육 제도가 완벽히 갖추어진 곳이라고 하더라도 처음부터 끝까지 러시아어를 의무적으로 가르쳐야 했다.[59] 민족적 교육 제도가 완비되지 못한 곳에는 일정 단계가 되면 러시아식 교육으로 바꾸라고 강요했다. 그 결과 1950년대부터 여러 민족 집단의 언어가 쇠퇴하기 시작했다. 발트 해의 민족, 벨로루시인, 몰다비아인, 독일인 180만 명과 유대인이 여기에 해당했다. 우크라이나에서조차 고등 교육 부문에서는 러시아어가 우크라이나어를 압도하고 있다는 비난이 일었다. 민족 언어 교육은 소련 전역에서 점차 감소했다.[60]

인구와 식량 문제

하지만 이미 살펴보았듯이, 프랑스의 제국주의적 동화 정책이 실패한 것은 주로 인구 통계학적인 이유에서였다. 20세기가 가르쳐주는 교훈은 피지배 민족의 높은 출산율이 식민지주의를 종식시켰다는 사실이다. 볼셰비키가 등장하기 전 러시아는 세계에서 인구가 가장 빨리 증가하는 나라 중 하나였다. 제1차 세계대전, 내전, 레닌과 스탈린이 야기한 기근, 대숙청, 제2차 세계대전으로 인한 '인구 통계학적인 손실' 은 전부 6,000만 명에 달했다. 이 기간에 발트 해 국가, 베사라비아, 카렐리아, 폴란드 점령지, 부코비나, 그리고 이외 다른 영토를 획득하여 2,000만 명이 부분적으로 보상되었다.[61] 1945~58년 인구가 크게 늘어났고, 1959~70년의 연간 인구 증가율은 하강세를 보이고 있기는 했지만 1.34퍼센트를 기록했다. 유럽 국가를 기준으로 보면 높은 편이었다. 하지만 1970년대에는 연 평균 증가율이 1퍼센트 미만으로 나타났다. 소련의 인구 통계학자들은 1970년에 2억 5,000만 명에 달할 것이며, 20세기가 끝날 무렵에는 3억 5,000만 명이 될 것이라고 예상했다. 실상 1970년의 총인구는 예상치보다 1,000만 명이 모자랐다. 1979년의 인구는 2억 6,243만 6,000명이었다. 이 정도면 2000년이 되어도

3억 명을 크게 초과하지 않을 게 분명했다. 1970년의 인구 조사에서 처음으로 출산율의 이중적인 성격이 드러났다. 슬라브인이 많이 사는 지역이나 발트 해 연안 지역보다 소련 동부, 중앙아시아, 카프카스 지역의 출산율이 훨씬 높았다. 1960년대만 하더라도 회교도 인구는 2,400만 명에서 3,500만 명으로 치솟았다. 1970년대에는 1,400만 명이 증가했다. 그리하여 1980년대 초에는 약 5,000만 명이 되었다. 이런 추세라면, 20세기가 끝날 즈음에는 중앙아시아와 카프카스에 소련 인구의 3분의 1에 해당하는 1억 명이 살게 될 것이 분명했다.[62] 1979년에 이르자, 이미 대러시아인은 비슬라브계 민족에 비해 눈에 띄게 노령화되었고, 인구 통계학적으로 수세에 처했다. 회교도의 인구 증가율은 2.5~3.5퍼센트이지만 대러시아인의 경우는 1퍼센트에도 미치지 못했다. 회교도 중에 러시아어를 아는 사람이 줄어들고 있다는 사실도 중요했다.[63]

소련만 유일하게 인구 통계학적 추세를 걱정하고 있는 건 아니었다. 세계 총인구는 1900년 12억 6,200만 명이었다. 1930년에는 20억 명을 돌파했다. 1950년에는 25억 1,500만 명이 되었고, 1960년에는 30억 명을 돌파했으며, 1975년에는 40억 명을 넘어섰다. 1987년에 이르자, 세계 총인구는 50억 명을 넘어섰고, 연간 8,000만 명의 비율로 증가했다. 1분당 150명이 늘어나는 꼴이다. 어떤 이들은 2000년의 세계 총인구는 한 세기 동안 여섯 배가 증가하여 61억 3,000만 명에 이를 것이라고 추정했다.[64]

이렇게 몇십 억씩 늘어난 인구를 어떻게 먹여 살릴 것인가? 발전해가는 현대 사회는 '인구학적 천이(遷移)'라는 과정을 거친다. 그 첫 단계에서는 의학과 공중 보건 덕분에 유아 사망과 감염성 질환이 감소하여 사망률이 낮아지지만, 출산율은 과거의 높은 대체 출산율을 유지하기 때문에 인구는 증가한다. 두 번째 단계에서는 생활수준이 향상되면서 출산율이 떨어져 인구 증가율은 감소하고, 궁극적으로는 평형에 이른다. 하지만 첫 번째 단계와 두 번째 단계 사이에 인구가 놀랄 만큼 뛰어올라 정치적으로 심각한 영향을 끼칠 수 있다. 유럽에서는 '천이'가 1760~1870년 산업 혁명 때 시작되었다. 인구학적 천이는 실질적으로 1970년대 완료되었다. 1970년대에 출산율은 1,000명당 20명 이하로 떨어졌다. 소련(1964년), 유고슬라비아(1967년), 포르투갈과 스페인(1969년)도 마찬가지였다. 유럽의 인구학적 천이는 시기적으로 전체 식민지화 과정과 탈식민지화 과정에 걸쳐 있으며 이를 설명해 주는 역할을 한다. 일본은 유럽과 유사한 패턴을 따랐다. 하지만 유럽 평균 수준보다는 조금 늦다. 1920년대 일본의 출산율은 여전히 1,000명당 34명이었고, 사망률은 급격히 떨어져 1,000명당 30명에서 1920년대 말에는 1,000명당 18명이 되었다. 따라서 일본은 직면 상황을 돌파해기 위해 필사적이었다. 하지만 양차 세계 대전 사이에 두 번째 단계가 이미 시작되었다. 1930년대 말 출산율은 처음으로 1,000명당 30명 이하로 떨어졌다. 전후 전 세계에 걸쳐 곧바로 출산율이 상승했지만, 그 뒤에는 계속 떨어져 1950년대 후반에는 1,000명당 20명 이하가 되었다.[65] 그리하여 한때 매우 위협적이던 일본의 인구 문제는 1960년대 말에 저절로 해결되었다.

인구학적 천이 이론에서 도출되는 결론은 두 가지다. 첫째 아시아, 라틴아메리카, 아프리카에서 첫 번째 단계가 진행되면서 인구 상승폭이 크다 하더라도 당황할 필요가 없다. 둘째 두 번째 단계를 가능한 한 앞당기기 위해 개발도상국의 산업 성장률을 끌어올려야 한다. 산아 제한을 계획하고 실천하는 것이 도움이 될 수는 있지만 결정적인 것은 못 된다. 효과적인 피임법은 출산율 하락의 원인이라기보다 징후에 가깝기 때문이다. 효과적인 피임법은 경제 개선의 결과다. 따라서 생활수준을 향상시키는 일이 가장 중요하다. 이것이 환경의 측면에서 성장 정책에 반대하는 사람들에게 해줄 수 있는 대답이다.

물론 GNP가 상승한다고 해서 출산율이 즉각적으로 떨어지지는 않는다. 또 떨어진다고 하더라도 모든 국가가 동일한 비율로 떨어지는 것도 아니다. 하지만 1970년대 중국이 천이의 두 번째 단계에 진입한 것은 고무적인 일이다. 사망률은 안정화되기 전까지 여전히 떨어질 여지가 많았지만 말이다. 1979년 미국 인구 조사국은 중국 인구를 10억 1,000만 명으로 추산했고, 인구 증가율이 크게 떨어졌다고 평가했다. 그 덕분에 세계 인구 상승 속도가 상당히 줄어들었다. 인구 상승률은 1960년대 후반 연평균 2.1퍼센트에서 1970년대 초반 1.9퍼센트로, 1970년대 후반 다시 1.7퍼센트로 떨어졌다. 1980년대 초 아시아 전체의 인구 성장률은 1.9퍼센트 미만으로 세계 평균 수준에도 못 미쳤다. 라틴아메리카의 인구 성장률은 2.4퍼센트로 떨어졌다. 실제로 인구 성장률이 증가한 지역은 아프리카뿐이었다. 2.5퍼센트에서 2.9퍼센트(1979년)로 증가했다. 인구 통계학자들은 이러한 상황을 정확히 예견했다.[66] 1980년대 중국의 인구가 실제로 안정에 도달했다는 사실이 가장 중요하다. 1982년 7월에 있었던 전국적인 인구 조사에 따르면, 중국의 총인구는 1,008,175,288명이었다. 3년 뒤 국제연합의 발표에 따르면, 그 수는 1,059,521,000명으로 약간 상승했고, 1980년대 말에는 1,072,200,000명이 되었다. 인도는 조금 우려할 만했다. 1981년 인구 조사에 따르면, 총인구는 685,184,692명이었다. 국제연합은 1985년에 대략 750,900,000명으로 증가했으리라 추산했다. 하지만 7억 4,800만 명을 넘지 않는다는 추정치도 있었다. 이러한 수치 역시, 비록 중국에 뒤지기는 하지만, 인도의 인구 증가율이 둔화되고 있다는 사실을 보여주었다.[67] 1980년대와 1990년대에 이르기까지 인구 증가율이 가장 높은 지역은 변함없이 중앙아메리카와 아프리카였다. 대부분의 아프리카 국가에서 정확한 수치를 알아내기가 갈수록 어려워지고 있다. 1960년대 초 이루어진 계산에 따르면, 생활수준의 향상은 (1964년 가치로) 일인당 국민 소득이 400달러대로 올라서는 순간 출산율에 영향을 미치기 시작한다. 1990년대 초에는 인플레이션 탓에 약 2,000달러가 임계점이 되었다. 중앙아메리카나 검은아프리카 중 이 벽을 넘은 국가는 거의 없었다. 1970년대와 1980년대의 경험은 일반적으로 인구 증가와 하락의 법칙을 입증해준다. '인구 폭발' 은 폭발이 아니라 경제 발전에 따른 그래프일 뿐이었다. 인구 증가는 현명한 성장 정책에 따라 억제가 가능하다.

어떻게 하면 인구 증가를 억제할 만한 성장 정책을 실현할 수 있을까? 문제는 기술적인 것이 아니다. 과학적인 영농은 1945년 이래 선진국에서 대규모로 시행하고 있다. 농업 지식이 쌓이고 널리 전파되는 일은 꾸준히 계속되었다. 미국, 캐나다, 오스트레일리아, 아르헨티나, 서유럽 국가의 자본주의적이고 시장 지향적인 농업 시스템은 1970년대와 1980년대 엄청난 잉여 생산물을 낳았다. 아마 이들 국가의 농산물로도 세계 전체를 먹여 살릴 수 있을 것이다. 필요한 경우에, 그리고 가격만 맞는다면 말이다. 문제는 정치적인 것이다. 특히 집산주의 농업 방식의 도입이 큰 문제를 낳았다. 집산주의 농업은 농민에게 경제적 동기를 부여하지 못하고, 농민을 비효율의 거대한 함정에 빠뜨린다. 시장의 요소도 대개 무시하고, 효율적인 유통망에 대한 필요도 소홀히 한다. 레닌은 마르크스처럼 '물리적 오류' 의 희생자였다. 그는 물품이나 식량을 생산하는 사람만이 '정직한' 노동자라고 믿었다. 중개인은 모두 기생충이었다. 레닌은 그들을 '장물아비' '도둑' '약탈자' '경제적 악한' 이라고 비난했다. 이런 태도는 소비에트 체제에서도 지속되었고, 동유럽이나 집산주의 소비에트 체제가 이식된 아시아, 아프리카, 라틴아메리카에까지 파급되었다.

결과는 대체로 비참했다. 비록 소련의 영향력이 강하기는 했지만, 인도는 농민에게 근대화의 동기를 부여하려고 진지하게 노력했다. 대규모 자금과 기술 지원이 있었다. 그 결과 인도는 1980년대 자급자족을 달성했고, 대단하지는 않지만 수출까지 할 수 있을 정도였다. 중국에서는 중개인에 관한 레닌의 개념이 거부되었다. (중국인은 국내에서나 국외에서나 유통망을 운영하는 데 특출한 재능을 보였다.) 투자가 이루어지고 어느 정도 시장의 관행이 도입되자, 중국 역시 1980년대 자급자족을 달성했다. 하지만 집산주의 아래 있는 대부분의 다른 나라는 쓸쓸한 풍경을 보여준다.

어처구니없는 상황을 보여주는 대표적인 사례가 바로 소련이다. 1914년까지 농업이 근대화되고 수적으로 많은 농민이 농장을 비교적 효율적으로 운영하면서 (그리고 자발적으로 협동조합을 운영하면서) 러시아는 세계 최대의 농산물 수출국이 되었다. 농산물 중 최대 40퍼센트까지 해외에 수출했다. 그러나 레닌 아래서 소련은 농산물 순수입국이 되었다. 식량 부족은 해가 갈수록 심각해졌다. 스탈린의 집산주의 정책은 살상과 기아로 인한 죽음을 가져왔다. 러시아의 가장 우수한 농민이 이때 대부분 목숨을 잃었다. 이로써 소련 정권에는 카인의 낙인이 찍혔고, 수십 년 동안 낙인은 정권의 살 속을 더 깊이 파고들었다. 1963년 수확기에 소련 농업 분야에서 전후 최초의 대재앙이 일어났다. 흐루쇼프는 개발을 추진한 처녀지의 밀이 없었다면 상황은 훨씬 더 나빴을 것이라고 말했다. 하지만 스탈린의 정책처럼 흐루쇼프의 정책 역시 혼란을 일으켰고, 갑자기 폐기되곤 했다. 그가 크게 자부했던 처녀지 개발 계획은 완전히 실패했고 소리 소문 없이 폐기되었다. 흐루쇼프는 국영 농장과 집단 농장 사이에서, 중앙 집권화와 지방 분권화 사이에서 갈팡질팡했다. 그는 은퇴해 있었을 때 식량 부족에 대해 심한 불만을 늘어놓았다. 모스크바의 당 고위 간부를 위해 마련한 병원에 있을 때조차 음식이 형편없다며 우는 소리를 했다. 사실 모스크바는 늘 그랬듯이 소련에서 음식 백화점 같은 곳이었다. 지방의 사정은 훨씬 더 나빴다. 흐루쇼프는 전통적인 농업 지역에서 사람들을 만났다. 그는 이렇게 고백했다. "그들은 나에게 왜 계란과 고기를 살 수 없는지 큰소리로 다그쳤다. 왜 하루 이틀 기차를 타고 모스크바까지 가서 식품점 앞에 줄을 서서 기다려야만 물건을 살 수 있는지 물었다." 흐루쇼프는 자문했다. "소비에트 정권 수립 후 50년이 지났는데 왜 계란과 고기를 구할 수 없는 것인가?" 그는 이렇게 썼다. "낙타가 모스크바에서 블라디보스토크까지 중간에 굶주린 농민에게 잡아먹히는 일 없이 무사히 갈 수 있는 날이 언젠가는 올 것이다. 나는 그런 날을 고대하고 있다."[68] 하지만 그는 집권 중에도 토지를 민간 부문에 돌려주자는 제안을 감히 하지 못했다. 브레즈네프와 후계자들은 더 확고한 정책을 펼쳐 완전한 농업 집산화를 이어갔다. (이 시기는 나중에 공식적으로 '침체의 시대'로 명명되었다.) 따라서 식량 문제는 천천히, 하지만 꾸준히 악화되었다. 소련은 다른 어느 나라와 비교해도 두 배나 많은 경작지를 소유하고 있었다. 특히 우크라이나는 세계 제일의 옥토를 자랑했다. 또한 소련은 인구 밀도가 상대적으로 낮았다. 하지만 이런 장점에도 불구하고, 소련의 한 해 곡물 수입은 때로는 1,500만 톤, 때로는 3,000만 톤에 달했다. 수입량은 점차 증가했다. 1970년대와 1980년대 내내 고기와 계란은 모스크바에서도 특권층 상점에서 말고는 냄새도 맡을 수 없었다.

1980년대 말 소련 정권의 농업 정책에는 제한적인 변화가 일어났다. 엄격한 한계가 있었지만, 민간 부문에서 시장 가격으로 농산물을 생산하고 판매할 수 있게 된 것이다. 그러나 이 조치는 국가 부문과 집산화된 부문의 비효율과 혼란을 드러냈을 뿐이다. 1988~91년 '현실적인' 거래와 판매를 도입하려는 시도는, 집산주의의 모든 기본적인 원칙을 유지하려는 노력과 맞물려 상황을 악화시켰다. 유통 체제가 원시적이고 부패했으며 기이할 정도로 비효율적이었기 때문이다. 이 무렵 농업 생산물 중 40퍼센트가 소비자에게 전달되지 못했던 것으로 추정된다. 농산물은 창고나 철로 주변에서 썩어가거나 쥐들이 먹어치웠다. 1990~91년의 겨울에 소련 일부 지역은 실제로 기근의 위험에 처했고, 궁지에 차 있던 소련 정권은 서구 국가에 식량 지원을 부탁할 수밖에 없었다. 식량 배급제가 다시 도입되었고, 1991년 3월에는 국가가 지정한 식료품 가격이 대폭 인상되었다. 1991년 3월 16일 소비에트사회주의공화국연방의 존속 여부를 결정하는 국민 투표가 열렸다. 이날 소련 정권은 투표율을 높이기 위해 비밀리에 보관하고 있던 고기와 야채를 투표소 근처에서 판매했는데, 당시 소련의 실상이 어떠했는가를 보여주는 특징적인 사례였다. 그나마도 점심때쯤 동이 났다.[69] 소련이 처한 모든 곤란의 뿌리에는 조작된 통계 증거에 근거를 둔 이론과 완전한 무지가 자리잡고 있었다. 마르크스주의자는 누구도 농업에 관해 분별 있는 견해가 없었던 것으로 보인다. 마르크스와 레닌 둘 다 농업에는 진심으로 관심을 기울이지 않았기 때문일 것이다. 마르크스주의는 본질적으로 도시에 맞는 종교다.

소련만 분별없는 교리에 빠져 있던 것은 아니다. 1930년대 주요 식량 수출국이었던 폴란드는 농업 집산화를 시행하지 않았음에도 불구하고 식량 수입국이 되었다. 정권이 사회주의화된 유통 체제를 고집했기 때문이다. 상황은 1989~91년 서서히 개선되기 시작했다. 공산주의 정권 대신 자유선거를 통해 선출된 정부가 들어섰기 때문이다. 1930년대 주요 식량 수출국이었던 루마니아는 상당 부분 수출을 계속했다. 그러나 잔인한 니콜라에 차우셰스쿠(Nicolae Ceausescu) 정권은 경화(硬貨)를 얻기 위해 자국 국민을 굶주림에 빠뜨렸다. 헝가리는 1985년부터 시장 제도를 받아들였

▶ 동독에서 내놓은 경제상호원조회의(COMECON) 20주년 기념우표.

다. 생산성이 서서히 올라갔고, 1991년에는 다시 순수출국이 되었다. 불가리아도 늦었지만, 그 뒤를 따랐다. 하지만 유고슬라비아는 1980년대 식량 순수입국이었다. 따라서 한때 잉여 농산물 생산 지역이었던 경제상호원조회의(COMECON) 회원국 대부분은 곧 세계의 짐이 되었다. 종종 유럽공동체(EC)가 생산하는 막대한 저가의 식량으로 그들을 부양해야 했다. 하지만 유럽공동체 역시 몰지각한 보조금 제도의 못마땅한 결과로 탄생한 기구다. 따라서 만족스럽지 못한 농업 체제가 끝나지 않는 재앙에 불과한 또 다른 농업 체제를 그나마 견딜 만한 것으로 만들어주었던 셈이다.

제3세계 국가의 농업에도 집산주의의 영향은 미쳤다. 마르크스주의와 집산주의의 주문에 빠진 거의 모든 제3세계 국가는 끔찍한 경험을 해야 했다. 과격한 군사 독재 정권 아래 있던 이라크와 시리아는 큰 정부라는 유토피아적 신기루와 국가 경영이 모든 문제에 대한 해결책이 될 것이라는 신념에 빠져 있었다. 두 나라는 잉여 농산물 생산 국가에서 식량 부족 국가로 전락했다. 이란의 사례도 비슷했다. 수카르노표 사회주의 사회였던 인도네시아는 쌀을 더 이상 수출하지 못했다. 그의 후계자들도 그보다 조금 나은 상황을 연출했을 뿐이다. 사회주의 버마 역시 쌀 순수입국이 되었다. 가장 불행한 사례는 식민지를 벗어난 뒤의 아프리카였다. 아프리카 지도자들은 사회주의 농업 실험에 착수했다. 가나는 가장 부유한 검은아프리카 영토에서 가장 가난한 아프리카 국가가 되었다. 탄자니아는 일인당으로 따지면 세계 어느 나라보다 많은 외국 원조를 받았지만, 역시 식량 순수입국이 되었다. 아프리카의 식량 생산 문제는 원래부터 정치적인 것이었고, 국경 분쟁과 내전으로 가중되었다. 억압적인 정권들은 부족적 인종적 종교적 이유로 소수 집단을 박해했다. 이 때문에 소요 사태가 발생해 내전으로 이어졌고, 내전은 기아 사태를 파급했다. 두 나라만 예를 들어보자. 1980년대와 1990년대 가장 심각하고 광범위한 기근은 수단과 에티오피아에서 일어났다. 가뭄은 단지 부분적인 원인이었을 뿐이다. 수단에서는 주로 남부와 북부의 내전 때문에 기근이 발생했다. 에티오피아에서는 마르크스주의 정권이 야기한 사회적 불안이 주요 원인이었다. 에티오피아의 마르크스주의 정권은 많은 농민을 원래의 농경지와 목초지에서 몰아냈고, 마을을 폭격했으며, 이웃 국가인 에리트레아, 소말리아와 전쟁을 벌였다.

1980년대 말이 되자, 독립국으로서 1970년대 상당한 번영을 구가하고 있던 몇 안 되는 검은아프리카 국가도 확대되는 경제적 난제와 사회적 불안에 직면했다. 코트디부아르, 케냐, 말라위가 그런 국가였다. 가장 오래된 검은아프리카 국가 라이베리아(1822년 건립)가 처한 곤경은 특히 큰 동정을 불러일으킨다. 1990년에 대통령의 자리를 노리던 세 사람이 각각 군대를 이끌고 라이베리아를 갈가리 찢어놓았다. 이웃 국가에서 파견한 '평화 유지군' 때문에 갈등은 오히려 더 커졌다. 평화 유지군마저 전국적으로 일어나는 약탈 행위에 가담했기 때문이다. 라이베리아에서는 총을 들지 않는 한 굶어죽을 수밖에 없었다. 1990년대가 되자 가난한 아프리카 국가 대부분이 실제로 국제 경제에서 이탈했다. 하지만 지배 계급의 엘리트들이 일종의 자가 학습 과정을 통해 무지에서 깨어나고 있다는 징후가 보이기 시작했다. 모잠비크는 1988년에 집산주의 경제에서 벗어나 시장 제도로 돌아갔고, 예전에 추방했던 서양 회사들을 다시 불러들였다. 같은 해 남아공은 모잠비크처럼 차츰 집산주의 경제 구조를 포기하고 있던 앙골라와 정전 협정을 맺었다. 이로써 이전에 국제연합의 위임 통치령이었던 서아프리카(나미비아)에서 진정한 독립과 자유선거가 이루어질 수 있었다. 나미비아 역시 온건주의 노선을 채택했다.

하지만 가장 중요한 변화는 남아공에서 일어났다. 1989년 초 남아공은 독특한 인종 사회주의 아파르트헤이트에서 결정적으로 멀어졌다. 남아공에서 일어난 사건은 특별한 의미가 있었다. 바깥 세계가 남아공의 인종 문제에 지대한 관심을 가지고 있었을 뿐 아니라, 여러 면에서 남아공이 1990년대 초 인류가 직면한 전 세계적인 문제의 축소판이나 다름없었기 때문이다. 지구상의 다른 나라에서는 남아공이 야기한 특징적인 사회 성격과 난제를 찾아보기 힘들었다. 남아공의 문제는 개별 국가의 문제보다는 세계 전체가 맞닥뜨린 문제와 비슷했다. 이 점은 다소 상세하게 밝혀둘 가치가 있다. 1990년대 초 세계는 낮은 출산율의 백인종 소수와 (전반적으로) 높은 출산율의 유색 인종 다수로 구성되어 있었다. 남아프리카 공화국이 그랬다. 1989~90년 남아공에는 약 500만 명의 백인종과 3,000만 명의 유색 인종이 살고 있었다. 1988년 이 비율은 세계의 비율과 거의 같은 수준이었다. 남아프리카 공화국의 연간 인구 증가율은 백인이 0.77퍼센트였고, 아시아인이 1.64퍼센트, 혼혈 인종이 1.89퍼센트, 흑인이 2.39퍼센트였다. 이것도 세계의 비율과 비슷했다.[70] 남아공에는 11개의 주요 언어가 있었지만, 주민의 대다수가 쓰거나 말하는 언어는 없었다. 세계도 마찬가지였다. 역시 세계의 경우와 똑같이, 남아공은 제1세계 경제와 제3세계 경제로 구성되어 있었다. 군사력을 포함한 권력은 전 세계의 경우와 비슷한 비율로 백인과 비백인 사이에 배분되어 있었다. 백인과 비백인 간의 소득 비율 또한 세계의 수준과 비슷했다. 남아공에서는 급속한 도시화로 인종의 구분 없이 도시에 사는 인구의 비율이 매우 높았다. 도시 거주 인구의 비율은 1900년에 25퍼센트에서 1989년에는 65퍼센트가 되었다. 이 또한 세계 전체의 양상을 따르는 수치였고, 대도시의 거대한 빈민가의 성장과 도시 범죄율의 상승이라는 똑같은 결과를 낳았다. 100여 개가 넘는 세계 다른 국가들처럼 남아공은 이 문제를 해결하기 위해 애썼다. 그러나 국가 부문을 늘리고 중앙에서 통제하는 경제 방식을 채택하여 결국 문제를 악화시켰다.

한때 활력에 넘쳤던 남아프리카 공화국 경제는 아파르트헤이트식의 거대 정부 때문에 결국 쇠퇴하기 시작했다. 데 클레르크(Frederik W. de Klerk)는 1989년 2월 2일 남아공의 지배 정당이었던 남아프리카 국민당의 당수가 되었고, 그해 9월 6일 대통령이 되었다. 데 클레르크가 사회 경제 정치 제도에 근본적인 변화를 도입한 가장 중요한 이유는 남아공의 경제 침체 때문이었다. 그는 우선 흑인 민족주의자들과 대화를 시작했다. 1989년 7월 8일 그는 감옥에 있던 아프리카 민족회의의 지도자 넬슨 만델라(Nelson Mandela)를 방문했다. 만델라는 사보타주 혐의로 26년째 수감 중이었다. 1989~91년 데 클레르크는 다른 정치범과 함께 만델라를 풀어주고, 국가 비상사태를 해제했으며, 아프리카 민족회의를 합법화했다. 하지만 그 결과 아프리카 민족회의를 지지하는 흑인(주로 코사족)과 인카타 자유당에 속하는 흑인(주로 줄루족) 간의 폭력 사태가 늘어나기도 했다. 데 클레르크는 또한 사회 변화에도 힘을 쏟았다. 인종 간의 성행위 금지법 같은 아파르트헤이트의 법적 하부 구조 중 일부가 1980년대에 폐지되었다. 다른 법은 인구 변동과 경제 변화의 압력을 받아 유명무실해졌다. 1991년 2월 데 클레르크는 근본적인 법률 개혁안을 발표했다. 비백인계 인구의 이주, 주택 · 토지의 거주와 소유에 관한 제한 — 아파르트헤이트 정책의 경제적 근간 — 을 없애고, 투표 제도만을 그대로 남겨두기로 했다. 투표 제도는 인종 차별주의 정책의 마지막 유물이었다. 데 클레르크는 흑인 지도자들과 권력을 공유하기 위해 여러 정치 형태에 관해 협상했다. 백인 사회가 1인 1표제를 도입하면 아프리카의 다른 곳에서 그랬듯이 내전이 일어나지 않을까 두려웠기 때문이다. 어쨌든 남아공에서 보통 선거권이 시행되면, 백인의 정치적 몫은 크게 줄어들 수밖에 없었다.[71] 남아공의 흑인들이 마침내 보통 선거권을 손에 쥔 것은 1994년이다. 그해 4월에 치러진 선거로 만델라는 남아프리카 공화국 최초의 흑인 대통령이 되었다.

이웃에게 배우는 교훈

1980년대 제3세계 국가들은 집산주의 경제를 운용하려는 노력을 포기하고 개혁과 시장을 향해 나아갔다. 일본, 홍콩, 싱가포르, 타이완, 한국 등 동아시아 국가들의 두드러진 성공이 개혁과 시장 경제를 향해 나아가도록 제3세계 국가들을 자극했다. 홍콩은 영국의 직할 식민지였고(1997년 중국에 반환되었다), 싱가포르는 영국의 직할 식민지였다가 1959년 자치권을 얻고, 1965년에는 완전히 독립했다. 전후 이들 국가는 모두 출산율이 높았으며, 일인당 국민 소득은 매우 낮았다. 일본을 제외하면 예외 없이 100달러 이하였다. 그러나 이들은 농업에서나 공업에서나 집산주의 방식을 거부하고 시장 시스템을 받아들였다. 일본, 홍콩, 싱가포르, 타이완, 한국 모두가 일인당 국민 소득이 증가하면 출산율이 하락한다는 사실을 보여주었다. 이들은 부의 창조에 박차를 가하려는 후발 주자들의 모범적인 사례가 되었다. 1960년 홍콩, 싱가포르, 타이완, 한국의 출산율은 1,000명당 36명(홍콩)과 42.9명(한국)의 범위 안에 있었다. 1960년대에 4개 국가 모두 세계 어디에서도 유례를 찾아볼 수 없을 정도로 생활수준이 향상되었다. 1971년 홍콩의 출산율은 1,000명당 20명 이하로 떨어졌고, 싱가포르도 비슷한 수준이었다. 대만과 한국은 1,000명당 30명 이하로 떨어졌다.[72] 이러한 추세는 1980년대에 더 빨라졌다. 1980년대 후반이 되자, 중국 본토에서 무일푼의 이민자들이 몰려왔음에도 불구하고, 홍콩의 일인당 국민 소득은 1만 달러에 근접했다. 싱가포르는 7,464달러(1987년), 대만은 5,075달러(1987년), 한국은 3,450달러(1988년)를 기록했다. 이들은 급속히 제3세계에서 벗어나 제1세계 안으로 들어가고 있었다. 사실 1970년대와 1980년대에 이룩한 태평양 국가들의 성장은 인류 사회의 측면에서 볼 때 매우 고무적인 현상이다.

이러한 과정은 1940년대 후반 일본에서 시작되었다. 1948~49년의 서독과 1958년의 프랑스에서처럼 성장의 토대는 훌륭한 헌법이었다. 이미 살펴보았듯이, 전전 일본 헌법은 엉망이었고, 법률 제도 전체가 원시적이고 불안정했다. 어떤 의미에서 미군의 점령은 축복이었다. 점령기 일본에서는 미국이 권력을 잡았고, 그 권력은 실제로 맥아더 장군이라는 독재자가 움켜쥐었다. 맥아더 장군은 계몽된 독재 군주의 역할을 잘 해냈다. 그는 일본에 위로부터의 혁명을 강요했다. 그것은 일본을 근대 국가로 만들어준 1860년대의 메이지 유신과 비슷했다. 맥아더 사령부에서 기초를 마련한 1947년 헌법은 합의의 최소 공통분모만을 나타내는 정당 간 타협의 산물이 아니었다. 1947년 헌법은 영국 헌법과 미국 헌법의 가장 좋은 측면만을 결합하고, (드골의 헌법처럼) 집행부 권한과 사법부 권한 사이에서, 그리고 중앙 집권과 지방 분권 사이에서 절묘한 균형을 이룬 보편적인 개념의 틀이었다.[73] 점령 기간에, 자유 노조, 자유 언론, 경찰의 분권화(군대는 없어졌다)를 낳은 다른 법률과 함께 헌법과 헌법이 대표하고 있는 '미국의 시대'는 그때까지 국가가 일본 국민에게 행사하고 있던 최면적인 지배력을 제거하는 데 성공했다. 미국의 일본 점령은 전후 시대를 통틀어 미국의 해외 정책 중에서 가장 건설적인 업적이었다고 할 수 있다. 이것은 사실상 미국 혼자의 힘으로 성취한 것이다.[74] 모범이 될 만한 노조 조직을 만들어 영국이 서독을 강력한 경쟁 국가로 키운 것처럼, 미국이 만들어놓은 일본은 미국의 가장 강력한 경쟁 국가가 되었다.

헌법의 개혁으로 일본인들은 국가가 시민을 위해 존재하는 것이지, 그 역이 아니라는 것을 깨달았다. 이것이 일본에서 헌법 개혁이 낳은 본질적인 변화였다. 새 헌법은 새롭고 건강한 개인주의의 토대를 마련해 주었다. 헌법은 충성과 헌신을 바칠 만한 대상으로 국가 대신 가족과 가족의 가치를 구현하고 있는 다른 기관들이 부상할 수 있게 도왔다. 전후의 독일과 이탈리아의 경우처럼, 가족은 생물학적인 의미에서나 그로부터 확장된 의미에서나 전체주의라는 감염증의 자연 해독제였다. 매우 효과적인 토지개혁이 일본인의 노력을 뒷받침해 주었다. 토지개혁으로 소작농 470만 명에게 자유 토지 보유권이 주어지고, 자영농이 경작하는 토지의 비율은 90퍼센트 이상으로 올라갔다. 기독교민주당이 지배하는 서유럽에서처럼, 지방정부의 개혁으로 강력하고 민주적이며 풍요한 지역 사회를 창조하는 과정이 완료되었다.[75] 사법권의 독립과 미국식 대법원은 국가와 집단의 가치 대신 재산권과 시민의 자유를 지지했다.[76] 이러한 기틀 위에 예외적으로 안정된 의회 구조가 세워져 자유적 보수주의 동맹 세력(1955년 자유민주당이 된다)이 의회를 끌고 나갔다. 확대된 가족의 형태를 본뜬 내부의 많은 파벌은 유연성과 변화를 낳았고, 외적인 통합성은 국가 경제에 자유 기업을 위한 견고한 토대가 되어주었다. 따라서 자유민주당은 독일과 이탈리아의 기독교민주당, 그리고 프랑스 제5공화국의 드골주의자들이 그랬던 것처럼 사회 응집력의 구심점이 되었다. 유사한 점을 찾자면 더 있다. 제2차 세계대전이 끝난 뒤 맥아더의 인적 청산으로 나이 많은 정치 천재 요시다 시게루(吉田茂)가 등장했다. 요시다 시게루는 전쟁 전에는 아데나워, 데가스페리, 드골처럼 정권의 반대 세력에 속해 있던 인물이다. 그는 전직 외교관이었다. 따라서 앵글로색슨 민주주의 전통과 법치에 친숙했다. 1946년 예순일곱의 나이에 총리가 된 그는 감탄할 만한 완고함과 인내로 거의 9년간 국정을 이끌었다. 요시다 시게루를 옆에서 지켜보았던 사람은 그를 "해마다 옹이진 가지에서 흰 꽃을 피우는 고령의 자두나무 분재" 에 비유했다.[77] 그는 새로운 체제를 청년기에서 성숙기로 이끌었다. 1954년 은퇴할 때까지 1950년대뿐만 아니라 이후의 사반세기를 견뎌낼 안정을 확립해 놓았다.

결과적으로 일본은 1953년에 전후 재건을 마칠 수 있었다. 독일보다 겨우 4년 늦었을 뿐이다. 그러고 나서 일본은 20년간 고성장을 시작했다. 이 기간에 일본의 연평균 경제 성장률은 9.7퍼센트였다. 이런 놀랄 만한 성장과 비교할 수 있는 예는 사실상 1929년까지 40년간 이어진 미국의 경제 성장밖에 없다.[78] '기적' 은 자동차가 이루었다. 승용차 생산은 1966~72년 연간 29퍼센트에 가까운 엄청난 성장률을 보였으며, 자동차를 소유한 일본인들은 해마다 3분의 1씩 증가했다.[79] 1950년대 말과 1970년대 말 사이에 일본의 자동차 생산은 100배 증가하여, 1979년에는 생산량이 1,000만 대를 넘어섰다. 거의 미국의 총생산량에 맞먹는 수준이었고, 1980년대 초에는 미국의 생산량을 확실히 앞질렀다. 일본은 생산된 자동차의 절반가량을 수출했다. 그리고는 자동차에서 사실상 모든 범위의 소비재로 생산을 확대해갔다. 1979년에는 6,000만 개의 시계를 생산하여(스위스는 5,000만 개) 세계 시계 생산의 선두 주자가 되었다. 1960년대에는 미국으로부터 라디오 최대 생산국의 자리를 빼앗았으며, 1970년대에는 TV 생산에서 미국을 앞질렀고, 카메라 생산에서 독일을 앞질렀다. 1970년대 일본의 일인당 산업 생산량은 미국과 동등했고, 몇몇 주요 부문에서 세계 제1의 산업국이 되었다. 1978년 일본은 760억 달러의 무역 흑자를 기록했다. (반면 미국은 50억 달러의 적자를 기록했다.) 1970년대가 끝날 무렵 일본의 철강 생산 능력은 미국과 맞먹었고, 유럽경제공동체 전체와도 거의 맞먹을 정도였다. 1980년대에는 일본이 다양한 영역에서 질적으로 미국과 유럽 생산국들을 앞질렀다. 특히 제트 엔진, 공작 기계, 로봇, 반도체, 전자계산기와 복사기, 컴퓨터와 전기 통신, 그리고 원자력과 로켓 공학을 포함한 첨단 에너지 시스템 등 고도 과학 기술 분야의 약진이 두드러졌다. 1980년에 이르자 일본의 일인당 투자 규모는 미국의 두 배가 되었고, 1980년대 몇 년간은 절대적인 규모에서도 미국을 앞질렀다.[80)]

일본의 경제 성장률은 1980년대에 들어서면서 약간 둔화되었지만, 금융 부문에서는 놀랄 만한 진전이 계속되었다. 1987년 10월의 주식 시장 붕괴도 차분하게 극복했고, 1년 만에 미국을 밀어내고 세계 최대의 금융 국가가 되었다. 1980년대 내내 높은 무역 흑자를 창출했고, 그 돈은 미국 경제로 흘러들어갔다. 일본은 막대한 양의 미국 국무부 채권을 사들여, 미국이 엄청난 적자 예산을 꾸려갈 수 있게 해주었고, 미국 기업에 투자하거나 인수해서 미국이 유형 무역의 계속되는 적자를 지탱할 수 있게 해주었다. 일본은 또한 천연자원이 풍부한 오스트레일리아 같은 나라에도 엄청난 돈을 투자했다. 이 때문에 한때 영국의 식민지였던 오스트레일리아가 일본의 경제 식민지가 될 위험에 처했을 정도다. 일본은 또한 유럽공동체의 관세 장벽을 빠져나가는 수단으로 영국에도 막대한 투자를 했다. 투자는 다양한 형태로 이루어졌다. 1981년 11월 12일 일본의 주요 자동차 생산업체인 혼다는 마지막 남은 독립적인 영국 자동차 회사 브리티시 레일랜드와 합작 생산 계약을 체결했다. 이 계약으로 일본과 영국에서 합작 자동차 부품이 대량 생산되었다. 1986년 9월 8일에는 일본 제조업체 닛산이 4억 3,000만 파운드를 투자하여 잉글랜드 북부 선덜랜드(Sunderland) 인근에 자동차 공장을 신설했다. 이 공장은 한 해 10만 대의 자동차 생산 능력을 갖추고 있었다. 1990년대 초가 되자 일본은 세계 최대의 투자 포트폴리오를 갖고 있었다. 상대적인 규모나 영향력에서 1914년까지의 대영제국에 비교할 수 있을 정도였다. 일본이 경제적으로 번영을 누리는 동안, 서구 산업국은 일본 국내 시장에 좀처럼 깊이 진입할 수가 없었다. 이 때문에 불공정 무역 관행이라는 비난이 일었다. 비난은 특히 미국 의회와 유럽공동체에서 심했다. 어떤 때 일본은 순순히 제조품 수출의 자율 할당량을 받아들이기도 했지만, 신경질적인 반응을 보일 때도 있었다. 1991년 3월에 일본은 쿠웨이트 복구 사업에 일본 회사들이 입찰하지 못하게 했다. 쿠웨이트를 해방시키는 데 큰 역할을 한 미국과 영국이 전후 복구 사업에서 큰 몫을 예상하고 달려들었기 때문이다. 이 무렵 일본은 세계 제2의 경제 대국으로 소련을 쉽게 밀어냈고, 첨단 기술, 새로운 설비, 교육, 훈련에 많은 투자를 했다. 1980년대 말, 일본에서는 아이들의 93퍼센트가 18세까지 중·고등학교에 다녔다. 그중 3분의 1 이상은 21세나 22세까지 1,000개가 넘는 종합 대학이나 단과 대학에 다녔다. 대학의 대부분은 사립이었다.

일본이 이룬 기적에 정말 기적 같은 일은 없었다. 일본은 애덤 스미스 경제 이론을 그대로 보여주는 실례일 뿐이다. 물론 여기에 케인스주의가 어느 정도 가미되어 있기는 했지만. 비생산적인 투자를 거의 찾아볼 수 없는 높은 비율의 고정 자본, 적당한 조세, 낮은 방위비와 정부 지출이 일차적으로 경제 성장의 토대가 되었다. 저축률도 매우 높았다. 개인이 저축한 돈은 은행을 통해 산업으로 흘러들어갔다. 기업은 현명하게도 사용 허가 아래 외국의 기술을 들여왔고, 매우 신속하게 기존의 생산 설비를 교체해나갔다. 임금을 억제하여 생산성이 임금을 앞지른 덕분이다. 농업 부문이 축소되었기 때문에 노동력은 풍부했다. 일본 노동자들은 드물게 교육을 많이 받고 숙련된 기술자들이었다. 일본이 (그리고 아시아 시장 국가들이 일반적으로) 교육을 사회 과학 이데올로기가 아니라 산업의 요구에 맞게 확대했기 때문이다. 실제로 1960년대 고등 교육의 혁명 덕분에 경제적 이득을 얻은 국가는 동아시아의 시장 국가들뿐이다. 유럽과 북미는 고등 교육의 확대가 오히려 약점이 되었다. 한국전쟁과 베트남전쟁이 일본에 큰 횡재였던 것은 사실이다. 하지만 다른 모든 요인은 일본 스스로 만들어낸 것이다. 일본 정부는 어느 정도 대외적 보호책을 마련하고 수출을 지원했다. 하지만 일본 정부가 가장 잘한 일은 애덤 스미스의 모델에 따라 강력한 내부 경쟁의 기틀을 세우고 기업에 자비로운 풍토를 조성한 것이다.[81]

일본 기업은 의인화의 원칙과 새로운 반(反)집산주의 가족 중시 사상으로 산업 공정을 인간적인 과정으로 변모시키고, 이를 통해 계급투쟁의 파괴적인 영향을 줄일 수 있었다. 일본 기업의 이런 독창적인 풍토는 일본 고유의 특성을 보여줌과 동시에 현대 세계에 기여한 바 크다. 사실 일본의 노조 활동이 활발하지 않았던 것은 아니다. 1949년 일본의 노조는 34,000개였다.[82] 노조는 무력하지 않았다. 경영층보다는 동료 노동자의 압력을 받으며 집단 협상과 생산성 향상이 이루어지면서, 1970년대와 1980년대 일본의 임금은 실제로 다른 주요 산업국보다 빠르게 증가했다. 게다가 노동자들은 고용 보장이 잘되어 있었고, 실업률은 극히 낮았다. 1980년대 말 평균 실업률은 2.6퍼센트였다. 또한 1970년대 일본은 소득 분배 면에서 다른 산업 국가보다 공평했다. 스칸디나비아반도 국가를 제외하면, 절대 빈곤을 퇴치하기 위해 가장 열심히 노력한 국가이기도 하다.[83] 하지만 대부분의 일본 회사는 노조의 노력을 보완하기 위해 주거, 식사, 의료 혜택, 윤리

지침, 스포츠, 휴가를 포함한 가족적인 혜택으로 노동자를 끌어안았다. 의인화는 제품과 고객에게까지 확대되었다. 구보타 철강 · 기계제품에서는 노동자들이 기계를 어머니와 아버지로 생각하게 교육했다. 아버지와 어머니는 아들과 딸 — 회사의 최종 생산물 — 을 낳고, 아들과 딸은 고객과 '결혼' 을 한다. 판매원은 여기서 중매인이 된다. 구보타 판매점에서는 '신랑' 과 '신부' 가 모두 만족할 수 있는 '사후 관리' 를 한다. 회사의 주요 제품은 경운기였다. 경운기의 몸체는 사람의 몸처럼, 엔진은 심장처럼 다루었다. 공장을 방문한 사람들은 '친척' 이며 '가족의 친구' 였다. 노동자들은 비판적인 '자기 향상 위원회' 를 운영해 생산성과 판매고를 늘렸다. 격려 문구를 작성하여 현수막을 만들었으며, 생산과 투자에 관한 자료를 제공받고 회사와 함께 고민했다. 사보에 회사를 칭송하는 열정적인 시를 기고하기도 했다.[84] 소련에서 집산주의 생산을 장려하기 위해 고안된 선전은 아무 효과가 없었으며, 그 방식이 기술적으로 더 교묘했던 중국에서조차 실패했다. 하지만 일본이라는 비(非)전체주의 배경에서는 효과가 있었다. 일본에서는 선전에 인간적인 차원과 자발적인 감정, 가족의 이미지를 부여했다. 그리하여 개인에게 즉각적이고 상당한 영향력을 끼칠 수 있었던 것이다.

일본 경제의 거대하고 지속적인 팽창은 태평양 전 지역에서 역동적인 시장 환경을 낳는 데 결정적인 역할을 했다. 일본 경제는 직접적인 자극이자 본보기였다. 가장 놀라운 예는 한국에서 찾아볼 수 있다. 세계은행 조사팀은 이렇게 보고했다. "한국은 원래 농업에 대한 의존도가 높고, 국제 수지 구조가 취약한 나라였다. 하지만 15년 이상 높은 소득 증가율이 지속되면서, 이제 한국은 소득이 중위권에 속하는 반(半)산업 국가가 되었다. 대외 지출 경향도 매우 강해졌다."[85] 타이완의 발전도 똑같은 경로를 밟았다. 1949년 완전히 불신을 받던 국민당 정권이 타이완을 장악했을 때 타이완의 경제는 실질적으로 산업화 이전 단계에 속했다. 일본에서처럼 변화는 매우 성공적인 토지개혁에서 시작되었다. 토지개혁을 통해 새로운 공장을 위한 지역 시장이 형성되었다. 90퍼센트 이상의 농지가 직접 자기 손으로 땅을 경작하는 농민의 소유가 되었다. 파업금지법이 합의 시행되었고, 면세 가공 지역이 창설되었다. 1970년대와 1980년대 수출은 여러 차례 GNP의 90퍼센트까지 차지하곤 했다. 세계의 다른 곳에서는 볼 수 없는 높은 비율이었다. 경제 성장률은 때때로 12퍼센트를 기록했다. 따라서 건전한 농업 기반 위에 복잡한 산업 경제가 건설된 셈이다. 타이완의 산업은 조선, 섬유, 석유 화학, 전자 분야를 중심으로 돌아갔다.[86] 어떤 점에서 홍콩의 발전은 훨씬 더 인상적이다. 중국 본토에서 온 난민 500만 명을 받아들여야 했기 때문이다. 이 유입 인구는 전 아랍 세계가 재정착시키는 데 실패한 팔레스타인 난민 인구의 다섯 배에 해당한다. 타이완과 일본에서처럼 (총독과 입법부에 의해) 40년간 지속된 통치의 안정과 경제 정책의 일관성이 홍콩에서 기업하기 좋은 조건을 창조했다. 1997년 7월 영국 식민지였던 홍콩은 드디어 중국에 반환되었지만, 그전까지의 염려에도 불구하고 달라진 것은 거의 없었다.

싱가포르는 1945년 이후 10년간 불안정한 시기를 거쳤다. 하지만 마침내 1959년 리콴유(李光耀)의 인민행동당이 확고한 통치의 기틀을 마련했다. 인민행동당은 사회주의 세력으로 출발했지만, 곧 시장을 열정적으로 지지하는 효율적인 기구가 되었다. 리콴유 총리는 20년간 싱가포르에서 성공적인 부의 창출 과정을 이끈 뒤 이렇게 말했다. "문제는 어떻게 살아갈 것인가 하는 거였다. 그것은 …… 200만 국민의 생사가 달린 문제였다. …… 이 문제를 해결하는 데 사회주의 방식을 따라야 하는가 자유 기업 방식을 따라야 하는가는 부차적인 문제였다. 내가 찾은 답은 자유 기업 방식이었다. 여기에 교육, 직업, 보건, 주거의 기회를 균등하게 보장하기 위해 사회주의 철학을 적절히 혼합했다."[87] 1980년대 리콴유 총리는 서구 언론으로부터 자주 권위주의적이라는 비난을 받았다. 사법부나 신문에 압력을 행사하고, (그나마 미미한) 반대 세력을 탄압했다는 것이다. 하지만 30년이 넘는 통치 기간에 그는 국가와 국민에게 엄청난 물질적 혜택을 제공했다. 이러한 점에서 리콴유는 1990년 11월 총리직에서 퇴임할 때까지 전후 정치인 중에서 가장 성공적인 인물이라 할 수 있다. 그는 실로 20세기 세계 최고 지도자 중 한 사람이다.

싱가포르는 유리한 지리적 조건 외에는 천연자원이 전혀 없는 나라다. 일본, 한국, 타이완(홍콩은 아니지만)은 어느 정도 괜찮은 농경지가 있었다. 이외에 이들 자유 기업 국가는 노동력 말고는 어떤 물리적 이점도 없이 경제 성장을 시작했다. 어떤 보고서는 이렇게 지적하고 있다. "성공은 전적으로 뛰어난 정책과 국민의 능력에서 비롯된 것이다. 유리한 조건이나 앞선 출발은 결코 성공을 결정하는 요인이 되지 못한다."[88] 이런 별것 없는 시장 경제 국가들이 1960년대부터 번영을 이룩해나가자 자연으로부터 훨씬 더 큰 혜택을 입은 이웃 태평양 국가들이 자극을 받았다. 그들은 농업과 상업을 발전시키기 위해 자유 시장으로 전환했다. 타이의 성장은 1958년 시장 지향적인 안정된 정부가 들어선 후 급속도로 가속화되기 시작해 1960년대는 '도약'을 이루었다. 경제 성장률은 한때 연간 9퍼센트에 이르기도 했다. 타이는 농업 생산성을 연간 15퍼센트로 끌어올리고, 경작 면적을 확대하여 농업 수출국의 지위를 지킨 몇 안 되는 제3세계 국가 중 하나다.[89] 1980년대 타이의 일인당 국민 소득은 810달러(1986년)로 증가했다. 타이의 국민 소득은 한때 타이보다 부유했고 당시 사회주의 정권이 장기간 지배하고 있던 이웃 버마의 일인당 국민 소득(1986년 기준 200달러)보다

네 배 높은 수준이었다. 1970년대와 1980년대에 말레이시아 역시 발전을 이룩했다. 부분적으로는 풍부한 천연자원 덕이지만, 무엇보다 정치적 안정과 경제적 현실주의 덕분이다. 말레이시아는 1986년 일인당 국민소득이 1,850달러로 중위권 국가가 되었다. 세계적으로 천연자원이 가장 풍부한 나라에 속하는 인도네시아는 수카르노 정권 아래서 불운한 출발을 해야 했지만, 곧 불운을 극복하기 시작했다. 필리핀은 이슬람교도와 가톨릭교도의 갈등, 추악한 마르코스 정권의 부패와 탄압, 폭동으로 신음했지만, 1986년 614달러의 일인당 국민 소득을 달성하며 어느 정도 발전을 이룩했다.

따라서 1965~90년 사이에 태평양 국가들은 전제 정치를 거부하며 세계 제일의 무역 발전 지역으로 변모했다. 모두 시장 경제 덕분이었다. 피지, 누벨칼레도니아 같은 이전의 태평양 식민지들도 국민 소득 1,000달러 이상의 국가가 되었다. 나우루라는 작은 섬은 인산 광물이 풍부했다. 인구 8,000명의 나우루는 세계에서 제일 작은 공화국일 뿐 아니라 평균 소득이 9,091달러(1985년)로 세계에서 가장 부유한 국가이기도 했다.[90] 태평양 동쪽 주변 지역에서도 자유 시장의 정신이 다시 생겨났다. 가장 흥미로운 사례는 칠레다. 1960년대 중반 에두아르도 프레이(Eduardo Frei) 대통령 아래서 기독교민주당이 장악한 칠레는 로물로 베탄쿠르(Rómulo Betancourt)의 베네수엘라와 함께 미국이 가장 큰 희망으로 여겼다. 케네디의 '진보를 위한 동맹'이 이들 국가와 관계를 발전시키는 초석이 되었다. 그러나 칠레는 만성적인 인플레이션에 시달렸다. 1950년대 말 인플레이션은 연간 20퍼센트, 1968년에는 26.6퍼센트, 1970년에는 32.5퍼센트였다. 사실 인플레이션이 일어난 것은 정부가 과다한 지출을 하고 지폐를 찍어댔기 때문이다. 1970년 선거에서 개혁적인 사회주의자 살바도르 아옌데(Salvador Allende)가 네 차례 도전 끝에 대통령의 자리에 올랐다. 반(反)사회주의 세력의 표가 분산된 덕분이있다. 그런데도 반사회주의 세력은 62퍼센트를 득표하여 아엔데의 36.2퍼센트를 앞섰다. 따라서 새 대통령 아엔데는 국민 대다수로부터 권한을 위임받지 못했다고 할 수 있다. 토머스 제퍼슨은 근소한 차이로 다수를 이루고 있을 때, 이를 기반으로 대규모 개혁을 추진해서는 안 된다고 충고한 바 있다. 아엔데는 토머스 제퍼슨의 원칙에 따라 국가 살림꾼의 역할에 충실했어야 했다.

그러나 그는 나약한 인물이었다. 그를 따르는 세력은 분열되어 있었고, 그들 중에는 혁명가 무리가 섞여 있었다. 추종 세력이 곧 그의 손아귀에서 빠져나갔다. 아엔데는 전면적인 국유화 계획을 개시했다. 이 때문에 칠레는 세계 무역 사회에서 고립되었다. 한편 호전적인 좌익 세력들은 법률의 제한을 받아들이려 하지 않았다. 그들은 농민 협의회와 노동자 회의로 구성된 '인민의 힘' 을 창설했다. 농민 평의회는 시골의 농장을 장악하고, 노동자 회의는 공장을 점거했다.[91] 이 전략은 레닌주의에 가까웠다. (사회당은 "당장의 과제는 의회를 파괴하는 것" 이라고 말했다.) 그러나 칠레의 상황은 좌파들 사이에서 분열이 일어나고 폭력 사태가 발생해 결국 내전의 수렁에 빠지게 된 1936년의 스페인과 더 비슷했다. 아엔데는 한쪽 팔은 혁명가 집단에 붙잡히고, 다른 쪽 팔은 분노한 중산층에 붙잡힌 꼴이었다. 원래 군대는 개입하기를 꺼렸지만, 질서가 붕괴되자 개입하지 않을 수 없었다.

1971년 1월 아엔데가 권력을 잡았을 때 인플레이션은 23퍼센트 정도로 떨어져 있었다. 그러나 그로부터 수개월 내에 초인플레이션이 발생했다. 1972년에는 인플레이션이 163퍼센트가 되었고, 1973년 여름에는 세계에서 가장 높은 190퍼센트였다.[92] 유가가 네 배로 폭등하기 전의 일이다. 따라서 인플레이션은 전적으로 아엔데의 책임이라 할 수 있다. 1971년 11월 칠레는 일방적으로 해외 부채에 대한 지불 정지를 선언했다. 은행은 융자

▶ **아우구스토 피노체트**(1915~2006)
1973년 군사 쿠데타를 주동하여 아옌데 대통령의 사회주의 정부를 뒤엎었다. 칠레는 자유 시장 정책 덕분에 피노체트가 통치하는 동안 낮은 물가상승률과 상당한 경제성장률을 유지했다. 아옌데 지지자들(오른쪽)과 쿠데타 직후 피노체트의 모습.

를 중단했고, 자본은 썰물처럼 빠져나갔다. 농촌은 혼란에 빠져 손을 놓았고, 공장은 점거되어 생산이 형편없이 줄어들었다. 수출은 연기처럼 사라졌고, 수입은 치솟았다가 역시 사라졌다. 돈이 다 떨어졌기 때문이다. 상점은 텅텅 비었고, 중산 계급은 파업에 나섰다. 노동자들은 실질적으로 따지면 임금이 줄어들었다는 사실을 깨닫고 파업에 동참했다. 공식 가격 구조는 불합리했고 암시장이 활성화되면서 의미가 없어졌다. 좌파는 1971년 7월 무기 밀수를 시작했고, 다음해 5월 심각한 정치적 폭력 행위에 나섰다. 좌파 무장 병력은 3만 명으로 군대보다 많았다. 군대는 26,000명에 불과했다. 대신 여기에 25,000명의 무장 경찰이 있었다.[93] 아옌데는 극좌파와 싸우라고 경찰에 명령하는 한편, 쿠데타를 기도한다고 군대를 비난하는 등 갈피를 잡지 못했다. 좌파 게릴라의 무장 계획을 묵인했고, 1973년 9월 4일 건국 기념일에 75만 명의 시위를 허락하기도 했다. 그로부터 일주일 뒤 3군이 합동으로 쿠데타를 일으켰다. 육군 사령관 아우구스토 피노체트

(Augusto Pinochet) 장군이 쿠데타를 주도했다. 라틴아메리카의 기준에서 보면, 칠레는 그때까지 예외적이라고 할 만큼 입헌주의 전통과 사회 안정을 잘 유지하고 있었다. 하지만 피노체트가 이끄는 쿠데타는 유혈 사태였다. 아옌데는 피살당하거나 자살한 것으로 보이며, 산티아고의 시체 안치소에 쌓인 시체의 수는 공식적으로 2,796구였다.[94] 저항 세력은 칠레인이 아닌 정치적 난민이 주를 이루었다. 당시 산티에고에 살던 외국의 정치적 난민들은 13,000명이었다. 공장을 점거하고 있던 노동자나 농장을 점령하고 있던 농민들, 더욱이 무장한 '혁명대'가 격렬하게 항전하지 못했다는 사실은 당시 극좌파가 그다지 열광적인 지지를 얻지 못했다는 뜻이다.

비록 소음에 불과했지만 그나마 피노체트에 대한 반대의 목소리는 주로 해외에서 들려왔다. 적어도 통치 초기에는 그런 목소리를 들을 수 있었다. 모스크바가 이를 교묘하게 지휘했다. 하지만 모스크바는 쿠데타가 일어나기 전에 차관을 제공해 아옌데를 구하는 방법에 대해 분명한 거부 의사를 밝혔다. 소련으로서는 아옌데가 살아 있는 것보다 죽어버리는 쪽이 훨씬 더 이로웠던 것이다.[95] 외국의 비난은 주로 피노체트 군사 정권의 억압적인 측면에 집중되었다. 하지만 더 중요한 문제는 피노체트가 아옌데가 가속화시킨 공공 부문의 성장을 보류하고, 다른 태평양 국가의 노선을 따라 경제를 시장의 힘에 맡겼다는 사실이다. 일본을 제외하고 사실상의 모든 태평양 자유 기업 국가가 한때 억압적인 정권 때문에 비난을 받았다는 점은 주목할 만하다. 정권이 국민을 대표하는가, 공정한 선거를 통해 통치자를 뽑을 수 있는가 하는 문제가 전부는 아니다. 그만큼 중요한 문제는 정권이 국민의 생활을 얼마나 통제하는가 하는 것이다. 새뮤얼 존슨(Samuel Johnson) 박사는 자유방임적인 최소 정부 국가에서 살고 있었기에, 확신을 가지고 이렇게 말할 수 있었다. "나는 이 정부가 아니라 다른 정부 아래서 살기 위해 한 푼이라도 돈을 내줄 생각이 없다. 정부의 성격은 개인의 행복과는 무관하기 때문이다."[96] 시장 경제 아래서는 원칙적으로 국가가 거대한 의사 결정 영역에서 손을 떼고 개인에게 결정권을 위임한다. 경제적 자유와 정치적 자유는 불가분하게 연결되어 있다. 시장의 자유는 정치적 억압을 약화시킬 수밖에 없다. 이것이 타이, 대만, 한국의 사례에서 배울 수 있는 교훈이다.

이 교훈은 칠레에도 똑같이 적용된다. 1973년의 쿠데타는 칠레의 정치와 경제를 완전히 붕괴시켰다. 경제 재건은 세계적인 경기 침체라는 악조건 속에서 이루어졌다. 칠레에서는 정부로 인한 인플레이션이 몇십 년간 계속되어 이미 경제 구조의 일부가 되었지만, 피노체트 정권은 이러한 과정을 역전시켰다. 이것은 중요한 업적이다.[97] 인플레이션을 진정시키는 과정은 고통스러웠고 대중의 지지를 얻지 못했다. 처음에는 GNP가 하락하고 실업률까지 증가했다. 하지만 곧 칠레 경제는 IMF의 융자와 시장의 힘을 바탕으로 다시 부상하기 시작했다. 1970년대 말에는 마침내 인플레이션이 억제되고 성장이 시작되었다. 1980년 초에 세계은행은 이렇게 보고했다. "보기 드물 정도로 불리한 조건에서 칠레 당국은 칠레 역사에서 유례를 찾아볼 수 없는 경제적 반전을 주도했다."[98] 1980년 9월 11일 국민 투표에서 칠레인들은 피노체트가 8년간 임기를 연장하는 데 동의했다. 찬성은 69.14퍼센트였다. 물론 그가 이룬 경제적 발전 덕분이었다. 하지만 1980년대가 진행되면서 경제적 자유를 발판으로 정치적 자유에 대한 요구가 확대되었다. 피노체트는 그들의 요구를 받아들이려 하지 않았다. 1983년 6월에는 정부에 대항하는 전국적인 폭동이 일어났다. 두 달 후 정부는 시위 중에 17명이 사망했다는 사실을 인정했다. 피노체트가 운용하는 정치 경찰(DINA)의 희생자 수는 훨씬 더 많았다. 칠레에서 민주주의가 회복된 뒤 발표된 공식 보고서에 따르면, 1973~89년까지 16년의 통치 기간에 정치 경찰이나 그 앞잡이가 피살한 국민의 수는 1,068명이다. 957명은 '실종' 되었다.[99] 하지만 정치 경찰에 대한 두려움도 칠레인을 막지 못했다. 그들은 자유 경제의 논리를 따라 완전한 투표권을 되찾기 위해 투쟁했다. 피노체트는 재임 중에 다시 한번 국민 투표를 실시하겠다고 약속했다. 국민 투표는 1989년 12월 14일에 있었다. 여기서 야당 후보 파트리시오 아일윈(Patricio Aylwin)이 52.4퍼센트의 득표율로 대통령에 당선되었다. 비록 피노체트가 여전히 육군 사령관의 자리에 남아 있기는 했지만 마침내 독재 정권의 시대가 끝났다. 아일윈은 피노체트 정권의 만행에 대한 보고서를 작성하라고 지시했을 뿐 아니라, 1991년 3월 기구를 만들어 피노체트 정권에 희생당한 사람을 사례별로 조사했다. 하지만 피노체트 정권이 성공적으로 추진해왔던 경제 정책은 그대로 유지하는 현명함을 보였다.

대처와 대처리즘

태평양 자유 경제 국가의 성공은 의심할 여지없이 북미와 유럽에서 시장 체제에 대한 신뢰를 회복하는 데 기여했다. 이미 살펴보았듯이, 1970년대는 자본주의 국가가 낙담할만한 시기였다. 많은 경제학자를 포함하여 지식인들 사이에서 '제로 성장' 이나 '후기 자본주의' '탈자본주의' 라는 말이 유행했다. 한때 반대자마저 풍요한 사회라고 불렀던 자본주의 체제가 마침내 소멸해가는 인상을 풍겼다. 서구에서 가장 광범위하게 지지를 받은 사회 형태는 이른바 '혼합 경제 사회' 였다. 혼합 경제 사회에서는 국가 부문이 GNP의 40~60퍼센트를 차지했고, 복지 서비스가 점차 커졌다. 부를 창출하는 역할은 대략 경제의 50퍼센트를 차지하는 민간 부문에 맡겨졌다. 이러한 구미식 처방의 약점은 저성장에 그대로 반영되었다. '스태그플레이션' 이라고 불린 이런 현상은 1970년대 내내 미국과 대부분의 서유럽 국가에서 특징적으로 나타났고, 대중의 불만은 파업의 증가로 드러났다. 품질이 높고 가격이 낮은 일본(그리고 한국, 타이완)의 제품이 서구 시장에 침투하자, 일본식의 효율을 모색해야 한다는 변화에 대한 요구가 커졌다.

분기점은 1979년이었고, 전장은 영국이었다. 그해 겨울 공공 부문에서 유례없는 파업이 일어났다. 언론은 이를 두고 '불만의 겨울'이라고 표현했다. 그 뒤 마거릿 대처(Margaret Thatcher)가 43석 차이로 보수당을 승리로 이끌었고, 1979년 5월 4일 영국에서 처음으로 여성 총리가 되었다. 그녀는 이미 1975년 여성 최초로 영국 정당의 당수가 되기도 했다. 브레즈네프 정권은 그녀를 '철의 여인'이라고 불렀다. (그녀는 이 별명에 만족해했다.) 하지만 그녀는 대다수의 의견과 달리 자신을 '신념'의 정치인이라고 불렀다. 마거릿 대처는 그간의 보수당 정책 대부분을 폐기했다. 특히 복지국가나 국유화된 부문을 포함한 영국 공공 생활의 전 영역에 손을 대서는 안 된다는 노동당과 맺은 암묵적인 협약을 거부했다. 우선 1945년 이래 꾸준히 증대되어온 노조의 법적 권한을 제한했다. 보수당 정부는 1971년 이미 개혁을 시도했었다. 그 결과 매우 광범위하고 복잡한 산업관계법이 탄생했다. 하지만 이 법은 효과가 별로 없었고, 그나마 1974년 노동당 내각이 다시 들어서자 폐지되었다. 대처 여사는 여기서 교훈을 얻어 단계적으로 문제를 풀어나갔다. 모두 다섯 개의 법이 시행되어 점차 노조의 법적 특권을 종식했고, 많은 파업과 피케팅을 불법으로 만들었다. 관련 법을 어기는 노조에는 막대한 벌금을 부과했다. 1970년대의 '대규모 피케팅' '피케팅 원정 지원대' '대항 피케팅'은 사실상 고용자가 파업 요구에 저항할 수 없게 했다. 따라서 민간 부문과 공공 부문에 감당하기 힘든 손해를 끼쳤다. 대처 여사는 경찰이 이러한 시위에 대처할 때 정부가 강력히 지원할 것이라고 명백히 밝혔다.

새로운 정책은 곧바로 시험대에 올랐다. 노조는 1968~70년에 해럴드 윌슨 노동당 내각, 1974년에 에드워드 히스(Edward Heath) 보수당 내각, 1979년에 제임스 캘러핸 노동당 내각을 붕괴시킨 바 있다. 전국광산노동조합(NUM)은 여기에서 중요한 역할을 했다. 이들의 활동은 적어도 부정적인 의미에서 영국이 의회 민주주의보다는 생디칼리즘에 지배당할지 모른다는 두려움을 가져다주었다. 전국광산노동조합은 아서 스카길(Arthur Scargill)이 창안한 공격적인 전술을 따랐다. 아서 스카길은 요크셔 탄광의 지도자였고, 1981년 전국광산노동조합의 회장이 되었다. 영국의 석탄 산업은 1946년에 국유화되었다. 광산 산업에서 평화적인 분위기를 조성하기 위해서였다. 하지만 전국광산노동조합은 국유화의 실무를 처리했던 국립석탄국을 탐탁치않아 했다. 국립석탄국이 악랄한 개인 탄광 소유주처럼 반사회적이고 탐욕스러우며 국유화의 핵심 목표를 가로막고 있다고 생각했다. 1984년 3월 6일, 한 해 1억 파운드 이상의 손실을 본 국립석탄국은 생산성 없는 탄광 20개를 폐쇄한다고 발표했다. 스카길은 광산 노동자의 총파업을 일으키려 했지만, 두 번이나 실패했다. 총파업을 일으키려면 전국 탄광으로부터 55퍼센트의 다수표를 획득해야 했는데, 스카길은 규정 절차를 교묘하게 빠져나갔다. 전국광산노동조합의 부회장 믹 맥게이(Mick McGahey)는 이렇게 말했다. "우리는 파업을 합법적인 방식으로 일으키지는 않을 것이다. 지역별로 차례차례 파업 결정을 내릴 것이고, 도미노 효과가 일어날 것이다."[100] 따라서 파업은 노조원이 아니라 더 호전적인 대의원이 결정했다. 파업은 3월 10일에 시작되었고, 4월 20일 특별 대의원 회의에서는 전국 투표에 대한 요구가 69 대 54로 거부되었다. 파업이 비민주적이고 비합법적인 방법으로 추진되었다는 사실은 정부에 유리하게 작용했다. 해럴드 맥밀런은 종종 이렇게 말했다. "영국에는 너무 막강해 어떤 정부도 손대지 않으려 하는 세 조직이 있다. 근위 여단, 로마 가톨릭교회, 전국광산노동조합이 그것이다." 마거릿 대처는 노팅엄셔(Nottinghamshire) 광부들의 태도를 보며 맥밀런의 말 따위는 무시할 만한 용기를 얻었다. 노팅엄셔 광부들은 스카길의 교묘한 전술에 분개했다. 광부들은 투표를 통해 4 대

1로 파업을 부결했으며, 많은 협박에도 불구하고 탄광에서 작업을 계속했다. 그리고 마침내 다른 노조를 창설하여 전국광산노동조합과 완전히 결별했다. 1985년 8월 7일 노팅엄셔 광부들은 고등 법원에서 승소했고, 4개월 뒤 새로운 민주광산노동조합은 법적 지위를 획득했다.

1984~85년 스카길이 일으킨 파업은 면밀히 살펴볼 필요가 있다. 스카길의 파업이 사실상 민주적으로 선출된 정부를 무너뜨리려는 시도였고, 파업의 실패는 영국 산업 역사에서 중대한 사건이기 때문이다. 법원과 경찰력이 파업을 분쇄했다. 법원은 노조 활동을 규제하는 새로운 개혁을 시행했고, 지방 정부의 명령을 받는 다양한 경찰 조직이 힘을 합쳐 불법적인 노조 활동을 막았다. 1984년 4월 중순까지 스카길의 지지자들은 탄광 174개 중 131개를 폐쇄했고, 나머지 탄광에는 '피켓 원정대' 를 파견할 계획이었다. 피켓 원정은 1970년대까지 매우 효과적인 수단이었다. 하지만 이번에는 경찰이 법의 지원 아래 원정을 막을 준비를 하고 있었다. 10월 22일 고등 법원의 결정으로 경찰은 치안 방해를 목적으로 광부들을 태우고 소요 지역으로 향하는 버스를 저지할 수 있는 권한을 얻었다. 경찰은 도로를 통제하고, 조업 중인 탄광에 대규모 병력을 배치하여 일하기를 원하는 광부는 일을 할 수 있게 했다. 하지만 일부 노동자는 괴롭힘을 당했다. 어쨌든 이로써 모든 탄광을 폐쇄한다는 스카길의 목표는 좌절되었다. 파업의 대가는 엄청났다. 정부 지출은 27억 5,000만 파운드가 늘어났다. 파업 때문에 입은 국립석탄국의 손실은 18억 5,000만 파운드였으며, 브리티시 스틸은 3억 파운드, 브리티시 레일은 2억 5,000만 파운드, 전기 공급 산업은 22억 파운드의 손실을 입었다.[101] 파업은 또한 매우 폭력적이었고, 다섯 명의 인명을 앗아갔다. 1985년 5월 16일 남웨일스(South Wales) 광부 두 명이 택시 운전사를 살해했다는 사실이 밝혀졌다. 택시 운전사는 파업에

참가하지 않은 광부들을 일터로 데려다주었다는 이유로 뜻밖의 불행을 당했다. 살인에 연루된 광부 두 사람은 우발적인 살인으로 감형되었지만 유죄 판결을 받았다. 이 밖에도 1984년 3월에서 11월 말까지 7,100명의 파업 광부들이 여러 가지 폭력 혐의로 고발당했다. 총 3,483건이 심리되어 결국 2,740건에 대해 유죄 판결이 내려졌다. 치안을 유지하는 비용도 3억 파운드로 증가했다.

하지만 정부가 결코 물러서지 않겠다는 결의를 보이자, 파업이 소용없다는 사실이 점차 명확히 드러났다. 스카길은 1920년대의 교훈을 무시한 채 1년 중 가장 안 좋은 시기인 봄에 파업을 개시했다. 국립석탄국과 소비자들은 이미 오래전부터 위기가 오고 있다는 것을 알고, 막대한 양의 석탄을 비축해두고 있었다. 그 결과 1984~85년의 겨울 동안 전기가 끊기는 일도 없었으며, 1985년 1월 8일 전력 수요가 사상 최고치를 기록했을 때도 아무런 곤란을 느끼지 못했다. 스카길의 파업 자금은 리비아 카다피 정권이 준 막대한 원조금으로 크게 증가했다. 전국광산노동조합은 부인했지만, 1990년 「데일리 미러」 지가 이 사실을 밝혀냈다. 어쨌든 광부들이 파업장에서 빠져나오기 시작했고, 1985년 2월 말까지 국립석탄국 명단에 올라있는 17만 명 중 절반이 넘는 노동자가 일터로 돌아왔다. 3월 5일 전국광산노동자 대의원 회의가 무조건 항복에 찬성했다. 법원이 전국광산노동조합에 부과한 벌금은 이미 140만 파운드에 달했다. 전국광산노동조합의 자금은 가압류되었다. 노동자 약 700명이 '현저한 산업상의 위법 행위' 로 해고되었고, 3만 명이 일자리를 잃었다. 파업 이전 계획되어 있던 인원보다 1만 명이나 많았다. 민주광산노동조합의 탄생으로 전국광산노동조합은 곧 8만 명으로 축소되었다. 그뿐 아니다. 전국광산노동조합은 한때 영국에서 가장 부유한 조합이었지만 이제 가장 가난한 조합이 되었다.

1984~85년 광산 노동자들의 파업은 영국 역사상 노동자에게 가장 큰 패배를 안겨다준 파업으로 손꼽힌다. 하지만 임원의 임기를 보장해주는 노동조합의 근본 원칙 덕분에 거센 반론에도 불구하고, 스카길은 회장직을 지켰다. 그러나 1990년에 리비아가 제공한 자금으로 집을 구입했다는 혐의가 포착되어 고발당했다. 광산 노동자 기준에서 볼 때 스카길의 집은 호화로운 게 사실이었다. 이런 말이 유행했다. "스카길은 거대한 노조와 작은 집에서 출발했지만, 거대한 집과 작은 노조로 끝을 맺었다." 대처 여사는 전국광산노동조합의 패배를 1926년의 총파업 이후 투쟁적인 노동조합주의의 일대 전환점으로 파악했다. 1985년 4월 6일 그녀는 마침내 '내부의 적' 이라고 부르던 자들을 몰아냈다며 기뻐했다. 이틀 뒤에는 이렇게 덧붙였다. "잔인한 위협에도 불구하고 광산 노동자들은 계속 일할 권리를 주장했습니다. 그리고 고용주와 정부가 그들을 위해 싸울 준비가 되어 있다는 사실을 깨달았습니다. 나는 다른 경우에도 이 교훈을 기억하기를 바라며 기억하리라 믿고 있습니다."[102]

그러나 교훈은 오래가지 않았다. 아마도 영국 산업계에서 가장 견고하게 유지되는 노동자 집단은 인쇄공 집단일 것이다. 인쇄공 조합은 식자공으로 이루어진 전국인쇄협회(NGA)와 인쇄업계의 육체노동자들로 구성된 인쇄및동업협회'82(SOGAT'82)가 있었다. 인쇄공 조합은 런던 지역에서 까다로운 가입 조건 아래 엄격한 클로즈드숍 제도를 운영했다. 전국에서 가장 높은 수준의 임금이 클로즈드숍 제도를 재정적으로 뒷받침해주었다. 초과 인력과 '예전의 스페인식 관습' 이라고 알려진 '제한적 관행' 은 영국 산업의 기준에서 보더라도 특히 비용 지출이 많았다. 게다가 1970년대와 1980년대에 조업 중단 사태가 더 빈번해졌다. 전국 신문도 발행되지 못할 때가 많았다. 무엇보다 우려할 만한 일은, 식자공들이 뉴스 기사나 논평까지 검열하는 관행이었다. 그들은 동의할 수 없는 문구를 찾으면 삭제해버렸다. 1983년 「파이낸셜 타임스」는 파업으로 6월 1일부터 8월 8일까지 휴간할 수밖에 없었고, 전국 모든 신문이 11월 25일에서 27일까지 나오지 못했다. (그 중 2개는 30일까지 발행되지 못했다.)

그러나 다음달 인쇄공 조합은 새로운 노조법 아래서 쓰디쓴 패배를 맛보았다. 전국인쇄협회는 법원의 지시를 따르지 않았고, 이 때문에 법원 모욕죄로 525,000파운드라는 엄청난 벌금을 물어야 했다. (여기에 이전에 저지른 모욕죄로 15만 파운드의 벌금이 추가되었다.) 인쇄공들은 새로운 일간지 「투데이 Today」의 발간을 저지하려 했다. 하지만 「투데이」의 창립자인 아시아 태생의 에디 샤(Eddy Shah)는 업계의 전통적인 관행에서 벗어나 인력을 충원하고 회사를 운영했다. 그래서 「투데이」는 계속 발간될 수 있었다. 루퍼트 머독(Rupert Murdoch)은 이 사실을 잊지 않았다. 그는 대단히 진취적이고 영향력이 막강한 영국 신문의 소유주이자 발행인이었다. 그가 펴내는 「타임스」「선데이 타임스 The Sunday Times」「뉴스 오브 더 월드 News of the World」「선 Sun」 지의 발행 부수를 모두 합치면 약 1,100만 부였다. 그는 1984~86년 비밀리에 이스트 런던의 웨핑(Wapping)에 첨단 기술의 인쇄 공장을 건설했다. 공장에는 전자 식자와 조판에 관련된 모든 최신의 발전이 집약되어 있었다. 전국인쇄협회와 인쇄 및 동업 협회가 머독의 신문이 인쇄되는 플리트 스트리트(Fleet Street) 지역을 폐쇄하자, 루퍼트 머독은 1986년 1월 24일 전 종업원을 해고하고 신문사를 웨핑으로 옮겼다. 거기서 그는 이미 독립적인 전기, 전자, 원거리 통신, 배관 노조와 계약을 체결하고 조합원들이 새로운 기계를 가동시키게 조치해놓은 상태였다. 인쇄공 노조는 다시 한번 무력을 행사하려 했다. 웨핑은 계속해서 치열한 전투 현장이 되었다. 하지만 머독은 애초부터 포위될 가능성을 염두에 두고 공장을 지어놓았다. 웨핑 요새라고 불리는 데는 그만한 이유가 있었다. 새로운 법률에 따라 법원의 중지 명령이 내려지고 경찰이 효과적으로 대처하자 인쇄공 노조는 패배할 수밖에 없었다. 웨핑의 승리와 뒤따른 인쇄 노조의 실권(失權)으로 영국에서는 비공식적인 언론 검열이 사라졌고, 병들었던 산업이 활기를 되찾았고, 전국 신문이 다시 이윤을 내기 시작했다. 그리하여 「인디펜던트 Independent」(1986년) 같은 새로운 신문이 성공적으로 창간될 수 있었다. 광산 노조와 인쇄 노조가 파업에 실패하면서 영국 헌정과 정치 제도에 대한 노동조합의 위협은 사라졌다. 영국 산업에 새로운 평화의 시대가 도래했음을 알리는 전주곡이었다. 1987~90년에 파업으로 손해 본 작업 일수는 영국의 지난 반세기 동안 가장 낮은 수준이었고, 드디어 '영국병' 은 치유된 것처럼 보였다.

노조의 제한적 관행이 줄어들고 많은 부문에서 초과 인력이 감소하자 영국은 생산성이 향상되었다. 영국의 생산성은 1980년대 몇 년간 유럽 최고를 기록했다. 그리고 1980년대 대부분의 기간에 영국 경제는 급속도로 성장했다. 1988년 중순 영국 경제는 7년간의 연속적인 성장 뒤에도 여전히 4퍼센트의 성장을 기록했다. 전쟁이 끝난 뒤로는 처음 있는 일이었다.[103] 하지만 외국인들이 특히 놀랐던 것은 대처 정부가 국가 부문을 감축하는 데 성공했다는 점이다. 그 과정은 '민영화' 라는 이름으로 알려졌다. 민영화는 두 가지 방식으로 이루어졌다. 첫 번째로 국유화된 산업의 민간 이전이다. 케이블 앤드 와이얼리스, 브리티시 스틸, 브리티시 에어웨이, 브리티시 텔레커뮤니케이션, 브리티시 가스, 그리고 상수도, 전기 공급, 유통 산업 등이 민영화되어 민간이 소유와 경영을 맡았다. 사실 이런 국영 기업 가운데 많은 수가 그전에는 막대한 손실을 냈고, 납세자들에게 무거운 짐이 되었다. 하지만 민영화를 통해 적자 회사가 이윤을 창출하는 기업으로 바뀌었다. 브리티시 스틸은 민영화되기 전 기업 역사에서 다시 보기 힘든 5억 파운드의 적자를 기록했다. 그러나 1980년대 말 브리티시 스틸은 유럽 철강 기업 중에서 생산성이 최고였고, 세계에서 가장 수익성이 높은 회사가 되었다. 브리티시 에어웨이의 비약적인 발전도 브리티시 스틸에 못지않았다. 민영화의 두 번째 방식은 증권 거래소를 통해 주식을 발행하고, 소규모 투자가들이 구입하게 하는 것이다. 브리티시 텔레커뮤니케이션은 역사상 가장 큰 규모의 주식 공모를 단행했다. 그 결과 1980년대 영국에서 개인 주주의 수는 250만 명에서 약 1,000만 명으로 늘어났고, 1980년대에 유행했던 '민주적 자본주의' 의 개념은 그 의미가 퇴색했다. 공공 부문의 적자가 급속하게 감소하고, 주식 매각으로부터 수익이 발생하자, 정부는 직접세의 세율을 낮출 수 있었다. 표준 세율은 37.5퍼센트에서 25퍼센트로, 최고 세율은 94퍼센트와 87퍼센트에서 40퍼센트로 내려갔다. 뿐만 아니라 정부는 상당한 흑자 재정을 운용해, 전체 국가 채무의 5분의 1을 갚을 수 있었다. 민영화는 1980년대의 위대한 성공 스토리였다. 그러자 유럽과 라틴아메리카, 오스트레일리아, 아프리카, 아시아에서 영국을 모방하려는 움직임이 일었다. 서구에 귀감이 되었던 일본마저 영국의 사례를 따라 1987년 4월 1일 철도를 민영화했다.

이로써 대처 여사는 당대 가장 성공적인 정치인으로 부상했다. 그녀의 성공은 오래갔다. 1983년 6월 19일 보수당은 397석을 획득해 집권당의 자리를 지켰다. 다른 모든 당의 의석을 합쳐도 보수당보다 144석이 적었다. 대처 여사는 1987년 6월 12일에도 압승을 거두었다. 보수당은 375석을 획득한 반면, 노동당은 229석을 얻는 데 그쳤다. 1832년 선거법이 개정된 뒤 연이어 세 차례나 총선에서 승리한 총리는 없었다. 1990년 11월 20일 마침내 대처 여사는 보수당 반발 세력 때문에 총리 자리에서 물러나야 했다. 그

▶ **마거릿 대처(1925~)**
내각의 엄격한 규율, 강력한 통화주의정책, 노동조합에 대한 법적 규제의 확대 등을 통하여 '철의 여인'이라 불렸다.

래도 11년 반 동안 정부 수반의 자리에 있었던 셈이다. 1812~27년에 총리직을 맡았던 리버풀 백작(Robert Banks Jenkinson, 2nd Earl of Liverpool) 이후 대처 여사보다 오랫동안 집권했던 인물은 없다. 그러나 열정적인 지지자들만큼이나 반대 세력이 많았다는 사실에 주목해야 할 것이다. 세 차례 선거를 치르는 동안 보수당은 50퍼센트 득표에 이른 적이 한 번도 없었다. 여러 면에서 그녀는 드골과 비슷했다. 드골처럼 "아니오"라고 말하는 데 주저함이 없었고, 답변을 행동으로 보여주곤 했다. 드골처럼 영국의 국가적 자존심과 자부심을 회복시켰고, 거의 똑같은 기간에 막강한 권위로 나라를 다스렸다. 그리고 드골처럼 지방 정부의 근본적인 개혁을 시도하다가 몰락했다. 대처 여사는 시대에 뒤떨어지고 불공정한 지방 정부의 재정 확보 방식을 뜯어고치려 했다.

대처 여사와 '대처리즘'은 1980년대 세계적인 영향력을 떨쳤다. 그 영향력은 민영화와 국가 부문 축소라는 새로운 유행을 넘어서는 것이었다. 1980년대는 급진적인 보수파의 시대였다. 사회당 정부나 노동당 정부가 집권하고 있는 국가에서조차 마르크스주의, 집산주의, 좌파의 모든 전통적 '주의'에서 이탈했다. 그 과정은 프랑스에서 특히 두드러졌다. 23년간 계속되었던 드골과 후계자들의 통치가 끝나고, 1981년 사회당의 프랑수아 미테랑이 대통령으로 선출되었다. 그는 얼마간 사회주의적 평등주의와 반(反)기업적인 정책을 도입했다. 그 결과 연속 세 차례나 프랑을 평가 절하해야 했다. 그 뒤 프랑스 사회당은 우파 노선으로 재빨리 돌아섰고, 자유 시장경제 정책을 받아들였다. 1980년대 말과 1990년대 초가 되자, 사회당 총리와 보수당 총리는 거의 차이가 없어 보였다. 경제 정책이나 국방 정책, 외교 문제에서도 마찬가지였다. 독일 사회민주당은 마르크스주의와 그와 비슷한 모든 것을 이미 한 세대 전에 포기했다. 포르투갈에서는 마리우 소아레스(Mário Soares) 박사가 1976년 처음으로 총리에 뽑혔고, 1986년 대통령의 자리에 올랐다. 그는 1982년의 새로운 자유주의 헌법 아래서 사회주의 체제를 자유 시장 진영으로 이끌기 위해 노력했다. 스페인에서도 비슷한 움직임이 있었다. 사회당은 온건한 지도자 펠리페 곤잘레스(Felipe Gonzalez)가 이끌었다. 사회당은 1982년 선거에서 대승을 거두었지만, 권력을 남용하지 않고 1950~75년 스페인 경제를 변화시킨 자유 기업 문화를 강화해나갔다. 오스트레일리아에서는 밥 호크(Bob Hawke)의 노동당이 1983년 3월 권력을 되찾고 이후 세 차례나 재집권하는 동안 일관되게 우파 노선을 지향했다. 1991년 3월 호크는 국가가 사회주의나 환경, 또는 다른 여러 이유 때문에 기업에 까다로운 제한을 가하는 것을 더 이상 허용할 수 없다고 분명하게 선언하기도 했다. 뉴질랜드에서는 1984년 총리가 된 노동당 지도자 데이비드 랭(David Lange)이 비슷한 노선으로 당과 정부를 이끌었다. 하지만 다른 동료에게는 그 과정이 확실히 너무 느려 보였다. 1989년 8월 당 지도부 중 우익의 반발로 데이비드 랭은 사퇴할 수밖에 없었다. 영국에서는 1987년 세 번의 선거에서 연속 패배한 뒤 노동당 당수 닐 키녹(Neil Kinnock)이 전통적인 노동당 정책을 포기하는 괴로운 작업에 착수했다. 노동당은 1990~91년에 적어도 원칙상으로는 선거에서 다시 승리할 수 있는 능력을 얻었다.

전 세계의 노동당과 사회민주당에서는 '사회적 시장(social market)' 이라는 말이 유행했다. 빈자와 약자를 보호하기 위해 본질적인 제한을 두고 시장의 힘을 받아들인다는 의미다. 이 말은 우파들 사이에서도 쓰였다. 1991년 3월 노먼 레이몬트(Norman Lamont)가 '사회적 시장' 이라는 표현을 좋아한다고 말하기도 했다. 대처 여사를 대신한 존 메이저(John Major) 정부에서 재무장관으로 첫 예산안을 제출한 직후였다.[104] 사회적 시장 외에 1990년대 초반 유행한 상투어는 '능력개발 국가(enabling state)' 였다. 이 말 역시 시장을 수용하는 좌파의 태도를 보여주고 있다. 능력개발 국가는 큰 정부와는 다른 개념으로, 국가는 있지만 국가가 일을 하는 게 아니라 국민이 일할 수 있게 방향을 제시하는 형태다. 보수파들도 정부 역할을 규정하는 이 개념을 자주 활용했다. 그리하여 1980년대와 1990년대 초 민주주의 국가들 사이에서는 어느 정도 의견이 수렴되었다. 그 견해는 사실상 우파의 것이었다. 1970년대 영국 보수파 이론가 키스 조지프(Keith Joseph)는 '래칫 효과(ratchet effect)' 라는 말로 좌익 정부가 시작한 정책을 우익 후임자들이 유지하는 상황을 묘사하기도 했다. 그런데 이제 상황이 역전되었다. 급진 우파 세력이 사회를 경제적 자유주의 쪽으로 움직이게 된 것이다.

레이건 정권의 성과

북미 대륙에서도 똑같은 과정이 진행되었다. 그러나 여기에는 지리적 요인이 작용했다. 칠레처럼 멕시코는 태평양의 새로운 자유 기업 문화에 영향을 받았다. 칠레와 마찬가지로 멕시코 역시 초기에 국가가 주도하는 집산주의 실험 과정을 겪었다. 멕시코 경제는 1940~70년 매우 빠르게 성장했다. 1970년대 에체베리아 알바레스(Luis Echeverría Álvarez) 대통령은 멕시코를 큰 정부의 모델로 제3세계의 선두에 올려놓고 싶어했다. 그래서 경제 분야에서 국가의 몫을 50퍼센트로 늘렸다. 국유 기업의 수는 86개에서 740개로 늘어났다. 예상할 수 있는 결과가 생겼다. 엄청난 인플레이션과 국제 수지 악화가 멕시코를 위기에 빠뜨렸다. 1976년 로페스 포르티요(José López Portillo)가 대통령으로 선출되었다. 그는 멕시코를 시장으로 다시 끌어냈다.[105] IMF는 그가 멕시코의 운명이 남미처럼 되는 것을 두려워했다고 전했다. 쿠데타와 좌파나 우파의 독재를 두려워했던 것이다.[106] 1977년 석유가 발견되었다. 석유의 양은 막대하여 멕시코는 곧 쿠웨이트나 사우디아라비아와 동급의 산유국이 될 수 있을 것이라는 전망이 나왔다. 그러나 멕시코는 본질적으로 엘리트가 제도혁명당을 통해 정국을 이끄는 일당 국가였고, 정치 구조는 국가의 고용(혹은 후원) 규모를 축소하기 어렵게 했다.[107] 1980년대 초 멕시코의 대외 채무는 브라질을 능가할 정도였다. 1982년 여름에는 이자 지불이 어려워졌고 은행이 국유화되었다. 하지만 경제는 1985~90년에 자유주의 방향으로 돌아왔고, 덕분에 미국과 역사적인 무역 협정을 맺을 수 있었다.

실제로 멕시코 경제는 북동 태평양 경제권의 일원이 되었다. 북동 태평양 경제권은 미국 서부와 캐나다 서부, 알래스카로 형성되었다. 1970년대와 1980년대 멕시코 수출의 약 70퍼센트가 미국에 들어갔고, 수입의 60퍼센트가 미국산이었다. 미국에서 살고 있는 멕시코 불법 이민자는 1,000만 명에 달했다. 캘리포니아 주에서 7가구 중 1가구가, 뉴멕시코 주에서는 3가구 중 1가구가 히스패닉이었다. 멕시코는 또한 카리브해 경제권이고, 미국도 마찬가지다. 특히 1965~90년 급속히 히스패닉화된 플로리다 경제가 미국을 라틴아메리카 쪽으로 끌어당겼다. 하지만 1970년대부터 멕시코 경제와 미국 경제 둘 다 태평양의 자유 시장경제의 인력에 영향을 받게 되었다.

인구적으로나 경제적으로 미국의 무게중심은 북동부에서 남서부로 이동했다. 현대에 일어난 가장 중요한 변화였다. 1940년대 지리학자 에드워드 울먼(Edward L. Ullman)은 북동부를 미국 경제의 '핵심 지역'으로 파악했다. 비록 전 국토의 8퍼센트에 불과했지만, 북동부는 인구의 43퍼센트가 살고, 제조업 고용의 68퍼센트를 차지했다.[108] 이러한 양상은 1950년대에 대부분 안정적으로 유지되었다. 지리학자 펄로프(H. S. Perloff)는 1960년에 글을 쓰면서, "제조업 지대"를 "여전히 국가 경제의 심장부"로 보았다.[109] 하지만 그가 글을 쓰던 당시 이미 변화의 조짐이 보이기 시작했다. 1940~60년 북부는 여전히 인구가 늘고 있었지만(200만 명), 늘어난 인구는 전부 남부 출신의 흑인이었다. 그들은 대개 소득이 낮은 비숙련 노동자였다. 북부에서는 이미 백인이 줄어들고 있었다. 변화는 1960년대에 시작되어 1970년대에 뚜렷해졌다. 1970~77년 북동부는 주민 이주로 240만 명을 잃었다. 남서부는 340만 명이 늘었다. 그들은 대개 숙련된 백인 노동자였다. 이러한 이동은 본질적으로 한랭 지대에서 온난 지대로의 이동이었다. 따라서 에너지 가격이 상승하자 이동의 규모는 더 커졌다. 1980년의 인구 조사는 그 사실을 보여준다. 소득의 지역별 차이는 한때 예전의 '핵심 지역'이 높았으나, 비슷해졌다가 남서부가 높아지기 시작했다. 투자는 인구를 좇아갔다. '핵심 지역'의 제조업 고용 비율은 1950년 66퍼센트에서 1977년 50퍼센트로 떨어졌다. 남서부에서는 20퍼센트에서 30퍼센트로 올라갔다.[110)]

인구 통계상의 변동은 정치권력과 정치철학에 변화를 가져왔다. 1960년 케네디가 대통령으로 뽑힌 선거에서는 한랭 지대의 선거인단 수가 286, 온난 지대가 245였다. 하지만 1980년이 되자 온난 지대 선거인단 수가 네 명 더 많았다. 인구 조사국은 1984년 선거 때가 되면 온난 지대 선거인단 수가 한랭 지대보다 스물여섯 명이 많아질 거라고 예상했다.[111)] 이러한 변화는 두 세대를 지배해왔던 전통적인 루스벨트식 개입주의 연합 세력에 종언을 고했고, 자유 시장을 지지하는 남서부 연합 세력의 출현을 가능하게 했다.

1972년 11월에 리처드 닉슨은 대통령 선거에서 압승을 거두었다. 인구 통계상의 변동이 정치에 미치는 영향력을 단번에 알려주는 사건이었다. 닉슨의 승리는 워터게이트 사건과 그 여파로 빛을 잃었지만, 1980년 11월 4일 로널드 레이건(Ronald Reagan)이 대통령에 당선되면서 인구 변동과 정치의 상관관계는 의심할 여지가 없게 되었다. 로널드 레이건은 캘리포니아의 가장 강력한 이익 집단인 영화 산업의 지지를 받았다. 그는 대통령

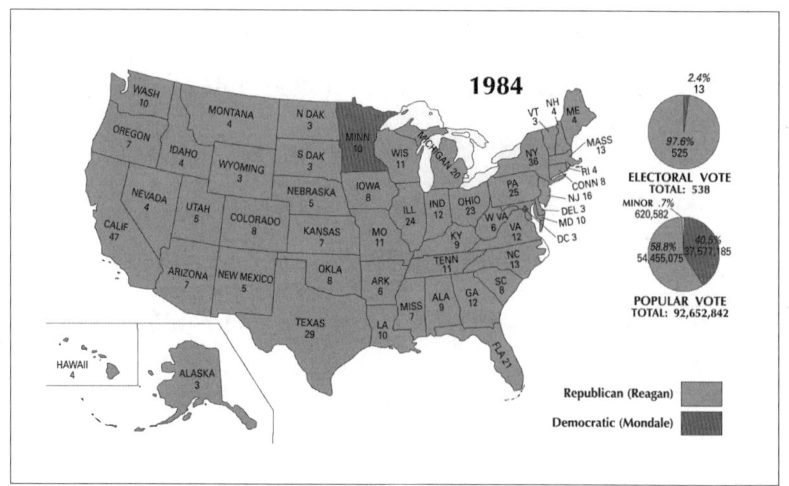

▶ **1984년 미국 대통령선거**
레이건은 진보적인 민주당 후보 월터 먼데일을 상대로 재출마하여, 미네소타를 제외한 모든 주에서 먼데일을 누르고, 41% 대 59%의 지지로 압도적인 승리를 거두었다.

이 되기 전에 캘리포니아 주지사로서 두 차례의 임기를 성공적으로 완수한 바 있다. 레이건은 선거에서 지미 카터를 가볍게 물리쳤다. 레이건은 4,390만 표를 얻었고, 카터는 3,540만 표를 얻는 데 그쳤다. 1984년 11월 6일 그는 더 큰 표차로 다시 승리를 거머쥐었다. 일반 투표 가운데 59퍼센트를 획득했고, 흑인, 유대인, 노동조합 세력이 강한 지역을 제외하면 모든 주요 지역에서 우위를 차지했다. 민주당 대통령 후보 월터 먼데일(Walter F. Mondale)은 미네소타 주에서만 레이건을 눌렀다. 이미 미국에서 가장 부유한 주가 된 캘리포니아 주는 1980년대 가장 인기 있는 주, 선거인단 수가 가장 많은 주가 되었다. 1980년대는 여러 면에서 가히 캘리포니아 시대라고 할 수 있었다. 이 사실은 레이건의 집권과도 무관하지 않다.

그러나 1980년대 레이건이 이룬 성과가 인구 통계학적 변화에 기인한 것은 결코 아니다. 마거릿 대처를 제외하면 레이건만큼 시대정신을 잘 포착한 정치인도 없다. 그는 대처의 성공에 자극을 받았다. 대처 여사는 레이건

의 세례 요한이었다. 다른 식으로 표현하면, 레이건은 대처 여사의 가장 총명한 제자였다. 레이건과 대처는 8년간 한 차례를 제외하고 줄곧 존경과 우애가 돈독했다. 하지만 기본적이고 대중의 인기를 얻은 정책은 대부분 레이건이 오래전부터 염두에 두었던 것이다. "나는 1960년대에 이르러 진정한 적은 거대 기업이 아니라 거대 정부라는 사실을 깨달았다."[112] 20년 뒤에 드디어 기회가 찾아왔다. 이상한 일이지만, 그는 정부의 규모를 줄이는 데 성공하지 못했다. 이 점에서 그는 미국 정치에서 볼 수 있는 이분화의 희생자였다. 공화당이 대통령이 되고 민주당이 의회에서 다수를 차지하는 것이 미국 정치의 경향이었다. 레이건이 재임하는 동안 공화당이 상원을 장악한 적도 있었지만, 하원은 줄곧 민주당이 붙들고 있었다. 실제로 1980년대 민주당의 의회 지배력은 강화되었다. 선거 비용이 증가하면서, 현직 의원이 교체되는 비율은 점차 줄어들었다. 1980년대 말이 될 때까지 의원 교체율은 10퍼센트도 안 되었다. 의원의 수명은 연방 지출을 통해 얼마나 이익 단체를 만족시킬 수 있느냐에 달려 있다. 따라서 레이건과 후임자 조지 부시(George Bush)에게 연방의 국내 지출을 삭감하는 것은 힘에 부쳤다. 레이건이 할 수 있는 일은 세금을 삭감하는 거였다. 그 결과 재정 적자가 점점 커졌다. 1918년 말 첫 번째 세금 삭감이 있고 6년 후, 자극을 받은 경기 덕분에 세금 수입은 3,750억 달러나 증가했다. 하지만 같은 기간 의회는 국내 지출을 4,500억 달러나 늘렸다.[113] 재정 적자는 증가하는 무역 불균형으로 악화되었다. 무역 적자는 레이건의 두 번째 임기 4년간 총 5,412억 4,300만 달러에 달했다. 재정 적자는 1988년 줄어들기 시작했지만 여전히 엄청났고, 정부의 총부채는 2조 달러를 돌파했다.[114] 쌍둥이 적자를 메우기 위해 국채와 민간 기업을 매각하자, 외국의 주식 · 채권 보유자나 투자자들이 미국 경제를 지배하게 되었다. 일본이 선두에 서 있었고, 영국도 투자 부문에서 일본에 많이 뒤지지 않았다. 많은 미국인은 이러한 상황을 걱정했다.

한편 '레이거노믹스' 라고 불리던 레이건의 정책은 아이젠하워 시대 이후 미국 경제에서 사라졌던 활력을 가져다주었다. 1982~87년의 6년 동안 (인플레이션을 감안할 경우) GNP는 27퍼센트 늘어났고, 제조업 부문은 33퍼센트, 평균 소득은 12퍼센트 증가했다. (1970년대에는 평균 소득이 10.5퍼센트 감소했었다.)[115] 약 2,000만 개의 일자리가 새로 생겨났다. 게다가 레이건은 1970년대 의혹과 불신의 시대 이후 다시 미국이 역동적이며 성공적인 나라라는 생각을 대중적으로 파급시키는 데 성공했다. 처음에 적대적이었던 언론으로부터 '위대한 소통자' 라는 영예까지 얻었다. 그 결과 미국은 1970년대의 자살 시도 뒤에 상실했던 자신감을 회복하기 시작했다. 전망 또한 밝았다. 레이건이 직접 임명한 고위급 장기 전략 위원회는 1988년 1월 보고서를 제출했다. 보고서는 1990년에서 2010년 사이에 미국 경제가 4조 6,000억에서 거의 8조 달러에 이르는 성장을 이룩할 것이며, 그 후에도 세계 제2의 경제 대국의 두 배에 가까운 경제 규모를 유지하게 될 것이라고 진단했다.[116]

그런데도 미국이 베트남전쟁에서 입은 정신적 충격을 회복하는 데는 오랜 시간이 걸렸다. 레이건은 미국의 거대한 힘을 합법적으로 사용하는 데 아무런 거리낌이 없었지만, 침착성을 잃지 않고 세계무대에서 미국의 힘을 행사하는 데는 시간이 필요했다. 레이건은 경솔한 사람이 아니었다. 호전적인 사람은 더더구나 아니었다. 그는 국제 문제와 관련하여 선악에 분명한 차이가 있다는 시각을 견지했고, 행동의 절대적인 가치를 누구보다 신뢰하는 사람이었다. 행동이 필요하다고 생각하면 행동에 나섰다. 신중했지만 죄책감이나 딴마음을 품지는 않았다. 여기서도 대처 여사가 본을 보여주었다. 1982년 4월 2일 금요일 아르헨티나군이 사전 경고나 선전 포고 없이 영국 왕실 식민지인 포클랜드 제도를 침공했다. (동쪽에 있는 사우스 조지아 섬도 점령했다.) 아르헨티나인들에게는 말비나스 제도로 알려진 포클랜드 제도는 2세기 동안 논란이 되어왔다. (존슨 박사는 이 문제에 관한 소책자를 써서 영국에는 소유권이 없다고 주장했다.) 하지만 포클랜드 제도는 주민이 모두 영국인 혈통이었다. 그들은 1820년대 이주해온 정착민의 후손이었다. 여섯 세대 동안 그 땅을 소유했기에 토착민의 권리가 있었다. 당시 아르헨티나 군사 정부의 수반은 레오폴도 갈티에리(Leopoldo Galtieri) 장군이었다. 사실 갈티에리는 유럽에서 온 이민 2세다. 흥미롭지만 로디지아 백인의 지도자 이언 스미스와 쿠바의 독재자 피델 카스트로도 마찬가지다. 아르헨티나는 반식민지 해방 전쟁에 나선 것이라고 주장했지만 그다지 설득력이 없었다. 국제연합 안전보장이사회는 투표 결과 10 대 1로 아르헨티나의 즉각 철수(결의안 502호)를 권고했다. 영국 입장에서는 완전히 허를 찔린 격이었다. 그 지역에는 군사적 대응을 할 만한 군대도 없었다. 외무장관 캐링턴(Peter A. R. Carington)은 외무부가 침공을 예상하지 못한 책임을 지고 사임해야 한다고 생각했다. 마거릿 대처는 가능하다면 외교적으로, 필요하다면 군사적으로 제도를 탈환해야겠다고 마음먹었다. 내각도 합심해 대처를 지지했다.

침공 이틀 뒤 영국 전함이 남대서양을 향해 출발했다. 일주일 뒤 영국은 포클랜드 제도 주변 320킬로미터를 제한 구역으로 선포했다. 1962년 미사일 위기 때 케네디가 쿠바 주위에 '격리' 지역을 설정한 것과 비슷한 조치였다. 호위 함대가 있었다고 하더라도 완벽한 공중 엄호 없이 13,000킬로미터나 떨어진 곳에 원정대를 파견하는 것은 위험한 결정이었다. (항공모함 2척은 해리어만 탑재하고 있었다. 수직 이착륙기 해리어는 음속기가 아니었다. 반면 아르헨티나는 초음속 비행기가 본토의 비행장과 포클랜드 제도의 포트 스탠리 공항에서 언제든 발진할 수 있었다.) 대처 여사의 결단에 로널드 레이건은 다른 누구보다 감탄했다. 레이건은 작전 기간 내내 국제연합을 통해 외교적으로 영국 정부를 지원했을 뿐 아니라 영국에 비밀 정보를 제공했다. 이 대담한 작전은 성공을 거두었다. 4월 25일 영국군은 사우스 조지아(South Georgia)를 탈환했다. 정확히 일주일 뒤 영국의 잠수함 컹커러 호가 아르헨티나의 중무장 순양함 벨그라노 호를 격침했다. 아르헨티나 해병 385명이 목숨을 잃었다. 그 뒤 아르헨티나 해군은 항구로 퇴각하여 더 이상 전투에 가담하지 않았다. 아르헨티나 공군은 비교적 선전했다. 미사일로 영국 전함과 수송선 네 척을 파괴했다. 하지만 인명 손실은 적었다. 영국의 육해공 합동 작전도 계획대로 잘 진행되었다. 5월 21일 영국군은 산카를로스(San Carlos)에 교두보를 확보했다. 일주일 뒤 낙하산 부대가 포트다윈(Port Darwin)과 구즈그린(Goose Green)을 장악했고, 6월 14일에는 아르헨티나 주둔군 전체가 항복했다. 지상전의 전사자는 영국군이 225명이었고 아르헨티나군이 652명이었다. 3일 뒤 포클랜드 전쟁의 패배로 신임을 잃은 갈티에리는 권좌에서 축출되었다. 아르헨티나에서는 군사 정부가 막을 내리고 민주주의가 회복되었다. 1983년 12월 10일 라울 알폰신(Raúl Alfonsín)이 8년을 임기로 아르헨티나 최초의 민간 대통령이 되었다. 그는 군사 정부 통치 기간에 '행방불명' 된 반체제 인사 수천 명에 대해 조사를 벌였다. 갈티에리와 그의 동료는 장기간의 금고형에 처해졌다.

포클랜드 전쟁이 레이건에게 미친 영향은 놀라울 정도였다. 포클랜드 전쟁을 통해 레이건은 국제적인 행위의 정당성을 확신하고, 민주주의의 선도자이자 법치의 수호자로서 미국의 책임감을 재인식했다. 1983년 후반

그 결과가 나타나기 시작했다. 그해 10월 19일 영연방의 일원인 서인도 제도의 그레나다에서 쿠바의 지원과 계획 아래 좌파들이 반란을 일으켰다. 이때 총리 모리스 비숍(Maurice Bishop)이 살해당했다. 이틀 뒤 자메이카, 바베이도스, 세인트 빈센트, 세인트 루시아, 도미니카, 안티과 같은 그레나다 주변 지역 지도자들이 그레나다에 대규모 쿠바군이 배치되었다고 알려왔다. 그들은 정부의 안전에 두려움을 느끼고, 비밀리에 미국의 군사 개입을 요청해왔다. 주말에 골프를 치려고 조지아 주에 가 있던 레이건은 일요일 오전 4시에 소식을 듣고 깼다. 합동 참모부는 '구조 작전' 이 48시간 내에 개시될 수 있다고 보고했다. 레이건은 "실행하시오" 라고 짧게 답했다. 쿠바가 증원군을 보낼지도 모르고 인질이 될 수 있는 미국 의대생 800명이 그레나다에 있었기 때문에 작전은 극비리에 진행되었다.[117] 그런데 뜻밖의 결과가 나타났다. 대처 여사는 레이건이 무슨 계획을 하고 있는지 몰랐다. 그레나다는 영연방 국가였기 때문에 그녀는 (그리고 엘리자베스 여왕도) 몹시 화가 났고, 공개적으로 불쾌감을 표시했다.[118] 8년 동안 대처 여사와 레이건 사이에 심각한 불화는 이때뿐이었다. 나중에 그녀는 사적인 자리에서 오해였다고 인정했다. 그 외에는 별다른 차질 없이 작전이 수행되었고 원하던 목표를 모두 달성했다. 미군은 10월 25일 그레나다에 상륙하여 헌정의 권위를 회복시킨 뒤, 11월 2일부터 신속하게 철수했다.

레이건 행정부가 비공식적인 세계 경찰로서 미국의 국익을 지키기 위해 군사 개입에 나선 것은 이때 한 번이 아니다. 1985년 7월 8일 레이건은 이란, 북한, 쿠바, 니카라과, 리비아 5개 국가를 미국에 "명백한 전쟁 행위" 를 수행하는 "테러리스트 국가 연합의 일원" 으로 규정했다. 이들 국가는 "제3제국 출현 이래 부적격자, 미치광이, 비열한 범죄자로 이루어진 가장 기묘한 집단이 이끌고 있는 국가" 였다. 미국 변호사 협회에서 행한 이 연설은 대통령의 단호하고 굳센 의지를 보여주었고, 평범한 미국인들을 매료시켰다. 여기서 레이건식 대중주의의 일면을 확인할 수 있다. 그는 개인적으로 리비아의 카다피 대령을 가장 위험한 인물로 간주했다. 그가 "야만적일뿐만 아니라 유별나기" 때문이었다.[119] 이미 언급했듯이, 1986년 4월 5일 미군 병사가 자주 드나드는 베를린의 디스코텍에 폭탄이 터져 미군 병사 한 명과 터키 여성 한 명이 죽고, 수백 명이 부상을 당했다. 미국이 입수한 정보에 따르면, 리비아가 사건에 개입되어 있었다. 4월 13일 레이건은 F-111 폭격기로 카다피의 군사 본부와 막사가 있는 트리폴리(Tripoli)를 폭격하라고 지시했다. 4월 14일 밤과 15일 새벽에 폭격이 있었다. 대처 여사는 미국 비행기가 영국 기지에서 작전을 수행할 수 있게 허용했지만, 프랑스와 이탈리아는 자국 영공을 통과하지 못하게 했다. 그래서 대서양과 지중해로 1,600킬로미터를 우회해야 했다. 공습은 성공을 거두어 일차 목표를 달성했다. 이후 카다피는 국제 테러리즘 지원 활동에서 그다지 활발한 역할을 하지 못했다.

자국의 권리와 힘을 행사하려는 미국의 의지는 레이건의 후임인 조지 부시 행정부에서 더 커졌다. 1989년 12월 21일 백악관은 파나마에 대한 군사 개입을 승인했다. 당시 파나마의 독재자 마누엘 노리에가(Manuel Antonio Noriega Morena) 장군은 민주주의 반대 세력을 탄압하고, 수십억 달러 상당의 마약을 미국에 밀반입하는 밀매 조직과 손을 잡고 있었다. (노리에가는 플로리다 주에서 지명 수배되어 있는 상태였다.) 백악관은 이런 사실에 분개했다. 미국 운하 지대에서 미군 병사가 살해당한 것이 구실이 되었다. 전투에서는 민간인 200명과 미군 19명, 파나마군 59명이 죽었다. 권력의 자리에서 쫓겨난 노리에가는 교황청 대사관으로 피신했지만 곧 굴복했다. 그는 플로리다로 송환된 뒤 재판을 받았다. 그레나다에서처럼 파나마에서도 민주주의가 회복되었고 미군은 재빨리 철수했다. 세계 경찰을 자처하는 미국의 행위는 일부 서구 지식인들 사이에서 큰 비난을 받았다. 미국이 다른 나라의 주권을 침해했기 때문이다. 사실 이런 점에서만 본다면, 미국도 대단한 죄악을 저질렀다고 하지 않을 수 없다. 하지만 독재자를 제거했다는 점에서 미국의 군사 행동은 대중에게 인기를 얻었다. 그리고 전부는 아니지만 일부 제3세계의 독재자가 공격적이고 반사회적인 행동에 나서지 못하게 하는 예방 효과도 있었다. 그러나 앞으로 보겠지만, 제3세계의 독재자들은 세계 질서를 위협하는 더 심각한 행동에 나섰고, 미국 지도부와 여론이 이에 맞섰다.

탈냉전의 시대

1980년대 초 레이건 대통령이 더 관심을 기울인 것은 집산주의가 대세를 장식한 1970년대 소련과 위성국, 그리고 그 대리인들에게 빼앗긴 물리적이고 심리적인 입지를 되찾는 것이었다. 레이건이 대통령에 취임할 무렵 소련은 매년 미국보다 50퍼센트 정도 많은 돈을 군비에 쏟아부어 재래식 무기와 핵무기 분야에서 입지를 강화했다. 특히 동유럽에 중거리 다탄두 미사일 SS-20을 대규모로 배치한 일은 우려할 만했다. 1980년 6월 17일 대처 여사는 카터 대통령과 협상을 벌인 뒤, SS-20에 대응하기 위해 미국의 크루즈 미사일을 영국에 배치하는 협정에 서명했다. 이를 계기로 레이건과 대처 여사는 다른 NATO 회원국을 설득해 크루즈 미사일을 배치할 장소를 제공하게 했다. 유럽에서는 극좌파들이 미사일 배치에 반대하는 시위에 나섰다. 1983년 10월 22일 (시위 주동 세력의 집계에 따르면) 약 250만 명이 런던 시내를 행진했다. 파리에서는 '인간 사슬' 이 만들어졌다. 독일 좌파는 백만 명이 항의 시위에 참석했다고 주장했다. 크루즈 미사일이 배치된 영국 그린햄 커몬(Greenham Common)에서는 여성 평화 캠프가 세워졌다. 하지만 거센 항의도 소용이 없었다. 사실 좌파들의 시위는 어디에서도 노동자 계급의 지지를 얻지 못했다. 특히 '그린햄 여성들' 은 지역 주민의 반감을 샀다.

크루즈 미사일이 배치되자 모스크바 지도부는 백악관이 더 이상 우유부단하지 않다는 사실을 깨닫게 되었다.[120] 레이건은 대통령 임기가 시작된 첫날부터 포괄적인 군비 확장 계획에 착수했다. 그는 다음과 같이 고백했다. "가상의 적에 대해 군사적 우위를 달성하려면 어떤 무기가 필요한지 알려달라고 합동 참모부에 요청했다." 국가 안보와 재정 적자 사이에서 선택을 해야 한다면, "나는 국가 방위를 택할 것이다."[121] 추가적인 방위비 지출은 한 해 대략 1,400억 달러였다. 긴급 배치군을 확대·육성했고, 제2차 세계대전 때의 전함을 복귀시키고 크루즈 미사일을 장착했다. 레이더에 포착되지 않는 스텔스기를 배치하고, 탄도탄 요격 미사일을 포함하여 첨단 기술의 레이저 유도 미사일을 개발했다. 이런 일련의 군비 확장 계획은 '별들의 전쟁 계획' 이라고 알려졌다. 전 미군의 전략 계획과 전술 훈련도 수정했다. 핵전쟁과 재래식 전쟁에서 첨단 무기 시스템을 효과적으로 활용하기 위해서였다. 이런 변화는 1991년 결정적인 영향력을 행사했다.[122]

군비 확장 계획은 의도한대로 주로 정치적으로 영향을 미쳤다. 우선 레이건은 서유럽인에게 (그리고 철의 장막 뒤쪽에서 희망을 찾아 서방을 바라보고 있는 소련의 위성국 국민에게) 미국이 그 어느 때보다 집단 안보에 전념하고 있다는 사실을 보여주려 했다. 대부분의 유럽 정부는 긍정적인 반응을 보였다.[123] 또한 군비 확장 계획은 소비에트의 정책 결정에 영향을 미쳤다. 이것 역시 계산된 것이었다. 레이건은 정보부를 통해 1980년대 초 소련에 경제적인 동요가 일어나고 있다는 사실을 알았다. 아프가니스탄 전쟁은 소련 국민의 지지를 받지 못했으며 비용도 많이 들었다. 미국은 기동성이 뛰어난 소형의 대공 무기와 대전차 무기를 반군에 제공하여 적은 비용으로 소련에 큰 인명과 재산 손실을 주었다. 한편 소련에서는 흐루쇼프 시대부터 국가를 지배해왔던 원로 정치인, 고참 당 간부, 장군들이 지도력 면에서 심각한 위기를 맞고 있었다. 1980년대 초까지 이른바 브레즈네프독트린은 소련 외교·방위 정책의 근간이 되었다. 이에 따르면, 일단 쿠바나 베트남처럼 사회주의 국가가 수립되면, 해당 정부에 대한 위협은 곧 소련의 국익에 대한 중대한 위협으로 간주했다. 브레즈네프독트린이 모든 경우에 다 적용되어야 하는가는 논란의 여지가 있었다. 하지만 브레즈네프독트린이 시험을 받을 만한 사건은 일어나지 않았다. 1982년 11월 10일 그가 사망하면서 원칙도 함께 사라져버린 것 같았다. 브레즈네프가 죽고 이틀 뒤 15년간 KGB 의장으로 일했던 유리 안드로포프가 당 서기장직을 계승했다. 1983년 6월 16일에는 최고회의 간부회 의장(대통령)이 되었다. 1983년 3월 8일 레이건은 소련의 팽창주의 체제를 어떻게 생각하고 있으며, 더 이상의 침략 행위를 막기 위해 무엇을 할 것인지 새로운 소련 지도부에 경고할 수 있는 기회를 잡았다. 그는 플로리다의 올랜도(Orlando)에서 '악의 제국'에 관한 연설을 했다. 그는 (만만치 않은 아내 낸시의 충고에도 불구하고) "악의를 담아" 연설을 했는데, "사람들이 무척 반겼다." 악의적인 연설을 한 이유는 이랬다. "우리는 그들이 어떤 상태에 와 있는지 알고 있고, 그 사실을 그들이 깨닫기를 바랐다."[124] 런던의 대처 정부로부터 전적인 지지를 받아 백악관이 훨씬 더 강경한 태도를 보이자 모스크바도 이에 영향을 받았다. 모스크바의 소련 지도부에는 점차 불확실성의 밀도가 높아지고 있었다. 안드로포프는 1984년 2월 9일 대통령이 된 지 7개월 만에 사망했다. 그의 후계자로 콘스탄틴 체르넨코(Konstantin Ustinovich Chernenko)가 2월 13일 당 서기장에, 4월 11일 대통령직에 올랐다. 하지만 그는 1년이 조금 지난 1985년 3월 10일에 사망했다. 소련의 엘리트층은 한 세대를 건너뛰어 쉰두 살의 당 간부 미하일 고르바초프를 후계자로 뽑았다. 고르바초프는 카프카스 태생이었으며, 어머니는 우크라이나인이었다. 그는 안드로포프의 지원 아래 급속히 승진한 인물이다.[125)]

고르바초프는 소련 지방 정부와 중앙 정부에서 수천 명의 인물을 교체하여 입지를 강화하기 시작했다. 하지만 그에게는 브레즈네프조차 당연시 여겼던 무조건적인 권력이 없었다. 1987~91년에 그가 내린 지시는 무시되거나 부분적으로만 이행되었고, 그의 허가를 받지 않은 조치나 그가 모르는 일이 일어나곤 했다. 소련 공산당의 기준으로 보면 그는 자유주의자였다. 하지만 고르바초프 역시 소련에서 다당제는 순전히 허튼소리에 불과하다고 생각했다. 그는 소련을 구석구석 여행하며 많은 연설을 했다. 연설 주제는 "우리는 모든 것을 바꾸어야 한다" 였다. 하지만 그는 "나는 공산주의자다" 라고 덧붙였다. 그는 공산주의가 내부로부터 스스로 개혁할 수 있다고 믿은 것 같다. 공산주의의 기본 원리를 포기할 수 없었고, 특히 국가와 경제 구조에 관한 레닌주의 원리를 포기해서는 안 되었다. 하지만 이미 살펴보았듯이, 소련 문제의 근본적인 뿌리는 스탈린주의의 국가 구조가 아니라 레닌이 세운 체제에 있었다. 1989년 11월 7일 고르바초프는 소련의 TV 시청자들에게 "우리는 빠르게 더욱 빠르게 전진해야 합니다" 라고 말했다. 하지만 국민이 어디로 전진해야 하는지는 명확히 제시하지 않았다. 그는 시장 체제 도입이 좋은 결과를 가져오리라 생각한다고 말했다. 따라서 그가 1980년대의 시대정신에 사로잡혀 있었거나, 적어도 그것을 의식하고 있었던 것만은 분명하다. 그러나 소련의 시장 체제 도입은 실상 작은 범위의 농지를 개인 경작자에게 맡기고, 개인 기업에 훨씬 더 큰 책임을 부여하는 것에 그쳤다. 그럼에도 첫 번째 조치는 소자작농이 경작하는 5퍼센트의 농지에서 시장에 유통되는 식량의 50퍼센트가 생산되는 결과를 가져왔다.

이것은 원래대로 남아 있던 국영 농장과 집단 농장의 실패를 부각시켰다. 중앙 정부의 산업 보조금을 감축하는 두 번째 조치는 생산량의 감소를 가속화시켰다. 따라서 1980년대 후반과 1990년대 초에 소련의 상점에서 살 수 있는 물품은 크게 줄어들었다. 전체 경제에서 물물 교환이 더 큰 부분을 차지하게 되었다. 물물 교환은 개인 간이 아니라 공장 간에 혹은 암시장을 통해 이루어졌다. 고르바초프는 '글라스노스트(glasnost, 정보 공개)' 정책을 도입했다. 이에 따라 언론과 국영 방송까지 정부를 비판하고 정부에 책임을 묻는 일이 허용되었다. 고르바초프는 KGB의 활동을 제한했다.[126] 일부 문서가 공개되었고, 독립심이 강한 소련 역사가들은 더 대담해졌다. 스탈린 시대로 거슬러 올라가는 집단 무덤이 발견되고 공개되었다. 예전의 사건들이 하나둘씩 밝혀지면서, 스탈린에게 희생당한 사람들의 수는 계속 늘어났다. 1938년 재판을 받고 처형된 부하린을 포함한 아홉 명이 복권되었다. 정치 범죄로 감옥이나 정신 병동에 수감되는 사람들은 거의 없었다.

그 결과 소련을 70년간 지탱시켜주었던 공포 분위기가 상당 부분 사라져 버렸다. 이에 따라 공포에 기반을 두고 있던 사회 기강이 느슨해졌다. 결근이 증가하고 파업이 빈번히 일어났다. 범죄가 엄청나게 증가했고, 보드카 밀주가 성행했으며 주정뱅이도 늘어났다. 고르바초프는 처음에 제한된 형태의 금주령을 시행했다. 하지만 보드카 관세로 벌어들이는 국가 수입이 줄어들자 금주령을 철폐했다. 자연 재해와 인간의 실수와 부주의 때문에 생기는 재앙이 연속적으로 일어났다. 1986년 4월 26일 우크라이나의 키예프 근처에 있는 체르노빌(Chernobyl)의 원자로 하나가 폭발했다. 체르노빌 원자력 폭발 사건은 원자력으로 인한 인류 역사상 최악의 재앙이었다. 방대한 지역에서 장기간에 걸쳐 사상자와 낙진 피해자가 발생했다. 4개월 후인 8월 31일에는 소련의 정기 여객선 나히모프제독 호가 흑해에서 침몰하여 400명 이상의 인명이 희생되었다. 5주 뒤 10월 6일에는 다탄두 핵미사일 16개를 탑재한 소련의 핵잠수함이 대서양 한가운데서 자취 없이 사라졌다. 1988년 12월에는 소련 자카프카지에의 아르메니아 지역에서 지진이 일어나 2만 명 이상이 목숨을 잃고, 전 지역이 황폐화되었다. 아쉽게도 구호 봉사 활동이 제대로 이루어지지 못했다. 1989년 6월 4일에는 시베리아의 수송관에서 누출된 가스가 폭발하여 때마침 근처를 지나가던 열차 두 대를 날려버렸다. 800명 이상이 사망했고, 사망자 가운데는 어린아이도 많았다. 감시 장치만 제대로 작동했다면 일어나지 않았을 사고였다.

이와 함께 다른 많은 사건이 체제가 총체적으로 붕괴하고 있으며, '페레스트로이카' 라 불리는 고르바초프의 경제 개혁 프로그램이 상황을 악화시키고 있다는 징후를 보여주었다. CIA와 그 밖의 정부 기관은 1980년대 초부터 점차 확신을 가지고 소련이 경제나 과학 기술 면에서 실패를 거듭하고 있다는 증거를 백악관에 보고했다. 소련의 난국은 보건을 포함한 생활 전반에 영향을 미쳤다. 소련은 천연자원이 풍부했다. 그 덕분에 에너지 분야는 한때 소련 국력의 밑거름이 되었다. (소련은 마지막 순간까지 세계 최대의 석유 수출국으로 남아 있었다.) 하지만 에너지 분야에서조차 비효율적인 채취 · 채굴 방식과 또 다른 여러 기술적인 결함 때문에 문제가 커졌다.[127] 소련의 군산 복합체는 러시아의 경제적 곤란과는 동떨어져 있었다. 물자와 숙련 인력을 우선적으로 제공받았기 때문이다. 레이건이 추진하는 군비 확장 계획의 목적은 부분적으로는 첨단 무기 개발 경쟁을 가속화해 소련 경제에 전반적인 압력을 가하고, 소련 지도부에게 고통스런 문제를 자문하게 하는 데 있었다. 소련 국민이 변화와 생활의 향상을 약속받고 있는 이때, 소련은 민간 경제를 희생시키는 대가로 미국의 첨단 군사 기술에 맞설 생각인가? 소련이 만약 그런 생각을 하고 있다면, 정말로 미국을 따라잡을 수 있을 것인가? 질문에 대한 대답은 "아니오" 였다. 그리하여 세 번째 질문이 생겨났다. 소련 지도부는 미국의 군비 증강에 직면하여 협상 테이블에 나가 실제적인 군비 축소 협상을 벌일 마음이 있는가? 질문에 대한 대답은 "예" 였다. 1985년 11월 19일 레이건과 고르바초프가 제네바에서 만나 첫 번째 정상 회담을 했다. 레이건은 무기 감축을 감시할 필요가 있다고 주장했다. 그는 "신뢰하되 검증하라"는 러시아 속담을 인용했다. 다른 대안은 군비 경쟁을 계속하는 것뿐이라며 이렇게 경고했다. "당신이 군비 경쟁을 택할 경우 이길 수 없는 경쟁에 뛰어드는 것임을 알아두시오."[128]

레이건과 대처 여사는 군비를 확장하고 유럽에 첨단 무기를 배치하는 한편 소련에 군비 축소로 나아가는 길을 열어주었다. 그들의 전략이 소련의 외교 · 국방 정책에 일어난 근본적인 변화에 영향을 미치고 나아가 냉전의 종식에 기여했다고 말할 수 있을까?[129] 정황을 보면, 레이건과 대처 여사의 전략은 고르바초프에게 도움이 되었던 것 같다. 덕분에 고르바초프는 이미 염두에 두고 있던 방향으로 소련을 이끄는 한편, 무엇보다 의혹의 눈길을 보내던 동료의 신뢰를 얻을 수 있었다. 1986~87년만 해도 고르바초프의 진실성과 그가 도입하는 변화의 본질에 대한 의혹이 여전히 남아 있었다. 헨리 키신저는 "아프가니스탄이 시험 무대가 될 것이다"라고 말했다.[130] 고르바초프는 제네바에서 레이건을 만났을 때 소련의 아프가니스탄 침공 소식을 라디오에서 처음 들었다고 말했다. 따라서 그에게는 문제에 대한 책임이 없었다. 그리고 레이건의 말을 인용하면, "그 문제를 붙들고 있을 열의도 별로 없었다."[131] 따라서 아프가니스탄 철수를 선언하고 예정대로 철수를 완료하자 서방 지도자들이 다시 한번 고르바초프를 신뢰하게 되었다. 그 뒤 레이건과 조지 부시, 그리고 대처 여사는 고르바초프가 소련의 통치자로 남아 있기를 바랐다. 고르바초프에게도 그것은 중요한 일이었다. 본국에서 그의 인기가 1987년 이후 꾸준히 떨어지기 시작했기 때문이다. 그리고 서방 지도자들은 몰랐지만, 당시 모스크바에서는 아프가니스탄 철수보다 훨씬 더 중요한 결정이 내려졌다. 1953년, 1956년, 1968년과는 달리 동유럽에서 몰락해가는 공산당 정권을 유지하기 위해 더 이상 적군을 투입하지는 않는다는 결정이다.

이러한 결정이 내려지자, 사태가 빠르게 변하기 시작했다. 하지만 그럼에도 스탈린의 위성 국가가 붕괴하는 과정이 명확했던 것은 아니다. 동유럽 정권 대부분은 1980년대 소련이 빠져든 똑같은 경제 위기에 직면했다. 역시 소련과 똑같은 이유에서였다. 집산주의 체제와 이른바 '중앙 통제 경제'의 실패가 더 이상 감당할 수 없을 정도로 누적되었던 것이다. 그러나 기폭제는 자본주의 세계의 기능 장애에 있었다. 서구에서 '대처리즘'과 '레이거노믹스' 그리고 세계 금융 중심지의 급속한 발전으로 특징지어지는 성장의 날들은 주가의 급격한 상승과 그에 따른 불가피한 폭락을 가져왔다. 1987년 10월 19일 처음 주가가 폭락했다. 뉴욕의 다우존스지수는 하루에 508포인트, 즉 23퍼센트가 떨어졌다. 이날은 '검은 월요일'이라고 불렀지만, 일부에서 우려하듯 1929년에 있었던 '검은 목요일'의 재연은 아니었다. 그런데도 10월의 폭락은 경제 팽창 시대의 종말을 고하는 서막이 되었다. 1990~91년 때가 되자 경기 침체가 발생했다. 많은 은행이 경기 침체를 신용 공여 한도를 너무 확대했다는 경고로 받아들였다. 동유럽 정부와 정부 기관에 막대한 대출을 해준 은행은 벌써부터 신용도를 걱정하고 있었다. 1987년 10월의 폭락 이후 오데르 나이세선(독일과 폴란드의 국경선)의 동쪽에서는 더 이상 돈을 구할 수가 없었다. 뿐만 아니라 원금과 이자를 갚으라는 압력이 심해졌다. 여기에 동유럽 정부들이 대내적으로 취한 조치 때문에 상점의 물품이 줄고 상품 가격이 인상되었다. 대중의 분노가 커졌다. '악의 제국' 이 무력으로 지배할 의지를 잃어가고 있다는 생각이 퍼지면서 대중의 분노도 확산되었다.

당시 전 세계의 좌파들은 1989년을 프랑스 혁명 200주년을 기념하는 해로 준비하고 있었다. 프랑스 혁명은 현대 급진 정치의 시작을 알리는 중요한 사건이기 때문이다. 하지만 1989년은 다른 양상을 보였다. 혁명의 해이긴 했지만, 마르크스레닌주의의 기존 질서에 대항하는 혁명의 해였다. 물론 혁명이 모두 성공한 것은 아니었다. 1989년 3월 중국의 점령과 민족 말살 정책에 대항한 티베트의 반란은 잔인하게 진압되었다. 다음달 중국 베이징의 학생들이 공산당 지도자 후야오방(胡耀邦)의 사망과 4월 22일 장례식을 계기로 대규모 시위를 벌였다. 후야오방은 대중에게 인기가 높았지만, 1987년 강경파에 밀려 실각한 인물이다. 4월 27일 학생들이 베이징 한가운데 있는 드넓은 천안문 광장을 차지했다. 상하이를 포함한 중국의 여러 도시에서도 군중 시위가 일어났다. 5월 15일에는 학생 시위대 때문에 고르바초프의 베이징 방문 행사 일정이 어그러졌다. 고르바초프는 30년 만에 처음 열리는 중소 정상 회담에 참석 중이었다. 중국 지도부는 분노와 수치심을 느꼈다. 5월 30일에는 천안문 광장에 유리섬유로 만든 9미터가량의 자유의 여신상 복제품이 세워졌다. 이 일을 계기로 '개혁' 에 관해 결론을 내리지 못하고 학생 대표와 협상을 이어가던 당국이 행동에 돌입하기로 마음먹은 것 같다. 홍군의 대병력이 베이징 주위로 집결했다. 병력은 주로 오지 농민 출신의 병사로 구성했다. 그들이 천성적으로 도시 거주자와 학생 기생충의 적이었기 때문이다. 6월 4일 밤 당국은 공격을 시작했다. 탱크와 보병 부대가 천안문 광장을 쓸어버렸다. 이 과정에서 2,600명이 목숨을 잃었고, 1만 명 이상이 부상을 당했다. 지도부와 군 지휘관의 불화설이 있었지만, 소요는 모든 곳에서 매우 잔혹하게 진압되었으며, 수천 명이 투옥되었다.

그러나 유럽에서는 이야기가 달랐다. 헝가리가 혁명의 선두에 섰다. 일찍이 헝가리는 무너져가는 '중앙 통제 경제'에 시장 요소를 제일 먼저 도입했던 국가이기도 하다. 헝가리의 지도자 야노슈 카다르(János Kádár)는 당내에서 미움을 많이 샀다. 1988년 5월에 당 서기장직에서 쫓겨났고, 5월 8일에는 당 의장직에서도 밀려났다. 1989년 10월 10일 때가 되자 공산당은 당의 해체를 표결에 부쳤고, 곧 다당제가 도입되었다. 더 중요한 것은 헝가리가 철의 장막 자체를 없애버리기로 결정한 것이다. 이 결정은 다른 위성국에 도미노 효과를 일으켰다. 5월 2일 헝가리는 오스트리아의 국경에 설치되어 있던 철조망을 거두고 동서가 마음대로 교통할 수 있도록 국경을 개방했다. 더 큰 반향을 불러일으킨 것은 동독 쪽 국경을 개방하겠다는 9월 10일의 결정이었다.

반마르크스주의적 혁명의 열정을 지닌 세력이 규합하자 결정적인 움직임이 일어났다. 폴란드 공산당은 천안문 사건이 일어난 바로 다음날 6월 5일 선거에서 참패했고, 9월 12일 바르샤바에는 처음으로 비공산주의 정부가 출현했다. 1953년 소련 탱크가 무참히 짓밟았던 동독 국민은 이웃 슬라브족과 헝가리 국민이 해방의 기쁨을 누리는 동안 자신들은 에리히 호네커(Erich Honecker) 정권의 사슬에 묶여 있는 상황을 견딜 수 없었다. 체코슬로바키아 국경이 개방되자, 많은 동독인이 체코슬로바키아를 경유하여 서독으로 넘어갔다. 이에 따라 철의 장막에는 큰 구멍이 생겼고, 누구보다 스탈린주의를 확고히 지켜왔던 동독 정부가 동요를 일으켰다. 일부 동독인이 도망치는 동안 일부는 시위에 나섰다. 헝가리 공산당이 해체된 바로 그날 동독 전역에서 군중의 시위행진이 시작되었다. 특히 베를린과 라이프치히에서 군중의 항의가 격심했다. 고르바초프는 10월 7일 오랫동안 계획했던 동독 방문 중에 근심에 싸인 호네커로부터 탱크와 군대를 보내달라는 요청을 받았다. 고르바초프는 거절했다. 그는 늙은 스탈린주의자 호네커에게 서둘러 개혁을 하든지, 시간이 있을 때 도망치라고 충고했다. 고르바초프는 공개적으로 시대의 '요청'에 따르지 않는다면, 모든 동유럽 정권이 위험에 빠질 것이라고 말했다. 우방으로부터 버림받은 호네커는 동료가 시위대에 발포하는 것을 허락하지 않자 10월 18일자로 사임했다. 디즈레일리의 표현을 따르면, 에곤 크렌츠(Egon Krentz)라는 "단명한, 혼란스런 망령"이 호네커의 뒤를 이었다. 크렌츠는 정확히 7주 동안 집권했다. 11월 4일 동베를린에서 100만 명의 군중이 행진했다. 5일 후 동베를린의 당 책임자 군터 샤보프스키(Gunter Schabowski)가 기자 회견을 열고, 국경 경찰이 동독을 떠나는 사람을 더 이상 막지 않을 것이라고 발표했다. 「데일리 텔레그래프」의 기자가 결정적인 질문을 던졌다. "베를린 장벽은 어떻게 되는 겁니까?" 샤보프스키는 베를린 장벽은 더 이상 장벽이 될 수 없다고 대답했다.[132)]

베를린 장벽은 혐오와 경멸을 일으키는 공산당 탄압의 기념물이었다. 동독을 탈출하려던 수백 명의 사람이 그곳에서 목숨을 잃었다. 군터 샤보프스키의 기자 회견이 열린 날 밤 수많은 독일 젊은이가 해머로 베를린 장벽을 내리찍으면서 환희와 파괴의 축제가 벌어졌다. TV는 이 역사적인 현장을 세계와 다른 동유럽 국가의 수도에 중계했다. 아이러니컬하게도 TV에서는 마르크스의 말을 인용했다. "우리는 해낼 것이다, 우리는 해낼 것이다라고 열광한 군중이 외치기 시작했습니다."[133)] 체코슬로바키아는 스탈린주의 강경파 정부가 집권하고 있는 위성국이었다. 거기서도 8일 후인 11월 17일에 시위가 시작되었고, 그 다음날엔 불가리아에서 시위가 일어났

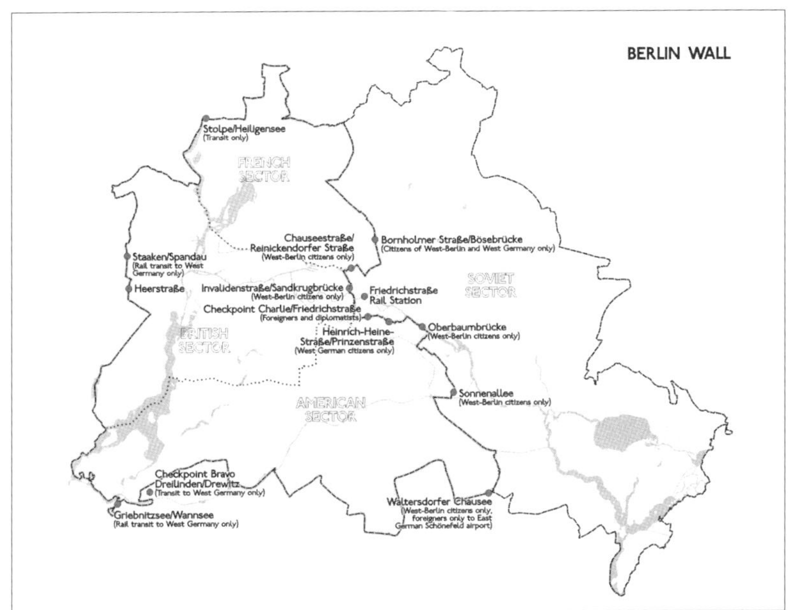

▶ 1989년 당시 베를린 장벽의 위치와 국경 통제 상황을 보여주는 지도와 그라피티 성지가 된 베를린 장벽의 최근 사진.

다. 토도르 지프코프(Todor Zhivkov)가 이끌던 스탈린주의 정권이 무너지면서, 12월 16일 불가리아 공산당은 정치권력의 독점을 포기하고 다당제의 길을 열었다. 그동안 프라하에서는 거의 끊임없이 시위가 일어났고, 11월 24일 마침내 전 공산당 지도부가 사퇴하고 작가였던 바츨라프 하벨 아래서 비공산주의 정부가 구성되었다. 바츨라프 하벨은 나중에 대통령으로 선출되었다. 대부분 중대한 변화는 큰 폭력 사태 없이 평화적으로 이루어졌다. 다행히 대중이 직접 과거의 범죄자를 처단하는 일도 없었다. 하지만 권력의 무대 뒤로 퇴장하는 공산당 지도자의 범죄 행각이 백일하에 드러났을 때는 모두들 그 성격 면에서나 규모 면에서 놀라움을 금치 못했다. 동독에서는 비밀경찰이 외화를 벌어들이기 위해 국제 테러리즘뿐만 아니라 대규모 마약 밀매에 관여했던 사실이 밝혀졌다. 이렇게 벌어들인 외화는 스위스 은행 계좌에 입금되었고, 당 지도자가 마음대로 사용했다. 호네커는 소련군이 관할하는 군사 지역의 육군 병원에 들어가 목숨을 구했다. 1991년 초 그는 모스크바에 홀연히 모습을 드러냈다. 지프코프 같은 다른 위성국의 지도자들은 체포되었고, 몇몇은 재판에 회부되었다.

비폭력적인 혁명의 양상에서 루마니아는 유일한 예외였다. 루마니아에서는 니콜라에 차우셰스쿠가 전임자 게오르기우 데지(Gheorghiu-Dej)처럼 24년간 당 지도자로서 독재를 일삼고 있었다. 그의 정권은 마르크스주의 정권의 보편적인 기준에서 보더라도 매우 야만적이고 부패했다. 비밀경찰 조직이 통치 체제를 뒷받침하고 있었는데, 비밀경찰은 대개 국영 보육원에서 발탁했다. 1억의 루마니아 국가를 꿈꾸었던 차우셰스쿠는 피임약의 판매를 허용하지 않았고 낙태를 금지했으며, 독신자와 아이 없는 부부를 처벌했다. 그 결과 엄청난 수의 사생아와 원치 않는 아이가 생겨났다. 보육원에 있는 쓸만한 남자아이들은 10대 초반에 생도 부대에 보냈다. 거기서 차우셰스쿠 정권을 아버지로 여기고 정권에 광적인 충성을 바치도록 훈련받았다. 성인으로 비밀경찰 조직의 요원이 되면 큰 특권이 주어졌다. 루마니아인 중에서 그들처럼 규칙적으로 충분한 음식을 공급받는 사람은 얼마 없었다. 비밀경찰 조직은 히틀러의 친위대와도 비슷했다. 자체적으로 탱크와 비행기를 보유하고 있었으며, 수도 부쿠레슈티(Bucuresti) 아래 복잡한 지하로와 거점망을 구축하고 있었다. 이 막강한 세력의 보호를 받으며 차우셰스쿠는 대규모 사회공학을 시행했다. 모하마드 레자 샤 팔라비가 이란에서 추진한 사회공학과 성격이 비슷했다. 차우셰스쿠는 8,000개 이상의 전통 마을을 점진적으로 파괴하고, 주민들을 큰 농경 '도시'로 몰아넣었다.

이상하게도 차우셰스쿠는 서구에서 평판이 나쁘지 않았다. 소련 외교·국방 정책을 거부했다는 점에서, 그리고 채무에 대한 이자 지급과 원금 상환, 서구의 상품에 대한 즉각적인 대금 지불로 오히려 칭송을 받았다. 하지만 국내에는 최소한의 필수품만을 제공하고 대부분을 수출하던 정책은 국민을 빈곤과 궁핍에 빠뜨렸다.[134] 1988년 이후 차우셰스쿠 정권에서 행하는 파괴와 수탈의 성격과 규모가 드러나자 서구의 지원은 사라졌다. 게다가 야만적인 국내 정책으로 정권은 루마니아에서 큰 세력을 형성하고 있던 헝가리인과 직접적으로 갈등하게 되었다. 주로 헝가리어를 사용하는 티미쇼아라(Timisiara)에서 쌓여 있던 불만이 과격한 폭동으로 이어지자 문제가 본격화되었다. 비밀경찰 조직은 잔인한 보복을 가했다. 나중에 티미쇼아라에서는 시체 4,630구가 묻혀 있는 대형 무덤이 발견되었다.[135]

차우셰스쿠는 다른 곳에서 마르크스주의 정권을 무너뜨린 혁명의 물결이 루마니아에까지는 미치지 못하리라 생각했다. 1989년 12월 초 마지막으로 열린 대규모 당 집회 때에도 장장 5시간 동안 연설을 하며 적어도 67

번의 기립 박수를 받았다. 그는 예정되어 있던 이란 방문에 나설 수 있을 만큼 안전하다고 생각했다. 하지만 헝가리인의 폭동이 수도에까지 파급되었다는 소식을 접하고 황급히 루마니아로 돌아와야 했다. 12월 21일 그는 대통령궁 앞에 모인 군중에게 연설을 했다. 부쿠레슈티의 시민은 대체로 조용히 연설을 듣고 있었다. 대신 대형 스피커에서 미리 녹음된 갈채와 환호소리가 울려 퍼졌다. 이 장면은 소름끼치는 그의 정권을 특징짓는 정치적 초현실주의를 그대로 보여주었다. 하지만 갑자기 군중이 소리치며 욕설을 퍼붓기 시작했다. 차우셰스쿠는 황급히 궁에 들어갔다. 차우셰스쿠만큼이나 증오의 대상이었던 부인 엘레나(Elena Ceausescu)도 분개하여 따라 들어갔다. 이 짧은 긴장의 순간은 비디오로 녹화되었다. 다음날 그는 헬리콥터로 궁을 탈출해야 했다. 다음에 일어난 일은 의문에 싸여 있다. 비밀경찰 조직의 요새 안에 몸을 숨기려던 계획은 실패했다. 아마도 측근들이 그를 포기한 듯하다. 그들은 국민의 증오를 한 몸에 받고 있던 차우셰스쿠가 자신들의 목숨마저 위태롭게 한다고 생각했을 것이다. 후계자 이온 일리에스쿠(Ion Iliescu)도 그렇게 생각했다. 어쨌든 '지도자' 를 자칭했던 차우셰스쿠는 엘레나와 함께 체포되었다. 두 사람은 크리스마스에 군사 법정에서 재판을 받았다. '국민에 대한 범죄' 혐의, 집단 학살 혐의, 남녀노소 6만 명을 살해한 혐의에 대해 유죄가 선고되었고, 총살대가 그들을 즉결 처형했다. 이 일련의 사건도 비디오테이프에 담겼다. 이전에 차우셰스쿠의 살인 행동에서 중요한 역할을 담당했던 군대와 정치 지도자들의 변절로 그를 쓰러뜨리는 일은 성공할 수 있었다. 하지만 비밀경찰 조직은 우두머리가 죽은 뒤에도 충성을 다했다. 그들은 2주 동안 지하로와 벙커에서 싸움을 계속했다. 그러나 군대가 통제력을 회복하기 시작했다. 사상자가 엄청났다고 알려졌지만, 면밀한 조사를 마친 결과 사상자 수는 1,000명 이하였다.[136)]

크리스마스에 전 세계의 청취자가 부쿠레슈티에서 들려오는 교회 종소리에 귀를 기울였다. 45년 만에 부쿠레슈티에서 처음으로 울리는 교회 종소리는 적그리스도(사람들은 차우셰스쿠를 그렇게 불렀다)의 죽음을 축하하고 있었다.

하지만 그 후의 정세는 만족스럽지 못했다. 불가리아에서도 그랬지만, 루마니아에서도 변화는 정권 교체보다는 인물 교체로 끝을 맺었다. 양국에서 경찰과 군대를 손에 쥐고 있던 예전 공산주의 특권 계급은 1990년에 직함과 당명을 바꾸고 방송국과 신문사를 장악한 뒤, '선거' 를 실시해 다시 권력을 잡았다. 불가리아와 루마니아에서는 반공산주의 혁명이 아직 끝나지 않은 채 남아 있었다. 알바니아와 유고슬라비아도 대체로 비슷했다. 알바니아는 동구권에서 가장 스탈린주의에 충실한 국가였다. 알바니아에서는 실제로 1991년 초반부터 문제가 본격화되기 시작했다. 유고슬라비아에서는 연방 정부를 구성하고 있는 공산주의자들이 지탄을 받았고, 지역 분열 때문에 문제가 복잡해졌다. 1920년대까지 거슬러 올라가면, 이미 살펴본 것처럼 시턴 왓슨 교수는 유고슬라비아에 팽배한 민족 갈등에 대해 한탄한 바 있다. 1984년 티토 원수가 죽자 존경 혹은 공포를 불러 일으켰던 인물이 사라졌다. 1980년대 후반과 1990년 초 유고슬라비아는 파산과 혼란 속에 서서히 가라앉았다. 세르비아는 여전히 유고슬라비아 공산주의의 심장부였고, 연방 군대의 70퍼센트를 손아귀에 쥐고 있었다. 하지만 유고슬라비아 사회주의 연방 공화국 중 가장 발전된 국가는 슬로베니아와 크로아티아였다. 1990년 이 두 국가에는 투표를 통해 비공산주의 정부가 들어섰고, 1991년 여름이 되자 내란과 연방 국가의 해체를 위한 무대가 마련되었다.

동독, 폴란드, 체코슬로바키아, 헝가리에서 일어난 변화는 근본적이고

도 영속적이었다. 1991년 중엽에는 네 국가에서 민주주의가 확고히 구축되었다. 그중 동독은 더 이상 존재할 수 없게 되었다. 베를린에 남아 있던 연합국 점령의 잔재가 사라졌고, 소련 미국 프랑스 영국의 동의 아래 독일인들이 통일에 합의했기 때문이다. 1990년 10월에는 지방 선거가, 12월에는 연방 선거가 실시되었다. 선거 결과 기민당 당수 헬무트 콜(Helmut Kohl)이 통일 독일연방공화국의 첫 번째 총리로 확정되었다. 통일은 중대한 경제 문제를 불러왔다. 서독 연방은행 총재 카를 오토 폴(Karl Otto Pohl)의 조언을 무시하고, 서독과 동독의 마르크화를 등가로 평가한다는 재정 협정이 이루어졌기 때문이다. 동독 산업은 서독 산업에 비해 기이할 정도로 비효율적이고 자본 또한 부족했기 때문에, 예상했던 대로 많은 동독 기업이 도산했다. 실업률은 25퍼센트까지 치솟았고, 대중 시위가 빈번했다. 특히 라이프치히에서 심했다. 시위에 나선 사람들은 자본주의 시스템에 불만을 표시했다.[137] 그러나 다른 측면에서 보면, 연방공화국의 일부가 된 동독은 또한 유럽공동체의 일부가 되었다. 따라서 과도기를 거쳐 동독이 유럽공동체 체제에 흡수되어 다른 국가들처럼 풍요를 누리게 되리라는 사실은 의심의 여지가 없었다.

하지만 프로이센인과 작센인이 유럽공동체의 일원이 될 수 있다면, 다른 유럽 인종이 유럽공동체에 들어오는 것을 어떻게 막을 수 있겠는가? 폴란드인, 체코인, 헝가리인 그리고 세르비아인의 손아귀에서 벗어날 수 있다면 슬로베니아인, 크로아티아인까지도 유럽공동체에 들어오려 할 것이다. 이것이 1990년 초 유럽공동체가 직면한 문제였다. 이들 동유럽 민족이 공산주의를 버리고 시장을 수용하기로 한 것은 틀림없는 사실이었다. 부유한 유럽공동체의 회원국이 그들을 재정적으로 돕기 위해 큰 부담을 져야 한다는 사실도 분명해졌다. 동유럽 국가의 경제 기반, 운송 체제, 산업 및 교육 설비는 모두 낙후되어 있었다. 면밀히 조사할수록 서유럽 국가만큼 충분한 경제력을 갖추도록 동유럽 국가에 쏟아부어야 할 돈은 늘어나기만 했다. 그 비용은 수십억 달러, 아니 수백억 달러에 이를 것이며, 여러 해에 걸쳐 비용을 지출해야 할 것이다. 또한 채무도 있었다. 많은 서구 은행이 이미 동유럽권의 채무를 회수가 불가능한 것으로 생각했다. 미국 정부는 1991년 3월 제일 먼저 폴란드의 빚을 모두 탕감해 주었다. 하지만 앞으로 얼마나 많은 긴급 자금이 필요할 것인가?

이 질문은 유럽공동체의 전체적인 장기 전략과 관련되어 있다. 유럽공동체는 일종의 자유 무역 지대로서 대단한 성공을 거두었다. 1980년대 말에는 모든 회원국이 1992년에 '단일 시장'을 만들기 위해 관세를 완전히 폐지한다는 입법안을 통과시켰다. (일부 국가는 특별한 과도기를 두었다.) 하지만 두 가지 심각한 질문이 남아 있었다. 첫 번째 질문은 역외 관세 장벽에 관한 거였다. 1940년대 말 관세 및 무역에 관한 일반 협정(GATT)이 체결되면서 단일한 세계 시장을 목적으로 항해가 시작되었다. 유럽공동체는 이 항해를 도와 낮은 역외 관세를 유지하는 외부 지향적인 조직으로 남아 있어야 하는가? 아니면 외부 세계에 높은 장벽을 유지하는 내부 지향적인 조직이 되어야 하는가? 이 질문은 미래의 농업 보조금과도 연관되어 있었다. 농업 보조금은 공동 농업 정책의 일부이기도 했는데, 공동 농업 정책은 1980년대 말 서서히 폐지되었다. 세계의 주요 농업 수출국, 특히 미국 캐나다 오스트레일리아는 과도한 보호 무역과 GATT에 위배되는 행위를 들어 유럽공동체를 고발했다. 논란을 해결하기 위해 열린 1990년의 회의는 성과가 없었을 뿐 아니라 신랄한 설전으로 끝이 났다.

두 번째 질문은 유럽공동체의 발전 방식에 관한 거였다. 단일 시장이 형성되었기 때문에 일부 회원국은 재정적 경제적 정치적 연합으로 신속히 나아가기를 바랐다. 여기에는 우선 공동 통화와 공동체 중앙은행을 창설하는 일이 포함되었다. 특히 유럽공동체 위원회 의장 자크 들로르(Jacques Delors)가 이끄는 프랑스는 이 일에 적극 나섰다. 하지만 영국은 특히 마거릿 대처가 집권하고 있는 동안, 공동 통화가 국가 통화를 대체하지 않으면 통합 노력은 실패로 돌아가고 말 거라고 주장했다. 나아가 공동 통화가 어떤 식으로 운용될지, 새로운 중앙은행이 어느 정도 권한을 행사해야 할지 논의가 충분히 이루지지 않았다고 주장했다. 공동 통화가 국가 통화를 대체하고 중앙은행이 공동 통화를 운용한다면, 국가의 의회는 상당 부분 독립성을 잃게 될 것이다. 정치적 연합이 결성되어 있다면, 여론이 원치 않아도 상황에 따라야 할 것이다. 과연 그렇게 할 수 있을까? 영국의 경우는 분명히 그럴 수 없었다. 지도자들이 공식적으로는 어떤 말을 하든 프랑스나 독일도 마찬가지일 거라는 강한 의혹이 제기되었다. 영국 정계의 모든 인물이 대처 여사에게 동의했던 것은 아니다. 그녀는 미래에 태어날 유럽 통합의 형태에 적대적인 태도를 보였고, 이것은 1990년 11월 총리직에서 물러날 수밖에 없었던 이유였다. 다른 한편 1989~90년 사이에 고조되었던 공동 통화에 대한 독일의 열정적인 지지는 눈에 띄게 식었다. 서독 마르크화와 동독 마르크화를 통합하면서 만족스런 통화 통합이 얼마나 힘든 일인지 깨달았기 때문이다. 1991년 카를 오토 폴은 연방은행 총재직을 사임하기 전 영국의 입장에 가까워져 있었다. 또한 수직적인 과정 – 즉, 기존 회원국의 경제 체제와 정치 체제를 통합하여 유럽공동체를 강화하는 일 – 보다는 수평적인 확대 과정에 중점을 두어야 한다는 주장도 있었다. 유럽공동체가 새로 자유화된 동유럽 국가를 받아들이기 위해 자원과 에너지를 사용해야 한다는 거였다.

이외에도 러시아가 미결의 문제로 남아 있었다. 러시아는 유럽의 일부인가? 장래 유럽공동체의 후보국이 될 수 있는가? 고르바초프는 거듭하여 러시아가 유럽에 속한다고 지적했다. 드골은 "대서양부터 우랄 산맥까지" 펼쳐진 유럽에 대해 말하곤 했다. 그는 1960년대 초 영국이 회원국이 되기 전에 유럽공동체가 경제적이거나 정치적인 개념이라기보다 문화적인 개념이라고 밝혔다. 그는 단테, 괴테, 샤토브리앙(François-Auguste-René, vicomte de Chateaubriand)의 유럽에 대해 언급했다. 영국이 유럽공동체에 가입한 뒤에는 여기에 '셰익스피어의 유럽'이 추가되었다. 하지만 유럽이 문화적인 연합이라면, 리스트, 쇼팽, 드보르자크, 카프카의 나라를 배제한다는 것은 옳지 못했고, 나아가 톨스토이(Graf Tolstoy), 투르게네프(Ivan Turgenev), 차이코프스키(Peter I. Tchaikovsky), 체호프, 스트라빈스키의 모국을 배척한다는 것은 받아들이기 어려운 일이다. 이것은 분명히 1990년대가 아니라면 21세기 초에 유럽공동체가 풀어야 할 숙제였다.

그러나 그동안 소련의 내부 문제는 악화일로로 치닫고 있었다. 소비에트 사회주의공화국연방은 종이로 지어진 건물이었다. 소련에서는 사실상 모든 권력을 모스크바의 대러시아인이 쥐고 있었다. 레이건이 말했듯이 소련은 제국이었다. 비록 1980년대 악의 성격이 뚜렷하게 약화되었다고 하더라도 말이다. 악의 성격이 약화되면서, 소련의 백성들은 주인을 점차 무서워하지 않게 되었다. 소련 체제는 덜 추상적이고 더 현실적인 형태로 변해갔다. 고르바초프의 시장 경제 도입 정책이 실패하고 더 심각한 문제가 생겨나는 동안, 공포라는 국가 지배 요소가 약화되면서 지역적인 문제가 커졌다. 이런 일들은 물론 연관성이 있었다. 중앙 정부가 상점에 물건을 제대로 채우지 못하자, 지방 정부는 스스로 문제를 해결하려 했다. 중앙아시아 공화국들은 그나마 다루기가 쉬웠다. 이곳은 사실상 KGB가 끌고 나갔다. 그러나 1989년 이후 발트 3국인 에스토니아, 라트비아, 리투아니아는 더 확대된 자치권뿐만 아니라 독립을 요구하는 운동에 나섰다. 그들은 1918~40년 사이에 독립 국가의 지위를 누렸다. 하지만 1939년 독소조약과 비밀 의정서로 스탈린의 제물이 되었다. 1991년 3월 세 공화국은 모두 국민 투표를 했다. 국민 투표에서 러시아어를 사용하는 소수 민족을 포함하여 압도적인 다수가 독립을 지지했다. 그루지야 역시 독립을 요구했다. 러시아를 제외하면 가장 부유하고 가장 큰 우크라이나에서도 완전한 독립은 아니지만 자치를 향한 비슷한 움직임이 일어났다. 카프카스 남부에서는 기독교도의 아르메니아와 회교도의 아제르바이잔이 전투를 벌여서 소련군이 대규모로 투입돼 둘을 갈라놓아야 했다.

고르바초프가 골치를 썩고 있던 지역 문제는 (소련이 아니라) 러시아의 정세 때문에 가중되었다. 러시아는 1억 5,000만 명의 주민에 시베리야 거의 전역을 포함한 방대한 영토와 천연자원을 가지고 있었다. 그런데 모든 소련 위성국과 소련 공화국은 러시아에 착취당하고 있다는 강한 불만이 있었다. 반면 러시아인 쪽에서는 다른 공화국과 위성국이 러시아에 기생하고 있다고 믿었다. "우리 가난한 러시아인이 모든 걸 부담하고 있다." 그들은 그렇게 말했다. 물론 사실은 러시아나 다른 공화국과 위성국이 똑같이 돌이킬 수 없을 만큼 비효율적인 시스템의 희생자였다. 누군가 착취하는 사람이 있다면, 그들은 바로 노멘클라투라(nomenklatura)였다. 노멘클라투라는 공산당 고위 관리와 장교로 구성된 특권 계급이다. 고르바초프의 가장 근본적인 실책은 맨 먼저 이 특권 계급과 그들의 특권을 폐지하지 않은 것이다. 만약 그랬다면, 권력의 자리에 있는 그들 모두가 물자 부족이라는 현실에 직면해 레닌주의를 폐기하는 불가피한 작업을 받아들였을 것이다. 하지만 고르바초프는 특권 계급을 그대로 놔두었다. 따라서 소련은 여전히 두 개의 국민으로 나뉘어져 있었다. 하나는 지배 계급이고 다른 하나는 대중이었다. 고대 사회와 다를 바 없었다. 고르바초프의 가족은 누구보다도 큰 특권을 향유했다. 1987년 12월 워싱턴에서 고르바초프와 레이건의 정상 회담이 열리는 동안 라이사 고르바초프(Raisa Gorbachev) 여사는 아메리칸 익스프레스 골드 카드로 쇼핑을 즐겼다. 소련에서는 장기간의 구금으로 처벌받을 불법 행위였다. 그녀는 법 너머에 있었다. 노멘클라투라의 아내였기 때문이다.

따라서 고르바초프의 인기가 곤두박질치고, 보리스 옐친(Boris Yeltsin)이 평범한 러시아인의 인기를 한 몸에 얻은 것은 놀랄 일이 아니다. 그는 공산당을 탈당해 스스로 특권을 버린 고위 관리다. 한때 모스크바 당 책임자였지만, 1987년 고르바초프에게 쫓겨났다. 개혁이 신속하지 못하다고 공개적으로 불만을 나타냈기 때문이다. 그 뒤 보리스 옐친은 1989년 3월 28일 처음으로 공정한 경쟁에 입각해 치룬 인민대표회의 선거에 출마했다. 그는 모스크바 유권자 700만 명으로부터 90퍼센트의 지지를 받아 선거에서 승리했다. 이후 고르바초프와 추종자들이 시도한 많은 적대 행위에도 불구하고, 옐친은 소련에서 가장 큰 러시아 공화국의 대통령이 되었다.

그리하여 소련에는 유고슬라비아에서처럼 쿠데타나 내전의 가능성이 도사리는 체제 위기에 맞닥뜨렸다. 고르바초프처럼 옐친에게도 비판자가 있었다. 하지만 옐친은 대중에게 인기가 있었고, 고르바초프는 그렇지 못했다. (물론 외국에서는 인기가 있었다.) 게다가 옐친은 국민이 선출했다. 고르바초프는 당 간부들의 후원으로 소련의 대통령이 되었다. 옐친은 지역주의를, 고르바초프는 '중앙'을 대표했다. 1989년 3월의 국민 투표에서 고르바초프는 전 소련 시민에게 소련의 일부로 남고 싶은지 물어보았다. 발칸 반도의 세 공화국을 포함한 일부 공화국은 소비에트연방에 남지 않겠다고 했다. 러시아와 우크라이나를 포함한 다른 공화국은 '중앙'에 포괄

될 수 없는 질문을 던졌다. 옐친의 러시아에서는 이렇게 질문했다. 여러분은 보통 선거로 공화국의 대통령을 뽑기 원하십니까? 고르바초프나 옐친이나 각자 원하던 답을 얻었다고 생각했다. 아니면 적어도 원하던 답을 얻었다고 말했다. 따라서 이러한 민주적 과정으로 해결된 것은 아무것도 없었다. 하지만 1991년 6월 옐친은 거의 60퍼센트에 달하는 득표율로 최초의 직선제 대통령이 되었다. 따라서 옐친의 입지가 강화될 수밖에 없었다.

그러는 동안 두 가지 과정이 옐친이나 고르바초프의 통제력을 벗어나 진행되고 있었다. 첫째는 공산당 강경파의 재기였다. 특히 군대, KGB, 관료가 1990~91년에 잃었던 자신감을 회복하고, '중앙'을 자신들이 이끌어나가려 했다. 그들은 마음에 들지 않는 명령을 무시하고 행동에 나섰다. 발트해 국가에서 방송국과 신문사 건물, 지역주의의 상징물을 장악했다. 상당한 인명 피해가 난 곳도 있었다. 고르바초프는 이런 행위를 승인한 적이 없다고 주장했다. 1990년 가을 자유주의 외무장관 에두아르드 셰바르드나제(Eduard Shevardnadze)는 이런 은밀한 세력의 행동에 항의하여 장관직을 사임했다. 1991년 봄 소련은 명확한 권력의 윤곽 없이 표류했다. 이것은 여러 나라에서 군사 쿠데타의 계기가 되었다. 하지만 러시아에서 역사적으로 장교가 권력을 잡은 예가 없다는 것을 알아두어야 한다. 단 한 차례 1825년의 데카브리스트(Decabrist) 봉기가 있었지만 완전한 실패로 끝이 났다. 게다가 본국에 있던 군대는 동유럽에서 상대적으로 안락한 숙소에서 지내던 군대가 수용 인원을 초과한 막사와 텅 빈 상점이 있는 고국에 돌아옴으로써 잠식되고 말았다.

이러한 과정은 사실 전체적인 소련의 경기 침체 때문에 가속화되었다. 식량 부족은 그전부터 명확히 드러나 있었다. 하지만 1990년 말이 되자 산업 부문이 농업 부문보다 훨씬 더 큰 침체를 겪었다. 그나마 농업 부문에서는 계속 식량을 생산하고 있었다. 국가가 생산된 식량을 제대로 유통시키지 못했다고 하더라도 말이다. 1991년 3월 9일 모스크바에서 누군가 국가계획위원회의 비밀 보고서를 유출했다. 여기에는 1991년의 경제 전망이 실려 있다.[138)] 보고서는 1991년에 농업 생산이 5퍼센트 감소하고, 산업 생산이 무려 15퍼센트, GNP가 11.5퍼센트 감소할 것이라고 예상했다. 또 자본 투자의 '엄청난 위축' 이 있을 것이며 소련이 '경제적 재앙' 에 직면하게 될 것이라고 추측했다.

따라서 1990~91년 소련은 앞을 못 보는 혼란 속에서 비틀거리는 거인, 고통 속에서 신음하고 있지만 어디로 가고 있는지 어디로 가야 할지 모르는 거인과도 같았다. 그러나 탈레랑(Charles-Maurice de Talleyrand)의 말을 인용하면, "러시아는 보기보다 강하지 않지만, 보기보다 약하지도 않다." 그리하여 소련이 쓰러져가고 있는 순간에도 워싱턴과 런던은 소련군과 소련군 지휘관들에 대해 우려했다. 소련이 레이건과 부시, 고르바초프 사이에 맺은 군축 협정을 회피하고 있다는 증거가 발견되었기 때문이다. 그러나 1980년대 후반과 1990년대 초반 소련이 붕괴되기 전에 이미 세계의 세력 관계에는 영구적인 변화가 일어났다. 1989년 12월 3일 몰타 섬에서 열린 선상 정상 회담이 끝나고 나서 소련 대변인 게나디 게라시모프(Gennady Gerasimov)는 대담하게 "냉전은 오늘 12시 45분에 끝났다"라고 말했다. 물론 사실이었다. 1990년대 초 소련이 붕괴하자 미국과 러시아, 그 밖의 다른 주요 강대국은 이데올로기의 색깔 없이 전통적이며 현실적인, 예전 방식의 권력 정치라는 관점에서 현안을 논의할 수 있었다. 유토피아를 위한 처방은 아니지만 일종의 진보라고 할 수 있다. 바르샤바 조약 기구는 해체되었다. 예전에 소련의 위성국이었던 체코, 폴란드, 헝가리는 NATO에 가입했다. 소련이 해체되고 난 뒤 강대국 간의 열핵전쟁 개념은 불가능의 영역으로 자취를 감추었다. 이제 러시아를 예전의 소련과 같은 초강대국으로 보기는 힘들었다. 따라서 실질적으로 미국이 세계의 유일한 초강대국이 되었다.[139)]

냉전이 종식되자 국제연합 안전보장이사회도 마침내 처음으로 원래의 창립 의도대로 기능하기 시작했다. 국제연합 안전보장이사회는 침략 행위에 신속하고 효과적으로 대처하는 기구가 되었다. 1990년 8월 2일 이라크 군대가 사전 경고 없이 쿠웨이트를 침공하여 하루 만에 점령해버렸다. 이라크는 대규모 군대를 양성해놓았다. 미국과 영국의 도움을 일부 받았지만, 주로 소련 중국 프랑스 (전문적인 기술 분야에서는) 서독이 이라크를 지원했다. 쿠웨이트 침공에도 먼저 알아두어야 할 것이 있다. 이라크는 쿠웨이트와 국경 분쟁 중이었다. 유전 일부가 여기에 관계되어 있었다. 그러나 무엇보다 예전 오스만 제국의 행정 구역으로 따지면 쿠웨이트 전체가 이라크의 '잃어버린 주' 라는 주장이 강하게 제기되었다. 이 주장에는 사실 역사적인 근거가 없다. 1920~22년 영국이 이라크를 국제연맹 위임 통치령으로 세우기 오래전부터, 쿠웨이트가 별개의 국가로 국제적으로 인정받았기 때문이다. 하지만 쿠웨이트는 대바빌로니아 제국의 부활이라는 야심 찬 계획에 포함되어 있었다. 후세인이 대규모 군대를 양성한 것도 이런 야심을 실현시키기 위해서였다. 쿠웨이트에 대한 증오를 불러일으킨 요인은 또 있다. 쿠웨이트는 이란과 이라크의 8년 전쟁에서 이라크를 지원하여 후세인에게 막대한 자금을 빌려주었다. 그런데 이제 쿠웨이트가 원금을 갚으라고 요구했고, 적어도 어느 정도의 이자를 달라고 닦달했다. 한편 후세인은 1990년 7월 17일 "미국과 공모하여" 유가를 내리고, "정치적 단검으로 이라크의 배후를 찌르고 있다" 며 모든 페르시아 만 국가를 비난했다. 5일 뒤 그는 군대와 무기를 쿠웨이트 국경으로 이동시키기 시작했다. 7월

27일 이라크의 압력을 받아 OPEC은 이른바 원유의 목표 가격을 배럴당 21달러로 인상했다. 같은 날 미국 상원은 이라크에 대한 농업 대부를 중단하고 더 이상의 군사 기술 이전을 금지했다. 7월 31일 약 10만 명의 이라크 군대가 쿠웨이트 국경에 집결했다. 같은 날 이라크와 쿠웨이트 전권 사절의 회담이 제다(Jeddah)에서 열렸다. 회담은 2시간 만에 결렬되었다. 그때쯤 바그다드 주재 미국 대사가 이라크의 쿠웨이트 점령을, 워싱턴이 미국의 국익에 대한 중대한 위협으로 간주하리라는 사실을 미리 경고했어야 했는데 그러지 않았다는 보도가 있었다. 이 보도는 1991년 3월 상원 외교 문제 위원회에 제출된 증거를 통해 오보로 드러났다.[140] 그러나 분명한 사실은 미국(그리고 영국) 정보부가 이라크의 침공 계획을 미리 알아차리는 데 실패했고, 실제 침공은 놀람과 충격 속에서 받아들여졌다는 사실이다.

이라크의 쿠웨이트 침공이 일어날 당시 콜로라도 아스펜(Aspen)에서 국제회의가 열리고 있었던 것은 행운이었다. 마거릿 대처도 회의에 참석하고 있었다. 따라서 그녀는 곧바로 부시 대통령과 회견할 수 있었다. 그들은 영국과 미국의 공동 대응을 결정했다. 이라크의 쿠웨이트 침공에 맞서 외교적인 노력과 군사력 증강, 전쟁 행위가 이어진 수개월 동안 영미 관계는 견고하게 유지되었다. 사실 (드골이 비꼬았듯이) 제2차 세계대전 이후 앵글로색슨 국가의 '특별한 관계'가 그처럼 성공했던 적은 없었다.

연합군의 최우선 과제는 후세인이 사우디아라비를 침공하지 못하게 하는 것이었다. 후세인은 사우디아라비아뿐만 아니라 남쪽으로 내려와 페르시아 만의 부유한 산유국들을 병합하려 들 것이다. 만약 사태가 그렇게 발전해 이라크가 엄청난 석유를 얻게 되면, 이라크는 수 년 내에 핵무기뿐만 아니라 장거리 공격이 가능한 수단까지 얻게 될 것이다. 그러면 이스라엘이나 다른 중동 국가뿐만 아니라 유럽(어쩌면 미국까지)도 위험하게 될 것이다. 1980년대 있었던 포클랜드 전쟁, 그레나다 해방, 리비아 공습, 파나마 개입의 성공은 문명화된 서구 국가에 새로운 자신감을 불어넣어주었다. 이 자신감이 걸프전쟁에서 상당한 역할을 했다. 조지 부시와 마거릿 대처는 처음부터 사우디아라비아를 군사력으로 보호하는 데 그치지 않고 어떤 대가를 치르더라도 쿠웨이트를 해방시키기로 결심했다. 게다가 그들은 매 단계마다 국제연합 안전보장이사회의 완벽한 지원을 받으며 일을 진행시킨다는 데 합의했다. 국제연합 안전보장이사회의 결의안에 따라 아랍 국가를 포함하여 전 세계의 지원 아래 다양한 국적의 다국적군을 구성하기로 했다.

당시 냉전이 지속되고 있었다면, 국제연합의 참여는 불가능했을 것이다. 국제연합의 참여는 그때쯤 사실상 냉전이 끝나 있었다는 명백한 증거다. 소련 또한 영미의 외교적 노력에 협조했다. 소련의 협조는 공개적인 경우보다 공개되지 않은 경우에 훨씬 더 적극적이었다. 물론 소련의 국익과 관련되어 있었기 때문이기도 하다. 소련은 1,000명 이상의 기술자와 고문을 파견해 이라크에 막대한 군사적 투자를 하고 있었다. 따라서 가능하면 무력 충돌을 막으려 했고, 줄곧 폭력을 사용하지 않고 해결하는 게 바람직하다고 역설했다. 다른 한편 소련은 미국의 재정적 · 경제적 원조가 절실한 상황이었다. 이 때문에 모스크바는 결국 미국의 결정을 따르는 쪽으로 기울었고, 페르시아 만 사태가 가능한 한 빨리 해결되기를 바랐다.

그리하여 얼마간 논쟁이나 어려움이 있긴 했지만, 안전보장이사회는 영미의 전략을 전반적으로 승인했다. 8월 3일에는 결의안 660호를 채택해 이라크의 쿠웨이트 침공을 강력히 비난하고, 이라크 군대의 무조건적인 철수를 요구했다. 결의안은 부시의 성명으로 강화되었다. 미국은 "이라크 군대가 쿠웨이트로부터 즉시, 무조건, 완전히 철수하기를 요구한다"고 선언했다. 8월 6일 안전보장이사회 결의안 661호는 이라크에 대한 무역 제재를 부과했다. 8월 9일 결의안 662호는 바그다드에서 선언된 이라크의 쿠웨이트 합병이 불법적이며 무효라고 선언했다. 8월 18일 결의안 664호는 쿠웨이트에 있는 모든 외국 공관을 폐쇄한다는 이라크의 명령을 철회하라고 요구하고, 아울러 모든 외국 거주민의 출국 권리를 요구했다. 8월 25일 안전보장이사회는 한 단계 더 나아가 제재 조치가 효력을 발휘할 수 있도록 무력 사용을 승인했다. 마침내 11월 29일 결의안 678호는 마감 시한까지 철수하지 않을 경우 이라크군을 쿠웨이트에서 쫓아내기 위해 "모든 가능한 수단"을 사용하도록 승인했다. 마감 시한은 1991년 1월 15일 자정으로 정해졌다. 결의안 678호는 또한 그 지역의 평화와 안정을 위한 조치를 허용했다. 모든 결의안이 안전보장이사회에서 상임이사국의 동의를 거쳐 통과되었다. (안전보장이사회의 비상임이사국으로 마르크스주의 국가인 쿠바와 예멘은 몇몇 결의안에 대해 반대 의사를 표명했다. 하지만 그들에게는 거부권이 없었다.) 결의안에 대해서는 사전에 소련과 협의를 거쳤다. 11월 19일에는 조지 부시와 고르바초프가 개인적으로 파리에서 만나 전체 전략을 상세히 논의했다. 소련은 페르시아 만에 집결해 있는 연합군에 병력을 파견하지 않았다. 하지만 연합군의 무력행사에는 찬성했다. 소련은 국제연합의 승인 과정에서 적극적인 지원을 아끼지 않았다. 또한 은밀하게 이라크 군사 체제의 전쟁 수행 능력, 무기 배치, 명령 체계에 대한 다양한 군사 정보를 제공했다. 사실 후세인의 군대는 소련이 육성한 군대였다. 따라서 연합군의 작전은 냉전의 당사자였던 두 국가가 새로운 관계를 형성하여 이루어놓은 최초의 긍정적인 결과이기도 했다.[141]

걸프전쟁은 침략국에 반대하고 응징을 가하는 데 안전보장이사회가 얼마나 실질적인 힘을 발휘할 수 있는지 여실히 보여주었다. 물론 여기에는 한 가지 결정적인 조건이 따랐다. 강대국 미국과 미국의 주요 동맹국인 영국이 국제연합 헌장에 따르는 책임을 기꺼이 이행하려 해야 한다는 것이다. 걸프전쟁은 또한 완전히 TV 카메라 앞에서 수행된 첫 번째 전쟁이다. 미국의 CNN이나 영국의 SKY 같은 많은 TV 네트워크가 전장을 24시간 중계했다. 따라서 여론이 전쟁 내내 중요한 역할을 했다. 미국 정부는 베트남의 쓰디쓴 경험에 비추어 한 발짝 한 발짝 앞으로 나갈 때마다 여론의 지지를 얻기 위해 세심한 노력을 기울였다. 사실 여론 조사 결과 미국의 유권자들은 이라크 무력 축출에 대해 완전한 지지 쪽으로 서서히 움직이고 있었다. 부시는 상원에서 근소한 차이로 무력행사를 승인받았지만, 나중에는 양원과 국민에게 압도적인 지지를 받았다. 한때 부시의 지지율은 90퍼센트까지 올라갔다. 영국의 여론은 원래 대처가 내렸던 결정을 변함없이 지지했다. (존 메이저가 그녀의 방침을 그대로 이어갔다.) 지지율은 75~80퍼센트였다. 따라서 영국과 미국 유권자들의 지지 속에 '특별한 관계'의 영미는 대규모 병력을 페르시아 만에 파견할 수 있었다. 1990년 8월과 1991년 1월 사이에 페르시아 만에 집결한 다국적군은 총 70만 명에 이르렀다. 프랑스의 여론 또한 군사 개입에 대해 호의적이었다. 하지만 프랑스 정부는 미국이나 영국만큼 열성적이지는 않았다. 미테랑 대통령은 최후의 순간까지 홀로 이라크의 독재자와 협상을 시도했지만 소용없었다. 결국 프랑스는 연합군에 참가해 큰 공을 세웠다. 다른 서구 국가들은 견해가 제각각이었지만, 대부분 어느 정도는 연합군의 승리에 기여했다. 서독과 일본은 헌법상의 제한 때문에 군대를 파견할 수 없었다. 대신 연합군에 자금을 지원했다. 영국과 미국은 능란한 외교술로 아랍 국가의 군사적인 참여를 끌어낼 수 있었다. 사우디아라비아, 쿠웨이트, 다른 페르시아 만 국가뿐만 아니라 이집트, 시리아까지 군대를 파견했다. 사담 후세인은 적대적인 아랍 정부의 수뇌부에 손을 뻗치려 했고, 아랍 국민을 자기편으로 만들려 애썼지만, 거의 결실을 거두지 못했다. 또한 그는 8월 15일 이란과 최종적인 평화 협정을 서둘러 체결하고, 8년간의 값비싼 전쟁에서 얻은 영토를 다시 토해냈지만, 이란으로부터 아무 지원도 받지 못했다. 궁극적으로 이라크의 침공에 반격하기 위해 참여한 국가는 모두 28개국이었다. 페르시아 만에 모인 다국적군은 세계 사회의 거대한 단면을 보여주었다. 이것은 국제연합의 권위를 강화시켜주는 중요한 선례이자 주된 계기가 되었다.[142]

'사막의 폭풍' 이라는 다국적군의 작전이 길고 비용이 많이 드는 전쟁이었다면, 외교적 · 군사적 노력 전체가 의혹과 신랄한 비판 속에서 실패로 돌아갔을지도 모른다. 특히 미국에서 대중의 지지는 점차 수그러들었을 것이다. 사담 후세인이 전쟁에서 중요한 성과를 거두었다면, 아랍 국가가 구성하고 있던 연합의 한 축도 붕괴되었을 것이다. 사실 후세인은 미국 주도의 연합 세력에 대한 아랍 정부의 지지를 와해시키기 위해 노력했다. 미사일을 발사하여 이스라엘의 도시를 공격했다. 이 때문에 이스라엘 시민이 죽거나 다쳤다. 그는 이스라엘의 군사적 대응을 유발시키고, 한편으로는 이집트, 사우디아라비아, 시리아 정부가 사실상 이스라엘의 동맹국임을 주장할 생각이었다. 하지만 이스라엘은 현명하게도 맞대응을 자제했다. 미국은 즉시 이스라엘에 미사일 요격용인 패트리어트 미사일을 제공했다. 패트리어트 미사일은 큰 효과가 있었다. 그리하여 이라크의 전술은 무산되고 말았다. 매우 신중하게 계획된 '사막의 폭풍' 작전은 빛나는 성공을 거두었다. 최고 사령관 노먼 슈워츠코프(Norman Schwarzkopf)는 작전 지휘에서 뛰어난 역량을 발휘했다. 걸프전쟁은 육해공군이 참여하는, 역사상 손꼽히는 복잡한 군사 작전이었다. 게다가 노먼 슈워츠코프는 걸프전쟁에서 TV와 여론이 차지하는 중요성을 꿰뚫고 있었다. 실제로 정기

▶ **사막의 폭풍 작전**(1991)
다국적군은 첨단의 병기를 대거 동원하여 폭격했다. 6주간 지속된 작전은 1천여 시간의 공중 폭격과 그 뒤 1백 시간의 지상 작전을 통해 지상 작전 개시 4일 만인 2월 28일 이라크의 항복을 받아냈다.

브리핑 때 카메라 앞에서 능숙한 연기를 해냈다. 사막의 폭풍 작전이 종료된 뒤 이루어진 연합군 전략에 대한 그의 설명은 큰 화제를 불러일으켰다. 시청자들은 마치 워털루 전투가 끝난 뒤 전투에 대해 설명하는 웰링턴 공작의 모습을 보는 것 같았다.

연합군의 공습은 1월 15일의 마감 시한이 지나자 즉각 시작되었다. 공습은 2월 24일 지상 공격이 시작될 때까지 가차없이 지속되었다. 목적은 정밀 조준 무기(스텔스 폭격기, 크루즈 미사일, 레이저 유도 장치가 달린 스마트 폭탄, 야간 폭격용 적외선 추적 장비)를 이용하여 군사 목표물을 정확히 파괴하고, 민간 지역을 피하여 민간인 사상자를 최소화하는 거였다. 공습은 대체로 성공적이었다. 민간인 사상자는 매우 적었다. 이 사실은 연합군이 실제 전쟁뿐만 아니라 고국에서 치른 언론과의 전쟁에서 승리하는 데 도움을 주었다. 공습 목표물은 지휘 통제 시스템에서부터 레이더 및 미사일 기지, 비행장, 화학전 · 생물학전 시설, 핵무기 시설, 그리고 모든 통신

시스템으로 체계적으로 옮겨갔다. 이어서 쿠웨이트와 남부 이라크에 주둔하고 있던 이라크 지상군에 정밀 조준 공격과 융단 폭격이 가해졌다. 이라크 공군은 전쟁 초기부터 괴멸당하거나 아예 전투를 포기했다. 그 덕분에 연합군은 아무런 방해도 받지 않고 거의 14만 회 출격했다.

연합군은 가능하다면 공군력으로 전쟁의 승부를 결정지으려 했다. 지상군의 사상자를 최소화하기 위해서였다. 이 전략은 슈워츠코프 장군과 중동 영국군 지휘관 피터 드 라 빌리에르(Peter de la Billière) 장군을 필두로 한 참모들이 기대했던 것보다 훨씬 성과가 좋았다. 육상 공격은 2월 24일 치밀하게 계획한 효과적인 기만 작전과 함께 시작되었다. 지속적인 공습 덕분에 이라크군의 저항은 예상보다 경미했다. 2월 28일 전쟁 지역의 42개 이라크 사단 중 40개 사단이 괴멸되거나 무력화되었다. 잠정적인 추산에 따르면, 이라크는 5만 명이 사망하고, 175,000명이 실종되거나 포로로 잡힌 것으로 나타났다. 연합군은 166명이 사망하고, 207명이 부상당하고, 107명이 실종되거나 포로로 잡힌 것으로 집계되었다.[143] 2월 28일 부시는 잠정적인 전투 중지를 명령했다. 국제연합에서 위임받은 권한의 한계를 넘어서지 않을까 우려되었고, 바그다드까지 진격해 이라크 국내 정세에 휘말리는 것도 내키지 않았기 때문이다. 그는 이라크에 연합군이 제시하는 조건을 모두 받아들이라고 요구했고, 후세인은 3일 뒤 이를 수락했다. 후세인은 곧 권력을 지키기 위해 수많은 내부의 적과 싸움을 벌여야 했다. 연합군은 후세인의 보복으로부터 쿠르드족을 보호하기 위해 이라크 북부로 이동했다. 문명화된 국가들은 확고한 지도력으로 국제연합과 국제법의 엄격한 틀 내에서 이유 없는 침략 행위를 결정적으로 물리쳤다. 걸프전쟁은 1990년대뿐만 아니라 21세기의 집단 안보에도 좋은 본보기를 제시해주었다. 걸프전쟁은 적어도 인류가 20세기로부터 얼마간 교훈을 배웠다는 사실을 보여주는 전쟁이다.

하지만 그 대가는 엄청났다. 이라크는 경제 기반이 붕괴되었다. 사담 후세인은 쿠웨이트의 기반 시설을 대부분 파괴했다. 복구비가 수천억 달러에 이를 것으로 추정되었다. 그러나 현대의 아이러니이지만, 이라크와 쿠웨이트를 재건하는 일은 서구 경제에 자극제로 작용했고, 서구를 경제 침체에서 끌어내는 데 일조했다. 사담 후세인은 분노와 좌절감 속에서 두 가지 중대한 범죄를 저질렀는데, 쿠웨이트뿐만 아니라 인류 전체에 대한 범죄였다. 그는 페르시아 만 해역에 수백만 톤의 원유를 방출시켰다. 원유는 남쪽으로 천천히 흘러내려가 방대한 면적의 바다와 해저, 해안을 오염시켰다. 후세인은 또한 쿠웨이트에 있는 500여 개의 유정(油井)에 불을 질렀다. 1991년 3월 말 수많은 유정의 불을 끄는 데 적어도 2년이 걸릴 것으로 추정되었다. 다행히 이 기간은 훨씬 단축돼 9개월 만에 불길이 잡혔다. 그러나 이로 인한 대기 오염은 엄청났고, 인간이 만들어낸 이 대기 오염은 앞으로도 유례를 찾아보기 힘들 것이다.

과학 발전과 인류의 미래

이러한 야만 행위는 인류가 더 나은 생활수준을 획득하기 위해 천연자원을 남용하면서 지구를 회복할 수 없는 상태로 파괴하고 있다는 두려움을 키웠다. 1980년대와 1990년대 환경에 대한 우려는 1970년대의 공포와 흡사했다. 1970년대에는 주요 천연자원이 고갈되고 있다는 경고가 세계에 널리 울려 퍼졌다. 환경에 대한 우려와 천연자원 고갈에 대한 공포는 모두 과학을 가장한 감상주의, 과장, 통계 자료의 무분별한 (더욱이 부정직한) 활용에서 비롯되었다. 그런데도 세계에 널리 퍼진 경각심은 어느 정도 사실에 근거했다. 사람들이 우려하다시피 열대 우림, 특히 브라질의 열대 우림은 상업적인 목적으로 급속히 파괴되었다. 우림 지역은 19세기 인간이 본격적으로 벌채를 시작하기 전에는 약 16억 헥타르였던 것으로 추산된다. 하지만 1987년 우림 지역은 11억 헥타르로 줄어들었다. 대략 일년에 8만 제곱킬로미터, 즉 오스트리아 크기의 우림 지역이 지구상에서 사라지고 있었다. 그 결과 토양 침식, 홍수, 가뭄이 일어나고 지구의 대기에 상당한 영향을 미쳤다. 생태학자는 중요하다고 여기지만 그다지 일반인의 관심을 끌지 못하는 또 하나의 문제는 삼림 벌채로 인한 곤충 종의 멸종이다.

1980년대에는 약 3,000만 종의 곤충이 우림 지역에 살고 있었다. 곤충들은 한 시간에 여섯 종씩 멸종되고 있으며, 20세기 말까지는 지구상에 있는 곤충 종의 10~30퍼센트가 사라질 것으로 예상되었다.[144)]

열대 지방의 삼림 벌채는 '온실 효과'와 관련되어 있다. 온실 효과는 1980년대 말 생태학자들뿐만 아니라 과학계와 정부가 목소리를 높이면서 심각한 문제로 부상했다. 지구의 오존층은 태양에서 나오는 유해한 자외선을 막아준다. 그런데 오존층이 점점 엷어지고 있다는 주장이 제기되었다. 원인은 여러 가지가 있지만 주로 화석 연료의 연소 때문이었다. 화석 연료를 태우면 이산화탄소가 생성된다. 이산화탄소는 마치 온실의 유리처럼 태양의 열을 가두는 작용을 한다. 또 한 가지 주요 원인은 점점 사용이 늘어나고 있는 클로로플루오로카본(chlorofluorocarbon)이었다. 클로로플루오로카본은 스프레이의 분사제, 냉장고나 에어컨의 냉각제로 많이 사용되었다. 스웨덴은 일찍이 1978년 1월 에어로솔 스프레이의 사용을 금지하는 법을 통과시켰다. 당시 스웨덴은 이외에도 많은 법령을 만들어 유해하다고 생각되는 여러 행위를 금지했다. 오존층과 관련하여 문서화된 최초의 심각한 경고는 1984년 3월 이스트앵글리아대학교의 연구팀에서 나왔다. 연구에 따르면, '온실 효과'는 여름을 더욱 덥게 만들고 겨울을 온화하게 만들 뿐 아니라 격렬한 폭풍, 홍수, 가뭄의 원인이 된다. 영국 사람들은 특히 1980년대 그 말이 사실이라고 믿기 시작했다. 영국에는 1980년대 여름에 몇 차례 기록적인 더위가 찾아왔다. 1987년 10월 16일에는 18세기 초 이래로 가장 맹렬한 허리케인이 불어와 큐왕립식물원(Kew Gardens)의 귀중한 수종(樹種)을 포함해 수백만 그루의 나무가 뿌리째 뽑혀나갔다. 그로부터 한 달 전 70개국이 몬트리올에서 만나 클로로플루오로카본의 방출량을 우선 현재 수준에서 동결하고, 1999년이 되기 전까지 방출량을 50퍼센트로 줄인다는 계획에 합의했다. 1992년에는 '환경적으로 건전하면서 환경이 지속 가능한 개발' 을 목표로 리우데자네이루(Rio de Janeiro)에서 더 큰 규모의 국제연합 환경개발회의가 열렸다. 세계는 지구의 개발자뿐만 아니라 보존자로서 자신의 책임을 서서히 자각했다.[145)]

하지만 브라질의 열대 우림을 파괴한 거대한 기계들처럼 과학 기술의 산업적 활용 과정이 지구를 훼손시킬 수 있다면, 과학 기술의 진보는 지구를 보존하는 데 도움을 줄 수 있지 않을까? 정교한 감시 시스템이 그런 일을 할 수 있을 것이다. 감시 시스템은 우리에게 정확히 어떤 일이 벌어지고 있는지, 또 우리가 무슨 잘못을 하고 있는지 알려줄 수 있을 테니까. 어쨌든 과학 기술의 진보에 중단이란 있을 수가 없다. 과학 기술의 진보는 20세기 내내 가속화되어왔다. 과학 기술은 인간의 야만 행위를 확대시키기도 하고, 인간 행위의 끔찍한 결과를 막기도 했다. 하이테크놀로지 무기를 이용한 걸프전의 승리는 (적어도 연합군 쪽에서 보자면) 사상자를 최소화했고, 미래의 본보기이자 방향타가 되어주었다. 순전히 물리적인 측면에서 보면 정밀과학은 20세기에 약속했던 모든 것을 성취했다. 현대의 초기는 물리학, 특히 핵물리학과 천체 물리학이 지배했다. 물리학자들은 인류를 거대한 암흑의 구덩이 가장자리까지 데려갔다. 그리고는 인류에게 거기 멈춰서 아래를 내려다보라고 했다. 불가피해 보이는 두 차례의 세계 대전이 끝난 뒤 태어난 핵무기는 인류에게 경고를 담은 선물이었는지도 모른다. 핵무기는 강대국 간의 세 번째 충돌을 막아주었고, 1990년대까지 역사상 가장 긴 전반적인 평화의 시대로 우리를 이끌고 왔다. 소련이 해체되고 냉전이 끝나면서 핵전쟁의 위험은 대부분 사라졌다. 이제 남아 있는 것은 실제로 핵무기를 사용할 수도 있는 어리석은 국가의 손에 핵무기가 들어가지 않게 하는 것이다. 어쨌든 그러한 점에서 물리학은 20세기 후반 중요한 정치적인 목적에 기여했다고 할 수 있다.

하지만 물리학은 1960년대에 절정기를 마감한 것처럼 보인다. 물리학은 사람들이 점점 더 알고 싶어하는 것에 답해줄 수가 없었다. 대체 무엇이 잘못된 것인가? 19세기의 약속은 왜 산산조각 났는가? 왜 20세기의 대부분은 공포의 시대, 혹은 몇몇 사람들의 말처럼 악의 시대가 되어버렸는가? 사회 과학은 이런 문제가 자신의 영역이라고 주장했다. 하지만 사회 과학도 대답을 해주지 못했다. 그리 놀라운 일은 아니다. 사회 과학 자체가 문제의 일부, 매우 중요한 일부이기 때문이다. 경제학, 사회학, 심리학, 그리고 또 다른 정밀하지 못한 과학들 — 현대의 경험에 비추어보면, 거의 과학이라고 할 수도 없겠지만 — 은 사회공학이라는 거대한 신상을 세웠다. 그 아래서 너무나 많은 생명과 재산이 파괴되었다. 비극은 사회 과학이 고등 교육의 융성으로부터 큰 혜택을 입은 후 1970년대가 되어서야 냉대를 받기 시작했다는 사실이다. 사회 과학의 오류가 낳은 영향은 세기가 바뀔 때까지 계속될 것이다.

실제로 1990년대 서구의 대학에 있는 사회 과학자들은 여전히 사회공학을 실천하기 위해 애썼다. 그중에는 명성이 이전만 못하다 해도 여전히 높이 평가받는 대학도 있다. 옥스퍼드의 일부 대학은 입학 절차에서 학업 성적이 우수한 사립학교 학생보다 학업 성적이 떨어지는 공립학교의 학생을 좋아하는 차별화 정책을 펼쳤다. 케임브리지에서도 심하지는 않지만 이런 경향을 볼 수 있었다.[146] 대학이 차별화 정책을 시행하는 것은 학문과는 전혀 상관없는 이유로 '사회적 · 경제적 불평등' 을 시정하기 위해서다. 하지만 이런 조치는 단순히 학문의 수준을 저하시켰을 뿐이었다. 학문의 수준 자체도 비판의 대상이 되었다. 펜실베이니아의 한 원로 학자는 문학과 예술의 가치에 서열을 두어야 한다는 견해에 반대했다. 그는 버지니아 울프와 펄 벅(Pearl Buck)의 작품을 구별하는 것은 "샌드위치와 피자 중 하나를 선택하는 것"과 전혀 다를 바가 없다고 썼다. 공개적으로 선언한 바에 따르면, 그는 "그러한 기준이 사라지는 날을 보기 위해 평생을 바친 사람"이었다.[147] 그가 1992년 미국 현대 언어학 협회의 회장으로 선출되었다는 사실은 이른바 해체주의자(deconstructionist) 세력의 힘을 보여준다. 하지만 만약 해체주의자들이 주장하듯, 셰익스피어의 희곡과 만화책을 구별하는 판단의 계층 구조가 모든 사회악의 근원이라면, 우월성의 추구를 전통적인 목표로 삼고 있는 대학이 존재하는 이유는 무엇인가?

이제 일부 대학은 캠퍼스의 역할이 사회의 악습을 교정하는 것이라고 주장한다. 하버드, 예일, 스탠퍼드, 그리고 다른 대학에서 사회공학은 다양한 방식으로 전개되었다. 대의를 위해, 심지어 전혀 학문적이지 않은 목적을 위해 폭력 시위에 참여하더라도 학생을 퇴학시킬 수 없는 반면, 압력 단체들이 비난하는 단어를 사용하는 경우에는 자유주의적 검열 규범을 어겼다는 이유로 상대적으로 쉽게 쫓아낼 수 있다. 한때 세계 최고의 여자 대학 중 하나였던 스미스여대에서는 인종 차별주의, 성 차별주의, 노인 차별, 동성애 차별주의, 그리고 여타 반사회적 악습뿐만 아니라 루키즘(lookism)에 관련된 모든 행위가 금지되었다. 루키즘은 "미와 매력이라는 기준으로 못생긴 사람을 억압한다"는 이유에서 금지 대상이 되었다. 세계 최고의 법대인 하버드 법과 대학의 한 객원 교수는 바이런의 유명한 시구 "허락하지 않겠어요, 라고 속삭이며 허락했다"를 인용하여 '성 차별주의'라는 극악무도한 범죄를 저질렀다. 1991년 스탠퍼드대학에는 '언어 규범'이 형성되었다. 이에 따라 'girl'이나 'lady' 같은 단어는 성 차별적인 단어로 사용을 금지했다. 'girl' 대신 'pre-woman'이라는 단어를 사용해야 했다. 하지만 여기에도 논란이 일었다. 일부 여성 압력 단체는 'woman' 대신에 'womyn'

내지 'wimman' 이란 단어를 사용해야 한다고 주장했기 때문이다.[148] 마르크스주의 국가에서 사회공학이 뻔뻔스런 재정적 부패와 뗄 수 없는 관계에서 진행되었듯이, '진보적인' 미국 대학에서도 부패의 연결 고리를 찾아볼 수 있었다. 1991년 초 하원의 에너지 · 통상위원회는 존 딘젤(John Dingell) 의장 아래서 연구 계약 형태로 연방 정부가 한 해 미국 대학에 지원한 약 92억 달러의 사용처를 조사했다. 스탠퍼드는 과거 10년간 18억 달러의 자금 지원을 받았는데, 2억 달러를 유용(流用)했다는 사실이 밝혀졌다. 그 돈은 주로 총장 이하 대학 교수진의 생활비로 쓰였다.[149] 이런 추문은 1990년대 초 대학의 전반적인 위상을 손상시켰으며, 특히 사회 과학의 대중적인 입지를 약화시켰다.

물리학이 20세기 초반 누렸던 영광의 순간에서 상대적 휴지기로 들어갔다면, 또 사회 과학이 불신을 받고 있다면, 1950년대 이후에는 생물학의 새 시대가 열렸다고 할 수 있을 것이다. 당시까지 정밀과학은 사물과 달리 생명에 대해 우리에게 가르쳐줄 수 있는 것이 너무 적었다. 1950년대에 이르러, 비(非)유기적 세계가 작동하는 방식은 폭넓게 알려져 있다. 그 뒤 30년간 풍요의 꽃을 피우기 시작한 것은 생명 법칙에 관한 지식이다. 생명 법칙의 체계는 단일하고 전체론적이다. 아인슈타인의 물리학 이론이 거대한 성운의 질서나 아원자 세계의 미소 구조에 동시에 적용될 수 있는 것처럼, 발전해가는 생물학의 법칙은 가장 작은 생명체에서부터 가장 큰 생명체에 이르기까지 생명 현상의 전체 스펙트럼에 적용될 수 있다.

19세기 중엽 찰스 다윈의 진화론은 최초로 왜 식물과 동물이 저마다 고유한 특징을 나타내는지 설명하는 과학적 원칙을 세상에 전해 주었다. 그것은 연역적인 체계가 아니었다. 따라서 미래의 양상을 예측할 수 없었을 뿐 아니라 과거를 재구성하지도 못했다. 그 점에서 다윈의 진화론은 뉴턴의 법칙이나 아인슈타인의 이론과 달랐다. 다윈은 언제나 자신이 이룬 발견의 한계를 강조했다. 그는 자신의 발견을 기초로 야심적인 계획을 세우려는 이들을 실망시켰다. 그것은 그가 '사회적 다윈주의자' 의 이론을 인정하지 않은 이유이기도 하다. 사회적 다윈주의는 결국 히틀러의 홀로코스트로 끝이 나지 않았던가. 마르크스는 다윈주의를 사회적 결정론에 수용하려 했지만, 다윈은 그것도 거부했다. 스탈린, 마오쩌둥, 폴 포트의 대학살은 사회적 결정론에서 비롯되었다. 하지만 20세기 후반 마침내 생명현상의 스펙트럼 양 극단까지 아우르는 통일된 이론이 실험실에서 모습을 드러내고 있다는 징후가 발견되었다.

한쪽 극단을 이루고 있는 미소 세계에서 분자 생물학, 신경 생리학, 내분비학, 그 밖의 새로운 분야들이 유전 형질과 유전 프로그래밍의 메커니즘을 규명하기 시작했다. 미소 수준에서 가장 중요한 발견은 1953년 케임브리지대학교에서 이루어졌다. 제임스 왓슨(James Watson)과 프랜시스 크릭(Francis Crick)가 디옥시리보오스핵산(DNA) 분자의 이중 나선 구조를 해독하는 데 성공한 것이다.[150] 그들은 모든 동 · 식물의 구조와 기능을 결정하는 DNA 분자가 나선형 계단 형태의 이중 사슬로 이루어져 있다는 사실을 발견했다. 당과 인산은 이중 나선의 틀을 이루고, 염기쌍들이 계단의 층계를 구성한다. 그 구조는 마치 살아 있는 컴퓨터처럼 특정한 암호를 구성하고 있다. 암호가 세포에 어떤 단백질을 만들지 말해준다. 이 과정은 창조적인 생명의 핵심 과정이라고 할 수 있다.[151] 더 놀라운 것은 이러한 발견이 실용화되는 속도다. 핵물리학의 이론적 토대와 실제의 원자력 사이에는 반세기의 간격이 존재한다. 새로운 생물학에서는 그 간격이 20년도 채 안 된다. 1972년 캘리포니아의 과학자들은 '제한 효소' 를 발견했다. 제한 효소를 이용하면, 매우 정확하게 DNA를 잘라낸 다음 특별한 목적을 위해 재조합하거나 접합할 수 있었다. 재조합 DNA를 원래의 세포나 박테리아에 다시 주입하면, 정상적인 생물학 원리에 따라 분열하고 자가 복제하여 새로운 단백질 물질을 만들어낸다. 이렇게 해서 인간이 만들어낸 미생물은 오래전부터 항생 물질을 생산해온 제약 산업의 처리 과정을 통해 배양되고 발효되었다.[152]

일단 DNA가 규명되자 영리를 추구하는 현대 화학 산업은 상용화를 목적으로 즉시 수많은 약품을 개발해냈다. 대량 생산과 마케팅 과정은 1980년 6월에 시작되었다. 이때 미국 연방 대법원은 인간이 만든 미생물을 특허법으로 보호한다는 역사적인 결정을 내렸다. 프랑켄슈타인 같은 괴물 바이러스가 비밀리에 개발된 뒤 실험실에서 유출되었다는 공포는 곧 사라졌다. 유전자 접합 연구가 가장 앞서 있던 미국에서는, 1981년 9월 DNA 연구에 대한 법률적 규제 사항을 자발적인 규범으로 대체했다.[153] 1970년대 말에는 스무 개 남짓의 연구소와 회사가 유전자 접합만을 전문으로 연구했다. 1990년 초에 그 수는 수천 개로 불어났다. 식량 생산(동 · 식물), 에너지, 그리고 무엇보다도 의학과 제약에 직접적으로 다양하게 응용됨으로써 새로운 산업 생물학은 21세기의 주요 동력이 될 것이다.

DNA가 발견되고 얼마 안 있어 신속하게 실용적인 문제에 응용되자 생물학적 스펙트럼의 한쪽 극단인 거시 세계에 대한 문제가 관심을 끌었다. 인류를 포함한 전체 동물 집단의 성장과 연령 구조라는 관점에서, 그리고 그들의 유전자 구성이라는 관점에서 사회 행동의 진화를 설명하려는 과정이 시작되었다. 생물학 법칙이 단일한 성격을 띠고 있다면, 한쪽 끝에서 일어난 과학 혁명이 다른 쪽 끝에서도 일어나리라 기대(혹은 염려)하는 것이 과히 틀린 일은 아닐 것이다. 사회 과학의 실패가 확연히 드러난 것은 이 영역에서였다. 무엇보다 사회 과학에 마르크스주의적 미신이 침투해 있었기 때문이다. 일부 사회 과학자들의 학문적 제국주의는 다윈의 발견이 제시하고 있는 방향에서 더 진지한 성취가 이루어지는 일을 막았다. 다윈의 발견이 시사하는 바는 지성과 정신의 상태가 신체처럼 진화하고, 계통 비교와 진화론의 분석을 통해 행위를 다른 유기체의 속성처럼 연구할 수 있다는 것이다. 이런 접근법은, 매우 불합리한 일이지만 양차 세계 대전 사이에 파시스트, 그리고 1920년대 공산주의자들 또한 믿고 실천했던 기묘한 인종주의 우생학 아래서 불신했던 것이다.

하지만 1930년대 시카고의 과학자 웨이더 얼리(Warder Alee)가 『동물 집단 *Animal Aggregations*』(1931년)과 『동물들의 사회생활 *The Social Life of Animals*』(1938년)을 출간했다. 두 책에는 사회 행위에 관한 진화의 영향을 보여주는 명확한 사례가 제시되어 있다. 비약적인 발전은 대략 왓슨과 크리크의 DNA 발견과 동시에 이루어졌다. 영국의 생태학자 윈 에드워즈(V. C. Wynne-Edwards)는 1962년에 『사회 행위와 관련된 동물의 분산 *Animal Dispersion in Relation to Social Behaviour*』을 발간했다. 그의 주장에 따르면, 서열과 계층화, 영역 확보, 무리 짓기, 춤추기 등 사실상 모든 사회 행위는 개체의 수를 일정하게 유지하고 먹이 획득이 가능한 수준 이상으로 종이 늘어나는 것을 막는 수단이다. 사회의 하위 구성원은 번식이 금지된다. 각 동물은 최대한 번식을 위해 애쓰지만 적자(適者)만이 성공한다. 1964년에 영국의 유전학자 해밀턴(William D. Hamilton)이 『사회 행위의 유전적 진화 *The Genetic Evolution of Social Behaviour*』라는 책에서 유전자를 아끼는 성향이 사회 행위를 결정하는 데 얼마나 중요한가를 보여주었다. 타자에 대한 관심은 조상의 유전자를 얼마나 많이 공유하고 있느냐에 비례한다. 부모의 '보호'는 이 사실을 예증하는 사례다. 따라서 자연선택에서 볼 수 있는 이타주의는 기원상 도덕적인 것이 아니며, 양심이나 개인적인 동기를 의미하지도 않는다. 이타적인 닭, 심지어 이타적인 바이러스도 존재하는 것이다. 유전적 혈연 이론에 따르면, 공통의 조상을 통해 공유하고 있는 유전자의 수가 많을수록 이타적인 행위가 늘어난다. 여기에는 비용 편익 요소가 있다. 제공자의 비용이 적을 때, 그리고 수혜자의 이익이 클 때 일어날 확률이 높다. 혈연 이론은 하버드의 생물학자 로버트 트라이버스(Robert Trivers)가 한층 더 진전시켰다. 로버트 트라이버스는 (발전된 이기주의 형태인) '상호 이타주의' 와 '부모 투자' 라는 개념을 만들어냈다. 부모 투자 개념에 따르면, 부모가 새끼에게 얼마나 많은 투자를 하느냐에 따라 새끼의 생존 기회가 커진다. 암컷은 수컷보다 더 많은 투자를 한다. 난자가 정자보다 더 많은 '비용' 이 들기 때문이다. 진화적 최적화에 맞추어져 있는 짝짓기 시스템은 주로 암컷의 선택이 좌우한다. 이런 새로운 방법론이 발전하면서 거의 모든 종의 사회적 패턴이 진화상의 자연 선택에 기원하고 있다는 사실이 밝혀졌다.

1975년 하버드의 과학자 에드워드 윌슨(Edward Willson)은 『사회 생물학: 새로운 합성 *Sociobiology: the New Synthesis*』에서 20년간 이룬 전문적인 연구 결과를 집대성했다.[154] 그의 저서는 곤충을 대상으로 하고 있지만, 방대하고 상세한 경험적 연구를 근거로 뉴턴이나 아인슈타인의 법칙과 비슷한 일반 이론이 태어날 시기가 되었다는 사실을 보여주었다. 이 책과 또 다른 연구들은 끊임없이 진행되고 있으며, 인간 발전의 중요한 요소인 자기 개선의 생물학적 과정에 대한 관심을 불러일으켰다. 그동안의 생물학적 성과가 시사하는 바는, 그 과정이 형이상학이 아닌 경험론적 과학을 통해, 칼 포퍼가 대단히 명석하게 규정한 방법론을 통해 연구되어야 한다는 것이다. 칼 포퍼의 방법론에 따르면, 이론은 매우 한정적이고 구체적이고 경험적인 자료로 논박이 가능해야 한다. 그것은 마르크스, 프로이트,

레비 스트로스, 라캉, 바르트, 그 밖의 예언가들이 얘기하는, 검증할 수 없으며 언제든 자기 합리화가 가능한 만능 이론과는 다르다.

알렉산더 포프(Alexander Pope)는 "인류에게 적합한 연구 대상은 인간이다"라고 말했다.[155) 20세기 말에 분명히 드러난 사실은 포프의 이런 지적이 옳았다는 것이다. 사회적인 존재로서 인간에게는 확실히 급진적인 변화가 필요했다. 그리고 실제로 인간에게는 끊임없이 과학과 기술의 '기적'을 낳을 수 있는 능력이 있다. 새로운 도구를 만들어낼 수 있는 인간의 능력은 통신·전자 혁명을 한층 가속화시켰다. 이런 혁명은 1970년대에 시작되어 1980년대에 속도를 높였고 1990년대까지 전진해왔다. 일정한 공간 안에 넣을 수 있는 회로의 수는 몰라보게 커졌다. 계산기와 컴퓨터는 성능이 향상되고 가격은 떨어졌다. 계산기는 17세기 중반의 파스칼 시대부터 연구해왔다. 1972년에는 클라이브 싱클레어(Clive Sinclair)가 처음 휴대용 계산기를 만들어냈다. 당시 가격은 100파운드였다. 하지만 1982년에는 훨씬 더 성능이 좋은 휴대용 계산기의 가격이 고작 7파운드였다. 실리콘 칩이 등장하자 곧 마이크로 프로세서가 개발되었다. 그전까지는 각각의 작업을 위해 복잡한 전자 장치가 설비되어야 했지만, 마이크로 프로세서는 일반적인 목적의 장치로 저렴한 가격에 다량으로 만들 수 있다. 뒤이어 1986년 12월 고온 초전도체가 발견되었다. 고온 초전도체는 매우 낮은 온도에서 전기 저항이 완전히 사라지는 물질이다. 이런 저런 물질과 처리 과정들이 첨단 기술의 경계를 확장시키고, 1980년대와 1990년대에 보편화된 원거리 우주 탐사를 가능하게 만들고, 레이저 수술, 그리고 걸프전 때 활용된 엄청난 파괴력의 군사 기술을 낳았을 뿐 아니라, 보통 사람 수억 명의 생활과 일에 영향을 미친 저렴한 기계 장치의 대량 생산을 가져왔다. 비디오 기기와 마이크로 디스크는 대중의 오락과 여가를 변화시켰다. 때론 번거

롭기는 하지만, 휴대용 전화와 카폰으로 업무의 차원이 달라졌다. 종래의 전화 케이블은 광섬유 케이블로 교체되었다. 광섬유 케이블을 사용하자, 광(光)펄스로 부호화된 신호를 통해 하나의 회로로 수천의 전화 통화와 수백개의 TV 채널을 동시에 전송할 수 있게 되었다. 정부나 기업에서 성능 좋은 특수 컴퓨터를 사용하여 몇십만 분의 1초로 엄청난 정보 처리를 수행하는 동안, 워드 프로세서는 선진국의 사무실 업무를 크게 변화시켰다. 점점 더 많은 사람이, 심지어 가난한 역사학자들까지도 워드 프로세서를 들여놓게 되었다. 기계는 때로 놀랄 만큼 복잡하지만 대중의 생활 속에 침투해 삶을 지배하곤 했다.

하지만 1990년대 인류 역사에서 언제나 그래왔듯이 세계에서는 많은 사람이 기아로 죽어갔다. 게다가 인류의 행복을 증진시키기 위해 고안한 많은 혁신과 발전이 오히려 인류를 불행하게 했다. 서구에서는 다양한 형태의 피임법이 보급되고, 원하는 경우 낙태가 더 폭넓게 이루어지면서 제약회사와 병원이 큰돈을 벌었다. 하지만 향락주의에 빠진 분별없는 사회에서 원치 않는 아기의 수는 확연하게 줄어들지 않았다. 1970년대와 1980년대가 되어서도 뚜렷하게 나타나는 바람직하지 못한 현상은 '편모나 편부 가정' 의 증가였다. 그중 대부분은 생활 보호 지원금에 의존하는 어머니가 홀로 아이를 키운다. 이런 곤궁한 환경의 아이들은 성적 무절제나 합의 이혼의 산물이다. 1980년대 선진적임을 자부하는 사회에서 사생아의 수는 놀랄 만한 비율로 증가했다. 1991년 봄 영국에서는 정상 출산된 신생아 네 명 중 한 명이 사생아였다. 지구상에서 가장 부유한 국가의 수도인 워싱턴 일부 지역에서는 사생아 비율이 무려 90퍼센트에 달했다. 편모나 편부 가정과 사생아가 심각한 사회악이 아니라는 주장은 설득력이 없다. 이런 사회 현상은 개인에게나 사회에게나 해로운 영향을 끼치고, 실제로 많은 경우 불가피하게 극심한 가난과 범죄를 낳기 때문이다. 범죄율은 어디서나 증가했다. 알코올과 약물 남용의 증가가 범죄율 증가에 큰 몫을 담당했다. 불법적인 마약 상용의 확대는 가난뿐만 아니라 풍요의 결과이기도 했다. 1980년대 말이 되자, 미국에서 불법으로 사용되는 마약은 단속반에 몰수된 양만 하더라도 한 해 1,100억 달러에 상당했다. 1989년 9월 6일 부시 대통령은 미국의 약물 남용을 2000년까지 절반 수준으로 줄인다는 계획 아래 78억 6천 달러의 연방 정부 자금을 사용할 것이라고 발표했다. 그러나 계획이 효과가 있을 거라고 확신하는 사람은 거의 없었다.

선진국에 또 다른 자해적 고통을 안겨다준 것은 후천성 면역 결핍증(AIDS)이었다. AIDS는 치료하기 힘든 치명적인 질환이다. 인체의 자기 방어 체계를 무너뜨려 감염증에 대해 무방비 상태에 놓이게 만든다. 많은 연구에도 불구하고, AIDS의 원인은 1990년대 초까지 명확히 규명되지 않았다. AIDS는 검은아프리카에서 가장 급속히 퍼졌다. 이곳에서는 주로 이성 간의 성행위를 통해 AIDS가 퍼져나갔다. 하지만 서구에서는 AIDS 감염이 대개 남성 동성애자와 (그보다는 훨씬 적지만) 마약 상용자로 국한되어 있었다. 결국 AIDS는 마약 남용의 산물이었으며, 또한 훨씬 더 심각하고 종종 극단적인 형태를 띠는 성적 방종의 산물이기도 했다. 1960년대와 1970년대 동성애가 범죄의 테두리에서 벗어나면서 성적 방종의 양상은 더욱 심각해졌다. 어떤 남성 동성애자는 한 해 300명 이상의 섹스 파트너와 관계를 맺은 것으로 드러났다. AIDS는 이러한 타락을 배경으로 급속도로 확산되었다. AIDS의 심각성에 대한 최초의 보고는 1981년 12월 31일에 있었다. 이때 AIDS 환자 152명의 사례가 발표되었다. 환자는 주로 샌프란시스코, 로스앤젤레스, 뉴욕에 거주하고 있었다. 한 명은 정맥 주사를 이용하는 마약 상용자였고, 나머지는 모두 남성 동성애자였다. 1985년 10월 13일 세계보건기구는 AIDS가 전염병 수준에 이르렀다고 발표했다. 1989년 2월에는 AIDS 양성 판정을 받은 사람이 생명 보험 가입을 거부당하고 있다는 사실이 곳곳에 알려졌다. 어떤 사람은 직장을 잃었다. 아지도티미딘(AZT) 같은 약들이 (치료가 아니라) AIDS의 진행을 지연시키는데 사용되었다. 하지만 끔찍한 부작용이 일어나곤 했다. 1989년 2월 9일 샌프란시스코에서 CD4라는 새로운 항체가 규명되었다고 발표했다. 이에 따라 에이즈의 치명적인 결과를 여러 해 지연시키면서 부작용을 최소화할 수 있는 새로운 의학적 처치에 대한 기대감이 생겼다. 하지만 막대한 비용과 노력에도 불구하고, 여전히 치료법은 등장하지 않고 있다. AIDS 치료의 불확실성으로 정치권은 심각한 고민에 빠졌다. 정부는 특히 AIDS가 사회 전반에 퍼질까봐 두려워했다. 동성 간의 난잡한 성행위를 줄이고, 콘돔의 사용을 장려하는 광고 캠페인에 수백만 달러가 지출되었다. 다시 제약 사업이 많은 돈을 벌었지만, 정부 지출이 어떤 효과가 있을지는 아무도 확신하지 못했다. 1990년대 초에는, 한때 동성애자의 로비 단체가 확신에 차 예상했듯이, 이성애자 사이에서 AIDS 전파의 가능성은 무시해도 좋다는 믿음이 일반적으로 받아들여졌다.

마약 남용과 AIDS에 대한 정부 캠페인은 엄청나게 많은 돈이 들었지만 별 효과가 없었다. 대신 정부의 광고 캠페인은 20세기 현대 국가의 특징적인 태도를 보여주었다. 양식 있고 윤리적으로 교육받은 사람들이 개인적으로 해야 할 일을 집단적으로 하려는 태도다. 오늘날 자선 기관으로서 국가에 대한 믿음은 상당 부분 퇴색했다. 1980년대 우세했던 사회주의와 또 다른 온갖 형태의 집산주의에 대한 환멸은 그중 한 가지 양상에 지나지 않는다. 1980년대까지 국가는 20세기의 가장 큰 수혜자이자, 가장 큰 실패자이기도 했다. 1914년 이전에는 공공 부문이 경제의 10퍼센트 이상을 차지하는 경우가 드물었다. 하지만 1970년대 말에 이르자, 전체주의 국가는 말할 것도 없고 자유주의 국가에서도 공공 부문이 GNP의 45퍼센트 이상을 차지했다. 1919년의 베르사유조약 당시 지식인 계급 대부분은 국가가 커지면 인간의 행복의 총량도 커질 것이라고 믿었다. 하지만 1990년대에 와서도 이런 견해를 갖고 있는 사람은 소수의 광신자를 빼면 거의 없다. 이런 광신자들은 대개 학자들인데, 그나마 낙담 속에서 그 수가 줄어들고 있다. 여러 형태로 실험이 이루어졌다. 그리고 거의 모든 실험이 실패로 끝났다. 국가는 만족할 줄 모르는 낭비가였으며, 경쟁자를 찾아볼 수 없는 대단한 살인마였다. 1990년대까지 폭력이나 비자연적인 원인으로 인해 죽은 약 1억 2,500만 명의 인명에 대한 책임은 국가에 있다. 이 숫자는 1900년까지 인류의 전 역사에서 국가에 희생당한 사람들의 수를 넘어설지 모른다. 국가의 비인간적인 악행은 국가의 규모와 수단이 확대되면서 더욱 커졌다.

1990년대 초반부터 국가에 대한 신뢰가 무너지면서 그 대리자인 행동주의자 정치인에 대한 불신이 싹트기 시작했다. 행동주의자 정치인의 수가 늘어나고 권한이 커진 현상은 아마 현대에 들어 가장 중요하고 불운한 경험이었을 것이다. 정치적 과정을 통해 인류가 더 나은 단계로 도약할 수 있다고 주장한 최초의 인물은 장 자크 루소다. 그의 주장에 따르면, 변화의 대리자, 즉 그가 말한 '신인류'의 창조자는 국가가 되어야 했다. 20세기에 그의 주장은 마침내 시험에 들게 되었다. 시험은 엄청난 규모로 이루어졌으며, 결국 재앙과 파괴를 낳았다. 앞에서 지적했듯이, 1900년 무렵 이미 정치가 광신적인 열정의 형태로 종교를 대신했다. 레닌, 히틀러, 마오쩌둥 같은 새로운 계급의 전형적인 인물에게 정치는 도덕적 행위의 합법적인 형태였고, 인류를 개선하는 유일하고 확실한 수단이었다. (그들에게 정치는 숭고한 목적을 위한 사회공학을 의미했다.) 더 이른 시대였다면 공상적이고 터무니없는 것으로 보였을 그들의 견해는 세계 각지에서 정통 이론이 되었다. 서구에서는 더 희석된 형태로, 공산주의 국가와 대부분의 제3세계 국가에서는 치명적인 형태로 정통 이론으로 자리를 잡았다. 이 스펙트럼의 한쪽 끝을 차지하고 있던 민주주의 국가에서는 정치적 광신자들이 뉴딜정책, 위대한 사회, 복지 국가를 탄생시켰다. 다른 쪽 끝의 전체주의 국가에서는 문화혁명이 일어났고, 언제 어디서나 '계획'이 시행되었다. 야바위꾼, 학살자, 광신자, 세속적 성인, 마법사, 카리스마적인 인물로 이루어진 이런 광신자들은 수십 년간 지구를 돌며 행진했다. 이들 모두는 정치가 인류의 불행을 치유해줄 묘약이라는 신념에 사로잡혀 있었다. 쑨원, 아타튀르크, 스탈린, 무솔리니, 흐루쇼프, 호치민, 폴 포트, 카스트로, 네루, 우 누, 수카르노, 페론, 아옌데, 은크루마, 니에레레, 나세르, 모하마드 레자 샤 팔라비, 카다피, 사담 후세인, 호네커와 차우셰스쿠가 바로 그들이다. 1990년대에 이르자, 세계 여러 곳에서 새로운 지배 계급은 신념을 잃고 급속히 권력과 기반을 상실했다. 그들 대부분은 살아 있든 죽었든 고국에서조차 저주와 비난을 받았고, 그들의 흉물스런 조각상은 셸리(Percy B. Shelley)의 「소네트 sonnet」에 등장하는, 공허하게 웃고 있는 오지만디어스(Ozimandias)의 머리처럼 쓰러뜨려 지거나 훼손당했다. 그전의 '종교의 시대'처럼 '정치의 시대'도 곧 막을 내릴 것이라고 기대할 수 있지 않을까?

20세기가 끝나면서 인류는 분명 몇 가지 교훈을 얻었다. 하지만 파멸적인 실패와 비극을 가능케 했던 근본적인 악 — 도덕적 상대주의의 등장, 개인적인 책임감의 소멸, 유대 기독교적 가치의 거부, 인간이 지적 능력을 통해 우주의 모든 신비를 해결할 수 있다는 오만한 믿음 — 이 사라져가는 과정에 있는지는 아직 확실치 않다. 21세기가 과거와 달리 인류에게 희망의 시대가 될 수 있을지는 여기에 달려 있다.

오늘을 만든 어제의 사건들

폴 존슨에 따르면 20세기는 상대주의의 시대였다. 1919년 5월 29일 일식 사진 촬영을 통해 아인슈타인의 상대성이론이 옳다는 사실이 입증되었다. 니체가 신은 죽었다고 말한 것은 이미 1886년의 일이었지만, 그의 선언이 명확한 의미를 얻은 것은 바로 이 시점에서였다. 아인슈타인의 상대성이론이 증명되면서 뉴턴의 절대 우주는 불가피하게 과거의 유물이 되었고, 절대적 시공간이 더 이상 존재할 수 없었으므로 신으로 표현되는 절대 가치 역시 더 이상 존재할 수 없게 되었다. 절대적인 것은 없다는 믿음은 대중적인 차원에까지 퍼져 불안과 동요를 낳았다. 절대적인 기준이 없다면 무엇이 선이고 악인지, 무엇이 옳고 그른지 어떻게 판단할 수 있겠는가? 사람들은 갑자기 딛고 서있던 발판이 사라진 느낌이었다.

20세기에 등장한 수많은 이데올로기는 이런 상대주의와 불확실성의 짙은 먹구름 속에서 탄생했다. 20세기에는 민족주의를 필두로 다양한 형태의 사회주의와 공산주의, 국수주의, 집산주의, 파시즘, 나치즘, 조합주의, 자본주의, 제국주의, 고립주의, 비동맹주의, 대중주의, 식민지주의, 탈식민지주의, 신식민지주의, 종교적 근본주의와 분파주의, 정의주의 등 헤아릴 수 없이 많은 이념과 사상이 출현했다. 사람들은 종교를 믿듯 갖가지 이데올로기를 신봉했고 실제 행동에 옮겼다. 정신적 공백을 극복하고 더 나은 세계를 모색하기 위해서였다. 따라서 20세기는 정치적 실험의 시대이기도 했다.

폴 존슨은 이런 이데올로기 실험의 폐해를 이렇게 지적하고 있다. "독창적이고 그럴듯하게 보였던 많은 피상적인 가정이 다양한 구실을 통해 한 번도 아니고 여러 차례 시험되었다. 하지만 이 모든 것이 결국 엄청난 인명 피해를 대가로 완전히 거짓으로 드러났을 때, 우리는 이 사실 앞에서 겸손해지지 않을 수 없다." 그는 이데올로기 형태를 통해 인간이 인간을 개조하려는 시도는 오만이며, 필연적으로 폭력을 낳을 수밖에 없다고 믿는다.

그의 보수적인 사상은 개인적인 경험을 통한 일종의 현실적 회의주의에 기초하고 있는데, 조지프 콘래드처럼 인간이 독수리같이 날지 못하고 풍뎅이같이 난다고 생각한다. 그의 생각에 따르면, 인류 혹은 사회를 개조한다는 이상주의는 풍뎅이처럼 나는 인간에게는 애초부터 감당하기 힘든 짐일 뿐이다. 따라서 20세기의 이상주의 실험은 실패로 끝날 수밖에 없었던 것이다. 그리하여 그는 역사 연구야말로 인류의 "오만을 위한 강력한 해독제"라고 말하며, 새로운 세기를 위해 개인의 자유와 절대적인 도덕 가치의 회복을 주장하고 있다. 그의 이런 생각은 이 책의 주요 테마 가운데 하나이며 책을 쓴 주요 동기이기도 하다.

폴 존슨은 이 책에서 수많은 역사서, 저서, 전기, 일기, 개인 서한, 통계 자료, 그리고 이제야 접근이 허락된 정부의 비밀문서를 총동원하고 있다. 그는 이런 풍부한 자료를 바탕으로 양차 세계대전과 대공황, 냉전, 해빙, 소련의 붕괴 등 거시적인 사건을 현미경으로 들여다보듯 꼼꼼하게 이야기를 풀어나간다. 독자들은 이 책에서 독일의 군사 재무장의 위험을 앞두고 1922년 어느 날 파리의 총리 관저에서 푸앵카레와 커즌 경 사이에 어떤 설전이 오고갔는지, 스탈린의 어둠침침한 집무실 안에서 어떤 일이 벌어지고 있었는지, 히틀러가 왜 소련을 침공했으며, 왜 실패할 수밖에 없었는지, 무엇 때문에 대공황이 발생했는지, 또 히틀러나 무솔리니, 레닌, 마오쩌둥, 간디 등이 포장되고 선전된 모습과 달리 실제 어떤 인물이었는지를 생생하게 지켜볼 수 있다. 뿐만 아니라 이 책에는 아프리카 신흥 국가들의 출현, 라틴아메리카의 부흥과 몰락, 중국과 인도의 정치적 · 경제적 성장 과정이 세계사적 관점에서 상세히 기술되어 있다. 책을 읽는 독자들은 펜 하나로 세계의 구석구석을 빈틈없이 묘사하는 저자의 지성과 박식함, 통찰력과 노력에 경이를 느끼지 않을 수 없을 것이다.

21세기에 들어와 미국의 일국 지배 체제가 확립된 것은 사실이지만, 세계는 여전히 지난 세기의 문제를 안고 있다. 되풀이되는 아프리카의 내전, 끝나지 않는 이라크 전쟁, 인도와 파키스탄 · 방글라데시의 분쟁, 팔레스타인 문제, 여러 지역 혹은 국가 간의 인종 분쟁과 정치적 갈등은 모두 20세기에 주어진 국제 질서 때문에 파생된 것이다. 실상 미국의 세계 지배 체제와 경제적인 우위도 언뜻 견고해 보이지만 짧은 역사의 한 페이지에 불과한 것일 수 있다. 그렇다면 뒤에 등장할 새로운 세계의 모습은 결국 현대를 탄생시킨 20세기에서 미리 찾아볼 수 있지 않을까 싶다. 그런 의미에서 『모던 타임스』는 20세기의 역사를 궁금해하는 독자들뿐만 아니라 오늘날의 세계와 앞으로 전개될 21세기에 관해 좀 더 깊이 이해하고 싶어하는 독자들에게도 충실한 안내서가 되어줄 것이라고 생각한다.

영국 토니 블레어 총리가 "우리나라의 가장 뛰어난 인물 가운데 한 명"이라고 말한 폴 존슨은 1928년 독실한 가톨릭계 가정에서 태어났다. 아버지는 미술 교사였다. 폴 존슨은 한때 미술가를 지망하기도 했지만, "피카소 같은 사기꾼들이 앞으로 50년간 미술계를 지배할 것"이라는 아버지의 만류로 꿈을 포기했다. 그리고 옥스퍼드를 졸업한 뒤 「뉴 스테이츠먼」이라는 유명한 좌파 계열 정치 주간지에 입사해 1970년까지 근무했다. 그는 개인주의를 전혀 존중하지 않는 영국 노동당의 정치에 점차 환멸을 느꼈고, 이른바 전향한 사회주의자가 되었다. 폴 존슨은 이 책 외에도 『유대인의 역사』 『2천년 동안의 정신(기독교의 역사)』(이상 살림출판사), 『미국인의 역사』 『지식인의 두 얼굴』 『근대의 탄생』 등을 저술했으며, 수많은 잡지에 정기적으로 기고하고 TV 다큐멘터리를 만들기도 했다. 『모던 타임스』는 「뉴욕 타임스」에 1983년 '최고의 책'으로 선정되었으며, 「내셔널 리뷰」에서는 '20세기 100권의 책'에 뽑히기도 했다. 이 책은 20세기 마지막 10년의 사건을 아우르는 증보판이 발간된 뒤, 2001년에 간행된 Perennial Classics Edition을 번역한 것이다.

2007년 11월 조윤정

| 미주 |

제11장 분수령

1 Erickson, 앞의 책, 587.

2 G. Zhukov, *The Memoirs of Marshal Zhukov* (tr., London 1971), 268; Kennan, *Memoirs 1925~1950*, 324; Rigby, Stalin, 57; Stalin, *Collected Works*, X V 3; Ivan Maiski in *Novy Mir*, Moscow 1964, 12, 162~163.

3 Seaton, 앞의 책, 95; Hingley, 앞의 책, 309; Rigby, 앞의 책, 55.

4 J. K. Zawodny, *Death in the Forest: the story of the Katyn Forest Massacre* (London 1971), 127; Hilder and Meyer, 앞의 책, 330; Hingley, 앞의 책, 301 ff.

5 Margarete Buber-Neuman, *Als Gefangene bei Stalin und Hitler: eine Welt im Dünkel* (Stuttgart 1958), 179.

6 Conquest, 앞의 책, 449.

7 Seaton, 앞의 책, 91.

8 *Akten zur deutscher auswartigen Politik, 1918~1945* (Bonn 1966~), Series D, XI, No. 329, 472.

9 Fest, 앞의 책, 957~958; Bullock, 앞의 책, 639.

10 Fest, 앞의 책, 952~955; *Le Testament politique de Hitler*, 93ff.

11 Halder, 앞의 책, II 6.

12 Fest, 앞의 책, 1104.

13 Heinz Hohne, *Canaris* (tr. London 1980.)

14 Hillgruber, 앞의 책, 80~81; Fest, 앞의 책, 955.

15 '마르크스 계획' 에 관해서는 다음 책을 참고하라. Alfred Philippi, *Das Pripjetproblem: Eine Studie über die operative Bedeuting des Pripjets-Gebietes für den Feldzug des Jahres 1941* (Frankfurt 1956), 69ff.

16 Fest, 앞의 책, 962, 1091.

17 Matthew Cooper, *The German Air Force 1933~1945: an Anatomy of Failure* (London 1981.)

18 Postan, 앞의 책

19 Erickson, 앞의 책, 584.

20 Alexander Werth, *Russia at War 1941~1945* (London 1964), 401; Seaton, 앞의 책, 271.

21 Hillgruber, 앞의 책, 90.

22 Fest, 앞의 책, 972.

23 같은 책, 978.

24 같은 책, 996.

25 같은 책, 962.

26 Halder, 앞의 책, II 335~338.

27 Hans-Adolf Jacobsen, 'The Kommissarbefehl and Mass Executions of Soviet Russian Prisoners of War' in Hans Buchheim et al., *Anatomy of the SS State* (tr. New York 1968.)

28 Hillgruber, 앞의 책, 86~87.

29 *Hitler' s Table-Talk*, 426; Fest, 앞의 책, 1017, 1021ff.

30 Adolf Hitler, *Monologe im Führerhauptquartier 1941~1944* (Hamburg 1980), 54, 90, 331.

31 Fest, 앞의 책, 1025.

32 Nuremberg Document NOKW 1692; 야콥센의 다른 관련 서류들과 함께 출간되었다. Jacobsen, 앞의 책; Fest, 앞의 책, 968~969.

33 Boris Pasternak, *Doctor Zhivago* (tr. London 1958), 453.

34 Seaton, 앞의 책, 91.

35 J. Stalin, *War Speeches and Orders of the Day* (London 1945), 26.

36 Deutscher, *Stalin*, 468~469.

37 Gustav Herling, *A World Apart* (London 1951), 59.

38 Conquest, 앞의 책, 486~490.

39 Albert Seaton, *The Russo-German War 1941~1945* (London 1971), 90.

40 Hingley, 앞의 책, 318.

41 Robert Conquest, *The Nation-Killers: the Soviet Deportation of Nationalities* (London 1970), 65, 102; Hingley, 앞의 책, 348.

42 Deaton, *Stalin as Warlord*, 131~133.

43 같은 책, 126.

44 같은 책, 265~266.

45 Kennan, *Memoirs 1925~1950*, 133~134.

46 R. J. M. Butler, *Grand Strategy* (London 1957), II 543~544.

47 Carlton, 앞의 책, 184~185. 검열을 받지 않은 하비의 일기는 런던 소재 영국도서관에 보관되어 있다. Add. MS 56398.

48 A. J. P. Taylor, *Beaverbrook* (London 1972), 487.

49 Churchill, *War Memoirs*, X 210.

50 F. H. Hinsley et. al., *British Intelligence in the Second World War* (London 1981), II.

51 Haggie, 앞의 책; Neidpath, 앞의 책

52 Nish, 앞의 책; 232.

53 같은 책, 242.

54 같은 책, 246; B. Martin, *Deutschland und Japan in 2. Weltkrieg* (Gottingen 1969), chapter 1.

55 Kennan, *Memoirs 1925~1950*, 135.

56 Tolland, 앞의 책, 244.

57 같은 책, 95.

58 Nobutaka Ike, *Japan' s Decision for War: records of the 1941 policy conferences* (Stanford 1967), 133ff.; Mosley, 앞의 책, 215.

59 Mosley, 앞의 책, 207과 각주.

60 Tolland, 앞의 책, 94, 148; Mosley, 앞의 책, 200 각주.

61 Barbara Teters, 'Matsuoka Yusuke: the diplomacy of bluff and gesture' in R. B. Burns and E. M. Bennett (eds), *Diplomats in Crisis: United States, Chinese, Japanese Relations 1919~1941* (Oxford 1974.)

62 Tolland, 앞의 책, 75 각주, 77.

63 Robert Craigie, *Behind the Japanese Mask* (London 1945.)

64 Nish, 앞의 책, 235.

65 Tolland, 앞의 책, 179과 각주.

66 R. J. C. Butow, *Tojo and the Coming of War* (Princeton 1961), 172.

67 Ike, 앞의 책, 151 각주 36; Mosley, 앞의 책, 216~220.

68 Mosley, 앞의 책, 200.

69 Tolland, 앞의 책, 112.

70 Ike, 앞의 책, 188.

71 Tolland, 앞의 책, 133.

72 같은 책, 47, 68 각주.

73 같은 책, 82.

74 Ike, 앞의 책, 201.

75 같은 책, 189~192.

76 Mosley, 앞의 책, 205 각주.

77 Tolland, 앞의 책, 150 각주.

78 같은 책, 225, 235ff.

79 Ike, 앞의 책, 233.

80 Tolland, 앞의 책, 273~275.

81 Martin, *Deutschland und Japan*, chapter 1.

82 다음을 참고하라. Masatake Okumiya, *Midway: the Battle that Doomed Japan* (Annapolis 1955.)

83 Tolland, 앞의 책, 339.

84 Hans-Adolf Jacobsen, *1939~1945: Der Zweite Weltkrieg in Chronik und Dokumenten* (Darmstadt 1961) 290,

85 Hillgruber, 앞의 책, 96.

제12장 초강대국과 대량학살

1 레슬리 하워드에 관해서는 다음 자료를 참고하라. George Bruce, *Second Front Now: the Road to D-Day* (London 1979); Ian Colvin, *Flight 777* (London 1957.)

2 Tolland, 앞의 책, 75~76과 각주.

3 같은 책, 441~444; Burke Davis, *Get Yamamoto* (New York 1969.)

4 Barbara Tuchman, *The Zimmerman Telegram* (New York 1958.)

5 David Kahn, 'Codebreaking in World Wars I and II: the Major Successes and Failures, their Causes and their Effects', *Cambridge Historical Journal*, September 1980.

6 Richard Woytak, *On the Border of War and Peace: Polish Intelligence and Diplomacy in 1939 and the Origins of the Ultra Secret* (Boulder 1979.)

7 이것은 기억을 토대로 기록한 다음 책에서 처음 밝혀졌다. F. W. Winterbotham, *The Ultra Secret* (London 1974.)

8 Ralph Bennett, 'Ultra and Some Command Decisions', *Journal of Contemporary History*, 16 (1981), 131~151.

9 Vice-Admiral B. B. Schofield, 'The Defeat of the U-boats During World War Two', 같은 책, 119~129; P. Beesley, *Very Special Intelligence* (London 1977), 152~185; Jürgen Rohwer and Eberhard Jacket (eds), *Die Funkaufklarung und ihre Rolle in 2 Weltkrieg* (1979.) 이 책은 1978년 11월 15~18일에 열렸던 국제회의에서 U보트 논쟁의 이유를 전해준다.

10 John Masterman, *The Double-Cross System in the War of 1939~1945* (Yale 1972.)

11 Edward Van Der Rhoer, *Deadly Magic: a personal account of communications intelligence in World War Two in the Pacific* (New York 1978); W. J. Holmes, *Double-Edged Secrets: US Naval Intelligence Operations in the Pacific during World War Two* (Annapolis 1979.)

12 Harold Deutsch, 'The Historical Impact of Revealing the Ultra Secret', *US Army War College: Parameters*, VII 3 (1978.)

13 Tolland, 앞의 책, 444~446.

14 Milward, *German Economy at War*.

15 Andreas Hillgruber, *Hitlers Strategie: Politik und Kriegführung 1940 bis 1941* (Frankfurt 1965), 38 각주; Fest, 앞의 책, 1179~1180, 주석 11.

16 Seaton, *Stalin as Warlord*, 263.

17 Fest, 앞의 책, 980.

18 같은 책, 974.

19 Tolland, 앞의 책, 327.

20 Susman (ed.), 앞의 책

21 Charles Murphy, 'The Earth Movers Organize for War', *Fortune*, August~October 1943.

22 Gilbert Burck, 'GE Does it', *Fortune*, March 1942.

23 Tolland, 앞의 책, 426.

24 Ike, 앞의 책, XXVI; Bruce, 앞의 책. 처칠에 관한 일화는 이 책을 참고하라.

25 다음 책을 참고하라. Geoffrey Best, *Humanity in Warfare* (London 1981); Hans Blix, *British Yearbook of International Law* (London 1978.)

26 Charles Webster and Noble Frankland, *The Strategic Air Offensive Against Germany*, 4 vols (London 1961), I 323.

27 같은 책, III 287; Taylor, *English History 1914~1945*, 693.

28 Taylor, *English History, 1914~1945*, 692, 각주 4.

29 David Irving, *The Destruction of Dresden* (London 1963), 44~45; Martin Middlebrook, *The Battle of Hamburg* (London 1980.)

30 Irving, 앞의 책, 51~52, 99~100.

31 같은 책, 154~158, 175, 142~143.

32 Hugo Young, *Brian Silcock and Peter Dunn, Journey to Tranquillity: the History of Man's Assault on the Moon* (London 1969), 29~32.

33 David Irving, *The Mare's Nest* (London 1964), 299, 306~314.

34 Nils Bohr and J. A. Wheeler, *Physics Review*, 56 (1939), 426.

35 Margaret Cowing, *Britain and Atomic Energy, 1939~1945* (London 1964), 54.

36 See Freeman Dyson, *Disturbing the Universe* (New York 1979.)

37 Gowing, 앞의 책, 45~51.

38 같은 책, 76~78.

39 Richard Hewlett and Oscar Anderson, *The New World 1939~1946* (Washington DC 1972.)

40 Stephane Groueff, *Manhattan Project* (Boston 1967), 62; Leslie Groves, *Now It Can Be*

Told: the Story of the Manhattan Project (New York 1962), 107.

41 Peter Pringle and James Spigelman, *The Nuclear Barons* (London 1982), 26ff.

42 David Hollo way, 'Entering the Nuclear Arms Race: the Soviet Decision to Build the Atomic Bomb 1939~1945' , *Working Paper* N. 9, Woodrow Wilson Center (Washington DC 1979.)

43 Strobe Talbot (ed.), *Khrushchev Remembers: the Last Testament* (London 1974), 60.

44 Deborah Shapley, 'Nuclear Weapons History: Japan' s Wartime Bomb-projects Revealed' , *Science*, 13 January 1978.

45 Rauschning, 앞의 책

46 Nolte, 앞의 책, 234.

47 Mussolini, *Opera Omnia*, XXXI223.

48 같은 책, XXXII 1~5, 190.

49 Fest, 앞의 책, 1031.

50 Michael Balfour, 'The Origins of the Formula "Unconditional Surrender" in World War Two' , *Armed Forces and Society* (Chicago university, Winter 1979.)

51 Hans Speidel, *Invasion 1944* (Tubingen 1961), 155.

52 Schmidt, 앞의 책

53 *Hitler' s Table-Talk*, 657, 661, 666, 684; Fest, 앞의 책, 1057, 1063.

54 Fest, 앞의 책, 1057~1059.

55 다음을 참고하라. Hugh Trevor-Roper, 'Thomas Carlyle' s Historical Philosophy' , *The Times Literary Supplement*, 26 June 1981, 731~734.

56 Hugh Trevor-Roper, *The Last Days of Hitler* (London 1947), 51.

57 Albert Zollar, *Hitler privat* (Dusseldorf 1949), 150.

58 Fest, 앞의 책, 1069ff., 1077, 1104~1112.

59 A. Mitscherlich and F. Mielke, *The Death Doctors* (London 1962), 236ff.; Manvell and Fraenkel, *Himmler*, 87ff.; Holborn, 앞의 책, 811.

60 Manvell and Fraenkel, 앞의 책, 117.

61 Fest, 앞의 책, 1011.

62 Manvell and Fraenkel, 앞의 책, 118~119.

63 같은 책, 120~122.

64 Borkin, 앞의 책, 122~123.

65 다음 증거 자료를 참고하라. Raul Hilberg (ed.), *Documents of Destruction: Germany and Jewry 1933~1945* (New York 1971), *Destruction of the European Jews* (New York 1961.)

66 Martin Gilbert, *Final Journey: the Fate of the Jews in Nazi Europe* (London 1979), 69~70.

67 Gerald Reitlinger, *The Final Solution* (London 1953.)

68 Gilbert, *Final Journey*, 77~78.

69 Speer, 앞의 책, 302~304.

70 같은 책, 368 주석 23.

71 다음을 참고하라. Benjamin B. Ferencz, *Less than Slaves: Jewish Forced Labor and the Quest for Compensation* (Harvard 1981.)

72 *Trial of the Major War Criminals before the International Military Tribunal*, ed. L. D. Egbert, 42 vols (Nuremberg 1947~1949), I 245.

73 Borkin, 앞의 책, 111~127.

74 Gilbert, 앞의 책, 78.

75 Manvell and Fraenkel, 앞의 책, 91.

76 같은 책, 104~11. 다음을 참고하라. Mitscherlich and Mielke, 앞의 책.

77 Manvell and Fraenkel, 앞의 책, 부록 B, 252~253.

78 같은 책, 136~137, 196~197.

79 Gilbert, 앞의 책, 70; Luba Krugman Gurdus, *The Death Train* (New York 1979.)

80 여기에 관한 논쟁에 대해서는 다음 책을 참고하라. Rainer C. Baum, *The Holocaust and the German Elite: Genocide and National Suicide in Germany 1871~1945* (London 1982.)

81 Gerald Reitlinger, *The SS: Alibi of a Nation, 1922~1945* (London 1956), 377.

82 Maurice Raisfus, *Les Juifs dans la Collaboration: L' GIF 1941~1944* (Paris 1981.)

83 Michael R. Marrus and Robert O. Paxton, *Vichy France and the Jews* (New York 1981.)

84 Martin Gilbert, *Auschwitz and the Allies* (London 1981), 267~270.

85 같은 책.

86 John Wheeler-Bennett and Anthony Nicholls, *The Semblance of Peace: the Political Settlement after the Second World War* (New York 1972), 146~148, 166; Alexander Werth,

Russia at War 1941~1945 (New York 1965), 267~268.

87 Aaron Goldman, 'Germans and Nazis: the controversy over "Vansittartism" in Britain during the Second World War', *Journal of Contemporary History*, 14 (1979), 155~191.

88 Manvell and Fraenkel, 앞의 책, 157, 169~170, 266 각주 20.

89 Borkin, 앞의 책, 135~156.

90 Ferencz, *Less than Slaves*.

91 Tolland, 앞의 책, 499 각주.

92 James, 앞의 책, 322.

93 Tolland, 앞의 책, 477~478.

94 James, 앞의 책, 246~247, 321, 396.

95 같은 책, 299; Tolland, 앞의 책, 468.

96 Tolland, 앞의 책, 469~471.

97 James, 앞의 책, 246~247.

98 같은 책, 293.

99 Lansing Lamont, *Day of Trinity* (New York 1965), 235.

100 폭탄 투하 결정에 관해서는 다음 책을 참고하라. Martin Sherwin, *A World Destroyed: the Atomic Bomb and the Grand Alliance* (New York 1975), chapter 8.

101 Tolland, 앞의 책, 756.

102 히로시마 평화 기념관의 첫 큐레이터인 소고 나가오카가 계산한 수치에 대해서는 다음 책을 참고하라. Tolland, 앞의 책, 790 각주.

103 James, 앞의 책, 328; Shapley, 앞의 책.

104 Tolland, 앞의 책, 813 각주.

105 Text in R. J. C. Butow, *Japan's Decision to Surrender* (Stanford 1954) 248.

106 Beaseley, 앞의 책, 277~278.

107 다음을 참고하라. The International Military Tribunal for the Far East, *Proceedings*, 3 May 1946 to 16 April 1946, *Judgement*, November 1948, Tokyo.

108 James, 앞의 책, 259~260.

109 Philip R. Piccigallo, *The Japanese on Trial: Allied War Crimes Operations in the East 1945~1951* (Austin 1979), 27.

110 반론에 대해서는 같은 책, 23쪽을 참고하라.

111 Mosley, 앞의 책.

112 Samuel Eliot Morrison, *History of the US Naval Operations in World War Two: vii Aleutians, Gilberts and Marshalls* (Washington DC 1951.)

113 Tolland, 앞의 책, 677 각주.

114 Sherwin, 앞의 책, 302.

115 Poole, 앞의 책, 130.

116 James, 앞의 책, 335~340.

117 Nicholas Bethell, *The Last Secret: forcible Repatriation to Russia 1944~1947* (London 1974), 5.

118 같은 책, 8~13; Carlton, 앞의 책, 239~242.

119 같은 책; Bethell, 앞의 책, 57~60.

120 Joseph Hecomovic, *Tito's Death-Marches and Extermination Camps* (New York 1962) 23.

121 Bethell, 앞의 책, 82, 101, 131~133, 142~143.

제13장 강제된 평화

1 Rhodes James (ed.), 앞의 책, 505.

2 Charles Bohlen, *Witness to History 1929~1969* (New York 1973), 26~29.

3 Robert Sherwood, *Roosevelt and Hopkins*, 2 vols (New York 1950), I 387~423; Adam B. Ulam, *Stalin: the Man and his Era* (New York 1973), 539~542, 560~561.

4 Yergin, 앞의 책, 54.

5 Winston Churchill, *Wartime Correspondence* (London 1960), 196.

6 1946년 카이로회의. Terry Anderson, *The United States, Great Britain and the Cold War 1944~1947* (Colombia 1981), 4.

7 Robert Garson, 'The Atlantic Alliance, East Europe and the Origin of the Cold War' in H. C. Alien and Rogert Thompson (eds), *Contrast and Connection* (Athens, Ohio 1976), 298~299.

8 Lord Moran, *Churchill: the Struggle for Survival, 1940~1944* (London 1968), 154.

9 John Wheeler-Bennett and Anthony Nicholls, *The Semblance of Peace: the Political Settlement after the Second World War* (New York 1972), 290.

10 Anderson, 앞의 책, 15.

11 John R. Deane, *The Strange Alliance: the Story of American Efforts at Wartime Co-operation with Russia* (London 1947), 298.

12 Lisle A. Rose, *Dubious Victory: the united States and the End of World War Two* (Kent, Ohio 1973), 16~17.

13 Foreign Office Memo 21 March 1944, 'Essentials of an American Policy'.

14 의사록은 잉버채플의 PRO 보고서에 담겨있다. Carlton, 앞의 책, 244; Churchill, *Second World War*, VI 196~197.

15 피어슨 딕슨의 1944년 12월 4일자 일기. Carlton, 앞의 책, 248~249; Churchill, 앞의 책, VI 252.

16 Cariton, 앞의 책, 248.

17 Averell Harriman and Elie Abel, *Special Envoy to Churchill and Stalin 1941~1946* (New York 1975), 390.

18 Churchill, 앞의 책, VI 337.

19 William D. Leahy, *I Was There* (New York 1950), 315~316.

20 Anderson, 앞의 책, 47.

21 같은 책, 50.

22 Viscount Montgomery, Memoirs (New York 1958), 296~297.

23 Harry S. Truman, *Memoirs*, 2 vols (New York 1955-6), 181~182.

24 Omar Bradley, *A Soldier's Story* (New York 1951), 535~536; Forrest Pogue, *George C. Marshall: Organizer of Victory* (New York 1973), 573~574.

25 Thomas Campbell and George Herring, *The Diaries of Edward R. Stettinius Jr, 1943~1946* (New York 1975), 177~178.

26 Anderson, 앞의 책, 69.

27 Moran, 앞의 책, 305.

28 Victor Rothwell, *Britain and the Cold War 1941~1947* (London 1982.)

29 *Forrestal Diaries* (New York 1951), 38~40, 57.

30 Z. Stypulkowski, *Invitation to Moscow* (London 1951.)

31 Anderson, 앞의 책, 75~76.

32 Patricia Dawson Ward, *The Threat of Peace: James F. Byrnes and the Council of Foreign Ministers 1945~1946* (Kent, Ohio 1979.)

33 Yergin, 앞의 책, 160~161; George Curry, 'James F. Byrnes' in Robert H. Ferrell and Samuel Flagg Bemiss (eds), *The American Secretaries of State and their Diplomacy* (New York 1965.)

34 Kennan, *Memoirs 1925~1950*, 294.

35 처칠의 연설문은 다음 자료를 참고하라. Robert Rhodes James, *Churchill Complete Speeches* (London 1974), VII 7283~7296; Jerome K. Ward, 'Winston Churchill and the Iron Curtain Speech', *The History Teacher*, January 1968.

36 Leahy Diaries, 24 January, 7 February 1946.

37 John Morton Blun, *The Price of Vision: the Diary of Henry A. Wallace* (Boston 1973), 589~601; Yergin, 앞의 책, 253~254.

38 Dean Acheson, *Present at the Creation* (New York 1969), 219; Yergin, 앞의 책, 281-2.

39 Acheson, 앞의 책, 234.

40 'Overseas Deficit', *Dalton Papers*, 2 May 1947, ; Harry Bayard Price, *The Marshall Plan and its Meaning* (Cornell 1955.)

41 Yergin, 앞의 책, 348~350.

42 Jean Edward Smith (ed.), *The Papers of General Lucius D. Clay: Germany, 1945~1949* (Bloomington 1974), 734~737.

43 Yergin, 앞의 책, 380.

44 Talbot (ed.) 앞의 책, 205.

45 David Alan Rosenberg, 'American Atomic Strategy and the Hydrogen Bomb Decision', *Journal of American History*, June 1979; David Lilienthal, *Atomic Energy: a New Start* (New York 1980.)

46 W. Phillips Davison, *The Berlin Blockade* (Princeton 1958.)

47 Kennan, *Memoirs 1925~1950*, 354ff.

48 Warner Schilling et al., *Strategy, Politics and Defence Budgets* (Colombia 1962), 298~330.

49 Richard Hewlett and Francis Duncan, *Atomic Shield 1947~1952* (Pennsylvania 1969), 362~369.

50 Anderson, 앞의 책, 184.

51 Churchill, 앞의 책, VI (London 1954), 701.

52 Samuel I. Rosenman (ed.), *Public Papers and Addresses of Franklin D. Roosevelt: Victory and the Threshold of Peace 1944~1945* (New York 1950), 562.

53 Schram, 앞의 책, 220ff.; Tang Tsou, *America's Failure in China 1941~1950* (Chicago 1963), 176ff.

54 Schram, 앞의 책, 228-9; Tang Tsou, 앞의 책, 100~124.

55 Milovan Djilas, *Conversations with Stalin* (London 1962), 182; Vladimir Dedijer, *Tito Speaks* (London 1953), 331.

56 Schram, 앞의 책, 232~233.

57 Wolfram Eberhard, *History of China* (4th ed., London 1977), 344.

58 Derk Bodde, *Peking Diary: a Year of Revolution* (tr. London 1951), 32.

59 Noel Barber, *The Fall of Shanghai: the Communist Takeover in 1949* (London 1979), 42.

60 Bodde, 앞의 책, 47.

61 Barber, 앞의 책, 49~50.

62 같은 책, 51.

63 Tang Tsou, 앞의 책, 482~484, 497~498; Schram, 앞의 책, 245.

64 1948년 2월의 명령에 관해서는 다음 책을 참고하라. Mao Tse-tung, *Selected Works*, IV 201~202.

65 Kennan, *Memoirs 1925~1950*, 376.

66 Samuel Wells, 'The Lessons of the Korean War' in Francis Heller (ed.), *The Korean War: a 25-Year Perspective* (Kansas 1977.)

67 Duncan Wilson, *Tito's Yugoslavia* (Cambridge 1979), 50 각주.

68 Djilas, 앞의 책, 129, 141.

69 Hingley, 앞의 책, 385; D. Wilson, 앞의 책, 55.

70 D. Wilson, 앞의 책, 61.

71 같은 책, 87.

72 Robert Conquest, *The Soviet Police System* (London 1968), 41.

73 Hingley, 앞의 책, 388.

74 S.Wells, 앞의 책.

75 Kennan, *Memoirs, 1925~1950*, 490.

76 *New York Times*, 3 August 1980; S. Wells, 앞의 책

77 Talbot (ed.), 앞의 책, 269; *China Quarterly*, April-June 1964.

78 Yergin, 앞의 책, 407; S. Wells, 앞의 책.

79 Robert C. Tucher, 'Swollen State, Spent Society: Stalin' s Legacy to Brezhnev' s Russia' , *Foreign Affairs*, 60 (Winter 1981-2), 414~445.

80 Kolakowski, 앞의 책, III 132~135; Hingley, 앞의 책, 380~382.

81 Zhores A. Medvedev, *The Rise and Fall of T. D. Lysenko* (tr. New York 1969), 116~117.

82 Robert Payne, *The Rise and Fall of Stalin* (London 1968), 664.

83 *Pravda*, 17 February 1950; Hingley, 앞의 책, 508.

84 Rigby, *Stalin*, 71; Marc Slonim, *Soviet Russian Literature* (New York 1964), 289.

85 Svetlana Alliluyeva, *Twenty Letters*, 171, 193, 197, 206; Talbot (ed.), 앞의 책, 263.

86 Robert Conquest, *Power and Policy in the USSR* (London 1961), 100.

87 Grey, 앞의 책, 453~454.

88 Kennan, *Memoirs 1950~1963*, 154~156.

89 Hingley, 앞의 책, 404.

90 Rigby, *Stalin*, 81.

91 Conquest, *Power and Policy*, 165~166; Rigby, Stalin, 66~67; Hingley, 앞의 책, 414.

92 Svetlana Alliluyeva, *After One Year*, 365; Hingley, 앞의 책, 393~395, 416.

93 K. P. S. Menon, *The Flying Troika: extracts from a diary* (London 1963), 27~29.

94 Svetlana Alliluyeva, *Twenty Letters*, 13~18.

95 Hingley, 앞의 책, 424, 427.

96 Sidney Olson, 'The Boom' , *Fortune*, June 1946.

97 Kennan, *Memoirs 1950~1963*, 191~192.

98 Alan Harper, *The Politics of Loyalty* (New York 1969.)

99 Roy Cohn, *McCarthy* (New York 1968), 56ff.

100 Richard Rovere, *Senator Joe McCarthy* (London 1960), 51.

101 Arthur Schlesinger, *Robert Kennedy and his Times* (Boston 1978.)

102 Edwin R. Bayley, *Joe McCarthy and the Press* (university of Wisconsin 1981), 66~87, 214~222.

103 Kennan, 앞의 책, 220.

104 Barton J. Bernstein, 'New Light on the Korean War', *International History Review*, 3 (1981), 256~277.

105 Robert Griffith, *The Politics of Fear: Joseph McCarthy and the Senate* (Lexington 1970); Richard M. Fried, *Men Against McCarthy* (New York 1976.)

106 Fred I. Greenstein, 'Eisenhower as an Activist President: a look at new evidence', *Political Science Quarterly*, Winter 1979~1980; Robert Wright, 'Ike and Joe: Eisenhower's White House and the Demise of Joe McCarthy', unpublished thesis (Princeton 1979.)

107 Trohan, 앞의 책, 292.

108 Emmet John Hughes, *Ordeal of Power: a Political Memoir of the Eisenhower Years* (New York 1963), 329~330.

109 Richard Nixon, *Six Crises* (New York 1962), 161.

110 Greenstein, 앞의 책; 다음을 참고하라. Douglas Kinnaird, *President Eisenhower and Strategic Management* (Lexington 1977.)

111 Sherman Adams, *First Hand Report* (New York 1961), 73.

112 Trohan, 앞의 책, 111.

113 Robert H. Ferrell, *The Eisenhower Diaries* (New York 1981), 230~232.

114 Kennan, 앞의 책, 196.

115 Verno A. Walters, *Silent Missions* (New York 1978), 226.

116 다음을 참고하라. Robert A. Divine, *Eisenhower and the Cold War* (Oxford 1981.)

117 *Public Papers of Dwight D. Eisenhower 1954* (Washington 1960), 253, 206.

118 Greenstein, 앞의 책에 인용되어 있는 다음 논문을 참고하라. Richard H. Immerman, 'The US and Guatemala 1954', unpublished PhD thesis (Boston College 1978) ; Richard Cotton, *Nationalism in Iran* (Pittsburg 1964.)

119 Joseph B. Smith, *Portrait of a Cold Warrior* (New York 1976), 229~240; Schlesinger, *Robert Kennedy*, 455, 457.

120 C. L. Sulzburger, *A Long Row of Candles* (New York 1969), 767~769.

121 Kennan, 앞의 책, 183.

122 Sherman Adams, 앞의 책, chapter 17, 360ff.

123 다음을 참고하라. Joan Robinson, 'That has become of the Keynesian Revolution', in *Milo Keynes* (ed.), 앞의 책, 140.

124 Arthur Larsen, *Eisenhower: the President that Nobody Knew* (New York 1968), 34.

제14장 반둥 세대

1 E. L. Woodward, *British foreign Policy in the Second World War* (London 1970), I XLIV.

2 16 June 1943; David Dilks (ed.), *Retreat from Power* (London 1981), II After 1939.

3 William Roger Louis, *Imperialism at Bay: the united States and the Decolonization of the British Empire 1941~1945* (Oxford 1978.)

4 Anderson, 앞의 책에 인용되어 있는 다음을 참고하라. Entry in Admiral Leahy's diary, 9 February 1945.

5 W. K. Hancock and Margaret Gowing, *The British War Economy* (London 1949), 546~549.

6 Dalton Diary, 10 September 1946.

7 *Harold Nicolson: Diaries and Letters 1945~1962* (London 1968), 115~116.

8 A. Goldberg, 'The Military Origins of the British Nuclear Deterrent', *International Affairs*, XL (1964.)

9 Dilks, 앞의 책, II 183~184에 인용되어 있는 다음 논문을 참고하라. Edward Spiers, 'The British Nuclear Deterrent: problems, possibilities'.

10 M. H. Gowing, *Independence and Deterrence, Britain and Atomic Energy 1945~1952*, 2 vols (London 1974), I 131.

11 같은 책, 182~183.

12 같은 책, 406.

13 Dilks, 앞의 책, II 161.

14 전술의 결말에 대해서는 James, 앞의 책을 참고하라.

15 같은 책, 251~253.

16 Robert Rhodes James, *Memoirs of a Conservative: J. C. C. Davidon's Letters and Papers 1910~1937* (London 1969), 390.

17 John Wheeler-Bennett, *King George VI: his Life and Times* (London 1958), 703.

18 Ved Mehta, *Mahatma Gandhi and his Apostles* (New York 1976), 33ff.

19 같은 책, 13~16.

20 같은 책, 44.

21 같은 책, 56.

22 Orwell, *Collected Essays*, etc., IV 529.

23 Sarvepalli Gopal, *Jawaharlal Nehru: a biography* (London 1965), I 38~39.

24 같은 책, 79, 98, 236; Leonard Woolf, *Downhill All the Way* (London 1967), 230.

25 1948년 6월 1일 오타카문드에서 한 네루의 연설; Gopal, 앞의 책, II 308.

26 Richard Hughes, *Foreign Devil* (London 1972), 289~292.

27 Richard Hough, *Mountbatten* (London 1980), 216.

28 R. Jeffrey, 'The Punjab Boundary Force and the problem of order, August 1947', *Modern Asian Studies* (1974), 491~520.

29 M. Masson, *Edwina Mountbatten* (Lon-don 1958), 206~207.

30 Gopal, 앞의 책, II 13.

31 Penderal Mood, *Divide and Quit* (London 1961)에서는 20만 명으로, G. D. Khosta, *Stern Reckoning* (Delhi n.d.)에서는 40만~50만 명으로, Ian Stephens, *Pakistan* (London 1963), 에서는 50만 명으로, M. Edwardes, *Last Years of British India* (London 1963)에서는 60만 명으로 추산하고 있다

32 Gopal, 앞의 책, II 21, 42.

33 1949년 8월 24일 네루가 메논에게 보낸 편지.

34 Walter Lippmann in *Herald Tribune*, 10 January 1949; Acheson, 앞의 책, 336; *Christian Science Monitor*, 26 October 1949; *Manchester Guardian*, 26 May 1954; W. Johnson (ed.), *The Papers of Adlai E. Stevenson* (Boston 1973), III 181.

35 네루의 1951년 6월 9일자 편지.

36 Gopal, 앞의 책, 311.

37 네루가 라자고팔라차리에게 1950년 7월 3일에 보낸 편지; 1956년 10월 31일에 나세르에게 보낸 전보; 같은 날 덜레스에게 보낸 전보.

38 Gopal, 앞의 책, II 246.

39 S. Dutt, *With Nehru at the foreign Office* (Calcutta 1977), 177.

40 네루가 어니스트 베빈에게 1950년 11월 20일에 보낸 편지.

41 Gopal, 앞의 책, II 194~195, 227.

42 J. K. Galbraith, *A Life in Our Times* (London 1981), chapter 27, 420ff.

43 Keith Irvine, *The Rise of the Coloured Races* (London 1972), 540ff.; G. McT. Kahin, *The Asian-African Conference, Bandung* (Ithaca 1956.)

44 J. D. Legge, *Sukarno: A Political Biography* (London 1972), 264~265.

45 Richard Wright, *The Colour Curtain* (London 1965), 15.

46 Harry J. Benda, 'Christian Snouck Hurgronje and the Foundation of Dutch Islamic Policy in Indonesia', *Journal of Modern History*, XXX (1958), 338~347.

47 E. H. Kossman, *The Low Countries, 1780~1940* (Oxford 1978), 672ff.

48 Sukarno, *The Birth of Pantja Sila* (Djakarta 1950.)

49 D. S. Lev, *The Transition to Guided Democracy: Indonesia Politics 1957~1959* (Ithaca 1966.)

50 슬로건에 관해서는 다음을 참고하라. Legge, 앞의 책, 288~290, 324, 332~333, 359.

51 Talbot (ed.), 앞의 책, 322.

52 Legge, 앞의 책, 387; John Hughes, *The End of Sukarno* (London 1968), 44.

53 J. R. Bass, 'The PKI and the attempted coup', *Journal of SE Asian Studies*, March 1970; 쿠데타에 관한 비판적인 저작 목록은 다음을 참고하라. Legge, 앞의 책, 390 각주 45.

54 Hughes, 앞의 책, chapter 16.

55 Howard M. Sachar, *Britain Leaves the Middle East* (London 1974), 391.

56 *Petroleum Times*, June 1948; *Oil Weekly*, 6 March 1944.

57 *Forrestal Diaries*, 356~357.

58 Sachar, 앞의 책, 395.

59 Churchill, 앞의 책, IV 952.

60 Sachar, 앞의 책, 442.

61 Chaim Weizmann, *Trial and Error* (Philadelphia 1949), II 437.

62 Yehudah Bauer, *From Diplomacy to Resistance: a History of Jewish Palestine 1939~1945* (Philadelphia 1970), 230.

63 Sachar, 앞의 책, 447.

64 *New York Post*, 21 May 1946.

65 Nicholas Bethell, *The Palestine Triangle: the struggle between the British, the Jews and the Arabs, 1935~1948* (London 1979), 254~255.

66 1978년에 공개된 기록에 근거한 다음 책을 참고하라. Bethell, *The Palestine Triangle*, 261ff.

67 *Jerusalem Post*, 1 August 1947.

68 Bethell, *The Palestine Triangle*, 243~244.

69 Jon and David Kimche, *Both Sides of the Hill: Britain and the Palestine War* (London 1960), 21~22.

70 Bauer, 앞의 책, 230.

71 *The Jewish Case for the Anglo-American Committee of Inquiry on Palestine* (Jerusalem 1947), 6~7, 74~75.

72 Joseph Schechtman, *The US and the Jewish State Movement* (New York 1966), 110.

73 Alfred Steinberg, *The Man from Missouri: the life and times of Harry S. Truman* (New York 1952), 301.

74 Truman, *Memoirs*, II 135.

75 *Petroleum Times*, June 1948.

76 *Forrestal Diaries*, 324, 344, 348.

77 Howard Sachar, 'The Arab-Israeli issue in the light of the Cold War', *Sino-Soviet Institute Studies* (Washington DC), 1966, 2.

78 Sachar, *Europe Leaves the Middle East*, 546~547.

79 같은 책, 518ff.

80 Kimche, 앞의 책, 60.

81 Netanel Lorch, *The Edge of the Sword: Israel's War of Independence 1947~1948* (New

York 1961), 90.

82 David Horowitz, *State in the Making* (New York 1953), 232~235.

83 Rony E. Gabbay, *A Political Study of the Arab-Jewish Conflict* (Geneva 1959), 92~93.

84 Sachar, *Europe Leaves the Middle East*, 550~551; Walid Khalidi, 'Why Did the Palestinians Leave', *Middle East Forum*, July 1955; Erkine B. Childers, 'The Other Exodus', *Spectator*, 12 May 1961. 아랍연맹의 지침은 다음과 같이 출판되었다. *Al-Kayat* (Lebanon, 30 April, 5~7 May 1948.)

85 식민지사무국 필기록(CO 733477)은 다음 책에 인용되어 있다. Bethell, *The Palestine Triangle*, 355.

86 Walter Pinner, *How Many Arab Refugees?* (New York 1959), 3~4.

87 Sachar, 앞의 책, 191; 출애굽한 유대인의 분포에 관해서는 다음 책을 참고하라. Martin Gilbert, *The Arab-Israeli Conflict: its History in Maps* (London 1974), 50.

88 Jon Kimche, *Seven Fallen Pillars* (London 1954), 46.

89 Francis Williams, *A Prime Minister Remembers* (London 1961), 175~176.

90 Bethell, *The Palestine Triangle*, 358.

91 Sachar, *Europe Leaves the Middle East*, 51.

92 후임 무슬림 지배자에 관한 통렬하고 생생한 묘사는 다음 책을 참고하라. Mohammed Ahmed Mahgoub, *Democracy on Trial: Reflec-tions on Arab and African Politics* (London 1974.)

93 Constantine Zurayak, *The Meaning of the Disaster* (Beirut 1956), 2.

94 댐 사업에 관해서는 다음 책을 참고하라. P. K. O' Brien, *The Revolution in Egypt's Economic System* (London 1966); Tom Little, *High Dam at Aswan* (London 1965.)

95 Carlton, 앞의 책, 416.

96 같은 책, 389.

97 André Beaufre, *The Suez Expedition 1956* (tr. London 1969), 28~34; Hugh Stockwell, 'Suez: Success or Disaster?', *Listener*, 4 November 1976.

98 여기에 대한 이든의 설명은 다음 책을 참고하라. Eden, *Memoirs: Full Circle* (London 1960); Selwyn Lloyd, *Suez 1956: a Personal Account* (London 1978.)

99 Moshe Dayan, *Story of My Life* (London 1976), 181.

100 Dwight D. Eisenhower, *The White House Years: Waging Peace 1956~1961* (New York 1965), 666~667.

101 Carlton, 앞의 책, 451~453.

102 Brian Urquhart, *Hammarskjöld* (London 1973), 26.

103 같은 책, 170, 174, 185~189.

104 Home, 앞의 책, (London 1977), 60.

105 다음을 참고하라. Robert Aron et al., *Les Origines de la guerre d'Algérie* (Paris 1962.)

106 Albert-Paul Lentin, *L'Algérie des colonels* (Paris 1958.)

107 Home, 앞의 책, 72.

108 같은 책, 91-2, 101; Pierre Leulliette, *St Michael and the Dragon* (tr. London 1964.)

109 Home, 앞의 책, 132~135.

110 C. Marighela, *For the Liberation of Brazil* (Penguin 1971.)

111 Home, 앞의 책, 98~99.

112 Germaine Tillion, *L'Algérie en 1957* (Paris 1957); Vincent Monteil, *Soldat de fortune* (Paris 1966.)

113 Jacques Soustelle, *Aimée et Souffrante Algérie* (Paris 1956.)

114 Home, 앞의 책, 117~118.

115 Albert Camus, *Chroniques Algériennes 1939~1958* (Paris 1958.)

116 Home, 앞의 책, 187.

117 Jacques Massu, *La Vrai Bataille d'Alger* (Paris 1971.)

118 Henri Alleg, *La Question* (Paris 1958.)

119 Home, 앞의 책, 201.

120 관련 예는 다음 책을 참고하라. J. R. Tournoux, *Secret d'Etat* (Paris 1960); J. J. Servan-Schreiber, *Lieutenant en Algérie* (Paris 1957.)

121 Charles de Gaulle, *Memoirs of Hope* (tr. London 1970~1971), 112.

122 같은 책, 15,

123 Simone de Beauvoir, *La Force des choses* (Paris 1963.)

124 Home, 앞의 책, 291.

125 De Gaulle, 앞의 책, 47.

126 Home, 앞의 책, 376~368.

127 같은 책, 515~516.

128 같은 책, 495.

129 같은 책, 506.

130 Mouloud Feraoun, *Journal 1955~1962* (Paris 1962.)

131 Home, 앞의 책, 524.

132 같은 책, 540-3.

133 같은 책, 537-8.

134 De Gaulle, 앞의 책, I 126.

135 라디오 몬테 카를로와 벤 벨라의 인터뷰; *Daily Telegraph*, 19 March 1982.

제15장 야만의 왕국

1 Mark Amory (ed.), *Letters of Evelyn Waugh* (London 1980), 517.

2 James, 앞의 책, 193.

3 Dorothy Pickles, *French Politics: the First Years of the Fourth Republic* (London 1953), 151.

4 Stewart Easton, *The Twilight of European Colonialism* (London 1961.)

5 Le Monde, 21 June 1951.

6 De Gaulle, 앞의 책, 166.

7 같은 책, 68.

8 Easton, 앞의 책

9 Michael Blundell, *So Rough a Wind* (London 1964.)

10 *Weekend Telegraph*, 12 March 1965.

11 Miles Hudson, *Triumph or Tragedy: Rhodesia to Zimbabwe* (London 1981), 38~39.

12 Jean Labrique, *Congo Politique* (Leo-poldville 1957), 199~219.

13 Comnd 9109 (1918), 3; Barnett, 앞의 책, 147.

14 Kirkman, 앞의 책, 15ff.

15 이 이론에 관해 상술한 다음 책을 참고하라. P. A. Baran, *The Political Economy of Growth*

(New York 1957); C. Leys, *Underdevelopment in Kenya: the Political Economy of Neo-Colonialism 1964~1971* (London 1975.)

16 Mahgoub, 앞의 책, 250ff.

17 Tawia Adamafio, *A Portrait of the Osagyefo, Dr Kwame Nkrumah* (Accra 1960), 95.

18 Mahgoub, 앞의 책, 284.

19 John Rogge, 'The Balkanization of Nigeria' s Federal System' , *Journal of Geography*, April~May 1977.

20 J. L. Lacroix, *Industrialization au Congo* (Paris 1966), 21ff.

21 Easton, 앞의 책, 445; R. Anstey, *King Leopold' s Legacy: the Congo under Belgian Rule 1908~1960* (Oxford 1966.)

22 G. Heinz and H. Donnay, *Lumumba: the Last Fifty Days* (New York 1969.)

23 Urquhart, 앞의 책, 392~393, 397.

24 Paul-Henri Spaak, *Combats Inachev* (Paris 1969), 244~245.

25 Urquhart, 앞의 책, 385.

26 같은 책, 507.

27 Urquhart, 앞의 책, 587; Conor Cruise O' Brien, *To Katanga and Back* (London 1962), 286.

28 *Sunday Times*, 11 October 1964.

29 Ali Mazrui, 'Moise Tschombe and the Arabs, 1960~1968' in *Violence and Thought: Essays on Social Tension in Africa* (London 1969.)

30 *Wall Street Journal*, 25~26 June 1980; Patrick Marnham, *Fantastic Invasion* (London 1980), 203 주석 10.

31 K. W. Grundy, *Conflicting Images of the Military in Africa* (Nairobi 1968.)

32 Samuel Decalo, *Coups and Army Rule in Africa* (Yale 1976), 5~6과 표 1.1과 1.2.

33 Shiva Naipaul, *North of South: an African Journey* (London 1978.)

34 African Standard, *Nairobi*, 12 April 1965; Mazrui, 앞의 책, 210~211.

35 Marvin Harris, *Portugal' s African 'Wards'* (New York 1958); James Duffy, *Portuguese Africa* (Harvard 1959.)

36 Marcello Caetano, *Colonizing Traditions: Principles and Methods of the Portuguese* (Lisbon 1951.)

37 Easton, 앞의 책, 506.

38 T. R. H. Davenport, *South Africa: a Modern History* (London 1977), 346.

39 W. K. Hancock, *Smuts* (London 1968), II.

40 Bengt G. M. Sundkler, *Bantu Prophets in South Africa* (2nd ed. Oxford 1961) and *Zulu Zion and some Swazi Zionists* (Oxford 1976.)

41 Davenport, 앞의 책, 176ff.

42 같은 책, 207; 원주민법에 관해서는 다음을 참고하라. M. Ballihger, *From Union to Apartheid* (London 1969.)

43 B. Patchai, *The International Aspects of the South African Indian Question 1860~1971* (London 1971.)

44 N. M. Stultz, *Afrikaaner Politics in South Africa 1934~1948* (London 1974.)

45 G. D. Schoitz, *Dr H. F. Verwoerd* (London 1974.)

46 Ambrose Reeves, *Shooting at Sharpeville* (London 1961.)

47 Davenport, 앞의 책, 270~271.

48 같은 책, 296~297, 인구 성장 도표를 함께 참고하라.

49 같은 책, 304~305.

50 광물 지도에 관해서는 같은 책, 376쪽을 참고하라.

51 *Wall Street Journal*, 10 July 1980.

52 같은 책, 4 August 1980.

53 Naipaul, 앞의 책, 231.

54 Richard West, *The White Tribes Revisited* (London 1978), 16ff.

55 Naipaul, 앞의 책, 232~233.

56 Marnham, 앞의 책, 196.

57 West, 앞의 책, 147.

58 Marnham, 앞의 책, 112.

59 같은 책, 125ff.

60 *Inside East Africa*, August~September 1960.

61 *Sunday News* (Dar es Salaam), 26 January 1964.

62 'One Party Government', *Transition*, December 1961.

63 *Report of the Presidential Commission on the Establishment of a Democratic One Party State*, (Dar es Salaam 1965), 2.

64 Lionel Cliffe (ed.), *One-Party Democracy in Tanzania* (Nairobi 1967.)

65 Mazrui, 앞의 책, 255 ff.

66 *The Arusha Declaration and Tanu' s Policy on Socialism and Self-Reliance* (Dar es Salaam 1967); Marzui, 앞의 책, 48.

67 Naipaul, 앞의 책, 144ff.

68 같은 책을 인용, 200~201.

69 Daily Nation, *Nairobi*, 6 February 1968.

70 Ali Mazrui, 'Mini-skirts and Political Puritanism' , *Africa Report*, October 1968.

71 *Nairobi*, 23 February 1968.

72 Naipaul, 앞의 책, 237~238.

73 *The Times*, 7 October 1965.

74 Marnham, 앞의 책, 199.

75 West, 앞의 책, 146.

76 *Annual Register* (London), 1980.

77 Pierre Kalck, *Central African Republic: a Failure of Decolonization* (New York 1971.)

78 Winston Churchill, *My African Journey* (London 1908.)

79 George Ivan Smith, *Ghosts of Kampala* (London 1980), 34.

80 같은 책, 51ff.

81 West, 앞의 책, 24-5.

82 Smith, 앞의 책, 96.

83 내용에 관해서는 같은 책, 101쪽을 참고하라.

84 Henry Kyemba, *State of Blood* (London 1977.)

85 Smith, 앞의 책, 111~112.

86 같은 책, 124~131.

87 같은 책, 166~167.

88 Daniel Patrick Moynihan, *A Dangerous Place* (London 1978), 154~155.

89 Smith, 앞의 책, 181.

90 J. J. Jordensen, *Uganda: a Modern History* (London 1981); Wadada Nabundere, *Imperialism and Revolution in Uganda* (Tanzania 1981.)

91 Victoria Brittain, 'After Amin', *London Review of Books*, 17 September 1981.

92 *Daily Telegraph*, 5 September 1981.

93 Mazrui, *Violence and Thought*, 37~39.

94 Colin Legum et al., *Africa in the 1980s* (New York 1979.)

95 West, 앞의 책, 6~7.

96 자세한 수치에 관해서는 다음을 참고하라. *New York Times*, 11 May 1980.

97 Marnham, 앞의 책, 165, 205.

98 같은 책, 168.

99 David Lomax, 'The civil war in Chad', *Listener*, 4 February 1982.

100 Genganne Chapin and Robert Wasser-strom, 'Agricultural production and malarial resurgence in Central America and India', *Nature*, 17 September 1981.

101 *New York Times*, 11 May 1980.

102 Marnham, 앞의 책, 240.

103 다음 자료를 편집한 것이다. *Annual Register* (London 1980, 1981) and *New York Times*.

제16장 거대한 사회 실험

1 Jack Chen, *Inside the Cultural Revolution* (London 1976), 219~220.

2 Hollander, 앞의 책, chapter 7, 'The Pilgrimage to China' 278ff.

3 같은 책, 326~330.

4 Talbot (ed.), 앞의 책, 249.

5 John Gittings, *The World and China, 1922~1975* (London 1974), 236.

6 Bill Brugger, *China: Liberation and Transformation 1942~1962* (New Jersey 1981), 212.

7 Ross Terrill, *Mao: a Biography* (New York 1980), 383.

8 Han Suyin, *Wind in the Tower: Mao Tse-Tung and the Chinese Revolution 1949~1975* (London 1976), 291.

9 Talbot (ed.), 앞의 책, 249.

10 Schram, 앞의 책, 253~254.

11 같은 책, 295.

12 같은 책, 291.

13 Talbot (ed.), 앞의 책, 255.

14 Terrill, 앞의 책, 53.

15 Roger Garside, *Coming Alive: China After Mao* (London 1981), 45.

16 같은 책, 46~47.

17 Robert Jay Lifton, *Revolutionary Immortality* (London 1969), 72~73.

18 Garside, 앞의 책, 50.

19 Brugger, 앞의 책, 44~55.

20 Schram, 앞의 책, 267, 각주; Jacques Guillermaz, *La Chine Populaire* (3rd ed., Paris 1964.)

21 Robert Jay Lifton, *Thought Reform and the Psychology of Totalism: a Study of Brainwashing in China* (New York 1961), chapter 19.

22 Schram, 앞의 책, 271 각주.

23 같은 책, 277.

24 Talbot (ed.), 앞의 책, 272.

25 Jerome A. Cohen, 'The criminal process in the People' s Republic of China: an introduction', *Harvard Law Review*, January 1966.

26 Editorials, *Peking Review*, 6, 13, 20 September 1963.

27 Schram, 앞의 책, 253.

28 Brugger, 앞의 책, 174ff.

29 Talbot (ed.), 앞의 책, 272~278.

30 Brugger, 앞의 책, 212.

31 K. Walker, *Planning in Chinese Agriculture: Socialization and the Private Sector 1956~1962* (London 1965), 444~445.

32 Bill Brugger, *China: Radicalism and Revisionism 1962~1972* (New Jersey 1981), 36.

33 같은 책, 47.

34 Roxane Witke, *Comrade Chiang Ching* (London 1977), 162.

35 같은 책, 154.

36 Colin Mackerras, *The Chinese Theatre in Modern Times* (Amherst, Mass., 1975.)

37 Witke, 앞의 책, 383.

38 같은 책, 158~159.

39 같은 책, 309~310.

40 같은 책, 312~314.

41 Terrill, 앞의 책, 305 각주.

42 같은 책, 304~309.

43 Witke, 앞의 책, 318.

44 문화대혁명의 장기적인 기원에 관해서는 다음 책을 참고하라. Roderick MacFarquhar, *The Origins of the Cultural Revolution, 1 Contradictions Among the People 1956~1957* (London 1974.)

45 *China Quarterly*, 45.

46 Terrill, *Mao*, 315.

47 Witke, 앞의 책, 320, 356ff.

48 Naranarayan Das, *China's Hundred Weeds: a Study of the Anti-Rightist Campaign in China 1957~1958* (Calcutta 1979); Garside, 앞의 책, 69.

49 Chen, 앞의 책, 388.

50 같은 책, 226.

51 같은 책, 211.

52 Garside, 앞의 책, 70, 91; Witke, 앞의 책, 379; Terrill, 앞의 책, 315; Chen, 앞의 책, 226ff.

53 Chen, 앞의 책, 221~224.

54 Anita Chan, et al., 'Students and class warfare: the social roots of the Red Guard conflict in Guangzhon (Canton)', *China Quarterly*, 83, September 1980.

55 Chen, 앞의 책, 228~231.

56 Simon Leys, *The Times Literary Supplement*, 6 March 1981, 259~260.

57 Witke, 앞의 책, 324~325.

58 Witke, 앞의 책, 328.

59 William Hinton, *Hundred Days War: the Cultural Revolution at Tsinghua University* (New

York 1972), 101~104.

60 Terrill, 앞의 책, 319.

61 Witke, 앞의 책, 388~390.

62 같은 책, 435.

63 같은 책, 391~392, 402.

64 Parris Chang, 'Shanghai and Chinese politics before and after the Cultural Revolution' in Christopher Howe (ed.), *Shanghai* (Cambridge 1981.)

65 Philip Bridgham, 'Mao's Cultural Revolution in 1967' in Richard Baum and Louis Bennett (eds), *China in Ferment* (Yale 1971), 134-5; Thomas Robinson, 'Chou En-lai and the Cultural Revolution in China' in Baum and Bennett (eds), *The Cultural Revolution in China* (Berkeley 1971), 239~250.

66 Witke, 앞의 책, 349; Edward Rice, *Mao's Way* (Berkeley 1972), 376~378.

67 *Far Eastern Economic Review*, 2 October 1969; Terrill, 앞의 책, 321~328.

68 Terrill, 앞의 책, 328~330.

69 Chen, 앞의 책, 344ff.; Terrill, 앞의 책, 345ff.

70 Terrill, 앞의 책, 369; Witke, 앞의 책, 365.

71 Terrill, 앞의 책, 387-90; Witke, 앞의 책, 475~476.

72 Terrill, 앞의 책, 402 각주.

73 같은 책, 381,420.

74 Ross Terrill, *The Future of China After Mao* (London 1978), 121.

75 같은 책, 115~117.

76 Witke, 앞의 책, 472ff; Terrill, *China After Mao*, 121~123.

77 Zheng Ming이 인용되어 있는 *Daily Telegraph*, 9 January 1981을 참고하라.

78 Garside, 앞의 책, 67ff.

79 같은 책, 73ff.

80 Leys, 앞의 책

81 Michael Oksenberg, 'China Policy for the 1980s', *Foreign Affairs*, 59 (Winter 1980-1), 304~322.

82 *Guardian*, 5 February 1982.

83 M. D. Morris et al., (eds), *Indian Econo-my in the Nineteenth Century* (Delhi 1969); W. J. Macpherson, 'Economic Development in India under the British Crown 1858~1947' in A. J. Youngson (ed.), *Economic Development in the Long Run* (London 1972), 126~191; Peter Robb, 'British rule and Indian "Improvement"', *Economic History Review*, XXXIV (1981), 507~523.

84 J. Nehru, *The Discovery of India* (London 1946.)

85 Dom Moraes, *Mrs Gandhi* (London 1980), 127.

86 Dom Moraes, *The Tempest Within* (Delhi 1971.)

87 Moraes, *Mrs Gandhi*, 224.

88 Shahid Javed Burki, *Pakistan under Bhutto 1971~1977* (London 1979.)

89 Moraes, *Mrs Gandhi*, 250.

90 Victoria Schofield, *Bhutto: Trial and Execution* (London 1980.)

91 Moraes, 앞의 책, 319.

92 1981년 3월 15일 내무부 장관의 의회 성명.

93 *The Times*, 3 February 1981.

94 *Daily Telegraph*, 2 February 1981.

95 다음 책을 참고하라. James Freeman, *Untouchable: an Indian Life History* (London 1980.)

96 *New York Times*, 20 July 1980.

97 R. Kipling, *From Sea to Sea* (London 1899.)

98 Ved Mehta, *Portrait of India* (London 1970), Part VII, 362.

99 다음을 참고하라. *Daily Telegraph*, 8 February 1982.

제17장 유럽의 부활

1 Jacques Dumaine, *Quai d'Orsay 1945~1951* (tr. London 1958), 13.

2 Simone de Beauvoir, *Force of Circumstance* (tr. London 1965), 38ff.

3 David Pryce-Jones, *Paris in the Third Reich: A History of the German Occupation 1940~1944* (London 1981.)

4 Henri Levy, *L' Idéologie française* (Paris 1981.)

5 Herbert R. Lottman, *Camus* (London 1981 ed.), 705.

6 같은 책, 322.

7 Guillaume Hanoteau, *L'Age d'or de St-Germain-des-Prés* (Paris 1965); Herbert Lottman, 'Splendours and miseries of the literary café' , *Saturday Review*, 13 March 1963, and *New York Times Book Review*, 4 June 1967.

8 Popper, *Conjectures and Refutations*, 363.

9 Terence Prittie, *Konrad Adenauer 1876~1967* (London 1972), 35~36.

10 Maria Romana Catti, *De Gasperi uomo solo* (Milan 1964), 81~82.

11 Elisa Carrillo, *Alcide de Gasperi: the Long Apprenticeship* (Notre Dame 1965), 9.

12 같은 책, 23.

13 Catti, 앞의 책, 104~111; Carrillo, 앞의 책, 83~84.

14 Prittie, 앞의 책, 224, 312.

15 같은 책, 97.

16 같은 책, 106~110.

17 Lewis J. Edinger, *Kurt Schumacher* (Stanford 1965), 135~136.

18 Arnold J. Heidenheimer, *Adenauer and the CDU* (The Hague 1960.)

19 연설 내용에 관해서는 다음 책을 참고하라. Leo Schwering, *Frühgeschichte der Christlich-Demokratische Union* (Recklinghausen 1963), 190~193.

20 Prittie, 앞의 책, 171.

21 Frank Pakenham, *Born to Believe* (London 1953), 198~199.

22 *Die Welt*, 30 November 1946.

23 Konrad Adenauer, *Memoirs*, 4 vols (tr. London 1966), I 180~182.

24 Aidan Crawley, *The Rise of West Germany 1945~1972* (London 1973), chapter 12.

25 Walter Henkels, *Gar nicht so Pingelig* (Dusseldorf 1965), 161.

26 Hans-Joachim Netzer (ed.), *Adenauer und die Folgen* (Munich 1965), 159.

27 Prittie, 앞의 책, 173 각주 7.

28 Henkels, 앞의 책

29 Prittie, 앞의 책, 236.

30 Adenauer, *Memoirs*, II 509ff.

31 Rudolf Augstein, *Konrad Adenauer* (tr. London 1964), 94.

32 Radio broadcast, 2 July 1954; Prittie, 앞의 책, 173.

33 J. Galtier-Boissiére, *Mon Journal pendant l' occupation* (Paris 1945.)

34 Philippe Bauchard, *Les Technocrates et le pouvoir* (Paris 1966); Zeldin, 앞의 책, 1068~1069.

35 G. Wright, *Rural Revolution in France* (Stanford 1964), chapter 5.

36 Zeldin, 앞의 책, 687.

37 W. D. Halls, *The Youth of Vichy France* (Oxford 1981); Zeldin, 앞의 책, 1141.

38 Robert Aron, *Histoire de l' Épuration* 3 vols (Paris 1967); Peter Novick, *The Resistance v. Vichy* (New York 1968.)

39 Herbert Lüthy, *The State of France* (tr. London 1955), 107.

40 André Rossi, *Physiologie du parti communiste français* (Paris 1948), 83, 431~432.

41 Annie Kriegel, *The French Communists: Profile of a People* (Chicago 1972.)

42 다음을 참고하라. Herbert Lüthy, 'Why Five Million Frenchmen Vote Communist', *Socialist Commentary*, December 1951, 289.

43 Lüthy, *State of France*, 117.

44 Philip Williams, *Politics in Post-War France* (London 1954 ed.), 17~19.

45 Lüthy, 앞의 책, 123.

46 Zeldin, 앞의 책, 1045 ff.

47 Jean Monnet, *Memoirs* (tr. London 1978.)

48 *Bulletin mensuel de statistique* (Paris), October 1952, 44.

49 Lüthy, 앞의 책, 432.

50 Joseph Hours, *Année politique et économique*, spring 1953.

51 Lüthy, 앞의 책, 385.

52 Jean-Raymond Tournoux, *Pétain and de Gaulle* (tr. London 1966), 7.

53 Zeldin, 앞의 책, 1121.

54 Gaston Palewski, 'A Surprising Friendship: Malraux and de Gaulle' in Martine de Curcel (ed.), *Malraux: Life and Work* (London 1976), 70.

55 같은 책, 69.

56 Goethe 's Faust (Penguin Classics), Part Ⅰ, 71.

57 De Gaulle, speech, 17 April 1948.

58 De Gaulle, speeches of 13 April 1963; 22 November 1944; 1 March 1941; 25 November 1943; 다음을 참고하라. Philip Cerny, *The Politics of Grandeur: Ideological Aspects of de Gaulle' s Foreign Policy* (Cambridge 1980.)

59 De Gaulle, 앞의 책, 235.

60 같은 책, 18.

61 Jacques Fauvet, *La Quatriéme République* (Paris 1959), 64, 주석.

62 David Schoenbrun, *Three Lives of Charles de Gaulle* (London 1965), 94~95.

63 J. R. Frears, *Political Parties and Elections in the French Fifth Republic* (London 1977), 18ft.

64 De Gaulle, 앞의 책, 144~146.

65 John Ardagh, *The New France: a Society in Transition 1945~1977* (London, 3rd ed., 1977), 31~32.

66 Zeldin, 앞의 책, 625, 635~636.

67 같은 책, 300~330.

68 Lüthy, 앞의 책, 382.

69 Albert Sorel, *Europe and the French Revolution* (tr. London 1968), Ⅰ 277ff.

70 De Gaulle, 앞의 책, 173~174.

71 Adenauer, 앞의 책, Ⅲ 434.

72 다음 본문을 참고하라. Uwe Kitzinger, *The European Common Market and Community* (London 1967), 33~37.

73 Anthony Sampson, *Macmillan* (London 1967), 146.

74 Prime, 앞의 책, 268~269.

75 Adenauer, 앞의 책, Ⅲ 434.

76 Prittie, 앞의 책, 268.

77 기자 회견 자료는 다음을 참고하라. Harold Wilson, *The Labour Government 1964~1970* (London 1971), 392~394.

78 드골의 거부권에 관해서는 다음을 참고하라. Uwe Kitzinger, *Diplomacy and Persuasion:*

how Britain joined the Common Market (London 1973), 37~38.

79 Rostow, *World Economy*, 234~235와 표 III-47.

80 Kitzinger, *Diplomacy and Persuasion*, 29쪽 표.

81 B. Simpson, *Labour: the unions and the Party* (London 1973), 39.

82 A. Flanders, *Trades Unions* (London 1968); John Burton, *The Trojan Horse: Union Power in British Politics* (Leesburg 1979), 48, 50.

83 Sydney and Beatrice Webb, *The History of Trade Unionism* (London 1920); *Dicey's Law and Public Opinion in England* (London 1963 ed..)

84 *BBC v. Hearn and Others* (1977); 다음을 참고하라. J. H. Bescoby and C. G. Hanson, 'Continuity and Change in Recent Labour Law', *National Westminster Bank Quarterly Review*, February 1976; *Trade Union Immunities* (London, HMSO, 1981), 34~101.

85 F. W. Paish, 'Inflation, Personal Incomes and Taxation', *Lloyds Bank Review*, April 1975.

86 Geoffrey Fry, *The Growth of Government* (London 1979), 2~3; A. T. Peacock and J. Wiseman, *The Growth of Public Expenditure in the UK* (London, 2nd ed., 1967); M. Abramovitz and V. F. Eliasberg, *The Growth of Public Employment in Great Britain* (London 1957.)

87 J. M. Buchanan, John Burton and R. E. Wagner, *The Consequences of Mr Keynes* (London, Institute of Economic Affairs, 1978), 67과 34쪽 표 II.

88 Rostow, 앞의 책, 220쪽 표 III-42; *League of Nations Statistical Yearbook 1933~1934* (Geneva 1934), 표 10.

89 Derry, *Noway*, 325; P. M. Hayes, *Quisling* (Newton Abbot 1971.)

90 T. K. Derry, *A History of Scandinavia* (London 1979), 322~324; Rostow, 앞의 책, 220.

91 E. D. Simon, *The Smaller Democracies* (London 1939); Marquis Childs, *Sweden: the Middle Way* (New York 1936.)

92 Derry, *Scandinavia*, 336~337.

93 Christopher Hughes, *Switzerland* (London 1975), 167~172.

94 Urs Altermatt, 'Conservatism in Switzer-land: a study in anti-Modernism', *Journal of Contemporary History*, 14 (1979), 581~610.

95 *Wall Street Journal*, 23 June 1980.

96 Kenneth Maxwell, 'Portugal under Pressure', *New York Review of Books*, 29 May 1975, 20~30.

97 Tom Gallagher, 'Controlled Repression in Salazar' s Portugal', *Journal of Contemporary History*, 14 (1979) 385~402; PIDE에 관해서는 다음을 참고하라. 'Para a Historia do Fascismo Portogues: a Pide', *Portugal Informaca*, June~July 1977.

98 Neil Brace, *Portugal: the Last Empire* (Newton Abbot 1975), 108.

99 Trythall, 앞의 책에 인용된 프랑코의 연설(1946년 3월 9일 마드리드 해군).

100 같은 책, 206.

101 *Estudios sociológicos sobre la situación social de España 1975* (Madrid 1976.)

102 Raymond Carr and Juan Pabio Fusi, *Spain: Dictatorship to Democracy* (London 1979), 195ff.

103 Stanley Meisler, 'Spain' s New Democracy', *Foreign Affairs*, October 1977.

104 Carr and Fusi, 앞의 책, 246.

105 Richard Clogg, *A Short History of Modern Greece* (Cambridge 1979), 164~165.

106 William McNeil, *Metamorphosis of Greece since World War II* (Chicago 1978.)

107 *New York Times*, 6 July 1980.

제18장 미국의 자살 기도

1 Edgar M. Bottome, *The Missile Gap* (Rutherford, N.J. 1971.)

2 Schlesinger, *Robert Kennedy*, 220 각주; William Safire, *Before the Fall: an inside view of the pre-Watergate White House* (New York 1975), 152~153.

3 Pierre Salinger, *With Kennedy* (New York 1966), 51.

4 William F. Buckley Jr, 'Human Rights and Foreign Policy', *Foreign Affairs*, Spring 1980.

5 J. F. Kennedy, *Public Papers etc.*, 3 vols (Washington DC 1963~1964), I 1ff.

6 R. J. Walton, *Cold War and Counterrevolution: the Foreign Policy of John F. Kennedy* (New York 1972.)

7 Poole, 앞의 책, 28.

8 Rostow, 앞의 책, 222ff.; Carlos Diáz Alejandro, *Essays on the Economic History of the Argentine Republic* (Yale 1970.)

9 H. S. Ferns, *Argentina* (London 1969), 184ff.

10 Claudio Veliz (ed.), *The Politics of Conformity in Latin America* (Oxford 1967), Appendix, 'Successful Military Coups 1920~1966', 278.

11 H. S. Ferns, 앞의 책, 173.

12 Walter Little, 'The Popular Origins of Peronism' in David Rock (ed.), *Argentina in the Twentieth Century* (London 1975.)

13 H. S. Ferns, 앞의 책, 190.

14 David Rock, 'The Survival and Restoration of Peronism', in *Argentina in the Twentieth Century.*

15 Martin Shermin and Peter Winn, 'The US and Cuba', *Wilson Review*, Winter 1979.

16 1960년 8월 30일 상원법무위원회 국회청문회 당시 얼 스미스의 발언.

17 Hugh Thomas, *Cuba, or the Pursuit of Freedom* (London 1971), 639.

18 Blas Roca, *En Defensa del Pueblo* (1945), 41~43; Thomas, *Cuba*, 736.

19 E. Suarez Rivas, *Un Pueblo Crucificado* (Miami 1964), 18; Thomas, 앞의 책.

20 *America Libre*, Bogota, 22 May 1961; Thomas, 앞의 책, 811.

21 Thomas, 앞의 책, 814~816.

22 같은 책, 819.

23 카스트로에 관한 비판적인 해석은 다음 책을 참고하라. Luis Conte Aguero, *Fidel Castro, Psiquiatriay Politica* (Mexico City 1968 ed.); 카스트로에 관한 호의적인 해석은 다음 책을 참고하라. Herbert Matthews, *Castro: a Political Biography* (London 1969).

24 Thomas, 앞의 책, 946.

25 같은 책, 977.

26 바티스카와 카스트로에 대한 미국의 정책에 관해서는 다음 자료를 참고하라. Earl Smith, *The Fourth Floor* (New York 1962); *Communist Threat to the USA through the Caribbean: Hearings of the Internal Security Sub-committee, US Senate* (Washington DC 1959~1962.)

27 Smith, 앞의 책, 60.

28 Thomas, 앞의 책, 1038~1044.

29 E. Guevara, *Ouevres Révolutionaires 1959~1967* (Paris 1968), 25.

30 Smith, 앞의 책, 170.

31 Thomas, 앞의 책, 1071ff.

32 같은 책, 1197.

33 같은 책, 1202~1203.

34 같은 책, 1233~1257.

35 같은 책, 969~970.

36 Schlesinger, *Robert Kennedy*, 452.

37 같은 책, 445.

38 피그 만에 대한 존 F. 케네디의 정책에 관해서는 다음 자료를 참고하라. Haynes Johnson, *The Bay of Pigs* (New York 1964); Arthur Schle-singer, *A Thousand Days* (Boston 1965), chapters 10~11.

39 Thomas, 앞의 책, 1365.

40 같은 책, 1371.

41 Schlesinger, 앞의 책, 472; *Readers' s Digest*, November 1964.

42 *Alleged Assassination Plots involving Foreign Leaders* (Washington DC 1975), 14.

43 같은 책; 중간보고서 및 최종보고서에 관해서는 Schlesinger, 앞의 책 21장을 참고하라.

44 H. S. Dinerstein, *The Making of a Missile Crisis* (Baltimore 1976), 156; 다음을 참고하라. Talbot (ed.), 앞의 책.

45 Jean Daniel in *L' Express*, 14 December 1963; *New Republic*, 21 December 1963; Claude Julien, *Le Monde*, 22 March 1963.

46 Schlesinger, 앞의 책, 504~505.

47 같은 책, 507~511.

48 미사일 위기에 관한 내부 설명에 관해서는 다음 책을 참고하라. Robert Kennedy, *Thirteen Days: a memoir of the Cuban Missile Crisis* (New York 1971 ed..)

49 Michel Tatu, *Power in the Kremlin: from Khrushchev to Kosygin* (New York 1969), 422.

50 *Newsweek*, 28 October 1963.

51 Edwin Guthman, *We Band of Brothers* (New York 1971), 26; *Saturday Review*, 15 October 1977.

52 Thomas, 앞의 책, 1414.

53 Schlesinger, 앞의 책, 531.

54 Talbot (ed.), 앞의 책, 511.

55 Schlesinger, 앞의 책, 530~531.

56 같은 책, 523와 각주.

57 Thomas, 앞의 책, 1418.

58 Hollander, 앞의 책, chapter 6: 'Revolutionary Cuba and the discovery of the New World', esp. 234ff.

59 Hugh Thomas in *The Times Literary Supplement*, 10 April 1981, 403.

60 다음을 참고하라. Werner Von Braun and F. I. Ordway, *History of Rocketry and Space-Travel* (New York, revised ed. 1969.)

61 Hugh Sidey, Who was present, in *John F. Kennedy: Portrait of a President* (London 1964.)

62 H. Young et al., *Journey to Tranquillity: the History of Man's Assault on the Moon* (London 1969), 109~110.

63 Leslie H. Gelb and Richard K. Betts, *The Irony of Vietnam: the System Worked* (Washington DC 1979), 70~71.

64 W. W. Rostow, *The Diffusion of Power: an essay in recent history* (New York 1972), 265.

65 다음을 참고하라. Archimedes L. A. Patti, *Why Vietnam? Prelude to America's Albatros* (University of California 1981); 다음을 참고하라. Dennis Duncanson, *The Times Literary Supplement*, 21 August 1981, 965.

66 Truman, 앞의 책, I 14~15.

67 Acheson, 앞의 책, 675~676.

68 내셔널프레스클럽 연설; Acheson, *Department of State Bulletin*, 23 January 1950, 115f.

69 Kennan, *Memoirs 1950~1963*, 1959.

70 D. Eisenhower, *Public Papers* (1954), 253, 306; Gelb and Betts, 앞의 책, 60.

71 1954년 4월 7일과 26일 아이젠하워의 기자회견; Gelb and Betts, 앞의 책, 59.

72 Eisenhower, *Public Papers* (1959), 71.

73 De Gaulle, 앞의 책, 256.

74 J. F. Kennedy, *Public Papers*, II 90.

75 Schlesinger, *A Thousand Days*, 547.

76 David Halberstam, *The Best and the Brightest* (New York 1972), 135.

77 Henry Graff, *The Tuesday Cabinet: Deliberation and Decision in Peace and War under Lyndon B. Johnson* (New York 1970), 53.

78 Gelb and Betts, 앞의 책, 104 각주 31; 다음을 참고하라. Joseph C. Goulden, *Truth is the First Casualty: the Gulf of Tonkin Affair* (New York 1969), 160.

79 Gelb and Betts, 앞의 책, 117~118.

80 같은 책, 120~123.

81 Lyndon Johnson, *Public Papers*, IV 291.

82 Halberstam, 앞의 책, 596.

83 Graff, 앞의 책, 81.

84 Gelb and Betts, 앞의 책, 135ff.

85 Doris Kearns, *Lyndon Johnson and the American Dream* (New York 1976), 264.

86 Gelb and Bens, 앞의 책, 139~143.

87 Guenther Lewy, 'Vietnam: New Light on the Question of American Guilt', *Commentary*, February 1978.

88 Gelb and Betts, 앞의 책, 214~215.

89 Lewy, 앞의 책

90 Gelb and Bens, 앞의 책, 171.

91 Peter Braestrup, *Big Story: How the American Press and TV Reported and Interpreted the Crisis of Tet 1968 in Vietnam and Washington*, 2 vols (Boulder 1977.)

92 John Mueller, *War, Presidents and Public Opinion* (New York 1973.)

93 Gelb and Bens, 앞의 책, 130.

94 William Lunch and Peter Sperlich, 'American Public Opinion and the War in Vietnam', *Western Political Quarterly*, Utah, March 1979.

95 Don Oberdorfer, *Tet!* (New York 1971), 289~290.

96 Sidney Verba et al., *Vietnam and the Silent Majority* (New York 1970); Stephen Hess, 'Foreign Policy and Presidential Campaigns', *Foreign Policy*, Autumn 1972.

97 Herbert Y. Shandler, *The unmaking of a President: Lyndon Johnson and Vietnam*

(Princeton 1977), 226~229.

98 Kearns, 앞의 책, 286, 282~283.

99 Schlesinger, 앞의 책, 1002.

100 Lyndon Baines Johnson, *The Vantage Point: perspectives of the Presidency 1963~1969* (New York 1971), 81.

101 존슨이 1964년 5월 미시간대학교에서 한 연설은 다음 책에 인용되어 있다. Lawrence J. Winner, *Cold War America: from Hiroshima to Watergate* (New York 1974), 239~240.

102 Johnson, 앞의 책, 322~324; *New York Times*, 10 August 1965; Winner, 앞의 책, 247~248.

103 Johnson, 앞의 책, 172~173, 330.

104 *Office of Management and Budget: Federal Government Finances* (Washington DC 1979); 조금 다른 계산 추측에 관해서는 다음 책을 참고하라. Rostow, 앞의 책, 272, 표 III-65.

105 Larry Berman, *The Office of Management and Budget and the Presidency 1921~1979* (Princeton 1979.)

106 Johnson, 앞의 책 435, 442ff., 450~451.

107 같은 책, 87.

108 Stanley Lebergott, *Wealth and Want* (Princeton 1975), 11~12.

109 Daniel P. Moynihan, *The Negro Family* (New York 1965.)

110 Daniel P. Moynihan, *Maximum Feasible Misunderstanding* (New York 1968.)

111 Diane Divoky, 'A Loss of Nerve', *Wilson Review*, Autumn 1979.

112 C. P. Snow, *The Two Cultures and the Scientific Revolution* (Cambridge 1959.)

113 Edward F. Denison, *Sources of Economic Growth* (New York 1962); Fritz Machlup, *The Production and Distribution of Knowledge in the united States* (Princeton 1962.)

114 Clark Kerr, *The Uses of the university* (New York 1966.)

115 Lewis B. Mayhew, *Higher Education in the Revolutionary Decades* (Berkeley 1967), 101ff.

116 Charles E. Finn, *Scholars, Dollars and Bureaucrats* (Washington DC 1978), 22.

117 *On Further Examination: Report of the Advisory Panel on the Scholastic Aptitude Test score decline* (College Entrance Examination Board, New York 1977.)

118 실례로 다음을 참고하라. *National Institute of Education Compensatory Education Study* (New York 1978.)

119 Divoky, 앞의 책

120 Christopher Jenks, *Who Gets Ahead? The Determinants of Economic Success in America* (New York 1979.)

121 다음을 참고하라. Arnold Heertje (ed.), *Schumpeter's Vision: Capitalism, Socialism and Democracy after Forty Years* (Eastbourne 1981.)

122 Wittner, 앞의 책, 246~247.

123 Trilling, *Last Decade*, 174.

124 Wittner, 앞의 책, 292.

125 Trilling, 앞의 책, 111.

126 Fritz Stern, 'Reflections on the International Student Movement', *The American Scholar*, 40 (Winter 1970~1971), 123~137.

127 Paul Joubert and Ben Crouch, 'Mississippi blacks and the Voting Rights Act of 1965', *Journal of Negro Education*, Spring 1977.

128 Jack Bass and Walter de Vries, *The Transformation of Southern Politics* (New York 1976.)

129 Schlesinger, 앞의 책, 330; 다음을 참고하라. D. W. Matthews and J. R. Protherd, *Negroes and the New Southern Politics* (New York 1966), 240ff.

130 *Report of the National Advisory Com-mission on Civil Disorders* (Washington DC 1968), 56.

131 Johnson, 앞의 책, 95.

132 Wittner, 앞의 책, 283.

133 Bohlen, 앞의 책, 210.

134 Arthur Schlesinger, *The Imperial Presidency* (Boston 1973), 123.

135 Thomas Cronic, 'The Textbook Presidency and Political Science', *Congressional Record*, 5 October 1970.

136 Wilfred Binkley, *New Republic*, 18 May 1953.

137 *New York Times*, 18 May 1954; *Washington Post*, 20 May 1954.

138 Schlesinger, *Imperial Presidency*, 169.

139 Safire의 책에 인용된 David Broder, 앞의 책, 171.

140 같은 책, 70, 75.

141 Wittner, 앞의 책, 300~301.

142 Richard Nixon, *Public Papers*, 1969 (Washington DC 1971), 371.

143 Gelb and Betts, 앞의 책, 350.

144 Safire, 앞의 책, 369.

145 같은 책, 375~379.

146 협정 내용은 다음 자료를 참고하라. State Department Bulletin, 12 February 1973; Gelb and Betts, 앞의 책, 350.

147 Safire, 앞의 책, 117~118.

148 같은 책, 360.

149 Wittner, 앞의 책, 370~371.

150 Safire, 앞의 책, 264.

151 Richard W. Steele, 'Franklin D. Roosevelt and his Foreign Policy Critics', *Political Science Quarterly*, Spring 1979, 22 각주 27.

152 같은 책, 18; Saul Alindky, *John L. Lewis* (New York 1970), 238; Safire, 앞의 책, 166.

153 Trohan, 앞의 책, 179; *Daily Telegraph*, 4 March 1982.

154 Schlesinger, 앞의 책, 403ff.; Roger Blough, *The Washington Embrace of Business* (New York 1975.)

155 Schlesinger, 앞의 책, 311~312.

156 Fred Friendly, *The Good Guys, the Bad Guys and the First Amendment* (New York 1976), chapter 3.

157 Safire, 앞의 책, 166.

158 Schlesinger, 앞의 책, 362ff.; 정보활동에 관한 상원 특별조사위원회 최종보고서 (Washington 1976), II 154, III 158~160.

159 Trohan, 앞의 책, 136~137.

160 같은 책, 326; Judith Exner, *My Story* (New York 1977.)

161 Alfred Steinberg, *Sam Johnson's Boy* (New York 1968), 671.

162 존슨의 비행에 관해서는 다음을 참고하라. Robert A. Caro, *The Years of Lyndon Johnson*

(New York 1982 and forthcoming.)

163 Charles Roberts, *LBJ's Inner Circle* (New York 1965), 34; Schlesinger, *Imperial Presidency*, 221; 다음을 참고하라. 'The Development of the White House Staff', *Congressional Record*, 20 June 1972.

164 Safire, 앞의 책, 166ff.

165 같은 책, 357.

166 Fred Thompson, *At That Point in Time* (New York 1980.)

167 *Will the Autobiography of G. Gordon Liddy* (London 1981), 300.

168 다음의 예를 참고하라. Maurice Stans, *The Terrors of Justice: the untold side of Watergate* (New York 1979); James Nuechterlein, 'Watergate: towards a Revisionist View', *Commentary*, August 1979. 시리카는 다음 책에서 자신의 설명을 입증하고 있다. John J. Sirica, *To Set the Record Straight* (New York 1979.)

169 *Daily Telegraph*, 15 January and 5~6 February 1982.

170 Anthony Lukas, *Nightmare: the underside of the Nixon Years* (New York 1976), 375ff.; Safire, 앞의 책, 292.

171 Tom Bethell and Charles Peters, 'The Imperial Press', *Washington Monthly*, November 1976.

172 Lee H. Hamilton and Michael H. Van Dusen, 'Making the Separation of Powers Work', *Foreign Affairs*, Autumn 1978.

173 Georgetown university Conference on Leadership, Williamsburg, Virginia, reported in *Wall Street Journal*, 15 May 1980.

174 Gerald Ford, *Public Papers 1975* (Washington DC 1977), 119.

175 *State Department Bulletin*, 14 April 1975.

176 1975년 8월 4일 미국 정치과학협회 대회에 제출한 다음 보고서를 참고하라. *Political Change in Wartime: the Khmer Krahom Revolution in Southern Cambodia 1970~1974* (San Francisco, 1975.)

177 같은 책.

178 1975년 10월부터 1976년 10월까지 태국, 말레이시아, 프랑스, 미국의 난민 캠프에 관한 증거 자료는 다음을 참고하라. John Barron and Anthony Paul, *Peace with Horror* (London

1977), 10-31.

179 같은 책, 66~85; *New York Times*, 9 May 1974, 31 October 1977, 13 May 1978; *Washington Post*, 21 July 1977, 2, 3, 4 May and 1 June 1978.

180 Barron and Paul, 앞의 책, 136~149.

181 같은 책, 202ff.

182 *Annual Register* 1981 (London 1982.)

제19장 1970년대의 집단주의

1 *New York Times*, 31 December 1933.

2 몬터규 노먼에게 보내는 편지는 다음을 참고하라. *Collected Writings of J. M. Keynes*, XXV 98~99.

3 Rostow, 앞의 책, 68쪽 표 II-7.

4 같은 책, 49.

5 Richard Austin Smith, 'The Incredible Electrical Conspiracy', *Fortune*, April~May 1961.

6 Schlesinger, 앞의 책, 405.

7 *Christian Science Monitor*, 16 April 1962; *Wall Street Journal*, 19 April 1962.

8 Robert Sobell, *The Last Bull Market: Wall Street in the 1960s* (New York 1980.)

9 James Lorie, 'The Second Great Crash', *Wall Street Journal*, 2 June 1980.

10 Robert DeFina, *Public and Private Expenditures for Federal Regulation of Business* (Washington university, St Louis 1977); Murray L. Weidenbaum,. *Government Power and Business Performance* (Stanford 1980.)

11 Weidenbaum, 앞의 책.

12 Edward F. Denison, *Survey of Current Business* (US Department of Commerce, Washington DC), January 1978.

13 Denison, *Survey of Current Business*, August 1979 (Part II); *Accounting for Slower Economic Growth: the united States in the 1970s* (Washington DC 1980.)

14 R. A. Maidment, 'The US Supreme Court and Affirmative Action: the Cases of Bakka,

Weber and Fullilove', *Journal of American Studies*, December 1981.

15 Laurence H. Silberman, 'Will Lawyers Strangle Democratic Capitalism?', *Regulation* (Washington DC), March/April 1978.

16 John Osborne, *White House Watch: the Ford Years* (Washington DC 1977), 68.

17 *Washington Star*, 16 April 1980; *Washington Post*, 18 April 1980; *Wall Street Journal*, 24 April 1980; Carl Cohen, 'Justice Debased: the Weber Decision', *Commentary*, September 1979.

18 Richard Fry (ed.), *A Banker's World* (London 1970), 7.

19 1979년 6월 11일 유러달러 체제의 기원에 관한 런던 국제금융회의 연설은 다음 책에 인용되어 있다. Anthony Sampson, *The Money Lenders: Bankers in a Dangerous World* (London 1981), chapter 7, 106ff.

20 Geoffrey Bell, *The Eurodollar Market and the International Financial System* (New York 1973.)

21 Irving Friedman, *The Emerging Role of Private Banks in the Developing World* (New York 1977.)

22 Charles Coombs, *The Arena of International Finance* (New York 1976), 219.

23 Geoffrey Bell, 'Developments in the International Monetary System Since Floating', *Schroders International*, November 1980.

24 Rostow, 앞의 책, 248~249.

25 같은 책, 260~261과 표 III-59.

26 같은 책, 254~245.

27 J. B. Kelly, *Arabia, the Gulf and the West* (London 1980.)

28 Teddy Kollek, 'Jerusalem', *Foreign Affairs*, July 1977.

29 P. J. Vatikiotis, *Nasser and his Generation* (London 1978.)

30 Ruth First, *Libya: the Elusive Revolution* (Harmondsworth 1974), 201~204.

31 Henry Kissinger, *Years of Upheaval* (London 1982.)

32 Martin Gilbert, *The Arab-Israel Conflict* (London 1974), 97.

33 Poole, 앞의 책, 247; Scott Sagan, 'The Yom Kippur Alert', *Foreign Policy*, Autumn 1979.

34 Kissinger, 앞의 책

35 Rostow, *World Economy*, 295.

36 같은 책, 290~295.

37 Charles R. Morris, *The Cost of Good Intentions: New York City and the Liberal Experiment* (New York 1980), 234.

38 *House Banking Committee: International Banking Operations, Hearings* (Washing-ton DC 1977), 719.

39 Sampson, *The Money Lenders*, 126~127.

40 Seth Lipsky, *The Billion Dollar Bubble* (Hong Kong 1978.)

41 *Wall Street Journal*, 25~26 June 1980.

42 Bruce Palmer (ed.), *Grand Strategy for the 1980s* (Washington DC 1979), 5.

43 *Annual Defence Department Report, Financial Year 1977* (Washington DC 1977), section Ⅴ.

44 Osborne, 앞의 책, XXXIII.

45 같은 책, 32.

46 Paula Smith, 'The Man Who Sold Jimmy Carter', *Dun's Review* (New York), August 1976.

47 Robert W. Tucker, 'America in Decline: the Foreign Policy of "Maturity"', *Foreign Affairs*, 58 (Autumn 1979), 450~484.

48 미국 안보정책과 정책결정 심포지엄에 래피와 라일이 제출한 보고서는 다음을 참고하라. *Policy Studies Journal*, Autumn 1979.

49 Jeane Kirkpatrick, 'Dictatorships and Double Standards: a Critique of US Policy', *Commentary*, November 1979.

50 Michael A. Ledeen and William H. Lewis, 'Carter and the Fall of Shah: the Inside Story', *Washington Quarterly*, Summer 1980, 15ff.

51 Thomas L. Hughes, 'Carter and the Management of Contradictions', *Foreign Policy*, 31 (Summer 1978), 34~55; Simon Serfaty, 'Brzezinski: Play it Again, Zbig', *Foreign Policy*, 32 (Autumn 1978), 3~21; Elizabeth Drew, 'Brzezinski', *New Yorker*, 1 May 1978; and Kirkpatrick, 앞의 책.

52 다음을 참고하라. Robert Legvold, 'The Nature of Soviet Power', *Foreign Affairs*, 56 (Autumn 1977), 49~71.

53 Ronald Hingley, *The Russian Secret Police* (London 1970), 222.

54 Robert Payne, *The Rise and Fall of Stalin* (London 1968), 718~719.

55 Kolakowski, 앞의 책, III 'Destalinization'.

56 쿠데타에 관해서는 다음을 참고하라. Michel Tatu, *Power in the Kremlin* (tr. London 1969); Hingley, *Russian Secret Police*, 43~45.

57 Hélène Carrère d'Encausse, *Le Pouvoir Confisqué: Gouvernants et Gouvernés en URSS* (Paris 1981.)

58 Robert C. Tucker, 'Swollen State, Spent Society: Stalin's Legacy to Brezhnev's Russia', *Foreign Affairs*, 60 (Winter 1981-2), 414~425.

59 다음을 참고하라. CIA, *A Dollar Comparison of Soviet and US Defence Activities 1967~1977* (Washington DC January 1978); Les Aspin, 'Purring Soviet Power in Perspective', *AEI Defense Review* (Washington DC), June 1978.

60 National Foreign Assessment Center, *Handbook of Economic Statistics 1979* (Washington DC.)

61 Talbot (ed.), 앞의 책, 131.

62 Arcadius Kahan and Blair Rible (eds), *Industrial Labour in the USSR* (Washing-ton DC 1979.)

63 다음을 참고하라. Joint Economic Committee, *Congress of the USA, Soviet Economy in a Time of Change* (Washington DC 1979.)

64 다음을 참고하라. Solzhenitsyn's 'Misconceptions about Russia are a Threat to America', *Foreign Affairs*, 58 (Spring 1980), 797~834.

65 Tucker, 앞의 책에 인용되어 있는 다음 책을 참고하라. Arkhiv samizdata, *Document Number 374*.

66 Mark Popovsky, *Manipulated Science: the Crisis of Science and Scientists in the Soviet union Today* (tr. New York 1979), 179.

67 다음을 참고하라. Evgeny Pashukanis, *Selected Writings on Marxism and Law* (tr. London 1980); Eugene Kamenka, 'Demytho-logizing the Law', *The Times Literary Supplement*, 1 May 1981,475~476.

68 Tufton Beamish and Guy Hadley, *The Kremlin Dilemma: the struggle for Human Rights in Eastern Europe* (London 1979), 24.

69 Roy Medvedev, *On Soviet Dissent: interviews with Piero Ostellino* (tr. London 1980), 61.

70 같은 책, 53~54.

71 Bavel Litvinov (ed.), *The Trial of the four* (London 1972.)

72 Beamish and Hadley, 앞의 책, 216ff.

73 같은 책, 221ff.

74 I. Z. Steinberg, *Spiridonova: Revolutionary Terrorist* (London 1935), 241~242; 사실 그녀는 1919년 4월에 크렘린 초소에 갇혀있었다.

75 Sidney Bloch and Peter Reddaway, *Russia' s Political Hospitals: the Abuse of Psychiatry in the Soviet Union* (London 1977), 51~53.

76 자가 출판한 야코프의 자서전은 1970년에 서구에 밀반입되었다.

77 *Pravda*, 24 May 1959.

78 영국 정신과 의사 44명에 관한 증거 자료는 다음을 참고하라. C. Mee (ed.), *The Internment of Soviet Dissenters in Mental Hospitals* (London 1971.)

79 Bloch and Reddaway, 앞의 책, 311ff.; 다음을 참고하라. I. F. Stone, *New York Review of Books*, 10 February 1972, 7~14.

80 모든 것이 다음 책에 요약되어 있다. Bloch and Reddaway, 앞의 책, 부록 Ⅰ, 347~398.

81 같은 책, 57.

82 *Abuse of Psychiatry for Political Repres-sion in the Soviet union*, US Senate Judiciary Committee (Washington DC 1972.)

83 Bloch and Reddaway, 앞의 책, 220~230.

84 Medvedev, *On Soviet Dissent*, 142~143.

85 *Reprints from the Soviet Press*, 30 April 1977, 22~23.

86 *Index on Censorship* (London), No. 4 1980; Vladimir Bukovsky, 'Critical Masses: the Soviet union' s Dissident Many' , *American Spectator*, August 1980; 다음을 참고하라. Joshua Rubenstein, *Soviet Dissidents: their Struggle for Human Rights* (Boston 1981.)

87 Alva M. Bowen, 'The Anglo-German and Soviet-American Naval Rivalries: Some Comparisons' in Paul Murphy (ed.), *Naval Power and Soviet Policy* (New York 1976.)

88 James L. George (ed.), *Problems of Sea-Power as we approach the 21st Century* (Washington DC 1978), 18.

89 Sulzberger, 앞의 책, 698.

90 고르바초프의 기사 모음은 미국해군협회에서 다음과 같이 번역하여 출판하였다. *Red Star Rising at Sea and Sea-Power and the State* (Annapolis.)

91 George, 앞의 책, 17.

92 Admiral Elmo Zumwalt, *On Watch* (New York 1976), 444~445.

93 Richard Fagen, 'Cuba and the Soviet union', *Wilson Review*, Winter 1979.

94 Mahgoub, 앞의 책, 277.

95 Fagen, 앞의 책.

96 Jonathan Kwitny, '"Communist" Congo, "Capitalist" Zaire', *Wall Street Journal*, 2 July 1980.

97 Albert Wohlstetter (ed.), *Swords from Ploughshares: the Military Potential of Civilian Nuclear Energy* (Chicago, 1979), XIII.

98 같은 책, 17.

99 Lawrence Scheinman, *Atomic Policy in France under the Fourth Republic* (Princeton 1965), 94~95.

100 일본에 관해서는 다음 책을 참고하라. Wohlstetter, 앞의 책, chapter 5, 111~125; Geoffrey Kemp, *Nuclear Forces for Medium Powers* (London 1974.)

101 Wohlstetter, 앞의 책, 44~45.

102 다음을 참고하라. Claire Sterling, *The Terror Network* (New York 1981.)

103 Caroline Moorehead, *Fortune's Hostages: Kidnapping in the World Today* (London 1980.)

104 Christopher Dobson and Ronald Payne, *The Carlos Complex: a pattern of violence* (London 1977.)

105 두 가지 사례에 관해서는 Sterling, 앞의 책을 참고하라.

106 'The Most Sinister Growth Industry', *The Times*, 27 October 1981.

107 폴 존슨은 예루살렘 국제테러리즘 회의에서 발표한 'The Seven Deadly Sins of Terrorism'에서 이 논쟁을 상세하게 설명하였다. 논문은 1979년에 Jonathan Institute에서 출간했다.

108 Moynihan, *A Dangerous Place*, 86.

109 같은 책, 157~158.

110 같은 책, 197.

111 Rostow, 앞의 책, 표 II-71, 285.

112 Alfred Sauvy, *L' Observateur*, 14 August 1952.

113 Carl E. Pletsch, 'The Three Worlds, or the Division of Social Scientific Labour, 1950~1975', *Comparative Studies in Society and History*, October 1981.

114 Jahangir Amuzegar, 'A Requiem for the North-South Conference', *Foreign Affairs*, 56 (October 1977), 136~159.

115 *North-South: a Programme for Survival* (Massachusetts Institute of Technology, March 1980.)

116 Theodore Moran, *Multinational Corporations and the Politics of Dependence: Copper in Chile* (Princeton 1974); *Charles Goodsell, American Corporations and Peruvian Politics* (Harvard 1974.)

117 Lawrence Franco, 'Multinationals: the end of US dominance', *Harvard Business Review*, November~December 1978.

118 'Finis for the American Challenge?', *Economist*, 10 September 1977.

119 *The Banker* (London), June 1980; Sampson, *The Moneylenders*, 200~202.

120 Euromoney, July 1980; Sampson, The Moneylenders, 257.

121 World Bank estimates, December 1981.

122 Richard Baricuck, 'The Washington Struggle over Multinationals', *Business and Society Review*, Summer 1976.

123 Paul Hollander, 'Reflections on Anti-Americanism in our time', *Worldview*, June 1978.

124 Maurice Cordelier, 'Structuralism and Marxism', in Tom Bottomore (ed.), *Modern Interpretations of Marx* (Oxford 1981)에 인용된 Marx, *A Contribution to the Critique of Political Economy*.

125 Rostow, 앞의 책, 표 III-68, 279.

126 Ernest Gellner, 'That is Structuralism?', *The Times Literary Supplement*, 31 July 1981, 881~883.

제20장 자유의 회복

1 1945년에 런던에서, 1946년에 뉴욕에서 출판했다. 다음을 참고하라. *Sunday Express*, 21, 28 October, 4 November 1945; David C. Smith, H.G. Wells, *Desperately Mortal* (Yale 1986), 476ff.

2 지미 카터 대통령은 1979년 7월 16일에 국민에게 연설했다.

3 예외적인 인물은 1752년부터 1764년까지 글래스고대학의 도덕철학 교수였던 아담 스미스다. 1776년에 출판한 『국부론』을 쓸 때까지 그의 학문 인생이 좌파였다 할지라도.

4 John Gribbin, *Our Changing universe: the New Astronomy* (London 1976.)

5 Dr Edward Tryon in *Nature*, 246 (1973), 393.

6 Thomas Kuhn in A. C. Crombie (ed.), *Scientific Change* (London 1963), 348에 인용된 *Wissenschaftliche Selbstbiographie* (Leipzig 1948.)

7 다음을 참고하라. Dr John Smythies in *Nature*, March 1991; Robert Matthews in *the Sunday Telegraph*, 17 March 1991; 1991년 3월 21일과 23일 *Independent*에 실린 기사를 참고하라.

8 에어와 러셀의 인용문은 다음 책에 담겨있다. Bryan Magee, *Modern British Philosophers* (London 1971.)

9 *Intellectual* (London 1988) 197~224쪽에 실린 폴 존슨의 평론을 참고하라.

10 Karl Popper, *Unended Quest: an Intellectual Autobiography* (London 1976.)

11 A. C. Ewing, 'The linguistic theory of a priori propositions', *Proceedings of the Aristotelian Society*, XI 1939~1940, 217.

12 W. V. O. Quine, *From a Logical Point of View* (New York 1953.)

13 H. Putnam, 'Is Logic Empirical?', in R. S. Cohen (ed.), *Boston Studies in the Philosophy of Science*, V 1969.

14 Susan Haack, *Deviant Logic: some philosophical issues* (London 1974), XI.

15 J. Jay Zeman, *Modal Logic: the Lewis-modal Systems* (Oxford 1973.)

16 David Martin, *The Religious and the Secular* (London 1969.)

17 Edward Royle, *Victorian Infidels* (Manchester 1974.)

18 John Henry Newman, *The Idea of a university* (London 1953.)

19 Michael Bourdeaux, *Gorbachev, Glasnost and the Gospel* (London 1990), 87~108.

20 Vincent C. Chrypinski, 'Polish Catholicism and Social Change', in Bociurkiw et al. (eds), 앞의 책, 241~259; Peter Raina, *Political Opposition in Poland 1954~1977* (London 1978), 406ff.

21 J. C. H. Aveling, *The Jesuits* (London 1981), 355~365.

22 *Annuario Ufficiale* (Vatican City), 1978.

23 Peter Nichols, *The Pope's Divisions; The Roman Catholic Church Today* (London 1981), 22~38.

24 같은 책, 35ff.

25 Edward Fashole-Like et al., *Christianity in Independent Africa* (London 1979.)

26 다음 자료에 보고서에 대한 전반적인 요약이 실려있다. *Daily Telegraph*, Tuesday 12 March 1991.

27 1991년 2월 24일부터 3월 2일까지 언론 보도와 크리스토퍼 부커에 관해서는 다음을 참고하라. *Sunday Telegraph*, 24 February 1991.

28 이 과정에 대한 두 가지 관점은 다음 자료를 참고하라. Ivan Vallier, *Catholicism, Social Control and Modernization in Latin America* (Santa Cruz 1970), and Edward Norman, *Christianity in the Southern Hemisphere* (Oxford 1981.)

29 Roger Bastide, *The African Religions of Brazil* (Baltimore 1978); J. H. Rodrigues, *Brazil and Africa* (Berkeley 1965.)

30 Bengt G. M. Sundkler, *Zulu Zion and Some Swasi Zionists* (Oxford 1976.)

31 이스라엘 근본주의와 세속주의 간의 논쟁에 대해서는 다음 자료를 참고하라. Emile Marmorstein, *Heaven at Bay: the Jewish Kulturkampf in the Holy Land* (Oxford 1969); 다음을 참고하라. Paul Johnson, *A History of the Jews* (London 1987), 546~556.

32 배경 설명을 원하면 다음을 참고하라. John Bulloch, *Death of a Country: Civil War in Lebanon* (London 1977.)

33 William Forbis, *Fall of the Peacock Throne* (New York 1980), 45.

34 Kayhan Research Associates, *Iran's Fifth Plan* (Teheran 1974); Jahangir Amuzegar, *Iran: an Economic Profile* (Washington DC 1977.)

35 Forbis, 앞의 책, 237ff.

36 같은 책, 73~74.

37 Grace Goodell, 'How the Shah De-Stabilized Himself' , *Policy Review* (Wa-shington, DC), Spring 1981.

38 Forbis, 앞의 책, 259~261.

39 Goodell, 앞의 책

40 Forbis, 앞의 책, 74.

41 Michael A. Ledeen and William H. Lewis, 'Carter and the Fall of the Shah' , *Washington Quarterly*, Summer 1980.

42 Shahrough Akhavi, Religion and Politics in Contemporary Iran: Clergy-State Relations in the Pahlavi Period (New York 1980.)

43 수치는 1981년 8월 IBA가 국제연합 사무총장에게 보낸 편지에 나와 있다.

44 아미르 타헤리가 1981년 8월 「선데이 타임스」에 보낸 기사를 참고하라.

45 *Sunday Times*, 6 September 1981.

46 사담 후세인의 가족력과 어린 시절에 관해서는 다음 자료를 참고하라. John Bulloch, 'The Violent Boy from Al-Ouja' , *in the Independent on Sunday*, 6 January 1991.

47 *The Times* and *Daily Telegraph*, 15 February 1989.

48 소련의 개입에 관한 다른 시각을 원하면 다음 자료를 참고하라. M.E. Yapp in *The Times Literary Supplement*, 3 July 1981, 753, and 25 September 1981, 1101, and Anthony Arnold, *The Soviet Invasion of Afghanistan in Perspective* (Stanford 1981), 68~71.

49 John Griffiths, *Afghanistan: Key to a Continent* (London 1981.)

50 *The Times*, 21 January 1980.

51 *Daily Telegraph*, 21 February 1980.

52 Nancy Peabody Newell and Richard S. Newell, *The Struggle for Afghanistan* (Cornell 1981.)

53 Cecil Kaye, *Communism in India*, edited by Subodh Roy (Calcutta 1971), 272.

54 Hélène Carrère d'Encausse, *Decline of an Empire: the Soviet Socialist Republics in Revolt* (tr. New York 1979), 239.

55 같은 책, 237, 240.

56 Lenin, *Imperialism*, preface to 1921 edition.

57 민족별 분포를 나타내는 지도를 보려면 다음 책을 참고하라. Carrère d'Encausse, 앞의 책,

122~123.

58 같은 책, 155.

59 1960년대와 1970년대에 특히 그러했다; 다음 자료를 참고하라. Brian Silver, 'The status of national minority languages in Soviet education: an assessment of recent changes', *Soviet Studies*, 25 No. 1 (1974.)

60 Y. Bilinsky, 'Politics, Purge and Dissent in the Ukraine', in L. Kamenetsky (ed.), *Nationalism and Human Rights: Processes of Modernization in the USSR* (Colorado 1977); P. Botychnyi (ed.), *The Ukraine in the Seventies* (Oakville, Ontario 1975), 246; nationalities map, 앞의 책, 170~171, 180 (Table 37.)

61 Msksudov, 앞의 책; Carrère d'Encausse, 앞의 책, 50~51.

62 Carrère d'Encausse, 앞의 책, 67ff.

63 같은 책, 173~174.

64 다음 책이 이러한 견해를 보여준다. John D. Durand, 'The Modern Expansion of World Population', *Proceedings of the American Philosophical Society*, Ⅲ. (June 1967), 136~159; 그러나 인구통계학의 예측을 신뢰하기는 어렵다.

65 Rostow, 앞의 책, 25쪽 표 1-13.

66 *UN Demographic Yearbook 1971*; *Washington Post* and *Wall Street Journal*, 10 July 1980.

67 1988, 1989, 1990년 자료는 다음을 참고하라. *Whitaker's Almanac; Chronicle of the Year 1989* (London 1990.)

68 Talbot (ed.), 앞의 책, 120ff., 139~143.

69 *Daily Telegraph*, *The Times*, 17, 18 March 1991.

70 다음을 참고하라. 'Demographic Trends', *South Africa 1989~1990, Official Yearbook* (Pretoria, Cape Town 1990), 79~90.

71 다음 책에서 남아프리카가 처한 어려움과 국제적인 중요성에 관한 다양한 측면을 살펴보라. Martin Schneider (ed.), *South Africa: the Watershed Years* (Cape Town 1991), 29ff., 42ff., 60ff., 70ff., 136ff.

72 Rostow, 앞의 책, 30쪽 표 Ⅰ-15.

73 헌법의 내용은 다음 책을 참고하라. H. Borton, *Japan's Modern Century* (New York 1955), 490~507.

74 일반적인 점령 방법에 대해서는 다음을 참고하라. Kazuo Kawai, *Japan's American Interlude* (Chicago 1960.)

75 R. P. Dore, *Land Reform in Japan* (Oxford 1959); Kurt Steiner, *Local Government in Japan* (Stanford 1965.)

76 John M. Maki, *Court and Constitution in Japan* (Seattle 1964.)

77 Richard Storry, *The Times Literary Supplement*, 5 September 1980, 970; 다음을 참고하라. J. W. Dower, *Empire and Aftermath: Yoshida Shigeru and the Japanese Experience, 1878~1954* (Harvard 1980.)

78 Andra Boltho, *Japan: an Economic Survey* (Oxford 1975), 8 각주; S. Kuznets, *Economic Growth of Nations* (Harvard 1971), 30~31, 38~40.

79 Rostow, 앞의 책, 275.

80 Ezra F. Vogel, 'The Challenge from Japan', Harvard Conference on US Competitiveness, 25 April 1980.

81 J. A. A. Stockwin, *Japan: Divided Politics in a Growth Economy* (London 1975), 1~3.

82 Beasley, 앞의 책, 286.

83 Boltho, 앞의 책, 167~168.

84 James Kirkup, *Heaven, Hell and Hara-Kiri* (London 1974), 248~252.

85 Frank Gibney, 'The Ripple Effect in Korea', *Foreign Affairs*, October 1977.

86 1960년대와 1970년대 대만의 극적인 진보에 관해서는 다음을 참고하라. Special Issue of *Wilson Review*, Autumn 1979.

87 Sampson, *The Moneylenders*, 183~184.

88 I. M. D. Little: 'The experience and causes of rapid labour-intensive development in Korea, Taiwan, Hong Kong and Singapore, and the possibilities of emulation', *ILO Working Paper* (Bangkok 1979.)

89 Rostow, 앞의 책, 548~551.

90 다음을 참고하라. David Kevin, *The American Touch in Micronesia* (New York 1977); *Chronicle of the Year 1989* (London 1990), 117.

91 Stefan de Vylder, *Allende's Chile: the political economy of the rise and fall of the unidad Popular* (Cambridge, Mass., 1976); Brian Loveman, *Struggle in the Countryside: politics

and rural labour in Chile, 1919~1973 (Indiana 1976.)

92 Ian Roxborough et al., *Chile: the State and Revolution* (London 1977), 146~147. 아옌데는 내게 이미 1960년부터 우익이 분열하지 않으면 선거에서 이길 수 없었고, 그 결과 높은 인플레이션과 중간 계급의 폭동이 생겼다고 말했다.

93 같은 책, 226.

94 *Newsweek*, 8 October 1973.

95 Joseph L. Nogee and John W. Sloan, 'Allende' s Chile and the Soviet union', *Journal of International Studies and World Affairs*, August 1979.

96 James Boswell, *Life of Johnson II* (London 1934); 170.

97 W. Baer and I. Kerstenetsky (eds), *Inflation and Growth in Latin America* (Homewood, Illinois 1964.)

98 Sampson, *The Moneylenders*, 303.

99 *Daily Telegraph*, 6 March 1991.

100 *Annual Review* 1984 (London 1985), 8.

101 *Annual Review* 1985 (London 1986), 8~9.

102 Statement, House of Commons, 8 April 1985.

103 Hugo Young, *The Iron Lady: a Biography of Margaret Thatcher* (London 1989), 532-3.

104 Norman Lamont, MP, on the *Today Programme*, BBC Radio 4, 20 March 1991.

105 *Wilson Quarterly*, Special Issue on Mexico, Summer 1979; Michael Meyer and William Sherman, *The Course of Mexican History* (Oxford 1979.)

106 Richard R. Fagen: 'The Realities of Mexico-American Relations', *Foreign Affairs*, July 1977.

107 Richard R. Fagen, *Labyrinths of Power: Political Recruitment in 20th Century Mexico* (Princeton 1979.)

108 E. L. Ullman: 'Regional Development and the Geography of Concentration', *Papers and Proceedings of the Regional Science Association*, 4 (1958), 197~198.

109 H. S. Perloff et al., *Regions, Resources and Economic Growth* (university of Nebraska 1960), 50.

110 Robert Estall, 'The Changing Balance of the Northern and Southern Regions of the united

States', *Journal of American Studies* (Cambridge), December 1980.

111 Ben J. Wattenburg: 'A New Country: America 1984', *Public Opinion* (Washington DC), October~November 1979.

112 Ronald Reagan, *An American Life: an Autobiography* (New York 1990), 135.

113 같은 책, 335~336.

114 *The Statesman's Yearbook 1990~1991*, 1399ff, 1413.

115 *An American Life*, 334~335.

116 *Discriminate Deterrence: Report of the Commission on Integrated Long-Term Strategy* (Washington DC 1988), 5~7.

117 *An American Life*, 449~451.

118 다음에 실린 폴 존슨의 평론을 참고하라. *Observer*, 30 October 1983.

119 *An American Life*, 517~518.

120 SS-20과 크루즈 배치 사건에 관해서는 다음 자료를 참고하라. Jonathan Haslam, *The Soviet union and the Politics of Nuclear Weapons in Europe, 1969~1977* (Cornell UP 1990.)

121 *An American Life*, 234~235.

122 1980년대 미국 재무장 계획에 관한 레이건 국방부의 설명은 다음 자료를 참고하라. Caspar Weinberger, *Fighting for Peace* (New York 1990.)

123 다음을 참고하라. Paul Johnson, 'Europe and the Reagan Years', and Robert W. Tucker, 'Reagan's Foreign Policy', in 'America and the World, 1988~1989', a special issue of *Foreign Affairs*, 68 (1989.)

124 올랜도 연설의 중요한 부분이 실린 다음 자료를 참고하라. *An American Life*, 568~570.

125 소비에트 지도자의 개인 전기는 출판된 적이 없으며, 고르바초프의 인생에 대한 상세한 기록은 구하기 어렵다. 몇몇 자료가 1990년 2월 25일 『선데이 통신』 칼라 부록에 실린 적이 있다.

126 1980년대 러시아의 변화에 관하여 자세한 사항을 원하면, 고르바초프 이전에 시작된 몇 가지 변화를 보여주는 다음 책을 참고하라. Geoffrey Hosking, *The Awakening of the Soviet Union* (Harvard 1990.)

127 이 주제에 관한 종합적인 전망은 다음 책을 참고하라. Thane Gustafson, *Crisis and Plenty:*

the Politics of Soviet Energy under Brezhnev and Gorbachev (Princeton 1989.)

128 제네바 회의에 대한 레이건의 개인적인 설명은 다음 자료를 참고하라. *An American Life*, 633~641.

129 대조적인 견해를 보려면 다음 자료를 참고하라. 'The American 1980s: Disaster or Triumph: a Symposium', special issue of *Commentary*, September 1990; 다음을 참고하라. Larry Berman (ed.), *Looking Back on the Reagan Presidency* (Baltimore 1990), and W. G. Hyland, *The Cold War is Over* (New York 1990.)

130 저자가 볼 때 키신저의 말은 마거릿 대처의 견해를 반영하고 있다.

131 *An American Life*, 639.

132 「데일리 텔레그래프」 지의 기자는 저자의 큰 아들, 대니얼 존슨이다.

133 *Marx-Engels Werke* (East Berlin 1956-68), III 569~571.

134 차우세스쿠 정권에 관해서는 다음 책을 참고하라. Edward Behr, *Kiss the Hand You Cannot Bite* (London 1991); John Sweeney, *The Life and Evil Times of Nicolae Ceaucescu* (London 1991.)

135 최근 루마니아 사건과 관련된 다른 수치들과 마찬가지로 이 수치는 신뢰할 수 없다; Sweeney, 앞의 책. 50명 이상이 죽었다는 것 외에는 믿을만한 게 없다.

136 같은 책.

137 다음 자료를 참고하라. 'The End of the Honeymoon', *Daily Telegraph*, 25 March 1991.

138 1991년 3월 10일 BBC *Money Programme*에 보도되었다.

139 다음을 참고하라. M. E. Porter, *The Competitive Advantage of Nations* (New York 1990.)

140 전쟁을 불러 온 사건들에 관해서는 다음 자료를 참고하라. John Bulloch and Harvey Morris, *Saddam's War: the origins of the Kuwait conflict and the international response* (London 1991.)

141 이라크 침공을 일으킨 사건의 자세한 내용과 날짜, 그리고 연합군의 반응에 관해서는 다음 자료를 참고하라. *London Times*, 16 January 1991; *Daily Mail*, 1 March 1991; *Daily Telegraph*, 2 March 1991; *Sunday Telegraph*, 3 March 1991.

142 연합군은 미국 320,000명, 영국 25,000명, 사우디아라비아 40,000명, 시리아 12,000명, 프랑스 10,000명, 이집트 35,000명으로 구성되었다.

143 수치들은 공식 전쟁 역사가 출판되기 전까지 변할 수 있는 추측으로 간주해야 한다. 이 수

치는 1991년 3월 2일 「데일리 텔레그래프」 지에 실린 부록에 근거한 것이다.

144 여기 실린 수치들과 다른 수치들에 관해서는 다음 자료를 참고하라. *Chronicle of the Twentieth Century*, 1294~1295.

145 다양한 실례를 원하면 다음을 참고하라. David Israelson, *Silent Earth: the Politics of Survival* (Ontario 1990), esp. 227~250.

146 Sarah Johnson in the *Sunday Telegraph*, 4 February 1991.

147 Conor Cruise O' Brien: 'Devaluing die university' , *London Times*, 5 March 1991; David Lehman, *Signs of the Times: Deconstruction and the fall of Paul de Man* (New York 1991.)

148 다음을 참고하라. Dinesh D' Sousa, *Illiberal Education: The Politics of Race and Sex on Campus* (New York 1991.)

149 Martin Fletcher in the *Times*, 16 March 1991.

150 James Watson, *The Double Helix: being a personal account of the discovery of the structure of DNA* (New York 1977.)

151 Franklin Portugal and Jack Cohen, *A Century of DNA: a history of the discovery of the structure and function of the genetic substance* (Massachusetts Institute of Technology 1977.)

152 Nicholas Wade, *The Ultimate Experiment: man-made evolution* (New York 1977.)

153 *Nature*, 17 September 1981, 176.

154 Edward Wilson, *Sociobiology* (Harvard 1975) and On Human Nature (Harvard 1979.)

155 Alexander Pope, *An Essay on Man* (London 1733~1734), Ep., Ⅰ, line 2.

| 찾아보기 |

ㄱ

ㅅ

ㅇ

ㅈ

ㅌ

ㅍ

ㅎ

모던 타임스 Ⅱ

피와 살육, 희망과 낭만, 과학과 예술이 교차했던 우리들의 20세기
세계사를 결정지은 주요 사건과 인물들의 내밀한 보고서

펴낸날 **초판 1쇄 2008년 1월 15일**
초판 12쇄 2017년 9월 22일

지은이 **폴 존슨**
옮긴이 **조윤정**
펴낸이 **심만수**
펴낸곳 **(주)살림출판사**
출판등록 **1989년 11월 1일 제9-210호**

주소 **경기도 파주시 광인사길 30**
전화 **031-955-1350** 팩스 **031-624-1356**
홈페이지 **http://www.sallimbooks.com**
이메일 **book@sallimbooks.com**

ISBN 978-89-522-0735-7 04900
ISBN 978-89-522-0733-3 (세트)

※ 값은 뒤표지에 있습니다.
※ 잘못 만들어진 책은 구입하신 서점에서 바꾸어 드립니다.